《茅盾研究》 第15辑

纪念茅盾诞辰120周年论文集

中国茅盾研究会 编

华东师范大学出版社

目 录

茅盾研究综论

划时代的茅盾
　　——1930年代郑振铎对茅盾的评价　　陈福康 / 003
《中国新文学大系》与现代乡土小说研究及其经典化　　黄 轶 / 008
茅盾与20世纪中国土地革命叙事　　阎浩岗 / 018
商务印书馆的用人机制与茅盾的成名之路　　余连祥 / 027
鲁郭茅电影活动之比较　　刘海波 / 038
论茅盾小说的叙事模式及其呈现方式　　陈志华 / 048
论文本细读在茅盾文学批评中的重要地位
　　——重读《中国现当代文学茅盾眉批本文库》　　蔺春华 / 055

茅盾与上海

城市生活与上海现代作家
　　——论茅盾与上海　　杨 扬 / 065
功利性与艺术性
　　——论茅盾《子夜》与穆时英《中国行进》的都市抒写　　杨迎平 / 073
茅盾与上海文化：兼论作家在政治与文学之间的命运选择
　　及其历史遗产　　宋炳辉 / 085
左联时期的茅盾与瞿秋白
　　——从迎合到疏离的心路历程及其根源解析　　田 丰 / 091
再谈茅盾在上海的若干事迹　　康 锋 / 105
追求民族的自由与解放
　　——茅盾与淞沪抗战的行与思　　欧家斤 / 115

作品研究

《子夜》所描写的民族工业困境原因的经济视角考察　　钱振刚　赵　丹 / 127

从汪蒋之争到"回答托派"：茅盾对《子夜》主题的改写　　妥佳宁 / 134

1930 年前后的中国经济背景与《子夜》的创作　　邬冬梅 / 149

当下都市语境中 1981 年版电影《子夜》再审视
　　——兼与小说《子夜》比较　　左怀建 / 156

试论茅盾对左翼文学的贡献
　　——以创作《子夜》、《徐志摩论》为例　　孔海珠 / 162

游移的官商与盲动的农工
　　——《动摇》中的商民运动与工商冲突　　罗维斯 / 166

茅盾《虹》简论
　　——"青年成长"与现代"诗史"　　陈建华 / 179

茅盾早期文学观、创作及其影响(1919—1929)
　　——兼论《读〈倪焕之〉》　　周晓萍 / 192

多多头是一个"新农民"？
　　——由茅盾"农村三部曲"看"革命农民"及其他　　朱献贞 / 201

论《水藻行》的自然风景与世态风情　　阎奇男 / 203

地域与文化生态研究

茅盾与中国大西北的结缘　　李继凯　李国栋 / 213

茅盾西北之行的偶然性和重要性
　　——从未收入《茅盾书信集》的一封佚信说起　　张　复 / 221

茅盾评论云南文学青年作品
　　——纪念茅盾到上海百年　　吴从发 / 231

简论《文艺阵地》里的书广告　　周景雷　汪　帅 / 236

沈雁冰与 1920 年代的文学生态
　　——以编辑《小说月报》期间的文学行为为中心的考察　　谢晓霞 / 246

论作为《新青年》同人的茅盾　　火　源 / 254

茅盾在抗战时期的编辑活动　　钟海波 / 260

如何继承与怎样超越
　　——对"茅盾传统"的当下思考　　　　　　　　　　　　李　明　/　267

性别研究

女性书写：大革命的风流与绝响　　　　　　　　　　　　颜同林　/　281
生命体验的艺术书写
　　——《蚀》与《子夜》中的悲剧男性形象分析　　　　张　引　/　292
对话性与现代性
　　——试论茅盾《野蔷薇》中的性别意识　　　　　　　朱　圻　/　300

茅盾与外国文学

茅盾译诗的症候式分析　　　　　　　　　　　　　　　　赵思运　/　309
茅盾与斯特林堡
　　——从《茅盾全集》的两条注释谈起　　　　　　　　杨华丽　/　323
茅盾翻译研究的现状与展望　　　　　　　　　　　　　　冯玉文　/　335

研究综述

"茅盾研究之研究"文章目录总汇
　　——关于茅盾研究论著的书评、书讯及序言汇编　　　陈芬尧　/　341
关于茅盾研究论著的书评、书讯及序言汇编　　　　　　　　　　/　367
新世纪以来茅盾研究资料索引(2000—2009)　　　　　　肖　迪　/　392
新世纪以来茅盾研究综述(2010—2017)　　　　　　　　巫　毓　/　413

会议报道

第十届全国茅盾学术研讨会会议综述　　　　　　　　　　张　玲　/　423
2017年中国茅盾研究会理事会在浙江传媒学院举行　　　李俊杰　/　427

茅盾研究综论

划时代的茅盾

——1930年代郑振铎对茅盾的评价

陈福康

上海外国语大学　上海　200083

1932年3月19日,郑振铎在北京大学作了一场重要的学术讲演,题目为《新文坛的昨日今日与明日》。这次讲演在当时和后来有较大的影响。据我所知,有一份王俊瑜作的记录稿,不久即发表于当年5月1日北平的《民众教育季刊》第1卷第3、4期合刊上。上海的中国左翼作家联盟的外围刊物《文艺新闻》周刊,在5月2日第53期上发表了题为《中国在十年以后,不做主人就做奴隶——郑振铎在北大演说》的通讯报道。7月1日北平创刊的《百科杂志》第1期上,又发表了许采章当时作的记录稿。

上海的《文艺新闻》是这样报道的：

【北平通讯】郑振铎最近在北大演讲《新文坛的昨日今日与明日》。大意说民六[按,即民国六年,1917年]的文学革命运动确定了新文坛的基础,他把自民六到民二十一这十四年中分四个时代叙述,即"五四"时代(民六—民十);文学研究会及创造社时代(民十—民十四);"五卅"时代(民十四—民十七);茅盾时代。他以为从"五四"到"五卅"在文学上表现的是从普遍性的转到阶级性的,从个人的转到群众的,从幻想的转到现实的。他把第四时代定为"茅盾时代"的原因,是因茅盾的作品实可代表这时代艺术上的一般趋势和技术的进步。……

上述许采章的记录稿,后经郑振铎本人审阅,并收入其所著《痀偻集》一书中。《痀偻集》于1934年12月由上海生活书店出版,为《创作文库》第10种。郑振铎这样开始他的讲演：

这个题目包涵的范围太广,非短时间所可讲述,故只好简要地说一说。
题目既是新文坛的昨日今日与明日,则宜包含下列三段：
1. 检讨过去新文坛的成绩;
2. 说明现在新文坛的情形;
3. 推论将来新文坛的趋势。
……

新文学运动,自民六迄今,才有十四年的历史,时期尚短,成就自然是浅薄得很——除去几篇有价值的著作外。然而确是转变最快,进步极速的一个时期。以现在的眼光看过去,这十四年的时间,在社会历史上不过短短的一页,但以我国新文坛而论,则值得大书特书,今将其过去的成绩检讨一下。为说明便利起见,我把它分做四个时代。……

在讲到"茅盾时代(民十七—民廿)"时,郑振铎作了这样的论述:

自民十七到民廿,这三四年中,即以茅盾个人作代表,而名曰"茅盾时代"。在"五卅运动"后的这一个时代,亦正如"五四运动"后的那一个时代。后者比前者,艺术方面,均进步得多了。"五卅"时代投军的文人,这时又放下枪杆,提起笔杆,但前后的情形截然不同。此时有极丰富的经验,热烈的情感,是以前所没有的。这时文学理论上,有很多的争斗,各派均有鲜明的主张。此时的争斗,是带有阶级性,完全为主义的斗争,与"五四"时代白话与古文之争,大不相同。很多的人以马克思主义解释文艺理论。前锋社则树起民族主义文学的旗帜以反抗之;新月社亦有极露骨的反抗的主张。

茅盾在官方的通缉令下,改姓换名,蛰伏在上海闸北的一所亭子间(可恨日本这次"一·二八"的暴行,已把它化为灰烬),与鲁迅的住所,隔窗可见。他的最伟大的三部曲:

1. 《幻灭》;
2. 《追求》;
3. 《动摇》;

即是蜷伏在里面写就的。三部曲的特点,在于把里面的人物型式化,正如屠格涅夫之幻想的型式化了俄国革命人物一样。这时的作家,才晓得把握住时代的中心点,而并给予文学以形式的转变。

"茅盾时代"这一提法,就这样首次出现于中国新文学史上。郑振铎认为,"五卅运动"以后的中国文学时代,可以命名为"茅盾时代"。这个文学时代的特点就是:在艺术技巧方面,有了很大的进步;在作家素养方面,一些人有了前人所没有的极丰富的经验和热烈的情感;在文学理论方面,有很多的论争,各派均有鲜明的主张,特别是很多左翼作家"以马克思主义解释文艺理论"。而在所有这些方面当中,茅盾都是最杰出的代表。郑振铎尤其赞赏茅盾"最伟大的"《蚀》三部曲(《幻灭》、《动摇》、《追求》),认为其特点就是"人物型式化"(即人物典型化)。他把茅盾的《蚀》三部曲与俄国的屠格涅夫的世界名著相比较,认为是"晓得把握住时代的中心点,而并给予文学以形式的转变"。

最后,郑振铎又推举茅盾为"有伟大的成功"的作家,而作为他的讲演的结束:

由"五四"迄今,不过十四五年的光景,文学上已有这么可惊的进步。今年虽已过四分之一的时间,仍没有什么名著出世;但在余下的时间内,一定可以有更伟大的贡献。我们不要零碎的写寄兴的文字,写了马上去发表。我们宁可如茅盾之十年不写,但一写即应有伟大的成功。

应该指出的是,郑振铎在作这次讲演时,茅盾的最高文学成就《子夜》还没有问世。但即使这样,具有敏锐的文学史家眼光的郑振铎,就已经宣告了"茅盾时代"的到来。还值得注意的是,郑振铎在这次讲演中,其实也已涉及《子夜》。他在讲到中国新文坛的"今日"时说:"以今年——一九三二——算做今日,则新文坛的收获,实可悲观。今年的时间,现在差不多过了四分之一,在这三个月里,我们没运动,没作品,这不是很可悲观的消沉吗?但从另一方面看,则可断定无庸悲观,因为现在正是新时代的开始。……不过最可痛惜的是:上海自'一·二八'日本轰击闸北后,所有新出版物——无论是在租界或华界出版的,到现在一本也没有寄到北平来。商务印书馆的被毁,其他的损失不说,即以《小说月报》而论,不但印就而未装订的杂志被烧,且原稿亦化为灰烬。如……逃墨馆主的《三十年代》,描写'五卅'后之时代的转变,也同罹兵燹。"这里说的"逃墨馆主的《三十年代》",就是指《子夜》。"逃墨馆主"是茅盾原拟在《小说月报》上署用的笔名。《孟子》的《尽心》下篇云"逃墨[翟]必归于阳[朱]",茅盾后来在回忆录中解释说:"我用'逃墨馆主'不是说要信仰阳朱的为我学,而是用了阳字下的朱字,朱者赤也,表示我是倾向于赤化的。"而《三十年代》这个原来的书名,后来就再也没人提起了。

茅盾《子夜》的原稿,正是《小说月报》主编郑振铎亲自向他要来,准备在该刊上连载的。《小说月报》被日军轰炸焚毁后,读过《子夜》原稿前几章的人,除了作者自己以外,就只有茅盾的好友瞿秋白、郑振铎和徐调孚(《小说月报》编辑)了。万幸的是,原稿由徐调孚冒着生命危险在烈火中抢救了出来,后来才得以在1933年2月由上海开明书店出版。《子夜》出版后,郑振铎非常高兴,也非常关注读者的反映。茅盾后来在回忆录中写到,1933年4月10日天津《大公报》发表的署名"云"(即吴宓)的《茅盾著长篇小说〈子夜〉》的评论文章,就是当时在北平工作的郑振铎及时寄给他的。

1933年2月3日,鲁迅收到茅盾赠送的刚出版的《子夜》。作为茅盾的好友瞿秋白和郑振铎,也当在此前后收到他的赠书。2月9日,鲁迅在给曹靖华的信里写道:"国内文坛除我们仍受压迫及反对者趁势活动外,亦无甚新局。但我们这面,……茅盾作一小说曰《子夜》(此书将来当寄上),计三十余万字,是他们所不能及的。"鲁迅说的"他们",就是左翼文坛的"反对者";鲁迅说的"我们",当然包括郑振铎在内。3月10日,瞿秋白写就《〈子夜〉和国货年》一文,经过鲁迅审定,请人誊抄,署上自己的笔名"乐雯",发表于4月2日和3日《申报·自由谈》。文中说:"一九三三年在将来的文学史上,没有疑问的要记录《子夜》的出版","这是中国第一部写实主义的成功的长篇小说。"大概因为挚友瞿秋白已发表了这样精彩的评论,郑振铎当时就没有再写文章。鲁迅、瞿秋白当年的这些评论,凡茅盾研究者都是非常熟悉的。而郑振铎当年也与瞿秋白、鲁迅一样,为《子夜》的成功而自豪。

当时,郑振铎对茅盾的其他创作,也都给予了高度的评价。例如,1933年5月10日,朱自清日记载:"读茅盾《大泽乡》、《豹子头林冲》、《石碣》及《右第二章》诸文。……振铎以为茅盾史事小说过于施蛰存;余谓若论手法,施之深入与细致远在茅公上也。"1935年4月20日,俞平伯致周作人信中提到:"西谛[按,即郑振铎]以金枝之文而不悦,固在意中。以其素重茅公[按,即茅盾]耳。唯魏文悻悻之态见于颜色,本非佳品,私意颇觉海上文坛都不过这么一回事,却不堪为外人道耳。"俞平伯这里提到的,是魏金枝发表在3月5日上海施蛰存与康嗣群合办的《文饭小品》月刊第2期上的《再说"卖文"》一文。由上引书信、日记可知,郑振铎在老朋友朱自清、俞平伯等人面前,都是力挺茅盾的。

1934年春,郑振铎在燕京大学还与博晨光、史蜜司等外籍教师一起,指导过该校英文系学生朱兰卿女士英译茅盾的《春蚕》、《秋收》、《林家铺子》、《喜剧》等四篇小说。这件事情从未有茅盾研究者提起过。这些茅盾小说的英译有没有发表过,也很值得查考。

同年4月3日,天津《益世报·别墅》发表署名"晓"的报道《郑振铎、杨丙辰、李长之、张露薇、吴组缃编辑〈文学评论〉》:"自去岁春季张露薇主编《文学月报》及谷万川等所编《文学杂志》出世以来,北平各文艺刊物随应声而起,有如雨后初笋,极盛一时。后各刊物相继夭折,文坛遂又寂寞多时。今春,郑振铎等在北平主编《文学季刊》,声势极大,文坛又呈一活跃之状态。惟内中颇多小丑怪论(如巴金之反对批评等),极为减色。近闻又将有一大型刊物出现,由郑振铎、杨丙辰、李长之、张露薇、吴组缃、季羡林、林庚七人主编,定名《文学评论》,每月一册,约二百页左右。第一期将于五月一日出版,内容极为丰富,有郑振铎之论文、杨丙辰之《文学—文艺—文艺科学—天才与创作》、李长之之《茅盾论》、张露薇之《现阶段的中国文学运动》等。创作甚多,约到稿件有吴组缃、张露薇、季羡林、林庚、张宗植等人之作品。其中吴组缃之中篇小说极有出色。末附书报评论、短评等篇幅甚多。现该刊已由北平'大学出版社'付印,闻五月一日前即将出创刊号云。"李长之是郑振铎在清华大学的得意门生,他写《茅盾论》一定也得到郑振铎的指导。

1934年11月22日,郑振铎在燕京大学他的办公室里,接受该校新闻系学生婀丝的采访。郑振铎谈到了"中国文坛最近的趋势",指出:"因(国民党当局)检查的严紧,发生两方面好现象:第一技巧更深刻,当年太阳社口号式的写法没有了,注重现实,以深刻老练的写作技巧来表现。第二利用旧传说,……中国文坛现在趋向新写实派,前不久农村问题作品很风行一时,但住在上海写农村,总不是办法。茅盾之农村作品,回乡下老家住半年才下笔,……很多人说中国文坛沉闷,没有伟大作品,中国文坛真沉闷吗?他们现在很努力写作。新文学运动才有多久时候!有鲁迅、茅盾等作品,我们也应自豪自足了。"这篇《郑振铎先生访问记》,后来发表于12月1日燕京大学新闻系编的《现象》半月刊创刊号上,内容经过郑振铎审定,其中的评论文字完全可以看作是郑振铎的佚文。"自豪自足"四字,与鲁迅、瞿秋白对茅盾的评价完全一致。

1934年底,郑振铎又一次应邀赴北京大学作讲演,题目为《中国文坛之现状及今后之倾向》,其中又谈到茅盾的创作。可惜这次讲演没有很好地记录和保存下来。据1935年1月1日天津《益世报·北平版》发表的《中国文坛之现状及今后之倾向——郑振铎在北大之讲演》(续),郑振铎在讲演中提到茅盾的《赵先生想不通》,认为"完全是用写《子夜》的方法"。

郑振铎与茅盾都是20世纪中国新文学运动的弄潮儿,都是新文学史上最早最大的新文学社团"文学研究会"的发起人和核心人物。郑振铎在"五四时代"是与茅盾齐名的文学批评家,到1930年代又成为著名的文学史家。因此,他对茅盾的评价是非常专业,非常权威的。我认为,郑振铎的《新文坛的昨日今日与明日》的讲演,与鲁迅当年在上海所作的《上海文艺之一瞥》的讲演一样,都是有关新文学史研究的极其重要的文献。郑振铎在讲演中提出的"茅盾时代",不仅深刻指出了茅盾在"五卅"以后的中国文学史上是划时代的代表,而且郑振铎这一论断本身在茅盾研究史上也是划时代的。而这一点,在以往的茅盾研究中似乎尚未得到重视,本人有鉴于此而撰此拙文。(顺便还指出,如此重要的郑振铎本人早已收入自己的集子的这篇讲演文章,在现在的《郑振铎全集》中居然漏收了。)

《中国新文学大系》与现代乡土小说研究及其经典化

黄轶

上海师范大学人文与传播学院　上海　200234

摘要：《中国新文学大系》作为"整理、保存、评价""五四文学"的重要选本，推进了现代乡土小说经典化以及乡土批评与研究。继1920年代周作人、茅盾等引进、界说"地方色"、"乡土艺术"等概念后，《大系》最终确立了作为类型研究的"乡土文学"这一理论术语，也呈现出鲁迅与茅盾的认识差别；《大系》对乡土小说文本的遴选、《导言》的批评推介以及《史料卷》对乡土小说家的评价，成为以后现代文学史叙事和相关研究的重要依凭；从《大系》可以看出编选者审美观与文学史观的异同，其中某些遮蔽、局限或偏见恰恰体现出"五四一代"在1930年代新的文化权力场中借助经典遴选对新文学正统地位以及知识分子文化身份的重新确认。

关键词：《中国新文学大系》　乡土小说　鲁迅　茅盾　经典化

《中国新文学大系》（简称《大系》）为鲁迅、茅盾、周作人、朱自清等编选的中国现代文学第一个十年即1917—1927年的理论和作品选集，由上海良友图书印刷公司赵家璧主编，于1935—1936年间出版。全书分为十大卷，由蔡元培做总序，编选人做每卷导言。作为"整理、保存、评价""五四文学"的重要文学选本，《大系》与"五四文学"经典化和相关文学批评、理论、史观、流派、社团等经典地位的确立密不可分，《大系》自身的经典化也是"五四文学"经典化的一部分；同时，《大系》是"五四一代"在1930年代新的文化语境和文学权力话语场中，借助经典遴选和界定对新文学正统地位和分裂重组后的知识分子文化身份的重新确认，也体现了"五四一代"文学思想的内在分歧和前后变迁。就乡土小说批评与研究而言，《大系》的乡土小说选编、乡土作家群和社团的初步划定、乡土批评的展开都对现代乡土小说经典化以及乡土研究有推进之功。

一、《大系》对"乡土文学"概念的界说及其意义

20世纪20年代先后有周作人、茅盾、郁达夫等对"地方色"、"地方文艺"、"乡土艺术"、"农民文学"等概念予以引进、提出或界说，以消解新文学的"欧化"问题。[①] 但是，"乡土文学"作为一个理论术语，一般认为是在《大系》中正式界定。"乡土文学"概念的厘定，奠定了将"乡土文学"作为题材类型研究的基础。

---

① 参阅黄轶《"欧化"、"地方色"与"世界性"——论"五四"乡土批评理论的初创》，《鲁迅研究月刊》2015年第8期。

鲁迅主编的《〈大系〉小说二集》,其《导言》洋洋洒洒,细致缜密,见解独到深刻。在《导言》中,他总结了"五四"乡土小说的成就及其流派,以比较的方法第一次正式提出和定义了"乡土文学"的概念:

蹇先艾叙述过贵州,裴文中关心着榆关,凡在北京用笔写出他的胸臆来的人们,无论他自称为用主观或客观,其实往往是乡土文学,从北京这方面说,则是侨寓文学的作者。但这又非如勃兰兑斯(G. Brandes)所说的"侨民文学",侨寓的只是作者自己,却不是这作者所写的文章,因此也只见隐现着乡愁,很难有异域情调来开拓读者的心胸,或者炫耀他的眼界。①

鲁迅这里对"乡土文学"的概括突出了几点:一是乃"侨寓者"也就是离乡寓居城市的人们所写;二是无论主观与客观,都要抒发"乡愁","乡愁"是作者的创作动因和作品的重要元素之一;三是应该有"异域情调来开拓读者的心胸"、"炫耀他的眼界",而"异域情调"一个方面是"地方色彩",另一个方面也是显示与"此在"的对照,隐含着知识分子对"故土"或者美学意义上的"故乡"一种人道主义的忧患和关怀,这是"五四"时期重要的文学母题。所以,鲁迅是以"异域情调"为标准来将"乡土文学"和"侨民文学"做区别,显现了鲁迅的理论意识。

为了充分传达何为"异域情调",鲁迅接着以蹇先艾作品的艺术特征为论说对象,指出:"蹇先艾的作品是简朴的……虽然简朴,或者如作者自谦的'幼稚',但很少文饰,也足够写出他心曲的哀愁,他所描写的范围是狭小的,几个平常人,一些琐屑事,但正如《水葬》,却对我们展示了'老远的贵州'乡间习俗的冷酷,和出于这冷酷中的母性之伟大,贵州很远,但大家的情景是一样的。""老远的贵州乡间习俗的冷酷"、"冷酷中的母性之伟大",这既是"乡愁"所寄的"异域情调",而作品之所以能够让"非老远的贵州"的读者产生共鸣,乃是不同地域的"冷酷"可能千万种,但不同的地域作家在描写中同样寄予了"乡愁"。在这里,鲁迅特别点醒了"乡愁"是乡土小说重要的美学内涵。鲁迅又以许钦文为例,写道:"许钦文命名他的第一本短篇小说集为《故乡》,也就是不知不觉中自招为乡土文学的作者,不过在还未开手来写乡土文学之前,他却被故乡所放逐,生活驱逐他到异地去了,他只好回忆'父亲的花园'……"鲁迅借许钦文再次道出乡土文学是作者"到异地"、写关于故乡的"回忆"的一类题材创作。

也可以说,鲁迅这篇《导言》客观平实地提出了"乡土文学"这一理论术语,但是并未能有意识地从学理上进行深刻而系统的界定,而是在评论某些作家作品的过程中"顺带而言"。所以,第一,《导言》将"乡土文学"与"侨民文学"相对照提出,没有做出明晰的理论阐释,确实有些唐突和不周延;第二,《导言》过分强调了"乡土文学"乃知识分子离开故乡后的"回忆"之作,未能涵括另外一些类型的写"土地"、"乡下人"的作家或作品。

---

① 鲁迅:《中国新文学大系·小说二集》,"导言",第9页,上海文艺出版社(影印本)2003年版。

在《大系》的《〈小说一集〉导言》中，茅盾宏观上考察了第一个十年间的新文学发展状况，评述了文学研究会"为人生"和乡土文学的作家作品，但他并没有明确厘定"乡土文学"的概念。这可能因为在 1920 年代乡土小说批评理论初创时期，茅盾已在《民国日报》中李达、刘大白编写的副刊"文学小词典"栏目里编辑了"地方色"、"乡土艺术（Heimatkunst）"词条，还引进了"乡土小说（Dialect Novel）"这一术语。① 在富有理论自觉的茅盾看来，到 1930 年代初"乡土文学"已然是个不证自明的批评概念。不过，经过《大系》编纂后的再思考，也对照 30 年代"乡土文学"写作的发展状况，1936 年茅盾在《关于乡土文学》一文，深化了自己 1920 年代关于写"农民生活"的文学重在"农家苦"②和"地方的色彩（local color）"③的认识，将作家抱持"一定的世界观和人生观"来抒写"命运的挣扎"置于更高的位置，批评了重"风土人情"而轻思想内容的倾向：

关于"乡土文学"，我以为单有了特殊的风土人情的描写，只不过看一幅异域图画，虽能引起我们的惊异，然而给我们的，只是好奇心的餍足。因此在特殊的风土人情而外，应当还有普遍性的与我们共同的对于命运的挣扎。一个只具有游历家的眼光的作者，往往只能给我们以前者；必须是一个具有一定的世界观和人生观的作者方能把后者作为主要的一点而给与了我们。④

与鲁迅的提法相比，以社会—历史批评为鹄的茅盾其界说揭示出问题的另一个方面："异域风情"只是"乡土文学"的"表相"而已，其核心的问题则是蕴藏在文本背后的观念，观念具有辖制的能力，决定了这一文学文本到底具有怎样的深度和对社会解释的有效性。所以，如果说鲁迅意在审美层面的"异域情调"及其作家寄予的人道关怀，而茅盾直接将价值层面作为核心问题看待，而非"乡土文学"重要艺术特征的"异域情调"，这体现出现代文学史上两位重要的文学家在理论认知上的歧见。鲁迅虽然作为"左翼作家联盟"的重要领导者，参与形塑了文艺大众化以及阶级分析的文艺批评观，但是在编选"纯文学"的《大系》时，还是力图超越一些时代纷扰和定论，毅然决然地维护文学的标准，这其实含有"五四"时过境迁后鲁迅对那代文学的敬意；而茅盾是一位富有理论自觉的文学家、批评家，自加入文学研究会以后一以贯之地坚持其"社会全息"式的文学理想和批评观，对"乡土文学"内涵的把握更加趋于理性。

总之，鲁迅在《导言》中正式界定"乡土文学"与"侨民文学"的差别，揭示现代文学第一个十年间乡土小说的含义和特点，为以后众多批评家和文学史家援引，为"乡土文学"作为一种类型研究打下了基础。

---

① 参见 1921 年 5 月 31 日《民国日报》副刊"觉悟""文学小词典"词条。相关分析参阅黄轶《"欧化"、"地方色"与"世界性"——论"五四"乡土批评理论的初创》，《鲁迅研究月刊》2015 年第 8 期。
② 朗损（茅盾）：《评四、五、六月的创作》，1921 年 8 月 10 日《小说月报》第 12 卷第 8 号。
③ 慕之（茅盾）：《落华生小说〈换巢鸾凤〉"附注"》，1921 年 5 月 10 日《小说月报》。
④ 蒲（茅盾）：《关于乡土文学》，《文学》第 6 卷第 2 号，1936 年。

二、《大系》对乡土作家的集中推介与作家群、社团和流派的文学史叙述

《大系》集中推介了"五四一代"乡土作家群体和流派,并为部分乡土小说家立传,这成为以后现代文学史叙事的依凭,直接推动了现代乡土小说作家及其作品的经典化。茅盾编选的《小说一集》主要收录文学研究会作家作品,也有 1926 年以前《小说月报》、《文学周报》上散见的八篇作品;鲁迅编选的《小说二集》收录除了文学研究会、创造社这两大社团之外的其他新文学作家作品,例如《新潮》早期作家群小说、弥撒社、浅草社、沉钟社、莽原社、狂飙社、未名社等小社团成员的小说;郑振铎编选的《小说三集》收录创造社作家作品。其中,乡土小说主要收集在《一集》和《二集》中。

《小说一集》收入了潘训的《乡心》,王思玷的《偏枯》、《瘟疫》,徐玉诺的《一只破鞋》、《祖父的故事》,彭家煌的《怂恿》、《活鬼》,许杰的《惨雾》、《赌徒吉顺》等一批乡土小说。茅盾撰写的《导言》视野宏大,史料翔实,论证清晰,结构严谨,尤其是对于文学研究会的筹建、文艺活动和各省地文学社团创建和刊物创办、活动等第一手资料的辑录非常翔实,成为以后相关研究的重要依据。茅盾将 1921 年作为新文学第一个十年前后期分界点,认为前半期是"寂寞而单调",但之后无论是题材的拓展还是表达的深入都有了不少新的东西,尤其是一群青年作家把文坛装点得"顿然有声有色"。但是他还是遗憾地指出,"新文学运动""好像没有开过浪漫主义的花,也没有结现实主义的实;我们的初期的作品很少有反映着那时候全般的社会机构的;虽然后半期比前半期要'热闹'得多,但是'五卅'前夜主要的社会动态仍然不能在文学里找见",究其原因,那便是"生活的偏枯"导致的"文学的偏枯"。[①] 茅盾在对新文学十年发展总成绩进行总结概论的基础上,用批评家、理论家的眼光来编选评价 1917—1927 年间各种题材小说的创作,再一一分节点评文学研究会各题材小说取得的实绩,对于乡土题材写作也予以足够关注。《导言》第八节专门讨论描写农村生活的徐玉诺、潘训、彭家煌、许杰,正是由于茅盾的推重,大家不仅对文学研究会乡土作家有了一个群体性、全局性认识,而且使得一些在第一个十年时小有成绩、但后来"消失"了的作家得以被"保存",并呈现出他们文学魅力的一面,这为后来研究现代文学批评史和乡土小说史的学者提供了权威性的"作家群"参照。

茅盾给"久已不见"了的作家王思玷比较多的文字,肯定他是"有才能"的作者,并评介其四篇小说。《偏枯》和《瘟疫》这两篇乡土小说,前者是写一对贫农夫妇卖儿卖女瞬间的悲痛,作者以"冷观"的态度描写这一人间悲剧,每个人物都写得如从纸背跃出来似的,茅盾认为此篇在其所有创作中"技巧上最为完美";后者利用"幽默"的手法极写了小村居民如何挡丘八太爷的驾,揭示军阀铁蹄下的山东老百姓怎么害怕兵。正如茅盾所言,这"幽默"如讽刺画,有些过头就变得近于"谑",因而写得不大近真实人情。对于"有满身泥土气的从乡村来的人写着匪祸

[①] 茅盾:《中国新文学大系·小说二集》,"导言",第 12~13 页,上海文艺出版社 2003 年版(影印本)。

兵灾的剪影"、1926年起似乎消失了的河南作家徐玉诺，茅盾细致地分析其创作的优缺点，优点就是"活生生的口语"、"人物描写没有观念的抽象"、"动作"和"心理"的描写颇有功力；但是其缺点也很明显，就是缺乏布局谋篇的组织能力，全凭诗人气的单纯印象"再现"。潘训是浙江人，在描写农民生活比较少的时期，其代表作《乡心》却是一篇"应得特书"的小说，描写农村青年抱着"黄金的梦"跑到城市讨生活，在书写农村典型人物的命运以及青年一代在城乡间的挣扎上，潘训生动地写出了一个大悲剧时代的前奏曲——虽然没有正面书写农村生活，但却看出了农村衰败第一声悲叹的小说——茅盾之所以给予潘训较高评价，除了同乡之谊，更重要的就是潘训能够通过乡间人物写出这个大转折时代的社会风云，这和茅盾的乡土文学观念不谋而合。

如果说徐玉诺和潘训的小说偏于简单、单线条，那彭家煌和许杰的小说则是善于用复杂的人物和动作将农村生活展示给读者。彭家煌的《怂恿》作风独特且圆熟，其浓郁的地方色彩、活泼的带着土音的对话、紧张的情节、多样的人物、错综复杂的故事，使其成为新文学开创期难得的优秀乡土小说，这也正是茅盾所欣赏的。茅盾肯定《活鬼》这篇小说诙谐的表面下"对于宗法社会的不良习俗的讽刺"，其文本分析也是细腻而诙谐。许杰是浙江台州人，其作品大作取材于自己的故乡。茅盾以一句话形象地概括了许杰的乡土小说："以憎恶的然而同情的心描写了农村的原始性的丑恶。"《惨雾》也可称为中国现代乡土小说第一个十年的杰出代表作，它在一幅广大的农村生活背景上，浓墨重彩地描画出台州宗法制辖制下的乡下特殊而野蛮的乡俗；《赌徒吉顺》则极写了在社会转型期被生活的飞轮抛出来的渣滓似的可怜而可悲的乡间人物的生存情状，更是由此表现乡镇经济势力超于封建思想的压迫，因为这经济力不是生产的、创造的，而是"消费的，破坏的"。茅盾提炼出许杰的特长在于结构整密、气魄雄伟、心理描写细腻；而尤其是"能够提出典型的人物"，例如吉顺这一角色，就如阿Q一样，是"一个没有灵魂的躯壳"。但不足也恰恰就在"典型人物"这里。许杰提炼出了"人物典型"，却缺乏将此类典型写活写透的笔力，所以"赌徒吉顺"终于不像阿Q那般"典型"。

鲁迅编选的《小说二集》收录的乡土小说有鲁迅的《药》、《离婚》，汪敬熙的《瘸子王二的驴》，废名的《竹林的故事》、《浣衣母》、《河上柳》，蹇先艾的《水葬》，许钦文的《父亲的花园》、《石宕》，王鲁彦的《柚子》，黎锦明的《复仇》等。鲁迅所做《导言》是围绕各个刊物的作家群、社团分节的，共分五节，其中前四节是对作家群、社团创作的批评，第五节是关于选辑的体例、遗珠之憾等。关于乡土小说作家作品的评价也就分布在前四个章节内，内容比较全面，但并不像茅盾一样将乡土题材的作家作品集中论述，相对分散。《导言》第一节评述《新青年》作家群，重点介绍的乡土作家就是鲁迅自己了。毋庸置疑，鲁迅的创作显示了文学革命最初的实绩，在当时极大地激励了青年一代，即曰：《狂人日记》、《药》、《孔乙己》等，"因那时的认为'表现的深切和格式的特别'，颇激动了一部分青年读者的心"。但鲁迅始终保持"世界文学"的审度眼光，他将自己在《新青年》上发表的作品放在世界文学的视野来讨论，认为这些小说之所以被当时的读者所"激动"，乃是当时文坛"怠慢了介绍欧洲大陆文学的缘故"，他毫不回避《狂人日记》、《药》等小说从思想到形式都借鉴了欧洲不少名家名作。不过,客观地讲,"后起的《狂人日记》意在暴露家族制度和礼教的弊害,却比果戈理的忧愤深广,也不如尼采的超人的渺茫。以后虽然脱离了外国作家的影响,技巧稍为圆熟,刻画也稍加深切,如《肥皂》、《离婚》等,但一面也减少了热情,不为读者们所注意了。"①我们可以将鲁迅《导言》中这些"自评"、这些"权威性的判断"与其《〈呐喊〉自序》做对照阅读,不仅对现代白话小说的起始有一个更客观中正的认识,也更能够理解鲁迅所谓"激动读者"到"减少了热情"这一渐变的心理线索。从《呐喊》的编辑出版到《大系》的编选,这中间已过去十多年,无论是中国社会还是鲁迅个人的人生都历经了巨大变化,他始终如一清醒自己启蒙主义的文学理想,但也越来越对启蒙主义的未来深怀质疑。

《导言》第二节评述《新潮》、弥撒社、浅草社等作家群,重点介绍的乡土小说作家是废名。鲁迅对废名小说风格的总结是其概括力强,见地深透。废名在浅草社时其特长并未显出,到1925年《竹林的故事》发表,他那"冲淡为衣"、"从他们当中理出我的哀愁"来的特点终于呈现,这一观点即成为以后不少文学史著引述的"定论"。这种"冲淡为衣"在第一个十年的新文学中可谓自成一格,当然后来这作为新文学乡土小说别具生面的一脉在"京派"那里发扬光大了,而且在1930年代兴起的自由主义文学阵营占有一席之地,值《大系》编选时正处盛况。但鲁迅冷静地体察到了作者化有限的"冲淡的哀愁"为"有意低徊、顾影自怜"的细微变化,与前者比起来,后者未免作态,是主张平实自然的鲁迅所不欣赏的,因而他也并未对废名的某一作品做细致的文本分析。

《导言》第三节是谈《晨报副刊》、《京报副刊》作家群,也正是在这一部分鲁迅阈定了"乡土文学"的概念。此节集中论及蹇先艾、许钦文、王鲁彦、黎锦明等几位作家的乡土小说创作,并从现实主义理论出发探寻乡土作家应该有的思想激情。许钦文是鲁迅一向关爱和提携的同乡作家,鲁迅肯定了许钦文能够写出活泼的民间生活的能力,但是其《故乡》更多体现的则是"故意的冷静"、愤激的"诙谐",未免有些"令人疑虑",失信于读者,这是许钦文创作的危险瓶颈。作为乡土大家,鲁迅对许钦文的批评可谓一针见血。茅盾《小说一集》遗漏了文学研究会成员王鲁彦,正好鲁迅将其作为《晨报副刊》、《京报副刊》作家收入《二集》内,形成有益的补充。同样从写实主义的冷静和诙谐出发,鲁迅对于王鲁彦笔下"失掉了人间的诙谐"的"冷静"虽有不满更有肯定,并将其与世界上一些重要文学家和思想家做类比:"要说冷静,这才真是冷静;这才能够和'托尔斯小'的无抵抗主义一同抹杀'牛克斯'的斗争说;和'达我文'的进化说一并嘲弄'克鲁屁特金'的互助论;对专制不平,但又向自由冷笑。"将王鲁彦与许钦文的"冷静"与"诙谐"相比较,鲁迅更愿意看到前者这"冷静"下的"热烈",这其实也是鲁迅自己的创作一以贯之的文学精神,一个文学家对社会人生无论如何愤懑和不满,但揭出这"疮疤"的内心却是出于热血热肠——"引起疗救的希望"。谈到湘中作家黎锦明,鲁迅写道:"大约自很小就离开了故乡的,在作品里,很少乡土气息,但蓬勃着楚人的敏感和热情……",

---

① 鲁迅:《中国新文学大系·小说二集》,"导言",第1~2页,上海文艺出版社(影印本)2003年版。

正是这简短的一句评论,成为以后为数不多的黎锦明研究的"导语"。

《导言》第四节介绍莽原社、狂飙社作家群,再次涉及到鲁迅、废名。鲁迅在《导言》中评述作家作品时,特别注意引用作者其他文体资料例如散文、序文、诗歌等来辅助理解,例如介绍许钦文短篇小说集时大段引用其回忆性的文字《父亲的花园》,阐述许钦文的乡土小说"苦恼的是失去了地上的'父亲的花园'",这"父亲"其意义当然不仅是指血缘上的父亲;谈蹇先艾的《水葬》,引用了他小说集《朝雾》"序言"中的一段话,这些引用文字与小说选本形成良好的互文关系。

从《小说一集》、《小说二集》的《导言》对乡土作家作品的评价看,茅盾多从社会历史批评视角,分析"五四"时期小说创作普遍存在的过于依赖"个人生活的小小的一角"以及"观念化"现象,倡导开阔的书写视野;而鲁迅的优长则是能够用几个词汇或一句话精准地概括出一位作家、一部作品的特点来,有时近乎苛刻,但却是一针见血。无论二位持见是否相同,在以后的文学史研究中,这些作家作品均因《大系》的推介而留存史册,并成为"五四"文学经典化的一部分。鲁迅精彩的"自评"对于以后的"鲁迅研究"、"五四"小说研究、现代文学理论研究都有重要学术价值和意义,"表现的深切"、"格式的特别"以及"忧愤深广"等是至今我们认识鲁迅小说的切入口,例如钱理群等主编的《中国现代文学三十年》(修订本)[①]第二章《鲁迅(一)》,在"《呐喊》与《彷徨》:中国现代小说的开端与成熟标志"一节,直接就以鲁迅的"表现的深切"和"格式的特别"为标题展开评析。

作为著名的现代文学研究史料学家,阿英编选的《〈大系〉史料·索引》卷为顾及资料完整性,没有严格遵从 1917—1927 年时限,而是截止到 1930 年代初,其中的"三作家小传"、"五创作编目"等部分涉及一些乡土小说作家作品。"作家小传",列有乡土小说家王鲁彦、沈从文、沈雁冰、汪敬熙、李劼人、许钦文、许杰、冯文炳、彭家煌、叶绍钧、台静农、鲁迅、蒋光慈、黎锦明等,每位作家短则四五十字,长约二百字。鲁迅的"小传"相对较长,有三百字左右,本名、笔名、生平、翻译与创作、传记资料等内容全面细致。我们不妨在这里抄录两条,以便对于这一内容有个直观印象,一睹早期现代文学文献资料对当时乡土作家"原生态"的留影:

沈从文 小说家。湖南凤凰城人。十二岁,受军事基础训练,十五岁随军外出,曾作上士。后作书记,随军在川湘鄂黔四省边境三年。然后到北京,开始写作生活。初期作品,大都发表于《晨报副刊》,后来则为《现代评论》、《小说月报》、《新月》。作品印成册的,有五十种左右。有自传一册,叙述到北京以前生活甚详。一九三四年起,主编天津《大公报·文艺副刊》。[②]

冯文炳 小说作者。别署废名。"语丝社"干部作家。小说集已刊行者,有《竹林的故事》、《桃园》、《桥》、《莫须有先生传》。[③]

[①] 参阅钱理群、温儒敏、吴福辉:《中国现代文学三十年》(修订本),第 30、34 页,北京大学出版社 1998 年版。

[②] 阿英编选:《〈中国新文学大系·史料〉索引》,第 212 页,上海文艺出版社 2003 年版(影印本)。

[③] 同上,第 222 页。

总之,《中国新文学大系》对乡土小说文本的选录、《导言》的批评推进以及《史料卷》对乡土小说家的推介,极大地影响了日后新文学史家对相关作家、社团、编选者的定位,除了前边提到的《中国现代文学三十年》之外,如孔范今的《二十世纪中国文学史》、黄修己的《中国现代文学研究史》、丁帆的《中国乡土小说史》、汪晖的《反抗绝望》等都对《大系》的相关内容有不同程度的借鉴。

三、《大系》编选者的文学审美观与史观差异与作家作品的经典化

我们还是首先看看对乡土小说和乡土作家多有论评的茅盾与鲁迅。作为一位"很入世"的"左翼"作家、批评家,茅盾对乡土作家作品的评价秉持的立场是"社会—历史批评"的标准,偏于考察作者是否能够书写出"全面的"社会人生。无疑,茅盾的批评不可避免地带有二三十年代激进的革命气息和"观念化"倾向,他以马克思主义为指导,注重文学现象的社会分析甚至阶级分析,在"左翼"批评以及现代文学史上具有典型意义。相对而言,鲁迅的择取和评论视野更富有"文学性",更为包容深远。这主要体现在三个层面:一是鲁迅注重每一位作家在艺术上独特的"那一面",二是注重文学作品的思想内涵,三是具有观照世界的眼光。鲁迅在《导言》中分析自己的文学创作,认为《狂人日记》等之所以能够激动青年的心,原因在于新文坛早期"怠慢了绍介欧洲大陆文学的缘故",也就是说,自己的成绩是吸纳了欧洲文学太多营养的结果。当然,《狂人日记》虽然有外来影响,但是"比果戈理的忧愤深广,也不如尼采的超人的迷茫。此后虽然脱离了外国作家的影响,技巧稍为圆熟,刻画也稍加深切,如《肥皂》、《离婚》等,但一面也减少了热情,不为读者们所注意了"[①]。这里边涉及的其实是新文学如何融会世界文学的新质的问题。鲁迅很辩证地看待新文学的初创与成熟,一个方面强调要吸纳域外文学的有益营养,例如《狂人日记》对果戈理与尼采的借鉴;另一方面又指出只有走出"影响",才能够创造出"技巧圆熟"、"刻画深切"的作品。

另外,后来者从《大系》的乡土文学遴选和批评的异见背后,也可以看出当时的文坛论争与派性矛盾,这为后来的文学现象、社团与流派研究提供了特殊的资料和独特的视角。细心的研究者会发现一个颇有意味的现象:《大系》划定的下限年份为1927年,正是"京派"的废名、沈从文走进文坛初期;《大系》编纂时沈从文正红极一时,由其首先发难的"京海论争"正如火如荼。《大系》小说卷对废名作品收录稍多,却有意无意忽略了沈从文。周作人编辑"散文卷",却偏偏收入废名的小说,理由是"也可以做散文读",这当然是出自"偏爱"。阿英打破1927年下限的"史料"卷作品目录和部分简介,在"作家小传"部分,介绍到代表性作家废名和沈从文,相对来讲,介绍废名重在作品,介绍沈从文重在经历;在作品选介中,收录有沈从文的《鸭子》等,算是平分秋色。对废名的"偏爱"可能是因为废名1925年已凭借《竹林的故事》在文坛颇有文名,而沈从文的《鸭子》则出版于1926年且影响不著。

[①] 鲁迅:《中国新文学大系·小说二集》,"导言"第2页,上海文艺出版社(影印本)2003年版。

但是，这似乎只是表象，编选者厚此薄彼的现象还大有深意，起码有两点值得探究。第一，沈从文的自由主义作家身份与"左翼文坛"中人或关系密切者的文学价值观念的冲突。赵家璧统合了 1930 年代文坛的各种力量来编选《大系》，当时沈从文在自由主义作家群中影响日隆，基本上可以认可他是 1930 年代的北方作家群即"京派"的帮主。作为"京派"理论上的主要代表人物，沈从文和朱光潜强调文学与政治和社会的"距离"，追求文学永恒的超脱的艺术美和人性美，这和"左翼"文坛提倡的"文学艺术与无产阶级事业密切相关"形成巨大冲突和对抗，而《大系》的几位编选者如鲁迅、茅盾等多是"左翼"作家阵营的骁将，这自然形成一重隔阂；相对而言，废名的"自由"色彩要淡化得多。第二，由沈从文发难的"京海论争"实际上所批评的"海派"绝非仅仅是"名士才情加商业竞卖"的新感觉派等上海都市文学群体，还指涉扎根上海的"左翼"作家阵营，这更造成了一重间隙。至《大系》出版时，两者之间的论辩与冲突正白热化，以至于 1935 年朱光潜发表《曲终人不见，江上数峰青》时立即引起鲁迅的反感，做《题未定草·七》予以反驳。接着在《大系》出版后的 1936 年 10 月，沈从文发表《作家间需要一种新运动》，指责文坛的"差不多"现象，当然笔下之意在于批评"左翼"文学在题材、内容、风格上的不良现象；茅盾在次年做《关于"差不多"》，反击沈从文将文学的时代性与艺术的永恒性对立起来。这场讨论虽然未能更加理性深入地开展，但却留下了许多值得探索的理论话题，也具有很重要的实践意义。所以，作为"京派"与"左翼"文坛论争中坚人物的沈从文，被这几卷编选者的"集体意志"有意遮蔽是不言自明的。从这些现象我们也可看出整个文学史与思想史的关联。

谈到关注重点的不同或曰偏见，我们从郑伯奇、胡适、朱自清的《导言》也可见一斑。郑伯奇在《〈小说三集〉导言》中对创造社稍有拔高之嫌；胡适的《〈理论集〉导言》有意无意地将"五四"白话文运动、新文学理论建设和新诗写作的功绩"加冕"给"当年的胡适之"，而淡化了陈独秀；朱自清在《大系》诗集的《导言》中认为胡适所倡导的新诗"缺少一种余香和回味"[①]。这其中的偏差既出于文学审美观、史观的差异，更重要的则是随着"五四一代"知识分子的重新分化和组合，其思想意识、文化身份也都产生分歧。胡适出于文化意识形态考量，借重《大系》重新圈定话语权也是理所当然。反过来说，这也是鲁迅、茅盾等在提出"乡土文学"概念以及推出相关作家作品时有意无意为之的。在"左翼文艺"的时代场中，对乡土、农民艺术的强调，本身也是 1930 年代文学嬗变的一个特征。1930 年代"土地革命"的现实基础以及书写农民运动、乡村动荡尤其是"丰收成灾"等大批量乡土小说的出现，也触发了鲁迅、茅盾等在编写"五四"时期的小说时，更加关注到乡土题材或类型的写作。

总的看来，《中国新文学大系》体现出编选者广博的文学视阈、深厚的理论批评功底和不俗的才情与识见，自出版至今，创作界和学术界均将其视为了解"五四"文学的"必读书目"，至今出现了一批有分量的学术研究成果，并使之逐渐经典

---

① 朱自清：《中国新文学大系·诗集》，"导言"第 2 页，上海文艺出版社（影印本）2003 年版。

化,但《大系》与现代乡土文学及其经典化问题的专门性研究成果不多,一般混杂在《大系》的综合研究中,分析也比较粗浅。本文等于在这方面做了一次尝试。实际上,《大系》也为我们分析乡土文学经典化与文化秩序、价值尺度、控制体系等,以及经典建构中美学质素的本质主义与侧重于文化政治的建构主义的关联问题,提供了一个较好的视角,这些是另篇才能展开的内容了。

茅盾与20世纪中国土地革命叙事

阎浩岗

河北大学文学院　河北　保定　071002

摘要：茅盾的乡村叙事与"典范土地革命叙事"有重要差异：他认为20世纪二三十年代中国农业破产、中国农民贫困化只是新近发生的事，其主要原因是外国资本入侵，而非封建土地制度的直接结果。在此之前农民存在通过勤劳而致富的可能性。茅盾笔下的地主有各种性格类型和不同品格特征，他们也是农业破产的受害者，虽然都剥削农民，但并不都是恶霸；即使革命即将或已经到来，农民也并无真正自觉的阶级意识和革命意识，其形象也未被"洁化"。茅盾对暴力革命的态度比较矛盾。茅盾乡村叙事的上述特点源于其自觉的创作追求，就是强调文学反映社会现实的全面性和客观性，文学的主要功能不是直接宣传政治理念、鼓动革命，创作必须以作家本人的生活经验和独立思考为基础。因此，茅盾的乡村叙事除了独特的艺术价值，还具有一定超越政治立场的文献价值。

关键词：茅盾　土地革命　乡村叙事　独特性

20世纪由中国共产党领导的土地革命，是新民主主义革命的基本内容。它包括北伐时期的打倒土豪劣绅、十年内战时期的"打土豪分田地"、抗战时期的减租减息和1946—1952年的土地改革。对此，左翼作家和自由民主主义作家在其作品中都有正面或侧面、直接或间接的反映。

总览有关20世纪中国土地革命的众多叙事文本，笔者认为可将其分为四大类型，即：前土地革命叙事或外土地革命叙事、典范土地革命叙事、非典范土地革命叙事和反典范土地革命叙事。其中最后一类在1949年以后才出现，本文暂不论及，而只说前三类。所谓"前土地革命叙事或外土地革命叙事"，是指土地革命发生以前的乡村叙事或与土地革命运动同时但不以无产阶级革命意识形态为指导、不直接涉及土地革命、不以其为关注焦点的文学叙事文本。所谓"典范土地革命叙事"，是指那种以土地革命运动为主要对象，直接而充分地体现主流意识形态（无产阶级革命意识形态）对中国乡村社会结构、阶级关系的分析和认识，可作为范本向全民普及、借以动员和指导实际革命斗争的文学叙事文本。其基本特征是：（1）充分展示乡村贫富之间的尖锐对立、矛盾不可调和；（2）作品中的地主集恶霸与基层官僚于一身，道德败坏、流氓成性，常常公然违反日常伦理；（3）与之相应，除个别变质分子外，贫苦农民大多品德高尚，人穷志不穷；（4）农民与地主之间的武装冲突不可避免，革命暴力代表民意，大快人心。中国最早的"典范土地革命叙事"文本是华汉的中篇小说《暗夜》。其后则有蒋光慈的长篇《咆哮了的土地》、叶紫的短篇《丰收》和《火》、丁玲的短篇《东村事件》、贺敬之等执笔的歌剧《白毛女》、周立波的长篇《暴风骤雨》；1949—1976年间的土地革命叙事，基本都属于"典范土地革命叙事"，小说中最著名的有高玉宝的中篇《高玉宝》、冯德英的长篇《迎春花》、李心田的中篇《闪闪的红星》、黎汝清的长篇《万山红遍》，以及电影《红色娘子军》、京剧《杜鹃山》等。所谓"非典范土地革命叙事"，是指虽然也以土地革命运动为主要对象、原则上也遵循主流意识形态的基本立场和观点，但由于作者将忠于个人直观感受、客观反映现实、尊重艺术规律置于更重要位置，其内涵有诸多溢出主流意识形态框范之处，具备一定复杂性的文学叙事文本。"非典范"当然是相对"典范"而言。

茅盾是中国共产党最早一批党员之一，是国共合作的大革命的直接参与者，而且是其重要人物，他1928年连载于《小说月报》第19卷第1—3号的中篇小说《动摇》是最早的土地革命叙事文本——其发表时间比华汉的《暗夜》早了一年。但是，茅盾有限的乡村题材小说或涉及乡村的作品均不属于"典范土地革命叙事"。茅盾的乡村叙事与典范土地革命叙事相比有哪些差异？为什么茅盾没有创作典范土地革命叙事文本？这是本文要重点探究的问题。

一、茅盾对农民贫困、乡村破产原因的解释

典范土地革命叙事将农民贫困、乡村破产的原因主要归咎于地主对农民的剥削和压迫，特别是封建的土地制度造成的土地高度集中。农民无地可种或地不够种，因而不得不忍受地主的地租和高利贷剥削，灾荒之年或捐税负担沉重之时，贫佃农无力缴租偿债，才走向绝境。例如，华汉《暗夜》里，当罗妈妈认为自家陷入绝境"只怪得我们的运气"，是"天不保佑"时，老罗伯向她说道：

"这分明是人啊！分明是我们的田主啊！他！他！他！没有他，我们就饿饭也只饿得半年呀！……"[1]

叙事人也认同这种看法：

他分明看见过去的一切艰难和现在的一切困苦，都是他那田主人厚赐他的。假如没有他，在过去他绝对不会那么的困穷，在现在他也绝对不会这样的冻饿。[2]

蒋光慈《咆哮了的土地》的解释与此稍有不同：在革命兴起之前，农民们的生活虽然贫困，但并未陷入绝境。大家对地主的富裕生活都感到羡慕和敬佩；而经过革命发动者的阶级启蒙，青年农民们对地主李敬斋家那座巍然的楼房"不但不加敬慕，而且仇恨了"：

---

[1]《阳翰笙选集》第1卷，四川人民出版社1982年版，第336页。
[2] 同上，第339页。

他们在田野间所受着的风雨的欺凌,在家庭中所过着的穷苦的生活,仿佛这些,他们很模糊地意识到,都是不公道的,不合理的,而这些罪源都是来自那树林葳蕤的处所(指地主家——引者注)……①

茅盾小说对此却有不同的处理。

首先,茅盾认为农业破产、农民贫困化只是近些年的事。因而,它不是封建土地制度的直接结果。《春蚕》里,老通宝

他记得自己还是二十多岁少壮的时候,……那时,他家正在"发";……"陈老爷家"也不是现在那么不像样的。……并且老陈老爷做丝生意"发"起来的时候,老通宝家养蚕也是年年都好,十年中间挣得了二十亩的稻田和十多亩的桑地,还有三开间两进的一座平屋。这时候,老通宝家在东村庄上被人人所妒美,也正像"陈老爷家"在镇上是数一数二的大户人家。可是以后,两家都不行了;老通宝现在已经没有自己的田地,反欠了三百多块钱的债,"陈老爷家"也早已完结。②

作品交代老通宝是"六十岁",他"二十多岁"的时候是三十多年前,即民国建立以前的晚清时代。《秋收》里又有一段:

他想到三十年前的"黄金时代",家运日日兴隆的时候;……③

这里的"三十年"该不是确指。但将老通宝一家"黄金时代"的时间定在清末,当无问题。

其次,他认为农村破产、农民贫困的终极根源是外国资本入侵。

老通宝家当年是全凭勤俭辛劳致富:"他的父亲像一头老牛似的,什么都懂得,什么都做得";尽管人们传说他祖父从"长毛"那里偷得许多金元宝,但"他确实知道自己家并没得过长毛的横财";"老通宝虽然不很记得祖父是怎样'做人',但父亲的勤俭忠厚,他是亲眼看见的"。④

在原先、在清末的时候、在同样的土地制度下,穷人勤劳可以致富;那么,近些年怎样就"不行了"呢?不论按老通宝的直感,还是按小说叙事人的暗示,那最重要的原因就是外国资本的入侵。小说多次写老通宝反感一切带"洋"字的东西,这不仅是盲目排外心理所致,而更多有现实功利因素在内:外国资本(日本丝)入侵导致中国蚕丝业受挤压濒于破产,这是老通宝一家养蚕丰收反而赔本的主要原因或终极原因。除此之外,作品也侧面间接写到中国丝厂主和茧商为苟延残喘而操纵叶价和茧价、加倍剥削蚕农的行为。《秋收》将农民副业方面的"丰收成灾"移到

---

① 《蒋光慈文集》第2卷,上海文艺出版社1983年版,第158~159页。
② 《茅盾全集》第8卷,人民文学出版社1985年版,第313~314页。
③ 同上,第352页。
④ 同上,第314页。

了农业方面,由"养蚕赔本"换成了"谷贱伤农",而这次的直接罪魁是"镇上的商人":他们"只看见自己的利益,就只看见铜钱",①在农民即将收获时拼命压低米价。这样,尽管大自然仍然没有过分为难农民(没有自然灾害),农民们还借助了代表西方现代科技的肥田粉和"洋水车",秋稻也获得大丰收,粮农们还是难免贫困破产。懂些经济原理的读者会想到:粮商的"天职"就是靠粮食差价获利,让他们凭良心定价不太可能,那么按当时情况来说,对于农民丰收反而破产负主要责任的,是政府,是国家:政府没有利用官仓调控平抑物价,扶助农民,放任外国资本与本国工商业者对农民的盘剥,导致"田里生出来的东西就一天一天不值钱,而镇上的东西却一天一天贵起来"。②

二、茅盾笔下的地主和农民

如前所述,地主的恶霸化是典范土地革命叙事的基本特征之一。大家熟知的黄世仁、韩老六、周扒皮、胡汉三和南霸天都是恶霸地主的典型。即使是大家不太熟悉的《暗夜》《咆哮了的土地》《丰收》《东村事件》等作品,也都将王大兴、钱文泰、李敬斋、何八爷、李三爹、赵老爷等强取豪夺、道德败坏的恶霸作为地主阶级的代表人物。

而在茅盾的乡村叙事中,地主并非都是恶霸。可以说,除了《子夜》中出场不多的曾沧海,他小说和散文写到的地主都不是恶霸。作品中地主与农民的关系也未必是尖锐对立、不可调和,非暴力不能解决问题。"农村三部曲"里,自耕农老通宝一家与住在镇上的地主陈老爷家是世交,老通宝遇到困难时向小陈老爷求助还能得到应允。作品中还提到一个高利贷者——镇上的吴老爷。但放贷和借贷都出于自愿,老通宝去借贷还需托亲家张财发说情,而吴老爷也肯通融,只要二分半月息。可见此人虽非善人,但也并非恶棍。《残冬》中有一个不曾出场的张财主,此人虽有恶名"张剥皮",但他的恶行仅限于不许人偷他祖坟上的松树、将骂他的李老虎捉去坐牢,并无公然欺男霸女、巧取豪夺之举。散文《老乡神》中的老乡神虽是作者讽刺的对象,但作者仅限于讽刺其喜欢无聊地恶作剧,想要弄别人最后却被别人耍弄。如前所述,茅盾并未将农民贫困的原因仅仅归结为地主剥削压迫、品德恶劣。

茅盾的客观描绘显示出,地主也是农村破产的受害者。"典范土地革命叙事"为凸显暴力革命的不可避免性和必要性,常常将农民的饥寒交迫、难以生存与地主的花天酒地、挥霍无度对比来写。而在茅盾笔下,由于危机根源在乡村之外,乃至在国门之外,乡村衰落、濒于破产是整体性的。茅盾虽然没有致力写地主的破产,但不回避对地主受到冲击挤压、生活状况下降的表现,某种程度上也写出了地主的苦衷与无奈。《春蚕》里,"陈老爷家"与老通宝家一样,"两家都不行了"。"老陈老爷也是很恨洋鬼子,常常说'铜钿都被洋鬼子骗去了'。"《微波》写地主李先生为避匪患和躲教育公债摊派,到上海做寓公。作者从地主角度写:

---

① 《茅盾全集》第8卷,人民文学出版社1985年版,第367页。
② 同上,第316页。

可是,"绑票"的恐怖还没闹清楚,另一件事来了:那一年的教育经费没有着落,县里发了教育公债,因为李先生是五六百亩田的大主儿,派到他身上的债票是一千。这可把李先生吓了一大跳。近来米价贱,他收了租来完粮,据说一亩田倒要赔贴半块钱,哪里还能跟六七年前相比呀!①

这李先生最恨的是奸商,因为他们"私进洋米,说不定还有东洋货"。小说最后,得知中国兴业银行倒闭,"李先生的全部财产,每月的开销,一下子倒得精光",李先生决定明天就回乡下去催租。这揭示了地主催租有时也出于势不得已。

当然,作为左翼作家、革命作家,茅盾不会将作品主题定为替地主剥削辩护:《微波》一开头,寓居上海的李先生尽管感叹"穷了",他们家开晚饭时还是"一碗红焖肉,一盘鱼,两个碟子:紫阳观的酱菜和油焖笋",与饥区灾民生活形成反差。

茅盾并不否认恶霸型地主的存在,但只将其视为诸种地主类型之一,并不将"恶霸"品行当作地主的本质,不将"地主"与"恶霸"两个概念画等号。在《子夜》中,他分别塑造了曾沧海、冯云卿和吴老太爷三个不同类型地主的形象:曾沧海靠放高利贷盘剥农民,侵吞其地产,还强占农民妻子阿金,与官府勾结,动不动就以抓人关人相威胁,属于恶霸。吴老太爷则是个保守迂腐的封建遗老:虽然他年轻时也满脑子维新和革命思想,老来却信奉"万恶淫为首,百善孝为先",自认是"积善"之人。冯云卿也像曾沧海一样靠放高利贷起家,但他并非凶相外露的恶霸,而是个"笑面虎",用的是诈取巧夺的"长线放远鹞"方式,而非强取豪夺的恶霸方式。不论积善者、伪善者还是恶霸,地主都受到乡村破产、农运迭起、盗匪横行的冲击,逃进了都市。

与地主形象相应,茅盾小说中的农民也很平常,没有一个带有理想色彩、体现出自觉革命意识的形象。革命漩涡之外的老通宝自不必说,即使是《泥泞》里被卷进漩涡的黄老爹父子,也是懵懵懂懂。他的两个儿子对革命的认识颇类似于阿Q。《当铺前》里的灾民只让人感到可怜。《水藻行》里的财喜虽然外形高大,也敢作敢为,但与堂侄媳偷情,毕竟对堂侄有愧;《残冬》里的多多头、《子夜》里的阿二和进宝,也只是自发抗争或个人复仇。茅盾小说里的穷人并非都"人穷志不穷":阿金被曾沧海强占,就不是像白毛女一样反抗,而是贪恋富贵,还与地主少奶奶互相争风吃醋。

对于茅盾作品的上述特点,作品发表不久就有教条主义的左翼批评家予以指责。一个署名罗浮的在《评〈春蚕〉》一文中认为,"苛税杂捐商人,地主,高利贷等的剥削,是农村崩溃的很重要的原因",而作者对此一笔带过,没有展开具体描写;"这里农民的阶级意识,也是写得非常淡薄非常微弱,非常模糊的";②朱明则批评茅盾只写落后农民,"而对现代农民的斗争完全不闻不问,连一点感想也没有"。③丁宁的观点与罗浮近似,即,认为茅盾没有正面描写苛捐杂税以及高利贷者、土豪

---

① 《茅盾全集》第9卷,人民文学出版社1985年版,第29~30页。
② 罗浮:《评春蚕》,《文艺月报》1933年第1卷第2号。
③ 茅盾:《回忆录·〈春蚕〉、〈林家铺子〉及农村题材的作品》,《茅盾全集》第34卷,人民文学出版社1997年版,第533页。

劣绅对农民的敲诈剥削,这是其缺点。① 茅盾本人对这些指责颇不以为然。在其晚年撰写的回忆录中,他一方面礼貌地对这些批评家的"忠告"表示感谢,另一方面又强调理性认识必须转化为感性认识、转化为自己的思想方法,强调作家实际生活经验的重要性,反对批评家在没有相同或相似生活经验的情况下,单凭书本知识判定作品的真实性。② 在茅盾写"农村三部曲"的1930年代和写回忆录的1970年代末的语境中,以他的身份,他当然不可能直接否定封建剥削与农民贫困化之间关系的重要性,但他是凭自己在经验和直观感受基础上的独立思考来写。他对叙述重点的选择本身,就说明了其思想观点和艺术表现的独特性。

三、茅盾对暴力革命的态度

土地革命是一种暴力革命。毛泽东关于"革命不是请客吃饭","革命是暴动,是一个阶级推翻一个阶级的暴烈的行动"③的著名论述,针对的就是农民运动和土地革命。早年热衷于社会政治活动、成为专业作家后仍密切关注和跟踪政治动态、晚年仍属政界人物的茅盾,自然不可能无视这种革命的暴力特征。但是,茅盾虽然与毛泽东一样属于政治关怀与文人气质交融的人格类型,但他的气质里似乎文人成分多于政治成分,当革命进入最暴烈的阶段、各种血腥场面触目惊心时,茅盾被震撼了,从而对暴力的必要性有所"动摇",对暴力的副作用及其后果格外关注。他的小说《动摇》表现了对暴力革命残酷性的震惊,并非旗帜鲜明、立场坚定地宣传暴力革命的必要性与合法性。特别是小说第十一章表现方罗兰内心活动的那段自由直接引语:

> 正月来的账,要打总的算一算呢!你们剥夺了别人的生存,掀动了人间的仇恨,现在正是自食其报呀!你们逼得人家走投无路,不得不下死劲来反抗你们,你们忘记了困兽犹斗么?你们把土豪劣绅四个字造成了无数新的敌人;你们赶走了旧式的土豪,却代以新式的插革命旗的地痞;你们要自由,结果仍得了专制。所谓更严厉的镇压,即使成功,亦不过你自己造成了你所不能驾驭的另一方面的专制。④

这段话虽可解释为作者对人物的批评,但读者读后的一般直接感受却是作者价值立场与这一人物区分并不明显。王晓明就认为"作者……却常常还是在用方罗兰的眼光,甚至是一个贴着墙根行走的弱女子的惴惴然的眼光,打量着那些残酷的斗争场面"。⑤ 经历过暴风骤雨式革命的人,对此当更有别样体会。

---

① 茅盾:《回忆录·〈春蚕〉、〈林家铺子〉及农村题材的作品》,《茅盾全集》第34卷,人民文学出版社1997年版,第535页。
② 同上,第537~539页。
③ 毛泽东:《湖南农民运动考察报告》,《毛泽东选集》第1卷,人民出版社1991年版,第17页。
④ 《茅盾全集》第1卷,人民文学出版社1984年版,第246页。
⑤ 王晓明:《惊涛骇浪里的自救之舟——论茅盾的小说创作》,《二十世纪中国文学史论》第2卷,东方出版中心1997年版,第269页。

由于《动摇》写的是小县城里的故事,茅盾真正的乡村叙事始于1929年4月发表于《小说月报》第20卷第4号的短篇小说《泥泞》。茅盾这类作品产生的年代大致与华汉、蒋光慈的"典范土地革命叙事"文本差不多,加之他借为《地泉》三部曲作序直接表达过对华、蒋等人创作方法的看法,所以,我们可以将茅盾的乡村叙事视为"典范土地革命叙事"文本的直接互文本。也就是说,茅盾是有意创作不同于后者的作品。如果说"典范土地革命叙事"体现的是毛泽东对农民运动、对暴力革命的基本观点,那么茅盾通过《动摇》和《泥泞》等作品表现出的,是与之有别的观点和立场。茅盾在世时,由于时代语境的缘故,他本人对此一方面自我辩解或检讨,另一方面又否认或避讳。

《泥泞》虽然正面描写了北伐大潮中的农民运动,但却是以反思乃至解构的笔调予以描述:贫苦农民黄老爹和他的两个儿子老三和老七懵懵懂懂被裹挟进了革命。一伙穿灰色军衣的兵让黄老爹为新成立的农民协会写"花名册",他的正打光棍、处于性饥渴状态的两个儿子觉得"有趣",遂抱着"共妻"的幻想,也不明所以地参加了农会活动。不料,几天后这拨搞农运的兵突然撤离,村里新来一批与前一批兵打着一样旗帜而只是"号数不同"的北方口音的军队,他们将正在生病的黄老爹抓起,问明他为农会干过哪些事后,就将其与儿子老三一起枪毙了。老七因碰巧在外,幸免于难。大兵在杀了黄家父子、征发了村民的猪和谷等财物之后,村里又"复归原状",因没有新的恐怖,村民们"都松一口气"。按这篇小说的叙事逻辑,"打倒土豪劣绅"的农民运动只是暂时吓跑了乡董和保正,并未给农民带来任何好处,农民们甚至不知道为什么要革命。黄家父子阿Q似的糊里糊涂丢了性命。小说开头所写战斗过后"门外有一具赤条条的女尸,脸色像猪肝,一只小脚已经剁落",令人联想到前一年发表的《动摇》中的类似描写。茅盾的乡村革命叙事突出了与暴力伴随的恐怖。作品没有对农民土地需求的任何交代,只有"活无常"几句牢骚涉及土地:"说得好听,都是哄人的!咱连一片泥也没见面,说什么田!……"小说也没塑造一个品质恶劣、横征暴敛的土豪恶霸或官僚形象,作品里的农民麻木愚昧,没有任何觉悟,那些来发动他们的女兵们也并未真正对他们进行阶级启蒙。所以,和《动摇》一样,《泥泞》只是大革命漩涡中乡村生活的客观记录,不能起直接宣传鼓动革命的作用。

四、茅盾创作追求与其乡村叙事的关系

茅盾乡村叙事与"典范土地革命叙事"的差异,是其有意识的创作追求。

茅盾虽然关注政治、靠近政治,但他认为文学的主要功能不是直接宣传政治理念,而是客观全面地反映社会实际状况、科学地剖析社会肌理,并以真正艺术的方式予以表现。在《〈地泉〉读后感》中,茅盾提出作家"要用形象的言语、艺术的手腕来表现社会现象的各方面",换句话说,一是"社会现象全部的(非片面的)认识",二是"感情的地去影响读者的艺术手腕"。茅盾所强调的这两点,与"典范土地革命叙事"将宣传鼓动性置于作品功能首位的创作宗旨有着重要差别。茅盾批评蒋光慈、华汉等人小说存在的"脸谱主义",即"许多革命者只有一张面孔","许多反革命者也只有一张面孔",认为这是因作者"缺乏感情的地去影响读者的艺术

手腕",笔者则以为,这固然与艺术表现技巧有关,其根本原因却在于创作宗旨:"典范土地革命叙事"作品为了直接宣传鼓动旨在推翻地主阶级的暴力革命,势必突出强化地主与农民之间的矛盾,将其作为乡村社会的主要矛盾,并突出地主个人品行方面的恶劣,将农民形象作为正面形象塑造、彰显其正义的一面。那些不利于表现这种主题的生活侧面,就统统被"净化"掉,或予以改写、修正。茅盾的乡村叙事则强调理性"分析",将中国社会作为"研究"的对象。这种"分析"和"研究"的态度,决定了他重视对社会及其各个阶级阶层、各种类型人物认识的"全面"性,即把不同人物都作为具体的个体生命看待,即使是"反革命者",也要"将他们对于一件事的因各人本身利害不同而发生的冲突加以描写"。这样,就不会出现"一个阶级只有一种典型"的现象。茅盾塑造了小陈老爷、吴老太爷、曾沧海、冯云卿、李先生、老乡神等不同类型的地主形象,避免了"许多反革命者也只有一张面孔"。他还反对"把革命者和反革命者中间的界限划分得非常机械"。① 而将革命、反革命阵营表现得阵线分明,正是"典范土地革命叙事"的共同特征。

除了强调客观分析,茅盾还反对完全脱离作家个人感性经验的抽象主题表达。他曾说,他的创作受左拉和列夫·托尔斯泰两个人的影响。他认为这二人的作品都是"现实人生的批评和反映",区别在于左拉是"冷观的",托尔斯泰是"热爱人生"。他说"我爱左拉,我亦爱托尔斯泰","可是到我自己来试作小说的时候,我却更近于托尔斯泰了"②。那指的是《蚀》三部曲的创作,指的是这三部作品倾注了作者更多的切身体验和情感因素。茅盾毕生大部分小说的主调是客观冷静的剖析,这分明是左拉式的。与左拉不同的是,茅盾更重视用"社会科学"而非生理学或病理学分析现实(尽管其早期小说有"自然主义"成分)。不论是左拉,还是托尔斯泰,他们的创作宗旨在于对社会的"批评和反映",而非宣传与鼓动,这是肯定无疑的。在接受马列主义后,茅盾的世界观有了变化,其创作思想却保持一贯性。这正是茅盾的可贵之处。因此,他虽为左翼作家,但他包括《蚀》、《春蚕》和《子夜》在内的优秀作品却具备了超越政治立场的价值。写实性的"农村三部曲"在发表之初被左翼批评界某些人指为未能"在杂多的现实中,去寻出革命的契机","纯客观主义的态度,是不断的妨害了作者",③而在今天看来,正因讲究反映现实的全面性、客观性,他的乡村叙事才既具有1920年代"乡土小说"及1930年代非左翼作家及其他左翼作家作品所不具备的社会科学视野,又不似"典范土地革命叙事"那样内涵单一片面。所以,除了独特的艺术价值,这些作品还具备一定的文献价值。

由于并不以直接鼓动暴力革命为创作宗旨,而将客观剖析中国乡村社会结构、反映实际社会状况当作自己艺术追求的目标,茅盾也写到了阶级矛盾、政治冲突之外的乡村世界。他另一篇近年引起研究者注意的乡村叙事作品《水藻行》(1937年5月以日文发表于东京《改造》第19卷第5期,中文原文1937年6月初刊于上海《月报》第1卷第6期)虽然写到官府和地主对农民的压迫剥削——筑路

---

① 茅盾:《〈地泉〉读后感》,《阳翰笙研究资料》,中国戏剧出版社1992年版,第331~333页。
② 茅盾:《从牯岭到东京》,《茅盾全集》第19卷,人民文学出版社1991年版,第176页。
③ 凤吾:《关于"丰灾"的作品》,《申报·自由谈》1933年7月29日。

的徭役，陈老爷家的利息，催粮、收捐和讨债，以及陈老爷儿子的免征，但叙事者关注的焦点、表现的重点却非地主和农民的矛盾，而是农民内部的伦理冲突。他集中写于1933—1934年间的其他小说和散文，分别记述了当时中国乡村生活的另外一些侧面，比如自然灾害带来的灾荒，灾民抢米、挖城居地主祖坟以求财，抽水机的引入及实际运用时的困难（《当铺前》、《大旱》、《戽水》、《阿四的故事》）；洋蚕种与外国肥田粉占领中国农村市场（《陌生人》）；城乡差异，小火轮对农田的危害，"可怜相"的"土强盗"的产生（《也算是〈现代史〉罢》、《乡村杂景》）等。

许多人单知道茅盾在写作小说特别是长篇小说之前总是先有一个比较明确的主题，并因此指其为"主题先行"的始作俑者，但却忽略了重要一点，就是茅盾也重视生活经验和作家个人的独立思考，他作品的主题是在自己生活经验基础上通过独立思考得来的。他在总结自己《三人行》创作失败的教训时说："徒有革命的立场而缺乏斗争的生活，不能有成功的作品。"[1]因此他很看重相关生活经验的积累利用。仍以其乡村叙事为例：茅盾生于城镇，成长和工作于京沪等大都市，没有较长时间乡村生活的经历，不属于"乡土作家"。他知道自己在书写乡村方面有短处，就尽量调动自己已有的感性经验：从小与农民有接近，一些农村亲戚常来沈家，诉说自己的所思所感与所痛；他幼时祖母接连三年养过蚕，他对于养蚕"有较丰富的感性知识"。[2] 这使其对乡村的描写并不乏细腻生动之处。所以，就连对其有明显政治偏见的夏志清，也赞赏《春蚕》是"唯一接近摆脱无产阶级文学传统束缚的短篇小说"，说它"不但是茅盾的杰作，同时也是无产阶级小说中出类拔萃的一个代表作"。[3]

---

[1] 茅盾：《〈茅盾选集〉自序》，《茅盾全集》第24卷，人民文学出版社1996年版，第207页。
[2] 茅盾：《回忆录·〈春蚕〉、〈林家铺子〉及农村题材的作品》，《茅盾全集》第34卷，人民文学出版社1997年版，第524~525页。
[3] ［美］夏志清：《中国现代小说史》，刘绍铭译，传记文学出版社1979年版，第183页。

商务印书馆的用人机制与茅盾的成名之路

余连祥

湖州师范学院　浙江　湖州　313000

1916年8月28日,刚满20岁的茅盾进入中国最大的出版机构商务印书馆。

北京大学预科生茅盾,凭着商务印书馆北京分馆经理孙伯恒的介绍信,顺利见到总经理张元济。张元济1916年7月27日《日记》"用人"项载:"伯恒来信,卢鉴泉荐沈德鸿。复以试办,月薪廿四元,无寄宿。试办后彼此允洽,再设法。"[①]

张元济征得茅盾同意,把他安排在编译所英文部。茅盾的饭碗属"试办"性质,并不稳固。"彼此允洽"应有两层含义:一是茅盾与商务"彼此允洽",二是财政部公债司与商务北京分馆在承印公债证券方面"彼此允洽"。

商务编译所的编辑和翻译,大体上有三类:第一类是传统科举功名出身的知识分子,以张元济、高梦旦、杜亚泉、庄俞、蒋维乔为代表;第二类是海归,以陈承泽、邝富灼、郑贞文、周昌寿、蒋梦麟、杨端六为代表;第三类是国内新式学校的毕业生,以茅盾、郑振铎、叶圣陶、胡愈之为代表。[②] 茅盾进馆时,编译所的骨干属前两类,茅盾他们这一批是在"五四"新文化运动中崭露头角的。

茅盾从1916年的"试办生",到1921年出任革新后《小说月报》的主编,前后只用了短短五年时间。茅盾的迅速成长,一方面固然是其天赋与勤奋,另一方面也得益于商务印书馆这一良好的舞台。本文主要从如下三个方面探讨茅盾的成名之路与商务印书馆的用人机制。

一、商务印书馆全面激发了茅盾多方面的潜能

初进商务,茅盾被安排在英文部新近设立的"英文函授学校",修改学生寄来的课卷。"英文函授学校",实际名称为"英文函授学社",张元济亲自兼任社长,周越然负责日常事务。该社创办才半年,只有初级和中级两班,高级班讲义尚在编写。学生程度不高,茅盾每天改几本卷子,工作很轻松。与茅盾同住一舍的谢冠生,属"辞典部"。茅盾从他那里看到了当时正在发行的《辞源》。《辞源》由江苏武进人陆尔逵(炜士)主持编纂,历时8年,前后参加者近50人,耗资13万元,于1915年10月初版。《辞源》汲取外国辞书的长处,在国内首创以单字为词头、下列词语的体例;既收古语,也收录新词,在一定范围内反映了世界学术成果。茅盾翻阅《辞源》后,忍不住给张元济写了一封信。"这封信开头赞扬商务印书馆的出版

[①] 《张元济日记》上册,商务印书馆1981年版,第92~93页。
[②] 张学继:《出版巨擘——张元济传》,浙江人民出版社2003年版,第68~69页。

事业常开风气之先,《辞源》又是一例。次举《辞源》条目引出处有'错认娘家'的,而且引书只注书名,不注篇名,对于后学不方便。最后说,许慎《说文》才九千数百字,而《康熙字典》已有四万多字,可见文化日进,旧字不足应付。欧洲文艺复兴以来,文化突飞猛进,政治、经济、科学,三者日产新词,即如本馆,早已印行严译《天演论》等名著,故《辞源》虽已收进'物竞天择'、'进化'诸新词,但仍嫌太少。此书版权页上英文为《百科辞典》,甚盼能名实相符,将来逐年修改,成为真正的百科辞典。"①

茅盾一时冲动写了这封便笺性质的信,交给茶房头目通宝,随同编译所每日应送请经理过目或核示的诸文件专差送去。当天晚上,谢冠生就对茅盾说:"你那封信,总经理批交辞典部同事看后送请编译所所长高梦旦核办。"张菊生不愧是识才、爱才、用才的伯乐,从寥寥二百余字的信中看出了这位"试办"者的学识,指示高梦旦调他到更能发挥才能的岗位上去。

次日上午,高梦旦叫茅盾去谈话。他称赞了茅盾的信,说总经理希望茅盾能到重要的岗位上去历练。商请茅盾与孙毓修合作译书。孙毓修为编译所的高级编辑,1909年起在国文部主编《童话》丛书。茅盾小学时所获的奖品中就有孙毓修编译的童话《无猫国》。高梦旦其实是让茅盾做孙毓修的助手,所谓"合作译书",实际上是"续译"。卡本脱的科普畅销书《人如何得衣》,孙毓修已译了三章,让茅盾接着译下去。茅盾看了孙毓修自称"与众不同"的译文,才知道孙毓修是用骈体文意译的,并不高明。他仿其文笔,续译完全书,孙毓修不核对原文,略作修改,便交给高梦旦付印。茅盾于年底前又独自译完了卡本脱的《人如何得食》和《人如何得住》。

1917年上半年,孙毓修与茅盾商定,要"编一本开风气的书,中国寓言"。茅盾十分中意商务涵芬楼丰富的藏书,乘编选《中国寓言初编》之机,系统地阅读先秦诸子、两汉经史子部等典籍。大半年后,该书编定,孙毓修写了一篇并不高明的骈四俪六的序。《中国寓言初编》于1917年初版,版权页上写"编纂者桐乡沈德鸿,校订者无锡孙毓修",两年内印了三版。

综上所述,茅盾这一助手其实并不好当,译书要懂英文,译文甚至还要用骈体文,编辑《中国寓言初编》更需要古文功底。好在茅盾中西皆通,能胜任这一"助手"的角色。

不久,茅盾又兼任了另一"助手"。

茅盾利用业余时间译述了英国威尔斯之科学幻想小说《三万年后孵化之卵》投给《学生杂志》。主编朱元善自1917年1月20日起,分3期登完了该小说。这篇用文言译述的小说是茅盾在报刊上发表的第一篇译作。当年朱元善主编《教育杂志》、《学生杂志》和《少年杂志》,正缺人手。他向高梦旦提出,要调茅盾到他那个部门去当助手,助编《学生杂志》。孙毓修借口还要茅盾编辑《中国寓言续编》,不肯放,经协商,自8月起,茅盾半天做孙毓修的助手,半天帮助朱元善审阅《学生

---

① 《茅盾全集》第34卷,人民文学出版社1997年版,第123页。

杂志》的投稿。

孙毓修并没有要茅盾续编中国寓言,而是要求帮他编写童话。孙毓修编译的童话富有生活情趣,语言优美且图文并茂,深受读者喜爱,茅盾称他为"中国有童话的开山祖师"。从1917年下半年起,茅盾陆续编写了17册《童话》共27篇,加上收入郑振铎接编的《童话》中的《第十二个月》,共28篇。从载体上看,可分童话和故事两类,大都属编译和改写性质,用的是古代白话小说的通俗笔法。其中《寻快乐》、《风雪云》、《学由疑得》和《书呆子》等童话和故事,是茅盾自己创作的。由此可见,茅盾最早发表的文学作品为儿童文学。《书呆子》写一个贪玩的学生万尔,到表哥家玩,正赶上养蜂人王老儿给蜜蜂"分房",自告奋勇去帮忙,却越帮越"忙",险些闯了大祸。正当王老儿慌乱之际,人称"书呆子"的南散赶到,用书上看来的"分房"知识,指导王老儿将两个蜂王先后丢入两个新蜂房,万尔身上的蜜蜂都随蜂王飞进了新蜂房。从此万尔对南散十分尊敬,向同学讲述南散用科学知识"救"自己的故事,不少学生也像南散那样,成了爱学习的人。该故事生动有趣,是一篇寓教于乐的儿童文学佳作。

助编《学生杂志》伊始,茅盾的工作主要是处理在校学生的投稿,编辑文言的游记、诗、词。朱元善是一个趋时的编辑,订阅陈独秀主编的《新青年》。该刊1917年初发表胡适的《文学改良刍议》和陈独秀的《文学革命论》,举起了"文学革命"的大旗。朱元善打算以《学生杂志》小试改革,先从社论开始。茅盾应朱元善的要求,写了社论《学生与社会》,发表在1917年12月号的《学生杂志》上。这是茅盾的第一篇论文。朱元善对其社论很中意,要求茅盾再写。1918年正月号的《学生杂志》上又发表了他的《一九一八年之学生》。社论对学生提出三点希望:革新思想、创造文明和奋斗主义。当年商务众杂志中唯有《学生杂志》对《新青年》倡导的新文化运动作了微弱的呼应。

在商务涵芬楼图书馆的英美旧杂志中,茅盾发现了《我的杂志》(My Magazine)和《儿童百科全书》(Children's Encyclopaedia),是两种供中学生阅读的通俗读物。《三万年后孵化之卵》就是从这两种杂志上找出来的。1918年《学生杂志》上继续刊登科学小说,发表了茅盾与弟弟沈泽民合译的《两月中之建筑谭》以及科普读物性质的《理工学生在校记》。茅盾还根据上述两种旧杂志上若干篇成功者的传记和轶事,编写了励志读物《履人传》和《缝工传》,赞美大丈夫贵自立,也在《学生杂志》上连载。

与此同时,茅盾努力自学外国文学。编译所图书馆里英文书很多,比较系统的是全套的《万人丛书》(Everyman's Library)和《新时代丛书》(Moden Library),其中有英文原版的文学名著以及从希腊、罗马直到当代文学名著的英译本。茅盾除了借阅文学名著,还通过美国的"伊文思图书公司"和日本的丸善书店订购文学名著。他及时把自己的研究所得介绍给中学生。1919年第二、三期《学生杂志》上发表了《萧伯纳》,第四、五、六期连载了《托尔斯泰与今日之俄罗斯》。茅盾称后者是其第一篇文学论文。尽管论点幼稚,但茅盾的这两篇长文,较为详细地向中国读者介绍了萧伯纳和托尔斯泰。

二、商务的"趋时"成就了新派编辑家茅盾

1919年"五四"运动爆发。由于茅盾的母校北京大学在这次运动中居于中心地位,而两年多来鼓吹新文化的《新青年》却正是北京大学的教授们所主持,这让茅盾发生彼此联想。从此,茅盾更加自觉地购阅《新青年》,并努力投身到新文化运动中去。胡愈之是当年商务印书馆《东方杂志》的编辑,与茅盾同事。他在《早年同茅盾在一起的日子里》一文中回忆道:

在上海只有《时事新报》的《学灯》,后来是《民国日报》的《觉悟》接受了白话文。那时茅盾同志用各种的笔名在《学灯》上写的白话文的短文和译稿。但是新文学运动的主要的提倡者,仍然是《新青年》杂志。记得当时每逢新的一期《新青年》杂志在日报上登了出版广告,我在下班以后就匆忙到棋盘街群益书局去零买一本,以先睹为快。我总是在群益书局遇到雁冰同志,但是在编译所内部我们绝口不谈《新青年》和白话文的事。因为直至一九一九年为止,商务印书馆的刊物仍坚持用文言文,反对用白话文。①

当年商务众杂志主编中,要数《东方杂志》主编杜亚泉最保守。他在《东方杂志》上撰文反对新文化运动。1918年9月和次年2月陈独秀连续两次在《新青年》上著文,严厉质询和驳斥《东方杂志》主编杜亚泉。胡愈之作为杜亚泉手下的青年助编,只能偷偷购阅《新青年》。

在"五四"新文化运动的影响下,茅盾专注于文学,翻译和介绍了外国文学作品,《学生杂志》是他投身新文学运动的第一个园地。他在馆外开辟的第一个园地则是《时事新报》的副刊《学灯》。契诃夫的短篇小说《在家里》是茅盾第一次用白话文翻译的小说,且尽可能忠实于英文译本。《在家里》发表于1919年8月20~22日《时事新报·学灯》,署名"冰"。茅盾在《时事新报·学灯》上用笔名"雁冰"、"冰"等发表外国文学译作,介绍外国作家,很快得到总编辑张东荪的赏识。

1918年3月,研究系报纸《时事新报》聘张东荪为总编辑。他上任伊始,就创办了《学灯》副刊。该副刊与《晨报副刊》、《京报副刊》、《民国日报》的副刊《觉悟》,被誉为"五四"时期倡导新文化运动的四大报纸副刊。1919年在北京创办《解放与改造》杂志,张东荪任总编辑。次年改名为《改造》。1920年与梁启超等成立"共学社",编译图书,由商务印书馆出版共学社丛书。

茅盾应张东荪约稿,为《改造》编译了《罗塞尔〈到自由的几条拟径〉》,介绍无政府主义、社会主义和工团主义,又从尼采的《查拉图斯特拉如是说》中选译了《市场之蝇》。茅盾欣赏尼采"重新估定一切价值"的反传统思想。该刊也刊登茅盾翻译的外国文学作品,如象征主义戏剧大师梅特林克的五幕短剧《丁泰琪之死》。

茅盾在新文化运动中崭露头角。张东荪甚至邀请茅盾代理了两三个星期的

---

① 1981年4月25日《人民日报》。

《时事新报》主笔,很想拉茅盾一起编《时事新报》。不过茅盾并没有入伙,一如既往,积极为《时事新报》和《改造》撰稿。

刊物在商务出版物中占有重要的地位。然而,到了"五四"时期,商务与时代之间的落差使商务面临的形势十分严峻,某些出版物与新文化运动的反差太强烈了。这种反差引起新文化界的强烈不满,罗家伦在北大的《新潮》杂志发表《今日中国之杂志界》一文,公开点名批评商务版杂志。这种反差也导致商务的美誉度下降,营业日见衰退:商务版教科书的发行量迅速下滑,杂志销售数量也由1917年的14.6万册减少到1918年的11.6万册,到1919年初商务积压和滞销的书刊多达60万册。这就说明商务出版物已无法满足新一代青年学子的期待视野。

穷则思变。张元济毕竟是识时务的俊杰。经过一番筹划,商务先拿最保守的杜亚泉开刀。自1920年起,由晚清著名督抚陶模的儿子陶保霖接替"只能维持现状"的杜亚泉出任主编。由于发行量下降,上司不满,其他杂志主编也明显感到了压力。1919年11月初,身兼《小说月报》与《妇女杂志》主编的王莼农忽然找到茅盾,说是《小说月报》下一年起将用三分之一的篇幅提倡新文学,拟名"小说新潮"栏,商请茅盾主持这一栏的实际编辑事务。王莼农办革新《小说月报》的意图来自上峰,他要发挥茅盾译介外国文学之所长,让"小说新潮"栏专登翻译西洋的小说或剧本。

此时的茅盾在商务仍有两摊工作,即助编《学生杂志》和作孙毓修的助手。王莼农与孙毓修商量好,茅盾可以不管《四部丛刊》的工作,朱元善也卖王莼农的面子,同意茅盾主持"小说新潮"栏。茅盾不好再推托,同意帮王莼农主持"小说新潮"栏。

1920年第1期《小说月报》推出茅盾起草的《"小说新潮"栏宣言》,明确提出"刊中刊"的新文学主张。茅盾在《宣言》中指出,"为将来自己创造先做系统的研究打算,都该尽量把写实派自然派的文艺先行介绍"。茅盾希望中国的新文学能在系统译介、研究和吸收的基础上,实现与世界文学的"接轨"。

"小说新潮"栏作为"刊中刊",版面有限,茅盾只能"螺蛳壳里做道场",尽量把它办得有声有色。然而,新潮的"刊中刊",对于守旧的《小说月报》来说,犹如一块破烂衣服上的新补丁,更加反衬出整件衣服的破烂。半革新的《小说月报》由于定位的半新半旧,在读者市场上"驼子跌跤,两头不着地",即原先喜欢鸳鸯蝴蝶派的部分读者因不喜欢"小说新潮"栏而不再订阅或购买《小说月报》,而喜欢新文学的读者因不满仍占杂志三分之二的鸳鸯蝴蝶派作品而不订阅或购买《小说月报》。由于读者市场定位不准,到1920年第10期,《小说月报》的印数暴跌至最低点2000册。

与此同时,在馆内馆外因译介外国文学作品而走红的茅盾,在馆内却潜伏着危机。1920年7月8日,编译所事务部部长江经畲奉命调查茅盾的工作情况后,向张元济汇报道:"雁冰近三月中本馆所付译费兹另单呈核。此君月薪四十八元,办事精神尚好,惟担任外间译件不少。近又充共学社社员,终恐不免有分心之处。向来座位设在《四部丛刊》中,此数月来实与《四部》事甚少关系。每月约担任《东方》、《教育》杂志一万字左右,不付稿费。前星期起座位移于楼上,夹在端六、经宇二座位之间,较易稽察。此后成绩或可稍佳。此复菊生先生。"①

当年商务众多杂志中,除了《英文杂志》以外,都拉茅盾撰稿、译稿。从汇报来看,除了《东方》《教育》杂志每月约一万字不付稿费外,其他杂志都是付稿费的。由于馆内外每月稿费不下40元,故茅盾在馆内稿费赚得太多,让有些人眼红。将茅盾的座位移至楼上《东方杂志》编辑杨端六、钱经宇之间,便于工作场所与座位相统一,"较易稽察"。

当然,这事还可以从另一方面看,张元济觉得茅盾是一位"能人",只是馆内外副业太多,有些"不务正业",故要加强对他的管理。这也为张元济日后起用茅盾主编《小说月报》埋下了伏笔。张元济对茅盾的管理,采用的是内紧外松的策略,并没有伤及茅盾的自尊。两年之后,王云五却采用伤害茅盾自尊的手段来强行建立自己的威信,这就激怒了年轻气盛的茅盾。

尽管《东方杂志》撤换主编后只是略有起色,但张元济他们仍坚持对商务版刊物的主编进行"换血":《教育杂志》改由李石岑编辑,实际由周予同负责;《学生杂志》由杨贤江主持编辑;《妇女杂志》改由章锡琛编辑;《小说月报》改由茅盾主编。富于戏剧性的是,让茅盾出任《小说月报》主编,是张元济、高梦旦上北京"访贤"的结果。

1920年10月,张元济、高梦旦为了使商务能在新文化运动中获得新的动力,便到新文化运动中心北京去寻求支援。他们去拜访了胡适、梁启超、蒋百里等名流。蒋百里便向张菊生、高梦旦提到了郑振铎等一批青年,并转达了他们想办一个文学刊物的意愿。

郑振铎设法找到张元济和高梦旦,想在商务出版新文学杂志。高梦旦是福建长乐老乡,他们便用方言交谈,倍感亲切。张、高两位对他很有好感,但不太愿意新办刊物,只想革新原有的《小说月报》,希望郑振铎他们写稿支持。言谈中,郑振铎向张菊生说,贵馆有一位沈雁冰,虽未曾认识,但读其文,知其人于新学旧知均很有根底,十分佩服。

蒋百里是著名的军事理论家和新文化倡导者。茅盾在北京大学念预科时,有个同学是他的小同乡兼亲戚,曾带茅盾到他京寓去过几次。硖石与乌镇相距数十里,蒋百里与茅盾可谓是半个老乡。蒋百里追随梁启超,是共学社的骨干。茅盾作为共学社的活跃分子,引起了蒋百里的注意。他把茅盾作为从事新文化运动的"同志"介绍给郑振铎他们,还向寻觅《小说月报》主编的张元济、高梦旦他们推荐了茅盾。张元济与蒋百里也是"半个老乡",由蒋百里向张元济推荐茅盾,自然比郑振铎更有分量。

真可谓"踏破铁鞋无觅处,得来全不费功夫"。茅盾这位4年前的"试办"生,如今已是闻名京沪的新文化"弄潮儿"。张菊生、高梦旦回商务后进一步了解茅盾的情况,不禁大喜,就决定提升沈雁冰为《小说月报》主编。这可谓是他们北上访贤闹出来的"乌龙"事件。

---

① 汪家熔:《商务印书馆史及其他——汪家熔出版史研究文集》,中国书籍出版社1998年版,第93页。

大约是十一月下旬,高梦旦约我在会客室谈话。在座还有陈慎侯(承泽)。高谈话大意如下:王莼农辞职,《小说月报》与《妇女杂志》都要换主编,馆方以为我这一年来帮助这两个杂志革新,写了不少文章,现在拟请我担任这两个杂志的主编,问我有什么意见。我听说连《妇女杂志》也要我主编,就说我只能担任《小说月报》,不能兼编《妇女杂志》。高梦旦似乎还想劝我兼任,但听陈慎侯用福建话说了几句以后,也就不勉强我了,只问:全部改革《小说月报》具体办法如何?我回答说:让我先了解《小说月报》存稿情况以后,再提办法。高、陈都说很好,要我立刻办。①

茅盾向王莼农了解存稿,才知道他那里已经买下而尚未刊出的稿子足够用一年,全是"礼拜六派"的稿子,另有数十万字的林译小说。于是,茅盾向高梦旦提出三条要求:一是现存稿子(包括林译)都不能用,二是全部由四号字改用五号字,三是馆方应当给主编全权办事,不能干涉编辑方针。高梦旦与陈慎侯商谈后,全部接受了茅盾的三条要求。他们只是提醒茅盾,明年一月号的稿子,两星期后必须开始发排,40天内结束。

封存原有稿子,既为新文学清理"门户",从"礼拜六派"手中全面夺取文学阵地,又可以让全面革新的杂志令读者耳目一新,不再犯定位不准的旧病。面向学生的《学生杂志》早就用五号字了,《小说月报》改为五号字,意味着读者市场要从中老年市民转向年轻人了。向馆方要求"全权办事"的权力,自然能充分贯彻自己的编辑意图。

茅盾对于组织论文和翻译稿比较有把握,但对能否组织到满意的创作稿心里没底。不过他在组织创作稿时又有了戏剧性的一幕。1920年第10期《小说月报》上所刊王剑三的《湖中的夜月》,是一篇风格新颖的白话小说。茅盾找出此人在北京的通讯址,发了快信,告知《小说月报》将全面革新,自己是新任主编,约请他和熟人写稿支持。

郑振铎正在筹建"文学研究会"。王统照(剑三)收到茅盾的来信,急忙拿来给郑振铎他们看。郑振铎他们阅信后,觉得这是好事,应该大力支持。郑振铎给茅盾复信,说明成立文学研究会的筹备经过和宗旨,并热情邀请茅盾也作为发起人参加,同时答应立即筹集稿子寄到上海。

在郑振铎的组织下,各会员积极交稿。周作人写了《圣书与中国文学》以及译作《乡愁》,郑振铎署名"慕之"投寄了小说《不幸的人》,冰心、叶圣陶、许地山、瞿世英、王统照等都交来了小说,还有不少译作。郑振铎认真审阅后分批寄往上海。最后寄去《文学研究会宣言》和《文学研究会简章》。

文学研究会是中国现代文学史上成立最早、影响最大的文学社团。茅盾在主持革新《小说月报》之初,戏剧性地成了文学研究会的12名发起人之一,《小说月报》成了该会的代用刊物。②

---

① 《茅盾全集》第34卷,人民文学出版社1997年版,第179页。
② 陈福康:《郑振铎传》,十月文艺出版社1994年版,第64~68页。

文学研究会是一个不太像文学社团的社团，他们只痛恨"礼拜六派"等封建旧文学，热心白话新文学。他们不像创造社那样，对于新文学还有"门户之见"。该会的组织也不严密，郑振铎进商务印书馆后，总会的工作实际上由郑振铎和茅盾，后来还有叶圣陶主持，其他各地分会也由热心人编辑新文学副刊。

1921年1月10日，《小说月报》第12卷第1期，即革新号，如期出版。《〈小说月报〉改革宣言》大大方方用四号字排了两页多。

宣言先介绍了革新后《小说月报》的栏目，同时以文学研究会"同人"的口吻提出了六个方面的新文学主张。接下来是两篇文学论文：周作人的《圣书与中国文学》和沈雁冰的《文学与人的关系及中国古来对于文学者身份的误认》。

两个骨干栏目是《创作》和《译丛》，都十分精彩。《创作》栏里，许地山的《命命鸟》、王统照的《沉思》都是各自的代表作之一。茅盾对叶绍钧的小说《母》加了按语，特别赞赏。

《译丛》栏里，有耿济之译果戈理的《疯人日记》、周作人译日本加藤武雄的《乡愁》、孙伏园译托尔斯泰的《熊猎》、王剑三译荷兰夏芝的《忍心》和波兰高米里克的《农夫》、茅盾（署名冬芬）译挪威般生（比昂逊）的《新结婚的一对》、郑振铎的《杂译泰戈尔诗》等。

此外，茅盾还配合译文撰写了论文《脑威写实主义前驱般生》、《海外文坛消息》六则，郑振铎写了《书报介绍》和《文艺丛谈》等。

面貌一新的《小说月报》第1期印5000册，供不应求。各地读者纷纷要求加印，各处分馆还纷纷来电要求下期多发。第2期便印7000册，到年底竟突破1万册。

茅盾全面革新《小说月报》可谓一炮打响，其成功的原因是多方面的。

首先是正确的读者市场定位。茅盾上任伊始，就封存了"礼拜六派"的稿子和林译小说，表明了其彻底革新的决心。革新后的《小说月报》从栏目设定到刊出稿子，不留"礼拜六派"的影子。1917年，《新青年》创导白话新文学，启动了白话新文学的读者市场，北大师生创办的《新潮》紧随其后，推波助澜。1921年1月，全面革新的《小说月报》面世时，《新青年》已转为政治性刊物，《新潮》也已是强弩之末，布不成阵了。《小说月报》及时填补了市场空缺，迅速成为最具影响力的新文学杂志。

其次，《小说月报》与文学研究会相辅相成，共同扩大影响力。《小说月报》这块刚从封建旧文学手中夺过来的文学园地，正待新文学作者来耕耘；而文学研究会正需要在新文学园地里有其用武之地。经过茅盾与郑振铎等人的努力，《小说月报》成了文学研究会的代用刊物，文学研究会诸人也成了《小说月报》的基本作者队伍。

第三，有赖于茅盾这位新派编辑家综合能力的充分发挥。茅盾是一位新学旧知均有根底的新文学家，他在《小说月报》上通过文学论文和作品评价，提倡为人生而艺术，起到了很好的编辑导向作用。作为一位有主见的主编，茅盾在栏目设置、稿件选用方面有所侧重，革新后的《小说月报》形成了自己的特色：为人生的写实主义文学。文学研究会诸人的"问题小说"就是由《小说月报》推出的，在茅盾的呵护下产生了很大的影响。茅盾不仅具有眼光的编辑，而且是全能型的作者。尽管有文学研究会这支在当时最"豪华"的新文学作者队伍，但茅盾在排兵布阵时仍捉襟见肘，关键时刻，茅盾只能亲自上阵。除了创作栏，其他栏目，茅盾都是最优秀的作者之一。《海外文坛消息》则是茅盾的"自留地"，且影响很大。

对于革新《小说月报》，叶圣陶在《略谈雁冰兄的文学工作》中指出："《小说月报》的革新，是极有意义的事……我不说革新以后的《小说月报》怎样了不起，我只说自从《小说月报》革新以后，我国才有正式的文学杂志，而《小说月报》的革新是雁冰兄的劳绩。"①

1921年春，郑振铎毕业于交通部铁路管理专科学校，分到上海西站当见习。郑振铎于5月进馆，在教材部编中小学教科书，次年创办《儿童世界》周刊。他帮茅盾谋划《小说月报》，出面拉稿子，减轻了茅盾的负担。

茅盾为了提高《小说月报》创作稿的水平，还做了如下工作：一是偶有满意的作品发表，编者加按语给以肯定，叶绍钧的《母》、冰心的《超人》、许地山的《换巢鸾凤》都受到茅盾的赞扬。二是与郑振铎一起，想方设法拉优秀的创作稿子。他在1922年6月6日致周作人信写道："鲁迅先生如有创作，极盼其赐下。《月报》中最缺创作，他人最不满意于《月报》之处亦在不多登创作，其实我们不是不愿意多登，只是少好的，没有法子。所以务请鲁迅先生能替《月报》做一篇。"②鲁迅把1922年6月写的《端午节》寄给了茅盾，茅盾将它发在9月号的《小说月报》上；不久又把10月写的《社戏》寄来，茅盾将其刊登在自己编辑的最后一期上。三是发表优秀的译作，同时介绍外国文艺思潮和著名作家，盗别人的火，来煮自己的肉。在这方面，茅盾自己作出了表率。

针对一般读者不熟悉外国小说发展史的情况，茅盾请本馆的谢六逸专门撰写了《西洋小说发达史》，分期连载。

茅盾与郑振铎通力合作，把第13卷编得比第12卷更为成熟、精彩。然而，第13卷的《小说月报》只是巩固了喜欢新文学的忠实读者，没能吸引更多的读者，反而流失了一些临时读者。

更让茅盾失望的是，坚决支持茅盾的高梦旦由于不懂外语，深感力不从心，主动让贤编译所所长。胡适经过调研后婉辞商务让其出任所长的邀请，推荐了自己的老师王云五。王云五于1922年1月就任所长，很快与商务保守势力合流，不顾当初不干涉编辑事务的约定，干涉茅盾编辑事务。茅盾在7月号的《小说月报》上发表《自然主义与中国现代小说》，点名批评了《礼拜六》杂志上的游戏之作，这是对于一年多来"礼拜六"派对茅盾进行攻击的答辩。王云五借口茅盾抨击了"礼拜六"派，对茅盾施加压力，谓"礼拜六"派将提出诉讼，告《小说月报》破坏他们声誉，要求茅盾写文章向他们表示道歉，被茅盾断然拒绝。王云五又派手下对《小说月报》的稿件实施检查。茅盾发觉后，向王云五提出正式抗议，声明如馆方不取消内部稿件检查即辞职。商务当局经过研究，同意茅盾辞去《小说月报》主编，但仍挽

---

① 《茅盾研究资料》（上），中国社会科学出版社1983年版，第459页。
② 《茅盾全集》第36卷，人民文学出版社1997年版，第62页。

留在编译所工作,并由郑振铎从1923年起接任。商务当局一方面让茅盾辞职,给"礼拜六"派出一口恶气;另一方面让同为文学研究会核心的郑振铎来当主编,以表示该刊宗旨不变,以免影响销路,同时茅盾也可以接受。

王云五出任炙手可热的编译所所长,完全靠的是胡适的盛名以及胡适的力荐,除此以外,他一没名气,二没真才实学,他要在编译所建立威信,唯一的"资本"就是所长的权力。他亲自出面或通过手下人"奉所长之命"找借口指手画脚,让所里的人听他指挥。《自然主义与中国现代小说》一文惹出的风波恰好让王云五找到了与茅盾"较量"的借口。当年的茅盾年轻气盛,压根儿不把王云五放在眼里,王云五自然要拿他开刀。此时的茅盾,是商务"少壮派"中最具知名度的人物,撤了他的主编职务,"杀猴给鸡看",自然对于其他不卖王云五帐的人具有威慑力。

郑振铎主编《小说月报》后,茅盾与他前台幕后的角色进行了换位。郑振铎还请茅盾继续主持《海外文坛消息》。

辞去《小说月报》主编职务后,茅盾被调到国文部,工作由自己选择,自称"打杂"。尽管王云五推行"科学管理法",但对茅盾破例,没有定量要求。茅盾介于馆内正式编辑和馆外名誉编辑之间。这让茅盾腾出时间来,把更多的精力投入到中国共产党早期的革命工作中去。

第一次国共合作时期茅盾也成了跨党分子。上海市党员大会选出恽代英、沈雁冰等5人,出席国民党第二次全国代表大会。会后茅盾奉命留广州,任中国国民党中央宣传部秘书,协助毛泽东主持宣传部工作,中山舰事件后奉命回上海。

1926年4月,茅盾回上海的第二天,郑振铎来告知,香港报纸盛传茅盾为"赤化分子",租界捕房向商务印书馆要过人。茅盾明白商务当局的意思是让他辞职走人,就主动提出辞职。商务给了茅盾900元的退职金和100元面值的股票。茅盾在商务的十年编辑生涯就此画上句号。

三、《小说月报》让"专业作家"茅盾一举成名

大革命失败后,茅盾成了被通缉的政治犯。茅盾不愿做职业革命家,又不能公开谋职,剩下的只有偷偷卖文一途。茅盾从庐山潜回上海,于8月下旬着手写中篇小说《幻灭》,用了4个星期写完。

中篇小说《幻灭》在叶圣陶代理主编的《小说月报》9月号和10月号推出后,由于题材的时效性和描述的真切,在读者中产生了广泛的影响。《幻灭》的"助产师"叶圣陶,在《略谈雁冰兄的文学工作》中回忆了当年的情景:

雁冰兄起初不写小说,直到从武汉回上海以后,才开始写他的《幻灭》……振铎兄往欧洲游历去了,我代替他的职务。我说,写些小说吧。雁冰兄说,让我试试看。虽说试试看,答应下来就真个动手,不久,《幻灭》的第一部分交来了。登载出来,引起了读者界的普遍注意,大家要打听这位"茅盾"究竟是谁……《幻灭》之后接着写《动摇》,《动摇》之后接着写《追求》,不说他的精力弥满,单说他扩大写述的范围,也就可以大书特书。在他三部曲以前,小说哪有写那样大场面的,镜头也很

少对准他所涉及的那些境域。①

《幻灭》、《动摇》、《追求》作为文学研究会丛书,分别于 1928 年 8 月、10 月、12 月由商务印书馆出版单行本,销路颇佳。

商务的其他杂志,也是茅盾"卖文"的对象。1928 年 2 月 23 日写成的《创造》,发表于《东方杂志》第 25 卷第 8 号,这是茅盾的第一篇短篇小说。

茅盾蛰居上海寓所约 10 个月里,除了写作小说处女作《蚀》三部曲,还应叶圣陶的要求,写了《鲁迅论》和《王鲁彦论》等作家论。

作为文学研究会和《小说月报》的"首席"评论家,茅盾一直高度评价鲁迅的小说。为了避难就易,茅盾先写《王鲁彦论》。对鲁迅的作品,评论界往往有截然相反的意见,必须深思熟虑,使自己的论点站得住,故茅盾接下来才写《鲁迅论》。可是,在 11 月号的《小说月报》上首先登出来的却仍旧是《鲁迅论》,因为叶圣陶从编辑的角度考虑,认为还是用鲁迅来打头炮比较好,而且那时鲁迅刚从香港来到上海,也有欢迎他的意思。

写完《追求》,茅盾就到日本避难去了。身在岛国的茅盾,主要精力还是用在卖文为生上面。蛰居上海时,《小说月报》的稿费是茅盾的主要收入。与此同时,茅盾还得广开财路。商务革新后的《妇女杂志》由章锡琛(雪村)主编,让周建人(乔峰)协助。该刊提倡妇女解放和恋爱自由,与王云五他们的矛盾不断升级,主编章锡琛遭解雇。章锡琛在郑振铎、胡愈之、叶圣陶、茅盾等人的支持下,于 1926 年 8 月 1 日正式挂出了"开明书店"的牌子。正因为有以上这段因缘,所以后来的开明书店,与郑振铎、胡愈之、叶圣陶、茅盾等人的关系,就像同人书店一样。1930 年 5 月,茅盾把《幻灭》、《动摇》、《追求》三个中篇合成一部,题名为《蚀》,由开明书店出版。日后茅盾的小说大都由开明书店出版。

在 1932 年初的"一·二八"上海战争中,商务印书馆遭重创,《小说月报》停刊。茅盾与商务印书馆的关系日渐疏远。日后关系密切的是开明书店和生活书店。

综观茅盾的成名之路,是中国最大的出版机构商务印书馆最早成就了新派编辑家茅盾,同时又成就了作家茅盾和评论家茅盾。

---

① 《茅盾研究资料》(上),中国社会科学出版社 1983 年版,第 459~460 页。

鲁郭茅电影活动之比较

刘海波

上海大学上海温哥华电影学院　上海　200444

鲁迅、郭沫若、茅盾均是中国现代文学巨匠，长时间以来"鲁郭茅"作为我们的民族文学代表占据现代文学史的前三把交椅。电影是 20 世纪发生在中国和世界的新兴艺术形式，其中的故事片作为叙事艺术，离不开文学的滋养，如同中国现代电影人离不开中国文艺界一样。三位文坛巨匠在其辉煌人生中如何卷入电影活动，如何影响着电影又被电影影响，实在是一个既对中国电影研究有意义、又对作家研究有价值的话题。笔者主要依托三位作家的日记，结合他们发表的文字，以及与之相关的电影作品，对这一话题粗做梳理，权当为感兴趣者提供一些初步的资料。

三位文学巨匠的电影活动大致可以分为四个方面：一是他们的电影创作，或者是依托其作品的电影创作；二是他们的电影研究与批评；三是他们的观影活动；四是他们自身作为电影的对象。上述四方面分别对应的是电影作者、电影评论者、电影观众和电影角色。三位作家基于他们的文学方向、个人志趣和人生跌宕的差异，而在四个电影向度上扮演了不同的角色。以往的研究侧重从文本出发，所以对他们的电影评论工作均有成果，本文拾遗补缺，侧重他们参与的电影活动，勾陈一二。

一、作为电影作者的鲁郭茅

1. 鲁迅小说改编多

鲁迅辞世较早，其有生之年，适值国产电影的草创期，整个 1920 年代和 1930 年代初，电影以迎合市场的武侠神怪言情类作品为主，鲜有严肃电影，加之其作品以寓意深刻却并不强调情节性的短篇小说为主，改编成片有难度，所以鲁迅在世时，既未直接参与电影创作，也无作品被拍摄。鲁迅与电影创作走得最近的一次是 1930 年秋天，时任北京陆军军医学校数学教师的王乔南（原名王林）对《阿 Q 正传》的改编。对于王乔南的改编要求，鲁迅起初是不以为然的，因为他认为"一上演台，将只剩了滑稽，而我之作此篇，实不以滑稽或哀怜为目的，其中的情景，恐中国此刻的'明星'是无法表现的"。从回信中可以看出，鲁迅的拒绝，一是对作者或时俗的理解能力表达了担忧——从回信中我们了解到影剧导演曾提出改编"须偏重女脚"，二是对当时电影明星的塑造能力表示了质疑。此信因涉及鲁迅对自己的代表作《阿 Q 正传》的评价所以很有名，但论者多未提及，王乔南并未因鲁迅提议让自己的作品"死去"而放弃，而是到底按照"偏重女脚"的路数改编出了一部名为《女人与面包》的电影剧本,寄给鲁迅,并索要"编制印行"的许可和"表演摄制权",鲁迅一方面慷慨表示"请任便就是了",但显然对剧本并不满意,他一方面声明"它化为《女人与面包》以后,就算与我无干了",而且连对方寄来的"大稿",也以对方"恐未留有底稿"为由,"故仍奉还"了。显然,这个剧本既未拍成,也未刊行。

按照鲁迅1936年7月19日致沈西苓信的说法,"左联成立时,洪深先生曾谓要将《阿Q正传》编为电影,但事隔多年,约束当然不算数了",对于另有他人要改编的建议,鲁迅很不屑地称他们"乃是天下第一等蠢物,一经他们××,作品一定遭殃,还不如远而避之的好",究竟是谁让鲁迅这般鄙视,当年刊载该书信的《电影戏剧》杂志给删除了,我们无从知晓,但从鲁迅接下来的表述看,拒绝被改编的原因还是因为当时的文艺界并未真正理解《阿Q正传》本意,"况且《阿Q正传》的本意,我留心各种评论,觉得能了解者不多,搬上银幕之后,大约也未免隔膜,供人一笑,颇觉无聊,不如不作也"。

直到1940年代,鲁迅作品改编才成为现实,1948年《祝福》以《祥林嫂》为片名被启明影片公司摄制为越剧戏曲艺术片,编导为南微,1946年就在舞台上主演该剧的著名越剧表演艺术家袁雪芬和范瑞娟主演。1979年,上海电影制片厂与香港凤凰影业公司再次联合摄制了彩色宽银幕的越剧电影《祥林嫂》,导演岑范、罗君雄,袁雪芬二度主演祥林嫂,也是电影史上的佳话。中华人民共和国成立后,1956年夏衍将《祝福》改编成电影剧本,桑弧导演,白杨主演,由北京电影制片厂摄制,这是中华人民共和国的第一部彩色故事片,该片获1957年第10届捷克卡罗维发利国际电影节评委会特别奖和1958年墨西哥国际电影周银帽奖,是中国电影史上的经典之作。

经历过数次改编努力的经典名著《阿Q正传》终于于1957年由香港长城、新新影业公司联合摄制完成,编剧和导演都是袁仰安,关山主演。该片获得了1958年瑞士洛迦诺电影节最佳男演员奖,可见质量还不错。

1981年是鲁迅先生诞辰100周年,为了纪念这位伟大的作家,电影界把这一年做成了中国电影史上的鲁迅年,当时国内最大的三家电影制片厂分别将鲁迅的《伤逝》、《阿Q正传》和《药》三部小说改编成电影。其中北京电影制片厂由水华导演拍摄了《伤逝》,王心刚饰演涓生,该片获当年文化部优秀影片奖、1982年金鸡电影节最佳摄影奖和最佳剪辑奖,值得一提的是该片的编剧张磊、张瑶均早在1962年就已经完成了剧本改编。

上海电影制片厂则邀请著名剧作家陈白尘改编了《阿Q正传》,由曾经执导过戏曲片《祥林嫂》的岑范导演,严顺开饰演阿Q,影片虽然在次年的金鸡电影节上仅获得了最佳服装奖,但严顺开却获得了第六届《大众电影》百花奖的最佳男演员奖,和瑞士第二届韦维国际喜剧电影节最佳男演员金手杖奖。1981年,长春电影制片厂拍摄了《药》,导演吕绍连,编剧肖尹先,梁音饰华老栓。

此后,随着市场的变化、年代的逝去,对鲁迅先生作品的改编沉寂了颇久,直到1994年,由曾经拍摄过《神秘的大佛》和《武林志》等动作片的导演张华勋发掘了鲁迅最为奇诡的"武侠"小说《铸剑》,由中港合拍而成,虽然这部影片在海外大片已经进入国内的1994年并未产生多大的影响,但是值得一提的是,张华勋的儿子张扬担任了编剧之一,而著名的新武侠代表人物徐克担任了监制和出品人之一。2011年该小说再次由范冬雨、李梦改编后,中央电视台电影频道出品,范冬雨执导拍摄成了数字电影。

综上所述,迄今鲁迅共有五部小说拍改编成了8次电影,其中《祝福》、《阿Q正传》和《铸剑》各有两次。

2. 郭沫若亲撰《郑成功》

作为文学家的郭沫若以诗人和剧作家扬名,小说创作不多,不像鲁迅和茅盾那么受电影界的青睐,但是他却有过一次直接的电影剧本创作,1963年,郭沫若应约在《电影剧作》杂志第2、3两期上发表了剧本《郑成功》。该剧本是1962年为纪念郑成功收复台湾三百周年,由八一电影制片厂约请郭沫若所做。当年8月,郭沫若在北戴河与曹禺(在创作《王昭君》)、金山等住在一起,被鼓励先不管电影形式而直接进行剧本创作,于是10月份写出了《郑成功》剧本初稿,此后郭沫若又亲赴福建、浙江沿海和舟山群岛等地增加感性知识。

值得注意的是,郭沫若的历史剧创作与他的历史研究既相互启发,也有所分歧。作为历史学家,郭沫若分析郑成功的反清和反荷,除了封建忠君思想外,一个很重要的原因是郑成功继承了父亲的海运家业,在东洋日本和西洋东南亚之间做货物贸易,与荷兰殖民者构成竞争关系,而清王朝和荷兰也试图联手以海上封锁断绝郑成功的经济基础,于是郑成功为长远考虑,占领台湾,驱逐荷兰殖民者,从而客观上完成了一次民族主义的战争,成就了一代民族英雄。作为历史学家,郭沫若认为"郑成功的收复台湾,在肯定他的驱逐殖民主义者的功业之余,更要看出他的重要的经济政策的转换,即是由初期的商业经营转化为农业生产",这一摒弃了意识形态高调的经济主义阐释,在当时的环境下,既需要学者的勇气,也可见郭沫若的学者功底。

但剧本本身秉承郭沫若一贯的借古讽今风格,仍然随时可见服务现实政治的现代语言,例如借荷兰人之口夸赞"你们东方的姊妹们真了不起,大家都把国家大事当成自己的事",借老人之口夸赞"郑成功的军队秋毫无犯,真是王者之师呵","真是几百年来没有看过这样好的队伍",又如郑成功的讲话里说出"今天是我们光荣的日子。但我们的光荣是无数先烈的性命换来的。……今天是我们光荣的日子,为了纪念艰难的昨天,迎接光辉的明天"。这些脱离时代的现代化语言无疑损害了历史剧应有的严肃。另一方面,剧情里不乏琐碎的斗争情节,却缺少富有震撼力的场面。所以,虽多有论者认为是政治时局的变化,使这部过于贴近现实政治诉求的历史剧终未得以拍摄,笔者却认为不排除艺术本身的原因使然。

3. 茅盾著作有待进一步开掘

作为小说大家,茅盾长中短篇小说都有,它们兼富情节性和情感性,而且大多贴近时代,有强烈的时代性,成为电影人的青睐对象。

1933年,茅盾的小说《春蚕》(1932年11月发表)在发表不足一年后,经著名编剧夏衍改编,由程步高导演搬上银幕。1950年,文华影业出品《腐蚀》(最初连载于1941年《大众生活》),导演黄佐临,编剧柯灵,主演石挥、丹尼。1959年,北京电影制片厂《林家铺子》,导演水华,编剧夏衍,主演谢添、于蓝。该片是"十七年"电影的代表作之一,于1983年获葡萄牙一个电影节的评委会奖。

1981年,上海电影制片厂拍摄了茅盾先生全景式呈现1930年代中国阶层动向图的经典名著《子夜》,导演桑弧,主演李仁堂等。由于原著多线交织,视野宏大,超出了一部电影的容量,电影虽然做了一些删繁就简的改编,但仍然人物众多又顾此失彼,难现1930年代波澜壮阔又惊心动魄的复杂斗争。影片获第二届金鸡电影节最佳美术奖。

这以后,由于时代主题的变化,茅盾作品的改编出现了空白,除了《霜叶红似二月花》1996年被改编成电视剧与观众见面外,直到2015年,由郑大圣任总导演的《蚀》五部曲才再次把茅盾的小说搬上银幕。然而,这一系列改编自茅盾小说《蚀》三部曲的电影,基本放弃了茅盾先生的原作,仅取历史背景、人物姓名,以极大的自由重新架构故事,加之制作成本不高,虽然难得地再现了1920年代的青年生活,但其精彩程度完全无法与原著媲美,尤其是未能反映出1920年代革命青年激进的状态、和大革命时期波诡云谲的斗争,实在令熟悉原作者遗憾。

茅盾是20世纪中国现代革命的直接参与者,有着丰富的生活经验,他同时是一个自觉的现实主义者和具有高度文学技巧的巨匠,茅盾长中短篇小说均数量丰厚、质量上乘,有待影视工作者进一步开掘。

二、茅盾的电影评论

鲁迅研究包括他的电影评论均已充分,据统计,"《鲁迅全集》涉及电影内容的共210篇,其中杂文13篇、书信24封、日记170则、译文3篇"。论者尤其对鲁迅翻译日本电影理论家岩崎昶的《现代电影与有产阶级》对中国的电影理论贡献给予了极高的评价,认为该文的译介"有针对性地结合中国电影观众的小市民心态以及中国电影观众观赏外片的奴才心理,揭露了外国电影对中国人的精神奴役本质,传播了现代电影观念,为当时的左翼电影批评提供了重要的理论资源"。郭沫若的文字较少涉及电影,本文不再赘述,倒是茅盾,作为著名的评论家,少不了讨论电影,但受重视不够。

茅盾的电影评论集中在几个话题上,一是对小市民电影的批判,批判其麻醉性;二是对进步电影的肯定;三是对欧美等外国电影的介绍和比较。如果说上述评论大多是从社会功利的角度进行的政治性批评,在艺术上,茅盾则坚持了其一贯的文学观,反对电影创作上的"概念化和公式化"。

第一类包括《封建的小市民文艺》,写于1932年12月13日,原载于1933年2月1日《东方杂志》第30卷第三期。对以《火烧红莲寺》为代表的武侠片进行了批判,认为"这些影片的看客更无例外地是小市民",这些影片的出现原因,"一方面,这是封建小市民要求'出路'的反映,而另一方面,这又是封建势力对于动摇中的小市民给的一碗迷魂汤",然而由于"中国社会并非单纯的封建社会","此种消极的引导就很不够,且不经济","于是神怪的封建的'超人主义'的《火烧红莲寺》就无功而有罪了!这结果就是《火烧红莲寺》的禁止映演"。文字末尾,茅盾顺带批评了《啼笑因缘》是"小市民文艺"的另一种"半封建的形式"。

1933年2月12日发表在《申报·自由谈》上的《神怪野兽影片》,把《人猿泰山》《科学怪人》等四五部影片的卖座,归结为统治阶级"有意地要回避现实","一般市民的观众,是下意识地要逃避现实"。

1933年4月28日发表在《申报·自由谈》上的《玉腿酥胸之外》,肯定了《狂流》《城市之夜》《三个摩登女性》"这一些崭新的片子",但是茅盾仍然担心这些抗战影片起到的是负面的麻醉作用,即"足以使老百姓放下一百二十四个心,醉迷迷地等待'长期抵抗'的最后胜利"。

第二类文章包括发表在1933年3月24日《申报·自由谈》上的《〈狂流〉与〈城市之夜〉》,发表于《生活常识》1935年10月第1卷第2期的《〈都市风光〉的推荐》等。这一时期,国内文艺界论战的大背景是左翼文艺界对以《火烧红莲寺》为代表的武侠神怪商业片集中批判,反映现实的左翼电影正在崛起,茅盾作为左翼文艺界的主将,自然不会置身事外。

第三类文章包括发表在1948年3月9日《华商报》上的《略谈苏联电影》《对美国和苏联电影的看法》《美国电影和苏联电影的比较》等文。

值得一提的是,对于近年来电影界推崇备至的费穆,茅盾先生却针对其并未产生大影响的影片《孔夫子》连发两文,在《孔夫子》一文中,茅盾认为"费穆先生打算把'几年前来的积尘扫除,还他一个本来面目',并欲'发扬孔子学说的优点'",表示"这自然是值得赞美的企图。然而绝不是容易的工作"。茅盾认为,由于"后世各朝代的所谓巨儒""各按当时帝王之需要,或多或少,增修删改了儒学",所谓"孔子的本来面目究属如何?如果从二千年来儒家的著作中去研究,就很难得到一个结论"。但是茅盾强调,"孔子在巨大的变革时代""拥护传统的思想制度(周制),反对革兴",应该是其本来面目中最主要的。显然,茅盾还是秉持着"五四"打倒"孔家店"的立场。该文1941年6月5日发表在香港《华商报·灯塔》上,两天后,即1941年6月7日,茅盾在《大众生活》新四号上再次刊文《文化近事有感》,对包括《孔夫子》开映在内的"复古主义"运动表达了警惕。

三、作为电影观众的鲁郭茅

1. 鲁迅

众所周知,鲁迅晚年以看电影作为唯一的娱乐方式,其看电影的数量和频率已经达到了影迷级别,有人通过鲁迅日记的记载统计,自1916—1936年,鲁迅在北京、厦门、广州、上海的影院里有记录可查的观影数量是139部电影。分析鲁迅观看的电影,可以看出几个特点,一是影片中至少有109部可以确定是美国影片,高达看片总数的近8成,这也可以看出当时美国电影在中国市场的霸主地位。其次还有少量苏联电影和英国、德国电影,国产电影极少。二是动物、探险类影片多达38部,大致可以看出鲁迅观影的目的之一是直观地了解世界地理和自然界,认知功能占了很大的比重。三是名著改编类多,有21部。对鲁迅的观影活动统计详尽,分析者众多,本文不再重复。本文重点想整理一下郭沫若和茅盾日记中的电影活动。

2. 郭沫若

郭沫若很少记日记,其中涉及的电影活动更少,就笔者所查,仅有3次,全部都是1945年6—8月访苏期间所记。当时,郭沫若受苏联科学院邀请去参加该院二百二十周年的纪念大会。他6月9日乘美国军用飞机离开重庆,途经印度、伊朗,飞往莫斯科,本打算在6月16号大会开幕前赶到,由于路上波折,直到25日才到达莫斯科,26日飞到列宁格勒,只赶上了大会的尾巴。但此后苏联政府特别安排他多处走访参观,共滞留苏联50天,郭沫若为此将日记整理成《苏联纪行》,连载于1945年10月10日至1946年1月22日的重庆的《新华日报》上。

其中,郭沫若于6月20日到达伊朗的德黑兰,一直等到6月25日才乘飞机飞往莫斯科,滞留德黑兰期间,6月24日,郭沫若记载"晚上邵秘书约去看电影,是美国片子,叙一位从征的音乐家被俘,在若干年后又和他已经再嫁了的夫人和女儿团圆的故事",郭沫若显然对影片本身无甚可说,倒是对放映场很感兴趣,专门记述"电影场没有屋顶,听说其他的都是露天,这是周年不雨的好处。月亮已渐渐转圆,由影场的左后隅升上,别有风趣"。

7月20日,郭沫若抵达苏联乌兹别克加盟共和国的首都塔什干,"傍晚被邀往参观一摄影场,在一小型放映室中看放电影。一种是塔什干的建设事业,一九三一年成水闸,土壤大见改良,物产丰富,尤以棉花为最",有意思的是这部片子郭沫若在重庆时曾看过,只是"到此更增加了本地的认识"。"另一种是塔什干的伊斯兰教徒在爱国战争中的热烈表现,献金、出征、为战争胜利祈祷等,极尽了爱国的热诚",但是郭沫若再次把注意力从影片本身要传达的东西离开,他注意到的是"礼拜仪式与中国清真寺所见者完全相同,唯念诵经典之声甚为宏亮铿锵,中国似已失传。清真寺的建筑,在中国也失掉了它的本来的艺术价值了",郭沫若看的显然是纪录片,借此以认识异域事物,倒也恰如其分。有意思的是,次日,郭沫若访问了伊斯兰教的长老,"昨晚在电影里所见到的教长和他左右的人都十分恳切的欢迎着我们"。在乌兹别克考察期间,郭沫若注意到"各处城市都普遍地有戏院、电影院的设立",医院和医生也大幅增加,而且医药教育全免费,赞美羡慕之情可感。

在7月28日的日记中,郭沫若记载"《柏林》正在放映中,我听见人说剪辑得很好",便提出观看,由于电影票抢手,向导苏太太只买到了11点钟开演的最后一场,到了现场,确实拥挤,郭沫若对影片的评价很高,"影片是柏林会战的纪录,但剪辑得确是巧妙。把会战时的情形和希特勒得意时的情形时时用对比的方法双管齐下,极尽了生动活泼的能事"。

郭沫若日记中所记电影活动甚少,且以观看纪录片为主,但郭沫若在记述自己创作电影剧本《郑成功》过程的《学习、再学习》一文中倒是提到,为了配合他的创作,八一电影制片厂"还为我放映了好些中国的、外国的电影叫我看",那应该是以故事片为主了。

3. 茅盾

1946年底至1947年4月茅盾应邀前往苏联访问,在5个月的访问中,看电影、看戏、参观美术馆博物馆成为其主要工作之一,因此这一时期的茅盾日记中记载了大量观影活动。

1946年12月7日,在前往苏联的船上,茅盾就观看了"十年前的旧片"喜剧电影《高傲的女郎》。

1947年1月22日,茅盾应邀参观了"乔治亚国立梯俾利斯电影制片厂",在试片室观看了《二十五年之乔治亚》等三部短片。虽然"因时间不够,未及参观全厂",但是茅盾仍较为详细地介绍了制片厂成立于"十月革命"后,最初归教育部管辖,1925年后大发展到现在700余人的规模,直接参与制片的有200余人,每年生产五六部故事片和纪录片,代表作有《斯大林誓词》等。茅盾还特别介绍了制片厂附设了演员训练学校,剧本则特约作家写作,平均每部六万卢布。这些信息对中国电影产业无疑有借鉴作用。

1947年1月29日,茅盾到访阿尔美尼亚,每天都日程很满,其中2月1日的日程里,有参观国立制片厂之行,他们先在放映室看了3部短片,显然茅盾被其中一部纪录片《我们的祖国》("略似《二十五年之乔治亚》")深深感动,他不仅大篇幅记述影片内容,更感慨"三十多分钟,我们看了阿尔巴尼亚人民的历史,有血泪,有欢笑,悲壮激昂而奋发。这样一部纪录片,真是太好了!我深深地感动,有好几次禁不住想引吭高呼,又有好几次忍不住独自笑了",对于其中的一首歌,茅盾虽然听不懂歌词,"可是但听它的调子是那样的缠绵悱恻而又悲凉激昂,我感受到一种难以名状的震撼"。在这家制片厂,茅盾等人还到摄制现场进行了实地观摩一部取材于《天方夜谭》的"五彩片"的拍摄,"摄影场极大,水银灯照耀如阳光"。

1947年2月6日,茅盾等人结束了在苏联南部的20天游历回到莫斯科,开始了在莫斯科大学、科学院、博物馆的参观考察,以及与众多作家艺术家的交流座谈。2月17日,在与苏联著名作家K·西蒙诺夫进行了愉快的交流后,茅盾等人与苏联的木刻与漫画家座谈,随后观看了以斯大林格勒保卫战为题材的电影《伟大的转折点》,茅盾评论"编剧和摄制技巧都博盛誉,尤其是它的政治教育意义,极受苏联人民重视"。

1947年3月2日,茅盾观看了影片《伐吕阿格之歌》(《瓦良格巡洋舰》),这是一部反映日俄海战中,俄舰寡不敌众但英勇作战的军事片,茅盾特别记载了导演维克多·叶赛芒特取名的用意"我们要的是这部片子成为一支歌,一支民歌",茅盾评论说"这虽然是一部军事片,然而充满了抒情的气氛","导演的目的是达到了"。

1947年3月10日,茅盾拜访乌兹别克斯坦共和国外交部,晚间在部内特别放映室观看了纪录片《中亚五民族歌舞大会》和故事片《那失乐荆在蒲哈拉》,后者前后两部,茅盾评价"这片子很精彩,故事既寓庄于谐,而演技亦极妙佳",因时间太晚,后半部没有看,茅盾"颇觉可惜"。

1947年3月15日,茅盾访问了土克曼共和国电影部,了解到巴库制片厂5年8部的成绩,以及成立第二制片厂拍摄新闻片的计划,随后观看了该厂代表作《花布小贩》,据茅盾介绍,该片根据阿塞拜疆现代音乐之父乌塞也尔·格奇贝可夫的音乐喜剧改编,曾翻译成36种民族语言,讲述的是一个反门阀民俗的爱情故事。茅盾较为详细地介绍了故事,认为电影故事"加了许多穿插,情节更其变幻,而色彩亦更其鲜艳了"。

综上所述,在近五个月的访苏旅程中,茅盾共记载了7次观影活动,观看了12

部长短片,参观了两家电影制片厂,还实地考察了摄影棚的电影拍摄,应该说内容丰富。在访苏日记中,有一次在茅盾遗憾没有参观集体农场时,还特别提到"去年到过塔什干的中国的大作家郭沫若先生是参观过的,他的《苏联纪行》上写过,我也读过"。

1953年茅盾短期访问捷克斯洛伐克,未见有电影活动的记载,但却在记述谭大使的谈话中,透露了一个重要事件,即1952年蔡楚生等中国电影代表团参加捷克电影节时,"当时苏、捷及其他代表均赞成《翠岗红旗》给奖,而我代表坚持应给《人民的战士》。其后,尊重我方意见,而我方又表示《翠》片亦要得一奖,但奖额已分配完,乃由苏让出一个摄影奖给《翠》片"。

1957年11月,茅盾随毛主席等访问苏联,短短23天,记载了8次11部电影的观影活动,其中包括《姐妹们》(苏联,原著托尔斯泰)、《月宫宝盒》(苏联)、《水上之春》(德国)、《我们的祖国》(苏联)、《女篮五号》(中国)等。其中《我们的祖国》是全景电影即立体电影,该片不仅是此次中国观众第一次观赏立体电影,也是苏联第一次摄制此类电影,看后,"多人觉得太刺激了(跳动,扑面而来,等等实感)",寥寥数语,茅盾的兴奋溢于言表。

1960年1月1日至9月30日,茅盾少有地记录了大半年的日记。此时茅盾仍任文化部部长,阅读文学作品,观看电影电视不仅是娱乐,更是职务行为,这9个月的日记中,茅盾记录了19次20余部观影活动,其中既有国产影片《飞渡黄河》(1月1日);《回民支队》(1月2日,电视播放);《林则徐》(1月17日,电视转播,茅盾评论"此剧甚坏,林则徐这个人物是刻画得很不尽理的");《冰上姐妹》(2月7日,彩色);《嘉陵江畔》样片(5月11日,沙汀编剧);《杨门女将》(6月15日,彩色,茅盾评论"拍的很好;在剪裁原京剧需演四小时,而影片则为两小时半,特写镜头等上面都详略得宜,疏密有致,色彩也好,唯背景有一两处稍有小疵");《太阳刚刚出山》(6月15日,马烽小说,茅盾评论"未能把马烽原作的风格表达出来,故缺乏激动人心之力,而描写老大、老二之性格亦不如原作之简劲鲜明,反见得装腔作势,特别是编、导在原作之外增添了一些情节,未能锦上添花,徒贻画蛇添足之诮",寥寥数语,褒贬尽出);《游园惊梦》(7月7日,梅兰芳主演的京剧电影,电视播放)。

更值得关注的是,这一年茅盾记录了10余部外国影片的观看经历,包括法日合拍的《广岛之恋》(4月30日);波兰影片《火车》(5月20日);以白人贩卖黑奴为题材的法国片(5月25日);墨西哥进步片《农妇》及几部美术短片(6月22日),法国"宣传资产阶级和平主义"的《幻灭》(6月29日);美国"反动幻想影片","假想一场热核战争全世界人类毁灭"的《在海滩上》(7月4日);苏联长纪录片《大音乐会》和两个短纪录片(7月9日,苏联大使邀请);波兰影片《古城漫步》、《华沙记住》及其他纪录片(8月27日,访问华沙期间);波兰动画片《小猫与小狗》、纪录片《山区的婚礼》(8月28日);波兰宽银幕彩色故事片《十字军》(9月15日);苏联全景电影《马戏》(9月20日,莫斯科)。这些外国影片除了有些是出席外事活动所看外,绝大多数是在文化部小放映室看的内部片,可以管窥当时中国的文化高层始终关注着西方国家的电影艺术探索。

这一年茅盾还记载了4月16、18日两天参与电影《鲁迅传》剧组的活动,先是16日出席影片摄制座谈会,并被推为顾问,然后是18日在家与柯灵、杜宣、陈鲤庭讨论。

1962年,正是国家经历了三年困难时期,提出"调整巩固提高"政策阶段,茅盾的日记贯穿全年,共记录了17次观影活动,其中提到的国产影片有8部:《英雄小八路》(1月7日);《陈三五娘》(3月31日,彩色潮剧片);《泰山》(7月20纪录短片);《甲午风云》(9月20日);《梁上君子》(9月27日,香港长城公司);《地雷阵》(12月20日,八一厂拍摄,应为《地雷战》);《停战以后》(12月30日)。

提到的外国影片有6部:法国"此盖以狡猾隐蔽的手法,宣传资产阶级的和平者"的新浪潮影片《长别离》(4月5日);英国片《鬼魂西行》(4月19日);苏联影片《一年中的九天》(6月7日);苏联影片《第聂伯河,你好》(8月2日,1961年长春厂译);英国影片《女英烈传》(8月23日);苏联影片《伊凡的童年》(11月27日)。对上述电影,茅盾通常只记一个片名,但是有两部外国影片,茅盾却花了很大的笔墨,一是英国影片《女英烈传》,茅盾表示"事先竟传此片为反动影片,但看后觉得陈义未高则有之,反动则未必",则介绍了剧情后,茅盾感慨"我以为此片值得我国电影工作者参考学习,因其全片没有一句口号,而政治性极强,倾向性极为鲜明",茅盾更形象地调侃"全片亦无演说,主管者交代任务,扼要数语,没有那一套'有信心没有?''有!保证完成任务'等等俗不可耐的公式话",他高度评价该片"这不是用口号等等来取得观众的鼓掌而是通过女主角坚强的性格(但她仍然是个女性)而深深感动观众的",茅盾最后总结道"我们听到国际友人说,不怕我们的作品左,只怕我们的作品简单而公式,这句话可作我们文艺工作者的座右铭"。这段评论既体现了茅盾作为一个文坛大家一以贯之的反公式化重艺术性的文艺观,也体现了当时较为宽松的文艺环境。而对于今天名扬天下的电影大师塔尔科夫斯基的处女作《伊凡的童年》,茅盾的评价却并不高,一方面他不同意对这部"苏联宣传和平主义"的作品,有人"谓此片把战争场面写的很惨……欺骗性很大云云"的说法,认为"此片战争场面只写侧面,并不太惨",但是,"最大的毒素在于:未有一语点出这在苏联人民是卫国战争,是反法西斯、拯救人类的正义战争,而给人以战争总是残酷,不要任何战争的'教育';又此片只写到个人在战争中的苦难,无一言及民族、国家、人类。此亦可见修正主义除个人、家庭外,都无其他崇高理想也。"这一评价,固然见仁见智,但也毋庸讳言受到了当时政治意识形态的影响。

1966年是"文化大革命"的发动之年,茅盾作为国家文化事业的领导人、著名的文学大家,坚持记了全年的日记,留下了宝贵的历史资料。全年日记中,观影记录不多,只在"文革"发动的五六月份有过4次,分别是《不夜城》(5月20日);《红日》(6月2日);《阿诗玛》(6月7日)以及5月26日的一次。此时茅盾已改任全国政协副主席,以上观影全部都在人民大会堂小礼堂,有意思的是,提到上述三次观影时,茅盾无一例外都加上"坏电影"这个限定。这一年的日记大多简单,但仍记载了两次看球赛、几次陪毛泽东在天安门接见红卫兵,以及听闻我国导弹核弹头试验成功后的"惊喜欲狂"。

1968年"文革"正酣,茅盾一年的日记中再无任何观影记录,只在6月5日记录接待上海"红卫兵制片厂"来人外调材料时,提到该厂就是原来的美术电影制片厂。据这一年的茅盾日记记载,他的一项主要工作就是应付来自全国各地的调查,涉及周扬、瞿秋白、丁玲、王一知、陈望道、李达、孔令杰、孙席珍、盛舜、金仲华、马国梁、亦石、张世禄、梁闰放、周而复、田间、蒋寿同、夏梅芳、李振山、白秉德、王力、冯沅君、范志超、吴持者等历史人物。

1970年1月1日—3月24日,茅盾3个月的记录中,也再无任何与电影相关的记载,这与当时万马齐喑究可哀的电影局面是相称的。

综观茅盾日记,由于工作和身份的原因,茅盾的观影量和观影范围都是非常突出的,特别是他日记透露出的对欧美等国影片的观摩,显示出当时中外电影交流并未完全中断。

结语

鲁迅、郭沫若与电影的关系还有一重维度,那就是他们作为电影的角色出现。迄今,有专门的传记片《鲁迅》。此片经过多次曲折,1960年代初,上海天马电影制片厂曾将此片列为重点计划,并确定由赵丹出演鲁迅,剧组已经成立,却原因不明未能拍摄,直到2005年,中国电影诞辰百年时上影集团才邀请丁荫楠执导拍摄了该片,其中濮存昕出演鲁迅。影片选取鲁迅生命的最后三年,以他和瞿秋白的友谊为主线,既有现实也有梦境,该片虽然作为当年上海国际电影节的开幕影片放映,但并未产生太大影响。近年来以萧红为主人公的两部电影《黄金时代》和《萧红》也都出现了鲁迅的形象。

郭沫若的形象也曾在诸多影片中出现,例如1993年《重庆谈判》、2009年的《建国大业》中都有郭沫若的身影,但仅作为配角出现,倒是1990年峨眉电影制片厂出品、张一导演的《戎马书生》是以郭沫若为主角的,影片的英文名字 Guo Muoruo in 1920s(郭沫若在1920年代)也说明了这一点,刘纪宏出演郭沫若。

与上两位大师相比,迄今尚未有以茅盾先生为主角的影片出现,同样只是在电影《黄金时代》里出现过茅盾的身影。这与茅盾先生富有戏剧性的一生和其在中国文学史上的地位是远远不相称的,有待电影艺术工作者开掘。

论茅盾小说的叙事模式及其呈现方式

陈志华

山西师范大学　山西　临汾　041004

《幻灭》、《动摇》、《追求》三部曲在《小说月报》连载时,曾受到青年读者的热烈追捧,但左翼阵营指责它们过分渲染了小资产阶级在革命转折期迷惘、颓废的心态。20世纪90年代曾发生对茅盾文学史地位的激烈争论,表面是受"重写文学史"潮流冲击,实际却是纯艺术角度审视和社会历史分析方法失去对话平台的结果。本文试图用叙事学方法对茅盾小说的叙事模式展开分析,发现其表层情节结构和深层心理结构的内在动因,以此寻找进入茅盾文学世界的其他有效途径。为了论述更为集中,本文将围绕《蚀》、《虹》、《子夜》、《腐蚀》等长篇小说展开。

一、人物、故事和叙事线条

茅盾小说更多依赖于观察社会得来的感性经验,"大凡社会小说的人物都是作者从现社会中直接观察得来……人物就是现代人,故应直接观察现代社会的各色人等而取以为型"[①]。因而在研究中,社会历史方法首先被用来分析其人物形象,性别、社会身份、阶级地位等会成为划分人物类型的主要依据。读者被"社会小说"的现实性迷惑,他们习惯于把文学世界和现实世界相互对照,在它们之间进行对比替换。但应当注意,故事相对独立于外部现实,它们之间的对应是隐喻性质的。很多人提到茅盾早期小说的政治隐喻性质和象征色彩,"茅盾的早期小说里的妇女……在爱情和性方面的所作所为,不但反映了年青的资产阶级知识分子对这个题目的态度,并且还以寓言的方式表达了茅盾自己对革命的理想,对党内不同派别的评价,以及对中国共产党在二十年代的坎坷与成败的认识。"[②]这种"寓言的方式"在后来的小说中依然存在,尽管客观把握社会的理性追求大大限制了作品自由表达的空间。

承认人物相对于现实生活的独立性,是从叙事学角度谈论茅盾小说的基本前提。叙述研究的根本分歧之处,首先在于将研究对象看作是虚构性的还是真实性的,尽管大家都承认小说属于虚构性作品,但假若接受人把叙述人看作在陈述事实,这时的叙述文本仍是"事实性"的。[③] 虽然故事由真实事件演化而来,但它一旦被"讲述",就与这些真实事件有了本质差别。鲜活的社会事件被讲述为小说文本

---

① 《茅盾全集》第19卷,人民文学出版社1991年版,第56~57页。
② 陈幼石:《茅盾〈蚀〉三部曲的历史分析》,社会科学文献出版社1993年版,第16页。
③ 赵毅衡:《建立一门广义叙述学:基本框架与几个关键问题》,四川大学《符号学论坛》,2015年8月30日。

时,它和讲述者的个人经验结合起来,形成有内在逻辑的叙述结构,这一结构属于"重新构造的世界",也就是虚构的"现实"。作家不可避免地要受时代走向、思想潮流乃至党派斗争的干扰,但这些并不能从根本上改变叙事层面的独立性,故事与历史真实、讲述者和事件亲历者处于相互联络而又各自独立的层面。陈幼石先生将这两个层面命名为"单表层叙述面(text)"和"多层次深结构(context)"①,但当她将后者定义为小说家的生平、对文学与政治的兴趣等时,已导致叙事学分析的中途止步。历史事件经过作家剪裁加工后成为叙事性文本,它就不再仅仅为文本之外的世界负责。小说需要有一个结构和审美的意义,需要有整体性的连贯效果,把它当成某人的自白,当成某种真实生活或时代历史的真实故事只能是一种"严重的错觉"。② 茅盾小说正是以具有审美意义的结构表现个人命运和社会命运间的关联,从千变万化的故事中抽象出具有普遍意义的叙事模式,给我们提供了一条解决故事和叙述者矛盾的捷径。

希利斯·米勒将"具有结束功能的结尾"分为两种:一种是看起来是一个齐整的结,将所有的线条都收拢起来,所有的人物都得到了交代;另一种看起来又是解结,将纠缠在一起的叙事线条梳理整齐,使它们清晰可辨,根根闪亮,一切神秘难解之事均真相大白。③ 茅盾小说似乎缺少"打结"或"解结"功能的结尾,结尾或戛然而止,或者像随时能重新开放,具有很大的不确定性。这在由中篇连缀而成的《蚀》尚可理解,但《虹》、《腐蚀》、《第一阶段的故事》等等也给人匆忙收尾之感,故事随时都可接续。疾病或出版方面的原因的确导致小说与最初构想差距很大④,但这种结构已经内化到作者的思维中,细枝末节无法从根本上解释它形成的原因。从《幻灭》开始,强烈的创作冲动和外界环境挤压形成巨大的矛盾,这些反过来冲击故事发生的时间空间,使它们不断膨胀拉伸,不得不留下释放压力的出口。有人将茅盾小说的结构方式总结为由单线或多线并行向蛛网式的进化过程,⑤但更晚的《腐蚀》以单线方式讲述故事。叙事方式更多受故事内在逻辑和创作者主观意图制约。

杨义先生将叙事作品的内在发展动力称为"动力势能":"结构的动词性使它的诸种要素具有相互关系中的功能,或者动能,组成了叙事文本的生命整体。从这些要素关系中进行更深一层的抽象思考,就可以发现结构当中具有某种动力关系,推动着结构线索、单元和要素向某种不得不然的方向运转、展开和律动。"⑥茅盾小说的"动力势能"就是人物情绪与外界压迫之间的张力。随着写作视野的扩大和现实政治参与意识的增强,茅盾逐渐将内在情感势能转化为外部情节势能,

---

① 陈幼石:《茅盾〈蚀〉三部曲的历史分析》,社会科学文献出版社1993年版,第6~8页。
② [美]雷·韦勒克、奥·沃伦:《文学理论》,生活·读书·新知三联书店1984年版,第236页。
③ [美]J·希利斯·米勒:《解读叙事》,北京大学出版社2002年版,第51页。
④ 茅盾曾提到,《腐蚀》后半部分是连载时应"读者们要求"而加进去的(《茅盾全集》第5卷第297页),而《第一阶段的故事》"整个上缺乏结构,在于书中虽亦提到过若干问题,而这些问题是既未深入,又是发展得不够的,最后,在于书中的人物几乎全是'没有下落'的。"(《茅盾全集》第4卷,第475~476页)。
⑤ 钱理群等:《中国现代文学三十年》,北京大学出版社1998年版,第260页。
⑥ 杨义:《中国叙事学》,人民出版社1997年版,第76页。

饱含感情的笔触常受到"社会分析家"的叙述者的干扰,故事发展受到严重干涉。小说叙事线条受到人为的扭曲、割裂,有的作品被人为地截断、拉长,有的则由其他小说的章节、残片组接而成,人为加工痕迹非常明显。这种具有可修改拼接特性的结构在中国现代小说中并不多见,它与茅盾小说独特的叙事模式有密切的关系。

二、"追求—幻灭"的叙事模式

运用叙事学理论分析茅盾小说时会遇到困难,即其中是否真的存在具有普遍意义并能"维系其全部小说的命脉"的结构模式。就茅盾来说,语言学结构模式应当代表了作家确立自我和世界关系的特殊方式,它作为情感表达和情节结构的模式出现在作品中。借用他小说的题目,可将之称为结构"追求—幻灭"的结构模式。根据格雷马斯的方法,可将之分为四个首尾相连的行动序列[1]:

(1) 追求行动的开始。"追求"行动一般出现在各主题故事的开始,它有两层含义:一、行动者开始时并非处于自我满足的状态,而是需要迫切行动改变的自己与外部的不平衡;二、开始即切入主题,使得故事呈现焦灼、紧张的气氛。

(2) 敌对力量对追求者的干扰阻碍。敌对力量是阻碍行动主体脱离不平衡状态的主要因素,它可以是具体的故事人物,也可以是不可控的环境因素。在茅盾早期小说中,敌对者与行动者不是正面对抗,而是在寻找各自的出路时出现错位。"时代潮流"同样能成为敌对力量而成为阻碍追求的障碍,如"五四"或抗战的时代环境激发梅行素们投入实际的社会活动,而形势急转又把她们抛出"时代"之外,成为群体之外的"零余者"。追求者还面临着来自自身的干扰,由于思想冲突激烈,他们热情冲动而又多疑的性格常使他们陷于孤立自怜的境地。

(3) 追求主体的反抗。理想主义激情的人物与现实发生激烈冲突,无论生存、爱情还是理想,都对个体产生无法抵挡的诱惑。由于成长环境和性格不同,追求者采取突破阻碍的方式主要有正面对抗和迂回前进两种。这正对应了克罗德·布雷蒙在《叙述可能之逻辑》里提到的施动者消除敌对者的行动的两种具体形式:对抗形式和和平形式[2]。追求者在敌对力量出现后大多采取各种手段突破它,承认失败的极少。

(4) 追求归于幻灭。此序列交代追求的结果,无论成功失败,人物大多走向迷惘、灰心或失落的情绪状态。带有暗示和预见性的情绪成为笼罩茅盾叙事作品的薄雾,成为其情绪特征和情节走向的决定力量。有时追求主体已经得到了某物,

---

[1] 格雷马斯从人物行动序列的分析出发,将故事划分成具有因果关系的、前后相连的内容要素,"从显示出来的作品提纲及其各种同质变换着手,同时设法找到信息的唯一结构性同位"。参见格雷马斯《叙述信息》,张寅德编选《叙述学研究》,中国社会科学出版社1989年版。

[2] 布雷蒙的界定是:(1)和平形式:施动者设法使对敌[敌对方]同意不再对他的计划设立障碍。这就是所谓协商,它将对敌转变为同盟;(2)对抗形式:施动者设法挫伤对敌,使其无力对他的行动设立更多障碍。这就是所谓打击,它的目的在于消灭对敌。请见张寅德编选《叙述学研究》,中国社会科学出版社1989年版,第163页。

但仍不免落入虚幻的失落境地,因为得到的已经远非他当初想要的东西。

"幻灭"并不意味行动完全结束,它指向人物内心体验,即便达到个人目的,由于现实与理想的巨大落差。这使得外在行动序列变成了内心体验的循环往复,故事结束同时预示另一个"追求—幻灭"故事开始。

"追求—幻灭"叙事模式代表前后连续的行动单元群,它们围绕各个不同的主题展开。茅盾小说可以概括出"生存"、"爱情"、"自我解放"、"救赎"、"利润追逐"、"革命"、"救亡"等七个主题,其中有些与个人幸福、自我价值实现密切相关,另一些则由时代规定,具有普遍约束力。茅盾前期小说(以 1932 年《子夜》发表为界)侧重于个人化主题,到后来,政治运动、抗战等重大社会历史事件占了重要位置。评论家们不断谈论茅盾的实用理性精神和现实主义倾向,甚至将理性四位参与创作过程看作能否合理评价茅盾叙事模式的关键[1],而忽略或低估"追求—幻灭"情感模式所产生的影响。

需要注意的是,"追求—幻灭"故事经常会有很多变体。"幻灭"既代表了"失败"的客观事实,又代表了主人公"失望"的主观情绪,在不同的主题故事中,它的具体含义有所不同。例如,梅行素(《虹》)的乐观、开朗使每一次因希望破灭而出现的失望只是一闪而过,而同样的悲观情绪在赵慧明(《腐蚀》)这里,成了挣扎与自我救赎的决定性力量。有学者指出,生理、情感创伤和政治创伤体验使茅盾早期小说游离于艺术创造与理性感知之间[2],同样,小说家情感与理智间的矛盾也投射到他讲述的故事中,很多人物因此具有人格分裂倾向。

到了 20 世纪三四十年代,茅盾小说的个人话语逐渐归附消融于集体话语,狂躁不安的情绪逐渐淡化,代之以似冷实热的沉郁笔调。这与民族危亡成为压倒一切的时代主题有关。救亡故事中,"追求—幻灭"不再像其他主题故事表现为可以明确辨别的行动单元,而成为激昂与失望夹缠不清的民族情绪。这可以解释,为什么经历了募捐、请愿、救助伤员之后,面对"主动撤退"的中国守军,年轻一代的潘雪莉等会怅然伫立"吟味这寂寞的感觉"[3]。另一些情况下,"幻灭"感则源于我方抗战战线内的倾轧,抗日救亡的理想主义者们因受挫感到的无奈与失望时,也为整个国家和民族的未来担忧。"追求—幻灭"模式被更具形式意义的"抗争—消解"代替,茅盾小说由人物命运的个性化书写,演变为更深层次的国家命运与民族悲剧性隐喻。

三、叙事模式的呈现方式

叙事性文学作品至少应包括故事(叙述所指)、叙事本文(叙述能指)和叙述行为(讲述过程及整体情景)三个要素,如果说上文提出的叙事模式是理论上的抽象结构,那么必须在这三要素构成的叙事话语中实现。托多罗夫将叙事话语分为叙

---

[1] 王嘉良:《回眸历史:对茅盾创作模式的理性审视》,《学术月刊》,2007 年第 11 期。
[2] 贾振勇:《创伤体验与茅盾早期小说》,《文学评论》,2012 年第 2 期。
[3]《茅盾全集》第 4 卷,人民文学出版社 1984 年版,第 464 页。

事时间、叙事体态和叙事语式三部分①,热奈特的叙事学理论则调整为:一、时间范畴,探讨表现故事时间和话语时间的关系;二、叙事语式,主要研究叙事话语类型,即叙述的表现形式;三、叙事语态,指叙述者讲述故事的方式,以及叙述与陈述主语的关系。② 我们可以从这三个方面,分析茅盾小说中"追求—幻灭"结构的呈现方式。

(一) 叙事时间

叙述话语会延展或缩短故事实际发生时间,造成话语讲述时间与故事时间的非等时性。根据二者的比例关系,可将叙事时间分为场景、概要和省略三类:一、场景:话语讲述时间≥故事时间;二、概要:话语讲述时间<故事时间;三、省略:话语讲述时间∞0(即故事时间不变时,话语时间无限接近于零)。茅盾小说常常把场景和概要、省略作夸张处理,其中"场景"的使用更为突出,它更多地关注人物,并且把笔墨侧重于主要人物,可称之为"单一场景"。这与托尔斯泰的"多元场景"有所不同,"托尔斯泰不只是从他们的阶级地位来进行描写,而是总体上把他们写成男人女人。即使在他的人物几乎纯粹代表他们的阶级的时候,他们仍然具有永恒的、象征的意义。"茅盾不太关注人类生存等哲学层面的问题,没有把人性、生命等当成探讨的终极目标。因此,很多场景被设计成人物的对话占据主要篇幅,这样给读者造成冗长琐细之感,而限制了向社会历史本质纵深掘进的可能性。

"省略"的叙事时间接近于零,它把某一段时间作"空白化处理",形成时间、空间结构上的跳跃。时间段的省略有时以某些信息暗示出来,有时直接将整段故事略过不提。《腐蚀》里造成省略的原因有两种,一种是客观环境的变化,另一种是讲述者自身方面的原因,如身患疾病或情绪低落等。省略掉的内容并非不重要,有时恰恰说明主人公受到沉重打击,以致失去心理平衡。

茅盾小说往往因大篇人物对话和心理描写而显得繁冗枯燥,这是由作家感受世界讲述世界的方式造成的。时间及空间的封闭性更适合从人物心理的内结构扩散到社会环境的外结构,由于作家自己处于迷惘矛盾的心境,他对时代走向的把握远没有真正的政治家那样自信,因而需要设计相对简单的故事人物和场景完成对重大社会政治主体的掌控。

(二) 叙事语式

茅盾等"五四"作家已具有成熟的世界眼光,他们学习西方文学不仅意味着技巧的借鉴,更重要的是文学观念上的革新。传统小说的全知叙述者更多地承载着道德说教的作用,而中国现代小说的这种"教育职能"正在弱化,全知叙述者不再是全知全能者,而更多地关注着社会现实。第三人称全知叙事视角在茅盾这里有了不同于传统小说的意义,他讲述的不仅有资产阶级的明争暗斗、智识阶层的吟风弄月,还有小资产者、小商人的挣扎、破产,更有贫困者的艰难、困苦和无助。这些描写和"五四"对"人"的发现分不开,它隐含着"从'文以载道'到以人物为小说

---

① [法]兹维坦·托多罗夫:《从〈十日谈〉看叙事作品语法》,张寅德编选:《叙述学研究》,中国社会科学出版社1989年版,第179页。
② [法]热拉尔·热奈特:《叙事话语新叙事话语》,中国社会科学出版社1990年版,第9~11页。

表现重心"①的转变。

限知视角的使用也具有特殊意义。《腐蚀》的限知视角比较明显,故事的记录者就是视点人物,不仅故事发展以讲述者的经历为限,而且故事材料的剪辑取舍也由讲述者确定;《虹》的限知叙事不仅采用了梅行素的视角,而且整个故事也带有她在不同时期的感情变化、思维特点、思想状态的投射;《子夜》整体使用全知叙事,但是第三人称限知叙事在小说中也经常出现。茅盾使小说的故事既和现实有联系又有相当距离,叙述者隐匿身份,尽量减少对事件的主观性评论。

事件叙事是对故事做尽量客观化的叙述,亨利·詹姆斯认为它是对故事的"展示"(showing);而话语叙事以叙述者的讲述(telling)为主要表现形式,柏拉图称它为"纯叙事",即诗人"以自己的名义讲话,而不想使我们相信讲话的不是他"。② 这两种叙事方式造成了叙述者与事件距离的大小不同。茅盾使用事件叙述较多话语叙事出现的较少,一般情况下话语叙事可以拉近叙述者和所叙事件之间的距离,但茅盾小说却扩大了这种距离。《腐蚀》的"序"不是连接而是隔断了日记作者和小说叙述者的关系。《第一阶段的故事》最初在杂志上发表时的"楔子"以"说书人"的口吻讲述几个人物到达汉口的场景,使得叙述者的存在更为明显。在这里,叙述者从幕后走出来只是为了交代自己对事件的看法,使得故事讲述与当前的距离更为遥远。

(三) 叙事语态

叙事语态是"言语行为和主语之间的关系","事后叙述"是最常见的叙述类型,它"支配着当今创作的绝大多数叙事作品"③。茅盾小说里起支配作用的也是"事后叙述",即故事时间已经过去,叙述者在讲述过去发生的事情。"事后叙述"的故事发生在讲述行为之前,但它们之间距离却让人头疼。《蚀》三部曲发表后,左翼阵营指责它过多表现了对大革命的悲观、怀疑,茅盾因此用《从牯岭到东京》等文章予以解释和反击。与现实政治的纠缠深深影响了茅盾的小说讲述方式,他有意减少对故事人物的同情,而尽量使用客观公允的笔调,这使主观抒情和客观叙事间的冲突更激烈,充满内在张力。

故事时间有时非常明确,有时似乎又故意模糊化,给人造成似是而非的印象。《霜叶红似二月花》叙述的时间段,连那些和茅盾同时代的作家也搞不清楚,究竟是在"五四"之前还是之后④。这可能是作者故意设置的谜题。不确定性使故事时间有了更大的发展空间,历史时间是向过去和未来无限延伸的,"事后叙述"会使故事发展与当前叙述有时间点汇合的可能。但茅盾故事时间的不确定性使这种汇聚变得渺茫,人物始终处于"行进"状态,不用说梅行素、赵惠明一直都在处于永无止境的追求和拯救之中,即使吴荪甫在农村、工厂、证券市场三条道路上都遭到

---

① 翟文铖:《论茅盾短篇小说中的全知叙述者的现代品格》,《浙江万里学院学报》,2006年第1期。
② [法]热拉尔·热奈特:《叙事话语新叙事话语》,中国社会科学出版社1990年版,第108～109页。
③ 同上,第152、147、181页。
④ 王由、政之:《〈霜叶红似二月花〉第一部座谈纪录》,《茅盾专集》第2卷(下),福建人民出版社1985年版,第1318页。

惨败后,他仍然没有失掉前进的惯性。故事就是在这样不断行进中延伸,无限接近叙述终点,却又永远无法到达这个终点。

虽然茅盾的现实主义色彩非常明显,但将主观情绪投射到叙事中,成了他和其他作家区别的主要特征。外冷内热的性格使他用一颗热烈而敏感的心观察着社会。如果忽略了叙述者的情感作用,有时会曲解作者原意,造成对人物的误读,对吴荪甫的评价分歧就根源于此。叙述者将自己的主观判断投射到环境、事件的描写上,他的情感倾向、价值观以及对事件的看法和人物视角粘着在一起,因而叙述过程更多带有主体的情感色彩。

叙述者对文本的管理作用有时会出现在正文中,如《腐蚀》的序言等,但更多的是出现在"出版后记"里。叙述者的管理作用对于叙事结构的形成影响最大,"叙述者可以参照它用某种无语言话语指明作品如何划分篇章,如何衔接,以及相互之间的关系"①。《虹》、《子夜》、《第一阶段的故事》、《腐蚀》等的后记里都有对小说得失的分析,如果这些品评可以归入叙事范围(作者对写作过程的描述完全符合叙事的特点),它们仍属于"事后叙述"的范畴:叙述者对作品负责,同时又是评论这些作品的局外人。只是这些叙述仅具评论解释的功能,虽然再版时可以修改作品,但这已经无法修改已经形成的叙事模式了,作为一种叙述策略,它只能起到对这种模式的伪装改造效果。

---

① [法]热拉尔·热奈特:《叙事话语新叙事话语》,中国社会科学出版社1990年版,第181页。

论文本细读在茅盾文学批评中的重要地位
——重读《中国现当代文学茅盾眉批本文库》

蔺春华

浙江传媒学院文学院　浙江　杭州　310018

内容提要：茅盾所作眉批集中在20世纪五十年代末六十年代初，这一时期他开始用清醒的现实主义态度反省社会和文艺的弊端，建立在细读文本基础上的眉批无疑从一个侧面体现了他的批评立场和着眼点。茅盾没有对作家作品和人物形象进行简单的二元对立的价值评判，他以自己的阅读和批评方式表明，无论是英雄人物还是非英雄人物，决不能以意识形态标准代替艺术标准，而是要尊重艺术规律的特殊性，通过细致解读作品文本，切实挖掘作品的深层意蕴，特别是那些作家创作的主观意图和艺术效果相龃龉的地方。他的诗歌批评的风格尺度也始终建立在仔细品读揣摩诗歌文本的基础上，并且巧妙地将中国古典诗歌以画理入诗、融绘画于诗情的笔法运用于自己的诗歌点评中，使他的诗评充满表意的形象性。

关键词：文本细读　茅盾　文学批评　重要地位

20世纪五六十年代的茅盾，他的文学创作和批评都陷入了难以言说的困境。一方面，作为中华人民共和国的文化部部长和文联、作协的主要领导人，茅盾渴望以全新的创作实绩表达他对新中国文艺政策的顺应和认同，展现他作为继鲁迅之后左翼革命文学旗手的风采；另一方面，自"五四"新文化运动以来深植于内心的人道主义情怀和对文学艺术审美价值的一贯追求，又使茅盾的创作和批评理念很难完全融入文学政治一体化的时代风潮中。于是，在矛盾与尴尬中，他的文学创作几乎完全止步，他的文学批评则呈现出极为矛盾和复杂的状态。《中国现当代文学茅盾眉批本文库》汇集了茅盾50年代末60年代初对8位中国现当代作家的40余种作品所作的眉批，在1996年茅盾百年诞辰时出版面世。这套眉批本文库，极为真实地记录了茅盾对当时产生重要影响的文学作品广泛而精细的解读，也从一个侧面反映了他对文学审美批评的始终坚守和垂范。在21世纪的今天，重读《中国现当代文学茅盾眉批本文库》，既是对"十七年"文学经典的重温与反思，从中可以窥出五六十年代的政治文化语境在作家创作和茅盾文学批评历程中留下的特殊印记，也可以发现文本细读作为茅盾文学批评的精魂在当下的跃动以及对今天文学批评所产生的积极影响和启发。

一

　　总共四卷的眉批文库包括长篇小说卷两本：即杨沫的《青春之歌》和乌兰巴干的《草原烽火》；中篇小说卷一本：内含杜鹏程的《在和平的日子里》和茹志鹃的《高高的白杨树》；诗歌卷所涉诗人诗作有阮章竞《漳河水》和《迎春橘颂》、田间《田间诗抄》、郭小川《月下集》和闻捷《河西走廊行》。这里首先要介绍的是《中国现当代文学茅盾眉批本文库》的中短篇小说卷，它由茅盾对杜鹏程的中篇小说《在和平的日子里》和茹志鹃的《高高的白杨树》等短篇小说所作的眉批构成，其中对《在和平的日子里》的批语就有 59 条，内容涉及小说的主要人物形象与人物关系、语言修辞和语境等等。《在和平的日子里》是以《保卫延安》蜚声文坛的青年作家杜鹏程 1957 年发表于《延河》杂志的中篇小说，刚刚结束了战争题材写作的作家将笔触伸向了新中国诞生后的筑路事业——宝成铁路的修筑现场，真实地描写了革命战争时期的军人在和平年代社会主义建设中的英雄业绩，以直面现实的勇气反映了他们从战争状态进入到和平年代之后思想改造的重要性和迫切性。单行本出版的 1958 年 7 月，杜鹏程就将扉页上题写着"敬请沈部长指教"的小说赠于当时的文化部部长茅盾。一贯以扶持文坛新人为己任的茅盾，在繁忙的公务之余对小说进行了逐字解读。在 59 条眉批中有相当一部分是针对小说的两个主要人物阎兴和梁建而作。他们是一对战争年代的战友、曾经的团职干部，在纵横一千多里的铁路工地上，又分别担任了拥有一万多名筑路职工的第九工程队的正副队长，原本都有争当新时代社会主义建设事业英雄理想的两个人却在这个特殊的战场走上了不同道路，阎兴始终保持了在艰难困苦中"奋不顾身的革命劲头"，梁建面对艰苦的筑路工程，不仅以自己的奋斗历史和革命本钱作筹码，丧失了奋斗精神，还多次萌生了逃离的念头。受时代主流意识形态的影响，杜鹏程的创作初衷是为了塑造阎兴这样的英雄人物，小说中不乏颂扬赞美之词。但茅盾显然对梁建这个形象更有兴趣，每到与梁建相关的章节，他都品读得格外细心：比如在小说的第 45 页，作者描写了一段梁建在江边看到人们熙熙攘攘的日常生活后的心理状态，看着卖柴禾、核桃、酸枣的老乡和修表、钉鞋、算卦、耍猴儿的街头手艺人，梁建觉着：

　　这些卖艺的、挑担的、摆摊的、东奔西走混一碗饭吃的人，或许有他们的难处，可是倒也逍遥自在。不是吗？他们随便捞几个钱，把肚子塞饱，哪怕天塌下来，也不熬愁。任务呀，工期呀，雨季呀，洪水呀，材料呀，图纸呀，计划就是法律呀，跟自然界作斗争呀，与这些穿草鞋的农民、做小生意和耍小手艺的人，有啥相干？

　　梁建暗下决心，要继续对筑路工地上救火一样的工作保持冷静，遇到使别人心肺都要炸的事，也得沉住气。茅盾先生对此作了这样的眉批："这一段写梁建思想变化，颇有特色，不落俗套。"之后，围绕小说对梁建的描写，茅盾还作了多处眉批，比如梁建看到纤夫拉纤时的心理活动，茅盾毫不掩饰赞叹之情："插这一段好！

因为也是写梁的思想变化的。"① 而小说透过另一个人物韦珍的视角描写梁建的文字,也引起了茅盾的关注和肯定,他多次在空白处写下"从韦珍的心目中写梁建","这一段好","从韦珍眼中写梁建"②等批语。这足以说明茅盾对小说文本不仅进行了贯通一气的仔细阅读,还对围绕梁建性格变化的描写进行揣摩。陈思和曾经指出:"文本细读的功能在于探讨一部作品可能隐含的丰富内涵与多重解释,窥探艺术的奥秘与审美的独特性。"③ 那么,茅盾在特定年代对小说文本的细读及其所作的眉批对于今天我们理解把握原作《在和平的日子里》到底有什么启发性和指导性? 又折射出哪些时代特征以及茅盾批评理念中一以贯之的审美立场呢? 众所周知,小说评点通常都是体系严谨、逻辑性很强的理论文字,但眉批是阅读者在阅读过程中即时产生的灵感和想法,随读随批,三言两语,不仅有突破固定批评模式的功效,还有简洁、直观,一语中的的艺术效果。茅盾所作眉批集中在20世纪五十年代末六十年代初,这一时期,"他开始用清醒的现实主义态度反省社会和文艺的弊端",并"关注与支持'中间人物论'"。④ 建立在细读文本基础上的眉批无疑体现了他的批评立场和着眼点。就《在和平的日子里》而言,虽然阎兴这个形象是作家杜鹏程倾心打造的和平年代的革命英雄人物,但梁建的形象直到今天看上去仍然具有代表性。事实上在小说里,杜鹏程对于梁建也流露出既批判又惋惜的矛盾心理。然而正是这个表现出作家矛盾心态的矛盾人物,引起了茅盾评说的兴趣,一贯坚持现实主义创作和批评原则的茅盾认为:"矛盾往往集中在这种人物身上,他们也是一种典型。"⑤这一时期的大连会议上,茅盾还在发言中指出,写工人农民,不能只写两头,即只写作为学习榜样的和作为批判对象的,也应该写处于中间状态的,并且要作为典型来写。在自己的阅读中茅盾身体力行,他的阅读视野始终围绕着梁建以及与梁建思想变化相关的人物及其关系,他关注的梁建,就是一个"生活在我们中间的现实的人"。⑥ 由此可见,茅盾对《在和平的日子里》所作的眉批中,没有对作家作品和人物形象进行简单的二元对立的价值评判,他以自己的阅读和批评方式表明,无论是英雄人物还是非英雄人物,决不能以意识形态标准代替艺术标准,而是要尊重艺术规律的特殊性,通过细致解读作品文本,切实挖掘作品的深层意蕴,特别是那些作家创作的主观意图和艺术效果相龃龉的地方,引导读者进一步体会文学创作的规律和奥秘。

二

《中国现当代文学茅盾眉批本文库》长篇小说卷2是茅盾对蒙古族作家乌兰巴干的代表作品《草原烽火》所作的眉批本,这是茅盾以卓越的政治智慧和文学大

---

① 《中国现当代文学茅盾眉批本文库》(中篇小说卷),中国国际广播出版社1996年版,第47页。
② 同上,第48~52页。
③ 陈思和:《文本细读在当代的意义及其方法》《河北学刊》2004年第2期。
④ 程光炜:《茅盾建国后的文艺理论和批评》《南都学刊》2004年第1期。
⑤ 茅盾、韦韬:《茅盾回忆录(下)》,华文出版社2013年版,第193页。
⑥ 茅盾:《文艺评论集(下)》,文化艺术出版社1981年版,第873页。

家的宽广胸怀关心、扶持中国少数民族作家的又一个例证。早在20世纪30年代，茅盾就对中国少数民族作家和民族地区的文学事业特别关注。满族作家端木蕻良、彝族作家李乔、白族作家马子华等，当年都曾得到过茅盾的指导与帮助。"①中华人民共和国诞生之后，中国少数民族文学进入了一个崭新的发展阶段。身为文化部长和作协的主要领导人，茅盾阅读少数民族文学作品数量之多，阅读之深、之细，可为后世垂范。他曾撰文称赞蒙古族作家玛拉沁夫的长篇小说《科尔沁草原的人们》"从生活出发，而不是从政策出发"。尽管中华人民共和国成立之后的茅盾意识到描写工农兵、塑造工农兵英雄形象，将是每个艺术家创作必须严格遵循的文艺路线，但他从不讳言作家独特的生活积累在创作中的重要性，这也是茅盾现实主义文学观的重要立场。1962年，茅盾又高度评价了玛拉沁夫的短篇小说集《花的草原》，他说："玛拉沁夫富有生活积累，同时他又富于诗人的气质，这就成就了他的作品的风格——自在而清丽。"②这些切中肯綮的批评，在少数民族作家主体精神和艺术风格走向成熟的过程中产生了极其重要的影响。四十多年后，年过花甲的玛拉沁夫仍记忆犹新："使我感到敬佩的是茅盾先生以那样简洁的评语，准确地概括和认同了多年来我苦苦寻索的属于我的那种艺术感觉和艺术方位。"③与玛拉沁夫一样，乌兰巴干也是少数民族作家中的佼佼者，《草原烽火》作为"十七年"长篇小说的代表性作品，在1958年和1959年先后由中国青年出版社和人民文学出版社分别出版，人民文学出版社出版时，以叶圣陶先生的小说评论做了代序，茅盾的眉批本即是对后一个版本的批阅。《草原烽火》以洋洋40万言的篇幅，展现了科尔沁旗草原上蒙汉各族人民在中国共产党的领导下反抗封建王爷压迫和日本帝国主义侵略的英勇斗争。茅盾在全部80条批语中，将文本细读"作为主体心灵审美体验的交流与碰撞"，"以自己的心灵为触角去探索另一个或为熟悉或为陌生的心灵世界"。④袒露了他的真实情感和阅读体验。这首先体现在茅盾阅读中对作品文学性的高度关注。茅盾眉批《草原烽火》针对的对象，有时是一段情节描写，有时是一段叙事文字，有时是某个具体的词句，无论褒贬，都是出于个人情感或审美的需求，融进了自己的生命体验和主观愿望。比如小说第一章里，作者透过主人公李大年的眼光，描写了草原上的自然风光以及玩耍着的孩子们和奔突的野马群，茅盾将这四段文字做了标记，并批注"写得绚烂、矫健，如奇峰隆起"。⑤在小说第32页，作者有数段描写奴隶扎木苏荣和李大年在暗夜里会面的文字：

  夜徐徐降临。十八道冈子，变成波澜形的暗暗的长影。一只夜猫子从冈子里飞出来，落在冈下的一块石头上鸣叫。那块石头远望像一条趴牛，所以人们叫它趴牛石。……

---

① 李鸿然：《茅盾，民族文学的朋友与导师》，《民族文学》2008年Z1期。
② 茅盾：《读书杂记》，作家出版社1963年版，第56～57页。
③ 玛拉沁夫：《想念青春》，《文艺报》，1996年1月26日。
④ 陈思和：《文本细读在当代的意义及其方法》，《河北学刊》2004年第2期。
⑤ 茅盾：《中国现当代文学茅盾眉批本文库》长篇小说卷2，中国国际广播出版社1996年版，第29页。

暗夜的云层里透过了镰刀似的月亮,一个人在远远的路上摇荡着身子,渐渐走进趴牛石旁,把夜猫子吓飞了。

　　这个人正是赶来接头的奴隶扎木苏荣,当他伸手去摸石头底下的小洞时,发现藏在里面的皮套子没有了,扎木苏荣立即意识到他要联络的人已经到了。在这段文字旁边,茅盾写下了意味深长的八个字:"金鼓之后,笛音悠扬。"颇有点睛之功,既是对作家描写技巧的赞叹,也有助于读者深入小说的语境,对下文即将到来的扎木苏荣和李大年的会面充满了期待。对于作者在人物描写方面的手法,茅盾也多有赞赏,认为"有中国古典小说的表现手法的痕迹"。[1] 显然,在细读和点评《草原烽火》的过程中,茅盾完全进入了一种忘我的境界,他沉浸在小说营造的世界里,之前的人生体验和作为文学家、批评家的艺术经验与小说的艺术世界互相融合、互相碰撞,因此,对于某些失当的人物语言和对话,他也直言不讳批评道:"知识分子气","知识分子的语调。"可以说,我们在眉批本中见到的茅盾,是较少受意识形态的干扰和影响,对艺术规律有着清醒、自觉认识的茅盾,他的眉批,完全是一种个人化阅读、体验、阐发的过程。尤其令人感佩的是,茅盾虽然点评的是人民文学出版社出版的《草原烽火》,但却是以中国青年出版社版本作为参照,他仔细辨析了两个版本的不同之处,具体到每一个字词,他为此耗费的心血由此可见一斑。在20世纪五六十年代高度敏感的政治氛围里,"谨小慎微"、"有时甚至到了逆来顺受、明哲保身的程度"[2]的茅盾,也许并没有想到这套眉批本会公开出版面世,他只是全身心沉浸在文学文本所提供的艺术世界里,情之所至、兴之所至、言所欲言。今天看来,茅盾当年的细读,还充满了对中国少数民族文学发展前景的美好期待。这里当然有茅盾对一个初露头角的少数民族青年作家的宽容的批评意向,"乌兰巴干当时是用蒙语构思,汉文写作,语汇贫乏,常常词不达意。"[3]虽然小说文稿在出版之前,已经得到出版社编辑长达八个月的逐字逐句的编辑加工。但茅盾所作的点评,不粉饰、不隐晦,自始至终好处说好,坏处说坏,但绝少言辞激烈,更多和风细雨。更多的是从辞藻、修辞到结构、叙事,进行多方位的体察、辨别和指导。可以说,茅盾在细读小说文本的同时也提供了细读文本的具体方法,再次表明了文本细读在他文学批评理念和范式中不可取代的地位。

三

　　早在新文学初期,很多文化人都热衷于泛泛地抨击旧文学、宣传新文学,一些富有新气象的作家作品反而遭到了冷遇。但茅盾却敏锐发现并捕捉到这些文学作品散发的现代美学气息,进行了卓有洞见的评析。比如郭沫若的《女神之再生》刚一发表,茅盾就撰文介绍它"委实不是肤浅之作"而是"空谷足音",寥寥数语就把住了诗歌的命门,同时也证明茅盾诗歌批评的起步之早。在《中国现当代文学

---

[1] 茅盾:《中国现当代文学茅盾眉批本文库》长篇小说卷2,中国国际广播出版社1996年版,第42页。
[2] 杨守森:《小说大师与文化部长——茅盾建国后的心态分析》,《山东师范大学学报》2002年第6期。
[3] 石湾:《〈草原烽火〉的诞生》,《中华读书报》2010年3月10日。

茅盾眉批本文库》诗歌卷里被茅盾评点的四位诗人及其诗作,"并不拥有经典化的文学史地位,却有某种公式化和概念化特点。"①但茅盾对待这些作品的态度和他文学批评的风格尺度仍然建立在仔细品读揣摩诗歌文本的基础上,"不但维护了文学创作的艺术性和个性,也坚守了文学批评的语言感受和审美体验底线。"②他字斟句酌地对诗歌的语言形式、音节音韵、节奏结构乃至总体风格一一做出了自己的评说。其中最关注的莫过于诗歌的语言之美。因为诗歌反映生活具有高度的集中性,这就要求诗的语词必须极为凝练、精粹,用极少的言语去表现丰富的生活内容。阮章竞的《漳河水》虽然是一首叙事诗,但作者并不是重于叙说故事,而是着力于选择最具典型性的生活现象,用生动、含蓄、精炼的诗句刻画三个农村女性的精神世界。在诗集的扉页上,茅盾就写到:"作者的诗句有两个特点:一是群众语言的加工,二是融化成语,不但和前者不调和而且特别新鲜。"③茅盾特别在"种谷要种稀留稠,娶妻要娶个剪发头。种玉茭要种'金皇后',嫁汉要嫁个政治够"四句诗歌后面做了标记并批注曰:"只四句就写出了双方的情投意合。"④在之后的批注中,他多次使用"新鲜"、"风趣"、"妙"等词汇表达他的阅读感受,特别是茅盾留在组诗《新塞外行》扉页上的一大段批注,几乎成了阮章竞诗歌研究中的权威性观点,被广为引用,茅盾说:"这一组诗大部分是好的,有清丽的诗,也有豪放的诗。句法有民歌体,也有古典诗体;诗的语言有加工的人民语言,也有文言。形式(句法、章法)上有创造,能自铸新词,想象奔放,色彩斑斓……"⑤充分肯定了阮章竞在诗歌语言及表现形式上的成功探索和实践。与此同时,茅盾对郭小川《月下集》的眉批中却流露出对诗歌语言、句法、音节等方面的不满与批评,态度鲜明,毫不留情。尽管收入《月下集》的诗歌中有不少都是诗人郭小川有一定影响的作品,比如《投入火热的斗争》,在这首诗的末尾,茅盾毫不客气地批评道:"此诗探求新形式,但何以把整句拆开分行写,有时两字占一行,有时半句占一行,却看不出什么规律,全诗押韵也没有规律。"⑥对《致大海》一首,茅盾则在空白处批注:"大凡写诗,初稿是一气呵成,音节上的推敲,形象上的琢磨,都在修改时为之。往往一句诗会修改几遍,或完全推翻原来的意境,另写新句。"⑦这段批语似是在泛泛探讨诗歌创作的经验和体会,但也隐含着对郭小川诗歌不注重字句推敲的批评。虽然批评对象不同,体裁题材不同,但茅盾一如既往践行着他对诗歌艺术性因素的高度重视,显示出他文学批评理念中恪守的原则和立场。特别值得重读的还有,茅盾作为一个具有深厚艺术修养的文学巨匠,他在诗歌眉批中时常发挥想象,巧妙地将中国古典诗歌以画理入诗、融绘画于诗情的高妙笔法运用于自己的诗歌点

---

① 王本朝:《文学风格:茅盾当代文学批评的美学底线》,《文艺争鸣》2015年第8期。
② 同上。
③ 茅盾:《中国现当代文学茅盾眉批本文库》诗歌卷,中国国际广播出版社1996年版,第5页。
④ 同上,第20页。
⑤ 同上,第60页。
⑥ 同上,第420页。
⑦ 同上,第423页。

评中,使他的评语充满表意的形象性,有效唤起阅读者的视觉经验,加深对诗歌作品的理解,这里以对《田间诗抄》的眉批为例作一点探讨。田间因抗战时期创作了诗歌《给战斗者》而被称为"时代的鼓手",他的诗风也被定格在激越短促、铿锵有力、富有战斗性和鼓动力。但茅盾对《田间诗抄》的眉批,却发掘出田间诗歌诗情与画意的和谐之美。他评价田间的《渔夫之歌》"深情寄于白描",称赞《巴尔干山上》"如泉水淙淙,读之有清凉之感",他认为《给黑海》"像一丛雏菊,逐朵看,不见特异(逐句看,不见特异)然而整丛看,却有惊人的美丽"。[①] 对田间诗歌在感情表达上的节制含蓄,给予了洞烛幽微的审视。

众所周知,茅盾早在开始小说创作之前,就是新文学阵营很有影响的批评家沈雁冰,他的文学批评从20世纪20年代开始一直延续到70年代末,对整个现当代中国文学批评体系的形成和发展都产生了极大的影响。已有研究者统计,茅盾一生的著述中可纳入文学批评范畴的文章多达887篇,跨越现当代两个时代。作为一个自成系统的批评大家,茅盾的文学批评自始至终都很重视文本细读在文学批评中的重要性和不可替代性。重读《中国现当代文学茅盾眉批本文库》就会发现,即便是在文学的社会功利性取代了文学审美风格的多样性、文学批评生态极不健康的五六十年代,茅盾依然以孜孜不倦的态度坚持把文本细读作为他文学批评中不可或缺的基础,他随读随批,以眉批的方式记录下来的文学感悟,在半个世纪后的今天,仍然闪烁着一个大批评家的真知灼见和不朽的文学情怀。

---

① 茅盾:《中国现当代文学茅盾眉批本文库》诗歌卷,中国国际广播出版社1996年版,第414~415页。

茅盾与上海

城市生活与上海现代作家
——论茅盾与上海

杨 扬

上海戏剧学院　上海　200040

城市生活对茅盾的影响，是全方位的。茅盾自己曾说，如果不是到上海来，不是到商务印书馆来工作，可能就没有他以后的文学道路和文学事业，也不会有他在中国现代文学史上一系列的地位。[①] 这是一个比较接近历史事实的客观陈述，对很多茅盾研究者来说，也是很熟悉的话。但作为一个文学史问题，强调现代作家与城市生活的关系，以此来展开研究，却是中国现代文学研究中并不多见的。中国文学史上，有着城市生活以及城市背景的文学写作，历来薄弱。至于成功的作品，更是凤毛麟角。茅盾的创作，是极少数较为成功的文学案例，而这样的成功，与他长期生活在上海有关。鲁迅、郭沫若等现代文学大师，尽管也曾生活于上海，但与茅盾相比，不仅生活的时间要短，更重要的是他们的文学起点不在上海。茅盾的文学事业是名副其实的 Made in Shanghai。他从一个外来青年到上海谋生开始，一步一步成就了自己的文学事业。上海不仅是他文学活动的舞台，也是他汲取文学资源，获得文学灵感的地方。所以，与以往的茅盾研究的思路有所不同，我以为应该以茅盾与上海的关系作为文学史研究的线索，重新思考一些文学史问题。这不仅可以加深人们对茅盾的了解，也可以强化茅盾文学世界中那些被人忽略的影响因素。

一

茅盾在上海的生活可以分为三个时期：第一个时期是 1916—1925 年，这是茅盾初登文坛时期；第二个时期是 1930—1937 年，它是茅盾文学事业的黄金时代；第三个时期是 1946—1947 年，是茅盾抗战结束后，重返上海的短暂逗留时期。

茅盾在晚年回忆录中，回忆 1916 年初到上海时的个人生活情形：住在商务印书馆编译所宝山路的宿舍中，四人一间房，只有一盏昏暗的灯，根本无法看书。"我看书多半是星期日，大家都出去玩了，我就利用这时间。我在上海快一年了，除了宝山路附近，从没到别处去过。"[②] 这一年，茅盾翻译完成了美国作家卡本脱的《衣·食·住》；与商务老编辑孙毓修编选出版了《中国寓言初编》。从 1917 年下

[①] 参见茅盾《几句旧话》、《我的回顾》，收入《茅盾论创作》，上海人民出版社，1980 年 5 月第 1 版。参见《茅盾回忆录·序》（上），华文出版社，2013 年 1 月第 1 版。
[②] 参见《茅盾回忆录》（上），第 105 页。

半年开始,茅盾参加了朱元善主编的《学生杂志》的编辑工作。《学生杂志》12月号上发表了他署名雁冰的社论《学生与社会》,这是茅盾在杂志上发表的第一篇论文。① 1918年2月,茅盾回乌镇,与孔德沚建立家庭,完成了婚姻大事。1919年,是"五四"新文化运动风云激荡的一年,茅盾受《新青年》影响,开始关注俄国文学,在《学生杂志》六卷四至五号上,连载署名雁冰的《托尔斯泰与今日之俄罗斯》。11月,《小说月报》主编王莼农请茅盾编辑下一年度的《小说月报》"小说新潮"栏。因为茅盾在《时事新报·学灯》、《解放与改造》、《妇女杂志》连续刊发文章和译作,追随新文化思潮,被当作文坛新人,受到关注。② 1920年,茅盾更加活跃,每月都有文章发表,有时一个月在上海的报纸杂志发表多篇文章,显示出批评的敏锐和开阔的视野。也就是这一年的2月18日,陈独秀来沪;5月成立上海马克思主义研究会,李汉俊、陈望道、茅盾等先后参加,秘密筹建中国共产党。11月下旬,商务印书馆约请茅盾担任新一年的《小说月报》主编。通过王统照的关系,茅盾与北京的新文学人士郑振铎等建立联系,成为筹建中的新文学团体——文学研究会的发起人。1921年,茅盾主编《小说月报》,将其改变为新文学杂志,吸纳国内的新文学家参与其事,引领中国的新文学运动,使得《小说月报》成为名副其实的新文学第一刊。他本人也因此名闻新文坛。与此同时,茅盾积极参加中共建党活动,成为上海地区的重要骨干。他是中共最早的党员之一。中共第一次全国代表大会在浙江嘉兴南湖的一条游船上召开,这条游船就是茅盾的妻弟孔另境预先租借的。③ 1925年12月31日,茅盾以共产党员的身份,被选为国民党第二次全国代表大会上海代表,作为国共合作的一方,赴广州参加政治活动。在上述一系列活动中,我们看到,茅盾在自己的文学事业的起步阶段,政治活动也很投入。

茅盾初登文坛,拥有职业编辑与职业政治活动家这双重身份。这是值得关注的文学史现象。因为从后来的不少材料中,我们看到,不仅仅是茅盾,当时很多的文学青年,普遍如此。像《郑超麟回忆录》曾记录了这一时期蒋光慈、萧三,甚至包括郑超麟自己,都是一边热爱文学,从事着文学创作,一边投身政治,做着最具体的党务工作。④ 如何看待这一文学现象呢？我以为,这中间传递出20世纪中国新文学发展过程中的一些重要信息,如果用一句话来表述,那就是新文学是现代中国社会运动的时代产物。并且,这个现代社会的基本特点,是面向社会大众,由一些新的社会角色引导,向着新的社会目标努力。中国社会发展到20世纪初,已经产生了一批新的社会角色和新的社会组织。传统的社会角色和社会组织,正被新

---

① 茅盾说,《学生杂志》主编朱元善"打算以《学生杂志》小试改革,先从社论开始。他请我写一篇不同于历来的《学生杂志》社论内容的短文,作为社论;这就是刊登在《学生杂志》一九一七年十二月号上的《学生与社会》。这篇文章可以算得是我的第一篇论文。"参见《茅盾回忆录》(上),第110页。
② 在晚年回忆录中,茅盾说,由于他给《学灯》投稿,引起了《时事新报》主编张东荪的注意,开始约茅盾写稿。后来商务印书馆的王莼农也主动请茅盾为他主编的《小说月报》和《妇女杂志》写稿。参见《茅盾回忆录·革新〈小说月报〉的前后》(上)。
③ 孔海珠《谁是嘉兴南湖租船人》,收入乌镇孔另境纪念馆编《孔另境先生纪念集》,上海文艺出版社,2014年12月第1版。
④ 郑超麟《回忆沈雁冰》、《谈蒋光赤》、《谈萧三》,收入《郑超麟回忆录》,东方出版社,2004年3月第1版。

的社会角色和组织所替代。从茅盾研究的角度,我觉得有两点应该予以强调。一是茅盾的编辑身份。这是以往中国文学史上,写作者所没有的新角色。编辑的身份角色,与现代新闻出版业有关,也与上海新兴文化形态有关。鲁迅先生论及海派,以"没海者近商"来形容。① 茅盾的文学地位与文学成就,一开始就是这种新的文学生产力的体现。他是当时中国最大的印刷出版企业——商务印书馆的编辑。借助商务印书馆的有利平台,茅盾充分发展自己。他年轻好学,精力旺盛,适应力强,反应快。与沪上那些旧派文人相比,他的知识优势和活动才干马上显现出来。二是茅盾的政治身份。他从1920年起,参加上海马克思主义小组的活动,他的文学起步与他的政治活动,自始至终,纠缠在一起。在文学活动中,他有自觉的党派立场和党派意识。1925年他发表《论无产阶级艺术》,在中国现代文学史上,最早倡导"无产阶级艺术";而在政治活动中,他又有文学的敏感与热情。1927年发表的《幻灭》,是中国现代文学史上最早直接反映大革命时期社会生活的作品。茅盾是现代作家中,参与政治最深的知名人士之一,与现代中国政界关系极其密切。他又是现代政治人物中,少数几位能够真正在文学领域享有崇高声誉的标志性人物。从民国时代起,至1981年病逝,茅盾一直是中国现代文坛的领袖人物。② 这种文学、政治的跨界与混搭,构成了20世纪中国文学最丰富、最复杂的现象。文学的社会担当和作家、艺术家的政治参与热情,在茅盾和他的作品中,有着非常生动的体现。政治这一话题,在中国现代文学研究中,始终是一个比较敏感却又十分复杂的话题,政治是什么? 从中国现代文学史的情况看,主要体现为作家与党派组织之间的关系。在中国现代文学研究中,政治问题一直没有很深入地研究。我这里所说的没有很深入地研究,主要指理论层面缺乏开拓。一些研究者要么从西方的理论教条出发,似是而非地用中国的材料来论证一遍;要么干脆将政治作为审美之外的因素加以排斥。很少有研究者从现代中国文学的实际状况出发,探讨政治与文学的复杂性。这种复杂性,从理论层面来理解,意味着政治对文学而言,不是一种外在的、可有可无的因素,而是构成了一个时代文学的基本面目。从中国现代文学史的运行轨迹中,不难看到,五四时期,包括"新青年"阵营在内的新文学家,尽管有高度的政治参与热情,但没有一个人参与到党派政治之中。而此后,像陈独秀、胡适、鲁迅等,先后与党派政治发生关系。这毫无疑问与党派政治从1920年代起,在中国的社会生活中广泛存在有关。1920、1930年代中国新文学家笔下的激情,几乎很难摆脱与党派政治的关系。激烈如鲁迅,他的《为了忘却的记念》、《辱骂和恐吓决不是战斗》、《小品文的危机》等名篇,直接表达了他对党派政治的看法。冲淡如周作人,闭户读书之余,也常常化解不了现实政治的悠悠情怀。现代作家如此这般关注党派政治,或许会让今天的读者和研究者感到奇怪,

---

① 参见鲁迅《"京派"与"海派"》,收入《鲁迅全集》第5卷,人民文学出版社2005年11月第1版,第453页。
② 1981年4月,胡耀邦代表中共中央在茅盾追悼会上致悼词,称颂茅盾"是在国内外享有崇高声望的革命作家、文化活动家和社会活动家。他同鲁迅、郭沫若一起,为我国革命文艺和文化运动奠定了基础"。参见胡耀邦同志在沈雁冰同志追悼会上的悼词》,收入孙中田、查国华编《茅盾研究资料》(上),中国社会科学出版社,1983年5月第1版,第9页。

鲁迅、郭沫若、茅盾等作家,为什么对现实政治如此热衷呢?事实上,这不是作家们热衷于政治,而是他们置身于一种特殊的现代历史语境之中,无法,也不可能摆脱党派政治的纠缠。台湾"中央研究院"余英时先生有一个解释,他认为中国现代知识分子尽管受西方启蒙思想的影响,但没有完全摆脱士大夫文化"当今天下,舍我其谁"的影响。[①] 而美国学者爱德华·希尔斯认为"不发达国家中知识分子的高度政治参与是一个复杂的现象。它具有三层根源,首要的原因是对权威的深切关注。即使试图并且在事实上似乎也脱离了他所成长于其中的传统权威,不发达国家的知识分子,相对于其在发达国家的同行,更多地希望被吸收进一些强大的组织中。……政治参与的第二个原因是获得一种即便是临时的职业成就机会的稀缺,使得很少有人能够抵御克里斯玛型政治的魅力。最后,在不发达国家中文明传统的匮乏,不仅对非知识分子产生影响,同样也影响到知识分子"。[②] 不管余英时和希尔斯的解释是否有力,他们都认为现代知识分子与政治的关系不是外在的。落实到中国现代作家身上,我以为现代作家关注现实政治的热情,与其投身于文学写作的热情一样,都是内在的精神生活的一部分。以茅盾为例,离开了党派政治,对他的文学生涯而言,简直是一件难以想象的事。以至于他逝世之前,还要给中共中央写信,要求恢复党籍。可能在今天的语境中,这一切都已经很难理解,但茅盾却非常认真,以至于在生命的最后还认为:"为了共产主义的理想我追求和奋斗了一生,我请求中央在我死后,以党员的标准严格审查我一生的所作所为,功过是非。如蒙追认为光荣的中国共产党员,这将是我一生的最大荣耀!"[③] 从茅盾对政治的这种执着和关切热情中,我们分明可以感受到党派政治持久而强大的影响力。

茅盾第一次离开上海,是1925年12月底,他乘船去广州参加国民党第二次全国代表大会。茅盾当时的身份是中共上海地区执行委员会宣传部长。1926年1月参加完广州会议后,他留在广州,担任国民党宣传部秘书,编辑国民党机关报《政治周刊》。当时国民党宣传部代部长是毛泽东。毛泽东去韶关调查农民运动期间,茅盾一度代理国民党宣传部部长。茅盾从事职业政治活动,一直到1927年国共合作失败,因遭国民政府通缉,转入地下,然后,被迫回到文学职业。他晚年回忆说:"我隐居下来,马上面临一个实际问题,如何维持生活?找职业是不可能的,只好重新拿起笔来,卖文为生。"[④]他用了四周时间完成了小说《幻灭》,刊发在9月出版的《小说月报》上,作者署名为茅盾,这是中国现代文学史上茅盾笔名的第一次呈现。茅盾的出现,意味着沈雁冰从文学评论家、职业政治活动家的身份角色,转变为从事文学创作为主的现代作家。1928年7月,茅盾秘密东赴日本。经

---

① 参见余英时《中国知识分子的边缘化》,收入《中国知识分子论》,河南人民出版社,1997年4月第1版,第165页。
② 参见(美)戴维·E·阿普特《现代化的政治》,陈尧译,上海人民出版社,2011年1月第1版,第52页。
③ 参见《中共中央决定恢复沈雁冰党籍》,收入孙中田、查国华编《茅盾研究资料》(上),中国社会科学出版社,1983年5月第1版,第4页。
④ 参见《茅盾回忆录》(上),第299页。

过一年多海外漂泊,1930年4月回到上海,开始了他第二阶段的上海生活。

二

茅盾从1930年4月回上海,到1937年12月离开上海,正值35岁至42岁壮年之际,这是他人生的黄金时代。此时,茅盾作为中国新文学最具代表之一的作家地位,已经确立。除了评论和翻译,他写出了一系列深受欢迎的文学作品。长篇、短篇,小说、散文,各种文体都有出色的表现,显示出全面的文艺素养和极高的艺术天赋。尤其是1933年1月,长篇小说《子夜》由开明书店出版,为茅盾赢得了巨大的文学声誉。瞿秋白高度评价这部长篇小说,认为是"中国第一部现实主义的成功的长篇小说"。[①] 左联为这部作品举行了研讨会。就连新文学运动的反对者、清华大学教授吴宓,也在《大公报·文学副刊》上撰文,激赏《子夜》。[②]《子夜》的确很能体现茅盾与上海的关系。如果我们将茅盾笔下的上海,与1940年代张爱玲笔下的上海相对照,就会发现,茅盾笔下的上海,是通常我们所说的国际大都市,灯红酒绿、高楼大厦。尤其像证券交易所、舞厅、租界、大型纺织工厂等,确是上海才有的现代标志性景观。而张爱玲笔下的上海,大都是灰色的弄堂,进进出出的是小市民,故事内容不外乎你算计我、我算计你,呈现出大上海陈旧、颓废的一面。相比之下,茅盾对于上海都市生活的观照,是带有政治意味的。在茅盾看来,上海一方面是现代各种政治力量博弈的场所;另一方面又是现代生活与批判性内容交织在一起的表现空间。像《子夜》中几种社会力量的集中展现,是茅盾对上海都市生活的高度概括,有着史诗般的宏大叙事,这是1930年代写上海的小说中,难以见到的大手笔。这种宏大叙事的眼光,与茅盾的政治乌托邦想象密不可分。在他看来,此刻的上海,就是被这样几股社会势力所左右着。茅盾不否认上海都市生活的多样性,但他觉得那些吃喝玩乐的小市民生活太无聊,只有那些强势政治,才是左右这座城市的力量。所以,他借助小说,来表现城市生活中,真正称得上强势的社会力量。《子夜》一开始吴老太爷初到上海的感觉印象与病逝,就是一个富有政治意味的象征。它是对旧时代中国传统生活的扬弃,但它又马上陷入西西弗斯那样的悲剧轮回。在快速变化的时局面前,很多都市中的人还没有充分享受正常的现代生活,就被接踵而至的变局给否定了。如吴荪甫这位上海棉纺织业的大亨,他的果敢与经营才能还没来得及施展,就被国际垄断资本给排挤出局。茅盾在《子夜》中就让这位上海的棉纺织大亨陷于破产的绝境,并以强奸佣人来显示他的疯狂。这种带有新文艺腔的幼稚描写,受到很多研究者的批评,也体现出茅盾对于都市生活的某种隔膜和疏离。但另一方面,倒是很好地传递出作者对于现实政治的一种看法。

政治对于茅盾而言,是一种挥之不去的情怀,他常常会自觉不自觉地担当某种政治角色。譬如,1930年4月回上海后不久,马上加入"左联";再譬如,1937年

[①] 瞿秋白《〈子夜〉与国货年》,收入孙中田、查国华编《茅盾研究资料》(中),第226页。
[②] 吴宓(用"云"的笔名)《茅盾著长篇小说〈子夜〉》,收入唐金海、孔海珠编《茅盾专集》第二卷·下册,福建人民出版社1985年7月第1版,第928页。

10月离开上海,远赴香港,主编文艺杂志。1939年1月,又冒着生命危险,去新疆迪化,在军阀盛世才统治下的新疆学院任教。总之,茅盾的南来北往、东奔西颠,都不是一个作家孤鸿野鹤、独来独往的个人行为,而是与中共组织的秘密安排有关。茅盾在晚年回忆录中,有简单的交代。如谈及抗战八年,两度赴港,茅盾说:"两次来港,都负有任务。"①台湾的解密档案也让我们窥见到其中的一斑。如国民党情治机构1940年代提供给蒋介石的材料,汇报茅盾与中共若即若离的关系。②这些对我们认识茅盾,都是有重要的参考价值。茅盾积极投身党派政治,但他出场的身份角色是左翼作家。如果我们了解茅盾的个人身世的话,就会知道,自从1927年大革命失败之后,他就脱党了。既然脱党了,与中共组织没有关系了,茅盾为什么还要奉组织之命,奔走于南北东西呢?我以为这就是中国现代文学的复杂之处,也是有待深入研究的问题。假如将中国的现代作家生活与传统作家生活相对照,我们会问:当中国社会从传统走向现代过程中,被强化的到底是什么?毫无疑问,是以党派面目呈现的现代组织对社会成员的广泛影响,这已成为现代中国社会、政治、经济、文化遭遇的核心问题。西方在走向现代民族国家的过程中,最终形成了分权制的多党组织形式,而中国在走向现代民族国家的现代化过程中,最终形成了高度集权的党国体制。据说党国这个概念是蒋介石的发明。③ 党派组织的力量无孔不入、无所不能,党国在民国时期高调登场,以党治国,这是传统中国社会所没有过的现象。④ 所以,现代作家不管政治态度如何,在党国体制下,都有一个组织归属问题。以往文学史研究喜欢用左翼、右翼和第三种人来区分作家,好像左派是正确的,右派一塌糊涂。这种政治正确的文学史研究法,剔除其狭隘的政治内容,我们从中依然可以看出一种切合20世纪中国文学特征的路线轨迹。茅盾的政治身份,是这种组织归属的明确符号。我们与其说这是政治与文学关系的展示,还不如说这是一个时代文学的常态。一时代有一时代之文学,这意味着一个时代的文学发展环境及其特色,有它自己的规定性。党派政治与文学的联系,是20世纪中国文学发展过程中,一个非常突出的中国文学现象,是中国现代社会的象征符号。不管它的作用是正面的还是反面的,都是这个时代表现抢眼的现象。传统社会或许就不是这样的。茅盾在1930年代发表的一篇文章中总结自己的创作经验时说:"现在已经不是把小说当作消遣品的时代了。因而一个做小说的人不但须有广博的生活经验,亦必须有一个训练过的头脑能够分析那复杂的社会现象;尤其是我们这个转变中的社会,非得认真研究过社会科学的人每每不能把它分析得正确。而社会对于我们的作家的迫切要求,也就是那社会现象的正确而有为的反映!每每想到这一些,我异常兴奋,我又万分惶悚;我庆幸我能在

---

① 《茅盾回忆录》(中),第1页。
② 参见《茅盾、沈志远、张友渔、韩幽桐等过去状况调查》,台湾中国国民党党史馆特种档案,特30/538.6。
③ 参见江沛、迟晓静《中国国民党"党国"体制述评》,载《安徽史学》,2006年第1期。
④ 杨天石先生在文章中将传统的"帝治",与1927年以来,国民党执政的22年相对,后者是以党治国,"这样,中国历史上就出现了一种前所未有的新的统治形式——'党治'。"参见王奇生《党员、党权与党争——1924—1949年中国国民党的组织形态》,上海书店出版社2003年11月第1版,杨天石的序言。

这个大时代当一名文艺的小卒,我又自感到我漫无社会科学的修养就居然执笔写小说,我真是太胆大了。"①从这一角度来看待茅盾走过的文学道路和他的文学思想,我以为,文学与政治在他身上是不分内外,自然而然的。他初登文坛,就参加党派组织,而从政活动又带给他从未有过的人生体验。茅盾从政治中获得经验和体会,在文学中寻求表现与释放。文学与政治,对他而言,是一体二用,自然融合。在民国时期,很多读者和批评家认同茅盾的文学创作,甚至是国民党内部都有这样的认同,以至于蒋介石1943年5月13日在重庆接见茅盾,以示礼待。②这从一个侧面显示了茅盾的文学影响力。茅盾如果仅仅是一个政治人物,那么,对他的研究和评价,在今天要简单得多。但茅盾是一个文学人物,而且,即便是用最严格的文学标准衡量,他还是具有相当高的文学素养。他身上的文学特质与政治敏感,纠缠在一起,难以剥离。有时甚至是相得益彰,互为增色。我们不妨想象,如果没有政治激情的加入,茅盾小说、散文不知道要减退掉多少有意思的成分。同样,反过来讲,如果政治在茅盾的文学作品中,都是一些简单的教条,何至于有流传至今的文学史上的茅盾影响呢?我以为,政治在茅盾身上,是一种艺术人生。没有遭遇政治,他不可能有大起大落丰富多彩的人生感受,不可能获得巨大的写作激情来创作《蚀》三部曲、《子夜》这样轰动一时的作品。没有遭遇政治,茅盾的文学地位,也不可能像今天这样,受到如此反复巨大的历史变故和反复审视。所以,研究茅盾1930年代在上海时期的生活和创作,让我们真正见证了中国现代文学的丰富性和复杂性。事实上,被政治缠绕一生的现代作家,远不止茅盾一个,像鲁迅、胡适、郭沫若、丁玲、萧红、巴金、曹禺、老舍、周扬、田汉、夏衍、胡风、冯雪峰等一大批最具才华的现代作家,都卷入政治的漩涡。逍遥如周作人、俞平伯、废名、郁达夫、闻一多、张爱玲、苏青等,最后的结局,都免不了与政治有关。

三

1937年10月5日,茅盾带着家小,离开上海,开始了抗战八年的漂泊生活。这期间,他在武汉、长沙、香港、兰州、新疆、延安、桂林、重庆等地生活和逗留。1945年抗战结束,1946年5月26日,茅盾带着家小重返上海。这是茅盾在上海生活的第三阶段,但物是人非。经过战争的洗礼,他的母亲和心爱的女儿,先后离世,这让年过50的茅盾感慨万千。在给萧红的《呼兰河传》作序时,茅盾借机发挥,表达了这份感情。这篇序跋,被很多研究者认为是茅盾写得最动情的一篇评论。1946年8月开始,茅盾为出访苏联而忙碌。从中共角度看,茅盾访苏是一件大事,有利于扩大中共的国际影响。而从国民党方面看,尽管不太愿意看到中共借茅盾访苏做宣传,但也没有设置太大的阻碍,毕竟茅盾是知名人士,不是政治人物。所以,经过沈钧儒、邵力子等友好人士的帮助,很快办妥出国手续。茅盾夫妇从12月5日离沪访苏,到1947年4月25日顺风顺水回到上海,可谓一切圆满。回国后,茅盾参加各种欢迎会和报告会,谈访苏见闻,发表随笔,显得极为活跃。

---

① 茅盾《我的回顾》,收入《茅盾论创作》,第8页。
② 参见唐金海、刘长鼎主编《茅盾年谱》(上),山西高校联合出版社1996年版,第665页。

12月初,在中共地下组织安排下,茅盾、叶以群等秘密前往香港。一年之后,也就是1948年12月31日,又秘密离开香港,于1949年1月7日,抵达刚解放的大连。2月26日来到北京。4月,参加第一届文代会筹备会。7月,在第一届文代会上发表《在反动派压迫下斗争的革命文艺——十年来国统区革命文艺运动报告提要》长篇讲话。10月1日,参加中华人民共和国开国大典,随后被任命为中华人民共和国第一任文化部长、《人民文学》主编。由此,茅盾彻底告别了动荡生活,作为中华人民共和国的党和国家领导人,长居北京,直至1981年3月27日病逝,享年85岁。可以说,茅盾的文学事业,始于上海,终于北京。

茅盾与上海的关系有很多值得回味和论说之处。我们强调没有上海,就没有茅盾,茅盾的文学黄金岁月是在上海。其实何止是茅盾?整个中国现代文学的黄金岁月,都与上海有关。上海也因为有了这样无数才华出众的作家、艺术家的云集,而在中国现代史上留下长久不衰的影响。上海与现代文学之间的关系,在中国现代文学史研究中,是一个反复被谈论的话题。人们凭直觉,就能感觉到1920、1930年代上海是中国文学的中心,鲁迅、郭沫若、茅盾等新文学巨匠都在这里生活,"亭子间"里有无数来自全国各地的文学青年。这种气象,是两千多年来中国文学发展史上从未有过的。但我觉得,对这些文学现象,不能仅停留在感觉印象的一般阶段,而要进入到文学史研究中去,了解和掌握以上海为中心的中国现代文学活动的来龙去脉,以及从理论上对一些文学史经验加以总结和提炼。以茅盾研究为例,我们不仅要掌握茅盾的生平材料和思想状况,还要结合茅盾思想、创作所关心的问题,所呈现的特色,在现代文学范式这一层面,思考现代都市与作家的文学道路、文学事业之间的关系。这在以往研究中是比较薄弱的。除此之外,对文学与政治关系的研究,也不能像以往那样,简单划阵营,下个对错结论,而是要结合中国现代文学的发展历史,从作家自身的生存环境和创作状态,来理解政治作为一种现代生存状态,对作家创作的影响。像茅盾、丁玲、周立波、田汉、夏衍、艾青等一批作家,坎坷的政治生活,让他们抵达日常生活难以抵达的生死境地,体会到平常人所难以体会到的丰富人生滋味。这些人生经验帮助他们创作出一批优秀的文艺作品,与此前、此后文学史上的作家作品相比,形成了鲜明的对照。

2016年2月修改于上海

功利性与艺术性
——论茅盾《子夜》与穆时英《中国行进》的都市抒写

杨迎平

南京晓庄学院文学院 江苏 南京 211171

茅盾的长篇小说《子夜》于1931年10月开始创作，1932年12月脱稿，1933年3月在开明书店出版单行本。描写的时代背景是1930年的春末夏初国民党统治下的中国现状。"这个时候正是汪精卫在北平筹备召开扩大会议，南北大战方酣的时候，同时也正是上海等各大都市的工人运动高涨的时候。"[①]以此时的上海为背景，茅盾"打算用小说的形式写出了以下三个方面：（一）民族工业在帝国主义经济侵略压迫下，在农村破产的情况下，为要自保，使用更加残酷的手段加紧对工人阶级的剥削；（二）因此引起了工人阶级的经济的政治的斗争；（三）当时的南北大战，农村经济破产以及农民暴动又加深了民族工业的恐慌"[②]。

几乎同时，穆时英开始创作《中国行进》，按《良友》画报的广告词所说，主题是"写一九三一年大水灾和九一八的前夕中国农村的破产，城市里民族资本主义和国际资本主义的斗争"[③]。

两部小说都是以1930年代的上海为背景，都写了民族资本家与国际资本主义的斗争，都写了农村的破产和农民暴动，都写了当时的南北大战。李欧梵说："它很可以和茅盾的《子夜》作对照，且《子夜》的副标题是'一九三〇年的一个中国传奇'。尽管这两位作家的意识形态观不同，他们的作品在小说设计上却有惊人的相似处：用城市作为在关键岁月里的国家缩图。"[④]所以，就有人认为穆时英受到茅盾的影响，如严家炎说："在茅盾《子夜》走红以后，（穆时英）也用两年半时间完成了一部长篇小说叫《中国行进》，……其中确实有《子夜》的影响。"[⑤]旷新年说，《中国行进》"不仅显示了茅盾创作的直接影响，而且也显示了丁玲创作的巨大影响，同时也进一步说明了左翼文学对于当时上海文坛不可回避的影响力"[⑥]。许祖华也说："《中国行进》在创作上明显受到了《子夜》的影响。"[⑦]

---

① 茅盾：《〈子夜〉是怎样写成的》，《茅盾散文》（三），中国广播电视出版社1995年版，第41页。
② 同上，第42页。
③ 《中国行进》广告，《穆时英全集》第三卷，北京十月文艺出版社2008年版，第436页。
④ ［美］李欧梵：《上海摩登》，毛尖译，上海：生活·读书·新知三联书店2008年版，第224页。
⑤ 严家炎：《一个痴情者的学术回眸》，《东方论坛》，2008年第2期，第69页。
⑥ 旷新年：《穆时英的佚作〈中国一九三一〉》，《杭州师范学院学报》2003年第4期。
⑦ 许祖华，杨程：《两种现代性下的"中国传奇"》，《天津师范大学学报》2015年第2期。

我以为,茅盾和穆时英写了同样的主题,是因为他们生活在同样的环境,并且英雄所见略同,并非是《中国行进》受到了《子夜》的影响。从他们的写作时间看,《中国行进》没有明显受《子夜》影响的机会,施蛰存在 1932 年 11 月出版的《现代》第 2 卷第 1 期上发表了穆时英的短篇小说《上海的狐步舞》,施蛰存在本期的"社中日记"中说:"《上海的狐步舞》一篇,是他从去年起就计划着的一个长篇中的断片。"这个长篇就是《中国行进》,《上海的狐步舞》是《中国行进》的一个断片,《中国行进》是"去年"(1931 年)就计划着,1932 年开始写的。1932 年 11 月至 1933 年 1 月《中国行进》以题为《中国一九三一》在上海《大陆杂志》第一卷的五至七期上连载。

当然,《中国行进》的创作肯定晚于《子夜》,《子夜》虽然是 1933 年 3 月出版单行本,但是《子夜》构思于 1930 年,第二章第一节《火山上》于 1932 年 6 月发表在《文学月报》创刊号上。穆时英应该在 1932 年 6 月看到了《子夜》发表的部分章节,但穆时英 1932 年夏季已经开始《中国行进》的创作了。

所以,我在这里对茅盾的《子夜》与穆时英的《中国行进》进行平行比较,不是影响论。

一、主题:政治叙事与宏大叙事

茅盾写作《子夜》,是要完成一个政治任务。冯雪峰说:"《子夜》是在无产阶级现实主义的号召和影响之下写作的。"① 茅盾特别强调:"我所要回答的,只是一个问题,即是回答了托派:中国并没有走向资本主义发展的道路,中国在帝国主义的压迫下,是更加殖民地化了。"② 很明显,《子夜》的政治目的是通过民族资本家吴荪甫的破产,驳斥托洛茨基派的唯心论调,说明中国仍然是半殖民地半封建的社会。瞿秋白说:"有许多人说《子夜》在社会史上的价值是超越它在文学史上的价值的。这原因是《子夜》大规模地描写中国都市生活,我们看见社会辩证法的发展,同时却回答了唯心论者的论调。"③ 为了这个有社会价值的政治主题,茅盾是"先把人物想好,列一个人物表,把他们的性格发展以及联带关系等等都定出来。然后再拟出故事的大纲,把它分章分段,使他们联接呼应"。④ 然后是社会调查,"足有半年多不能读书作文,于是每天访亲问友,在一些忙人中间鬼混,消磨时光。就在那时候,我有了大规模地描写中国社会现象的企图。"⑤ 从社会价值的角度看,《子夜》是成功的,瞿秋白说:"这是中国第一部写实主义的成功的长篇小说。……然而应用真正的社会科学,在文艺上表现中国的社会关系和阶级关系,在《子夜》不能够不

---

① 冯雪峰:《中国文学中从古典现实主义到无产阶级现实主义的发展的一个轮廓》,《冯雪峰论文集》(中册),人民文学出版社 1981 年版,第 478 页。
② 茅盾:《〈子夜〉是怎样写成的》,《茅盾散文》(三),中国广播电视出版社 1995 年版,第 42 页。
③ 瞿秋白:《读〈子夜〉》,《论〈子夜〉及其它》,百花文艺出版社 1985 年版,第 122 页。
④ 茅盾:《〈子夜〉是怎样写成的》,《茅盾散文》(三),中国广播电视出版社 1995 年版,第 44 页。
⑤ 茅盾:《子夜·跋》,《子夜》,人民文学出版社 1960 年版。

说是很大的成绩。"①在左翼作家看来,一部现实主义作品的成功与否,就在于是否反映或回答了时代的重大问题。当然,能够反映出时代重大问题的作家,必须是一个训练有素的社会活动家,茅盾就是这样理解的,他说:"一个做小说的人不但须有广博的社会经验,亦必须一个训练过的头脑能够分析那复杂的社会现象;尤其是我们这转变中的社会,非得认真研究过社会科学的人每每不能把它分析正确。"②茅盾的科学分析和典型塑造,使《子夜》具有了史诗性的意义。严家炎认为,这史诗性也表现为"多条线索同时提出,多重矛盾同时展开,小说情节交错发展,形成蛛网式的密集结构"。③

穆时英的《中国行进》肯定没有列大纲,整部小说没有联接呼应,当然也没有茅盾写《子夜》的政治目的,也不是在无产阶级现实主义的号召和影响之下写作的。但是穆时英写作《中国行进》时有一个宏大的理想,他企图表现20世纪30年代中国社会行进途中的真实面貌,这真实面貌就是他在《上海的狐步舞》中说的:"上海,造在地狱上面的天堂!"通过他表现这个天堂上海地狱般的现实,我们看到穆时英的宏大理想和深重的忧患意识。

《中国行进》一共五个章节,除了1932年11月发表在《现代》的《上海的狐步舞》,另外还有《上海的季节梦》、《中国一九三一》、《田舍风景》和《我们这一代》。我们从《中国行进》的大标题和小标题就可以看出主题的宏大,作品以上海为背景,描写国际资本对中国经济的侵蚀,描写城市资产阶级的荒淫奢侈和民族资本家的腐朽堕落,从而表现作者对中国民族资本家命运的担忧;描写战争、饥荒使农民濒临破产,地主、军阀、官僚的剥削给农民带来灾难,农民被逼入绝境之后的反抗暴动,体现出作者对农民出路的忧虑和农民暴动失败原因的思考;通过对上海"一·二八淞沪战争"残暴战场的抒写,表达了作者对战争的反思和对民族命运的忧虑。穆时英采取的是一种揭露甚至抨击的姿态,更具有悲痛挣扎的意味。与《子夜》比起来,《中国行进》虽然没有《子夜》浑然一体的结构,没有严密的统筹与规划,没有贯穿始终的人物和故事情节,但是作品通过记录民族资本家、工人、农民、士兵,以及太太、小姐、少爷等各阶层人物的生死浮沉,散漫地反映上海及其周边的众生相,表达了穆时英的一种情绪,或者说一种情感,体现出他对中国命运的担忧与思考。他说:"说艺术表现情感而不是表现思想,我的意思只是想指明前者才是艺术所独有的特征,而后者是一般文化底所共有的属性。"④

早在穆时英的创作初期,他就通过《南北极》这样的宏大标题表现了他的宏大叙事,表现上海滩十里洋场腐败污浊的都市百态,反映半殖民地半封建社会的黑暗现实,展示都市人无家可归的"心理荒原"感。他透过灯红酒绿天堂般的上海,看到上海如同南北两极的贫富差异,看到惨不忍睹的民众地狱般生活。我们感受到穆时英彻骨的悲哀与绝望,以及对现代都市文明的批判态度。

---

① 瞿秋白:《〈子夜〉和国货年》,《论〈子夜〉及其它》,百花文艺出版社1985年版,第115页。
② 茅盾:《茅盾选集·自序》,《茅盾选集》,人民文学出版社1959年版。
③ 严家炎:《中国现代小说流派史》,长江文艺出版社2009年版,第173页。
④ 穆时英:《电影艺术防御战》,《穆时英全集》第三卷,北京十月文艺出版社2008年版,第222页。

在当时,穆时英的忧患意识和批判态度没有人能够理解,他的这种宏大叙事方式也没有人能够认识,他要么被人曲解,把他当作普罗作家,如钱杏邨说他是"英雄":"对于这样的'英雄'作者表现的力量是够的,他能以掘发这一类人物的内心,用一种能适应的艺术的手法强烈的从阶级对比的描写上,把他们活生生的烘托出来。"①他要么被人误解,如瞿秋白说他是"红萝卜","外面的皮是红的,里面的肉是白的,它的皮的红,正是为着肉的白而红的。这就是说,表面做你的朋友,实际是你的敌人,这种敌人自然更加危险。"②瞿秋白把穆时英说成了善于伪装的敌人,把他的忧患意识和批判态度看作一种假象。舒月却否定他的"普罗"特征:"《南北极》:无论在意识,形式,技巧方面,都是失败的。……观于《南北极》,题材不是普罗阶级正面斗争,也谈不到集团的政治的意识,所以绝对不是一个普罗作品。"③穆时英并没有打算做普罗作品,也没有这样的政治意识,穆时英说:"我不愿意自己的作品受误解,受曲解,受政治策略的排斥,所以一点短解释也许是必需的。"④于是,他解释说:"我是比较爽直坦白的人,我没有一句不可对大众说的话,我不愿意像现在许多人那么地把自己的真面目用保护色装饰起来,过着虚伪的日子,喊着虚伪的口号,一方面却利用着群众的心理,政治策略,自我宣传那类东西来维持过去的地位,或是抬高自己的身价。我以为这是卑鄙龌龊的事,我不愿意做。说我落伍,说我骑墙,说我红萝卜剥了皮,说我什么都可以,至少我可以站在世界的顶上,大声地喊:'我是忠实于自己,也忠实于人家的人!'忠实是随便什么社会都需要的!"⑤我认为,不论穆时英的小说反映社会问题有多么不成熟,甚至有时是矛盾的,但穆时英的描写是真实的,崇尚的是忠实于自己,忠实于现实。黑格尔说:"因为人的特点就在于他不仅担负多方面的矛盾,而且还忍受多方面的矛盾,在这种矛盾里仍然保持自己的本色,忠实于自己。"⑥左翼作家批评穆时英的小说是与活生生的社会隔绝的东西,穆时英说:"我却就是在我的小说里的社会中生活着的人,里边差不多全部是我亲眼目睹的事。"⑦他"忠实"地反映他"亲眼目睹的事",没有"把自己的真面目用保护色装饰起来"。

如果说茅盾为了追求文学的史诗性和反映性而制造历史,穆时英则通过对都市社会的真实描写来表现一些寓意。穆时英说:"显然地,在鉴赏一幅杰作的时候,我们所看到的不仅仅是一些形象,还从形象中感到了暗示着的氛围,和寄托在这里边的作家的情绪。"⑧英国作家学者布雷德伯里说:"城市的吸引力和排斥力为文学提供了深刻的主题和观点;在文学中,城市与其说是一个地点,不如说是一种

---

① 钱杏邨:《一九三一年中国文坛的回顾》,《北斗》第2卷第1期(1932年1月20日)。
② 司马令(瞿秋白):《财神还是反财神》,《北斗》第2卷第3、4期合刊(1932年7月20日)。
③ 舒月:《社会渣滓堆的流氓无产者与穆时英君的创作》,《现代出版界》1932年第2期。
④ 穆时英:《公墓·自序》,《穆时英全集》第一卷,北京十月文艺出版社2008年版,第233页。
⑤ 同上。
⑥ [德]黑格尔:《人物性格》,《美学》第一卷第三章,商务印书馆1979年版,第298页。
⑦ 穆时英:《公墓·自序》,《穆时英全集》第一卷,北京十月文艺出版社2008年版,第233页。
⑧ 穆时英:《电影艺术防御战》,《穆时英全集》第三卷,北京十月文艺出版社2008年版,第223页。

隐喻。"①

正是因为这个创作理念,穆时英不看好茅盾的《子夜》,他说:"如果茅盾的《子夜》也值得我们花功夫去看的话,那么《死魂灵》就值得我们把它背熟了。"②"但有勇气读《子夜》的,却不妨把浪费在《子夜》上的时间来读一读这本《八月的乡村》——至少比《子夜》写的高明些。"③李欧梵由此推测,"穆时英也许也想以这部小说直接向茅盾的作品挑战"④。

《子夜》的不高明处应该是茅盾创作动机的功利性,司马长风说:"这样的写作动机,距文学十万八千里,怎么会写出优秀的小说来?"⑤同样,这样的创作动机也写不出上海的灵魂,白先勇说:"我相信旧社会的上海确实罪恶重重,但像上海那样一个复杂的城市,各色人等,鱼龙混杂,必也有它多姿多彩的一面。茅盾并未能深入探讨,抓住上海的灵魂。"⑥在茅盾这儿,文学成为政治的工具,施蛰存说:"把文学作为一种政治宣传的工具,也是不免把文学当作一种专门学问了,有这种倾向的文学家往往把自己认为是一种超乎文学家以上的人物。"⑦茅盾确实把文学当作一种专门学问,所以叶圣陶说:"他写《子夜》是兼具文艺家写作品与科学家写论文的精神的。"⑧

可能是因为穆时英的《中国行进》是一部未完成的长篇小说,所以《中国行进》有很多的不足,如李铁侯、徐祖霖的大计划还停留在筹备阶段;都市摩登青年之间的关系也没有发展和结果;农民的反抗与暴动也没用完美的结局。但是,也可能是穆时英有意忽略故事的完整性,因为他只是表现一种隐喻。

二、人物:概念化与类型化

《子夜》的最大成就是塑造了民族资本家吴荪甫,茅盾从阶级的关系出发进行写作,使吴荪甫成为20世纪机械工业时代的英雄,在中国民族工业最困难的1930年,他挣扎自强,急流勇进,他是有远大理想的人,他憧憬着一个伟大的未来:"高大的烟囱如林,在吐着黑烟,轮船在乘风破浪前进,汽车在驶进原野。"⑨茅盾将他塑造成一个刚毅果断、富有胆略的"铁腕人物",一个中国民族资产阶级中的杰出者。但是,由于茅盾对吴荪甫的塑造带有明显的理论分析的痕迹,使人物有着不可避免的概念化倾向。

白先勇说:"一般评论家认为,《子夜》的意义在于刻画上海的都市罪恶,上海

---

① [英]马尔科姆·布雷德伯里:《现代主义的城市》,《现代主义》,[英]布雷德伯里、[英]麦克法兰编,胡家峦等译,上海外语教育出版社1992年版,第77页。
② 穆时英:《文学市场漫步(二)》,《穆时英全集》第三卷,北京十月文艺出版社2008年版,第91页。
③ 穆时英:《文学市场漫步(三)》,《穆时英全集》第三卷,北京十月文艺出版社2008年版,第93页。
④ [美]李欧梵:《上海摩登》,毛尖译,上海:生活·读书·新知三联书店2008年版,第192页。
⑤ 司马长风:《中国新文学史》(中卷)。香港:昭明出版社有限公司1978年版,第50页。
⑥ 白先勇:《社会意识与小说艺术》,《白先勇自选集》,花城出版社1996年版,第404页。
⑦ 施蛰存:《"文"而不"学"》,《北山散文集》(一),华东师范大学出版社2001年版,第504页。
⑧ 叶圣陶:《略谈雁冰兄的文学工作》,《叶圣陶散文》,浙江文艺出版社2000年版,第221页。
⑨ 茅盾:《子夜》,人民文学出版社1960年版,第130页。

资产阶级的没落。因为这本小说提出了尖锐的劳资对立社会问题,被评论家认为是三十年代批判资本主义的经典之作。但从小说艺术的观点来看,这是茅盾的失败之作,这本小说的文字技巧相当粗糙,人物描写,止于浮面,尤其是书中主角资本家吴荪甫,茅盾笔调幼稚。我数了一下,书中吴荪甫'狞笑'过十几次。这两个情绪化的字,用一次已经嫌多,茅盾描写同一个人,竟用了这么多次。据我了解,旧社会中的上海大商人,大多手段圆滑,应付人,八面玲珑,不可能,整天'狞笑'。茅盾笔下的资本家,是一个概念化的人物,缺乏真实感。"[1]冯雪峰认为《子夜》人物的概念化,"也是由于不熟悉上海工人群众的革命斗争而来的"[2]。

《中国行进》写了三类人物,也同样是"刻画上海的都市罪恶,上海资产阶级的没落"。但是,穆时英不是将其概念化,而是将其类型化。第一类是民族资产阶级,一个是金城集团老板李铁侯,一个是华东轮船公司总理刘有德。他们都有着吴荪甫的野心,李铁侯虽然拥有了金城棉织厂、金城百货公司、金城银行、金城宴舞厅,还希望"造成金城系的实业系统";刘有德妄想着"华东公司的商轮,挂着青天白日旗,从自由神像前面驶过去!船名叫什么呢?总统号?刘有德号?对啦,刘有德号!美国的大莱,中国的刘有德……"他们都比吴荪甫更堕落,过着奢侈、荒唐的生活。同时,他们也都具有吴荪甫民族资产阶级的软弱性,他们的所作所为使其更加买办化。如同茅盾所说:"因此中国资产阶级的前途是非常暗淡的,在这样的基础上产生了中国民族资产阶级的动摇性。"[3]穆时英也写出了这类人物这个阶级先天的动摇性和软弱性。

如果说茅盾对吴荪甫有些许同情,认为他的失败主要是社会环境所致。穆时英对这类人物则充满了厌恶和批判,认为他们的腐败与堕落是他们失败的主要原因,不论是怎样的社会环境,这类人物也是没有希望的。穆时英写"利欲和卑鄙"的李铁侯曾五次"痛苦地扭歪了脸";穆时英借人物之口骂刘有德"好一个市侩!"穆时英所塑造的这个两个资本家是唯利是图的市侩,给人真实感,有血有肉,不是概念化的存在,也不是为了回答一个问题而杜撰出来的人物。

《中国行进》中的第二类人物是的许仕介、李小侯、丁树德、孙君实、李玲仙、黄甘妮、刘颜蓉珠、殷芙蓉和谭妮娜等摩登青年形象,与《子夜》中的林佩珊、张素素、范博文等概念化的摩登男女相比,穆时英对这类人物写得更加得心应手。他们有的是富二代,有的是姨太太,有的是交际花,是一群纨绔子弟、富家千金和风流女郎,他们是一个整体、一个类型。穆时英写他们活动的场所主要是上海郊外的丽娃栗妲村和李铁侯开办的金城宴舞厅。他们在一起跳舞、划船、喝酒、调情,醉生梦死,及时行乐。许仕介是这类人物的代表,在《插话》一节,许仕介将女人编成号,并且标上等级,李玲仙、谭妮娜、刘颜蓉珠的等级分别是 A+、A、A-。在花花公子眼里,人就是商品,被物化。许仕介同时与多位女性有暧昧的关系,其中有纯

---

[1] 白先勇:《社会意识与小说艺术》,《白先勇自选集》,花城出版社 1996 年版,第 403 页。
[2] 冯雪峰:《中国文学中从古典现实主义到无产阶级现实主义的发展的一个轮廓》,《冯雪峰论文集》(中册),人民文学出版社 1981 年版,第 509 页。
[3] 茅盾:《〈子夜〉是怎样写成的》,《茅盾散文》(三),中国广播电视出版社 1995 年版,第 43 页。

情少女,也有交际花和有夫之妇。

穆时英写摩登青年的生活与茅盾的冷静描写不一样,穆时英写得既多情又浪漫,特别是写他们丽娃栗妲村的郊游中,略带忧伤又极富诗意,我们会感到穆时英享受在其中:

在水面上,荡漾着月华,荡漾着男女二重音的《蔚蓝的丹纳河》。艇子已经淌了很远,淌到村外来了。村子里缀在树枝上的彩色灯,看过去闪闪烁烁地像是在辽远的天边的北斗星座。近岸处满是芦苇,静穆地站在那里。①

穆时英有一篇散文《丽娃栗妲村》,发表在1933年2月27日《申报·自由谈》上,写的就是他和妻子仇珮珮到丽娃栗妲村游玩时的经历,可见都市青年男女的生活就是他自己的生活。

《中国行进》中男女青年在舞厅:

蔚蓝的黄昏笼罩着全场,一只saxophone正伸长了脖子,张着大嘴,呜呜地冲着他们喊。当中那片光滑的地板上,飘动的裙子,飘动的袍角……酒味,香水和汗珠的气味,烟味,牛排的炙味,黑咖啡的刺激味……精致的鞋跟,鞋跟,鞋跟,鞋跟……梦样的柔软的头发和男子的笑脸……②

舞厅是穆时英常去的地方,他的很多小说以舞厅为背景,他经常写舞女的悲哀与寂寞,对舞女深表同情与理解,他的妻子仇珮珮就是舞女,所以对舞厅的生活,他是陶醉的。

但同时,不论是在郊外还是在舞厅,穆时英写了青年男女狂欢之后的寂寞、忧郁和太息:"可是这太息似的眼光却跟了下来,永远在车窗的玻璃上荡漾着。太息似的眼光,太息似的眼光,太息似的眼光……"③

这寂寞,这太息,其实就是穆时英的寂寞与太息,如同川端康成,写女人的悲哀,其实是写自己的悲哀,川端康成谈《雪国》时就说:"说我是岛村还不如说我是驹子。……特别是驹子的感情,实际上就是我的感情,我想,我只是想通过她向读者倾诉而已。"④穆时英曾经是这些青年中的一员,他说:"我懂得这颗寂寞的心的。"⑤穆时英一再强调:"我却在心的深底里,蕴藏着一种寂寞,海那样深大的寂寞,不是眼泪,或是太息所能扫洗的寂寞,不是朋友爱人所能抚慰的寂寞。"⑥虽然穆时英经常陶醉在舞厅里,也经常荡漾在湖泊中,但是,寂寞是一刻也没有离开

---

① 穆时英:《中国行进》,《穆时英全集》第二卷,北京十月文艺出版社2008年版,第388页。
② 同上,第397页。
③ 同上,第396页。
④ [日]川端康成:《独影自命》,《川端康成文集》,中国社会科学出版社1996年版,第123页。
⑤ 穆时英:《Graven"A"》,《穆时英全集》第一卷,北京十月文艺出版社2008年版,第288页。
⑥ 穆时英:《我的生活》,《穆时英全集》第三卷,北京十月文艺出版社2008年版,第8页。

他。穆时英深知青年男女在表面的放纵与堕落掩盖下的内心痛苦。他们的寻欢作乐,是在悲哀的脸上戴了快乐的面具。穆时英说:"在我们的社会里,有被生活压扁了的人,也有被生活挤出来的人,可是那些人并不一定,或是说,并不必然地要显出反抗,悲愤,仇恨之类的脸来;他们可以在悲哀的脸上戴了快乐的面具的。"①

穆时英对他们的处境是同情的,对他们的颓废气却是有所批判。王富仁说:"他们的价值都不主要来自对西方现代主义艺术手法的模仿,而来自对现代城市小市民生活的描写,来自他们对这个物质世界的轻蔑。尽管他们不像鲁迅那样疾视它的庸俗,但他们也不是这个世界的欣羡者。他们的精神不是安居在他们所表现的世界里,而是在这个世界之外。"②

远离都市摩登生活的茅盾在写这类人物时,与穆时英有着天壤之别,茅盾没有写出他们深层的寂寞与苦闷,茅盾只是将林佩珊、张素素和范博文局限在吴荪甫的会客厅中,不能充分展现都市摩登男女的生活状态。茅盾不敢把他们放在会客厅以外的地方,因为茅盾根本就不知道他们在那些地方怎么做,做什么?茅盾没有这样的生活经验。对不熟悉的生活,茅盾是尽量不去直接表现的。从对第三类人的塑造中,也可以看出茅盾的写作态度。

第三类人是农民。茅盾说:"《子夜》原来的计划是打算通过农村(那里的革命力量正在蓬勃发展)与城市(那里敌人力量比较集中因而也是比较强大的)两者革命发展的对比,反映出这个时期中国革命的整个面貌"③。"写一部农村与都市的'交响曲'。"④但是,在写作途中,茅盾放弃了对农村农民的写作,如果说茅盾对都市摩登男女的描写来自第二手材料,"至于农村革命势力的发展,则连'第二手'的材料也很缺乏,我又不愿意向壁虚构,结果只好不写。此所以我称这部书是'半肢瘫痪'的。"⑤于是,《子夜》"只写都市的而不写农村了"。⑥

穆时英《中国行进》中却用了很大的篇幅写农村农民的苦难与因苦难引起的暴动,弥补了《子夜》农村生活描写的不足。早在《南北极》的集子里,穆时英就写了农民因受压迫而反抗的生活。《咱们的世界》的主人公被压迫得走投无路而成为海盗;《生活在海上的人们》描写一万多渔民不甘忍受财主、恶霸的剥削而奋起反抗;《狱啸》写监狱的囚犯不堪挨冻挨饿的非人待遇而发动了暴动。《中国行进》中三岔口十几个村子的农民遭遇荒年,地主劣绅丁禄会派狗腿子来催租、抢谷,快饿死的农民不得不抗租,却被丁禄会的打手抓走打伤打死,造成人祸。于是,农民们由自发的反抗发展为自觉的、有组织的斗争,连软弱的、胆小的李老爹也说:"打

---

① 穆时英:《公墓·自序》,《穆时英全集》第一卷,北京十月文艺出版社2008年版,第233页。
② 王富仁:《中国现代主义文学论》,《王富仁自选集》,广西师范大学出版社1999年版,第303页。
③ 茅盾:《再来补充几句》,《茅盾散文》(三),中国广播电视出版社1995年版,第47页。
④ 茅盾:《〈子夜〉是怎样写成的》,《茅盾散文》(三),中国广播电视出版社1995年版,第43页。
⑤ 茅盾:《再来补充几句》,《茅盾散文》(三),中国广播电视出版社1995年版,第48页。
⑥ 茅盾:《〈子夜〉是怎样写成的》,《茅盾散文》(三),中国广播电视出版社1995年版,第44页。

一仗也好的,反正是也过不下去。"①农民反抗不再是《南北极》中那样的盲从,而是有计划的行动。"那天下午,三岔口几千肮脏的人把扛铁锄的肩膀扛上了枪杆,把拿镰刀的手拿了梭镖,把成年弯着的腰直了起来,向着石佛镇,向着他们的丁大老爷,一点不客气地嚷着:'打倒丁禄会!'"②起义司令麻皮张,虽然有时也会粗暴、易怒,但是,更多时候是沉勇、机警的。反抗失败了,麻皮张及时总结失败的原因:"我们怎么会糟到这步田地的?不能齐心!懂得吗?大家有好处的争着来。有坏处的推别人去干,这就是不能齐心。还有,太爱我们的田了。大家只想着家,就不肯出力,不肯跑到别的地方去。"③麻皮张清楚地看到农民小农经济意识的局限性,当然,是作者穆时英看到了农民的局限性。

人们多认为穆时英没有农村的生活体验,整个情节都是穆时英主观想象出来的,缺乏真实性,其实,穆时英对农民疾苦的理解是深入的,他深知农民的苦难人祸胜过天灾,他说:"古代的饥民所以没有饭吃是为了种种天灾,土地不能生产的缘故,二十世纪的饥民则完全是被驱逐出生产领域以外的人民,被夺取了土地的人民。从人类成为社会的暴物以来,人类底敌人已经从自然转移到他们自己制造出来的社会了。"④穆时英的描写反映出农民真实的生活状况和思想状况。

三、方法:无产阶级现实主义与新感觉主义

茅盾的《子夜》是一部现实主义的杰作,因为茅盾有"大规模地描写中国社会现象的企图"⑤,充分展现了金融市场的竞争。吴荪甫与赵伯韬之间的竞争主要表现为证券交易所的公债买卖。"花了钱可以打胜仗,这是大家都知道的。但是花了钱也可以叫人家打败仗,那就没有几个人想得到了。"⑥《子夜》直接展现了现代上海公债市场的险恶和玄奥,真实地再现上海金融世界的变化莫测。茅盾以他对金融市场的了解,用现实主义创作方法对1930年代中国上海的产业界和金融界经济形势进行了客观分析,对半殖民地半封建社会条件下的现代公债市场进行了宏观透视。吴荪甫的失败也主要是在公债市场与赵伯韬斗争的失败,从而表现了金融世界的残酷性。《子夜》的成功正是通过展现这个残酷性体现出来。当然,茅盾对吴荪甫与赵伯韬金融斗争的描写是有倾向性的,作者的褒吴贬赵又体现出革命性,所以,茅盾的现实主义是无产阶级现实主义。

新感觉主义作家穆时英在《中国行进》中的描写,没有茅盾的整体设计和规划,没有首尾呼应的情节组织,也没用集中笔墨描写民族资本家与买办资本家的斗争。穆时英的描写是片段的、跳跃的、感觉的、直观的。茅盾写上海是为了说明问题,阐述主题;穆时英写上海就是写上海,不为什么,王富仁说:"茅盾写的就是

---

① 穆时英:《中国行进》,《穆时英全集》第二卷,北京十月文艺出版社2008年版,第463页。
② 同上,第463页。
③ 同上,第485页。
④ 穆时英:《电影艺术防御战》,《穆时英全集》第三卷,北京十月文艺出版社2008年版,第209~210页。
⑤ 茅盾:《〈子夜〉后记》,《茅盾序跋集》,丁尔纲编,北京:生活、读书、新知三联书店1994年版,第45页。
⑥ 茅盾:《子夜》,人民文学出版社1960年版,第102页。

中国现代城市社会的'政治',新感觉派小说家写的就是中国现代城市社会的'风俗'。"①

应该说,穆时英用感觉主义的方法写上海风俗。

穆时英是通过刘呐鸥接触到新感觉派的,刘呐鸥来到上海,带来了日本的新感觉派,刘呐鸥还翻译了一本日本小说集,起了一个特别吸眼球的书名《色情文化》,这个离经叛道的书名冲击着中国人的心脏,吸引着中国读者的眼球。穆时英是个特别善于接受新事物的青年,他在小说创作中进行了新感觉主义的尝试,很快,穆时英青出于蓝而胜于蓝,不论是思想内容还是艺术技巧都远远超越了刘呐鸥,《中国行进》就是超越的实证。穆时英说:"《上海的狐步舞》是作长篇《中国一九三一》时的一个断片,只是一种技巧上的试验和锻炼。"②

然而这种"技巧"与传统的表现方式是完全不一样的。川端康成说,新感觉主义"是要说明在人的生活中感觉所占据的位置,并采取一种与向来不同的思考方法。于是便企图把人生的这种新的感受,应用到文艺世界里来。……如果说过去把眼睛和蔷薇当作两种东西,写道:'我的眼睛看到了红色的蔷薇',那么新进作家就是把眼睛和蔷薇看作是一种东西,写道:'我的眼睛就是红色的蔷薇。'不作理论式的说明,恐怕是不会看明白的。总之,这种表现的情绪,就成为对事物的感受方法、成为生活的方法。"③在《中国行进》中,我们看到的就是由这种"与向来不同的思考方法"产生出来的文字:

在舞厅:"在璀璨的玻璃灯塔下的,金城宴舞厅的旋门正在忙碌地吞吐着满脸笑容的人们。""拉开那扇隔绝着走廊和舞厅的玻璃门,音符的雨便零乱地飘洒出来。"④

农民耕田,"狠狠地把铁锄砍到泥里……把黑油油的土地的脏腑拉了出来。"

当农民们进攻石佛镇时,"大地睁着眼,瞧见它的子孙,那些穿了破褂子的,没吃饱肚子的人们,一长串一长串的,向石佛镇扑去。"

"复沓"式的语句,也是新感觉的强调:"猛的,显在前面的是胳膊林。胳膊、胳膊、胳膊……那些粗大的拿镰刀的手举了起来。"⑤

意识流是新感觉对人物内心的描述,如徐祖霖在遥想自己的大计划时:"各种各样的策略,企图,志望,在他的没有睡够的脑袋里边混乱地播摇起来。……'我要把国际资本从上海赶出去!'兴奋到差不多要喊出声来似地。金城宴舞厅,金城酒楼,金城大戏院,金城书屋,金城小剧院,金城影片公司,金城郊外俱乐部……我要做到人家买一支牙刷也会知道我的名字。上海王!是的,我要做上海王!"⑥李欧梵说:"这是穆时英独创的意识流,其时中国的其他作家还不懂如何在'语言上'

---

① 王富仁:《中国现代主义文学论》,《王富仁自选集》,广西师范大学出版社1999年版,第303页。
② 穆时英:《公墓·自序》,《穆时英全集》第一卷,北京十月文艺出版社2008年版,第233页。
③ [日]川端康成:《川端康成谈创作》,叶渭渠译,北京:生活·读书·新知三联书店1988年版,第29页。
④ 穆时英:《中国行进》,《穆时英全集》第二卷,北京十月文艺出版社2008年版,第397页。
⑤ 同上,第487页。
⑥ 同上,第366页。

组织意识流。"①

　　电影蒙太奇的处理方式将新感觉推到极致。没有完整故事情节的小说是用一个个镜头的不断切换体现的。如《李铁侯的歪脸》一节的描写：

　　五百尺高楼，四千吨行人，一千三百辆来往的车，八百丈广告旗，七百二十方尺金字招牌，五百磅都会人的利欲和卑鄙：在那么窒息的重压下，上海的大动脉，南京路，痛苦地扭歪了脸。②

　　基本上没有完整的句子，只是镜头的快节奏转换，穆时英说："电影的主要特征是它是以摄影机和 Montage 为主体的造型艺术这一点上。"③
　　再如《Sports，Speed，and Sex》一节：

　　肢体和肢体的撞击，怪叫，奔跑的声音，红胳膊的麦令斯和白脸的大学队交错着，球飞着，咚咚地球板吼了，人的脸动着，动着，动着……人的海，拍手的波浪。那边儿一大堆草绿色的美国陆战队怪声怪气地叫唤："Bravo！"④

　　穆时英习惯把物"人化"，又把人"物化"，或者是把都市人异化，李欧梵说，穆时英"让他的一大群角色都受制于景观，而景观才是他最终的小说主人公"。⑤
　　在同一个上海，穆时英表现了与茅盾完全不同的景观，如果说，茅盾对上海的社会形态是科学家、哲学家的分析，《子夜》体现出的社会价值，有着里程碑的意义；那么，《中国行进》则是"把现代派技巧作为一种现代历史主义形式而加以使用"⑥，体现出不同凡响的文学价值，穆时英认为，"总之艺术是人格对于客观存在的现实底情绪的认识，把这认识表现并传达出来，以求引起他人对于同一的客观存在的现实获得同一的情绪认识底手段"。⑦
　　荣格学派认为，理性的分析"容易产生伟大的科学家和哲学家"，情绪的表达"就容易产生伟大的艺术家"，"所以它们彼此不易成为对方的辅助功能，而倾向于相互冲突和对立"。⑧ 狄德罗说："没有感情这个品质，任何笔调都不可能打动人心。"⑨
　　茅盾的《子夜》和穆时英的《中国行进》都表现了中国上海的灯红酒绿和腐败堕落，并且都为这种黑暗现实而担忧。但是他们的表现方法不一样，然而正是这

---

① [美]李欧梵：《上海摩登》，毛尖译，上海：生活·读书·新知三联书店 2008 年版，第 216 页。
② 穆时英：《中国行进》，《穆时英全集》第二卷，北京十月文艺出版社 2008 年版，第 360 页。
③ 穆时英：《当今电影批评检讨》，《穆时英全集》（第三卷），北京十月文艺出版社 2008 年版，第 241 页。
④ 穆时英：《中国行进》，《穆时英全集》第二卷，北京十月文艺出版社 2008 年版，第 410~411 页。
⑤ [美]李欧梵：《上海摩登》，毛尖译，上海：生活·读书·新知三联书店 2008 年版，第 224 页。
⑥ [美]马尔科姆·布拉德伯利：《美国现代小说论》，王晋华译，北岳文艺出版社 1992 年版，第 107 页。
⑦ 穆时英：《电影批评底基础问题》，《穆时英全集》第三卷，北京十月文艺出版社 2008 年版，第 169 页。
⑧ [美]霍尔，诺德贝：《荣格心理学入门》，冯川译，北京：生活·读书·新知三联书店 1987 年版。
⑨ 引自段宝林：《西方古典作家论文艺创作》，沈阳：春风文艺出版社 1980 年版，第 105 页。

个不一样,才显示出文学的丰富多彩。如穆时英所说:"虽然人类底旅程终点是同一的,他们底路线却不是同一的。从同一的地方出发,向同一的目的地,各人因环境底差异与特殊而走着各不相同的路,就在这路线和走法底错异上面,世间便泛滥着千万种的思想底流,五光十色的感情底光调,而艺术作品里边所表现的东西也显着千差万殊的面相。"①

---

① 穆时英:《电影艺术防御战》,《穆时英全集》第三卷,北京十月文艺出版社2008年版,第224页。

茅盾与上海文化：兼论作家在政治与文学之间的命运选择及其历史遗产

宋炳辉

上海外国语大学文学研究院　上海　200083

摘要：茅盾的文学实践从上海这个城市开始并确立其在中国现代文坛的地位，但作家身份的选择并不是从一开始就确定的，它是作家个人选择与历史场域相遇合的结果。本文拟从茅盾与上海这个城市的关系入手，分析其作为一个作家、社会与文化活动家的个性、命运选择、文学特点及其历史影响，并进一步概括茅盾相对于中国现代作家、知识分子群体的典型性意义。

关键词：茅盾　上海文化　命运选择历史遗产

茅盾，原名沈德鸿，字雁冰。"茅盾"是他开始文学写作之后使用的笔名，也是他先后使用过的几十个笔名中，最为读者所熟知的一个。茅盾出身于中国晚晴末年的南方乡镇（浙江省嘉兴市桐乡县乌镇）的一个中等富裕家庭，他并没有完整的大学学历，只读过3年预科（1913—1916），也没有正式的外海留学经历，只有不到两年的日本流亡经历（1928.7—1930.4），但最终却成为中国现代文学史上的著名作家、批评家、编辑家和翻译家。在中国现代文学史上，茅盾有着重要而独特的地位。如果说以读者公认的"鲁郭茅巴老曹"排列而位居第三的话，从整个现代文学的发展而言，因为鲁迅的早逝（1936年）、郭沫若在中华人民共和国成立后基本从政，茅盾则是连接20世纪上下半叶中国文学最关键的人物之一，而这个人物的成长及其历史影响，与上海有着特殊的关联。

茅盾14岁（1909年）以前在老家乌镇的小学就学，18岁（1913年）前在湖州、嘉兴和杭州三地的中学读书，20岁以前在北京大学读书。从1916年夏天，20岁的沈雁冰只身一人，怀揣一纸荐书踏上陌生的上海滩起，到52岁的茅盾在中华人民共和国成立前夕离沪北上，时间长达30多年。这30多年中，有超过1/3的时间是在上海度过的。期间虽也有几次或长或短的离开，主动或者被迫前往广州、武汉、日本、香港、桂林、重庆、新疆等地，但一旦条件许可或者机缘巧合，他还是回到这个五方杂处、熙熙攘攘的十里洋场。总之，茅盾一生的命运，与这个现代魔都结下了不解之缘，上海这个现代东方大都市，是他的第二故乡。

在这30多年的时间里，他从一个北京大学（蔡元培之前）的预科肄业生，成为中国共产党最早的一批党员和重要组织者之一，一度专注于中共早期政治与文化活动，又几经磨难，最后从一个社会活动与文化活动家，成为中国现代文学史上著名编辑家、文学批评家、左翼革命作家，是除鲁迅之外影响最大、成就最为卓著的左翼文学领袖,也成为中华人民共和国文艺的第一代领导人。1948年底,茅盾应中共中央邀请,赴北平(即北京)参加由中共发起的全国政治协商会议筹备工作。从此,他的文学与政治生涯又随着中华人民共和国的诞生而进入一个新的时期。他先后担任全国政协常委、全国文联副主席、作协主席、文化部部长和《人民文学》主编等职务。若从个人成长的角度看,这几乎是一个奇迹。而这个奇迹的发生,与上海有着不可分割的联系。

这30年间的上海,作为当时东方世界现代化与国际化程度最高的城市,上演了无数幕中国历史上的重大戏剧。自1842年鸦片战争失败,清政府被迫同英国签订《南京条约》,开放上海等五个沿海城市之后,上海的中心区域先后被英、法、美等国租赁,这就是上海的"租界"。1937年之后又逐步被日本占领,直到1945年二战结束(日本战败投降)为止,上海的完整主权才回到中国民国政府手中。近百年"国中之国"的租界存在,成为上海不同于其他传统都市的一个明显特点。由于弱化了专制政权的控制,上海便成为东方文化与西方文化直接碰撞、交融时间最早、程度最深的城市之一,它为中国的现代化进程提供了新的政治、经济和文化的演示与实验场所,也为各种新生的社会力量的孕育、生存和发展创造了空间。自辛亥革命(1911年)后,从维新派到革命派,从国民党到共产党,各种政治势力和文化派别都将上海作为重要的活动基地。由于上海事实上成为当时中国的经济中心、不同于北京(或南京、武汉)的另一个政治中心、文化传媒与出版中心,因此也是各种文化人士大量汇聚、出入频繁的城市。在动荡的20世纪上半叶,上海的多元文化空间吸引了一批又一批文化精英的到来。半个世纪中,先后有1920年代初(五四运动后)、1920年代末(北伐战争后)和1930年代末(日军全面侵华战争开始后)三次大规模的文化人汇聚上海的现象。反过来,这些文化精英又为上海的多元文化发展提供了源源不断的人力资源,上海由此在中国现代化进程中占有重要地位。而茅盾,只不过是这几代文化人中最引人注目者之一。

根据茅盾的生平及其精神历程,我将他历时30年连续或者间断地在上海居住的历史,分为三个阶段。即1916—1925年(9年);1925—1929年(4年);1930—1948年(18年)。这三个时期,茅盾在上海经历着不同的历史,也面临着不同的人生选择。

一、初居上海的1916—1925年:交错在政治与文学之间的人生选择。在这9年时间里,沈雁冰完成了三个重要转变:

首先,开始了独立的职业生涯。因为有在北洋政府财政部公债司任职的表叔卢鉴泉的帮助,沈雁冰被推荐给商务印书馆总经理、近代著名出版家张元济,从而开始其在上海的职业生涯。从编译所的英文部、国文部做普通编辑开始,到《学生杂志》的助理编辑,并继续自学英文,广泛阅读,开始写作与编译。

其次,主编《小说月报》(1920年主持"小说新潮"栏,1921—1922年主编)是其一生的重大转折,由此成为新文学重要团体文学研究会的核心成员。系统介绍大量西方近代文学和现代文学思潮流派("海外文坛消息"栏目、童话编译),撰写大量文学评论,成为著名的新文学运动领袖、编辑家和文学批评家。

再次,参与早期共产主义运动,成为中共最早成员和领导骨干之一,从一开始就同时在政治与文学中展示才能与影响。1920年参加上海共产主义小组,是中共第一批50多名党员之一,第一次国共合作时期中共上海地方兼区执行委员会的委员、秘书兼会计,并一度代理委员长之职(1923年8月)。同时在由中共创办旨在培养共产党干部的上海大学任教,并编辑《民国日报》副刊《社会写真》,撰写大量社会评论。但在执委会两度改组、两次推举新当选委员担任执委会委员长之后,茅盾辞去了执委会职务。一度编选道家典籍《淮南子》,但仍是中共商务印书馆组织的骨干。

二、再居上海的1925—1929年。惊涛骇浪的四年,从革命漩涡中分离出来的人生反省与选择,作家茅盾的诞生。

首先,更深入地参与政治。当反对外国资本的工人抗议活动遭到暴力镇压时,再次激起沈雁冰的政治热情,参与组织商务印书馆工人罢工,走上街头革命("五卅运动"成为北伐战争序幕)。国共分裂后,中共中央指令恽代英和茅盾筹组由共产党与国民党左派合作的"国民党上海市特别市党部执行委员会"(1925年12月),茅盾担任宣传部部长。年底赴广州出席国民党第二次全国代表大会,会后被留在广州的国民党中央宣传部担任秘书(部长是汪精卫,代理部长为毛泽东),3个月后被毛泽东派回上海代理国民党上海交通局局长,兼任上海市特别党部主任委员,中共上海区委地方政治委员,中共中央宣传部信息科科长(1926年下半年)。北伐开始后,1926年底中共中央派茅盾赴武汉军校(黄埔军校的延续,为国共合作)担任政治教官(中校二级)。1927年4月受命担任汉口《民国日报》总主笔。从上海、广州到武汉的两年多时间,是沈雁冰政治活动的又一次高峰。

其次,从政治风暴中甩出。国共再次分裂,7月15后受命离开武汉,前往南昌参加起义,途经庐山,与组织失去联系,急病受困于地缘别墅。之后撤回上海隐居,躲避官方通缉。自此在组织上脱离中共。在痛苦、无奈之中执笔开始虚构写作。以"茅盾"笔名发表《蚀》三部曲(《幻灭》、《动摇》与《追求》)。然后是两年的政治流亡,直至1930年5月,从日本返回上海。

三、三居上海的1930—1948年。其中"八年抗战"(1937年上海沦陷至1945年二战结束)期间转辗各地,1946年5月回到上海,实际居住10年。这18年是茅盾在中国现代文学史上确立地位的最重要时期。

首先,完成小说代表作《子夜》、《林家铺子》、"农村三部曲"的写作。以他特有的理论家和政治活动家的视野和特定的手法,确立了在新文学传统中的"茅盾式叙述模式",成为左翼作家的代表。

其次,与鲁迅一起,领导左翼文学运动,从事文学批评和社会批判,成为左翼阵营的领导者和批评家的代表。1949年7月第一次文代会代表"国统区"左翼文学阵营做"十年来国统区革命文艺运动报告提纲"的报告,是其被认同的标志。

再次,与鲁迅、叶圣陶、郁达夫、郑振铎、傅东华等一起,创办《文学杂志》(1933.4—1937.8);与鲁迅一起创办《译文》(1934.9—1937.9)。分别为发表文学原创和专门译介外国文学的大型期刊,后者是新中国后复刊的《世界文学》杂志的前身。

从以上分析可以看出,茅盾与上海这个城市的特殊关系,对个人而言,体现了其人生在矛盾中展开和抉择的情形;对中国现代知识分子群体而言,在中国现代文学史、文化史上又具有相当程度的典型性。

一是上海这个具体的历史场域,沈雁冰成了茅盾,作家茅盾诞生了。综上三个阶段所述的一切,茅盾的这30年的生活历程,都与上海这个现代都市有着十分密切的关系。20世纪20至40年代,尤其是30年代,上海所具有的独特的政治、经济和人文环境及其在中国乃至东西方文化交往中的重要地位,为茅盾提供了一个色彩斑斓的人生舞台,和许多难得的成长条件与发展机遇;而茅盾的天资、勤奋和卓越的创造力,也为这一时期的上海增添了浓墨重彩的一笔。

二是茅盾经历了政治与文学这一人生最重要、最痛苦、最艰难的抉择,典型地体现了中国现代激进知识分子和作家的人生处境和抉择。

中国文人历来重视自己的名号,并在其中隐寓心志。"茅盾"这一笔名的矛盾寓意,茅盾本人反复申明,也为文坛公认。自1927年9月在《小说月报》第一次发表小说《幻灭》起,他就以"茅盾"和"沈雁冰"这两个名字行世。也许他作为一个新文学作家和评论家,赢得了太多的声誉,久而久之,其本名"沈雁冰"反而少为人知。其实,茅盾一生发表译著作品时,除了"字"沈雁冰(雁冰、冰)和"名"沈德鸿之外,还曾用过几十个笔名,但"茅盾"无疑是影响最大的。到40年代,这一名字已经通行文坛,盖过了他的本名,标志就是1946年在他五十岁生日时,被文坛尊称为"茅公"。

早年曾与周恩来、邓小平等一起留法,与茅盾一起从事中共政治活动的郑超麟先生(因政治原因入狱27年【1952—1979】,在晚年谈起茅盾时)曾说过:我只认识"沈雁冰",不认识"茅盾"。这句话说明了茅盾在现代中国历史中的两重身份,即作为新文学作家的茅盾和作为政治活动家的沈雁冰。事实上,茅盾本人在重要场合的署名方式,也印证了他对自己的社会身份和文学身份的区分。在1981年3月14日他的生命走到终结的时候口述了两封信(也被认为遗嘱),一封致中共中央,提出恢复自己党籍的请求,署名是"沈雁冰";一封致中国作家协会,捐款25万元设立长篇小说奖即"茅盾文学奖",署名"茅盾"。这两个署名及其代表的两种身份,也蕴涵了他临终时对自己一生在两个方面的评判。

当我们把这或者来自别人,或者来自茅盾自己的判断和用意,与他本人在政治和文学活动的追求中所一再显现的矛盾心态联系在一起时,可以隐隐窥见他一生奋斗挣扎的心灵轨迹。在一生的理想追求中,风云变幻的历史现实,使他在这两种角色身份间形成了长期的内在冲突。他既有作家的敏感气质,又有强烈的政治抱负。他有意作为一个政治家参与20世纪中国现实的变革,即使是早期的文化活动,也是意在社会革新,但无意间却终于成为一个作家和文人,并作为著名左翼作家在现代中国文化和文学史上产生重大影响。但同时,无论是30年代享誉文坛之时,还是中华人民共和国成立之后,他的政治抱负始终没有偃息,也不断为自己在这方面的挫折而痛苦。值得欣慰的是,茅盾在1981年3月27日于北京逝世后的第4天,中共中央决定恢复茅盾的党籍,党龄从1921年算起,"茅盾文学奖"也与同年启动,成为官方最有影响力的文学奖项之一,自1982年至今已颁发9次。

从中国现代史发展来看,这种在政治与文化之间艰难抉择的现象不惟体现在茅盾一个人身上，它也是历史文化现实对所有中国知识分子的一种无形的制约力，同时也与主体的内在选择有着重要联系。不仅鲁迅、郭沫若、丁玲等激进的左翼知识分子有着类似的处境，即便如胡适、巴金、徐志摩、沈从文这些被视为自由知识分子的作家，也总是离不开这样的抉择。

这样，主体在政治与文学文化活动之间，必然存在着种种外在的和内在的联系：一方面，他在政治活动中的挫折必然会反映到他的文学创作中，体现为文学创作的独特的取材、叙述角度和审美特征，也体现为政治意识形态对这种艺术个性有意无意地遮掩、修改甚至是自我扼杀。政治活动使他获得进入文学写作的独特途径，而政治和革命的志向、冲动和功利性要求也影响了这种艺术个性的完善、发挥和显现；另一方面，文学家的艺术敏感和冷静超越的观察、思考习惯，又在一定程度上妨碍了作为一个政治家、革命家必须具备的讲求实际和果断行事的品格养成和贯彻。

回到茅盾，这种内在的矛盾冲突，贯穿了他的一生，在其文学创作和批评中也都有着一贯的体现，而这种体现的最好最生动的浓缩和象征，无疑就是"茅盾"这个笔名和作家本人所赋予的内在意蕴了。但不管是政治与文学的交错、矛盾和冲突，还是这种冲突在文学中的体现，不管是政治家和文学家双重身份的茅盾，还是作家茅盾的心路历程和文学写作中所体现出来的内在矛盾，它们所产生的外在背景，它们所展开的活动空间，它们所选取的具体材料，都与上海这个现代都市，特别是二三十年代旧上海的多元化文化发展空间有着密不可分的关系，即使是其主体选择和追求中，其起重大作用的个人气质和性格的形成，也与所处的文化环境紧密相连，而茅盾的努力和实践，又对这个城市乃至全国的新文化发展产生了重要的影响。

三是作为新文学作家，茅盾确立了"五四"新文学的另一种传统，即全景式、史诗性地反映时代整体变动的叙述传统。在上海期间，茅盾以他的《幻灭》（1927）、《动摇》与《追求》（1928）（即《蚀》三部曲，后结集出版于1930年），开启了之后虚构性写作之路，并经过长篇小说《子夜》（1933）、中篇小说《林家铺子》（1931）与短篇小说农村三部曲《春蚕》（1930）、《秋收》和《残冬》（1932），完成了对中国动荡历史现实的系统叙述，并塑造了知识青年、农民、地主、军人、城镇商人、大都市金融和实业资本家等各阶层形象。

更重要的是，自"五四"新文学运动以来，鲁迅开创了多从"个人"视角表现国民性格和时代变迁所不同的另外一个文学叙事传统，即以《子夜》为典型的叙述方式所显示的叙事特征：①政治意识形态的明晰性、系统性；②叙述过程的非个人化、非情感化；③反映现实的整体性、时事性和共时性。《蚀》三部曲以激进青年男女的情爱、彷徨和追求，体现"大革命"时代社会大变动的风貌；《子夜》旨在呈现20世纪30年代中国民族资本主义发展的困境以及社会整体风貌；《林家铺子》与农村三部曲意在呈现政治专制与外来资本市场压迫下的农村现实，等等。正如捷克汉学家普实克所说的"在现实还没有成为历史的时候，就极为准确地抓住他，这就是茅盾的艺术原则"（普实克《抒情与叙事：茅盾与郁达夫》）。这三个方面的特点，当然还有在其作品中大量呈现的情感经验记忆和对这种记忆的反刍，都与茅盾在上海所经历的长期的政治参与、文化活动、编辑和评论工作,所获取的理论家、政治家眼光以及思维方式有关。汪晖在20世纪80年代末就对此有精彩的论述(《关于〈子夜〉的几个问题》,中国现代文学研究丛刊,1989年第1期)。此外,茅盾在作品中所呈现的对时间的敏感与恐惧,也与来自上海这个大都市的生活节奏有关,这仅从其作品篇名的选择偏爱中可见一斑:虹、蚀、泡沫(短暂的自然现象);子夜(时辰);清明前后(节气);春蚕、秋收、残冬、桑叶红于二月花(季节),等等。

  四是茅盾给中国现代文学的遗产。茅盾留给中国现代文学的遗产是丰富的,这份遗产随着历史的进展还在进一步地呈现。这里仅从文学叙事范式的角度举出两点:首先,是前述的以《子夜》为标志的全景式、史诗性反映整个时代变动的文学传统,它是后来的有关革命历史叙事和农村、工矿变迁叙事追求的先导意义。其次,茅盾的《蚀》三部曲、《腐蚀》(1941)和《清明前后》等以自己的切身经历为原型的对现代中国革命的叙述方式,在当代文学的新历史小说中仍有积极的回响。从茅盾的大革命生动纪实,到莫言的《红高粱家族》,格非的《迷舟》、《敌人》,刘震云的《故乡天下黄花》,陈忠实的《白鹿原》等有关现代中国革命的新历史叙事,其间的延续与变迁值得进一步研究。

左联时期的茅盾与瞿秋白
——从迎合到疏离的心路历程及其根源解析

田 丰

河北师范大学文学院 河北 石家庄 050024

摘要： 左联时期茅盾与瞿秋白的关系并非如同文学史著中通常所描摹的那样一直亲密无间、信任有加，而是无论在文学观念还是政治理念等方面都经历了从迎合到疏离的转变过程。起初茅盾对瞿秋白可谓言听计从，甚而不惜违背自己的主观想法也要与其保持步调一致，在左联工作上密切协作和相互支持。然而到了1932年第二次文艺大众化讨论时，茅盾却一反常态，开始撰文针锋相对地反对瞿秋白提出的关于文艺大众化的主要论点，毫不含糊地表明了自己的态度，从而将他与瞿秋白等人之间的观念分歧公开化。深究其实，我们发现1932年第二次文艺大众化讨论时茅盾与瞿秋白之间的激烈论争并非标志着两人观念分歧的开始，而是此前逐渐累积起来的矛盾的外显和放大。

关键词： 茅盾 瞿秋白 左联时期 迎合 疏离

在通常的文学史著中每每谈及左联时期茅盾与瞿秋白的关系时，往往关注于两人密切合作、相互协助的一面，却忽视了两人之间龃龉和疏离的一面。然而，深究其实，我们发现左联时期茅盾与瞿秋白无论在文学观念还是政治理念等方面都经历了从迎合到疏离的转变过程，而并非如同一般文学史著所描摹的那样一直亲密无间、信任有加。

一

茅盾在加入左联之前便与瞿秋白有过长时间的接触。据茅盾回忆，1923年春瞿秋白担任上海大学教务长兼社会学系主任后，在一次教务会议上两人得以初次相见。[①] 1925年瞿秋白与杨之华结婚之后就住在茅盾家隔壁，杨之华不仅与茅盾夫人孔德沚成为好朋友，而且还是孔德沚的入党介绍人。不仅如此，杨之华还与孔德沚一道撮合了张琴秋和茅盾胞弟沈泽民的婚姻，由此便不难想见双方家庭之间亲密往来的情形。此外，茅盾本人还曾明确说过："秋白与泽民的友谊，比对我的友谊要深。"[②]

1930年8月瞿秋白夫妇从莫斯科回到上海，听说茅盾已经从日本回来便用暗

---

① 茅盾：《我走过的道路》（上），人民文学出版社1997年版，第251页。
② 同上，第623页。

号写信由开明书店代转约请茅盾访谈,茅盾夫妇按照信上所留地址前去拜访。茅盾坦言自己打算根据秦汉之交的陈胜吴广起义史实写成一部长篇历史小说,瞿秋白表示予以支持。1930 年 10 月沈泽民奉命从苏联返回上海,1931 年初补选为中共中央委员,并担任中央宣传部部长,之后分管过左联工作的文委负责人潘汉年被调往中宣部协助沈泽民分管文化出版工作,期间沈泽民向他问起过胞兄茅盾的情况。1931 年 4 月茅盾从沈泽民处获悉瞿秋白的新住址后前去拜访,两人进行了多次晤谈,期间他还提出请求想要重回党组织,但瞿秋白反过来劝他像鲁迅一样安心从事文学活动。

茅盾在 1931 年 5 月下旬被冯雪峰任命为左联行政书记,这无疑"是可以加强他的左翼地位的"①,瞬时便从原来革命文学论争时期被围攻的对象一跃成为名副其实的左联领导人之一,而就在此后不久瞿秋白便直接找他谈论加强左联的事情。有了瞿秋白加盟左联,茅盾对于左联工作开始由被动转为主动,他并非如同胡风所言的那样"除开会外,不做任何具体工作,也不采取积极态度"②,而是与瞿秋白、冯雪峰等人一道做了大量工作,以至于 1931 年整个秋季他"都忙着写论文和参加'左联'的各种会议,小说只写了一篇"③。尤其值得特别注意的是,此时的茅盾对瞿秋白可谓言听计从,甚而不惜违背自己的主观想法也要与其保持步调一致,在左联工作上密切协作和相互支持。这与茅盾加入左联之初冷静旁观的游离状态形成鲜明对照。茅盾在刚开始时对于左联的确有着极其强烈的违和感,他发现原来文学研究会中像郑振铎、叶圣陶等都没有参加,为此感到心中纳闷,问过冯雪峰后才知道是因为多数人不赞成,对于此种宗派主义和关门主义的做法他深感不满。在参加过两次全体会议后茅盾又感到"'左联'说它是文学团体,不如说更像个政党"④,因此他对于左联事务并不热心。再加上神经衰弱和胃病、眼疾等疾病缠身,茅盾在加入左联的前半年很少参加左联活动,也没有参加过左联组织的示威游行等政治运动,甚至也没有给左联刊物写过文章,"只是埋头搞自己的创作"⑤,并因此引起左联中激进盟员的强烈不满。

众所周知,瞿秋白参加领导左联工作并非遵从王明等把持的中央政治局的决定,而是本着个人喜好自愿参加的,由于他长期从事党的领导工作,有着崇高的威望,加之在文学上也有着出色的造诣,左翼文界也甘愿接受其领导。在瞿秋白被排挤出党中央领导层后,第一个前来造访的左翼人士正是茅盾,通过茅盾他方才得以结识冯雪峰等左联中人。1931 年 4 月底,瞿秋白在茅盾家里避难时住了一两个星期,茅盾不仅与他天天谈《子夜》,而且还向他说起对于左联的诸多意见,比如左联像政党、关门主义以及不重视作家创作活动等等,瞿秋白大致表示同意。在瞿秋白正式领导左联工作之后,他对左联工作的很多意见都是通过茅盾来传达和

---

① 胡风:《胡风回忆录》,人民文学出版社 1993 年版,第 21 页。
② 同上。
③ 茅盾:《我走过的道路》(上),人民文学出版社 1997 年版,第 474 页。
④ 同上,第 441 页。
⑤ 同上,第 444 页。

落实的,比如将左联机关刊物《前哨》坚持办下去,再创办一个专门刊载文学创作的文学刊物《北斗》,让茅盾带头写评价"五四"新文学运动的文章等等。甚至可以说是茅盾和瞿秋白一道努力扭转了左联不重视文学创作的倾向。在整个左联时期唯有这一阶段茅盾表现得最为积极活跃。茅盾也对在瞿秋白领导下这一时期的左联工作做过高度评价,"从一九三一年十一月起是'左联'的成熟期,它已基本上摆脱了'左'的桎梏,开始了蓬勃发展、四面出击的阶段",之所以会如此"应该给瞿秋白记头功"。①

在茅盾担任行政书记不久,瞿秋白让茅盾带头写一两篇文章对"五四"以来的新文学运动以及1928年以来的普罗文学运动进行总结,以便从中汲取教训。茅盾在七八两个月内"遵照秋白的建议,试写了两篇探讨'五四'以来的文学运动和文学现象的文章"②,这两篇文章分别为刊发在《文学导报》创刊号上的《"五四"运动的检讨》和刊登在《北斗》创刊号上的《关于"创作"》。在写作之前茅盾"都与秋白交换过意见,其中有的观点也就是他的观点,例如对'五四'文学运动的评价"③。遵从别人的意见来进行批评写作,对于茅盾而言还几乎从未有过,自从离开家庭进入社会以来,他就逐渐养成了这样一种习惯,"遇事好寻根究底,好独立思考,而不愿意随声附和"④,然而,这一次他却一反常态,严格遵照瞿秋白的观点来评价"五四"运动。

茅盾的这两篇文章对于"五四"运动的历史作用和现实价值评价都极低。在《"五四"运动的检讨》中茅盾这样写道:"无产阶级运动的崛起,时代走上了新的机运,'五四'埋葬在历史的坟墓里了。"⑤在文章最后他所作的总结性结论稍稍肯定了五四运动的历史作用,"资产阶级的'五四'虽然是失败了,但亦相当的尽了它的历史的使命。在意识形态的斗争上,至少是破除封建思想这一点,是有它的历史的革命的意义的"⑥。然而随后笔锋马上一转,又转入对"五四"运动现实价值的彻底否定上来,认为"五四""在现今却只能发生了反革命的作用"⑦,以至于扫除这些残存的"五四"成为"目今革命工作内的一项课程"⑧。虽然茅盾也承认这篇报告反映了他自己当时的认识水平,但无疑主要还是受到了瞿秋白的影响。

《关于"创作"》也同样有着刻意贬低"五四"新文学运动的弊病,同时对普罗文学的历史功绩也针砭有余而肯定不足,"当时就未能为一些提倡普罗文学的年轻人所接受"⑨,但鲁迅和瞿秋白却都表示支持。

茅盾对于"五四"新文学运动的评价与瞿秋白在《鬼门关以外的战争》等文章

---

① 茅盾:《我走过的道路》(上),人民文学出版社1997年版,第476页。
② 同上,第459页。
③ 同上,第460页。
④ 茅盾:《我走过的道路》(上),人民文学出版社1997年版,第382页。
⑤ 茅盾:《"五四"运动的检讨》,《茅盾全集》第19卷,人民文学出版社1991年版,第231页。
⑥ 同上,第247页。
⑦ 同上。
⑧ 同上,第248页。
⑨ 茅盾:《我走过的道路》(上),人民文学出版社1997年版,第469页。

中所表露出的观点如出一辙,明显带有受到影响的痕迹。瞿秋白在《鬼门关以外的战争》一文中认为"五四"新文学革命不仅是不彻底的,而且所取得的成绩也微乎其微。在《"五四"和新的文化革命》一文中瞿秋白的观点更为激进,他认为"五四"是中国资产阶级发动的文化革命运动,而随着大革命时期中国资产阶级已经叛变革命,"只有无产阶级,才是真正能够继续伟大的'五四'精神的社会力量"[1],因而必须在无产阶级领导下建立起属于无产阶级的五四。

此外,瞿秋白对茅盾的《路》、《三人行》以及《子夜》等小说创作都提出了具体的修改和批评意见,尤其是对茅盾创作《子夜》所提供的帮助"是瞿秋白从政治战线转向文学战线后所办的第一件实事"[2],早已是耳熟能详,传为文坛佳话。

然而,必须指出的是,就在茅盾和瞿秋白在左联事务中相互密切配合的蜜月期事实上已经潜伏着危机。

首先,单从茅盾和瞿秋白之间的私人交往情况便可以见出两人逐渐由亲密变得淡漠的情状来。

1931年4月底瞿秋白在茅盾家里避难。1931年5月初,瞿秋白在茅盾家里认识了左联党团书记冯雪峰。据茅盾回忆由于当时他租住的房子"条件太差了,闯来个生人,秋白连躲的地方都没有,这对他的安全不利"[3],于是他与冯雪峰商量说鲁迅家住在北四川路底的高级公寓里,不仅房子宽敞,而且住在这所公寓的大多数是欧洲人或日本人,一般的中国人都不去那里,因此鲁迅的家是比较安全的。但此时瞿秋白和鲁迅尚未见过面,贸然而去的话也不太妥当,冯雪峰提议介绍瞿秋白到朋友谢澹如的家里去住。然而,自从瞿秋白迁居谢澹如家以后他和茅盾的联系逐渐松懈,冯雪峰开始取代茅盾成为瞿秋白与左联发生联系的中介,而在冯雪峰介绍和陪伴下瞿秋白又结识了鲁迅,开始与鲁迅亲密互动,相较而言,瞿秋白与茅盾的关系却在一步步疏远。之后瞿秋白主要"通过冯雪峰和澹如了解左联和文化界动向"[4],而瞿秋白和鲁迅关系的转折也正"开始于秋白同志住进谢家的这个时候"[5]。自瞿秋白入住谢澹如家之后陆续写出《鬼门关以外的战争》和《学阀万岁!》等文章,开始酝酿倡导大众文艺。1933年2月的一天,组织上获得敌人要破坏党在紫霞路上重要机关的情报,经分析后认为很可能是瞿秋白夫妇的住处,急切间找不到合适的去处,瞿秋白忽然说:"只有一个地方可以去:鲁迅那里。"[6]之后在夜幕掩护下瞿秋白夫妇到了鲁迅家。这次避难从2月5日左右开始一直持续了大约一个月。是年6月因江苏省委机关被敌人发觉,瞿秋白第三次到鲁迅家避难,9月份又第四次到鲁迅家里避难。鲁迅是于1933年4月11日从北四川路底

---

[1] 瞿秋白:《"五四"和新的文化革命》,《瞿秋白文集》文学编第3卷,人民文学出版社1989年版,人民文学出版社1989年版,第23页。
[2] 刘小中:《瞿秋白与中国现代文学运动》,南京大学出版社2002年版,第195页。
[3] 茅盾:《我走过的道路》(上),人民文学出版社1997年版,第503页。
[4] 钱云锦:《忆谢澹如掩护党的秘密工作的片断》,《党史资料丛刊》第3辑,上海人民出版社1983年版。
[5] 冯雪峰:《1928—1936年的鲁迅·冯雪峰回忆鲁迅全编》,上海文化出版社2009年版,第137页。
[6] 马蹄疾:《瞿秋白四次到鲁迅家避难史实考》,《辽宁大学学报》1986年第1期。

的公寓迁往大陆新村的，14日茅盾前去祝贺乔迁之喜，鲁迅得知茅盾也有搬家的念头，便建议他也搬到大陆新村，由于此时茅盾刚好收到《子夜》一笔可观的版税，加上其他书的版税和稿费，经济上负担得起，加之也想同鲁迅住得近些遇事方便商量，所以决定搬去，其租住房子的前门同鲁迅住的房子后门正好相对，茅盾在此一住就是两年多。但瞿秋白最后两次避难都是到鲁迅家，而却再未到过与鲁迅比邻而居的茅盾家，由此可以推知在此之前瞿秋白和茅盾的关系相比左联初期已经有些冷淡。此外，同样是提出入党申请，丁玲在1932年"一·二八"事变后向时任文委书记阳翰笙提出入党请求，不久就在南京路大三元饭店举行了入党仪式，"瞿秋白代表中宣部来主持"①，同时宣誓的还有田汉、叶以群和刘风斯等人。而反观茅盾，虽然他前后两度出任过左联行政书记，但其入党申请却一直未被批准。在左联这样高度政治化的团体中，是否入党是至关重要的，此时已经脱党的茅盾对此感同身受，他曾经指出促成左联转变的头功应该记在瞿秋白而非鲁迅名下，这是因为虽然"鲁迅是'左联'的主帅，他是坚决主张这个转变的，但是他毕竟不是党员，是'统战对象'，所以'左联'盟员中的党员同志多数对他是尊敬有余，服从则不足。秋白不同，虽然他那时受王明路线的排挤，在党中央'靠边站'了，然而他在党员中的威望和他文学艺术上的造诣，使得党员们人人折服"②，被尊为左联领袖的鲁迅尚且如此，曾经脱党的茅盾的处境自然更是堪忧。

其次，在对文艺大众化问题上茅盾与瞿秋白之间爆发了激烈的对立冲突。在与瞿秋白共同合作不到半年，茅盾便于1931年10月以专心写作《子夜》为由向冯雪峰提出请求想要辞去左联行政书记一职，未获批准，但可以给茅盾放长假。因此茅盾参与了左联十一月决议的拟定，并对决议进行了最后的润色，同时1931年左联的年度总结也是由他来写，基本上照抄了十一月决议的内容。既是如此，茅盾对决议中所强调指出的为完成当前迫切的任务中国无产阶级革命文学必须确定新的路线，"首先第一个重大的问题，就是文学的大众化"③等论点自然是了然于胸的。然而到了1932年第二次文艺大众化讨论时，茅盾却一反常态，开始撰文针锋相对地反对瞿秋白提出的关于文艺大众化的主要论点，毫不含糊地表明了自己的态度，从而将他与瞿秋白等人之间的观念分歧公开化。深究其实，我们发现1932年第二次文艺大众化讨论时茅盾与瞿秋白之间的激烈论争并非标志着两人观念分歧的开始，而是此前逐渐累积起来的矛盾的外显和放大。

二

左联自成立伊始便十分重视文艺大众化，不仅成立了文艺大众化研究会，而且还出版有《大众文艺》半月刊，早在1930年春便在《大众文艺》编辑部组织下召开了一次文艺大众化座谈会，茅盾对此却并不热心，既没有参加座谈会，也没有公开发表过相关文章。但这并非表明茅盾没有认真思考过文艺大众化问题，只不过

---

① 丁玲：《关于左联的片断回忆》，《新文学史料》1980年第1期。
② 茅盾：《我走过的道路》（上），人民文学出版社1997年版，第476页。
③ 中国左翼作家联盟执行委员会：《中国无产阶级革命文学的新任务》，《文学导报》1931年第8期。

茅盾此时不愿公开表达自己的观点罢了,实际上他在私人往来信件中明确表露过自己的看法。

茅盾在回忆文章中说过,"一九三二年的讨论是瞿秋白引起的"①,然而事实上瞿秋白之所以挑起第二次文艺大众化讨论却与他有着直接的关系。

早在1931年春,瞿秋白在《致迪兄(一)》、《致迪兄(二)》、《致新兄》和《致伯新兄》等四封信②中已经谈及1932年第二次文艺大众化时所讨论的诸多话题,而写这些信的起因正在于迪兄将茅盾论及文艺大众化问题的私人信件转寄给了瞿秋白。

瞿秋白在1931年春写给友人迪兄的第一封信中写道:"你把茅盾的信转寄给我,我很感谢你。他的意见,其实是很有趣的。谈起'用什么话写文章',大家会混缠到'用什么话讲故事'。这仿佛很奇怪。谁知道这种混淆也是'象形的'汉字的余毒……新的文学革命不是'五四'的简单的继续,而是它的'辩证法的开展'。"③在该信中瞿秋白还指出:"茅盾说中国没有普通话,这是错误的。"由此足以说明早在第二次文艺大众化讨论开展之前论辩双方的观点已经存在,只不过日后方才形成正式文字罢了。在给迪兄的第二封信中瞿秋白强调宣传和提倡"彻底完成文学革命的任务"④需要各方面的努力,却"不料茅盾会误会到那种地步",为此他明确提出"'用什么话写'的问题——答案是用现代的普通话写"⑤,而瞿秋白在日后引发起第二次文艺大众化问题讨论的首篇文章《普洛大众文艺的现实问题》中对此又继续加以生发和阐释,并将之作为其主要论点。

透过以上信件内容不难见出瞿秋白之所以挑起第二次文艺大众化讨论与茅盾是有着直接关联的,也正因此两人之间关于文艺大众化问题的论争实际上是有其必然性的。

---

① 茅盾:《我走过的道路》(上),人民文学出版社1997年版,第545页。
② 这四封信都收录在《瞿秋白文集》文学编第3卷中,所标注的时间均为"约写于一九三一年春"。起初笔者也怀疑这四封信的时间标注有误,似乎应该为"一九三二年"也即第二次文艺大众化讨论期间。但由于茅盾在整个文艺大众化讨论中只在1932年7月公开发表过《问题中的大众文艺》这一篇长文,这四封信中所提到的茅盾的诸多观点并未在该文中出现过,由此可以判定这四封信并非因茅盾公开发表的这篇文章所引发的,况且瞿秋白在《致迪兄(一)》中已经点明是迪兄把茅盾的信转寄给了他。此外,在这四封信中所提到的茅盾的意见比如"谈起'用什么话写文章',大家会混缠到'用什么话讲故事'"(《致迪兄(一)》);"茅盾既也承认要肃清文言的成分","至于茅盾说,这种话不够文艺上的运用"(《致迪兄(二)》);"茅盾说'为主义而牺牲','死难烈士的精神'等类的句子就已经是文言了,夹杂着这种句子的白话文,就已经是骡子话",茅盾"一方面又主张用'朗诵会来实地试验怎样可以说得出听得懂'",别方面又说'只有活人的话在脑子里转,而始终没有活人的话在你笔下写'"(《致新兄》);"照他的意思说起来,因为'活人的话不完全得很,幼稚得很',所以不能够不用半文不白的骡子话","茅盾说这是'美丽的想象'","再则,茅盾说:以前胡适之早就提出'活人的话'的问题"(《致伯新兄》)。以上信中所提到的茅盾的这些观点都未曾在公开发表的文章里提到过,只是在茅盾给友人的信中谈到的。但由于《茅盾全集》中并未收入1931年间的信件,因而对于茅盾所写信件的具体内容尚有待查证。
③ 瞿秋白:《致迪兄(一)》,《瞿秋白文集》文学编第3卷,人民文学出版社1989年版,第330~331页。
④ 同上,第332页。
⑤ 同上。

然而，问题在于此时茅盾并未公开撰文阐释过自己的观点，而只是通过书信这一颇为私密的方式向友人表明了自己的观点，瞿秋白完全可以与茅盾通过书信或私下交谈等方式进行辩论，以便消弭双方的分歧，但他却选择以公开发表文章的方式挑起了第二次文艺大众化讨论，这一行为本身就颇耐人寻味。

瞿秋白在给新兄的信中点明了问题的根结所在："你说茅盾的立场很奇怪，这是不错的。"①这也就意味着观点不一致尚在其次，茅盾的立场问题才是瞿秋白等人所要重点批驳的。此外，瞿秋白在给伯新兄的信中开头即提到"你说，茅盾不应该把'为主义而牺牲'那样的句子也当作文言——当作'骡子话'。这当然是茅盾的误会。其实这是老问题——十三四年以前的问题。'五四'之前，最初提倡白话文的时候，不是就有人说过这样的话的吗？"②在此信中瞿秋白还特别点出在茅盾看来"仿佛凡是'下等社会'的人现在所不说的一些字眼和句法，就都不是白话，而都是文言；凡是白话文之中搀杂了这些字眼和句法，就都是半文不白的骡子话。茅盾自己对于真正白话和骡子话的区别，是这样的观念。他却把自己的这种观念当作是我们的，然后，再来反驳我们的主张"③，瞿秋白认为："这种主张，实在奇怪得很。我们和他一样承认中国'活人的话'还是很不完全很幼稚，我们却因此坚决的主张要努力把骡子话变成真正的白话。同时，他因为看见中国各地方方言的不同，所以又主张不能够不用半文不白的骡子话。而我们和他一样承认中国方言的复杂，我们却因此更加坚决的主张要用普通话——已经开始发展的普通话。"④为此，瞿秋白特地于1931年5月30日写出长文《鬼门关以外的战争》，指出现在的新文学还说不上是"国语"的文学，现在的"国语"也说不上是文学的"国语"，只有"种种式式半人话半鬼话的文学"⑤，为此他号召要进行"第三次文学革命"，同时在该文中瞿秋白还提出了建设现代普通话的问题，相比后来在《普洛大众文艺的现实问题》中所说的现代普通话要更为激进，他认为"现代普通话的新中国文必须罗马化……这是要根本废除汉字"⑥。1931年秋，瞿秋白在为中央文委起草的文件《苏维埃的文化革命》中又对左联忽视文艺大众化问题提出了批评意见："革命的文化运动的大众化，就是目前最重要的中心问题，因为大众化的路线，虽然中央早已指示出来，而文委和各联党团还没有切实的执行，甚至于根本不了解而对于这个路线怠工。"⑦在1931年《文学导报》第8期上又刊发了在瞿秋白指导下由冯雪峰起草的左联执委会决议《中国无产阶级革命文学的新任务》，其中特意将"大众化问题的意义"列为一个专节。

1931年10月25日瞿秋白又写就《普洛大众文艺的现实问题》一文，并于1932

---

① 瞿秋白：《致新兄》，《瞿秋白文集》文学编第3卷，人民文学出版社1989年版，第338页。
② 同上，第341页。
③ 同上。
④ 同上，第342页。
⑤ 瞿秋白：《鬼门关以外的战争》，《瞿秋白文集》文学编第3卷，人民文学出版社1989年版，第138页。
⑥ 同上，第168页。
⑦ 瞿秋白：《苏维埃的文化革命》，《瞿秋白文集》（政治理论编）第7卷，第227页。

年 4 月在《文学》半月刊上发表,由此正式拉开了第二次文艺大众化讨论的帷幕;而就在 1931 年 10 月 25 日也即瞿文写成的当天,冯雪峰拟出了《秘书处通告》并在《文学导报》第 6—7 期合刊上公开发表,通告中专门强调:"'大众文艺'及'文学大众化'问题为联盟目前十分注意的工作。秘书处要求各同志除在小组开会时讨论外,亦务必提出书面的意见,论文式,通讯式,杂感式,均无不可。此项意见,除交大众文学委员会参考外,亦将择要在本联盟机关报上刊布。"①由此可见,由瞿秋白发起的第二次文艺大众化讨论是经过长时间酝酿和准备的,瞿秋白和冯雪峰等人很明显在此之前商议过,但茅盾对此却并不知情,直到晚年他也丝毫没有意识到第二次文艺大众化讨论就是由他所写的私人信件引发的。

  在第二次文艺大众化讨论展开之后,起初茅盾并不愿意参加论争,据他本人回忆:"瞿秋白的《论文学的大众化》在创刊号上刊登之后,大概《文学月报》的编者认为他所提出的问题很重要而又很复杂,所以就约请许多人来参加讨论。我在主编的再三约请下,就写了一篇与秋白探讨的文章《问题中的大众文艺》,用'止敬'的笔名,登在《文学月报》第二期上。"②茅盾在该文中不仅谈起了自己创作的缘由,同时也表明了自己有意坚持己见的论辩态度,"如果做'应声虫'或是'注释家',换汤不换药地也来那么几句,未免糟蹋纸张,哄骗读者。既然推托不开编辑先生的要求,我一定得提出些不同的意见来让大家参考"③。透过这段话可以见出,茅盾本不愿卷入论争中,但却无法置身事外,结合前文瞿秋白之所以发起第二次文艺大众化讨论本身就是为了批驳茅盾私下的言论,而冯雪峰又以文件的形式要求必须发言,编辑先生的再三要求自然也与此有关,这也就难怪茅盾很难推托开了。但究其根本而言,写与不写以及如何去写毕竟还是要由茅盾本人来决定的,如果执意不写别人自然也强迫不得,说到底茅盾还是有着表达己见的主观愿望。同时从他所发表的观点来看,显然也有着针锋相对的意味,此时的他并不愿意曲意迎合瞿秋白对于文艺大众化的意见,而这与他在瞿秋白授意下撰写批判五四的两篇文章的情形正好相反,而此种态度上的急剧转变自然是有其深意的。

  瞿秋白在给新兄的信中说过:"我们和茅盾的不同,不在于他主张要采取文言的字眼,而我们主张不要。不是的。分别是在于他只主张简单的采用文言,而我们主张要采用口头上说得出来的文言,就是要把文言变成白话。"④这段话所表明的具体论点的分歧尚在其次,真正值得我们特别注意的是倒是此处所说的"我们",茅盾显然是被排除在外的,由此也可以印证瞿秋白挑起论争的目的就是为了批评茅盾个人的"错误"观点,从而为"无产阶级的五四"张目。这也就难怪瞿秋白与茅盾的论争发生之后,其他左联中人陆续写的文章"多半是赞成或补充秋白的

---

① 冯雪峰:《秘书处通告》,《文学导报》第 1 卷,第 6—7 期。
② 茅盾:《我走过的道路》(上),人民文学出版社 1997 年版,第 546 页。
③ 止敬(茅盾):《问题中的大众文艺》,《文艺大众化问题讨论资料》,上海文艺出版社 1987 年版,第 109~110 页。
④ 瞿秋白:《致新兄》,《瞿秋白文集》文学编第 3 卷,人民文学出版社 1989 年版,第 338 页。

论点的"①。原本就不愿过度卷入论争中的茅盾也自感势单力薄、孤掌难鸣，便没有再继续参加讨论。实际上在整个1930年代，茅盾也只公开发表了《问题中的大众文艺》这一篇有关文艺大众化问题的长文，其余还有三四篇短文。但值得注意的是，茅盾《问题中的大众文艺》一文正如其题名所表示的那样是有意要将文艺大众化问题化，而止敬这一笔名本身就其字面意义而言也有着"停止尊敬"之意，因而在某种程度上这篇文章也可以视为茅盾在文艺观点上自觉摆脱瞿秋白的影响而回归自我的开端。

总体而言，茅盾与瞿秋白在文艺大众化问题上的观点分歧主要集中在以下三个方面。

首先，关于对"五四"式白话的价值评定。瞿秋白对于大众文艺的语言问题极为重视，他认为"大众文艺应当用什么话来写，虽然不是最重要的问题，却是一切问题的先决问题"②。在他看来，"五四"式的白话是中国文言文、欧洲文法以及日本文法的混合体，是非驴非马的"新文言"，是新式士大夫的专利，普通劳动大众是读不出和听不懂的。他所推崇的是旧小说的白话，认为这是从民众口头文学演变而来的，虽然不是现代中国人所说的口头话，但却始终能够为劳动大众读得出听得懂，由此他得出结论旧小说的白话是比较接近群众的，只不过为反动的大众文艺利用罢了。对此茅盾是难以认同的。首先，他认为读得懂旧小说的白话的仍然不过是测字先生之流的少数群众，而不是那些大字不识一个的一般群众所能掌握的。其次，听得懂的也只是那些受过特殊"说书场教育"的群众而非一般群众。反过来看，接受新式教育专读所谓"新文言"的白话小学教材的小学生很难懂得旧小说的说白，却可以勉强听懂《儿童世界》和《小朋友》等刊物中的"新文言"作品，甚至还能够读懂叶圣陶的童话小说《稻草人》。因而他认为"五四"以后的白话并不像瞿秋白所说的那样不可救药、罪孽深重，认为"宋阳先生挑取了最极端的'文言'以骂倒全体，不能使人心服"③。

其次，技术和文字两者的主次问题。茅盾敏锐地注意到瞿秋白无论是宣布"新文言"的死刑还是认为旧小说的白话对于普通大众的魔力要远远大于"五四新文言"，其立论的落脚点都在于"文字本身"，但他认为此种文字决定一切的言说倾向很容易引起人们的误解，从而使人们误认为只要能为普通大众听得懂的就是大众文艺。他认为大众文艺在读得出、听得懂之外还必须能够让读者感动。

茅盾还以《水浒传》为例来说明技术较之文字的重要性，指出大众之所以爱好《水浒传》中的武松和鲁智深等人物并非单纯因为他们看得懂听得懂，其根本原因在于作者能够透过这两人的动作来写出他们各自的性格，而反过来使用普通大众可读可听的"新文言"创作而成的大众文艺之所以不能被大众所喜闻乐见其根本原因就在于"不从动作上表现，而只用抽象的说述"，其结果是"缺乏了文艺作品必

---

① 茅盾：《我走过的道路》（上），人民文学出版社1997年版，第564页。
② 宋阳（瞿秋白）：《大众文艺的问题》，《文艺大众化问题讨论资料》，上海文艺出版社1987年版，第57页。
③ 止敬（茅盾）：《问题中的大众文艺》，《文艺大众化问题讨论资料》，上海文艺出版社1987年版，第118页。

不能缺的感动人的力量"①,只能为少数人理智地去读,因而"不能单把作为工具的'文字本身'开刀了事"②。总之,茅盾认为旧小说之所以能够更加接近大众并"不在'文字本身'"③,而这恰恰是瞿秋白最为看重的。由此茅盾得出结论,几年来"新文言"的革命文艺之所以没能跑进大众堆里去,其根本原因在于没能像杰出的旧小说那样解决技术上的问题,而"新文言"本身却"不能独负其罪"④,他倡导左翼作家"应当在'文字本身'以外搜讨旧小说比之'新文艺'更能接近大众的原因。这原因并不在旧小说的文字易叫大众上口"⑤。与此同时,茅盾还就文学的形式问题作了具体分析:"大众的文化水准较低的,他们没有知识分子那样敏感,他们的联想作用也没有知识分子那样发达。他们不耐烦抽象的叙谈和描写,他们要求明快的动作。……一篇大众文艺的故事应得有切切实实的人名地名以及环境。听去好像明明是想象出来的故事,大众不要听。"⑥茅盾藉此深化了他对大众文艺技术层面的认识。总之,茅盾对于文学的本质属性和审美价值的重视是一以贯之的,他在总结革命文学作品之所以不受欢迎的原因时就曾说过:"有革命热情而忽略于文艺的本质,或把文艺也视为宣传工具——狭义的。"⑦因而可以说茅盾对于大众文艺技术层面的重视正是延续以往观点的具体表现。

再次,关于"现代中国普通话"是否成立和如何建立的问题。瞿秋白认为在无产阶级"五方杂处"的大城市和工厂里面正在每天都创造着现代中国普通话,因此"统一言语的任务必落到无产阶级身上",终有一日"无产阶级自己的话将要领导和接受一般知识分子到现在口头上的俗话——从普通的日常谈话到政治演讲,——使它形成现代的中国普通话"⑧。由此可见,瞿秋白是从政治角度来提倡和看待现代中国普通话的,在其背后有着明晰的意识形态内涵。而茅盾却是从人员流动和语言交流的现实角度来探讨现代中国普通话问题的,为此他提出了一个极为现实的问题,"此种新兴阶级的'普通话'是北方话的色彩浓厚呢?还是南方话的色彩浓厚?"⑨根据茅盾自己所做的调查仅上海就存在着三种"普通话",依"势力"大小分别以"上海土白"、"江北话"和"北方音"为基本构成,而在其他大城市也有着类似情形,因而即使某一地有新兴阶级的"普通话",在全国范围内却没有。由此茅盾得出结论:"在目前,我以为到底还不能不用通行的'白话'——宋阳先生所谓'新文言'"⑩,他认为从事创作的人只要多下功夫,尽力肃清欧化和日本化的

---

① 止敬(茅盾):《问题中的大众文艺》,《文艺大众化问题讨论资料》,上海文艺出版社1987年版,第111页。
② 同上,第113页。
③ 同上,第112页。
④ 同上,第113页。
⑤ 同上,第112页。
⑥ 同上,第113页。
⑦ 茅盾:《从牯岭到东京》,《茅盾全集》第19卷,人民文学出版社1991年版,第188页。
⑧ 史铁儿(瞿秋白):《普洛大众文艺的现实问题》,《文艺大众化问题讨论资料》,上海文艺出版社1987年版,第40～41页。
⑨ 止敬(茅盾):《问题中的大众文艺》,《文艺大众化问题讨论资料》,上海文艺出版社1987年版,第114页。
⑩ 同上,第118页。

句法以及一些抽象的不常用于口头上的名词和文言里的形容词、动词,或者还不至于读出来听不懂。

瞿秋白在《再论大众文艺答止敬》一文对于茅盾所提出的观点进行了逐条回应和反驳。首先,他强调自己并没有挑取最极端的文言骂倒全体;其次,他申明自己非但没有主张使用旧小说的白话,反倒是要严重地予以反对;再次,他强调自己并未说过当下已经形成全国范围的真正现代中国话,而只是说在新兴阶级中正在产生着一种普通话;又次,他强调自己所说的旧小说的白话比较接近大多数的群众,而那些接受过新式教育的工人仅仅是工人中的个别的例外;最后,他指出自己并不是要将作为工具的文字本身开刀了事,而是主张从解决"文字本身"开始。接下来又专门反驳了茅盾"技术是主,文字本身是末"的观点,认为首先应该解决的是文字本身的问题,其次才是文艺的技术问题。

此后茅盾并未再作回应,他与瞿秋白的论争暂告一段落。据茅盾自己解释这是由于他发现他和瞿秋白对于大众文艺概念的理解有所不同,在他看来文艺大众化是指"作家们要努力使用大众的语言创作人民大众看得懂,听得懂,能够接受的,喜见乐闻的文艺作品",而瞿秋白却是主张要"由大众自己来写文艺作品"[1]。此外,他和瞿秋白对于文艺作品艺术性的理解也截然不同,茅盾认为"没有艺术性的'文艺作品'不是文艺作品",而瞿秋白却主张"大众文艺可以与艺术性分割开来"[2]。基于以上两个方面的根本性分歧,茅盾认为再无继续争论下去的必要,也没有任何实质性的意义。因而,单从争论的结果来看,茅盾和瞿秋白都未能说服对方,问题最终被搁置起来,但没有结果本身反过来也说明双方的分歧并未随着争论的结束而结束。

三

表面看来,茅盾与瞿秋白有关文艺大众化问题的争论主要集中在对"五四"文学语言的评价以及要想实现文艺大众化"技术"和"文字"谁为主次等具体问题上,但究其实质却与两人所持的言说立场的不同以及对"五四"的总体评价和价值定位等观念分歧有关。

瞿秋白虽然被排挤出党中央领导层,但他对于政治革命和阶级斗争依然矢志不渝,因而他主要是从政治家的角度来看待文艺大众化问题的,其落脚点在"大众",至于文艺本身却并无独立的价值和意义,而只是被看作无产阶级"总的政治斗争的一部分"[3]。在他看来,文学只能服从和服务于无产阶级革命事业的总体需要,因此在广大群众缺乏文化知识甚至不识字的前提下唯有彻底扫除文字障碍,以大城市工人群体中通行的现代普通话作为语言基础方才能够实现文艺大众化。此外,瞿秋白对于"五四"的批判和清理确然有着政治意识形态方面的考量。在作于 1931 年 6 月 10 日的《学阀万岁》一文中,瞿秋白就特意从政治角度批评了以陈

---

[1] 茅盾:《我走过的道路》(上),人民文学出版社 1997 年版,第 553 页。
[2] 同上。
[3] 瞿秋白:《欧化文艺》,《文艺大众化问题讨论资料》,上海文艺出版社 1987 年版,第 106 页。

独秀为代表的"五四"新文化运动开创者们的机会主义倾向,并由此判定陈独秀所提出的文学上的三大主义一步步演变为"非驴非马"的文学,显然他是要借此一并清除和批判陈独秀机会主义的政治主张。左联时期瞿秋白为纠正左联的极"左"倾向,使其摆脱"左"的桎梏的确做出了很大的贡献,但他自身也有着一定程度的极"左"思想残余,比如他认为中国革命可以通过与世界革命交流直达社会主义,同时他提倡无产阶级文学革命的同时在对资产阶级和小资产阶级出身的作家又采取了排斥的态度,而这很容易让茅盾联想起革命文学论争时期遭受太阳社、创造社共同打击的情形。总之,瞿秋白非但没有刻意隐瞒自己倡导大众文艺的政治倾向性,反而是大张旗鼓地予以揭示的,他曾直白地说过创造革命的大众文艺问题是"要来一个无产阶级领导之下的文艺复兴运动,无产阶级领导之下的文化革命和文学革命"[①],由此可见瞿秋白有意要将文艺问题引申为政治问题,至于大众文艺的艺术性和审美性则基本不在其考虑的范围内。

此时已经脱党的茅盾在数次提出重回党组织的请求遭到拒绝后已经对于政治有些心灰意冷,他更多地是从文学家的角度来思考文艺大众化问题的,其落脚点在"文艺",关注的焦点在于大众文艺的文学属性和审美价值。因此,茅盾并不赞同瞿秋白降低语言文字的"门槛"的主张,而是想着如何通过提高创作技术吸引着大众走进文学殿堂。茅盾更为看重的是在文艺大众化讨论中所提出的观点究竟有多大现实可行性的问题,而瞿秋白等人却是主要从政治层面强调文艺大众化的重要性,指向的是文艺的阶级性和政治功能。不可否认的是,茅盾确然从现实可行性方面解构和否弃了瞿秋白关于文艺大众化的诸多观点,但却并未能一开始就明晰地意识到瞿秋白之所以发动第二次文艺大众化讨论的根本目的和内在动因,直到展开激烈的论争之后他才逐渐意识到瞿秋白的立论的真实目的,而一旦意识到此,他便迅速停止了争论。其实也不仅仅是文艺大众化讨论,整个左联时期茅盾一直都对论争尤其是左联内部的论争保持着警惕的态度,尽量不卷入其中。他在《问题中的大众文艺》一文中就有意缩小了讨论的范围,将论点集中于文艺大众化的语言和技术层面,而刻意回避其政治功能。瞿秋白也意识到了这一点,在《再论大众文艺答止敬》一文中他就曾指出过茅盾"提出问题的方法和我完全不同,范围要小得多,因此,实际上取消了大众文艺的广大运动,而只剩得大众文艺的描写方法问题……可是,单纯的文艺技术问题,却代替不了大众文艺运动的全部。这是我和止敬先生之间的原则上的不同意见的第一部分"[②]。

1932年左联除了集中力量展开第二次文艺大众化讨论之外,还将斗争锋芒直指坚持文艺创作自由的"自由人"和"第三种人",但身为左联重要人物的茅盾除了短暂涉入前者的争论之外并未对后者公开发表过任何批评意见。事实上茅盾对于"自由人"和"第三种人"是颇为同情的,他认为这次论争同1928年的革命文学论争颇为相似,甚至以为这是1928年论争的继续,在私下里他还曾与"第三种人"

---

① 宋阳(瞿秋白):《大众文艺的问题》,《文艺大众化问题讨论资料》,上海文艺出版社1987年版,第55页。
② 宋阳(瞿秋白):《再论大众文艺答止敬》,《文艺大众化问题讨论资料》,上海文艺出版社1987年版,第123~124页。

杜衡交换过意见,明确表明自己不愿意涉入对他们的批判论争。茅盾虽然未公开表露过自己对"自由人"和"第三种人"的观点和看法,但私下里他也曾向夏衍表明过自己的态度,认为"排斥小资产阶级作家,'左联'就不能发展,批'第三种人'的调子,和过去批我的《从牯岭到东京》差不多"①。其实,反过来说,不公开表明态度本身就是一种态度,在鲁迅、瞿秋白、冯雪峰、周扬甚至包括张闻天在内都纷纷著文发表批评意见的热闹情景下,茅盾的沉默本身就是一种无言的抗争,在当时即引起左联同人的非议。

其实,"五四"新文学运动的斗争目的就是为了把文学从少数士大夫手中解放出来,从而使得文学能够反映大众的要求,为广大普通民众服务,但由于其领导阶级主要是资产阶级和小资产阶级知识分子,并未能真正代表和反映底层大众的呼声。因而,在1928年革命文学兴起之后,革命文论家就开始呼吁文艺大众化,"以后革命文艺是应该推广到工农群众去,……应该反映工农的意识"②,具体而言,则是"要使我们的媒质接近农工大众的用语,我们要以农工大众为我们的对象"③。林伯修在《1929年急待解决的几个关于文艺的问题》一文中更是明确提出普罗文学的大众化"是普罗文学底实践性底必然的要求"④。也正因此,左联成立之后即将文艺大众化摆上了工作日程,瞿秋白和左联中冯雪峰、钱杏邨等人无一例外地都是从政治角度来看待文艺大众化问题的,他们想要实现的是文艺大众化所附带的政治目的,对此瞿秋白曾明确说过:"普洛大众文艺的斗争任务,是要在思想上武装群众,意识上无产阶级化,要开始一个极广大的反对青天白日主义的斗争。"⑤这与茅盾从文学角度理解文艺大众化自然是难以协调统一的。前文说过瞿秋白信中的"我们"并不包括茅盾在内,事实上此时茅盾已经被视为左联阵营中的异己者,而在当时特定的政治文化氛围中,"艺术歧见也常常被笼统地判定为政治歧见"⑥,因而茅盾自然而然地被列为抨击的对象,最终身不由己地陷入到论争的漩涡中。

由于第二次文艺大众化论争的主要倡导者瞿秋白有意要将论争引向政治层面,强调"只有无产阶级,才是真正能够继续伟大的五四精神的社会力量"⑦,同时由于始终未能彻底摆脱左倾路线的影响,偏重于从组织上解决文艺大众化问题,比如不切实际地模仿苏联开展工农通信员运动等,想要从工农大众中造就出一大批文艺战士,并不重视小资产阶级出身的即成作家的作用,歧视和排斥所谓"同路

---

① 夏衍:《懒寻旧梦录》,三联书店2000年版,第142页。
② 克兴(傅克兴):《小资产阶级文艺理论之谬误:评茅盾君底〈从牯岭到东京〉》,《创造月刊》1928年第2卷第5期。
③ 成仿吾:《从文学革命到革命文学》,《创造月刊》1927年第1卷第9期。
④ 林伯修:《1929年急待解决的几个关于文艺的问题》,《海风周报》1929年第12期。
⑤ 史铁儿(瞿秋白):《普洛大众文艺的现实问题》,《文艺大众化问题讨论资料》,上海文艺出版社1987年版,第46~47页。
⑥ [韩]崔瑛祜:《左翼文学论争中的茅盾(1928—1937)》,北大博士论文2011年,第3页。
⑦ 易嘉(瞿秋白):《五四和新的文化革命》,《北斗》1932年第2卷第2期。

人"作家,由此最终导致文艺大众化讨论"所花的气力与所收的效果很不相称"①。

瞿秋白在《大众文艺的问题》一文中以激进的姿态号召左翼作家创作革命的大众文艺,而其基本理路则是首先要全盘推倒"五四"白话文,之后在清场的废墟上再建构起"革命的大众文艺"的殿堂,茅盾《问题中的大众文艺》一文却对此发起了阻击。深究其实,瞿秋白并非像茅盾所认为的那样他"自己也未尝不觉得'五四'以后十二年间的新文学不应估价太低,不过为了要给大众化这口号打出一条路来,就不惜矫枉过正"②,而是要彻底否弃"五四"文学革命所建立起来的新文学传统,以便为无产阶级文学的兴起另辟路径。如果茅盾当时真的认为瞿秋白只是为了矫枉过正,显然没有必要如此这般大动干戈地公开论争,因为该文"一以贯之的意图就是要维护'五四'的欧化白话文,他实际上堵塞了瞿秋白所有关于语体文大众化的解决途径,然后指出自己的路径:'在目前,我以为到底还不能不用通行的'白话''——宋阳先生所谓'新文言'"③。表面看来茅盾撰文的态度是有些勉强和模糊的,但其观点却异常鲜明,与瞿秋白的观点恰恰是针锋相对的,从而有力地维护了"五四"白话文的现实地位以及历史价值。最终,虽然瞿秋白在《再论大众文艺答止敬》中也对茅盾的观点进行了反驳,但在对于"五四"的认识和评价上却做了重大的让步,开始转而指出:"总之,新的文学革命的纲领是要继续'五四'的文学革命,而彻底的完成它的任务"④,这与他之前全面否弃"五四"文学革命的论调形成极大的反差。

然而,就在两年前茅盾在瞿秋白授意下撰写的《"五四"运动的检讨》和《关于"创作"》两文对于"五四"的论调却与瞿秋白几乎别无二致,但在两年之后的第二次文艺大众化讨论中茅盾却几乎完全否定了瞿秋白对于"五四"的批评观点,由此也印证了茅盾从文学观念和政治理念上对瞿秋白从迎合到疏离的转变过程。

---

① 茅盾:《回顾文艺大众化的讨论》,《文艺大众化问题讨论资料》,上海文艺出版社1987年版,第421~422页。
② 茅盾:《瞿秋白在文学上的贡献》,《茅盾全集》第23卷,人民文学出版社1996年版,第36页。
③ 止敬(茅盾):《问题中的大众文艺》,《文艺大众化问题讨论资料》,上海文艺出版社1987年版,第118页。
④ 宋阳(瞿秋白):《再论大众文艺答止敬》,《文艺大众化问题讨论资料》,上海文艺出版社1987年版,第134页。

再谈茅盾在上海的若干事迹

康 锋

上海师范大学 上海 200234

摘要：茅盾的处女作《幻灭》创作于 1927 年 9 月，但这不是发表日期；国民党上海市党部不是成立于 1925 年 12 月，而是 1926 年元旦；茅公乘醒狮轮去广州参加国民党"二大"的时间不是 1926 年元旦，而是当年的 1 月 7 日……有关茅盾在上海的一些生平事迹，在已出版的《茅盾传》、《茅盾年谱》和其他有关著述中，似都有这样或那样的差错。我对旧作进行了一番整理，并作了些增删，摘编出来，集在一起，以便于大家能得到进一步的了解。

上海，是茅盾参加中国共产党、投身革命的起始点；上海，也是茅公开始进行创作活动的原发地。在上海茅公揭开了他光彩人生的第一页，在上海茅公为我们留下了无数可歌可泣的光辉事迹。而茅公在上海 20 世纪二三十年代的革命事迹，我们主要还是通过他的散文和回忆录来获知。近 30 年来，我对茅公在上海的 1925 年底至 1927 年秋的若干事迹进行了一些考查，发现有些日期和情况与他的所记略有些出入，这可能是因为年久失记之故。于是从 1988 年起，我将在考查中所得陆续发表在一些刊物中，但由于刊物的发行量有限，加上流通不畅，很多学者未能看到拙作，以至一些有关文章和《茅盾传》等专著，继续在沿用原说。

借全国第十届茅盾研究学术研讨会在上海召开的东风，我对旧作进行了一些梳理，并将若干主要事迹进行一番增删后摘编了出来，以便于大家的查阅。

《幻灭》的创作和发表日期

2011 年 4 月全国第九届茅盾研究学术研讨会在茅公故乡召开期间，我们收到了一册《桐乡名人》的刊物，在这一册子中有一篇题为《茅盾传略》的文章，文中说茅公于"一九二七年九月，发表《幻灭》"[①]，这个说法是不正确的，而这许多年来，其他一些学者的有关文章和专著，也几乎都采用了这一误说。

其实"一九二七年九月"是《幻灭》的创作日期，这一点茅公在回忆录《我走过的道路·创作生涯的开始》一文中说得十分明确："《幻灭》从九月初动手，用了四个星期写完。"[②]而《幻灭》的"发表"日期，其上半部则是约在 1927 年 10 月出版的 9 月号《小说月报》上刊出的，原由是因"四·一二"反革命政变后，政局动荡，工人罢

---

① 劳明权：《茅盾传略》，《桐乡名人》2010 年 5 月第 1 期。
② 茅盾：《创作生涯的开始》，新版《茅盾全集第三十六卷·回忆录二集》，黄山书社 2014 年 3 月出版。

工,蒋介石疯狂逮捕和杀害革命志士,迫使时任《小说月报》主编的郑振铎离沪赴法等原因,当年的多期的《小说月报》均为延期出版了的。

我们在版权页署作"一九二七年八月十日初版"的 8 月号《小说月报》题作《最后一页》的编后记中,可见有"下期的创作有茅盾君的中篇小说《幻灭》"的预告。在该期中有篇郁达夫的译作《一女侍》,文末署作"一九二七年九月十九日译于上海",所以这一期到 9 月 19 日必未能付印。因此,茅公于"九月初动手","用了不到两个星期写完了《幻灭》的前半部"①,就有可能在该期尚未出版之前交到了叶圣陶手中;也因此其"茅盾"之名和刊载《幻灭》的预告就能出现在这误期了的 8 月号上了刊载《幻灭》上半部的 9 月号《小说月报》中,有郑振铎的一篇小说《春兰与秋菊》,据他在《欧行日记》中所记,此文是在这年 8 月 9 日写于巴黎,并寄出于次日的。当时从巴黎寄信稿至上海一般需 32 天以上,可见这期《小说月报》出版日期虽也署作"一九二七年九月十日初版",而实际上此时却还未付印。从 8 月号到 9 月 19 日还未付印看,其 9 月号必要延期到 10 月间才可能出版。

其刊载《幻灭》下半部的 10 月号《小说月报》上,有叶圣陶的一篇小说《夜》。此作在 1928 年收入小说集《未厌集》时,文末加署了"一九二七年十一月四日"的一个写作日期,可见这一期将又会延期到 11 月 4 日以后才可能付印、出版。

综上所述,可见茅公的处女作《幻灭》是在 1927 年"九月初动手,用了四个星期写完"的,而发表日期则应是在是年的 10 和 11 月间。关于这些我在刊于 2003 年 3 月出版的《茅盾研究》第 8 期中的《茅盾赴粤参加国民党'二大'的日期及其他》一文,曾有过较为详细的阐述。我将此事放在本文的第一节,主要是为了引起学界的重视。

再谈《幻灭》的创作日期

茅公曾在多篇文章中,谈到过《幻灭》的创作日期。他在作于 1928 年的《从牯岭到东京》一文中说,那是在"一九二七年九月中旬至十月底写的",其后他在《我的回顾》、《谈我的研究》和开明版《茅盾选集·自序》等于 1952 年前所撰的文章中,也都认为《幻灭》是动笔于 1927 年的 9 月。

然而在 1957 年作的《写在〈蚀〉的新版的后面》一文,则说"一九二七年八月,我从武汉回到上海"后,遂试写作《幻灭》。茅公于 1980 年 7 月撰写的《创作生涯的开始——回忆录〔十〕》一文,在 1981 年《新文学史料》第 1 期刊出时,也说"《幻灭》从八月下旬动手,用了四个星期写完"。然而,当此文在收入 1984 年 5 月出版的《我走过的道路》中册时,前半句的"八月下旬"则又改成了"九月初"②,这究竟是为何呢?

茅公在《我走过的道路·一九二七年大革命》中说,1927 年"八月中旬"离开庐山(据笔者考查似为 8 月 25 日)乘船至镇江,于次日再从镇江搭火车到"无锡找旅馆过夜"。又说"在旅馆里我才知道,原来头一天晚上孙传芳的部队突然从南京对

---

① 茅盾:《创作生涯的开始》,新版《茅盾全集第三十六卷·回忆录二集》,黄山书社 2014 年 3 月出版。
② 同上。

岸的龙潭打过江来……第二天早上,听说孙传芳的兵又退回江北了,我就乘当天的夜车回上海"。查当年8月27日《申报》,知孙军是在26日"下午五时许即溃退江边"①的。这就是说,茅公是在1927年8月27日夜间回到上海的。

茅公虽然曾说过"一九二七年八月,我从武汉回到上海,一时无以为生,朋友劝我写稿出售,遂试之"②的这番话,但实际上在动笔之前,他则还有一个先要安顿家庭生活的过程。因茅公回家当夜,妻子正值小产住院。而事实上,他也是在妻子出院后,坐在"病榻旁边一张很小的桌子上断断续续写起来的"。

妻子的住院、出院和安顿,自然是需数天的时间的。而由于从8月27日夜间到9月初仅仅是历经五六天时间,因此当多年后,茅公在回忆《幻灭》的写作时间,要对确切时间的定夺,自然会有一定的难度,故此,在其后的半个多世纪中,会产生了略有所异的几种说法,这也是情理中的事。

从上述的时间来看,关于茅公在回忆录《创作生涯的开始》中的《幻灭》从八月下旬动手"句,最后改为"《幻灭》从九月初动手"的这一修订,显然是恰当的。

国民党上海市党部的成立日期

茅公在回忆录《我走过的道路·中山舰事件前后》一章中说:"一九二五年十二月,上海特市党部成立",应当说这一回忆材料是有差错的。在1926年1月3日《时报》上刊出的《国民党上海特别市党部成立大会》的报道中说:"各区(党)部之市代表之复选手续已办理就绪,该会特元旦日假上海大学开特别市(党)部成立大会。"张廷灏在他的未刊回忆录《我的出身和经历》中也说:"1926年元旦,上海市党部宣告成立。"

从上述等材料可见,国民党上海特别市党部成立大会是在1926年元旦上午举行的。但1925年12月也确实开过一次代表大会,这即是在1925年12月30日召开的"各区党部之市代表之复选"和"出席全国第二次代表大会代表"的选举大会。

当时上海国民党员"共有五千多人",元旦成立大会到会第一至第九的九个区党部代表"共八十一人"。恽代英为大会主席,他首先"报告筹备经过"。嗣后,大会进行了执行委员的选举,"当选者为张廷灏、恽代英、沈雁冰、张君谋、杨贤江、杨之华、林钧、王江良、陈杏林"等九人,候补有徐梅坤、洪鼎等五人。

这次大会还做出了"要求第二次全国代表大会,开除西山会议之首领林森、邹鲁、谢持,并分别惩戒其他参与之党员",和"由大会名义警告上海孙文主义学会",以及"要求全国代表大会请照总理政策,解决党内纠纷"等八项决议。

赴粤参加国民党"二大"的日期和人数

1926年1月在广州召开的国民党第二次全国代表大会,是国共合作史上一个重要的里程碑。当时茅盾作为上海代表赴粤参加了会议,这也是在他光辉一生中

---

① 茅盾:《一九二七年大革命》,新版《茅盾全集第三十五卷·回忆录一集》,黄山书社2014年3月出版。
② 茅盾:《写在〈蚀〉的新版的后面》,新版《茅盾全集第一卷·小说一集》,黄山书社2014年3月出版。

值得一书的一件大事。

关于到广州去参加这次大会的日期,茅公在回忆录《我走过的道路·中山舰事件前后》这一章中说,他是在1925年"十二月尾,上海市党员大会选出代表五人","定于一九二六年元旦半夜"①乘醒狮轮前往广州的。

在1926年1月3日《时报》上的一篇题为《国民党上海特别市党部成立大会·又讯》的报道中,有如此之记述:"国民党上海特别市出席全国第二次代表大会代表,已于前月三十日开票。当选者为沈雁冰、吴开先、恽代英、张廷灏、洪鼎、蒋宗文,候补刘绍先。后以蒋宗文因事不克赴粤,以刘绍先替补。该代表等拟于今年头班轮赴粤与会。"这就是说当时选出的代表是六人,并决定乘1926年元月的头班轮赴粤。

然而当年1月23日《民国日报》上所载的《萧淑宇启事》中,也正有"本月五日淑宇应恽代英之约在永吉里三十四号谈话"之记。这就清楚地告诉了我们,准备赴粤的"二大"代表恽代英于1月5日还在上海。

再说茅公的《南行通信(一)》的写作日期和地点是"一九二六,一,八日,于浙闽洋面之交",文中又说"我们知道后日可到汕头"。根据上海至浙闽洋面和浙闽洋面至汕头的航程推算,醒狮轮应是在1月8日的一天前的"晚上十二点后开行",即是1月7日凌晨启航的。

据茅公《南行通信(一)》中所记,此次的航程是"五日五夜",所以到达广州的时间就该为1月12日了。然,虽说船行了"五日五夜",而实际的跨度却为六天,所以茅公在回录《我走过的道路·中山舰事件前后》这一章中又会有"船行六日"之说。而参加国民党"二大"的代表,据茅公和张廷灏的回忆应是,"恽代英、沈雁冰、张廷灏、吴开先"和刘绍先等"五个代表"。

由粤返沪的日期及宋园大会

茅公在回忆录《我走过的道路·中山舰事件前后》中说,他依然是乘那条醒狮轮由穗返沪的,启航时间约在3月"二十四日或二十五日",又说"也是航行了六天到上海"②的。

1926年3月31日《申报》上有篇题为《国民党全体党员大会纪事》的新闻报道,说:"上海特别市全体党员,于昨日(三十日)下午,在闸北宋园开党员大会,到一千多人。三时由市党部常务委员张廷灏主席宣布开会,并读总理遗嘱,次报告开会理由,谓日来报纸宣传,广州政府所载消息,颇有可疑,本市党员沈雁冰亲自粤省归来,特请其报告以明真相。"这就是说茅公在3月30日已回到上海。

宋园在闸北,为国民党先驱宋教仁先生墓地的所在,因陵园对外开放,故又称宋公园。茅盾在宋园党员大会所作的关于"广州政治状况"的报告,立刻遭到了由邹鲁、谢持等一伙所凑合的伪国民党上海特别市党部疯狂的围攻。他们于4月1日在《申报》上抛出了一个所谓的"启事",说"号称国民党员之沈雁冰乃世人共知之

---

① 茅盾:《中山舰事件前后》,新版《茅盾全集第三十五卷·回忆录一集》,黄山书社2014年3月出版。
② 同上。

共产党员,而非本党同志,其演说内容实属别有用心",企图打击、瓦解国共合作。

我在20世纪80年代发现这些史料的时候,见茅公的回忆录及其他有关论述和资料中,似都未曾提及到这次大会。为此我曾就叶圣陶参加左派国民党等事一起去函请教了叶至善先生。至善先生为我向他父亲叶圣老了解了这些事后,曾给了我一封十分诚挚的回信,信中说:"26年宋公园大会,我父亲母亲都去参加的,军队曾放枪驱散群众。"显然这则史料的发现,对我们研究茅盾和叶圣陶在当时从事革命活动情况和他们之间的战斗友谊,都无不具重要意义。

茅盾与国民党上海市党部

茅公在《我走过的道路·中山舰事件前后》中说"在我回到上海后不久,四月三日和四日召开了国民党上海特别市代表大会"。关于这一史实,1926年4月4日和5日的《申报》上也正有此详细的记述。

报道中说:国民党上海市党部于4月3日至4日召开了上海第二次全市代表大会。第一天到会80余人,由杨贤江任主席;第二天到会90余人,由张廷灏任主席。茅公在第一天大会上作了关于国民党第二次全国代表大会的报告。报告说:"此次广州第二次代表大会,精神异常饱满,为中国近年各种集会中之有数的盛会。并历举其各种特点。"同时,茅公又参加了大会《宣言》的起草。

《宣言》把西山会议派的"伪代表大会黑幕,一一揭示予众",使国民党右派的卑劣行径暴露在光天化日之下。这次大会的胜利召开,使右派的嚣张气焰受到了沉重的打击。

茅公在此章回忆录中说:市党部的"地址在贝勒路永裕里八十一号",而1926年10月7日上一篇《法租界国民党市党部昨日被封》的报道中说,其地址为"西门路永裕里八十三号"。这是怎么回事呢?原来永裕里是由既通西门路(今自忠路)的主弄,和又通贝勒路(今黄陂南路)的八条横弄组成。其市党部的确切地址应为:西门路或贝勒路永裕里八十三号,而非"八十一号",此事和其他说明,可参阅刊于2006年12月出版《茅盾研究》第10辑的拙作《茅盾与国民党上海市党部》一文。

另据有关文献资料所示,1926年4月6日,中共上海区委主席团举行会议,会议决定组织中共上海地方政治委员会,并通过茅盾、张廷灏等六人为委员。同时,文献资料又显示从是年的四月起,中共上海区委的正式委员为罗亦农、茅盾等十人。并且1926年4月至12月茅盾又兼任国民党上海市党部主任。①

筹办《国民日报》之始末

茅公在1926年3月底离粤返沪时,时任国共合作中的宣传部部长毛泽东对他说:"上海《民国日报》早为右派所把持,这里的国民党中央在上海没有喉舌,你到上海后赶紧设法去办个党报。"②

---

① 《中共上海组织史资料》及《一九二一年至一九二七年上海、江苏、浙江党组织发展概况》,现存上海市档案馆。
② 茅盾:《中山舰事件前后》,新版《茅盾全集第三十五卷·回忆录一集》,黄山书社2014年3月出版。

为了能早日完成毛泽东嘱托的事,茅公在返沪后,立即就全力以赴地投入到了这项筹办工作中去。他先把此事告诉了陈独秀,陈独秀说《中华新报》正想停刊,不妨去了解一下。于是,茅公即就去找了《中华新报》的人,了解了盘进印报的机器设备的费用,并估算了开办费和开办后的日常经费,同时将总经理和总主笔等人选也都拟定了。茅公马上就写信给毛泽东,不久就收到了毛泽东签发的宣传部复函,说开办费及每月经费,都将会"由宣传部陆续支付"的。

《国民日报》的筹办,不仅得到了毛泽东同志和由他主持的宣传部的热切关怀,还得到了国民党中央执委会常务委的积极支持。据张廷灏回忆,在《国民日报》报社的经理和编辑人员被正式任命后,即"同时汇来经费"。由于上下合作默契,所以茅公他们在上海的前期工作也展开得十分顺利。不久,就在5月9日的《民国日报》和5月10日的《申报》上刊登出了"上海《国民日报》定于五月十六号出版"的广告。

但是《国民日报》并未如期出版,虽又打广告说"改定六月一日出版",到时却依然未能面世。究其原由是因广州方面有几只黑手在从中作梗。原来时任《国民日报》副经理的张廷灏去广州时,张静江和"蒋介石一起召见了他,蒋介石大肆诬蔑共产党和国民党左派,要张廷灏加入右派行列,想利用张廷灏控制国民党上海特别市执行部和《国民日报》,表示可以提供充足的经费"[①]。

蒋介石在当时也不是不让茅盾他们办《国民日报》的,关键是在于他要把该报攥在自己的手中,成为他个人的传话筒和篡夺革命胜利成果的工具。张廷灏当然没有答应蒋介石的这种无理要求,他还及时地向恽代英作了汇报,蒋介石也曾试图拉拢恽代英,恽代英早就识破了蒋介石的阴谋,他"叫张廷灏马上离开广州回上海"。

蒋介石集团当然不甘心他们的失败,在他们自知控制《国民日报》的阴谋有可能破产时,不得不撒出了杀手锏,刚当上了国民党中央常委会主席的张静江不惜利用他手中的权力,"取消了《国民日报》的经费"。然而,终因茅公他们始终不愿对右派势力有所屈从,故尔,最后蒋介石凶相毕露,亲自下令"停止筹备《国民日报》"。

虽说《国民日报》的创办被右派势力扼杀了,但茅公并不为此而气馁,他昂首阔步,以更大的热情投入到新的革命斗争——国民党上海交通局的一揽子事中去。

"沈雁冰宅"被抄事件

1981年初,我在1927年8月13日、20日、23日和24日的《民国日报·党务》版上,发现一份所谓披露"在沈雁冰宅中搜得"的一大批文件书刊的连载报道。这些材料所展示的主要是茅盾等共产党人,在1925年和1926年间所进行的有关国共合作等方面的革命活动情况,对探索茅盾的生平道路和研究上海方面的国共合

[①] 姜长林、孙继林:《第一次国共合作时期筹办〈国民日报〉经过》,《统战工作史料选辑》第4辑,上海人民出版社1985年6月出版。

作情况,都无不具一定的重要价值。

原来是年7月6日下午,伪国民党上海特别市清党委员会据"市党部密报"(因党内叛徒的出卖),查抄了闸北横浜桥崇福里及福安里的两处"共产党秘密机关",逮捕了陈明德梁闰放夫妇等四名"跨党"分子。"七月七日晨",反动分子又"驰往闸北公兴路仁兴坊四十五、四十六号前楼",见"皆铁锁严扃。于是毁其锁进内一窥,除少数木器外,累累者皆印刷品,共五十余大包,又觅得藤箱一只,内藏去年跨党分子提取款项之支票存根簿四册,中央交通局各省通信留底全部,汪精卫致沈雁冰函三通,日记数册。其他共产党书籍不计其数。乃雇大号运输汽车一部满载而归"。这里的"共产党书籍"是指"《响导周刊》,《新青年》等各种书刊四十一种"。

茅公在回忆录《我走过的道路·中山舰事件前后》中说国民党"二次代表大会以后,上海交通局的业务繁忙了"等原因,他向组织上要求派人,"不久,派来了姓郑(男)姓梁(女)一对夫妇,都是知识分子,也是党员。这两人担任会计和记录"。这"姓梁"的即就是在横浜桥被捕的梁闰放,上世纪80年代我曾多次去访问过她,当时她住在山阴路,离茅盾故居景云里不远。梁闰放和时任上海市政协副主席、复旦大学教授、茅公的老战友吴文祺先生都说这被查抄的"沈雁冰宅",就是茅盾所主持的上海交通局机关,地址在闸北公兴路仁兴坊四十五号、四十六号前楼,这地址与伪国民党清党会所报道的完全一致。

1925年底—1927年秋大事记

(对我新发现的或在茅盾回忆录中提及不完全而作了补充的事迹记条前,都加了"△",以便于大家了解)

1925年

△12月30号

召开了国民党"各区党部之市代表之复选"和"国民党上海特别市出席全国第二次代表大会代表"的选举大会。"开票"结果,"当选者为沈雁冰、吴开先、恽代英、张廷灏、洪鼎、蒋宗文,候补刘绍先。后以蒋宗文因事不克赴粤,以刘绍先替补。该代表等拟于今年头班轮赴粤与会"。

1926年

△元旦

国民党上海特别市党部成立大会于上午在上海大学举行。大会进行了执行委员的选举,"当选者为张廷灏、恽代英、沈雁冰、张君谋、杨贤江、杨之华、林钧、王江良、陈杏林"等九人。恽代英为主任委员,茅公为常委兼宣传部长,张廷灏为常委兼组织部长。这次大会还做出了"要求第二次全国代表大会,开除西山会议之首领林森、邹鲁、谢持"等八项决议。

国民党上海市党部的地址,为西门路或贝勒路永裕里八十三号,而非"八十一号"(永裕里同通此两路)。

茅公在《我走过的道路·中山舰事件前后》中说,他们去广州参加国民党"二大"的"船定于一九二六年元旦半夜开航",因1月5恽代英还约萧淑宇在永吉里三十四号谈话,所以去广州的船必定是延航了的。

△1月7日

参加国民党"二大"的"五位代表":"恽代英、沈雁冰、张廷灏、吴开先"和刘绍先于凌晨乘醒狮轮赴广州。

△1月12日

根据茅公的《南行通信(一)》的写作日期和地点是"一九二六,一,八日,于浙闽洋面之交"等资料来推算,茅盾等五代表应于此日到广州。

△3月30日

茅盾已从广州回到上海。

上海特别市全体党员于下午,在闸北宋园召开党员大会,到会一千多人。因"日来报纸宣传,广州政府所载消息,颇有可疑",为此市党部特请"亲自粤省归来"的茅盾"报告以明真相"。

△4月1日

茅盾在宋园大会所作的关于"广州政治状况"的报告,立刻遭到了由邹鲁、谢持等一伙所凑合的伪国民党上海特别市党部疯狂的围攻。他们于4月1日在《申报》上抛出了一个所谓的"启事",说"号称国民党员之沈雁冰乃世人共知之共产党员,而非本党同志,其演说内容实属别有用心"云云,企图打击、瓦解国共合作。

△4月3日至4日

国民党上海市党部召开了上海第二次全市代表大会。茅盾在第一天大会上作了关于国民党第二次全国代表大会的报告。

△4月6日

中共上海区委主席团举行会议,会议决定组织中共上海地方政治委员会,并通过茅盾、张廷灏等六人为委员;同时决定当年4月至12月茅盾兼任国民党上海市党部主任。

△4月

茅盾受时任国民党宣传部部长的毛泽东的嘱托,由粤返沪后开始筹办《国民日报》的出版。在陈独秀等人的支持和帮助下,前期工作展开得十分顺利。

△5月

5月9日和5月10日的《申报》上都刊出了"上海《国民日报》定期出版"的广告,说"本报定于五月十六号出版",又说馆址在"上海带钩桥南堍爱多亚路(今延安东——引者)一五九号"。

△5月16日

《国民日报》原定于今日出版,然而,当日的《民国日报》和《申报》都刊载了"《国民日报》展期出版通告"的启事。说"本报原定于五月十六日出版,兹因装置印机尚未竣事持改定六月一日出版"。

△6月1日

今日的《民国日报》刊出了"上海《国民日报》展期七天出版"的告示,茅盾他们试图再作最后的努力,但蒋介石、张静江一伙右派势力是不甘心他们的失败的,在他们自知控制《国民日报》的阴谋有可能破产时,终于凶相毕露,张静江不惜利用手中的权力,"取消了《国民日报》的经费",接着蒋介石又下令"停止筹备《国民日报》"。

5月至12月底

茅公在《我走过的道路·中山舰事件前后》中说:"国民党上海交通局。这本是恽代英管的",国民党"二大"后,"我代管交通局(正式名称是上海交通局代主任)"。

△5月间吴文祺按组织上要求,将在海宁一起教过书的郑明德和他爱人梁闺放介绍给茅盾,于是他们就进了国民党上海交通局工作。

△10月6日

孙传芳的淞沪警察厅声称"国民党上海特别市党部,为赤化张目",要"从严查究"。当日他们纠集了法租界当局在"西门路永裕里八十三号特别市党部",逮捕了梅电龙等31人。

△10月7日

上午中共上海区委举行主席团会议,着重讨论了被捕事件。经国共两党的共同努力,被捕人员最后一人于当夜出狱。但"市党部房屋"久不给启封,为此茅盾他们只得将办公处搬到"陶尔斐斯路五十六号"(今南昌路56号),并于11月24日正式在此重新办理党员的组织登记。

△12月

茅公邀请吴文祺、樊仲云、陶希圣等参加的,为国民党中央军事政治科(武汉分校)代行的招生工作,也即在陶尔斐斯路五十六号进行。

1927年

△7月6日下午

因叛徒的出卖,伪国民党上海特别市清党委员会,在闸北横浜桥东崇福里和福安里,逮捕了原茅盾主持的上海交通局任会计等职的郑明德、梁闺放夫妇。

△7月7日

这伙匪徒于晨间,又查抄了闸北公兴路仁兴坊四十五号、四十六号前楼——原茅盾所主持的上海交通局机关,反动派在《民国日报》上声称他们搜查的是"沈雁冰宅"。

△8月25日

茅公"离开庐山乘船至镇江"。

△8月26日

茅公从镇江搭火车到"无锡找旅馆过夜",在旅馆里他"才知道,原来头一天晚上孙传芳的部队突然从南京对岸的龙潭打过江来",当日下午五时许孙军即溃退到江边。

△8月27日

茅公听说孙传芳的兵又退回江北了,就乘夜车回上海了。茅公的妻子因小产,正住在医院里。

9月

茅公在《我走过的道路·创作生涯的开始》中说:"《幻灭》从九月初动手,用了四个星期写完。"

△在版权页署作"一九二七年八月十日初版"的,而实际上至少要到"九月十九日"后,才能付印、出版的 8 月号《小说月报》题作《最后一页》的编后记中,有"下期的创作有茅盾君的中篇小说《幻灭》"的预告。

10 月

△在版权页署作"一九二七年九月十日初版"的,而实际上也至少延期了一个月的 9 月号《小说月报》刊出了茅盾处女作《幻灭》的上半部。

11 月

△在版权页署作"一九二七年十月十日初版"的,而实际上至少要在"十一月四日"后才可能出版的 10 月号《小说月报》,刊载了茅盾处女作《幻灭》的下半部。

2015 年 12 月于上海

追求民族的自由与解放
——茅盾与淞沪抗战的行与思

欧家斤

上海普陀区教育学院　上海　200063

　　上海淞沪抗战纪念馆是全国唯一一座反映两次淞沪抗战的主题纪念馆，也是淞沪抗战的主战场遗址所在。2016年年初，笔者专程前去参观该馆举办的"'血沃淞沪'——八·一三淞沪会战主题展"。主题展共分7个部分，包括中国抗日战争的爆发、"八·一三"淞沪会战、上海抗日救亡运动的高潮、日军在上海的暴行、正义的声援、历史的审判、弘扬爱国主义精神，力图全方位展示淞沪会战的历史原貌。主题展在"上海抗日救亡运动的高潮"部分介绍了"上海文化界救亡协会"成立，提到了茅盾为理事。为加深对上海淞沪抗战纪念馆的印象，笔者又点击进入上海抗战纪念馆官网浏览。该官网由主页、纪念馆简介、重要新闻、1.28抗战、八·一三抗战、纪念文章、抗战英烈、历史资料、相关报道、专题荟萃和永远的老兵等组成。在"八·一三抗战"部分有"八·一三文字资料"栏目，内收茅盾的《展开我们的文艺战线》论文。

　　参观"'血沃淞沪'——八·一三淞沪会战主题展"，点击上海淞沪抗战纪念馆，感觉有些遗憾的是，茅盾长期和多方位为宣传淞沪抗战文化做出重要贡献的足迹在此没有得到应有的反映。纪念馆是进行爱国主义教育的良好场地和成熟形式。尤其是上海淞沪纪念馆，系2014年8月被党中央、国务院命名为首批80家国家级抗战纪念设施、遗址之一。"'血沃淞沪'——八·一三淞沪会战主题展"后记强调道："重温这段历史，就是要缅怀在争取民族独立、自由与解放过程中英勇献身的烈士们，就是要缅怀为追求和平主义做出重要贡献的人们"。作为享誉国内外文坛的作家、为党创建做出贡献的革命家和著名的社会活动家，茅盾有关淞沪抗战论述显示他就是"为追求和平主义做出重要贡献的人"，值得我们缅怀！

　　茅盾与淞沪抗战的行与思，充分全面显示了伟大的抗战精神：天下兴亡、匹夫有责的爱国情怀，视死如归、宁死不屈的民族气节，不畏强暴、血战到底的英雄气概，百折不挠、坚忍不拔的必胜信念。茅盾有关淞沪抗战论述当年产生了广泛而又积极的影响，但今天似乎已经属于被遗忘的文字！故有必要撰写此文追溯茅盾追求民族的自由与解放的足迹，弘扬革命的爱国主义情怀和创作的现实主义精神！以此纪念茅盾抵沪100周年。

一、淞沪抗战文化有效的组织者

　　从1932年到1937年，日本在上海及其周边地区发动了两次侵略战争，即一·二八事变(也称第一次淞沪会战)和八·一三淞沪会战(也称第二次淞沪会战)。茅盾围绕两次淞沪会战题材进行创作,抗议日本的侵略暴行,号召无产阶级作家、革命作家、青年投入反侵略反压迫的斗争中去,给广大人民群众带来奋进的力量。

(一)一·二八事变期间

山雨欲来风满楼。1932年1月,茅盾在《贡献给今日的青年》中提出三点希望:一、充实政治知识,明白帝国主义的瓜分中国的野心;二、加紧反日运动和反对帝国主义运动;三、不要读死书,力争思想自由,言论集会自由。

一·二八事变后,茅盾非常愤怒,迅速参与呐喊与控诉活动,鼓舞人民群众进行抗战。他与鲁迅等43人于2月3日发表题为《上海文化界告全世界书》,谴责日本帝国主义的侵略行径;与鲁迅等129人于2月7日发表题为《为日军进攻上海屠杀民众宣言》。

他希望文艺战士迅速用笔为抗战服务。针对当时出现反映一般市民彷徨苦闷的文艺作品,他在5月发表的《我们所必须创造的文艺作品》中认为:"在沪战,必须艺术地表现出上海民众抗日作战的英勇,士兵英勇的牺牲。"

1933年问世的《子夜》,作者在后记中隐晦地记录了日本侵略者的罪行,"期间因病,因事,因上海战事,因天气,作而复辍者,统计亦有八个月之多。"晚年的茅盾在回忆录中补充道:"关于《子夜》的题名也有一个变化,最初的题名我曾拟了三个:夕阳、燎原、野火,后来决定用《夕阳》,署名为逃墨馆主。当时是应《小说月报》主编郑振铎之请,打算从1932年起先在《小说月报》连续刊登(其实,那时全书尚未写完,只写了一半)。不料突然发生'一·二八'上海战事。商务印书馆总厂为日本侵略炮火所毁,《小说月报》从此停刊,我交去的那部分稿子也被毁了。幸而还有我亲笔手写的原稿,交去的是德沚抄的副本。"

1934年4月,茅盾在《"一·二八"的小说》中阐述了写一部有意义的"一·二八"小说的要点,首先要研究解答下例几个问题:"一、是什么主观的和客观的原因促成了当时上海驻军抗日战争的决心?仅仅'爱国'二字还不够回答这问题。二、战事从开始以至白热化,以至于结束,整整一个月内,上海的'诸色人等'的心理状况又如何?他们的忧虑、愤怒、喜悦、激昂、颓废,是一部复杂到极点的交响乐。三、就要讲到这一次战争的教训。抗日军人以及一般小市民从此认识了些什么?"

1936年4月1日发表《向新阶段迈进》,他旗帜鲜明主张:我们的新文学史上最大的章目只是一个:民族的自由,民族的解放——深入民众的反帝运动。9月他与鲁迅等21人联署《文艺界同人为团结御侮与言论自由宣言》。

1937年6月,他与巴金等140余人发表《反对日本〈新地〉辱华片宣言》,揭露日本德国法西斯合拍的电影是对中国人民的示威和侮辱。

(二)八·一三淞沪会战期间

1937年8月13日,日军在上海发动大规模侵略进攻,英勇的上海军民奋起抗战,上海街头号外纷飞,人心激昂。茅盾也为这种民族精神的大检阅而激动而欢呼。

此前的12日,茅盾去找冯雪峰,然后一起参加由邹韬奋、胡愈之等人约集的会议。大家很兴奋,认为神圣的抗日战争是必定要爆发了,当前的救亡工作是百废待举。这不能靠国民党的官办衙门,必须立即动员群众组织群众自己来干。文化宣传工作也是一样。茅盾打算把《生活星期刊》换个名称重新复刊。

13日上午,传来了闸北开火的消息。茅盾朝战火中的闸北走去,想亲自证实一下:这大时代是否真的来到了。但他未能进入战区,途中被拦住。晚上获悉消息,政府对民间的抗日救亡活动采取开放政策,各种救亡团体只要向政府登记,就可以公开活动。

14日那天是周末,上海进步文化界照例有个聚餐会,这些文化人都被昨天的战争激动着,也有不少人抱着探听消息和去向而来的,因此,聚餐会比以往多了一桌,气氛仍然十分热烈,探讨文艺家在抗战中的任务以及活动等具体问题。茅盾表示了自己的意见:"在必要的时候,我们人人都要有拿起枪来的决心,但是在目前,我们不要求作家艺术家投笔从戎,在战争中,文艺战线也是一条重要的战线。我们的武器就是手中的笔,我们要用它来描绘抗日战士的英姿,用它来喊出四万万同胞保卫国土的决心,也用它来揭露汉奸、亲日派的丑恶嘴脸。我们的工作不再在亭子间,而在前线、慰劳队、流动剧团、工厂等。总之,我们要趁这大时代的洪流,把文艺工作深入到大众中去,提高大众的抗战觉悟。开创一个抗战文艺的新局面来。"大家希望办一个适应战时的能迅速传布出作家呐喊声的小型刊物,并且认为应该由茅盾担任这个刊物的主编。

战友们的信任和期待,使茅盾义不容辞,当天下午就约冯雪峰去找巴金,商量办刊物的事。巴金完全赞成办这样的一个刊物。他还对茅盾说:文化生活出版社已决定《文丛》停刊,听说《中流》、《译文》也已决定停刊。现在可能出现这样一种反常的现象:抗战开始了,但文艺阵地上却反而出现一片空白!这种情形无论如何不能让它出现,否则我们这些人一定会被后人唾骂的!不过当前书店老板都忙着搬家,顾不上出新书和新刊物,看来这个刊物还是我们自己集资来办,好在周刊经费也不多,销路估计也可以的。冯雪峰道:"这是个好办法,何不就用《文学》、《中流》、《文丛》、《译文》四个刊物的同人的名义办起来,资金也由这四个刊物的同人自筹。"茅盾肯定道:就这么办,还可以加一条,写稿尽义务,不付稿酬。这样,一个为顺应抗战形势而诞生的刊物——《呐喊》的雏形初成了。茅盾自告奋勇来写发刊词,又约定由茅盾、巴金、冯雪峰分头去找《文学》、《中流》、《文丛》、《译文》四个刊物的主编,讨论合力办刊。茅盾热血沸腾地赶写了《呐喊》的创刊献词《站上各自的岗位》,用充满激情的文笔写道:"中华民族开始怒吼了!中华民族的每一个儿女赶快从容不迫地站上各自的岗位罢!向前看!这有炮火,有血,有苦痛,有人类毁灭人类的悲剧;但在这炮火,这血,这苦痛,这悲剧之中,就有光明和快乐产生,中华民族的自由解放!"到8月25日,《呐喊》像一个婴儿一样,呱呱坠地了。不久,出现了租界工部局扣留了抗战报纸和杂志,报童被殴打等等情况,其中就有《呐喊》。于是茅盾他们又利用邵力子等老朋友的社会关系,走个形式,到国民党上海市政府社会局补办个手续。这时,茅盾他们也听到不少朋友对《呐喊》这个刊物名称有不同看法,认为和这个时代不协调,仅仅呐喊是不够的。因此,茅盾趁补办手续的机会,把《呐喊》改为《烽火》,于9月5日正式出版。

8月15日，茅盾见到了邹韬奋，请他给《呐喊》写稿。此时邹韬奋在帮忙筹办小型日报《救亡日报》，便对茅盾说：上海的民间救亡运动风起云涌，但这些活动没有统一的组织和领导，很可能走入歧途，自生自灭，或被官方利用和接管。所以要成立上海文化界救亡协会，把各方面的群众救亡团体和爱国力量都吸收进来。这件事马上办，已经把茅盾的名字列在发起人名单上了。《救亡日报》就是文化界救亡协会的机关报，社长是郭沫若，主编是夏衍，茅盾是编委之一。

茅盾在回忆录中写道："从'八·一三'至九月底，我主要是写短论和杂文，发表在《救亡日报》、《呐喊》、《烽火》、《抗战》以及九月一日出版的四刊（《世界知识》、《妇女生活》、《中华公论》、《国民周刊》）《战时联合旬刊》上，其中给《救亡日报》写得最多，平均三天一篇。"

二、淞沪抗战文化卓越的宣传者

"上海抗战文化以其独特的地域文化底蕴，在抗日救亡运动中历经血与火的考验，英勇奋战，异军突起，做出了特殊的贡献，在上海乃至中国抗战史册上留下了光辉一页。"（见2015年5月11日《解放日报》刊登的《全国抗战文化的策源地和发祥地》，作者余子道、张云）茅盾就是这中间的杰出代表人物。

茅盾参与《救亡日报》与《呐喊》周刊的创办及其他文化活动，将启蒙、动员、组织群众作为自己的战略目标，创作了大量的以"一·二八"、"八·一三"为背景的理论文章、散文随笔和各类小说，对抗战文艺表示了自己的看法，形象地将英勇抗击的历史显现了出来，表明"未尝敢忘记了文学的社会的意义"。

（一）理论文章

1932年5月，他在《我们所必须创造的文艺作品》表示，闸北停战两月了，"能够对于一般市民心目中的问题给予一个正确解答的文艺作品，到目前为止，尚未曾产生。"

1933年2月发表《"抵抗"与"反攻"》，抨击国民党的消极抵抗政策。

1934年4月发表《"一·二八"的小说》，"我们以为在两种不同的条件下可以产生好的'一·二八'小说。一是作者对于战役的前线后方各种事态都有丰富的知识，相当的实地经验，而又有锐利的目光，社会科学的头脑，去把这些材料分析整理；——这样写了出来小说，即使不能毫无漏洞，至少是一部说明了时代、表现了时代的全般的作品。又一就是作者老老实实只把他个人在战时所见的种种，所经历的种种，所感想的种种，用日记体，或者第一人称体，写了出来。"同月发表《向新阶段迈进》，强调新文学史上最大的章目只是一个：民族的自由，民族的解放——深入民众的反帝运动。5月发表《需要一个中心点》，阐述有关国防文学观点。

1937年10月发表《如何能持久》，作者认为"现在北方军事虽已失利，我们却也得了个好教训。我们更应当知道我们要持久战，非使每个人都直接间接参加抗战不可。比方说你，我们总要求在业余时间受军训，帮助防空，检查汉奸，而在一旦后方变成了前方的时候，我们职业的青年们尤须以组织的力量监视那些不识大体的商人们歇业关店，卷资逃避，给自己的军队一个'坚壁清野'，妨碍了行军上的便利。这一些,都得加紧准备:自然需在政府领导之下去做,但如果地方政府麻木怠工的话,民众就应当坚决的要求。"

1938年2月13日发表《关于大众文艺》,认为"《八百好汉死守闸北》是鼓词——《八百好汉》的最大缺点就是缺少了一个主角,作者也提出谢晋元团附的名字,然而只不过提名,没有把他作为鼓词中的一个人物来描写。自然,作者的意思,是要避免归美于一人,是要强调那八百位无名英雄的英烈——其实即使将谢团附作为主角,也不会陷入'个人英雄主义'的毛病的,只要把八百士兵的决心精神巩固了推进了团附的尽职心——这一点强调起来就行了。"5月1日发表《八百壮士》,首先概述了八百壮士成为创作热点的情况,然后分析这个题材受欢迎的原因:"第一,那时正当淞沪沦陷,苏嘉失守,而'虎踞龙盘'的首都也危在旦夕,敌骑豕突,几乎有锐不可当的样子,大局如此,我们的作家们闻鼙鼓而思勇士,于是就首先注目于死守闸北一据点的八百壮士了。""第二,八百壮士孤军死守,上海各报都有极详尽记载,八百壮士终于撤回后方以后,和我们的新闻记者乃至作家有接近的机会;材料充足,而且找补充也容易,这又是使得作家们不谋而合,采取了这题材的原因。""第三,是八百壮士这一番壮烈的行为,它本身就是一篇有首有尾,有波澜曲折,具备各种艺术条件的'故事',这又当然是作家们不肯放过的。"作者分析了这类作品的不足:受事实束缚,主题太单纯、缺少生动。

8月16日发表《八月的感想——抗战文艺一年的回顾》,论述文艺创作的最高目标"是写典型事件中的典型人物"这一问题。"八百壮士是应该写的,但写这件'事',——把他作为'典型的事'来写,就不及台儿庄战役更能得出重大的教训的意义乃至它在整个抗战形势上的地位和价值。我以为要写八百壮士的故事应当在写'人',就是创作视死如归惟知完成任务的忠勇士兵的典型。"同月发表的《大上海的一日》,"当《救护车里的血》这一篇到了我手里时,我知道他是在怎样的环境下写成的:终日奔波乃至夜间也要出发几次,嗅的是血腥和火药气,看的是断肢破腹的尸体,只要有几分钟的时间,抓到了任何纸笔,他就写;——他是用他的心血来写,为控告敌人的残暴而写。——我不必多说,这里的七个短篇写得如何好;这样用血用怒火写成的作品,读者自能认识它们的价值。"

1940年1月18日发表《记取"一·二八"的经验教训》,"没有全民族的统一战线,要抗战胜利,乃是不可能的。因此,在今日纪念'一·二八',除了接受'一·二八'战事的经验与教训,必须加强巩固抗日民族统一战线,而与阴谋破坏分裂统一战线的伪装的汉奸卖国贼托匪们,作无情的斗争! 全中国的人民求生,求解放,中华民族非到最后胜利不停止斗争!"

(二) 散文随笔

1932年6月发表《故乡杂记》,反映日本侵略后农村的变化。7月发表《第二天》,作品叙说"一·二八"第二天日本飞机轰炸上海北站、商务印书馆等处的情况,表现市民失望和忿忿的心情。

1937年9月8日发表《不是恐怖手段所能慑服的》,对侵略者轰炸徒手民众的血腥罪行无比愤怒。10日发表《无题》,叙说赞美勇敢上前线救护伤员的十八九岁的童子军。同日发表的《街头一瞥》,赞扬"八·一三"炮火中"出生入死喋血市街"

的战士,抨击醉生梦死的特区市民。11月21日发表《非常时期》,描写10月5日的上海西站在敌机威胁下的混乱情景。

1938年2月13日发表《为着幼年的中国主人》,首先披露了惨景:"上海沦陷以后,南市有一个友邦人士主办的难民区,收容我们遭难的同胞二十余万人,其中以妇孺为最多。当时难民区的东西南三面,敌军步哨如林。而北通法租界的几条路口又都铁门紧闭,不得通行。二十余万难民饥无食,渴无饮;上海租界内的慈善团体和个人乃以面包馒头从法租界各路口的铁门上掷入,铁门内难民争先抢夺,自相践踏,混乱中死者就有儿童。我亲眼看见被踏死的儿童,脏腑外流,头如扁饼;我又亲眼看见幸而不死于践踏而得一馒头一面包的儿童,仍因体力较弱不能守护他的珍贵的所得物而为强暴的'同胞'所劫掠。"5月15日发表《从敌人摧残文化说起》,"摧残文化已经和奸淫掳掠一样,成为日本帝国主义侵略军的拿手好戏了。'一·二八'的时候,日本的轰炸机在毫无防空设备的上海闸北轰炸了半天,投下炸弹和烧夷弹百数,毁灭了中国最大的出版机关——商务印书馆上海总厂,以及上海最大的图书馆——东方图书馆,这里收藏的,有中西图书数十万卷,以及前清末年'维新运动'以来的各种定期刊和日报。东方图书馆被毁以前,曾经是上海青年们最好的'自修大学',它那宽敞的阅览室里拥挤着知识饥荒的青年——这可爱的景气,我现在尚如目睹。"作者最后强调:"我们要尽力防御敌人的暴行,我们深恶痛恨敌人这种毒辣的破坏,然而我们没有理由悲观沮丧;敌人所能破坏者,只是我们文化的有形的物质的设备,却不能打击和损害我们悠久的潜奋的而且在新生的文化力量。"8月8日发表《追记一页》,记录了"八·一三"在沪西地区的所见所闻所感,"大家都知道大时代来了,这次跟'一·二八'完全不同了!——就在劳勃生路上,听见第一次的炮声。呀,'喜炮'响了,时间是午后四点多罢。"8月13日发表《光荣的一周年》,文章回忆一年前淞沪战争情景,文章结尾写道:"但是战事在上海猛烈进行着,上海市民迅速地自动地自我教育成功配做这大时代的中国人了!请看今日之上海,还不是埋在敌人肘腋之下的一个地雷么!沦陷十月成为'孤岛'的上海,更见坚强了呵。"同日发表《今日》,作者认为"八·一三"是个伟大的日子,"去年的'八·一三',敌人正做着一举而征服中国的痴梦,那时的国际形势也是于他有利得多;今年的'八·一三'他在内在外都是窘态毕露,第二个'八·一三'是记录着侵略者崩溃开始的日子。"8月14日发表《今日之上海》,"第二个'八·一三'到来了的今日的上海,好比一座尚未喷火的火山,热力在潜动,在积蓄,在膨胀,到了时机,就将爆发。"

(三) 各类小说

1932年6月发表发表短篇小说《林家铺子》,抨击日本侵略魔影:被上海供货商逼债,林老板实在无奈,去钱庄通融,"'不行了!东洋兵开仗,上海罢市,银行钱庄都封关,知道他们几时弄得好!上海这路一断,敝庄就成了没脚蟹,汇划不通,比尊处再好的户头也只好不做了。对不起,实在爱莫能助!'"9月发表短篇小说《右第二章》,小说以"一·二八"为背景,描写商务印书馆职员李先生经历厂毁失业的不幸生活。"上海周围二十公里内没有中国兵,也就没有战事了!停战撤兵的会议开了又开,终于草约签订了。闸北是一片瓦砾。'复兴'上海的呼声,紧一句松一句在喊。中国方面的损失,一大篇一大篇的在报纸上登载出来。单是商务印书馆,损失一千六百万。"11月发表短篇小说《春蚕》,描写"一·二八"战事对江南农村的危害,"离老通宝坐处不远,一所灰白色的楼房蹲在'塘路'边,那是茧厂。十多天前驻扎过军队,现在那边田里留着几条短短的战壕。那时都说东洋兵要打进来,镇上有钱人都逃光了;现在兵队又开走了,那座茧厂依旧空关在那里,等候春蚕上市的时候再热闹一番。老通宝也听得小陈老爷的儿子——陈太少爷说过,今年上海不太平,丝厂都关门,恐怕这里的茧厂也不能开;但老通宝是不肯相信的。"

1933年1月出版的《子夜》,作者也隐晦地记录了"一·二八"形成的麻烦,《后记》中写道:"右〈子夜〉十九章,始作于1931年10月,至1932年12月5日脱稿;期间因病,因事,因上海战事,因天热,作而复辍者,统计亦有八个月之多,所以也还是仓卒成书,未遑细细推敲。"

1936年1月发表中篇小说《少年印刷工》,主人公赵元生平静的生活也是被上海战事打破的。7月1日,发表《大鼻子的故事》,描绘上海人民发出的吼声,"然而这一天,在'大上海'纵贯南北的一条脉管(马路)上,却奔流着一股各色人等的怒潮,用震动大地的呐喊,回答四年前的炮声——这样的队伍浩浩荡荡前来,看不见它的尾巴。不,它的尾巴在时时加长起来,它沿路吸收了无数人进来,长衣的和短衣的,男的和女的,老的和小的。有些人(也有骑脚踏车的),在队伍旁边,手里拿着许多纸分给路边的看客,也和看客们说些话语。忽然,震天动地一声喊——'中华民族解放万岁'"

1938年4月1日发表中篇小说《你往哪里跑》,从一个侧面完整叙说上海市民在"八·一三"战事中不屈不挠的斗争情景:一、上海市中心区之一夕;二、民族工业家何耀先;三、"什么都沾染了些寒热病";四、和战皆主派;五、"与打击者以打击";六、大时代降临了;七、怒吼罢!大上海! 八、生活关系在变化;九、"工作无门";十、两条战线的斗争;十一、沦陷的前夜;十二、献给你光荣的市花!

1948年9月长篇小说《锻炼》连载于香港《文汇报》上。"文化大革命"后,1979年作者修订,加了两章,写上海的难民收容所中的凄惨情景(将发表于1943年《文艺先锋》上的《走上岗位》的第五章、第六章修改,移作《锻炼》的第十四章和第十五章),于1981年5月由文化艺术出版社出版。这是一部反映抗日战争的多卷小说中的第一部。小说主要描写抗战初期上海"八·一三"淞沪战争时整个社会风貌;通过国华机器厂内迁、《团结》刊物的遭遇等事件的描述,真实地再现了淞沪抗战的社会现实。

三、茅盾淞沪抗战文化的特色

(一)持续关注淞沪抗战

一·二八淞沪抗战从揭开战幕到宣布停战,虽然只有短短的38个昼夜,但从中国抗战史的角度审视,却是持续15年之久的抗战历史中极其重要的组成部分。就其意义而言,一·二八淞沪抗战是中国局部抗战中承前启后的重大一役,从局部抗战走向全国抗战的里程碑。它是在外敌入侵、民族危亡的严重关头,高举起爱国主义旗帜,冲破国民党及其政府的不抵抗政策,以反侵略的民族自卫战争反对日本帝国主义的侵略战争,为中国军队抗日的表率,为全面抗战开道。

1931年"九·一八"事变后,茅盾参加的左联发表《告国际无产阶级及劳动民众的文化组织书》,抗议日本的侵略暴行,呼吁革命人民奋起抗日。茅盾任行政书记时的左联执委会通过《告无产阶级作家革命作家及一切一切爱好文艺的青年》,抗议日本侵略,揭露国民党反动派的不抵抗政策,抨击"民族主义文学"的无耻行径。号召一切无产阶级作家、革命作家、青年投入反侵略反压迫的斗争中去。

淞沪战事不能遗忘,抗战历史不能割断,据粗略梳理,1932年、1933年、1934年、1936年、1937年、1938年、1940年、1941年、1943年、1945年、1946年和1948年,茅盾均有涉及淞沪抗战的作品问世,有正面描写的,也有侧面反映的。

茅盾认为淞沪抗战文化具有延伸性,从"八·一三"抗战到上海沦为"孤岛"后,他转移到抗战大后方,仍然心系孤岛,把淞沪抗战文化从上海撒播到祖国的东西南北。1938年1月发表《"孤岛"见闻》,5月16日发表《"孤岛"文化最近的阵容》,赞扬"孤岛"文化的新发展。6月1日发表《每日"精神食粮"在"孤岛"》,对"孤岛"上的"精神食粮"之一的报纸副刊做了充分的肯定。

(二) 关注现实　引领前行

文艺创作为救亡而呐喊！1936年4月1日发表的《向新阶段迈进》,他强调指出:"我们的新文学史上最大的章目只是一个:民族的自由,民族的解放——深入民众的反帝运动,从'五卅'起。'九·一八'以后,到了血淋淋肉搏的阶段。'九·一八'固然无抵抗地过去了的,然而东北人民自救的武力抗争到现在而声威更大了,然而'一·二八'曾经试验了强敌的武力并不能在一星期内亡了中国(像有些人所说)。去年十二月间全国各处热烈悲壮的救国运动是四五年来郁结下的民族精神之不可遏制的爆发。这英勇的斗争的大旗写着全国各阶层民众的当前的简单信条:武力反抗强敌的侵略！这是全民族全心灵所拥抱的伟大的目标。"5月作者发表《需要一个中心点》,阐述有关国防文学观点:"这是唤起民众对于国防注意的文学。这是暴露敌人的武力的文化的侵略的文学！这是排除一切自馁的屈伏的汉奸的理论的文学。这是宣扬民众救国热情和英勇行为的文学。这是讴歌为祖国而战,鼓励抗战情绪的文学。然而这不是黩武的战争文学。"

抵抗政策需要从消极向积极转化。1933年2月发表的《"抵抗"与"反攻"》,作者抨击国民党的消极抵抗政策:"去年上海的'一·二八'战事是我们的第一次的'抵抗'。读了翁照垣的《淞沪血战纪》,我们知道'一·二八'战争之终于失败,就因为当时死死抱定了'敌来则抵抗,敌去则不追'的被动政策。因此死守上海华界阵地的十九路军虽则是'抵抗',实际无异坐待敌人用更猛烈的炮火来将他们毁灭。在这教训上,我们认识了我们所谓'抵抗'实在已经是'坐而待毙'的自杀。""我们现在从事实上认明了被动的'抵抗政策'的误国,我们要求积极主动的'反攻'！我们须知:只有全民族一致奋起向横暴的日本帝国主义反攻,然后我们中华民族可以自存于世界！我们要吐弃那些'中日国势悬殊'的悲观论调。""只有立即奋起向横暴的日本帝国主义反攻,我们的民族方有活路！是积极的主动的反攻,不是消极的被动的'抵抗'!"

(三) 编辑刊物　传播有效

通观茅盾编辑的《呐喊》《烽火》(上海时期)的内容,无一不与抗战有关。作者群非常庞大,既有已成名的文化人,也有刚执笔写作的青年;既有前左联的成员,也有其他流派的作家。如第一期作者为茅盾、郑振铎、巴金、王统照、靳以、黎烈文、黄源等。她的艺术度量也相当宽广,既有现代形式的短篇小说,也有适应战时形势的报告和速写,而且不排斥传统的或民间的艺术形式(如旧体诗和歌谣)。可以说,她是一个初具文艺界统一战线性质的群众性的文艺刊物。

《文艺阵地》创刊于1938年。它以团结各方面的力量、运用各种文艺形式为抗战服务为宗旨。在主编该刊期间,茅盾充分运用"文阵广播"专栏将分散于各地的抗战文艺活动和生活消息及时汇总,向全国军民广为传播。该刊成为抗战时期最为普及、影响也最为深远的全国性文艺刊物。1938年5月16日出版的《文艺阵地》第一卷第三期发表《"孤岛"文化最近的阵容》,赞扬"孤岛"文化的新发展,介绍几种内容充实、正确的新刊物,如《华美周报》、《上海妇女》、《月刊读物》、《杂志之杂志》半月刊、《译报》副刊《爝火》等。6月1日出版的《文艺阵地》第一卷第四期发表了《每日"精神食粮"在"孤岛"》,对"孤岛"上的"精神食粮"之一的报纸副刊做了充分的肯定,也指出其不足之处。评论到的副刊有:《文化报》的《世纪风》;《大美晚报》的《夜光》;《导报》的《晨钟》;《大美报》的《早茶》。10月1日出版的《文艺阵地》第一卷第十二期发表《西北高原与东南海滨》,"上海出版的《文艺》半月刊(十六开二十四面),现已出至四期;三期是'革新号'。这是'孤岛'上的几个'自己也感到饥饿'的文艺青年,为要使'孤岛'的青年们都能读到内地刊物里的文章,并发表自己的文章,就这样办了起来——但'孤岛'上的环境仍然不能使他们有转载与发表的自由,他们是在重重束缚之下挣扎。我们已经介绍过'孤岛'上的许多新刊(三期《书报述评栏》),但纯文艺的新刊,以我所见,还只有这半月刊。几位年轻朋友的努力是值得敬佩的——我希望《文艺》能够长生,能够发展,在'孤岛'上成为一支有力的文艺兵。"

作品研究

作品研究

《子夜》所描写的民族工业困境原因的经济视角考察

钱振纲　赵丹

北京师范大学文学院　北京　100875
中国人民大学文学院　北京　100872

摘要：长期以来，学界没有注意到《子夜》在描写民族工业困境原因时出现的矛盾。《子夜》给人的印象是，赵伯韬是民族工业困境的主要制造者。作者对于《子夜》创作意图的阐述也与此一致，学者们也多按此思路解释。实际上，《子夜》对民族工业困境的原因的描写是非常丰富的。在描写中，赵伯韬的金融封锁并不是造成民族工业困境的主因。而赵伯韬在公债市场上对于益中公司的胜利也不等于外资压迫民族工业的结果。《子夜》在构思与描写上存在的这些矛盾，与作者关于中国社会性质的基本认识有关，也与作者对于作品艺术效果的某种考虑有关。这一矛盾，通过重新阐释《子夜》的中心思想，可以得到一定程度的化解。

关键词：茅盾　《子夜》　民族工业困境原因　经济视角

关于《子夜》的思想，过去有不少文章和著作进行过探索。近年来又有学者从经济视角对其进行分析，并取得了不小的成绩。但仍有一些问题有待从这一视角深入考察。

在阅读《子夜》时，读者会有一种深刻的印象，金融买办资本家赵伯韬是民族工业资本家吴荪甫的最主要的敌人。因为赵伯韬不仅对吴荪甫不断地实行金融封锁，而且吴荪甫和益中信托公司的最终失败也是赵伯韬造成的。读者的这一印象来自《子夜》的基本情节和主要人物构成。同时，这也与茅盾自己对《子夜》的阐释相吻合。例如他在《〈子夜〉是怎么写成的》一文中曾说："这样一部小说，当然提出了许多问题，但我所要回答的，只是一个问题，即是回答了托派：中国并没有走向资本主义发展的道路，中国在帝国主义的压迫下，是更加殖民地化了。中国民族资产阶级中虽有些如法兰西资产阶级性格的人，但是因为一九一〇年半殖民地的中国不同于十八世纪的法国，因此中国资产阶级的前途是非常暗淡的。"正因为有这么多的一致，就形成了以往中国学界这样一种共识：民族工业资本家吴荪甫主要是被买办金融资本家赵伯韬打败的，中国民族工业在帝国主义的压迫下陷入了困境。一切顺理成章，没有疑问。

那么事实如何呢？如果认真阅读作品，并从经济角度来分析，答案恐怕就不那么简单了。

一、对于民族工业陷入困境的多种原因的揭示

通过文本细读,可以知道,《子夜》的作者对于中国民族工业陷入困境的原因是作了多方面的探索的。大致可以归纳为以下七个方面。

第一,中原大战的影响。

爆发于1930年5月的中原大战对民族工业的发展的负面影响是多方面的。首先看直接的影响。如战争阻断交通,使货运困难,或者征用商用设备。小说中写到八个日用品小工厂的产品因战争关系运不出去。王和甫曾感叹"出一身大汗拉来了款子,放到那八个厂里,货出来了,却不能销,还得上堆栈花栈租"。孙吉人的轮船有时被扣去拉伤兵,有时价值三十万的轮船竟然莫明其妙地失踪了。这都直接影响了民族工业的发展。

除了直接影响外,战争的间接影响也是很大的。南京政府为了战争需要,从公债市场吸纳了大量的资金,致使实业资本家融资困难。《子夜》第八章写了三个人物:土财主冯云卿、革命县长李壮飞、老官僚何慎庵。他们把通过高利贷和刮地皮搜刮的民脂民膏都带到上海。因此上海现银并不缺乏。但有钱人为了又快又多地赚钱,愿意将钱投入公债市场,而不愿投资工业。公债市场又把资金转变为军费。所以当时的金融市场不过是政府筹集军费的账房。由于战争吸纳了大量资金,办企业的人融资就十分困难。第二章中作者借朱吟秋之口说道:"从去年以来,上海一埠是现银过剩。银根并不紧。然而金融界只晓得做公债,做地皮,一千万,两千万,手面阔得很!碰到我们厂家一时周转不来,想去做十万八万的押款呀,那就简直像是要了他们的性命;条件的苛刻,真叫人生气!"第三章中也写到这一现象。陈君宜在资金上遇到了困难,而往来钱庄却不肯通融:

朱吟秋对陈君宜说:"节边收不起账,是受了战事的影响,大家都一样;难道你的往来钱庄不能通融一下么?"

"磋商过好几回了,总是推托银根紧啦,什么什么啦,我简直有点生气了,——回头我打算和杜竹翁商量一下,或者他肯帮忙。"

陈君宜一边回答,就叹了口气;仿佛那位不肯通融的钱庄经理的一副不死不活的怪脸相,就近在咫尺。同时,一团和气的杜竹斋的山羊脸也在旁边晃;陈君宜觉得这是一线希望。不料朱吟秋却冷冷地摇着头,说了这么一句含糊的然而叫人扫兴的话:

"竹斋么?——哎!"

"什么!你看来不成功么?我的数目不大,十二三万也就可以过去了。"

陈君宜急口问,眼光射住了朱吟秋的脸孔。还没得到朱吟秋的回答,那边周仲伟忽然插进来说:"十二三万,你还说数目不大!我只要五六万,可是也在没有办法。金融界看见我们这伙开厂的一上门,眉头就皱紧了。但这也难怪。他们把资金运用到交易所公债市场,一天工夫赚进十万八万,真是轻松平常——"

接着,作者又通过唐云山的话得出这样的结论:"中国不是没有钱办工业,就可惜所有的钱都化在军政费上了。"正因为如此,朱吟秋、陈君宜、周仲伟这些人一开始就陷入资金周转的困境中,后来终于因为资金不能周转而垮台。也正因为如此,吴荪甫他们才被迫自己成立益中信托公司。

第二,国内苛捐杂税加重了产品的成本,影响了产品的竞争力。

1930年前后的中国,吏治不清,税多且重。《子夜》在与日本的对比中对此也作了揭示。第二章中这样写道:

……黄奋似乎很同情于朱吟秋,却又忍不住问道:

"我就不明白为什么你们的'厂经'专靠外洋的销路?那么中国的绸缎织造厂用的是什么丝?"

"是呀,我也不明白呢!陈先生一定可以回答这个问题。"

雷参谋也跟着说,转脸看看那位五云织绸厂的老板陈君宜。

可是这位老板不作声,只在那里微笑。朱吟秋代他回答:

"他们用我们的次等货。近来连次等货也少用。他们用日本生丝和人造丝。我们的上等货专靠法国和美国的销路,一向如此。这两年来,日本政府奖励生丝出口,丝茧两项,完全免税,日本丝在里昂和纽约的市场上就压倒了中国丝。"

……此时,陈君宜也慢吞吞地发言了:

"掺用些日本丝和人造丝,我们也是不得已。譬如朱吟翁的厂丝,他们成本重,丝价已经不小,可是到我们手里,每担丝还要纳税六十五元六角;各省土丝呢,近来也跟着涨价了,而且每担土丝纳税一百十一元六角九分,也是我们负担的。这还是单就原料而论。制成了绸缎,又有出产税,销场税,通过税,重重叠叠的捐税,几乎是货一动,跟着就来了税。自然羊毛出在羊身上,什么都有买客来负担去,但是销路可就减少了。我们厂家要维持销路,就不得不想法减轻成本,不得不掺用些价格比较便宜的原料品。……大家都说绸缎贵,可是我们厂家还是没有好处!"

《子夜》重点写了两种民族工业:丝业和火柴业。丝业以外销为主,火柴业以内销为主。以外销为主的丝绸业如此,以内销为主的火柴业也是如此。第二章写道:

笑声过后,雷参谋望着周仲伟,很正经地说:

"大家都说金贵银贱是中国振兴实业推广国货的好机会,实际上究竟怎样?"

周仲伟闭了眼睛摇头。过了一会儿,他这才睁开眼来悠悠地回答:"我是吃尽了金贵银贱的亏!制火柴的原料——药品,木梗,盒子壳,全是从外洋来的;金价一高涨,这些原料也跟着涨价,我还有好处么?采购本国原料吧?好!原料税,人口税,厘捐,一重一重加上去,就比外国原料还要贵了!况且日本火柴和瑞典火柴又是拼命来竞争,中国人又不知道爱国,不肯用国货,……"

第三,关税不能保护民族工业。

以外销为主的丝绸业可以通过减免税收的方法,以增强其在国际市场上的竞争力。以内销为主的火柴业不仅可以通过减税的方式增强其竞争力,还可以通过提高外货进口税的方式加以保护。保护虽然不是经济发展的根本之策,但在一定的历史时期是有效的。然而中国自鸦片战争以来关税就不能自主。第二次鸦片战争后,中国进出口货物一般按值百抽五抽取海关税,洋货运入内地后再抽取2.5%的子口税。一共是7.5%的进口税。有时甚至达不到这个水平。在这种世界上罕见的低进口税的情况下,中国很难在贸易保护政策下发展自己的民族工业。1928年之后,随着南京国民政府与美国、德国、挪威、比利时、意大利、丹麦、葡萄牙、荷兰、瑞典、英国、法国、西班牙、日本等国家缔结新的"通商条约"或者新的"关税条约",这一现象有所改变。从1928年到1930年,进口关税的平均实际税准如下:1928年是3.9%,1929年是8.5%,1930年是10.4%。不过当时已经实行差等税率,不同类型的商品所收的关税是不同的。火柴业的关税就非常不利于中国火柴业的发展。正如有的史学家所叙述的那样:"1924年后,瑞典火柴大量输入,并收买了日本在华的火柴工厂,华商火柴业受到瑞典火柴沉重的压力,纷纷停工歇业。各地火柴业呼吁自救,1929年成立全国火柴同业联合会,派代表团向南京国民政府请愿,要求抵制洋货和救济。1931年,南京国民政府将火柴进口税由7.5%提高至40%,火柴进口锐减。"《子夜》第十六章就反映了1930年中国火柴业由于原料进口税重而火柴进口税轻所陷入的困境。小说通过"广东火柴行商业公会呈工商部的呈文"指出,当时中国"火柴入口原料,税外加税,厘里添厘",而瑞典火柴托拉斯利用"舶来火柴进口税轻,源源贬价运来,使我国成本较重之土造火柴无法销售"。

第四,世界经济危机的影响。

由于世界经济危机而造成丝价大跌。本来厂丝可以卖到900两一包,后来竟跌到600两一包,无法抛售。朱吟秋和吴荪甫先后都因此压住了资金。

第五,工人斗争和农民暴动的影响。

资本家遇到困难,就转嫁危机,克扣工人工资。而这就必然引起工人反抗。工人罢工当然会影响生产和加重产品成本。农民受压迫太重,也要发生暴动。暴动就会造成破坏。这些在小说中都有所反映。例如其中写到仅双桥镇暴动就使吴荪甫损失了10万元的资金。

第六,技术落后,管理不善,导致产品缺乏竞争力。

技术落后,管理不善也是导致民族工业陷入困境的原因之一。小说在第二章中用谐谑的笔法揭示了这一点。周仲伟常常埋怨中国人不爱国,不用国货。唐云山用桌子上的瑞典凤凰牌火柴燃着一支茄立克烟后说:"对不起,周仲翁,说句老实话,贵厂的出品当真还得改良。安全火柴不用说了,就是红头火柴也不能'到处一擦就着',和你仲翁的雅号比起来,差得远了。"第三章中吴荪甫则直接批评朱吟秋不会管理:他"又不会管理工厂。他厂里的出品顶坏,他的丝吐头里,女人头发顶多;全体丝业的名誉,都被他败坏了!很好的一副意大利新式机器放在他手里,真是可惜!——"

第七,买办金融资本家的金融封锁。

吴荪甫等工业资本家为了摆脱金融困境，联合成立了益中信托公司。赵伯韬认为这是对他的挑战，处心积虑加以破坏。他首先在朱吟秋的丝厂问题上与吴荪甫捣乱，后来又制造谣言使益中信托公司的老存户纷纷撤出自己的资金。他的目的是使民族企业陷入困境，然后由他和他的外资靠山来兼并收购。吴荪甫他们也保持警惕，并曾试图在金融市场上打败赵伯韬，但却在7月底的公债市场上折戟沉沙。

二、造成困境的最主要原因究竟是什么？

《子夜》对中国民族工业陷入困境原因的揭示相当全面，但在这众多的原因当中，究竟哪个或者哪些原因是最主要的？

在《子夜》中，不同的民族资本家陷入困境的原因有所不同。如丝厂老板朱吟秋和绸厂老板陈君宜的失败与融资困难有关，火柴厂老板周仲伟则除了融资困难之外，还与关税不合理以及当时的金贵银贱有关。但就作品中主要描写的民族工业资本家集团益中公司而言，赵伯韬的金融封锁似乎是一把悬于他们头上的达摩克利斯之剑。不过这把剑似乎始终没有落下来。赵伯韬在金融封锁方面对益中公司的实际危害并不是致命的。其主要表现就是他通过制造谣言使益中的老存户撤走自己的存款。而撤走的存款不超过十万。对于具有300多万财产的益中公司而言，算不上是大数目。所以说，从实际描写来看，《子夜》并没有将赵伯韬虚张声势的经济封锁视为中国民族工业陷于困境的最重要原因。

接着的下一个答案恐怕就是益中信托公司在公债市场上被赵伯韬打败这一事件了。吴荪甫他们确实是被赵伯韬打败的。但我们认为，赵伯韬在公债市场上对于益中公司的胜利说明他在这一领域是有优势的，他的胜利给吴荪甫和益中信托公司造成了重创。但公债市场并不是民族工业资本家必须介入的领域。民族工业资本家与赵伯韬在公债市场搏斗时他们的角色已经变了。赵伯韬在公债市场上对他们的胜利并不代表买办金融资本对民族工业资本压迫的成功。赵伯韬的胜利也不能说明买办金融资本是造成中国民族工业困境的重要因素。

那么，究竟什么才是造成民族工业发展困境的最主要原因呢？在作者笔下，战争才是造成这一切的真正祸首。小说第十七章写益中公司在遇到了资金困难时将他们盘进不久的八个小厂又盘了出去。但盘出去的根本原因并不是资金困难。而是当时的民族企业因为战争的原因已经处于赔钱状态。当孙吉人提出要讨论益中还能够维持多久时，作者写道："孙吉人这话刚出口，王和甫就很沮丧地摇头，吴荪甫摸着下巴叹气。用不到讨论，事情是再明白也没有的：时局和平无望，益中那八个厂多维持一天就是多亏一天本，所以问题还不在吴荪甫他们有没有能力去维持，而在他们愿意不愿意去维持。他们已经不愿意，已经对于企业灰心！"他们为什么会对企业灰心呢？在同一章中吴荪甫说："能进能退，不失为英雄！而且事情坏在战事延长，不是我们办企业的手腕不行！"王和甫也说："荪甫！我们这次办厂就坏在时局不太平，然而这样的时局，做公债倒是好机会！我们把办厂的资本去做公债！再和老赵斗一斗！"从这里可以清楚地看到，不仅吴荪甫和王和甫，包括隐含作者在内，都有一个共识：战争的延长才是益中公司盘出八个小工厂的根本原因。

三、矛盾的形成与化解

一方面,作者将赵伯韬作为民族工业资产阶级的主要敌人来描写,另一方面,在实际描写中又没有将外资的压迫写成造成民族工业陷于困境的最重要原因。这里显然存在着构思上的矛盾或者对位的偏离。而应当如何理解这一矛盾的形成呢?

我们认为,这应当从作者对当时社会的基本认识与对1930年民族工业困境的具体认识之间的矛盾中去寻找原因。

按茅盾自己的说法,1930年关于中国社会性质的大讨论对《子夜》的创作有思想启发作用。有学者认为茅盾这一解释是1939年补加的,未必符合实际。而我们认为,茅盾的这一解释可能有一定的夸大成分,但他在大论争中接受左翼观点则是可信的。中国共产党1922年7月通过的《中国共产党第二次全国代表大会宣言》,已经将中国视为列强的"殖民地"了。1930年关于中国社会性质的大论争只是在此基础上的更深入更细致的讨论。作为一个早期中共党员,茅盾认同中国社会性质是半殖民地的说法,顺理成章。

关于中国近现代是半殖民地半封建社会的理论基本正确,但在接受这一理论时也不能忘记对每个时段作具体研究。可以这样认为,从鸦片战争至1928年,中国的半殖民地社会性质相当明显。关税不能自主就是最好的证明。但1928年国民政府与各国换约之后,问题就变得复杂了。可以说情况在发生变化,但还没有彻底改变。例如中国的关税状况开始逐步好转,但至1930年,中国关税方面的自主权仍未充分行使。因此导致中国火柴业在市场竞争中的不利地位。茅盾是相信这一理论的。仅从《子夜》来看,描写赵伯韬的金融封锁,点出关税问题,都体现了这一认识。甚至作品在解释南北大战的起因问题上,也体现了这一观点。比如《子夜》第九章中李玉亭就因看到这样一张传单而大惊失色:"军阀官僚豪绅地主买办资产阶级,在帝国主义指挥之下联合向革命势力进攻,企图根本消灭中国的革命,然而帝国主义以及中国统治阶级内部的矛盾亦日益加深,此次南北军阀空前的大混战就是他们矛盾冲突的表面化,中国革命民众在此时期,必须加紧——"从作品来看,作者是基本同意传单上的看法的。这表明,在作者眼中,南北大战的背后也有帝国主义的身影。

因此可以判断,在《子夜》中,将赵伯韬与吴荪甫两大财团的争斗作为主线,应当与茅盾相信"中国在帝国主义的压迫下,是更加殖民地化了"的判断有关。当然,除此之外,这一构思也与艺术效果上的考虑有关。一部小说,主人公没有强有力的对手,情节没有一系列有连贯性的冲突,难以形成必要的戏剧性效果。

但茅盾根据自己的观察,又发现买办金融资本家并没有那么大的威力,于是为了与大的设想相统一,他又不得不在描写过程中渲染赵伯韬经济封锁的威胁,同时让他在公债市场上打败民族工业资本家。但当描写民族企业的失败原因时,作者仍然将其主因归于南北大战的延长。从《子夜》的构思和具体描写中,我们可以看到左翼理论对作者的影响,同时也体现了作者的现实主义创作精神。

实际上,《子夜》反映的社会内容是非常丰富的。绝非如作者后来所说,"这样一部小说,当然提出了许多问题,但我所要回答的,只是一个问题,即是回答了托派:中国并没有走向资本主义发展的道路,中国在帝国主义的压迫下,是更加殖民地化了。"当我们了解了《子夜》的构思与描写中的矛盾之后,我们就可以不囿于作者原来对作品的阐释,而通过重新阐释作品的中心内容可以在一定程度上化解掉以往的阐释给读者带来的阅读障碍,使读者的阅读更加顺畅。我们对《子夜》中心内容的阐释是:《子夜》通过实写 1930 年上海的金融工业界,大视野地反映了当时中国的社会现实和政治走向。作品除了对中国民族工业发展的困境和失败原因作了生动而深刻的反映外,还描写了当时社会的众生百态,并暗示出中国社会主义革命的前景。小说体现了当时左翼知识分子对所处社会的审美认知。

2016 年 8 月完成于北京

从汪蒋之争到"回答托派"：茅盾对《子夜》主题的改写

妥佳宁
内蒙古科技大学文法学院　内蒙古　包头　014010

摘要：《子夜》的创作动机被长期解读为"回答托派"，即用小说写作来阐释在帝国主义压迫下，中国的民族资产阶级始终无法战胜买办阶级而发展中国的资本主义经济。事实上，茅盾虽接受瞿秋白指导，但直到成书之后仍未能深入理解所谓"托派"观点并予以有力回答；反而在揭示"立三路线"的过程中与某些所谓"托派"观点达成"共鸣"。在小说《提要》和现存大纲及前四章等手迹当中，茅盾笔下所谓"民族资产阶级"与"买办"，更多地呈现为实业与金融之间的对立掣肘。茅盾之所以不能很好地"回答"托派，正是因为小说中实业与金融背后的汪派与蒋派之争，其实是从宁汉对立到宁汉合流的1927年茅盾亲身革命经历，在1930年上海的再度展现。小说结局由原来设计的吴荪甫与赵伯韬在红军四起的形势下握手言和，按瞿秋白要求改写为民族资产阶级无法战胜买办，虽符合了"回答托派"的意识形态要求，却遮蔽了茅盾原本对中国社会的把握与言说方式。

关键词：《子夜》　托派　革命　茅盾　瞿秋白

1939年，茅盾在新疆演讲时，对《子夜》的写作动机作出定性："这样一部小说，当然提出了许多问题，但我所要回答的，只是一个问题，即是回答了托派：中国并没有走向资本主义发展的道路，中国在帝国主义的压迫下，是更加殖民地化了。"[①]这为后来很长时期内的《子夜》解读模式奠定了基调，即在帝国主义压迫下，中国民族资产阶级始终无法战胜买办阶级而发展中国的资本主义经济，以此"回答托派播散的中国已是资本主义社会的谬论"[②]。这种解读也相应地成为文学史中的经典论断；甚至质疑《子夜》艺术成就的论者，同样以"回答托派"作为小说"主题先行"的论据[③]。

然而，《子夜》究竟是如何回答所谓"托派"的？众所周知，在《子夜》的写作过程中茅盾曾受过瞿秋白的指导，并有所改写。1931年4月，茅盾携部分已成小说原稿及各章大纲拜访瞿秋白，并在此后详谈一到两周。瞿秋白建议茅盾"改变吴荪甫、赵伯韬两大集团最后握手言和的结尾，改为一胜一败。这样更能强烈地突

---

① 转引自茅盾：《〈子夜〉是怎样写成的》，《战时青年月刊》第2卷第3期，1939年。该文最初发表于1939年6月1日《新疆日报·绿洲》，原题为《茅盾谈〈子夜〉是怎样写成的》。
② 唐弢主编：《中国现代文学史》（二），人民文学出版社1979年版，第168页。
③ 蓝棣之：《一份高级形式的社会文件——重评〈子夜〉》，《上海文论》1989年第3期。

出工业资本家斗不过金融买办资本家,中国民族资产阶级是没有出路的"。① 瞿秋白的这种指导,显然出于所谓"回答托派"的意图。既然小说原来设计的吴赵握手言和的结尾,并不利于"回答托派",那么茅盾在接受瞿秋白这样的指导之前,究竟如何理解吴赵之争?所谓的"回答托派",又具体指谁,其观点究竟如何?

这不但要重新考察当年关于中国社会性质的论战,更要细致辨别茅盾小说创作过程中不断改写的无数文本"碎片",厘清其中细节与1930年代中国社会历史乃至更早时期茅盾所经历的革命实践之间复杂的纠葛。只有真正回到文本与史实构成的"民国历史情境"本身,才能逐一解答文学与当时社会历史之间的具体问题,进而探寻建立在这些"碎片"之上的"宏大"意义。

一、《子夜》与中国社会性质的论战

在讨论茅盾对《子夜》主题的阐释时,往往被忽略的是,茅盾1939年这次演讲所处的新疆尽管带有"赤化"色彩,却处于盛世才标榜"亲苏"的特务统治之下。就在茅盾抵达迪化前,盛世才在1937年12月途经新疆回国的康生等人授意下,以"托派"罪名逮捕了之前由苏联派往新疆工作的中共党员俞秀松,蓄意制造了"大阴谋案"。后俞秀松被押往苏联,1939年被判处死刑。而俞秀松不仅与茅盾同为中共早期创建者,在新疆时更化名王寿成担任新疆学院院长。这样,茅盾在新疆演讲不能不鲜明地亮出批判"托派"的态度。

但日后对《子夜》的解读模式,并不由这次演讲的偶然性决定,而是由小说本身与这一问题的纠缠以及日后的意识形态环境所决定的。无论茅盾在此次演讲之前是否曾经提及《子夜》要"回答托派"或思考中国社会性质论战的问题②,至少经瞿秋白指导后的《子夜》写作过程,已不可避免地与关于中国社会性质的论战产生了联系③。茅盾后来曾再次解释《子夜》与中国社会性质论战的关系:

> 剩下一个问题不可以不说几句:这部小说的写作意图同当时颇为热闹的中国社会性质论战有关。当时参加论战者,大致提出了这样三个论点:一、中国社会依然是半封建半殖民地的性质;打倒国民党法西斯政权(它是代表了帝国主义、大地主、官僚买办资产阶级的利益的),是当前革命的任务;工人、农民是革命的主力;革命领导权必须掌握在共产党手中。这是革命派。二、认为中国已经走上了资本主义道路,反帝、反封建的任务应由中国资产阶级来担任。这是托派。三、认为中

---

① 茅盾:《〈子夜〉写作的前前后后——回忆录[十三]》,《新文学史料》1981年第4期。
② 曹万生较早注意到了《子夜》与关于中国社会性质论战的关系并不那么单一,但他认为,所谓"回答托派"的说法是茅盾1939年才首次提及的,此前的小说创作过程中和《子夜》后记中都未出现,而是1937年何干之对关于中国社会性质论战加以总结并给予定性之后,尤其是1938年毛泽东公开肯定论战中使用的"半殖民地半封建社会"说法后,茅盾才用这样的说法来解释《子夜》。见曹万生:《茅盾的市民研究与〈子夜〉的思想资源》,《西南民族大学学报》2006年第9期。
③ 毛夫国在曹万生论证基础上认为,"回答托派"并非《子夜》创作时的真实意图,由此质疑"重写文学史"浪潮中以"回答托派"作为论据来判定《子夜》"主题先行"的做法。见毛夫国:《再论〈子夜〉的"主题先行"》,《文艺理论与批评》2015年第6期。

国的民族资产阶级可以在既反对共产党所领导的民族、民主革命运动,也反对官僚买办资产阶级的夹缝中取得生存与发展,从而建立欧美式的资产阶级政权。这是当时一些自称为进步的资产阶级学者的论点,《子夜》通过吴荪甫一伙的终于买办化,强烈地驳斥了后二派的谬论。在这一点上《子夜》的写作意图和实践,算是比较接近的。①

如茅盾所述,参与论战者可以大致分为"革命派"、"托派"和"资产阶级学者"三派。这场论战并非单纯的学术讨论,而是在1927年国共分裂进而争论以往国民革命乃至未来中国革命性质的背景下产生的②。1928年,戴季陶、陈果夫、陈布雷、周佛海等在上海创办《新生命》月刊,"检讨"国民党在此前国民革命中清共的不力③。10月,陶希圣在此发表《中国社会到底是什么社会?》,随后在新生命书局出版《中国社会之史的分析》及《中国社会与中国革命》,1930年,陶希圣又在《新生命》月刊发表《中国之商人资本及地主与农民》,称:"中国社会是金融商业资本之下的地主阶级支配的社会,而不是封建制度的社会。"④

对陶希圣的古代社会分期⑤,避居日本的郭沫若有不同观点⑥。而受当时中共中央宣传部及中央文委的直接干预⑦,创造社刊物《新思潮》在1930年第4期发起征文,其中一个题目便是"中国是资本主义的经济,还是封建制度的经济?"⑧,这一期上还刊登了丘旭的《中国社会到底是什么社会?——陶希圣错误意见之批评》⑨。作为"中国经济研究专号",《新思潮》第5期发表了中共中央宣传部秘书潘东周、中央文委委员王学文(郑景)等人的一系列论文,由中国社会性质问题的讨论,来肯定"反帝""反封建"的革命任务依然要由中共领导⑩。中共中央文委书记朱镜我等主编的《新思潮》月刊,也就成为后来茅盾描述中的"革命派"。这一期《新思潮》的《编辑后记》明确了刊发这些论文的最主要目的,倒不全是驳斥国民党

---

① 茅盾:《再来补充几句》,《子夜》,北京:人民文学出版社,1977年,第576页。
② 卢毅:《论20世纪二三十年代的中国社会性质问题论战》,《徐州师范大学学报》2008年第4期。
③ 周佛海:《今后的革命》,《新生命》第1卷创刊号,1928年。
④ 见陶希圣:《中国社会到底是什么社会?》(《新生命》第1卷第10期,1928年)、《中国社会之史的分析》(上海:新生命书局,1929年)、《中国社会与中国革命》(上海:新生命书局,1929年)、《中国之商人资本及地主与农民》(《新生命》第3卷第2期,1930年)。
⑤ "陶希圣1929年5月所著《中国封建社会史》,主张周代为封建社会,春秋之际,封建制度开始分解,因此秦汉以降不能称封建社会。"见冯天瑜:《史学术语"封建"误植考辨》,《学术月刊》2005年第3期;陶希圣:《中国封建社会史》,上海:上海南强书局,1929年。
⑥ 郭沫若认定周代为奴隶社会,秦代进入封建社会。见郭沫若:《诗书时代的社会变革与其思想上的反映》(《东方杂志》1929年第26卷第8、9、11、12号)、《中国古代社会研究》(上海:上海联合书店,1930年)。
⑦ 王慕民:《关于"新思潮派"的几点思考》,《历史教学》2000年第8期。
⑧ 《新思潮社第一次征文题目并缘起》,《新思潮》1930年第4期。
⑨ 丘旭:《中国社会到底是什么社会?——陶希圣错误意见之批评》,《新思潮》1930年第4期。
⑩ 潘东周:《中国经济的性质》;吴黎平:《中国土地问题》;向省吾:《帝国主义与中国经济》;李一泯:《中国劳动问题》;向省吾:《中国的商业资本》;郑景:《中国历史上两次最大的农民暴动》。见《新思潮》1930年第5期。

的相关论述，而主要是反对所谓的"取消派"：

> 然而，事实上竟有一派自命理论家的人们，竟非主张中国是资本主义的社会，因而说现在的统治阶级是资本家的民族资产阶级，目前的军阀混战的局面是甲派资本家集团与乙派资本家集团的对战；他们竟认定中国封建势力已经扫除，帝国主义已经对民族资产阶级让步，所谓资产阶级性的民权革命已经完成其任务，目前没有任何革命征兆，一切农民底反抗统治阶级底行动只不过是大革命后的"余波"，工人运动之非合法的斗争行动，只不过是一种盲动。于是，他们一齐地反对中国革命的十大政纲，一齐地破坏工人群众之政治斗争，一齐地取消学生群众以及城市小资产阶级底为自由而斗争的运动，而自命为真正的革命党人。这就是今日中国的所谓取消派的中国革命论，同时也就是他们一派的政治路线之根本观点及其实际行动之总策略之中心。①

所谓"取消派"，原是1905年俄国革命失败后，布尔什维克对孟什维克中持"取消革命行动"观点者的称谓②。这里"今日中国的所谓取消派"，正是对当时出现的中国托派的一种叫法。托派，即托洛茨基派，是1927年正式与斯大林派决裂的苏共派别，后又逐步发展成为一个国际"共运"组织。托洛茨基③(1897—1940)，是与列宁共同领导俄国革命的苏共元老。1905年俄国革命时期，托洛茨基提出"无间断革命"论④，主张资产阶级民主革命与无产阶级革命的"无间断"发展过渡，即要求无产阶级在反对沙俄统治的资产阶级民主革命中，迅速争夺革命领导权；1917年，托洛茨基与列宁共同领导"十月革命"后，成为苏共最高领导人之一。列宁逝世后，托洛茨基与斯大林及共产国际在中国革命等问题上分歧严重，托洛茨基反对中共加入国民党的国共合作方式，更强调无产阶级革命领导权，主张将国民革命"无间断"地发展为无产阶级革命。1927年"四·一二"之后，托洛茨基主张中共退出武汉国民政府，建立苏维埃政权，完成无产阶级革命。中国革命失败后，托洛茨基与斯大林的争论白热化，认为斯大林当为中国革命失败负责，而共产国际则将责任归于陈独秀等中共领导人。至此苏共及中国留苏学生都分裂为两派⑤。1927年12月，苏共十五大批准了开除托洛茨基党籍的决定，开始在苏联全国肃清托派分子，托洛茨基被流放到哈萨克，中国留学生中的托派也被遣返回国。1928年7月，托洛茨基的《中国革命的总结与前瞻》等文章，强调"资本主义关系在

---

① 《编辑后记》，《新思潮》1930年第5期。
② 查1928年汉语语境中该词的用法："8.取消派——九〇五年在俄国革命后的反动时代，孟什维克底一部分主张取消对于政权底直接的革命行动，即是把以前的作个总结算，主张工人必须与资产阶级自由主义者同作政治运动。"见《新术语》，《思想》1928年第2期。
③ 即托洛茨基，文章所涉时代翻译为托洛茨基。本文保持时代色彩，均写为托洛茨基。
④ 中文多译作"不断革命"，瞿秋白将其译作"无间断革命"，彭述之译为"永续革命"(郑超麟：《瞿秋白与托洛茨基不断革命论》，《郑超麟回忆录》下，北京：东方出版社，2004年，第294页)。汉语中"不断"一词有"反复"、"没完没了"之意，故此处采用瞿秋白译法以避免产生歧义。
⑤ 王凡西：《双山回忆录》，北京：东方出版社，2004年，第67页。

中国的绝对优势,它的直接的统治"①与斯大林关于中国"半殖民地地位和帝国主义的财政经济的统治"论述完全相反②,在共产国际第六次代表大会期间引起各国代表强烈反响,一些代表回国后纷纷成立托派组织③。至1929年,托洛茨基本人也被苏联政府驱逐出国。留学苏联归来的托派成员严灵峰,1930年在中国托派刊物《动力》创刊号上发表《"中国是资本主义的经济,还是封建制度的经济"?——应〈新思潮〉杂志之征》,回应《新思潮》的征文。他批判王学文等新思潮社的观点,认定"中国社会经济中是资本主义成分占'支配'或'领导'的地位"④。《动力》随即成为托派表达类似观点的阵地。所谓《子夜》"回答托派",也就是要否定这样一种关于中国已经发展到资本主义社会的观点。而上述三派的分歧,绝不仅仅是对此时中国社会性质看法不同,更来自于对此前国民革命性质与任务的不同理解。这场关于中国社会性质的论战,很大程度上是立场之争,各派出于不同立场分别发展出各自的理论为其意识形态服务,甚至有时刻意保持与对方的意见相反,呈现一种先有立场,后发展出基本理论的逆向发展轨迹。

然而,经常被忽略的是,在托洛茨基与斯大林及共产国际就国共合作问题发生分歧之初,中共内部也相应地出现了广州和上海两种对国共合作的不同态度。上海的中共中央尤其是陈独秀等,最初并不乐于积极同国民党合作北伐,更倾向于群众运动;而亲赴广州的瞿秋白等,则按共产国际指示积极促成国共合作,以北伐的战争方式推动革命。到中共五大及八七会议前后,由于对革命形势的判断不同,中共内部的这种分野发生了巨大转折。在共产国际新的指示下,瞿秋白等组建新的中央,积极开展军事活动,脱离武汉国民政府,而将革命失败的责任归于陈独秀等。从苏联陆续回国的留学生带回托洛茨基讨论中国问题的文件,宣传托洛茨基思想。这些思想辗转影响到被排挤出中央的陈独秀、彭述之等人,逐步被陈独秀等有限度地接受⑤,在国内先后成立了一系列托派组织,分别出版《我们的话》、《无产者》、《十月》和《战斗》等刊物,并于1931年一度统一⑥,被当时的中共中央称为"陈托取消派"。但是,部分中国托派也并不完全认可陈独秀。

在一系列中共中央文献及上述《新思潮》的《编辑后记》中,所谓"取消派"的叫法,乃是出于中共中央对该派观点的反对⑦,认为其关于中国已经是资本主义社会的观点,等于取消了"反帝""反封建"的革命任务⑧。中国托派当然不会自视为"取消派",而是按照苏联托派的叫法自称"布尔什维克—列宁派"、"列宁主义者左翼

---

① [苏联]托洛茨基:《中国革命的总结与前瞻——它对东方国家和整个共产国际的教训》,托洛茨基著,施用勤译:《托洛茨基论中国革命(1925—1927)》,西安:陕西人民出版社,2011年,第263~301页。
② 斯大林:《中国革命问题》,《论反对派》,上海:中华书局,1932年,第259~263页。
③ 唐宝林:《简论中国托派》,《中共党史研究》1989年第1期。
④ 严灵峰:《"中国是资本主义的经济,还是封建制度的经济?"——应〈新思潮〉杂志之征》,《动力》第1卷第1期,1930年。
⑤ 郑超麟:《回忆录·左派反对派》,《郑超麟回忆录》上,第321~322页。
⑥ 参见唐宝林:《中国托派史》,台北:东大图书公司,1994年。
⑦ 尼司编:《陈独秀与所谓托派问题》,广州:新中国出版社,1938年,第6~7页。
⑧ 棠:《取消派对于中国经济认识的错误——帝国主义与中国经济》,《新中国》第1卷第1期,1933年。

反对派"或"左派反对派"等,并反将中共中央称为"干部派"。那么,在托派看来,中国社会性质和革命性质的问题,究竟应作何解?事实上,托派自认为坚持无产阶级革命,而国共合作的国民革命的"反帝""反封建",在其眼中仅仅是争取中国的独立和民主,还不是最高目标。托派认为,如果不及时将这样的资产阶级民主革命"无间断"地过渡为无产阶级革命,其结果便是"人们转移了工农群众对于本国压迫者的仇恨,去恨帝国主义,外国压迫者"①。

1928年在莫斯科召开中共六大后,瞿秋白不再担任中共中央高层职务,被留在苏联。1930年从苏联归来的瞿秋白,此后之所以要求茅盾改写小说结尾,其中的一个重要原因,便是斯大林派和托派之争已经波及中共内部。中国社会性质论战的焦点,已不再是国共之间对革命性质的争论,而成为中共内部中央与所谓"取消派"之间就中国革命是否仍需"反帝""反封建"问题展开的争夺②。一旦茅盾小说表现出上述《编辑后记》中所指摘的观点,譬如"现在的统治阶级是资本家的民族资产阶级,目前的军阀混战的局面是甲派资本家集团与乙派资本家集团的对战",那就不仅是缺乏对所谓"取消派"观点的批判,反而将有可能成为典型的"托派"言论。这显然是瞿秋白不愿看到也不能允许出现的。

由此可见,茅盾这部小说虽然与中国社会性质论战的思想背景存在密切关系,但创作之初却完全没能"有力"地否定所谓"托派"观点,反倒与之不无"共鸣"之处。那么,茅盾在小说中究竟如何描绘并评判所谓托派观点呢?

二、托派对工人运动的态度及茅盾的描绘

由于小说描写共产党多集中于罢工部分,故《子夜》中出现的"取消派"观点,主要在对罢工领导者的相关描绘当中③。在中共地下工作者玛金与苏伦散会后的单独对话中,苏伦说:"看到底:工作是屁工作!总路线是自杀政策,苏维埃是旅行式的苏维埃,红军是新式的流寇!"④被玛金认为"和取消派一鼻孔出气"的党员苏伦,其观点虽然包含了托派对苏维埃和红军问题的不同看法,却并不能显示现实中托派对罢工问题的真正态度。

1933年《子夜》出版后,瞿秋白所作、鲁迅修改并以鲁迅笔名"乐雯"于4月2

---

① 郑超麟:《回忆录·进潮或退潮?》,《郑超麟回忆录》上,第278页。
② 彭维锋:《在文学与政治之间:瞿秋白左翼时期的文艺思想研究》,北京:新华出版社,2008年,第33~43页。
③ 此外,在未受瞿秋白影响的《提要》,和接受瞿秋白建议后重新写成的现存大纲手稿中,茅盾多次提及"取消派"。在《提要》所列"工贼"形象中,最后一种即为"属于取消派者"。而吴荪甫与罢工工人之间的第三次斗争,茅盾设计了"罢工指导者之间发生了不同的意见,工贼中间,亦有蒋派,改组,取消,及资本家雇佣工贼四者之间的暗斗。工人中分裂"(茅盾:《子夜(手迹本)》,北京:中国青年出版社,1996年,第449页;452页)。在现存大纲第十三章纸页空白处,茅盾列下了与罢工运动相关的22个相关人物,其中"左派女工"何秀妹、张阿新、陈月娥,均属"立三路线者",而"工贼"只见蒋派、改组派和资本家雇佣者,并未出现具体的取消派"工贼"形象,仅有中共罢工领导者苏伦属于"取消主义倾向者",也非托派组织成员(茅盾:《子夜(手迹本)》,北京:中国青年出版社,1996年,第477~478页)。
④ 茅盾:《子夜(手迹本)》,第368页。

日和 3 日在《申报·自由谈》上发表的《〈子夜〉与国货年》，在评论《子夜》之余，不忘对上海某些民族资本家在 1933 年元旦发起国货年运动加以讽刺①。而紧接着的 1934 年又被命名为妇女国货年，并在上海举行国货公司元旦花车游行，其中最为显眼的就是上海美亚绸厂的丹凤花车②。上海美亚绸厂由民族资本家莫觞清于 1920 年创办，1925 年后在沪已先后设立六个分厂，"合计有织机五百余台，每月出品可达一万余疋，每年营业约计三百五十万元"③。此后又不断扩充，甚至被上海的《国货月报》尊为"诚我国丝织业最大之工厂也"。尽管《子夜》所写裕华丝厂并非绸缎厂，而是出产织用的原料蚕丝厂经，但吴荪甫丝厂的规模巨大，且不断扩充，吞并有陈君宜的绸厂，正可与上海美亚绸厂相比较。更重要的还在于，小说与现实中两厂均发生大罢工。由于资方削减工资④，1934 年 3 月 3 日起美亚绸厂十个分厂四千多工人一致罢工。后资本家联合法租界巡捕房予以镇压，造成"三·一一"惨案。罢工工人先后向上海市政府和社会局请愿，均遭镇压，终被迫复工，罢工失败⑤。而对现实中这样一场与小说描绘极为相仿的罢工，中共中央和托派作出了不同的表态。由此也可间接得知，在中共中央与托派眼中，《子夜》所描绘的罢工及其失败究竟意味着什么。

当时已经撤到中央苏区的中共中央，在其主导的中华苏维埃政府机关报《红色中华》上⑥，将正在进行的美亚绸厂罢工视为各家"绸厂总罢工已经开始"，并且以宣传攻势强调这次罢工"粉碎了取消派的破坏阴谋"⑦。而托派刊物《火花》则在罢工失败后讨论《美亚绸厂工人罢工失败的原因及教训》，承认该派曾致信罢工委员会，但未能完全争得领导权；并提出既与《红色中华》观点不同，又与《子夜》所描绘的"取消派"观点也不相同的看法：

> 但罢工惨败的直接原因，则是四月十五日向社会局请愿时及被驱散后，未能紧把握住工人情绪的变化而为及时的策略的转变。在包围社会局时，罢工领导者不知道在美亚工人孤军独战，无广大工人群众实力拥护，不足以威胁国民党形式之下，在国民党市政府已奉有蒋介石命令早具决心压迫美亚工人斗争情形之下，在美亚工人大奋斗月余，精神疲敝，不堪再受流血摧残情形之下，如果包围社会局时间太久，不适可而止，则国民党政府为维持其统治威权，必将以武力压迫工人，

---

① 对瞿秋白和鲁迅合写该文的考证，见丁景唐、王保林：《谈瞿秋白和鲁迅合作的杂文——〈《子夜》和国货年〉》，《学术月刊》1984 年第 4 期。
② 《妇女国货年》，《东方杂志》第 31 卷第 3 期，1934 年，封里照片。
③ 《美亚织绸厂小史》，《国货月报》第 1 卷第 3 期，1934 年。
④ "美亚的工资于去年七月，曾经有过一次九折的减削，此次绸织企业家集议之后，美亚厂方又于这九折工资之上，再行七折或七五折，这即是说，不出一年，工资逐次减低百分之四十。"见狱生：《上海美亚织绸厂工潮纪实》，《女青年月刊》第 13 卷第 5 期，1934 年。
⑤ ［美］裴宜理著，刘平译：《上海罢工：中国工人政治研究》，南京：江苏人民出版社，2001 年，第 259～272 页。
⑥ 早在 1932 年，《红色中华》的主编王观澜即因"重大托派嫌疑"而被苏区中央局免职并一度开除党籍。
⑦ 《风起云涌的白区工人斗争》，《红色中华》第 171 期第 4 版，1934 年。

而使疲敝工人再受流血的打击。因此，他们使工人慢无限制包围下去，以致终不免于狼狈的溃退，而造成惨败的前提。但在工人被武力驱散以后，如能立即把握住工人情绪已经颓丧，已经对罢工失望，这一点，而敏捷的设法恢复工人的情绪并作策略的转变，则仍不至于召致这样悲惨的失败。但不幸，这时，工人领袖多已被扣留被逮捕，史大林派的官僚们既溜之不见，而反对派自己又不能提出这样及时转变策略，因之，使工人徘徊恐慌数日之久，不知出路何在。结果，资本家以停伙食，解雇的手段，更进一步向工人压迫。精尽力竭的工人们更不能支持，于是便零乱的无条件的复了工。①

中共中央与托派在《红色中华》与《火花》上分别从各自立场分析了这场罢工。尽管《子夜》描绘的是美亚此次罢工前四年的1930年"立三路线"指导下上海各行业大罢工，但仍可与1934年的美亚大罢工就各派态度作一番对比。《子夜》描写裕华丝厂罢工出现失败迹象和工人党员被抓的严峻形势时，中共罢工领导者克佐甫要求第二天再次罢工，玛金却提出不同意见②：

"我主张总罢工的阵线不妨稍稍变换一下。能够继续罢下去的厂，自然努力斗争；已经受了严重损失的几个厂，不能再冒险，却要歇一口气！我们赶快去整理，去发展组织；我们保存实力，到相当时机，我们再——"

玛金的话立刻被克佐甫打断，遭到严厉指责：

"你这主张就是取消了总罢工！在革命高潮的严重阶段前卑怯地退缩！你这是右倾的观点！"

克佐甫虽然使用了"取消"和"右倾"等词汇，但仅是出于对玛金的警告与提醒，并未认定玛金是所谓"取消派"或托派。然而，小说中玛金对裕华丝厂罢工问题的观点，与现实中托派对美亚绸厂罢工的观点颇有相通之处。茅盾如此描绘中共罢工领导者的意识，虽然是出于对"立三路线"过激倾向的批判，但在另一方面却显然未能完全与托派思想划清界线。其原因倒不是茅盾与哪一托派组织有任何关联，而是因为流亡日本刚刚归来的茅盾，从根本上并不能完全明白当时的托派观点究竟如何，或何种曾经"正确"的观点现在已被划入"托派"观点而不允许再提。他仅仅从瞿秋白对所谓"取消派"的批判中了解到一些中共中央对该派观点的描绘，故而小说中才会出现对苏伦那些"看到底"观点的描绘。

茅盾写作《子夜》过程中，虽按照瞿秋白所解释的党的政策"何者是成功的，何者是失败的"来"据以写后来的有关农村及工人罢工的章节"③，但终只在表层按中

---

① 宇：《美亚绸厂工人罢工失败的原因及教训》，《火花》第2卷第4期，1934年，落款"六月，十五日"。
② 茅盾：《子夜(手迹本)》，第362页。
③ 茅盾：《〈子夜〉写作的前前后后——回忆录[十三]》，《新文学史料》1981年第4期。

共中央对"取消派"观点的描绘予以批判,让玛金怒斥并拒绝苏伦,而未能从小说情节与细节描绘上体现与托派的清晰界线,反倒让玛金自己对罢工运动的态度与托派观点发生了某种"共鸣"。可见《子夜》写作直到成书之后,仍未能彻底完成瞿秋白的意识形态意图,尤其没有很好地回答托派。相反,倒是瞿秋白,在后来更为详尽的《读子夜》一文中,不忘借助玛金"恋爱要建筑在同一政治立场上"的"真正的恋爱观",指出被她拒绝的苏伦"取消派"立场的不正确[①]。

既然茅盾当时并未能深入理解所谓"托派"观点并予以有力回答,甚至与某些托派观点不无相近,那么在瞿秋白特定意识形态诉求之外,茅盾究竟从哪里获得了他关于中国社会性质的认识?小说中被瞿秋白解读为"民族资产阶级"与"买办"的对立,到底有着茅盾本人怎样的现实经验作基础?这些问题的答案,应首先在受瞿秋白影响之前写成的小说《提要》和前四章手稿当中寻找[②]。而此外的章节当中,只有部分痕迹残留下来。

三、实业与金融背后的汪派和蒋派

小说是否能够很好地回答托派,关键在于如何判断中国社会的性质,也就是如何描绘"民族资产阶级"与"买办"的斗争成败。回到《子夜》即可发现,所谓"民族资产阶级"与"买办"的对立,在小说中更多地呈现为实业与金融之间的冲突;与其说是"民族资产阶级"无法战胜"买办"来发展中国的资本主义,不如说是1930年中国金融发达而实业凋敝的经济怪象的写照。

在受瞿秋白指导之前已经写成的小说手稿第一章结尾处,吴老太爷昏厥将死,吴荪甫、杜竹斋等家人亲属挤在小客厅里忙乱。张素素问经济学教授李玉亭:"你看我们这社会到底是怎样的社会?"李玉亭回答:"这倒难以说定。可是你只要看看这儿的小客厅,就得了解答。这里面有一位金融界的大亨,又有一位工业界的巨头;这小客厅就是中国社会的缩影。"[③]借李玉亭之口,将实业与金融的并立作为"中国社会的缩影",显然是小说的点睛之笔。整部作品都围绕着工业资本家吴荪甫和金融家赵伯韬在借贷、公债和罢工三条战线上的斗争展开。吴荪甫最后因同样作为金融家的姐夫杜竹斋倒戈赵伯韬,以致彻底失败。一旦忽视小说所描绘的金融与实业相互掣肘甚至对立,而仅仅着眼于"民族资产阶级"与"买办"这样的阶级话语表述,固然可以看到小说后来对所谓"托派"的回答,却遮蔽了茅盾原有的社会认知视角。

---

① 原文见施蒂尔:《读〈子夜〉》,《中华日报·小贡献》1933年8月13、14日。本文引自瞿秋白:《读〈子夜〉》,瞿秋白著,朱正编:《论〈子夜〉及其它》,天津:百花文艺出版社,1985年,第123~124页。
② 对《子夜》成书谱系进行详实考证的汉学家冯铁发现,现存手稿的前四章,正是未经瞿秋白建议修改的原写作稿。[瑞士]冯铁著,李萍译:《由"福特"到"雪铁笼"——关于茅盾小说〈子夜〉(1933年)谱系之思考》,[瑞士]冯铁著,火源、史建国等译:《在拿波里的胡同里》,南京:南京大学出版社,2011年,第456~479页。
③ 茅盾:《子夜(手迹本)》,第23页。

现存的小说《提要》手稿,是茅盾否定了最初构思的三个记事珠之后①,重新确定的写作提纲,更早于前四章手稿的写作,同样未受瞿秋白指导的影响。《提要》首先列出了"两大资产阶级的团体":"吴荪甫为主要人物之工业资本家团体"和"赵伯韬为主要人物之银行资本家团体"。介绍双方的政治背景时,手稿原文写着"工业资本家倾向改组派","银行资本家中,赵伯韬是蒋派"。在"改组派"几个字旁边的空白处,茅盾用另一种较粗的笔迹标明"即汪精卫派"②。所谓改组派,正式名称是"中国国民党改组同志会",是宁汉合流后汪精卫遭排挤暂赴海外时,国民党内部反蒋的政治派别。1928年陈公博等创办《革命评论》,将海外的汪精卫奉为领袖,宣扬恢复"民国十三年的国民党改组精神"③,汪蒋之争成为当时国民党内部最为严重的冲突。到1930年中原大战期间,冯、阎、桂、粤军阀联合起来与蒋派中央军争夺革命正统,拉拢汪精卫在北平召开"中国国民党中央党部扩大会议",即"北方扩大会议",另立国民党中央④,再度与蒋分庭抗礼。这些都成为《子夜》小说故事的重要背景⑤。若不能看到小说中随处可见的汪蒋之争,则无法正确解读吴赵背后的不同政治理想。

而在小说文本当中,并未明确写到吴荪甫和赵伯韬分属汪蒋两派,只是予以暗示。小说第三章手稿写唐云山的汪派主张"我们汪先生就是竭力主张实现民主政治,真心要开发中国的工业;中国不是没有钱办工业,就可惜所有的钱都花在军政费上了"。同时说明吴荪甫的政治倾向"也是在这一点上,唐云山和吴荪甫新近就成了莫逆之交"⑥。非常值得注意的一点,是现实中汪精卫及改组派对实业与金融的态度。改组派用发展实业来阐释孙中山三民主义中的民生主义:"实业计划Industrial Development of China 实与民生主义相表里,假使实业计划不克完成,民生主义必无从实现。"⑦而汪精卫拟在"北方扩大会议"上提出《经济政策及财政政策草案》,提出"兴办生产事业"、"保障产业和平"、"发展农业并改良农村经济生活"、"整理金融和币制"、"奖励移植"的经济政策。其中"整理金融和币制",不仅要创设国家银行、实行金本位制,以应对金贵银贱问题,还明确规定"托拉斯及交易所的应受国家严格监督"⑧。要求严格管控金融的改组派,被称为"实业党"。吴

---

① 这三个记事珠辑录发表于茅盾:《茅盾作品经典》第1卷(北京:中国华侨出版社,1996年,499~513页),但辑录有部分文字认读错误。其手稿照片可参见孙仲田:《图本茅盾传》,长春:长春出版社,2011年,第128页。
② 茅盾:《子夜(手迹本)》,第448页。
③ 汪精卫:《一个根本观念》,《革命评论》1928年第12期。
④ 陈进金:《另一个中央:一九三〇年的扩大会议》,《近代史研究》2001年第2期。
⑤ 关于《子夜》对国民党改组派的描绘,参见妥佳宁:《国民党员茅盾的革命"留别"——兼及〈子夜〉对汪精卫与国民党改组派的"想象"》,李怡、蒋德均编:《国民革命与中国现代文学》中,新北:花木兰文化出版社,2015年,第345~364页。
⑥ 茅盾:《子夜(手迹本)》,第63页。另外,屠维岳向桂长林表示:"吴老板也和汪先生的朋友来往。"见第162页。
⑦ 陈公博:《目前怎样建设国家资本?》,《革命评论》1928年第7期。
⑧ 汪精卫:《经济政策及财政政策草案》,《国闻周报》第7卷第35期,1930年。

荪甫之所以与唐云山等改组派成员追随汪精卫,正是由于汪派振兴实业的政治主张。而小说手稿当中曾经使用过的一个英文副标题 a Novel of Industrialized China[①],即中国工业化的故事,正与改组派所谓"实业计划 Industrial Development of China"相一致,足见吴荪甫振兴中国工业的宏大理想,其思想来源不无国民党改组派的影子。

那么《子夜》又如何描绘南京国民政府的蒋派?相对于从香港到北平的汪派,小说也只暗示了赵伯韬的政治背景[②]。赵伯韬对李玉亭提出更换益中公司总经理时,反对的理由便是"我这里的报告也说是姓唐的,并且是一个汪派"。李玉亭、杜竹斋等劝吴荪甫避免和赵伯韬斗法时,先后提到"唐云山有政党关系"、"老赵自己也有的"[③]。赵伯韬与美国金融界有密切关系,这显然与现实中蒋派政权背后有金融支持者一致。

南京国民政府在"四·一二"前后获得上海金融界,尤其是江浙财团及外国资本的支持,此后又不断加强对金融的控制[④]。利用中央财政的关税收入为担保,发行大量公债,以保障蒋派中央军与地方军阀战争的高额军费。一旦蒋派战败,这些由南京国民政府发行的公债下届政府是否负责很难预料,故而公债市场的涨跌受到战事胜败的直接影响。以致涨跌难料的"关税库券"、"裁兵公债"和"编遣库券"等等,被投机的散户们戏称为"棺材边"。蒋派与各系军阀的中原大战,严重影响国内交通运输,工商业受到重创;而金融界却大发国难财,利用军事内幕操控公债市场。小说中描绘益中公司合伙人孙吉人"江北的长途汽车被征发了,川江轮船却又失踪",吴荪甫吞并的 8 个小厂所生产的轻工业制造品因战事阻碍交通导致没有销路;而赵伯韬、尚仲礼则买通军队的进退来控制公债市场的涨跌。依靠与南京国民政府的密切关系,赵伯韬干预交易所增加卖方的保证金,甚至放出消息谎称要南京财政部令饬各大银行及交易所"禁止卖空",企图挤压做"空头"的吴荪甫利益空间[⑤]。虽不能真正禁止卖空,但双倍保证金这样不平等的交易之所以能实现,正是因为南京国民政府要靠公债来维持巨额军费,故而偏袒从事"多头"交易的金融集团。

汪派被称为"实业党",注重保护工业资本家利益,主张发展实业,而蒋派南京政府则依靠金融资本家支持[⑥],甚至因时局与战事需要而侵害实业利益[⑦]。实业

[①] 手迹中小说最初的英文题名 In Twilight 之后有两个副标题:a Romance of Modern China in transition,或 a Novel of Industrialized China,见茅盾:《子夜(手迹本)》,第 1 页。而小说改名《子夜》后,扉页上的英文标题则是 The Twilight : a Romance of China in 1930,见茅盾:《子夜》,上海:开明书店,1933 年,扉页。
[②] 有学者对《子夜》中"赵伯韬的身份角色"存疑,见梁竞男,张堂会:《〈子夜〉中吴荪甫、赵伯韬矛盾斗争存疑》,《名作欣赏》2011 年第 11 期。
[③] 茅盾:《子夜(手迹本)》,第 217、239 页。
[④] 郑会欣:《关于张嘉璈被撤换的经过》,《学术月刊》1986 年 11 期。
[⑤] 茅盾:《子夜(手迹本)》,第 23、428~429 页。
[⑥] 王正华:《1927 年蒋介石与上海金融界的关系》,《近代史研究》2002 年第 4 期。
[⑦] 袁广泉:《中兴煤矿没收事件始末——北伐战争就地筹饷及民营企业的抵制》,[日]石川祯浩主编,袁广泉译:《二十世纪中国的社会与文化》,北京:社会科学文献出版社,2013 年,第 402~441 页。

家吴荪甫和金融家赵伯韬分属汪蒋两派,他们对中原大战的态度也受其政治倾向的影响。赵伯韬"希望此次战事的结果,中央能够胜利,能够真正统一全国。自然美国人也是这样希望的"。而吴荪甫"有发展民族工业的伟大志愿","他是盼望民主政治真正实现,所以他盼望'北方扩大会议'的军事行动赶快成功"[①]。即便不用现实主义或自然主义的模式来解读,也可明显地看出,茅盾小说与中国社会现实的对应关系。

汪派与蒋派经济政策的差异,用常见的阶级话语表述就是两派各自代表了工商业资产阶级与买办、大资产阶级的不同利益。而把阶级话语还原后,则呈现为两派对实业与金融冲突的不同立场。茅盾的原初设计显然在吴赵与汪蒋的表里对立中对一派有所偏向,可一旦要真的把小说写成"中国的民族资产阶级可以在既反对共产党所领导的民族、民主革命运动,也反对官僚买办资产阶级的夹缝中取得生存与发展",就会既不吻合"革命派"观点也不太像所谓"托派"观点,而更接近于前述中国社会性质论战中的所谓"资产阶级学者"派;无论是出于指路人的及时干预,还是作者本人的反复思考,茅盾最终并未采用这种危险的写法。小说细节描绘和内在倾向虽未能完全去除种种痕迹,但至少结局上让吴荪甫在夹攻中的奋斗最终走向顽败,否定了应和"托派"与"资产阶级学者"派观点的可能。而茅盾之所以选择实业家与金融家之间的斗争来把握当时中国社会,除了1930年中国金融发达而实业凋敝的社会原因外,还与他本人的亲身经历密不可分。也正是这种切身的革命经历,决定了茅盾无论是否接受瞿秋白的指导,最终都不可能把吴荪甫的斗法取胜写成实业计划的真正成功。

四、南京与武汉之间的革命正统之争

小说中的一个细节,似乎颇能展现茅盾本人经历与《子夜》所描绘的中国社会之间的复杂关系。由于中原大战战事影响公债涨跌,唐云山向吴荪甫报告张桂军要退出长沙,消息利于蒋派中央军,公债将止跌反涨。吴荪甫向唐云山确认军事内幕的可靠性,问他"铁军"是否向赣边开拔,唐云山告诉吴荪甫该部队并非攻向南昌而是撤退[②]。学者王中忱曾指出这个"铁军"并非"北伐战争中叶挺所率领的国民革命军独立团",而是1930年联桂反蒋时重新继承北伐时期第四军番号的粤系张发奎部队[③]。吴荪甫这里为什么要用"铁军"来称呼张发奎和李宗仁等的张桂联军呢?北伐时期,国民革命第四军一部由张发奎等率领屡建功勋,"铁军"盛名远播,不仅是粤系张发奎等后来不断沿用第四军的番号来表明其革命正统性,诸多派别的部队也都在争夺第四军番号。中共南昌起义的部分部队即来自叶挺所率第四军一部。而脱离叶挺后的朱德余部,在井冈山会师后,又组建了中国工农革命军第四军,后改称中国工农红军第四军。直到抗战时期国共再度合作,叶挺领导的部队仍以"新四军"为番号,都是来自北伐时期著名的粤系第四军。

---

① 茅盾:《子夜(手迹本)》,第167、270页。
② 同上,第241页。
③ 王中忱:《重读茅盾的〈子夜〉》,《海南广播电视大学学报》2002年第2期。

这一细节看似无关紧要，却不经意间流露了茅盾本人的经历与小说的密切关系。就在以"回答托派"来解释《子夜》创作动机的新疆演讲中，茅盾曾说"我那时没有参加实际工作，但在一九二七年以前我有过实际工作的经验，虽然一九三〇年不是一九二七年了，然而对于他们所提出的问题以及他们工作的困难情形，大部分我还能了解"。① 那么，茅盾 1927 年以前究竟有过怎样的实际革命经验？又如何以 1927 年以前的经验来写 1930 年的中国？

日本学者桑岛由美子提出"《子夜》的问题是大革命时期的矛盾的延长"，并考证了"在 1926 年 1 月的中国国民党第二届全国代表大会上，茅盾担任宣传部秘书，是宣传部长汪精卫的直属部下（当时的代理部长是毛泽东）"②。

而 1927 年初，茅盾赴武汉国民政府工作，先在中央军事政治学校武汉分校（即黄埔军校武汉分校）任政治教官，4 月起编辑汉口《民国日报》。此前被排挤到海外的汪精卫，于 1927 年 4 月回沪，坚持国共合作，与蒋不合，随即赴武汉主持国民政府。"四·一二"之后，蒋介石在南京另立国民政府，宁汉分裂。粤系部队第四军一部由张发奎等率领，不仅在北伐中建立功勋而被誉为"铁军"，更在宁汉对立中为汪精卫方面提供了重要的军事保障。其对武汉国民政府的支持，更甚于湖南起家的唐生智、何健等军阀。而茅盾所教的黄埔武汉分校学生，亦归入第四军部属，成为日后广州起义的重要力量。此时的茅盾撰写了一系列社论，支持汪精卫"工商业者工农群众的革命同盟"等政令③。事实上，汪派支持实业并拉拢工商业者的做法早在广州国民政府时期已经显现：1924 年 7 月广州国民党中央即在汪精卫的提议下设立实业部，动员工商业者参加革命。而在南京国民政府与武汉国民政府对立期间，武汉金融界将大量现金转移至上海等地，遭到武汉国民政府的阻止，汪精卫于开除蒋介石党籍的当天，即 4 月 17 日，颁布了《集中现金条例》，查封各银行金库。与南京国民政府依靠金融界支持的做法完全相反④。

南京国民政府与武汉国民政府对革命正统的争夺，显然是后来国民党内部汪蒋长期对立的重要起点。尽管汪蒋之争自广州时期已经展开，但正是国民革命时两个国民政府的分庭抗礼，成为后来国民党中央数度分裂的效法对象。1927 年 7 月底，武汉国民政府集结大批部队于江西，意图东征南京国民政府，然而就在此时，包括部分"铁军"系在内的部队为中共掌控，在南昌发动起义，一度主张"和平分共"的汪派也不得不改变态度。短暂的宁汉对立，最终在中共南昌起义，尤其是广州起义之后，出现了一致清共的局面。而茅盾在武汉国民政与南京国民政府对立期间的革命经历，事实上不仅影响到他的《幻灭》、《动摇》和《追求》等早期革命

---

① 转引自茅盾：《〈子夜〉是怎样写成的》，《战时青年月刊》第 2 卷第 3 期，1939 年。
② [日]桑岛由美子著，袁暌译：《茅盾的政治与文学的侧面观——〈子夜〉的国际环境背景》，《中国现代文学研究丛刊》1995 年第 3 期。
③ 雁冰：《工商业者工农群众的革命同盟与民主政权》，汉口《民国日报》1927 年 5 月 21 日；引自茅盾：《茅盾全集》第 15 卷，北京：人民文学出版社，1987 年，第 369 页。
④ 中国银行行史编辑委员会编著：《中国银行行史（1912—1949 年）》，北京：中国金融出版社，1995 年，第 139～140 页。

文学创作，也在《子夜》中留下了抹不去的痕迹。这样也就不难理解茅盾为何在小说中仍然让吴荪甫使用"铁军"这样的称号，来指称再度与蒋对立的张桂联军；更在吴老太爷葬礼上借雷参谋之口回忆当年第四军在武汉北伐时的英勇，对比如今中原大战蒋军的"适得其反"。

而小说中"五卅"纪念日，李玉亭感慨各地农民骚动和"土匪"打起共产党旗号的，数也数不明白。"他很伤心于党政当局与社会巨头间的窝里翻和火并，他眼前就负有一个使命，——他受吴荪甫的派遣要找赵伯韬谈判一点儿事情，一点儿两方权利上的争执。他自从刚才在东新桥看见了示威群众到此刻，就时时想着那一句成语：不怕敌人强，只怕自己阵线发生裂痕。而现在他悲观地感到这裂痕却依着敌人的进展而愈裂愈深！"①这再一次点出吴荪甫与赵伯韬之争，背后正是国民党内部的对立，而中共大规模罢工运动和红军的兴起，使得李玉亭深感两派合作共同对抗中共的"必要"。然而在中原大战甚至"北伐扩大会议"又一次分裂国民党中央的情形下，李玉亭的这种携手反共愿望当然难以见到希望，故而不免悲观。

另外，吴荪甫工厂的罢工风潮中，工会里属于改组派的屠维岳、桂长林等主张安抚工人，而属于蒋派的钱葆生则主张用流氓镇压工人。这两派的差异，显然与1927年武汉国民政府继续国共合作却无法控制"过火"的工农运动，而南京国民政府利用青帮血腥清党的政策分歧相一致。而小说中罢工运动的最终结局，则是两派试图和谈。最终在潮水一般的工人冲厂之际，工会改组派的桂长林引来警察，开枪镇压了上海各地前来冲厂的总罢工②。这正与武汉国民政府最终转向清共，并致宁汉合流的大革命结局出奇的相似。可见茅盾用以描绘1930年上海的理论资源和切身体验，有许多恰恰不只是来自上海，而来自1927年南京与武汉的一度对立与最终合流。

由此反观小说结局的改写，瞿秋白建议茅盾"改变吴荪甫、赵伯韬两大集团最后握手言和的结尾，改为一胜一败。这样更能强烈地突出工业资本家斗不过金融买办资本家，中国民族资产阶级是没有出路的"③。而在茅盾原来设计的《提要》中，小说结局是在"吴赵皆有同归于尽之势"时，"长沙陷落，促成了此两派之团结，共谋抵抗无产革命。然两面都心情阴暗。此复归妥协一致抗赤的资本家在牯岭御碑亭，遥望山下：夕阳反映，其红如血，原野尽赤。韩孟翔怃然有间，忽然高吟曰：'夕阳无限好，只是近黄昏！'大家骤闻此语，冷汗直淋。"④

《提要》中小说题名原为《夕阳》，另外还有两个名字"《燎原》or《野火》"。显然是对应着这一原有结尾设计的。吴荪甫与赵伯韬在红军的燎原野火面前，最终走向握手言和，不恰是1927年从宁汉对立到宁汉合流的写照吗？尽管有所偏向，但茅盾的原有理解并非单纯地认可实业计划和汪派政治主张，而是看到了实业与金

---

① 茅盾：《子夜(手迹本)》，第211页。
② 关于小说中罢工运动的党派背景，参见妥佳宁：《作为〈子夜〉"左翼"创作视野的黄色工会》，《文学评论》2015年第3期。
③ 茅盾：《〈子夜〉写作的前前后后——回忆录[十三]》，《新文学史料》1981年第4期。
④ 茅盾：《子夜(手迹本)》，第452页。

融/汪与蒋/吴与赵之间的种种对立与合作,不过是革命涨落之间的投机与暂时选择。正是瞿秋白出于"回答托派"意图对小说结尾的改写建议,逐步形成了后人相对单一的理解视角,遮蔽了茅盾以 1927 年革命经历对 1930 年中国社会的复杂理解。

结语:从《夕阳》到《子夜》

受瞿秋白影响之前的《夕阳》,诚然是茅盾以自身革命经验对中国社会的把握,但后来接受瞿秋白建议改写而成的《子夜》,同样也是茅盾做出选择的结果。《子夜》在复杂的写作过程中,已不可避免地纳入"回答托派"的主题。不过,茅盾对中国社会的原有理解,并不局限于"民族资产阶级"是否能够战胜"买办"这样的阶级话语。实业与金融的关系以及汪蒋之争等原有视野,仍大量残留于作品当中,并对理解小说的主题起到重要作用。

囿于小说主题"回答托派"的既有定论,以往研究很难就茅盾自身对中国社会的把握与瞿秋白所做的意识形态要求之间的纷繁纠葛,作出细致的辨析。只有回到写作过程中残留的大量文本碎片,在史实考证和文献生成系谱整理的基础上,重新研判各种表述中的不得已与暧昧的自我辩白,"不简单用现象和差异瓦解'主流',或依靠过去结论的'反题'来推进认识"[1],才能将层层覆盖于文本之上"意义的斑驳"逐步揭开[2],回到原本就不可能泾渭分明般清晰的历史当中,去理解更为多义复杂的文学。

---

[1] 姜涛:《"重新研究"的方法和意义》,《读书》2015 年第 8 期。
[2] 李怡:《中国现代文学史的叙述范式》,《中国社会科学》2012 年第 2 期。

作品研究

1930年前后的中国经济背景与《子夜》的创作

邬冬梅

绵阳师范学院文学与对外汉语学院　四川　绵阳　621000

摘要：1930年前后在世界经济危机的背景之下，中国的外贸和原材料依赖进口的行业受到影响。茅盾的小说《子夜》反映了1930年夏秋之交的中国都市经济，其创作建立在丰富而详细的社会经济现象的调查研究基础之上，在题材的拓展和表现社会的深广度等方面获得了成功。可以说，《子夜》是20世纪30年代中国最具有代表性的经济题材小说，受到了读者的广泛欢迎和左翼阵营内外普遍的赞扬。

关键词：茅盾　《子夜》　经济背景　社会科学

1929年，资本主义世界爆发了席卷资本主义世界的经济危机以及整个1930年代的大萧条。"席卷世界的大萧条是史无前例的经济事件。在此之前没有哪一次经济萧条能有如此规模，持续时间持续之长，在此之后也没有出现过。它代表了工业经济罕见的失败。"[1]这次史无前例的世界经济危机也影响到了中国的经济。中国的经济危机和世界经济危机相比有着不同的进程。世界经济危机的初期，中国的经济没有陷入大萧条，因为"中国是当时世界上唯一采用银本位的大国，使得自己一定程度上隔离于世界经济的萧条之外，并且出现了短暂的繁荣"。[2]国民政府美籍财政顾问阿瑟·恩·杨格（Arthur·N·Young）的研究显示，中国"大萧条的开始日期不是1929年，而是1931—1932年的冬春之交。直到那时中国没有受到严重影响，事实上比世界上任何重要国家都小。中国当时几乎是仅有的物价没有惨跌反而上涨的国家。在中国，以银为标准的物价上升了四分之一以上，于1931年后半年达到最高峰。另一方面，在各金本位国家，物价下跌约三分之一"。[3]虽然如此，外贸和原材料依赖进口的行业还是受到了很大的影响，出现了丝业、火柴业等行业的大面积破产现象。

社会经济的动荡引起了包括茅盾在内的文学创作者对于社会经济的广泛关注。"小说家开始意识到用经济视角或经济—政治视角去看取人生，去表现破产

---

[1] 彼得·特明（Peter Temin）：《大萧条》，蔡挺主译，斯坦利·L·恩格尔曼（Stanley. L. Engerman）、罗伯特·E·高尔曼（Robert. E. Gallman）主编：《剑桥美国经济史（第三卷）：20世纪》，中国人民大学出版社2008年版，301页。

[2] 管汉晖：《20世纪30年代大萧条中的中国宏观经济》，《经济研究》，2007年第2期。

[3] 阿瑟·杨格：《一九二七至一九三七年中国财政经济状况》，中国社会科学出版社1981年版，213页。

现实"①,"破产小说的兴盛成为这个时段的重要创作现象"②。危机的四五年里产生了数量众多、影响较大的经济题材创作。其中成就最大、影响最为深远的是茅盾。这一时期他创作了大量的经济题材作品,涉及了1930年代经济领域的工业、商业、农业的多个方面的经济状况,如《子夜》呈现了民族工业、金融业以及对外贸易的状况,《林家铺子》呈现了商业尤其是中小零售商人的生存状况,被称为"农村三部曲"的《春蚕》《秋收》《残冬》反映了农业领域的"丰收灾"等破产状况,同时这一时期的散文也有着大量的涉及工业、商业、农业、金融业等经济题材。这些作品中,《子夜》由于大规模地反映了中国的社会而最具有代表性,成为茅盾经济题材创作中备受关注的作品。

一、1930 年前后的中国经济背景与《子夜》的创作意图

在 1929—1931 年秋其他资本主义国家经济处于危机最严峻的时候,由于中国当时是唯一的银本位国家,中国的经济并没有受到较为严重的影响,成为几乎是仅有的物价没有惨跌反而上涨的国家。但是,这一时期的中国经济尤其是轻工业还是出现了一些动荡,如危机导致的外贸市场的萎缩和进口原材料的涨价、日本工业的竞争,以及国内爆发的中原大战和赋税较重的影响。这一时期中国的经济动荡在 1930 年受到了茅盾的关注,从而开始进行了大量以经济为主的社会调查和研究,并写作了小说《子夜》。

《子夜》呈现的主要社会背景是 1930 年夏秋之交世界经济危机波及到上海和战争背景中的中国都市经济。1930 年前后中国的对外开放程度较高,尤其与英、美、日等国的对外经济联系紧密③,欧美市场的萎缩、进口原料的上涨、日本在丝织业等行业的国际竞争等因素对中国的工业产生了一些影响。同时,杨格也提到,蒋介石、冯玉祥等派系之间的战争、国内赋税等因素加剧了经济危机对这些行业的影响。因此,虽然中国在 1930 年前后大部分行业好于其他资本主义国家,但在对外经济关系密切的行业依然产生了经济动荡。如外贸行业中的丝织业、原材料依赖进口的火柴业等行业出现了大面积的破产现象。经济危机的背景和国内战争等因素引发的中国经济的动荡引起了茅盾的关注,他在《〈子夜〉写作的前前后后》介绍了社会和经济动荡带来的"大规模描写中国社会"的创作意图:"一九三〇年秋,我眼疾、胃病、神经衰弱并作,医生嘱我少用眼多休息。闲来无事,我就常到卢表叔公馆去,跟一些同乡故旧晤谈。他们是卢公馆的常客,他们中有开工厂的,有银行家,有公务员,有商人,也有正在交易所中投机的。从他们那里我听到了很多,对于当时的社会现象也看得更清楚了。那时,正是蒋介石与冯玉祥、阎锡山在津浦线上大战,而世界经济危机又波及到上海的时候。中国的民族工业在外资的

---

① 金宏宇:《文学的经济关怀——中国 30 年代破产题材小说综论》,《武汉大学学报(哲社版)》1998年第 1 期。
② 同上。
③ 如 1932 年时的一次统计显示,英、美、日分别占中国对外贸易构成的 26.2%、18.7%、17.9%,对外贸易的比例超过 60%。数据来自阿瑟·杨格的《一九二七至一九三七年中国财政经济状况》,中国社会科学出版社 1981 版。

压迫和农村动乱、经济破产的影响下,正面临绝境。为了转嫁本身的危机,资本家加紧了对工人的剥削。而工人阶级的斗争也正方兴未艾。翻开报纸,满版是经济不振、市场萧条、工厂倒闭、工人罢工的消息。我又时常从朋友那里得知南方各省的苏维埃红色政权正蓬勃发展,红军粉碎了蒋介石多次的军事围剿,声威日增。尤其彭德怀部红军的攻占长沙,极大地振奋了人心。这些消息虽只片段,但使我鼓舞。当时我就有积累这些材料,加以消化,写一部白色的都市和赤色的农村的交响曲的小说的想法。"①

由此可见,世界经济危机引发的中国经济的动荡和战争等因素共同引起了茅盾的关注,是《子夜》的创作意图产生的直接原因。

二、《子夜》创作过程中的经济调查与研究

茅盾在1930年夏秋之交"有了大规模地描写中国社会现象的企图。……到一九三一年十月,乃整理所得的材料,开始写作"②,到1932年12月5日脱稿,《子夜》在长期的创作准备期进行了大量详细的以经济为主的社会调查与研究。关于经济现象的理解与研究是具有很大难度的,小说的评论者吴组缃曾描述过有关经济描写的难度和茅盾的处理:"我听朱自清先生谈,他亲自听作者和他说,作者写这本书小说有意模仿旧小说的文字,务使他能为大众所接受。这一点作者有点失败:固然文字上也没有除尽为大众所不懂的词汇,便是内容本身,没有相当的知识的人也是不能懂得的。这本气魄伟大的巨著,不细看它三五遍是不能提笔批评它的。(本书出版于今三个月多销至四版,可见轰动之概;然而各杂志报章上竟未见一篇批评它的文章,想便是这个原故吧?)"③

为此,茅盾在经济的调查研究上付出了较多的努力和时间。茅盾对于经济现象的调查研究范围非常广泛,涉及棉纺织业、丝织业、火柴业等多个行业。调查研究的方式则采用了阅读报纸和经济类书籍、反复走访同乡、进入丝厂和火柴厂等多个行业的工厂参观、进入证券交易所实地观察等。在小说的准备阶段,茅盾对小说主要涉及的"棉纱"、丝厂及火柴业等行业都进行过多次研究及实地调查。从"进一步研究当时的中国经济现状"。④ "这三个月中,好像重温读过的书,我又访问了从前在卢公馆所遇到,并曾和他们长谈过的同乡亲戚故旧。正所谓温故而知新,……同时我再一次参观了丝厂和火柴厂"⑤等描述可以得知,在行业的选择和调查过程中,茅盾的社会经济调查不仅包括"长谈"、"访问"、"参观"以及阅读经济类书籍等多种方式,而且是深入和反复多次的。不仅如此,茅盾甚至专门制定了研究计划和阅读经济学的书籍:"那时我定了研究计划:一、纱厂内部组织及工作情形;二、日本纱厂竞争时代之中国纱厂情形;三、日本纱厂竞争的方法。与此同

---

① 茅盾:《〈子夜〉写作的前前后后》,《我走过的道路(中)》,人民文学出版社1984年版,第91页。
② 茅盾:《〈子夜〉后记》,《茅盾全集 第三卷 小说三集》,人民文学出版社1984年版,第553页。
③ 吴组缃:《新书介绍子夜》,《文艺月报》,1933年6月。
④ 茅盾:《〈子夜〉写作的前前后后》,《我走过的道路(中)》,人民文学出版社1984年版,第98页。
⑤ 同上。

时,我还读了周培兰的《中国纺织业及其出品》(商业印书馆出版)。"①

1930年前后中国经济动荡在轻工业上表现最为明显。茅盾观察到"欧洲经济恐慌影响到当时中国的民族工业,一些以外销为主要业务的轻工业受到严重打击,濒于破产"②。而丝业作为当时主要的出口行业是受到冲击最大的。茅盾在经济调查中了解到了丝业大面积破产的现状:"我进一步研究当时的中国经济现状,决定将纱厂改为丝厂。因为,当时中国的工业产品以外销为主要业务的,唯有厂经(即机器缫成的丝),而且在法国里昂,美国纽约市场早已站稳脚跟,但此时受日本丝之竞争而渐趋于失利之地位。……在他们的谈话中,使我知道仅一九三〇年,上海的丝厂由原来的一百家变成七十家。无锡丝厂由原来的七十家变成四十家。广东丝厂的困难也差不多。其他苏州、镇江、杭州、嘉兴、湖州各丝厂之十之八九倒闭。四川丝厂宣告停业的,二三十家。这都是日本丝在国际市场上竞争的结果。这坚定了我的以丝厂作为《子夜》中的主要工厂的信心。"③根据《〈子夜〉写作的前前后后》的早期写作提纲可以看到,茅盾最初将主要描写的行业设定为棉纺织业,而调查的结果让他最终将主要描写的工厂修改为了当时大面积破产的丝业。

对于小说中内销的代表行业,火柴业的选择和破产描写同样也基于经济调查:"我又从同乡故旧的口中知道,一九二九年中国火柴厂宣告破产的,江苏上海九家,浙江三家,河北三家,山西四家,吉林三家,辽宁三家,广州十三家。这又坚定了我以内销为主的火柴厂作为中国民族工业受日本和瑞典的同行的竞争而在国内不能立足的原定计划。这便是我用力描写周仲伟及其工厂之最后悲剧的原因。"④最终,基于对经济现状的调查和研究,茅盾在对民族工业的描写方面选择了对外贸易中最受冲击的丝厂和内销行业中大面积破产的火柴业为主要描写的行业。

投机市场是《子夜》中吴荪甫和赵伯韬斗法的战场之一。当时的投机行为大量地集中于公债市场。为此,茅盾还多次进入"门禁甚严"的华商交易所实地调查:"也应当略述我如何而能参观上海华商交易所。照规定,买、卖公债都得通过经纪人。证券交易所的门禁甚严,除了经纪人(数目不少)不能进去。大户自然用电话指挥他的经纪人作交易,小户想当场自己看到有利时卖或买,还有'抢帽子'(这是交易所的术语,指那些看到跌风猛烈时就买进一些,而数小时后行情回涨时即卖出,以博得小利的人),都得由经纪人带领,才能进交易所。……为了进交易所的大门,我打听到商务印书馆大罢工时虹口分店的章郁庵(现在改名阳秋),是交易所的许多经纪人之一。我就找他,请他带我进交易所。他欣然允诺,并对我简单地说明交易所中做买卖的规律及空头、多头之意义。"⑤朱自清也提到了茅盾

---

① 茅盾:《〈子夜〉写作的前前后后》,《我走过的道路(中)》,人民文学出版社1984年版,第98页。
② 茅盾:《再来补充几句》,《茅盾全集》第三卷,人民文学出版社1984年版,第560页。
③ 茅盾:《〈子夜〉写作的前前后后》,《我走过的道路(中)》,人民文学出版社1984年版,第98页。
④ 同上。
⑤ 同上,第114页。

对于交易所的多次实地调查,"听说他的亲戚颇多在交易所里混的;他自己也去过交易所多次。他这本书是细心研究的结果,并非'写意'的创作。"①

三、《子夜》对 1930 年前后的中国经济现象的呈现

《子夜》中出现的丰富的经济现象的描写大部分都如实地反映了当时的经济状况。如世界经济危机导致的"金贵银贱"的汇率变化、外部市场的萎缩、日本丝业的国际竞争、丝业的大面积破产、火柴业的大面积破产、国内的沉重赋税、战争带来的内部市场的萎缩等《子夜》描述的经济现象都是当时真实的经济现象。

1930 年前后中国经济动荡在轻工业上表现最为明显。丝业作为当时的出口大宗是受到冲击最大的。作为《子夜》中的代表行业,丝业所面临的外部市场萎缩、日本的经济政策、日本丝业在欧美市场的国际竞争等经济现象《子夜》均进行了呈现。小说中丝厂老板朱吟秋介绍了丝业的困境和日本的国际竞争:"拿我们丝业而论,目今是可怜的很,四面围攻:工人要加工钱,外洋销路受日本丝的竞争,本国捐税太重,金融界对于放款又不肯通融!你想,成本重,销路不好,资本短绌,还有什么希望?我是想起来就灰心!"②"这两年来,日本政府奖励生丝出口,丝茧两项,完全免税","日本丝在里昂和纽约的市场上就压倒了中国丝"③。对于日本生丝和人造丝对中国国内市场的冲击,《子夜》中的诗人范博文说:"上月我到杭州,看见十个绸机上倒有九个用的日本人造丝。本年上海输入的日本人造丝就有一万八千多包,价值九百八十余万大洋呢!而现在,厂丝欧销停滞,纽约市场又被日本夺去,你们都把丝囤在栈里。一面大叫厂丝无销路,一面本国织绸反用外国人造丝,这岂不是中国实业前途的矛盾!"④同时,《子夜》也借五云织绸厂老板陈君宜之口谈到了国内赋税沉重对丝业的影响:"搀用些日本丝和人造丝,我们也是不得已。譬如朱吟翁的厂丝,他们成本重,丝价已经不小,可是到我们手里,每担丝还要纳税六十五元六角;各省土丝呢,近来也跟着涨价了,而且每担土丝纳税一百十一元六角九分,也是我们负担的。这还是单就原料而论。制成了绸缎,又有出产税,销场税,通过税,重重叠叠的捐税,几乎是货一动,跟着就来了税。自然羊毛出在羊身上,什么都有买客来负担去,但是销路可就减少了。我们厂家要维持销路,就不得不想法减轻成本,不得不搀用些价格比较便宜的原料。……大家都说绸缎贵,可是我们厂家还是没有好处!"⑤

对于内销的代表行业,经济调查发现的大面积破产的火柴业也在《子夜》中进行了呈现。茅盾在《子夜》的描写中将调查到的火柴业大面积破产的状况也写进了小说中。由于经济危机主要发生于货币与黄金挂钩的金本位国家,主要体现为通货紧缩,也就是流通货币减少物价下跌,而白银作为商品中的一种下跌,这一现

---

① 朱自清:《踪迹》,《朱自清经典作品》,云南人民出版社 2013 年版,第 119 页。
② 茅盾:《子夜》,《茅盾全集》第 3 卷,人民文学出版社 1984 年版,第 43 页。
③ 同上,第 44 页。
④ 同上,第 148~149 页。
⑤ 同上,第 44~45 页。

象呈现出来的特点就是国际金价上涨银价下跌,汇率下降,也就是茅盾小说《子夜》在 1930 年的"金贵银贱"。这一汇率变化本来有利于降低国际竞争的成本,但对于原料需要进口的火柴业来说,进口原材料的上涨,加上日本、瑞典火柴的竞争和自身质量的问题,从而带来了原材料依赖进口的火柴业的破产。对于火柴业的困境与破产,《子夜》也进行了呈现。如火柴厂老板周仲伟指出:"我是吃尽了金贵银贱的亏!制火柴的原料——药品,木梗,盒子壳,全是从外洋来的;金价一高涨,这些原料也跟着涨价,我还有好处么?采购本国原料罢?好!原料税,子口税,厘捐,一重一重加上去,就比外国原料还要贵了!况且日本火柴和瑞典火柴又是拼命来竞争,中国人又不知道爱国,不肯用国货,……"①小说同样展现了经济调查过程中观察到的火柴业的困境及破产状况。尽管茅盾没有看到火柴业具有原材料依赖进口的独特性,火柴业有可能并不能代表内销行业的普遍状况。正如小说中也有人提到当时流传的一种说法:"大家都说金贵银贱是中国振兴实业推广国货的好机会。"②国产火柴业的困境也还有自身质量差等原因,如小说指出"贵厂的出品当真还得改良。安全火柴是不用说了,就是红头火柴也不能'到处一擦就着'"③。但从这一行业的经济状况来看,依然也是真实呈现了该行业的困境和破产现象。

对于公债市场的调查也同样反映在了《子夜》中,小说展现经济动荡中实业的资金短缺的同时资金大量流入公债市场和房地产这类投机市场:"从去年以来,上海一埠是现银过剩。银根并不紧。然而金融界只晓得做公债,做地皮,一千万,两千万,手面阔得很!碰到我们厂家一时周转不来,想去做十万八万的押款呀,那就简直像是要了他们的性命;条件的苛刻,真叫人生气!"④公债市场的兴旺也是实地调查,公债投机中对作战军队的收买现象也并非虚构,而是在卢表叔的公馆亲耳听到的。

由于《子夜》是基于丰富而详细的社会经济的调查和研究,因此,《子夜》最大限度地呈现了当时丰富的社会经济现象。因此,《子夜》出版后受到了读者的广泛欢迎,"出版后三个月内,重版四次;初版三千部,此后重版各为五千部;此在当时,实为少见。"⑤在作品的评论方面,《子夜》作为左翼阵营的杰出创作受到鲁迅、瞿秋白、吴组缃等左联、社联成员的赞誉。瞿秋白在《〈子夜〉和国货年》中评价《子夜》是中国第一部写实主义的成功的长篇小说,"应用真正的社会科学,在文艺上表现中国的社会阶级关系,这在《子夜》不能够说不是很大的成绩。"⑥吴组缃评论,"《子夜》不只在这一九三三年间是一部重要的作品,就在五四后的全部的新文艺界中,

---

① 茅盾:《子夜》,《茅盾全集》第 3 卷,人民文学出版社 1984 年版,第 42 页。
② 同上。
③ 同上,第 43 页。
④ 同上,第 43~44 页。
⑤ 茅盾:《〈子夜〉写作的前前后后》,《我走过的道路(中)》,人民文学出版社 1984 年版,第 122 页。
⑥ 同上,第 116~117 页。

它也是有着最重要的地位。"①同时也由于其对社会动摇的大规模展现和创作技巧,《子夜》同样受到了朱自清、吴宓等非左翼人士的赞扬。朱自清指出,"这几年我们的长篇小说,渐渐多起来了;但真能表现时代的只有茅盾的《蚀》和《子夜》。"②吴宓也评论:"盖作者善于表现现代中国之动摇,久为吾人所习知。其最初得名之'三部曲'即此类也。其灵思佳语,诚复动人,顾犹有结构零碎之憾。吾人至今回忆'三部曲'中之故事与人物,但觉有多数美丽飞动之碎片旋绕于意识,而无沛然一贯之观。此书则较之大见进步,而表现时代动摇之力,尤为深刻。"③由于坚持了自己的创作原则,《子夜》最终得以大规模地展现1930年前后经济危机背景下的中国社会经济背景。从出版盛况和左翼阵营内外众多的赞誉可以看到,小说在题材的拓展和表现社会的深广度等方面获得了较大的成功。

---

① 吴组缃:《新书介绍子夜》,《文艺月报》,1933年6月。
② 朱自清:《踪迹》,《朱自清经典作品》,云南人民出版社2013年版,第236页。
③ 茅盾:《〈子夜〉写作的前前后后》,《我走过的道路(中)》,人民文学出版社1984年版,第121页。

当下都市语境中 1981 年版电影《子夜》再审视
——兼与小说《子夜》比较

左怀建

浙江工业大学人文学院　浙江　杭州　310023

摘要：1981 年版电影《子夜》由茅盾同名小说《子夜》改编。电影契合了 20 世纪 80 年代初期拨乱反正的时代诉求：一方面重新对现代都市进行审美，为今后现代都市文学艺术的创作打下良好基础；另一方面以更朴素的手法和更清晰的理性逻辑证明 30 年代的中国在帝国主义和封建主义的双重压迫下，不仅不能走向资本主义道路，反而更加半殖民地半封建化了，并以此强化了国家主流意识形态对今后中国现代化建设取向的诉求。但无可讳言，由于时代的或导演艺术风格的限制，与原著小说相比，电影的理性控制更强，艺术审美更单一。如此，作为表现都市人生、开掘都市人物心理、塑造都市人物形象的电影艺术也有了值得商榷的地方。

关键词：当下都市语境　《子夜》　电影　再审视

电影《子夜》根据现代文学大师茅盾的同名小说改编，由现代著名电影艺术家桑弧 1981 年编导。毋庸置疑，新时期伊始，这一影片的问世和上映，至少起到了以下几个方面的作用：（一）它参与了新时期文学艺术拨乱反正（从"左"的文化政治路线控制下走出来、还文学艺术以自身本位等）的大叙述，也参与了像茅盾、桑弧这样一大批在"文革"中被冤屈作家恢复名誉、重新定位的大叙述。（二）它起到了重新寻找和赓续 30 年代左翼文学传统的作用。它与同时期根据鲁迅、老舍、曹禺原作改编的《阿Q正传》、《骆驼祥子》和《雷雨》一起，填补了新中国成立以来由于一直被左倾路线控制当代文艺园地的空白，又为文艺如何正确处理与主流意识形态的关系树立了榜样。（三）电影由上海电影制片厂拍摄，也就是出品在上海，编导也是 20 世纪 40 年代著名编导——他的第一部电影作品是《教师万岁》，之后他与张爱玲合作拍摄了《不了情》和《太太万岁》，从此奠定了他在现代电影艺术史上的地位——说明国家对现代以来上海传统也即都市传统的重新审视。总之，正像 20 世纪 30 年代中国及中国文学正经受着"何去何从"的考验时，茅盾用自己的创作做一形象的回答一样，20 世纪 80 年代伊始，桑弧等通过编导电影《子夜》也对今后中国及中国文学艺术等"何去何从"发表了形象的多元见解和暗示。无疑，这是一部经典之作。但是，30 多年后的今天，20 世纪 80 年代初期那种政治气候和文化语境都已经发生很大变化，对茅盾的评价也已经过一波三折，就不难发现，电影《子夜》在忠于小说原作时，又背离和改写了它。最大的忠实是严格遵守小说中的左翼理性剖析和批判精神，一定要强调和彰显当时中国在封建主义和帝国主义双重压迫下不仅不能走上资本主义道路，反而是更加半殖民地半封建化了。最大的不忠实是背离和改写了小说中具有色情文化和消费文化的那一部分，特别是对女性身体逼视和审美的那一部分。如此，今天看来，电影与小说相比，更加左翼政治意识形态化，而对都市消费狂欢和色情审美指向则给以更大程度的"纯化"。如此一来，电影《子夜》满足了左翼宏大历史叙事的要求，而对描写都市多层面、复杂化、立体感的人生和人物心理进行悬置。自然，作为表现都市人生、开掘人物心理、塑造人物形象的电影艺术也有了值得商榷的地方。

一、左翼历史宏大叙事与历史的如何评价

电影《子夜》忠实于小说原作，在人物没有活动之前，就已有鲜明、强烈的理性结论做前导，即"主题先行"："要通过具体、生动的视而可见的艺术形象告诉观众：'资本主义道路在半封建、半殖民地的旧中国是走不通的，旧中国非要变革不可。'"[1]这一变革就是要走中国共产党领导的革命之路。

关于为何写《子夜》，茅盾曾多次做过说明。距离拍摄电影最近的一次访谈中，茅盾交代："写《子夜》时，有三种政治观点在激烈论争。我便通过作品表示了自己的取舍。"茅盾顺应革命派的观点，"认为：中国的社会仍属于半殖民地半封建性质，革命主力乃是工农。国民党法西斯专政必须打倒，革命领导权必须归共产党"，因而他"着力写了吴荪甫一伙资本家的'买办化'，以此痛击了托派与资产阶级的谬论"。[2] 显而易见，《子夜》的最大功绩在这里，局限性也在这里。它成为"抓住巨大的题目来反映当时的时代与社会"，[3]"应用真正的社会科学，在文艺上表现中国的社会阶级关系"的文学作品中最重要的一部，[4]特别是为中国共产党所领导的革命斗争提供了历史必然性的依据，但又因为其狭隘的历史文化审视维度，而将实际生活中许多无限丰富的审美可能性都有意无意忽略掉了。张爱玲曾说："事实的好处就在'例外'之丰富，几乎没有一个例子没有个别分析的必要。"[5]张爱玲的作品过于沉溺于消解宏大历史叙事结构，而追求题材的偶然、碎片、细节，其局限性也很明显，但是她的长处也不言自明，而茅盾小说恰恰缺乏这种蕴涵着多元生活意义的细节、碎片、偶然，其小说充满过多的理性整体和"必然"。

有的学者以20世纪30年代上海的火柴业和丝业为例，寻找史料说明，当时的民族工业也并非如《子夜》所书写的那么令人悲观。事实上，经过努力和调整，它们还是有所发展、壮大。[6] 言外之意，在看待工农革命事业时可以用辩证法的眼光，所谓"道路是曲折的，前途是光明的"，那么，在看待当时的民族工业发展时眼

---

[1] 丽人：《桑弧谈〈子夜〉》，《电影新作》，1982年第1期。
[2] 茅盾：《谈〈子夜〉》，《新文学史料》，1979年第3期。
[3] 吴组缃：《评〈子夜〉》，《文艺月报》，1933年6月1日创刊号。
[4] 乐雯（瞿秋白）：《〈子夜〉与国货年》，1933年4月3日《申报·自由谈》。
[5] 张爱玲：《走！走到楼上去！》，《张爱玲散文系列》上，安徽文艺出版社1994年版，第30页。
[6] 梁竞男，康新慧：《茅盾小说历史叙事研究》，中国社会科学出版社2013年版，第176页。

光为何就是停滞的,单一的,不具有辩证的智慧了呢?

由于中国的现代历史发展属于晚生外发,在其发展过程中就产生了一种独特的社会群体——"买办",如何评价"买办"关联到如何评价整个现代史的问题。从左翼的"整体"政治立场看,他们当然是完全反动的,所以,小说对这类人的代表赵伯韬就极尽丑化之能事。但历史是复杂的,买办们的人生选择和历史命运也是有差别的,在一些人甘心做帝国主义走狗的同时,并非没有另外一些人借西方的现代化手法来发展自己的事业(工业或商业),在有意无意助长帝国主义气焰的同时,未必没有给中国的现代化带来一线生机。事实上,辩证地看待历史作为后发展国家,中国走上现代化之路,这些人起到了过渡、转换、嫁接作用,他们是中国近现代化历史舞台上的"二传手"。法国历史学家白吉尔认为,"确切地说,它表现为现代化城市精英阶层在文化和经济上的相对异化与他们所具有的几乎完全一致的民族主义强烈愿望之间的对立",①这种表述又不乏启发意义。也是在这一文化语境里,重写历史和重写文学史才成为可理解、可接受和可能的。

为了强调这类人背对历史合理性而动的彻底性和无可救药性,小说完全不写这类人心理的矛盾和痛苦,这样的写作暗示给我们的是这类人在背对历史合理性而动的时候没有心理矛盾和痛苦。如此,人物就成了概念的解释形式,成了作家预设的"历史必然"的祭品,而缺乏真实人生的血肉。难怪当时就有研究者直呼《子夜》是一部"大失败"之作,"就以《子夜》的中心人物吴荪甫来说,这简直是一个无灵魂的木偶"。② 不幸的是,电影《子夜》在以上这些方面的表现更加变本加厉。它从视觉艺术的要求出发,更集中地强调了当时中国社会政治的混乱、不清明,也更凸显了代表买办资产阶级力量的赵伯韬在应对代表民族资产阶级力量的吴荪甫时的镇静和从容。电影开头对吴荪甫作为20世纪上海机械工业界王子气派的烘托式展示,也是为了映衬结尾他的软弱和"必然"失败。而吴荪甫的软弱和"必然"失败又是为了"逻辑"地证明赵伯韬的强大和"必然"胜利。在这一过程中,赵伯韬和吴荪甫都是一直扑向编导所要表达的那个理性"必然",而不具有超越纯粹政治经济视角的以人为本体的人生多元和复杂性内涵。如此,艺术的魅力必然(这也是一种必然)受到损害。

二、日常生活叙事与如何日常生活叙事

小说《子夜》中,公共空间叙事多,私人空间叙事少。就是在本属于私人空间的吴公馆,也因为主人的特殊地位和作家审美重心的制约,日常生活性质的叙事还是明显不足。而电影《子夜》一个成功的地方就在于它弥补了小说的这种不足。电影增加了不少彰显日常生活审美趣味的细节,如赵伯韬初见土财主冯云卿的女儿冯眉卿,为其貌美所动、意欲接近而隐秘心理又被身边交际花徐曼丽窥破后的微笑,金融资本家杜竹斋在看到作为小姨子的林佩瑶身体不适,医生建议她到青

---

① [法]白吉尔:《资产阶级的黄金时代》,张富强、许世芬译,上海人民出版社1990年版,第51页。
② 常风:《茅盾:〈泡沫〉》,见《弃徐集》,新民印书馆1944年版,第58页。转自陈思广编著《中国现代长篇小说编年(1922.2—1949.9)》,四川大学出版社2008年版,第105页。

岛疗养时说的她应该与其姐姐一起去玩玩、疏散疏散心情的话等。添加更多的是吴荪甫对妻子林佩瑶的关心。给林佩瑶请医生看病，询问她身体是否安适，关心她妹妹林佩珊的婚事，建议她与自己一起去庐山避暑等等。

电影《子夜》甚至让我们看到赵伯韬与吴荪甫等人的较量都是在日常平静的生活中进行的，连一次工人罢工、公债市场失意，吴荪甫和孙吉人、王和甫几人哄着徐曼丽在黄浦江上的快艇里狂欢也是平静的，接着吴荪甫觉得不尽兴，又到大华饭店舞厅去跳舞，也是近于日常、平静的。读《子夜》小说，一个强烈的印象，就是整部小说给读者带出来的氛围都是骚动不安的，甚至是狂躁的、歇斯底里的、半疯狂的，但是电影《子夜》滤去了这种狂躁不安和半疯狂，增加的是平静，过于平静，甚至是死寂的，压抑的，因而也是沉闷的。这是否可理解为"文革"狂躁、疯狂的日子退去不远，80年代初的人们普遍需要一种温柔、平静的抚慰，因而电影《子夜》也变得如此平静、温柔，以致失却原作的都市风格？因为虽然桑弧的编导风格一贯以稳重、朴实、细腻、含蓄著称，但他毕竟是20世纪40年代大上海培养出来的电影艺术家，他虽然不一定欣赏茅盾《子夜》那样的风格路子，但他还不至于不理解茅盾那样充满"动荡"的写作之于都市的意义。茅盾的写作有时不免夸张，如写到吴荪甫，总是爱用"目光霍霍四射"、"脸上的紫疱涨红胀满"、"大步地来回走动"之类的言辞，但是在这种夸张的都市骚动、癫狂之中，读者不难感受到都市给人生活带来的新鲜刺激和压抑，在这一过程中，作家穿插一些日常生活叙事，基本上还能达到动与静、刚与柔、夸张与收缩、扩张与护守的协调一致，取得相得益彰的效果，而电影把最激烈、动荡的场面留给公债交易所和工人罢工狂潮了，其他的均拍摄得过于平静、压抑，而面对这种压抑，人物心理、情绪上又没有相应的可以彰显都市特征的沉重、痛苦、骚动、不安。如此，电影《子夜》的日常生活叙事又显得归于轻描淡写，过于平面化，而且失去了与沉重、痛苦、骚动、不安的生活相互映衬的美学内涵和心理深度。

电影与小说一样，不缺乏对大都市人物心理、性格不断变幻的审美。大资本家杜竹斋和雷鸣、韩孟翔和徐曼丽等次一级的人物都在围绕经济利益的变化而导致行为变幻莫测，充分显示出上海作为国际大都市其"金钱至上"的生存法则。但是，与小说相比，电影中人物的"变"还是太轻易了些。如雷鸣，他的出场过于正面化，他借送给吴少奶奶那朵枯萎的白玫瑰花和那本残破的《少年维特之烦恼》来诉说自己对吴少奶奶的深思，吴少奶奶觉得自己与他重回过去已不可能，就准备将妹妹介绍给他，他说那样对她妹妹过于不公，给人印象他还是一个正经严肃有专情的男子，可很快，电影就将他送到徐曼丽的床上去了，再接着，他就与徐曼丽一起成了赵伯韬门下走卒。相比之下，吴少奶奶之对自己的婚姻和爱情的矛盾心理表现得倒很有些层次。婚前与雷鸣相恋，婚后又见到雷鸣，面对雷鸣的痛说"革命"史，她感到内心不安，手捧那朵可以寄托他们当年情思的枯萎的白玫瑰花还有那本残破的歌德《少年维特之烦恼》，她常常一人进入一种梦幻的境地。她这种心态和情态，无疑还保留着古典的情和爱的特点，与小说相比，更能凸显"传统光晕的消失"。而这正是张爱玲等海派作家创作所一再表现的主题内涵。如《金锁记》里长安的情爱失落，《花凋》里郑川嫦的情爱失落等。桑弧曾一度要与张爱玲合作,将《金锁记》搬上银幕,只是因为种种原因,没有成功。可见正是在吴少奶奶的心理挖掘上,显示了桑弧编导的特长之处,可惜这种地方,整部影片中并不多。

三、色情之于都市的意义及如何对待色情

小说《子夜》中革命理性叙事与色情欲望张扬之间既矛盾又统一,构成独特的艺术张力,已为学界所共识。无论是因为受当时上海消费文化的影响,还是因为得益于当时海派文学的劲旅——新感觉派小说的启发,抑或受作家一以贯之的自然主义审美追求的支配,《子夜》中都大胆、狂放地直击女性身体,写的最多是女性的乳房(乳头)、长腿(白腿)、浑圆的臀部(屁股)、风骚的曲线、艳笑和肉感等。小说虽然不乏男性对女性的不正当窥视,但依然引起上海各阶层读者的热捧,连太太小姐们也为"《子夜》描写到她们了"而兴奋不已。① 这是茅盾成功的秘诀,也是茅盾这部小说今后引起众说纷纭的关键所在。

小说《子夜》中,色情是消费文化的症候。消费文化语境里,"女性通过性解放被'消费',性解放通过女性被'消费'。"②女性与性解放连接在一起的就是女性的身体,女性的身体与消费连接在一起的就是"色情"。"色情"的价值在于交换功能,它表达的是资本支配下女性人格的萎缩。在小说中,最追逐色情的赵伯韬也是资本最雄厚、人格最卑劣的人。他扒进各种各样的公债,也扒进各种各样的女人。小说描写围绕他的女人主要有两个:刘玉英和徐曼丽。刘玉英是一个年轻寡妇,一个"迷人的妖精",有着中西方混合的美。徐曼丽是一个著名交际花,来往于各色资本家之间。这两个女人,在电影里重叠成了一个人物——徐曼丽。人物的节减不意味着都市色情书写性质的节减,但事实上,电影版还是做了大量色情书写性质的节减。即,在小说中充分"展示"的刘玉英和徐曼丽的色相成分,电影中基本删除干净。如一次,大学教授李玉亭代表吴荪甫去找赵伯韬商量事情,而赵伯韬正与"迷人的小妖精"刘玉英沐浴偷欢。赵伯韬给李玉亭说,你带着眼睛进屋来,肯定没看清我这里的女人是谁,你放心,我让你看清楚,一边说,玉英,不要装扮,就那样出来吧。刘玉英赤裸着刚沐浴过的身子,披着一件浴巾出来了。这时作家让我们看到,她"昂起了胸脯,跳跃似的走过来,异常高耸的乳房在毛布里面跳动"。接着,作家又让我们看到,赵伯韬调戏刘玉英,在刘玉英"丰腴的屁股上拧一把",趁势推着女人的腰肢让她旋转起舞,"一个圈子,又一个圈子,然后用力一推,命令似的道:'够了!去吧!装扮你的去吧,把门关上。'"之后,赵伯韬给李玉亭说:"人家都说我老赵爱玩,不错,我喜欢这调门儿",谁又能怎么着?这一节,电影是没有的。吴老太爷去世,吴公馆大办丧事,一群前来吊唁的资本家却让徐曼丽在弹子桌上做"死的跳舞",借此,作家让读者看到她"赤着一双脚,袅袅婷婷站在一张弹子桌上跳舞哪! 她托开了双臂,提起一条腿——提得那么高;她用一个脚尖支持着全身的重量,在那平稳光滑的弹子台的绿呢上飞快地旋转,她的衣服的下缘,平张开来,像一把伞,她的白嫩的大腿,她的紧裹着臀部的淡红印度绸的

---

① 茅盾:《我走过的道路》(上),人民文学出版社 1997 年版,第 516 页。
② [法]鲍德里亚:《消费社会》,刘成富、全志刚译,南京大学出版社 2014 年版,第 131 页。

亵衣,全部露出来了"。这一节,电影里也隐去。为了与原著接近,电影让两个人合成的徐曼丽在赵伯韬、韩孟翔、吴荪甫、雷鸣等多个男人间周旋,并随时可以亲吻、拥抱、上床,但电影侧重的是揭示徐曼丽的"无灵魂"和"多变",而不是"呈现"、"展示"她的色相。即电影侧重时间的叙述,而不是空间的展览。时间的叙述固然是现代文学的本质属性之一,但是对于现代都市文学而言,空间的拓展和视觉深度建构更是题中之义。显然,电影在这一点上,是一退化。

小说《子夜》中,色情还是都市现代性的正面表达。在具有封建传统的国度,色情有时候也承担反封建、性自由、性解放的功能。如小说第一章写吴老太爷一到上海就因无法承受强烈的女性身体/色情刺激而死去。小说借他的眼光写二女儿吴芙芳五月的天气就已穿上双臂裸露的薄纱似的上衣,口唇鲜红,香气扑鼻;大街上是随处可见的穿着旗袍、长腿裸露的妖艳少妇;吴公馆里个个艳装女郎,无不是"高耸的乳峰,嫩红的乳头,腋下的细毛"! 而且都在吴老太爷面前急剧地不停地舞着,跳着,晃动着,构成强大的都市色情包围圈,使长期在封建社会文化环境里生活的他一下子目眩神迷,心脉震荡,血压升高,气脉堵塞,绝命而去。茅盾写得夸张了,但两种不同文化文明相遇、碰撞的性质和结果却因此得到格外凸显地表现,其象征性和艺术震撼力不言自明。而电影有意强化了农村农民暴动给吴老太爷精神上造成的惊吓、刺激和威压,而弱化了上海作为色情之城对于吴老太爷这一封建僵尸生命、心理、情绪上的包围。如此,上海作为"现代之城"的复杂性质就难以彰显出来。

小说《子夜》中,色情甚至还是人的本性的表现。小说中地下革命者苏伦在紧张的革命工作中还不忘记向玛金调情,并且直接说:"我们快一点,十分钟!"[1]蔡真甚至是一个女同性恋狂。这种书写揭示了革命者生活罕见的一面,其自然主义的本能欲望一定程度上构成了对他们所追求的宏大历史目的的消解。当然,在80年代初期的历史文化氛围里,这种具有异质的革命者形象,电影是不可能给以呈现的。电影中的革命者形象只是经过政治纯化的革命者形象。

小说《子夜》还写了乡下人进城后的道德质变,其代表就是两个女性形象——冯眉卿和王妈。冯眉卿是土豪劣绅冯云卿的女儿。小说为凸显封建地主阶级的无耻和没落,叙述冯云卿不惜将女儿冯眉卿送去"钻狗洞",即用"美人计"从赵伯韬那里套取商情机密。而陶醉于虚荣、好奇和华贵物质生活的冯眉卿早将父亲交代的"神圣使命"忘得一干二净,结果导致冯云卿彻底破产而自杀人亡。这一节,电影达到了对小说的忠实,应该说是成功的。但与小说一样,依然没有揭示冯眉卿这个刚来上海半年的乡下未婚女郎面对这一"美人计"的内心矛盾和痛苦,因此与小说一样缺乏人性震撼力量。至于小说中描写吴荪甫强暴女仆王妈,而王妈竟转被迫为渴望、迎合,从而将这场强暴变为两情相悦,电影里则不见踪影。显然,在20世纪80年代初期,要编导者和观众都接受小说《子夜》那种对底层人身处都市而道德品性很快颓败,人生心态和情态都在悄悄发生轻松转向的书写,还为时过早。

---

[1] 金宏宇:《中国现代长篇小说名著版本校评》,人民文学出版社2004年版,第112~113页。

试论茅盾对左翼文学的贡献

——以创作《子夜》、《徐志摩论》为例

孔海珠

上海社会科学院文学研究所　上海　200235

一

左联时期,茅盾创作长篇小说《子夜》,这是一部描写旧上海民族资产阶级生存状态的历史画卷。冯雪峰曾评说:"到今天,在我们的文学上,要寻找在1927年至抗日战争以前这一时期的民族资产阶级和买办资产阶级的形象;除了《子夜》,依然不能在别的作品中找到。""《子夜》在反映现实上有它不可磨灭的成就"。我们从他创作的过程中,注重实地调查、收集素材的方法等等,了解其对现实主义写作方法的示范意义。

《子夜》写作从1931年10月起始,至1932年12月5日脱稿。动笔之前,经历了一个较长的准备和构思的过程。

1930年的夏秋之交,茅盾感到身体很不舒服,神经衰弱,胃病,目疾,一起袭来,最可恼是眼病很麻烦,请了沪上好多名医也都束手无策,心情也随之坏了起来。幸而郑振铎介绍一位他的同乡,刚从日本回来开业的刘医生,他检查后说,你八个月里,甚至一年内不能再看书写字,并叫家里人监督实行。

这样,茅盾每天没事,东跑西跑,跑的最多的是同乡前贤卢表叔公馆。

卢表叔即卢学溥(鉴泉),曾任北洋政府财政部公债司司长、交通银行董事长、造币厂厂长,还办过浙江实业银行等。茅盾最初进商务印书馆工作,即是持他的推荐信面见张元济总经理。1997年11月的一天,笔者去上海南汇路访问卢学溥的女儿卢树馨。她还记得小时候见到茅盾的情景,那时《子夜》刚刚出版,她们家里人都在传阅,疑问书中的"吴少奶奶"原型是否就是他们家的宝小姐?她的这位姐姐很漂亮,也有恋爱故事,于是曾向作者追问过。

她还回忆,有时,茅盾与夫人一起去他们梵皇渡路的家,她见过茅盾夫人孔德沚。那时,银行界有什么"风吹草动"银行家都会聚拢在他们家,花园里停满汽车,他们商量着一致行动。这时,孩子们不许下楼。银行家还有个星期聚餐会,在都城饭店(现在的新城饭店),经常相互沟通情报。茅盾在他们中间观察,而他们也愿意向这位大作家倾诉。无疑,这都给茅盾的写作小说提供了素材。

茅盾在这六个月休息期间,眼睛虽然不能多用,思维仍离不开构思他的创作。他对三十年代的中国社会有比较深刻的了解,熟悉上海工商业的情况。他的朋友中有实际工作的革命者,有自由主义者;在同乡、亲戚、故里中,他们大都是中小企

业家,商人,公务员,银行家等,他们与茅盾原本相互熟识,茅盾了解他们的底细。言谈中,关于农村经济的破产,促使市场的不稳定性,流动在都市的资金并未投入生产方面,而是投入投机市场等等,一件件新鲜事例,加深了他对社会现象的了解。写作的激情使他本来打算用这些材料写一部农村与都市的"交响曲",后来因那年夏天天气特别热,一个多月时间每天老是华氏九十几度的天气,他的书房在三层楼上,尤其热不可耐,喘不过气,只得停顿写作。等到再起笔时,把原来的计划缩小了一半,只写都市而不写农村了。

原来,1930年4月,茅盾从日本回国,仍旧过着"地下的生活",行动更加谨慎。当时要找公开的职业不容易,只好蛰居租界,继续卖文为生,尽量做到住地的"安静和本分"。他用化名方保宗向房东租房,并称自己是教书的。他这住处知道的人很少。

笔者查考了一下,从1930年7月至1933年1月茅盾在这里住了二年半。时值"左联"前期,他曾担任"左联"行政书记半年。为写作《子夜》向冯雪峰请创作假。也是在这个住所,冯雪峰第一次见到瞿秋白,为瞿秋白寻找避难的地方,并引见鲁迅,才有以后鲁迅和瞿秋白之间的深厚情谊。这些佳话都不动声色地从这所房子发端。

关于压缩写作计划,瞿秋白为茅盾出了不少主意。茅盾写作,尤其写长篇,有个习惯,"提要"写得非常详细,为了这许多详细设想,瞿秋白替他出主意,甚至认为吴荪甫的座驾用福特牌还不够,大资本家应当坐更高级的雪铁龙。由于临时避难,瞿秋白在他家小住,两人天天谈《子夜》里的人物和场景,谈农村暴动、军火买办、失意军人、罢工工潮以及左翼作家和青年等的情况。大大丰富了他对动荡中国的形象描绘。

之前,茅盾对江南丝厂的情形比较熟悉,为写作特意又去丝厂和火柴厂参观。他了解1928—1929年丝价大跌,随之影响到茧价,都市和农村均遭受到经济危机。又如由于瑞典火柴的倾销和金贵银贱的冲击,民族火柴业1928年后趋向衰落。在《子夜》中,"红火柴头"周仲伟深陷这两个泥潭而不得解脱,终至于破产走上买办化的道路,这是对1930年民族火柴工业资本家命运的真实写照。书中,周仲伟抱怨道,"我是吃尽了金贵银贱的亏!制火柴的原料——药品,木梗,盒子壳,全是从外洋来的;金价一高涨,这些原料也跟着涨价,我还有好处么?"作者在描写主人公吴荪甫家客厅里的凤凰牌火柴就是一种高级瑞典火柴,其"火柴梗经过防灼剂处理,燃烧后成为黑色炭杆,不致烧损衣物"。

《子夜》是茅盾第一次写企业家,而且第一次写证券交易所。为了写得真实,一定要实地去体验,有一段时间他把"看人家在交易所里发狂地做空头,看人家奔走拉股子,想办什么厂"当做"日常课程"。

但交易所门禁甚严,除了经纪人不能进去。他打听到商务印书馆的一个熟人是交易所许多经纪人之一,于是找他带进去,那人向他简短地说明交易所中做买卖的规律及空头、多头的意义。对此,茅盾并不觉得犯难,他说:"这在别人,也许一时弄不明白。但我却不然。因为交易所中的买卖与家乡一年一市的叶(桑叶)市买卖相似。"每逢春蚕开始,家乡便有几个人开设叶行,其实他们手中并无桑叶。

约在蚕迅前三、四月,开叶行的人对蚕讯有不同的猜度。猜想春蚕不会好的人就卖出若干担桑叶,这像交易所中的空头;猜想春蚕会大熟的,就向有大片桑地而不养蚕的地主预购若干担桑叶,这就像交易所中做多头的。因为都是预卖或预买,每担桑叶的价格通常是低的,到蚕忙时,如果蚕花大熟,叶价就贵,预卖的不得不买进贵三、四倍的桑叶,应付农家。这样他就亏本了。而预买的却大获其利。叶市约三个月结束,而交易所是每天交割,就这点不同。关于叶市的知识,茅盾用来作《子夜》中丝厂的背景故事,并引发写了名篇《春蚕》。

《子夜》是一部革命现实主义的作品,它以上海为中心,以其大视野地反映了中国社会的全貌,得到读者的充分肯定。出版的三个月里重版四次,初版三千部,此后重印各五千部,这在当时是少有的盛况。然后,也有对此持不同的态度,按照当局书报检查要求,删去第四及十五章方可发行。即描写罢工工潮和农民暴动两章,全书被活生生割裂。笔者曾查到1935年第六版即是被删节的版本。

1933年2月,开明书店初版问世时,茅盾和夫人即去鲁迅先生的寓所送书。鲁迅在给友人的信中说,"国内文坛除我们受压迫以及反动者趁势活动外,亦无甚新局。但我们这面,亦有新作家出现;茅盾作一小说曰《子夜》,计三十余万字,是他们所不及的。"

瞿秋白也欣喜地说:"在中国,从文学革命后,就没有产生过表现社会的长篇小说,《子夜》可算第一部。"并说"《子夜》的确是中国文坛上新的收获,这可说是值得夸耀的一件事"。

二

1932年12月25日,茅盾完成《徐志摩论》,这是茅盾系列作家论中很重要的一篇。它的写作背景、论述内容、评判立场、艺术标准等等,充分展示出茅盾对诗歌艺术的理解,对不同派系创作的承认,对作家人格的尊重。经他的据理论说,公道点评,反映出他深厚的艺术修养,独立的思想意识,对五四文化兼容性的传承,并处处表露出他的清醒,和自觉的"左联"立场。这个"左联立场"是他的文艺理论的武器。由于以上的综合因素,所以,当二度写作的《徐志摩论》发表以后,无论是哪一方面的人,都认为茅盾对徐志摩的评价是很公允和恰当的。茅盾说:"志摩是中国布尔乔亚'开山'的同时又是'末代'的诗人。"这是茅盾对徐志摩总结性的评价,成为对徐志摩评论的经典名句。代表了当时左翼文坛对这位布尔乔亚诗人盖棺论定式的评论。曾几何时,瞿秋白直接点名批评徐志摩的诗不是大众的,不受大众欢迎。所以,茅盾当时对徐的肯定是要有勇气的。

在《徐志摩论》这篇文章中,茅盾称颂徐志摩是中国文坛上杰出的代表者。"志摩以后的继起者未见有能并驾齐驱。"茅盾将徐志摩的十年创作分为三个时期,并以《志摩的诗》、《翡冷翠的一夜》、《猛虎集》他的三本诗集作为代表进行剖析。

茅盾不同意胡适在《追忆志摩》中对徐志摩人生观的分析。胡适说:"他的一生的历史,只是他追求这个单纯信仰的实现的历史。……他的失败是因为他的信仰太单纯了,而这个现实世界太复杂了,他的单纯的信仰禁不起这个现实世界的摧毁;正如易卜生的诗剧Brand里的那个理想主义者,抱着他的理想,在人间处处碰钉子,碰得焦头烂额,失败而死。"(《新月》四卷一期《志摩纪念号》)

茅盾认为,其实包括徐志摩的许多爱情诗,透过那恋爱的外衣,都有他的那个对于人生的单纯信仰在。而是"一旦人生的转变出乎他意料之外,……他曾经有过的单纯信仰发生了动摇,于是他流入于怀疑的颓废了!"

综观通篇评论,不难看出茅盾对诗人徐志摩诗歌艺术进行评论时,更注意徐志摩的世界观对他作品的影响。茅盾说诗人的"政治意识非常浓烈"。同样,茅盾运用的文艺理论的武器也很明确。他运用辩证唯物主义和历史唯物主义的方法,很客观、又很敏锐地洞察这位已故诗人的内心世界。除了充分肯定他的诗歌成就,同时认为:中国资产阶级文学已经发展到最后阶段,"除了光滑的外形和神秘缥缈的内容而外,不能再开出新的花来了!"文章最后,茅盾用了一个象征句:"……他看见那沉闷已破了一角,已经耀出万丈的光芒!"茅盾晚年解释,这象征"中国的资产阶级最终将走无产阶级给他指出的道路"(见《我走过的道路》第178页)。

茅盾是有信念的,而且很乐观。这乐观来自"左"的国际思潮,来自当时中国共产党领导对形势的乐观估计,事实上这条道路还很长。应当说,当时的环境左倾思潮非常明显,茅盾的思想方法,同样也受到时代思潮的制约。然而,茅盾一贯独立的审美情趣和清醒的价值取向,使全文有理有据地道出了一个真实的徐志摩。使《徐志摩论》成为对徐志摩评论的重要篇章。

三

茅盾加入"左联"后,担任行政书记时,瞿秋白也参加了"左联"的领导工作,应瞿秋白之请,"总结'五四'以来新文学运动的经验,要我(茅盾)写两篇论文"。同时,瞿秋白就《子夜》的写作和茅盾多次讨论,使他的写作大纲作了较大的改动。无疑对他的思想变化影响很大。茅盾花了相当精力撰写《"五四"运动的检讨》、《关于"创作"》、《中国苏维埃革命与普罗文学之建设》等数篇论文。论文运用马克思主义观点,对"五四"以来的新文学运动和各种文学现象进行分析、研究,表达了茅盾对左翼文艺运动的积极思考和正确引导,努力推动无产阶级革命文艺运动。

《子夜》是茅盾在左联时期小说创作的代表作,《徐志摩论》则是茅盾在左联时期文艺理论的代表作,可以说《徐志摩论》为左联时期作家论的典范并不为过。

游移的官商与盲动的农工
——《动摇》中的商民运动与工商冲突

罗维斯

南开大学文学院　天津　300071

1955 年,时任苏联外交部副部长的苏联作家、汉学家费德林致信茅盾,谈及自己打算翻译他的作品。茅盾在回信中写道:"如果要翻译我的一个中篇,那么,我建议翻译《动摇》。这本书虽然有缺点,但或多或少反映了一九二七年中国大革命时代的一些本质上的东西。"[1]费德林与茅盾是旧相识。这封书信并非纯然是两位政府官员的交流,而多少有些故交说知心话的意味了。这封书信虽鲜有学者注意,却透露出了一些颇有意味的信息。

众所周知,《动摇》在《小说月报》连载时就饱受左翼阵营的攻击。茅盾虽极力声称小说只是客观反映现实,不夹杂主观情感。但这种辩解却并未得到接受和谅解,反而招致了更严厉的批判。茅盾在之后的创作中,努力以《虹》、《三人行》等作品弥补"过失"。20 世纪 40 年代中期后,茅盾一直在诚恳地检讨《蚀》三部曲在思想基调上的错误。新中国成立后,包括《动摇》在内的《蚀》三部曲一直被指责在思想内容上存在重大缺陷。他本人也有意识地回避包括《动摇》在内的《蚀》三部曲,而致力于将《虹》、《子夜》列为自己的成功作品。

这封写于 1955 年的书信,无疑打破了现有研究中茅盾对《蚀》三部曲评价情况的基本认识。在与费德林的通信中,茅盾对《动摇》真实反映国民革命时期社会本质的问题,暴露了他之前对《蚀》三部曲的检讨颇有些"言不由衷"了。

对于 1921 年就加入共产主义小组的茅盾而言,包括《动摇》在内的《蚀》三部曲是其政治生涯上一个挥之不去的污点。《蚀》一经发表,就被中共视为"退党宣言"[2]。茅盾的党籍问题也一度成为"悬案"。《蚀》所表现的思想内容是茅盾被指"脱党"的一个重要因素。其中,正面表现国民革命的《动摇》更是首当其冲。

《动摇》对国民革命风貌的及时反映和浓厚的政治隐喻色彩,使得研究者对其所反映的相关史实充满探究的兴趣。早在上世纪 80 年代,孙中田先生和张立军先生的《〈动摇〉的历史真实》一文就通过细致的文本分析与扎实的史料考据指出,《动摇》中所描写的是国民革命时期鄂西地区钟祥县一带的情形。[3] 近期,梁竞男

---

[1] 茅盾:《茅盾全集》(第 36 卷),人民文学出版社 1997 年版,第 367 页。
[2] 陆定一:《大文学家茅盾》,见《陆定一文集》,人民文学出版社 1992 年版,第 867 页。
[3] 孙中田,张立军:《〈动摇〉的历史真实》,见《文学评论》编辑部:《现代文学专号　文学评论丛刊》第 17 辑,中国社会科学出版社 1983 年版。

先生的《〈动摇〉中的国民革命军叙事之细读》一文,则通过国民革命历史学研究成果和茅盾发表于《汉口民国日报》的文章,评述了小说中的店员运动、解放婢妾运动与具体史实之间的关联。①

除了针对《动摇》史实的专门考察外,相关研究中涉及《动摇》历史背景的更是不胜枚举。这些研究尽管详略有别,侧重不同,但其观点都不外乎称《动摇》表现了国民革命时期工农运动的发展壮大,封建势力对革命的破坏以及小资产阶级革命者、国民党左派对革命事业的软弱、动摇。

总体上看,现有研究对《动摇》所反映史实的论述并未逾越新民主主义革命史的叙述框架。从茅盾与费德林的通信来看,这种与革命史叙述的一致性背后显出了一些吊诡的错位。如果《动摇》对国民革命这段历史的表现正如现有研究所述,那么这部小说则完全可视为无产阶级工农革命的合法性在文学上的论证。如此一来,《动摇》发表之初就不应受到如此激烈的批评;茅盾也不会在众多小说创作中唯独向费德林推荐翻译《动摇》了。

由此看来,《动摇》必然书写了现有研究未曾涉及的历史事实。而这部分史实又恰恰对我们真正理解《动摇》及茅盾思想观念有着决定性的意义。

那么,这些史实究竟是什么呢?要解答这样的疑惑,我们有必要借鉴历史学界的研究成果,对这部小说进行重新梳理和解读。

一

反面人物代表劣绅胡国光,是《动摇》中率先出场的人物。他的第一项政治运作是加入县党部组织成立的商民协会,并试图通过民主选举当上商民协会委员。而另一位主人公——革命者代表方罗兰所任职的部门是县党部商民部。相比店员工会、农协、妇女部等一望而知的名称,商民协会和商民部多少让人有些"不知所云"。

在相关研究成果中,我们几乎看不到关于《动摇》中商民协会和商民部的只言片语。商民协会和商民部不仅与主要人物的政治身份密切相关,这两个组织的活动在《动摇》中也是叙述详尽,贯穿始终。但是,我们对这部分重要情节背后的基本史实却至今一无所知。

不单是现代文学研究界对商民协会和商民部知之甚少。目前,史学界关于国民革命时期农民运动、工人运动的研究著作汗牛充栋,却仅有两部专著论及了《动摇》中商民协会和商民部的相关史实。有意思的是,这两部史学著作——朱英先生的《商民运动研究(1924—1930)》和冯筱才先生的《北伐前后的商民运动一九二四——九三〇》——都谈到了《动摇》中描写商民运动的具体细节,并肯定了小说对这一史实的生动反映。

所谓商民运动,简而言之,就是"北伐前后国共两党,尤其是国民党为从事国民革命而展开的一种民众运动,可以说与当时的农民运动、工人运动、学生运动、

---

① 梁竞男:《〈动摇〉中的国民革命叙事之细读》,《中国现代文学丛刊》,2010年第4期。

妇女运动的性质相类似"。① 商民运动的具体实施是"辅助革命的商人组织全国商民协会,使成为组织严密的辅助国民革命的,及代表大多数商民利益的大团体,以促进国民革命的成功"。②

《动摇》的叙事时间也正是当时商民运动最为活跃的时期。茅盾要通过《动摇》来实现展示国民革命风貌的创作意图,商民运动自然是不能忽略的重大事件。小说关于商民协会和商民部的内容,正是对国民革命时期商民运动的真实反映。

随着北伐的节节取胜,作为商民运动最主要的开展形式——商民协会也像其他民众团体一样在党军所到之地建立起来。"每县有县商民协会,全省有全省商民协会,全国有全国商民协会。"③至1927年初,国民政府所在的湖北省更是成为全国商民运动的中心地带。在这一年上半年的《汉口民国日报》上,随处可见关于湖北省商民运动的大量报道。这段时期,茅盾先是在中央军事政治学校任职,四月以后又担任了《汉口民国日报》的总主笔。④ 他对湖北地区如雨后春笋般建立起来的商民协会必然有相当的了解。

《动摇》对商民运动的表现正始于县城商民协会的组建。当时,商民协会的入会手续并不复杂。小说中,并非商人的劣绅胡国光就冒用姨表弟王荣昌的店东资格,轻松当上商民协会会员。加入商民协会后,会员不仅享有经济上的优待,还能享有一定的政治权利。⑤ 这也使得商民协会成了国民革命中投机分子的聚集之地。

商民协会采取委员制,委员由代表大会或会员大会选举产生。⑥ 在《动摇》所叙述的商民协会选举中,大多数参与者都是县城里切实从事商业活动的中小商人。不过,对于商人来说,参与政治生活并非他们擅长的领域。这无疑给长期操纵基层政治的地方绅士提供了机遇。当地劣绅胡国光就奔走于商民协会选举,窃取了本应属于中小商人的权益。

湖北地区"商协职员成分相当复杂,既有党部所派下来的职员,也有抱有投机心理的地方绅士,更有别有所图的商界活动分子。往往愈到基层,民众团体愈容易受到既有地方势力的支配"。⑦《动摇》对商民协会的成员身份做了详细的交代。其中,既有县城里从事各种生意的商人,县党部指定的人员,也有劣绅胡国光和并未从事商业活动的纨绔弟子陆慕游。这些内容真实呈现了在县城这样的基层社会,别有企图的地方势力混入商民协会的便当和商民协会成员身份的复杂。

从小说中详述的商民协会委员选举大会的场面来看,陆慕游和胡国光各得到了二十张以上的选票,选举现场的人数也有七十多人。对于当时的一个小县城而

---

① 朱英:《商民运动研究(1924—1930)》,北京大学出版社2011年版,第1页。
② 中央执行委员会印行:《中国国民党第二次全国代表大会宣言及决议案》,1926年,第62页。
③ 冯筱才:《北伐前后的商民运动一九二四——一九三〇》,台湾商务印书馆2004年版,第84页。
④ 茅盾,韦韬著:《茅盾回忆录》(上),华文出版社2013年版,第279~280页。
⑤ 朱英:《商民运动研究(1924—1930)》,北京大学出版社2011年版,第82页。
⑥ 同上,第84页。
⑦ 冯筱才:《北伐前后的商民运动一九二四——一九三〇》,台湾商务印书馆2004年版,第139页。

言,中小商人的数量也算相当可观。大致可想见,《动摇》中所描述的小县城并非如既有研究所考证的那样是鄂西地区常年军阀混战下,民不聊生的凋敝所在。①一个略有商业基础的县城更符合小说中关于商民运动叙述的实际,也更有利于表现湖北地区商民运动的状况。

在县城商民协会委员的选举中,胡国光因被指为劣绅而被交由县党部核查解决,进而引出了《动摇》中的另一位重要人物——革命者方罗兰。在国民革命时期的众多行政机构中,作者给他设定的职位是县党部商民部部长。这是我们一直忽略的一个重要细节。

商民部是早在商民运动开展之前就已设立的组织中小商人革命活动的行政部门。国民革命期间,国民党中央执行委员会设有商民部,而到省、市、县各级党部也分别设有商民部。商民部是国民革命时期商民运动的直接领导者,也是各级商民协会的直管部门。北伐以后,各地的国民党党部商民部对于基层广泛建立起来的商民协会发挥着重要作用。

在国民革命这场力图打破既有政治格局的大规模军事行动中,发动民众是十分迫切的政治诉求。除了工人、农民、学生等民众力量之外,作为社会经济重要力量的商人同样吸引了国共两党的注意。在民国时期的特殊社会背景下,真正有实力的大商人不仅为数不多,还具有帝国主义买办等不足取信的政治属性。因此,中小商人成为了国民政府将经济力量转换为政治力量的重要对象。

在《动摇》叙述的小县城中,中小商人几乎是唯一的实体经济力量。他们既能影响民众的日常生活,又能指使土豪地痞对抗革命政权。商民部也正因负责管理商人,而成为多方利益纠葛与矛盾冲突的汇聚点。《动摇》中县党部商民部无疑处在了各方利益博弈的漩涡。茅盾将小说中革命者代表方罗兰设计为县党部商民部部长,就自然地将历史本身的复杂性转换为了小说情节的错综纠葛。

由于一直以来,我们对于国民革命时期的商民运动一无所知,以至于我们忽视或误解了《动摇》中茅盾精心构思的故事情节和人物设置。不仅如此,认识《动摇》关涉的重要史实——商民运动,还将彻底改变我们对小说整体格局及思想基调的既有认识。

二

在新民主主义革命史的叙述中,工人运动、农民运动、妇女运动这类民众运动极易找到大量史料支持。相关研究对《动摇》的分析也基本承袭了这些史学叙述的大体格局。

由于店员运动所占的篇幅及本身所具有的工人运动性质,历来受到相关研究的重视。这部分叙述是旨在赞扬工农阶级革命力量的发展壮大还是批判民众运动的偏激失当也一直是相关研究争论的焦点。

然而,当我们细读《动摇》中关于店员风潮的叙述,就会发觉现有研究的这些

---

① 孙中田,张立军:《〈动摇〉的历史真实》,见《文学评论》编辑部:《现代文学专号 文学评论丛刊》第17辑,中国社会科学出版社1983年版。

结论存在一些无法解释的疑点。

那些我们所熟知的关于无产阶级革命的叙述,几乎是都围绕着压迫与反抗压迫展开的。工农阶层的勤劳、困苦加上有产阶级的富足、残暴,构成了这类叙述向前推进的张力。茅盾之后创作的同类题材作品也不外乎是这样的模式。不过,与我们印象中关于工农革命运动的叙述相比,《动摇》中店员风潮部分的内容有着截然不同故事形态。

店员风潮一出场就被定性为基层革命政权面对的一个棘手问题。茅盾对于店员运动本身一开始就显得很不"客气":"因为有店员运动轰轰然每天闹着,把一个阴历新年很没精采的便混过去了。"①接下来对店员运动的表述,又简化为了分条列出的三大要求:"(一)加薪,至多百分之五十,至少百分之二十;(二)不准辞歇店员;(三)店东不得借故停业。"②

面对这些今天看来都有点过分的要求,本地的革命者都一再气愤地指责店员工会对店东的刁难。但县城的中小商人却表现出了较大的宽容,"以为第一二款尚可相当的容纳",仅认为第三条侵犯了商人的营业自由权。

相比之下,店员工会却利用政治局势,给不愿满足店员要求的店东扣上勾结土豪劣绅的罪名。为了逼迫店东就范,不仅工人纠察队、劳动童子团这些工人组织拿着武器在商店和店东住所活动,近郊农协的两百名农民自卫军也来支援。

诚然,这部分内容包含了对店员运动的表现。不过,我们也应该注意到《动摇》全篇丝毫没有展现店东对店员的剥削和压迫。就连店东勾结土豪劣绅,打击工农运动在小说也仅仅是一种猜测和暗示,并没有任何正面的描述。这就不免让人觉得小说中的店员运动似乎并不具备革命的进步意义。与其说这是展现了工农运动的发展壮大,倒更像是表现了工农武装对中小商人的政治压迫和暴力威慑。

另外,店员风潮发生、发展到解决的过程中,一直穿插着与商民部和商民协会有关的内容。小店员风潮的发生和发展与商民协会内部对店员运动的态度分歧有关。面对工农武装的威慑,店东们也集体向主管商人的县党部商民部请愿。店员风潮的善后问题也由商民协会负责。这部分通常被我们视而不见内容,所占的篇幅完全不亚于对店员运动本身的描写。

由此可见,将这部分内容单纯视为对工农阶级革命活动的展示,与《动摇》实际表现的内容之间存在不小的距离。茅盾笔下的店员风潮也似乎有着更复杂的创作构想和更深层的政治寓意。

如果说《动摇》关于店员风潮的叙述并非如现有研究所言,是对国民革命时期工农无产阶级革命运动的表现。那么这部分内容反映的又是什么呢?只要对国民革命时期商民运动的发展有所了解,我们就能很容易地解答这样的疑问。

"第三次中共中央扩大会议及国民党中央执行委员会先后规定店员属于工人后,店员工会便在党军所到之地建立起来,店员运动成为工人运动的重要部分,到

---

① 茅盾:《蚀》,开明书店1930年版,第42页。
② 同上。

后来实质上成为其核心。"①店员运动的主要内容就是要求提高工资待遇,改善工作环境,限制店东辞退店员等经济诉求。这就无可避免地与店东这些中小商人发生冲突。商民协会这样中小商人团体的存在,使劳资冲突演变为了两大革命民众团体之间的博弈和矛盾。

其实,《动摇》中店员风潮部分的内容并不是现有研究所认为的对工农革命运动的表现,而是对国民革命时期工商冲突局面的真实反映。也只有基于对工商冲突历史事实的认识,我们才能对《动摇》和茅盾的思想倾向有真正的认识。

在工商冲突的格局下,我们就不难理解属于工人运动的店员运动为何会给商民部部长带来困扰。小说中,商民部部长的方罗兰,对于店员过火行为多有批评,对店东处境也表现了同情和偏向。这些态度通常被指为小资产阶级革命者的懦弱或国民党左派对高涨民众运动的抗拒。当从商民运动的实际来看,商民部本身就是维护商人利益的行政组织,而商民运动本身也是国民革命时期民众运动的一种。以此指摘小说中革命者的阶级缺陷或党派弱点,显然有违茅盾真实的创作意图。

《动摇》中基层革命政权在解决店员风潮的决策问题上,争执不休、反复低效。其实也并非是对小资产阶级革命者的批评。

国民革命时期,面对日益加剧的工商冲突,包括国民党左派、中国共产党和共产国际在内的各个政治力量也是屡次开会商议,争执不下,互相指责。身处武汉国民革命政府高层的茅盾对这些情形自然了然于心,或许还多有不满。小说中关于店员风潮部分的内容,其实也是武汉国民政府对工商冲突举棋不定的真实写照。

在这部分叙述中,茅盾特意明确地点出两位民主选举出的商民协会委员支持店员运动的要求,也并非闲笔,而是对当时工商冲突中独特局面的暴露。在对工商冲突的调解中,身为资方代表的商民协会非但不能维护店东利益,反而维护店员利益的情形十分普遍。② 由中国共产党和国民党左派主导的武汉国民政府时期,以店员运动为代表的工人运动持续高涨。在面对工商冲突时,革命政府倾向于维护店员主张,牺牲了中小商人利益是当时普遍的政策。《动摇》中的县城革命政权最终按照省工会特派员的指示,支持店员运动激进主张,罔顾店东利益的做法也并非个案,而具有隐射整个武汉国民政府的意味。

小说中的店员风潮因为特派员的指示暂时平息,但对工商冲突的表现却并未终止。县城街道上糟糕的治安、一次次囤积生活用品的老妈子、倒闭或罢市的店铺——茅盾用了许多具体的事例来说明工商冲突对县城局面的影响。只有对商民运动发展后期的历史有基本的认识,我们才能明白茅盾为何要对这些看似旁枝的情节做这么多细致的刻画。

在商民运动发展的工商冲突中,由于店员运动对店东的压制,加之商民协会和党部的不当作为,大量商户经营难以为继。一时间内,湖北地区商业一片凋敝。

---

① 冯筱才:《北伐前后的商民运动一九二四——一九三〇》,台湾商务印书馆2004年版,第147页。
② 同上,第150~152页。

《动摇》中县城的商业萧条也正是其中的一个缩影。"'四·一二'前后,武汉政府由于内外问题的困扰,财政困难更加严重,政治上也陷入多重危机。这其中,工商冲突、店员问题便是重要原因之一……"①

茅盾自然是看到了工商冲突带来的严重后果,才将此视为当时社会的突出特征在小说中着重表现。从史学界的研究成果来看,在1927年6月以后,包括武汉国民党中央执行委员会、中共高层和共产国际代表等多方政治力量都将解决工商冲突作为最重要的议题,甚至将工商冲突视为革命能否成功的大问题。② 可以说,国民革命时期的工商冲突一直是武汉革命政府时面对的重要社会矛盾和政治危机。

《动摇》完整展现了国民革命时期,湖北地区工商冲突从发生到恶化具体过程。茅盾将工商冲突作为《动摇》情节发展演进的最主要线索,并在小说中不断暗示工商冲突的解决不当是造成国民革命最后失败的重要原因。这些都与史学界关于商民运动的观点十分相近。

由此看来,茅盾以文学展现整个国民革命风貌的写作意图,绝非工农革命运动这样的单一的题材所能承载。学界将店员风潮孤立而简单地视为展现了工农运动的蓬勃发展的观点只不过是一种一厢情愿的误解。

由于缺乏对国民革命时期相关史实的了解,我们一直没能读懂《动摇》中杂糅在细腻两性关系中的复杂革命局势和政治观念。通过工商冲突的表现,茅盾将革命者、店员、商人、农民、普通民众等社会各阶层裹挟进了国民革命的政治体系,建立起基层政权与武汉革命政府的勾连,逐步构筑起自己剖析社会历史的文学框架。也正是在这样的框架中,国民革命的大历史被缩微到了一个小县城中生动呈现。茅盾在给费德林的回信中谈到《动摇》反映了国民革命时期一些本质上的东西,从相关史实来看也正是源于小说对国民革命时期工商冲突的描绘。

三

《汉口民国日报》在茅盾任主笔期间就大量刊载关于商民运动的报道。茅盾对于商民运动必然有较为深入的了解和认识。《动摇》的主要故事情节也是以商民运动作为切入点,并在工商冲突的格局下展开。

在茅盾回忆录对1927年大革命的专章详述中,他详细谈到了在《汉口民国日报》的工作情况,也赞扬了当时工农革命运动的发展,却惟独对商民运动只字未提。茅盾谈及《动摇》的各类文章也从未谈起其中关于商民运动的叙述。

由于茅盾的刻意回避加之研究者对国民革命时期历史情境的疏离,我们对《动摇》理解和认识都存在不少误会。究竟是什么原因使《动摇》中关于商民运动的描写在茅盾那里成了不能说的秘密呢?

从商民运动本身来看,它最初是国民党所发起民众运动。国民革命失败以

---

① 冯筱才:《北伐前后的商民运动一九二四——一九三〇》,台湾商务印书馆2004年版,第150页~152页。
② 同上,第157页。

后,工农运动受到压制,商民运动的领导权却仍在国民党掌控下继续进行。① 由此看来,商民运动无疑是一个比较敏感的话题。

另一方面,国民革命时期,中共接受了共产国际关于中国社会政治结构的判断,将小资产阶级视为国民党政治集团的主要成分,并将小资产阶级视为可以联合的政治势力和社会阶层。宁汉合流之后,代表小资产阶级利益的国民党左派倒戈。中共党内将国民革命的失败归咎于小资产阶级的动摇和懦弱。小资产阶级被认为在国民革命中惧怕无产阶级革命力量的发展,并在革命的危机中向大资本家买办投降。

商民运动的对象中小商人在社会阶级划分上正是属于小资产阶级。同属国民革命时期民众革命运动的商民运动自然不像工人运动、农民运动那样上得台面了。

如果遮蔽了商民运动的相关史实,我们或许还能勉强以为《动摇》在某种程度上表现了工农革命运动。但是,结合商民运动的相关史实来看,《动摇》的问题就不仅仅是倍受指责的悲观失望情绪,而是其中弥散着的不合时宜的政治观念。

《动摇》中的店东们对县城革命工作的展开给予相当的配合。大部分店东积极加入商民协会并认真地参与选举。在茅盾笔下,中小商人与工农阶层一样都是国民革命的参与者。是激进的工农运动压榨了原本支持革命的中小商人最基本的生存空间。领导工农运动的革命者又进一步激化了工商矛盾。而原本应该保护中小商人利益的革命民众组织商民协会和党部商民部最终没能履行职责。

小说中,以中小商人为代表的小资产阶级不是勾结土豪劣绅,破坏革命的反动势力。反对激烈工农运动、主张保护中小商人利益的小资产阶级革命者也并非代表了国民党左派的软弱、动摇,而是对当时的局势做出了理性正确的分析。

这样的叙事逻辑和价值判断与党内对国民革命失败的政治分析大相径庭,当然足以使人对茅盾的政治立场的产生莫大的怀疑。而遮蔽其中关于商民运动的叙述,就能在很大程度上模糊《动摇》透露出的政治思想倾向。为了规避小说中巨大的政治风险,茅盾有理由对商民运动避而不谈。

身处国民革命领导核心的茅盾自然清楚商民运动的存在的"政治问题",也应该对表现工商冲突时偏向小资产阶级而批判工农阶级有相当的政治风险预判。既然如此,茅盾何以在国民革命失败的特殊时期,选择表现商民运动这样的敏感的话题?又为何会在小说中公然对已被视为反革命的小资产阶级给予理解、同情,甚至是好感呢?

以打倒军阀、打倒军阀目标的国民革命,汇聚了不同党派和不同社会阶层的力量。在革命事业的发展中,不同党派、阶层之间的博弈、妥协和冲突一直伴随始终。

茅盾作为中共最早一批的党员,早在1921年就加入中国共产党,并在上海地区从事跨党革命活动。② 在1925—1926年间,茅盾不仅从事宣传工作,而且还深

---

① 冯筱才:《北伐前后的商民运动一九二四——一九三〇》,台湾商务印书馆2004年版,第169页。
② 杨扬:《台湾所见"国民党特种档案"中有关茅盾的材料》,《新文学史料》,2012年03期。

入参与了许多整顿党务的组织工作。联合国民党左派,并与国民党右派斗争就是他在国民革命期间重要的工作内容。① 联合不同党派的力量,调和不同阶层的利益不仅是茅盾所接触到的大量社会科学理论、政治文件所涉及的重要议题,也是他的具体革命实践。

商民运动虽然最初由国民党发起,但它在全国范围内的展开却是在国民党第二次全国代表大会上由国共两党共同决议的结果。当时的中国共产党领袖谭平山就强调要对后起的商民运动与农工予以同等重视。② 商民运动既是国共两大建立政治互信的一种体现,又是国民革命后期,国共两党的权利争夺点。商民运动也自然会被茅盾视为国民革命时期绕不过去的重大事件。

国民革命混杂了资产阶级革命与无产阶级革命的双重属性。革命进程中不同阶层的矛盾冲突在所难免。这种冲突随着北伐的节节胜利,民众运动的蓬勃发展愈演愈烈。

"四·一二"反革命政变以后,中共中央认为"封建分子与大资产阶级已转过来反对革命","无产阶级、农民与城市小资产阶级的革命的联盟"是今后"革命势力之社会基础"。③ 尽管中共五大指出了此后与国民党左派的关系应更加密切,也更要加强在革命工作中对小资产阶级的重视。④ 但是,在处理小资产阶级与工农阶级在革命中的关系这个问题上,中共的重要决议文件是充满歧义和矛盾的。中共党内对于彻底发动工农运动还是限制工农运动以维护小资产阶级利益也一直存在分歧。武汉国民革命政府时期,激烈的工农运动造成了工商业者为代表的小资产阶级和工农阶级之间巨大裂痕,也威胁了中共与国民党左派的政治联盟。

《动摇》中表现出的对小资产阶级的偏向和对工农运动的批评,正是茅盾对国民革命时期核心政治议题的认识。

事实上,早在1927年5月,工商冲突爆发之时,茅盾就撰文指出"不但是无产的农工群众简直没有生路,即小有资产的工商业者,亦痛苦万状"。⑤ 并认为"工农运动之不免稍带幼稚病"而破坏了对革命事业意义重大的工农阶级与工商业者同盟。⑥ 在他看来:"工商业者和工农群众中的革命同盟是中国国民革命的唯一出路。"⑦

《动摇》中对工商冲突的表现是茅盾在国民革命期间政治观点的一种异体同

---

① 包子衍:《清党委员会公布的有关沈雁冰的几则材料——为茅盾〈回忆录〉提供片段的印证及补充》,《新文学史料》,1990年01期;杨天石:《读沈雁冰致林伯渠函手迹》,《书屋》,1997年05期。
② 冯筱才:《北伐前后的商民运动一九二四——一九三〇》,台湾商务印书馆2004年版,第81页。
③ 中央档案馆编:《中共中央文件选集 第3册 1927年》,中共中央党校出版社1983年版,第38页。
④ 同上,第42~44页。
⑤ 茅盾:《巩固工农群众与工商业者的革命同盟》,原载1927年5月20日《汉口民国日报》,见《茅盾全集》(第15卷),第366页。
⑥ 同上,第380页。
⑦ 茅盾:《工商业者工农群众的革命同盟与民主政权》,原载1927年5月21日《汉口民国日报》,见《茅盾全集》(第15卷),第369页。

构的表达。茅盾当时的政论文不仅是对当时武汉国民政府训令的附和,也是他自己对于时局的判断。从《动摇》对商民运动和工商冲突的表现来看,茅盾并未如部分政治家那样看到了工农运动的"好的很"。反倒是过激的工农运动破坏了小资产阶级与工农群众的革命同盟,而这才是国民革命失败的原因。

《动摇》发表之时,当时的中共中央认为"被革命吓慌的小资产阶级"①已经与反动势力联合起来反对共产党。并将发动包括工农武装暴动在内的群众运动抵抗白色恐怖作为此后的革命方针。②《动摇》中表达的对国民革命失败的原因分析显然与当时中共中央的政策方针背道而驰。

对此,同样亲历国民革命的中共党员郑超麟比文艺界人士有更清晰的认识。1927年11月间,郑超麟曾去拜访沈雁冰,他对郑谈到:"他不满意于——八七会议以后的路线,他反对各地农村进行暴动。……这是我第一次听到一个同志明白反对中央新路线。"③在郑超麟看来,《幻灭》、《动摇》和《从牯岭到东京》是茅盾政治意见的形象化。④

这种政治观念的文学表达给茅盾带来了恶劣的政治影响。"李立三当权时代,党所指导的文学刊物都攻击他,中央而且训令日本支部不认他做同志。"⑤瞿秋白就撰文"借用'幻灭','动摇','追求'的字眼讽刺沈雁冰"⑥。李一氓⑦发表了《出路——到东京》一文针对《蚀》三部曲,对茅盾进行了人身攻击式的政治批判。⑧直到茅盾逝世后,中共中央决定恢复他的中国共产党党籍,党龄从1921年算起。李一氓知道后,还向有关人员打电话,表示沈雁冰可以重新入党,可以追认为中共党员,但不宜恢复上世纪20年代的党籍。⑨可以想见茅盾在《动摇》中表现出的思想立场犯下了十分严重的政治错误。

而我们一直没有注意到,茅盾对创造社、太阳社等人的反驳颇带有些居高临下的意味。因为在他看来"对于湖北那时的政治情形不很熟悉的人自然是茫然不知所云的"⑩。茅盾是中国共产党最早一批党员。国民革命期间,他加入国民党以跨党身份身居要职,又与当时的国共两党的最高领导人有不少交往。国民革命失败后,沈雁冰的名字在国民党的通缉人员名单上比瞿秋白、周恩来等中共领导人

---

① 《中国共产党中央执行委员会告全党党员书》,见中共中央党史征集委员会、中央档案馆编:《八七会议》,中共党史资料出版社1986年版,第5页。
② 同上,第6~11页。
③ 郑超麟著,范用编:《郑超麟回忆录》(上),东方出版社2004年版,285~286页。
④ 同上,127页。
⑤ 同上,286页。
⑥ 同上,124页。
⑦ 李一氓,又名李民治,1925年春入党,1925年参加北伐,在国民革命军总政治部任宣传科长、秘书。1925年参加了八一南昌起义。起义失败后,按照党的安排,秘密去上海,从事党的文化工作和保卫工作。新中国成立后,曾担任中共中央对外联络部副部长等重要职务。孔德为其笔名。
⑧ 孔德:《出路——到东京》,《日出》,1928年第2期。
⑨ 胡安治:《沈雁冰身后的两桩恢复党籍事件》,《中国新闻周刊》,2013年1月7日。
⑩ 茅盾:《从牯岭到东京》,《小说月报》,1928年第19卷10号,第1141~1142页。

都更靠前①。他有理由觉得批评者的阅历不足以对时局和革命的发展走向有真正的了解。《动摇》中对时局的分析也与史学界近年的研究结论不谋而合，也使我们有理由理解茅盾的这种政治自信。

事实上，茅盾对自己在国民革命经历中形成的政治观念有过很长一段时间的坚持。茅盾在汪精卫发动"七·一五"反革命政变后，依旧与其有书信往来。② 面对革命阵营的对《幻灭》、《动摇》的批判，茅盾也并没有检讨和退缩。他在回应批判的《从牯岭到东京》一文中抱怨"假如你为小资产阶级诉苦，便几乎罪同反革命。这是一种很不合理的事！"③在他看来"中国革命的前途是不能全然抛开小资产阶级"。④ 茅盾在此所讨论的不仅仅是我们通常所认为的小说中关于小资产阶级革命者，其实也针对了商民运动和工商冲突中以店东为代表小资产阶级工商业者。在茅盾回应文学问题的背后，包含着他在国民革命中形成的对小资产阶级的政治认识和对革命局势的基本看法。这些观念直到1929年茅盾的《读〈倪焕之〉》一文中都有所保留。

革命文学的提倡者们将《蚀》三部曲作为一个错误的文艺方向猛烈批判的同时，也总是会有意无意地涉及到小资产阶级与革命前途关系的讨论。其中不仅包含了文艺动向的争论，也牵涉到国民革命失败后复杂的政治问题。而茅盾的弟弟中共党员沈泽民1929年的《关于〈幻灭〉》一文，也颇有对茅盾进行政治劝诫的意味。现今，我们已很难了解在此期间，茅盾承受了怎样的政治压力和思想斗争。但茅盾之后的《虹》、《三人行》、《子夜》等作品，都多少带有弥补《蚀》的政治错误的成分了。

针对《蚀》三部曲思想倾向上的问题，茅盾一次次以客观事实为之辩护，却总是被视为"通过强化的小说的现实主义美学追求来对抗意识形态化的理解方式，规避政治风险"。⑤ 但从《动摇》对商民运动和工商冲突的表现来看，茅盾所言非虚。

无论是《从牯岭到东京》、五十年代与费德林的通信，还是80年代的回忆录，茅盾内心对《动摇》如实反映现实的观点是一以贯之的坚持，只是他不愿意真正地解释过这种客观性的由来。

由于对国民革命相关史实的疏漏，学界对《动摇》考察大多停留在了小说的思想基调这样的感性层面或仅注意到其中恋爱与革命的冲突，而忽略了小说在表现商民运动和工商冲突时浓厚的社会政治剖析色彩。

---

① 沈卫威：《新发现国民党南京政府一九二七年通缉沈雁冰（茅盾）、郭沫若的原件抄本》，《新文学史料》，1991年第04期。
② 包子衍：《清党委员会公布的有关沈雁冰的几则材料——为茅盾〈回忆录〉提供片段的印证及补充》，《新文学史料》，1990年第01期。
③ 茅盾：《从牯岭到东京》，《小说月报》，1928年第19卷10号，第1145页。
④ 同上，第1144页。
⑤ 李跃力：《革命文学的现实主义与崇高美学——由〈蚀〉三部曲印发的论战谈起》，《文史哲》2013年第4期。

在夏志清看来，《蚀》三部曲"是站在小说家的立场，说了小说家应说的话"①，其文学价值远高于充满政治意识的《子夜》。尽管，有研究者并不认同这种论调，却还是认为《蚀》"是一种'人生经验'的抒写，重在倾吐大革命失败以后的感觉与体验，并无大规模解剖社会现象的意图"，那么《子夜》及其以后的创作便把用力重点放在了整体性的社会剖析上。② 这些观点不仅忽略了《动摇》中对国民革命时期社会本质的分析，也误解了茅盾当时的创作心态。

正如茅盾曾在一次访问中所谈到的那样："因为我没有做成革命家，所以就做了作家。"③国民革命失败后，他的文学创作生涯的展开是一种不得已而为之的选择。茅盾并不甘心由革命者转行当作家。由武汉国民革命政府时期打着皮绑腿、身着军装的革命者沈雁冰，到蜷在妻子病榻前躲避通缉、卖文为生的作家茅盾，这种身份转型显然难以一蹴而就。

《动摇》并不只是革命失败后的情感宣泄，其中蕴含着浓厚的政治气味。《动摇》的写作是以一种深度参与国民革命的政权高层的姿态，为"动乱中国的最复杂的人生的一幕"④梳理一个合理的解释并表达一种政治立场。由此，我们或许也可从一个侧面去理解：为何瞿秋白之前对《子夜》的评价最高，却在临刑前写下的《多余的话》结尾处中称《动摇》这部与"秋白路线"相左的小说——是值得再读一读的。⑤

从《动摇》对国民革命时期商民运动和工商冲突的表现来看，《动摇》是茅盾的小说创作中政治意味极强的一部。小说触及了国民革命时期的一些根本性的政治路线方针问题——如何定位小资产阶级在革命中的地位及其与工农革命运动的关系。在国民革命失败后，茅盾以文学创作表达了对当时将小资产阶级及其利益代表国民党左派为定性反革命的反对意见，并批判和检讨了激进的工农运动对小资产阶级利益的伤害和由此带来的严重后果。

在《动摇》中对商民运动和工商冲突的书写中，茅盾的个人趣味和情感倾向也袒露无余。《动摇》中"戏份"最微不足道的中小商人也是有名有姓。就连这些商人做的是什么生意，又有怎样的经营特点，茅盾都忍不住要交代一番。相反，《动摇》全篇几乎没有一个有名有姓的工农人物形象，店员始终只是一个抽象的模糊群体。尽管茅盾之前曾提倡无产阶级文艺，但他对塑造工农形象一直缺乏发自内心的兴趣。茅盾这种对商人与社会、政治的关系充满探究的兴趣和写作欲望也在其之后的小说创作中一直延续。

《动摇》暴露了茅盾的审美趣味，也充分体现了亲历国民革命的茅盾对社会政治的基本看法。虽然，此后茅盾再也没能像《动摇》一样，自然地流露自己的审美

---

① 夏志清：《中国现代小说史》，刘绍铭等合译，香港友联出版有限公司1979年版，第124页。
② 王嘉良：《回眸历史：对茅盾创作模式的理性审视》，《学术月刊》，2007年11月第39卷。
③ [法]苏珊娜·贝尔纳著；丁世中，罗新璋译：《走访茅盾》，李岫编：《茅盾研究在国外》，湖南人民出版社1984年版，第571页。
④ 茅盾：《从牯岭到东京》，《小说月报》，1928年第19卷10号，第1138页。
⑤ 瞿秋白：《多余的话》，人民文学出版社1973年版，第35页。

趣味和政治见解。但蕴含在《动摇》中的个人趣味以及那些亲历国民革命而形成的社会政治理念，却一直在他之后的创作中若隐若现，并与他刻意要表达的社会政治理念杂糅在一部作品中，互相撕扯，矛盾纠结。

结语

《动摇》这部小说是现代文学史上鲜有的、及时展现国民革命风貌的文学作品。由于对国民革命时期的历史事实缺乏全面、客观的理解，我们对《动摇》的解读也一直充斥着偏颇、误解和疏漏。新时期以来，一些历史学者通过史料挖掘，开始重新梳理、解读民国初年和国民革命时期的历史。借助史学界的相关研究成果，对《动摇》的相关史实进行重新考察，无疑将极大地推进我们对于这部作品及茅盾早期创作观念的认识。

国民革命作为民国时期的重大事件，对整个社会的发展进程产生了深远影响。对国民革命的展现并不只限于《动摇》，而国民革命对现代文学的影响也不仅仅是小说创作的题材。在国民革命的浪潮席卷全国时，茅盾、郭沫若等大批现代作家都直接参与到了革命的军事、政治工作当中。这段特殊的经历，对于他们的文学创作和思想观念产生了极大的影响。之后的革命文学运动也与国民革命这一历史事件密切相关。

国民革命不仅是社会历史层面的重大事件，同时也是现代知识分子的重大精神事件。许多左翼作家也如茅盾一样，在民国时期复杂的社会政治局势中，经历着文艺与政治的纠葛与羁绊。民国时期政治的复杂性在现代文学中的折射出了更为反复缠绕的面貌。政党派立场和阶级观念也成了许多现代作家身上挥之不去的印记。

作品研究

茅盾《虹》简论
——"青年成长"与现代"诗史"

陈建华

上海交通大学 上海 200240

从茅盾早期小说的创作脉络里看,继《蚀》三部曲之后,《虹》在表现"时代性"方面更有突破,即强调了历史前进取决于先进"集团"的领导。小说描写梅行素在四川受到"五四"的启蒙而冲破家庭与婚姻的束缚,来到上海后又在马克思主义引导下,最后融入"五卅"的历史洪流之中。《虹》采用多种现代主义手法加强梅女士典型人物的塑造,摆脱了"革命加恋爱"及"章回小说"的叙事模式,成为一种"史诗"与"成长小说"相结合的中国版本。选择"五四"到"五卅"的历史开展为中国革命重建了"正统"谱系、也即后来文学"正典"的神话。这也决定了茅盾对于梅女士的形象塑造,在表现其自觉克服其"女性"与"母性"而转向集体认同的过程中,烙下概念与理论先行的痕迹。

一、主体构筑:"东方美人"与"战士"

比起慧女士、孙舞阳和章秋柳,梅女士的最不同之处是她具有那种"用战士的精神往前冲"的性格特征。"战士"是新出现的母题,且被反复强调,于是这一"时代女性"被赋予空前的"动"力。但另一方面,梅女士是一个"无可非议的东方美人",是"温柔的化身",因此具有静女士的气质,意味着传统在悄悄地回归。事实上梅女士的形象在一定程度上调和了"动"、"静"两种类型,使她刚柔相济,在应付环境时更富弹性,能"因时制变地用战士的精神往前冲"。梅具有中国"数千年来女性"的性格,茅盾使用"拥髻含睇"、"幽怨缠绵"、"薄命之感"这类古典文学形容"美人"的套语,标示出这一人物类型的"现代性"转变。她较少慧女士、孙舞阳或章秋柳的"肉感",却更主动地接受时代的影响并认同"革命"。显然茅盾仍旧要创造一个"时代女性"与革命时间意识相结合的典范,不像在描写章秋柳时那么投入激情,而在保持某种距离的透视时,作者的主观渗透更依赖经验、技巧和理性的分析。

茅盾表示:"'虹'是一座桥,便是春之女神由此认出冥国,重到世间的那一座桥;'虹'又常见于傍晚,是黑夜前的幻美,然而易散;虹有迷人的魅力,然而本身是虚空的幻想。这便是《虹》的命意:一个象征主义的题目。"[①]这里所谓"冥国"云

---

① 《亡命生活——回忆录十一》,《茅盾专集》第1卷,福建人民出版社1983年版,第644页。

云,梅女士仿佛是章秋柳的"转世";在后者身上作者已经差不多成功地构造了和谐的时间幻象,但结果以死亡夭折,成为一座断"桥"。因此这回梅女士则完全以正面形象代表革命历史的方向,颇流露出妙手回"春"之喜。所谓"幻美",作者意识到梅女士还是一个"小资产阶级知识分子",是一种过渡性的角色,但这段话里的潜台词则含有某种不安与疑虑:由于革命主体仍然缺席,作者也缺乏自信,所以这一文学的正面形象仍缺乏权威性,甚至有可能被误认的,而且说到底女性也只能作为"幻美"的外在呈现,难以作为革命的实体。

《虹》的开头一幕,写梅在轮船上穿过长江巫峡。巫峡气势磅礴,蔚丽壮观,素为读者称道。且不说"鬼门关"在地理上给人以"一夫当关,万夫莫开"的联想,而以此为联结点,设计倒叙和顺叙的叙事结构,象征着主人公身世的"光明和黑暗交织成的生命之丝",确是匠心独运。以此为契机,作者巧妙融入"江山美人"的传统美学,同时转换文学符码,为凸显一位"不爱红妆"的现代美人煞费心神。小说一开始的视线切入,是现代小说中常用的电影摄像的技法,从金光驱散晓雾的江面上,移至轻快驶下的轮船,然后移至船舷栏杆旁观望的船客。当镜头集中在主人公"东方美人"身上,作者还不无悬念地如此修辞:"如果从后影看起来,她是温柔的化身;但是眉目间挟着英爽的气质,而常常紧闭的一张小口也显示了她的坚毅的品性。她是认定了目标永不回头的那一类的人。"①

应当说这里对梅女士的这番描绘,极有新意,也意味着作者在文学创造上冲破"过去"的牢笼。然而中国文学里不乏咏怀如画江山之作,大多出自所谓"豪放派"文人。如苏东坡高唱"大江东去"而缅怀赤壁遗事,辛弃疾咏叹"栏杆拍遍"而感伤时事等,所谓"江山如此多娇,引无数英雄竞折腰",更体现了"阳刚之气"。因此当梅女士被抽掉"女性"与"母性"时,她也就成为重现"英雄"价值与美学的道具,在具体处理上并没有给传统的美学和文化符码带来多少改变。

在传统美学里,"情景交融"意味着人物与自然分享共同的伦理和美学前提而达到和谐,那么在这里处于"现代"境遇中的"自然"更具自身的意义特征,并担任某种道具的功能。自然与女性的指符之间的意义被换置,而且更微妙的是通过自然与历史、精神与物质之间的意义换置,对梅女士的"英雄"性格作了更为现代的诠释。如下面这一段:

梅女士看着这些木船微笑,她赞美机械的伟大的力量;她毫不可怜那些被机械的急浪所冲击的蜗牛样的东西。她十分信托这载着自己的巨大的怪物。她深切地意识到这个近代文明的产儿的怪物将要带新的"将来"给她。在前面的虽然是不可知的生疏的世间,但一定是更广大更热烈:梅女士毫无条件地这样确信着。②

梅女士的视域集中在"木船"上,这是从她的心灵之眼中看出来的。她的精神

---

① 《虹》,《茅盾全集》第13卷,人民文学出版社1985年版,第4页。
② 同上,第12页。

与行驶中的轮船合为一体,而这轮船变成了正以无限活力而开展的"历史"的比喻,蕴含文明、进步、物质等意义。这时自然景色淡出为背景,对人物性格起衬托作用,而它在主人公心头所唤醒的风云志气融入她目前的凝视中,积极参与精神活动。代替大自然美景的是"文明"的母题,混杂着欧洲启蒙主义的工具理性与马克思的唯物论。而20世纪初欧洲的先锋艺术如为茅盾所推崇的"未来主义"也崇拜机械热力,其鼻祖马利奈蒂在《未来主义宣言及其基础》一文中大加赞颂"由地狱之火推动的轮船"、"驼着热辣火红的肚子疯狂飞奔的火车头"。① 在梅女士对这样的历史力量"十分信托"、"深切地意识到"、"无条件地这样确信着"的认同中,其女体指符也被"物化",几乎被彻底消解。有意思的是"文明的产儿的怪物"这个比喻。尽管梅女士力图克服自己的女性和母性,但她的身心在为目下的机械文明深感迷醉时,仍产生了一种爱抚"产儿"的"母性"。在如此狂热的表现中,作者可能自己不曾意识到,在这语言的盛宴的迷醉中,这"文明的产儿的怪物"仍有某种不自然的感觉,且像不可知的"将来",隐含危险与威胁。

《虹》不像《蚀》三部曲反映当代史,但其更具"史诗"性质,且梅与历史的"主体"意识也大大加强。这种史诗特征体现在三方面:首先,"历史"被表现为朝既定目的前进,成为主宰主人公命运之庞然大物。其次,梅女士的对这一历史的认识能力增强,她的主观精神,尤其是"意识"、"潜意识"的层面被强化。再次,叙述者更用一种强势的语气表现主人公的自由意志与主体意识。所谓"狂飙的'五四'也早已吹转了她的思想的指针,再不能容许她回顾,她只能坚毅地压住了消灭了传统的根性,力求适应新的世界,新的人生,她是不停止的,她不徘徊,她没有矛盾"。② 梅女士脆弱的身体当然不胜负荷史诗的动力,因此她被赋予巨量的意识,伴随着一套新的描述主体的语言。第八章里有一段话描写梅女士在上海的"复杂的心境",较集中地表现了这种"主体"意识的强化:

而况她的天性又是动的,向前的,不甘寂寞的。她所受的"五四"的思潮是关于个人主义,自我权利,自由发展,这一方面,仅仅最初接到的托尔斯泰思想使她还保留着一些对于合理生活的憧憬,对于人和人融和地相处的渴望,而亦赖此潜在力将她轰出成都,而且命令她用战士的精神往前冲!天赋的个性和生活中感受的思想和经验,就构成她这永远没有确定的信仰,然而永远是望着空白的前途坚决地往前冲的性格!③

这一段与前引第一章里"因时制变地用战士的精神往前冲"的那段话是呼应的,同样是叙述者的强势介入、把主人公控摄于历史的观照中,而在这当下顺叙的

---

① F. T. Marinetti, "The Foundation and Manifesto of Futurism," in Herschel B. Chipp, ed., *Theories of Modern Art: A Source Book by Artists and Critics* (Berkeley: University of California Press, 1968), p. 284.
② 《虹》,《茅盾全集》第13卷,人民文学出版社1983年版,第6页。
③ 同上,第209页。

叙述时间里出现，则更显得突兀。的确，这样一个自觉接受历史"命令"而充满战斗精神的人物，多少带有神秘性，这在新文学里，不要说是女性，就是男性也从来没有过。为构筑这样一个形象，作者使用的抽象名词，凡能表现一个人的主体意识的，如"思想"、"思潮"、"精神"、"个性"、"天性"、"信仰"、"经验"等，自世纪初由梁启超等从日本引进的"新名词"，在这一小段里，展现得淋漓尽致。

"革命加恋爱"小说从一开始已经面对着塑造"革命"主体的要求，而在"革命文学"论争中这一点提得更明确，即要求表现"无产阶级"的主体意识。茅盾本人对《虹》作自我检讨："梅女士思想情绪的复杂性和矛盾性，不能不说就是我写《虹》的当时的思想情绪。当时我又自知此种思想情绪之有害，而尚未能廓清之而更进于纯化。"①这段话写于"文革"之后，所谓"纯化"应当指"社会主义现实主义"的"正面人物"，大约与"革命样板戏"中"高大全"的人物标准脱不了干系，比较之下，梅女士当然"复杂"、"矛盾"得多，尤其是写到她在上海的部分。究其实，当时茅盾写《虹》虽然仍坚持他的表现小资产阶级的理论，但在力求表现阶级的"意识形态"方面已足有成效，比起《蚀》来则是一种跃进。不说梅的复杂、矛盾的一面，恰恰以后来正典式的英雄人物的标准来衡量，梅自尊自强，然而无条件地俯首听命于"革命"的权威；她保持激情，然而能在过程中不断学习、克服自己，并能"适应"、"征服"周围环境。在这些方面梅女士已具备"革命"的主体性。

某种意义上"革命加恋爱"小说的根本问题是性别问题。这个问题还得回到1895年之后，举国上下在立志不惜代价实现"富强中国"时，更重要地认识到国民素质的低下而必须改造之。其代言人梁启超把小说看作启蒙民智、重铸国民灵魂的利器时，就触及小说应当表现"英雄"人物作为国民楷模的问题。他特别指出中国传统小说之毒害，像《红楼梦》、《水浒传》之类的小说里不是才子佳人，就是盗贼乱寇，缺乏一种能促使社会进化的英雄人物。特别对于"才子"类型，梁启超大张挞伐："今我国民轻薄无行，沉溺声色，绻恋床笫，缠绵歌泣于春花秋月，销磨其少壮活泼之气，青年子弟，自十五岁至三十岁，惟以多情多感多愁多病为一大事业，儿女情多，风云气少，甚者为伤风败俗之行，毒遍社会，曰惟小说之故。"②另一方面他极力推崇像华盛顿、拿破仑这样的英雄人物作为青年的表率，觉得如果小说能表现这样的人物，必定有利于对国民性的改造。

梁启超的这番论说似乎要把小说变成国民教科书，却不无把文学的艺术功能作简单化的倾向。但从文化立场上说，他特别对《红楼梦》加以讨伐不为无见，的确自明清以来，中国人变得"儿女情多，风云气少"，到了清末，男的吸鸦片，女的裹小脚，文学中弥漫着那种"意淫"的伤感、颓废气息。梁氏在痛斥之余，几乎要把男女之情逐出他的"理想国"。后来五四新文学尽管要同清末的改良主义划清界线，但在对待文学的基本态度上，即视之为改造国民性的手段方面，则并无两致。如鲁迅说到他为什么做小说时："我仍抱着十多年前的'启蒙主义'，以为必须是'为

---

① 《茅盾回忆录》，《茅盾研究资料》上册，中国社会科学出版社1983年版，第418页。
② 梁启超：《论小说与群治之关系》，见《新小说》第1号，1902年11月。

人生',而且要改良这人生。"①所谓"十多年前的'启蒙主义'",指的是陈独秀及其提倡的"文学革命",但小说要用来"改良这人生",仍是如筋斗翻不出梁启超的手掌。值得注意的,鲁迅在 1908 年《摩罗诗力说》一文中力倡一种充盈着阳刚之气的民族诗学,其实也可看作梁氏对"儿女情多,风云气少"的抨击的一种回响。

小说离不了男女之情。比梁启超早几年,严复、夏曾佑在《国闻报》上撰文为小说作鼓吹,在儿女风云方面的看法要比梁氏开通。他们觉得"英雄"固然重要,但也必须经过十月怀胎,因此不能没有男女之情,而小说里更不能没有"美人"。他们主张小说应该描写所谓"英雄"和"男女"的"公性情",才能感动人;但又觉得小说难免要英雄气短,儿女情长,甚至认为:"若夫男女之感,若绝无与乎英雄。然而其事实与英雄相倚以俱生,而动浪万殊,深根亡极,则更较英雄而过之。"②这样的理解也等于为后来的言情小说开了绿灯,但这"公性情"指普遍人性,也可理解为属于公共领域或符合公共利益的男女之情。

可奇怪的是,到 20 年代的文学犹如"等待戈多",民族英雄迟迟不来。尽管在"大革命"风浪中涌现无数大好男儿,抛头颅、洒热血,但到"革命加恋爱"小说流行,却以"无产阶级文学"为追求目标,其英雄人物仍在无何有之乡。当鲁迅讥刺那些戴着形形色色小资面具的无产阶级主人公时,心中似有一个谱,即无产阶级主人公应当来自真正的劳动阶级,即来自尚待开展的革命实践。这也是在"革命文学"论争中表现出吊诡的鲁迅,即一面以"照旧讲'趣味'"来回敬其论敌,另一面在揭穿"革命文学"理论的虚妄时,表示他对"无产阶级文学"的理解是更正确的。尽管如此,如蒋光慈、丁玲、胡也频等人的作品所表现的,无论是男是女,在表现想象中的革命英雄时,不约而同地在马克思主义的基础上探索、建构了一套新的文学语言与象征性代码。一个主要特征是让革命穿上恋爱的外衣,而女主人公在革命运动中改造自己的"女性"和"母性"。

茅盾写小说的起点暗示他是个"情种",似属于林琴南、周瘦鹃之流裔。他的"革命加恋爱"小说确实棋高一着。他不受理论的蛊惑去表现子虚乌有的无产阶级英雄人物,而写他所熟悉的事物。他明确声言以表现小资产阶级的革命性为目标,一方面正当"旧派"的言情小说在创作上处于低潮之时,他的作品更以表现都市小说的新貌来占领文学市场,另一方面却通过文学符码的内在转换颠覆了言情小说传统以及资产阶级的文化代码。到梅女士这一形象的出现,不仅"恋爱的外衣"差不多也要剥去,连主人公的性别特征也更为模糊。然而从这个"当代英雄"的性质来看,未尝不是当初梁启超等人关于小说现代性理想的进一步开展。理想的小说形式凝聚着实现国民与社会现代化的希望,那么理想的英雄人物应当是身心健康,不仅勇于进取,具有百折不回的自由意志,而且能因势利导,具有适应环境的能力。自五四新文学开展以来,无论是鲁迅、郁达夫等人的小说里的人物,都不符合这样的英雄条件。

---

① 《我怎么做起小说来》,《鲁迅全集》第 4 卷,人民文学出版社 2005 年版,第 525~526 页。
② 严复、夏曾佑:《本馆附印说部缘起》,天津《国闻报》,1897 年 11 月。另见陈平原、夏晓虹编:《二十世纪中国小说资料》(第一卷,1897—1916),北京大学出版社 1997 年版,第 22 页。

二、"青年成长"与现代"诗史"小说

梅女士的形象在注入历史进步观念与革命乌托邦狂想的同时,必须考虑到与都市现代性错综纠葛的另一面,方能充分揭示其复杂的构造。当时"革命"实践遭受挫折,而在理论战线上鹿死谁手,仍属未定之天。茅盾在《虹》里更自觉地构筑无产阶级的"革命"意识形态,旨在颠覆资产阶级的主流"革命"话语,然而两者之间却有模糊交界处。小说的基本结构已含有城乡之间的现代和传统的文化秩序,而上海是文化中心,是现代的发源地。梅女士从内地到上海,"她预想上海是一个广大,复杂,无所不包,活的急转着的社会,她可以在这里头找到她所合意的生活方式,而且她要在这广漠的人海中拱起她的一只角来。"①小说对她的都市经验的描写,尤其是到上海之后的经历,展示了一个现代性主体的成长过程,与18世纪末以来欧洲的"青年成长小说"颇多交接重合之处。据莫瑞蒂(Franco Moretti)的研究,歌德的《威廉·迈斯特的学习时代》开启成长小说的先河,而主人公的学徒生涯和富于冒险的经历,体现了小说的"现代性"。另如夏洛蒂笔下的简·爱、狄更斯的大卫·科波菲尔或《红与黑》里的于连等,他们不再重复他们父辈的生活模式,而是在游荡、飘泊或冒险中探索不确定的社会空间,那也是19世纪小说所探索的叙述空间,由此出现了"为资本主义的新的、不稳定的力量所强加的'流动性'"。② 他也指出:"当我们意识到'青年成长'小说———一种比其他类型更为优越地描绘和弘扬现代社会化的象征形式———也是一种最为矛盾的现代象征形式,由是明白在我们的世界社会化本身中首先在矛盾的内化中所构成。"③的确这类"当代英雄"在征服现代性机制的过程中,最终被内化,成为现代性机制的一部分。

正如卢卡奇指出的,《威廉·迈斯特的学习时代》的主题"是成问题的个人在理想的生活经验引导下与具体的社会现实之间的妥协"。④ 但是有意味的是梅女士这一形象产生于革命与都市的决裂之时,她所从事的革命活动对于都市的现代性机制却具颠覆性。有趣的是,作者并没有直接描写群众运动,也没有正面刻画其领袖人物梁刚夫;对梅女士来说,他是精神导师,引导她领悟马克思主义,也是一个神秘的梦中情人,属于需要加以克服的私情范畴。小说所细致描绘的不光是她对革命与恋爱、也是对于都市日常生活的心理体验,这对于都市读者来说或许是更具诱惑与启示的。正如莫瑞蒂所说,成长小说的中心课题是"现代性",其徘徊不息的旋律是主人公的"流动不息"与"内心躁动",就像梅女士那样,流浪在喧嚣的都会中,忍受独处的煎熬,然而抱着与传统决裂的意志,在不确定中窥测方向,企划未来,力图征服环境而完成自我的追求。这些方面正和成长小说的主题相近,像迈斯特或科波菲尔一样,通过现代都市生活的磨练,谱写了个人奋斗的凯

---

① 《虹》,《茅盾全集》第13卷,人民文学出版社1983年版,第189页。
② Franco Moretti, *The Way of the World: The Bildunsroman in European Culture* (London: Verso, 1987), pp. 4 - 5.
③ 同上,第10页。
④ Geoge Lukács, *The Theory of the Novel*, p. 132.

奏曲。上文提到,在英雄主体的塑造上,《虹》标志着重要的突破,即梅女士能够"因时制变地用战士的精神往前冲"。这样与现代性相"适应"的个性,对于现代中国小说的特殊意义在于摆脱了"五四"的绝望阴影,也终于割断了中国小说感伤传统的残余,这在当时的"革命加恋爱"小说里还不曾得到这样明确的表现。如叶圣陶笔下的倪焕之,满怀改革教育的雄心,但他所抱的理想过于纯粹,与外部世界脱节,处处碰壁,最后成为一个悲剧角色。[1]

梅女士初到上海,便经历了"文化震撼",在梁刚夫那里听到"你也是回去的好。对于你,上海是太复杂!"她觉得愤怒而心痛。从前是生活在外省小圈子里,周围的男人,小官僚、小政客、小军人,都围着她打转,而她蔑视一切!现在她"只觉得太复杂广阔生疏的新环境将她整个儿吞进去,形成了她的渺小脆弱,并且迷失了她本来的自己。……从颠沛豪华中钻出来的她,却不能理解眼前那些人的行为和动机了"。[2] 的确,她来到了大都会,人头攒动,每个人都捉摸不透,都怀着秘密,尤其是梁刚夫的令人难堪的冷漠,可以说是都市人格的一个缩影。

她的过去与现在生活经验的对比,牵涉到茅盾对内地生活的价值观。她在川中的生活,做过惠师长的家庭教师或他的"外宠"等,原型即是胡兰畦,指她与"新派"军阀杨森的关系,这些都由秦德君所提供。但对这些茅盾并没有多少描写,而着重写她在泸州师范学校的一番经历,突出她周围的一群知识分子的"委琐、卑鄙、怯弱",以及在新思想掩盖下实质上的落后守旧,其实是从社会思想的层面上反映地域文化差异。来到上海的梅女士面临一个冷漠、复杂的新环境,尽管看透了"拜金主义就是上海的文化",她必须做一个选择,自问道:"故乡的一切不堪依恋,还是努力认识这新环境罢?"于是声音变得高亢起来:"她要摆脱那些腐心的过去,她要完全遗忘那些那颠倒错乱的过去。"[3]

当梅女士穿着旗袍、踩着高跟鞋,乘着黄包车在茫茫人流中,她已成为一个都市"新女性"。她开始"自立门户","渐渐替自己规划出课程来了:留心看报,去接触各方面的政团人物,拿一副高傲的脸孔给梁刚夫他们瞧。"[4]新的爱情已在暗中萌动,既是赌气,也是争气,她学法语,揣度别人的习惯和心理;很快的,她的言谈举止变得娴雅起来,甚至被误认作"少奶奶"。带着好奇的探索,她努力接近梁刚夫领导的革命组织,也逐渐知道更多的秘密,明知他和秋敏之间的婚外恋,她隐藏自己的嫉妒,却不由得也堕入情网,甚至"跌进去我不怕,三角我也要干!"[5]事实上梁刚夫已经盘踞了她的心灵:

---

[1] 叶圣陶:《倪焕之》,《教育杂志》第20卷1—12期,1928年。茅盾《读〈倪焕之〉》一文讨论了"五四"以来的小说在表现"时代性"、"意识形态"方面的缺陷。倪焕之"究竟是脆弱是小资产阶级知识分子,时代推动他前进,他却不能很坚实地成为推进时代的社会活力的一点滴。……所以他在局面突变之后,便回复到十几年前独个儿上酒店买一痛醉的现象了。"见《茅盾专集》第1卷,福建人民出版社1983年版,第1015~1031页。

[2] 《虹》,《茅盾全集》第13卷,人民文学出版社1985年版,第235页。

[3] 同上,第193页。

[4] 同上,第202页。

[5] 同上,第252页。

梅女士再对镜子端详自己的面孔,还是那样惨白。又像是找得了她的第二个自己,她本来的自己愤恨地诅咒了:也用更傲然的蔑视对待梁刚夫罢! 给他看了点利害以后就永远丢开他! 再像从前一般高视阔步,克服这新环境罢!①

镜子里照出"惨白"的脸色,无疑是一种都市生活病态的症状。有意思的是,在上海纸醉金迷之地,她发觉自己受到了诱惑,发现"新生出来的第二个自己:丧失了自信力,优柔寡断,而且是更女性的自己"。所谓"第一个自己"是指她的已获得革命意识的"真我",而"第二个自己"则意味着她到上海之后而滋长的享乐欲望,因而变得软弱起来,她把这看作是"不名誉"、"不体面的自己"。这里似乎涉及马克思的一个有关人性的观点,即认为资本主义文明违反人的自然本性,结果给人造成了"第二本性"(the second nature),也即造成了人的"异化"。她的"第二个自己"与上海的"资产阶级"文化相关,其中却包含了"女性"与"母性",也即马克思所肯定的自然本性的东西。从马克思主义的观点看,不免本末倒置,概念混乱,但这是怪不得茅盾的,因为马克思的"异化"理论属于他早期的思想,在西方被发现与重视,也是在20世纪中期的时候了。

梅女士难以克服孤独。她自叹:"这是有生以来第二十三个冬呀! 在自己的生命中,已经到了青春时代的尾梢,也曾经过多少变幻,可是结局呢? 结局只剩下眼前的孤独! 便是永久成了孤独么? ……"这里仿佛重现了《幻灭》中慧女士对自己二十四岁逝水年华的悲叹,而悲叹所激起的是她的及时享乐的欲望,仍富于青春校园的气息。当梅女士身处追逐个人利益、人际关系冷漠的名利场中,她觉得难以忍受。"没有一个人真正了解她,也没有一个人肯用心来了解她。"②那种原先的孤独感更变得绝望,蕴涵着一种深刻的都市的疏离感。她渴望得到爱情,却伴随着自恋式的自尊,对于梁刚夫爱恨交加,同时也渴望报复,其所激发而不断加强的"克服环境"的意识,其实是一种更为个性化的表征。

从革命文学的"正典"标准来看,对梁刚夫的那种写法是该"批"的。作为一个工人运动领袖,对同志态度生硬而阴冷,从秋敏口中,所谓"半个上海在他手里",似乎渲染成黑道式的人物。不像后来的革命小说,如《青春之歌》里的江华、《林海雪原》里的少剑波,凡正面形象个个都有春风呵护的儒者气象。同样的,梅女士光凭自己的一腔热情摸索革命之途,想加入梁刚夫与秋敏、黄因明他们的组织,但一个个都捉摸不透,于是她独自苦思冥想,对天浩叹:

"咳,咳,这不可抗的力,这看不见的怪东西,是终于会成全我呢? 还是要赶我走到败灭呀? 只有听凭你推动,一直往前,一直往前,完全将自己交给你罢!"

梅女士捧着头想,几乎可以说是祈祷。

她浮沉在这祈祷中,空间失了存在,时间失了记录。③

---

① 《虹》,《茅盾全集》第13卷,人民文学出版社1985年版,第193页。
② 同上,第234页。
③ 同上,第235页。

这样描写当然是强化了梅女士对于革命的追求，同时也突出了她的无亲无依、孤军奋战的状态，几近失常的地步，搞革命像瞎子摸象，看不到那种大家庭式的温暖和集体的力量。但反过来说，这么写却正是茅盾自己所熟悉的事物和世界，如他后来所检讨的："梅女士思想情绪的复杂性和矛盾性，不能不说就是我写《虹》的当时的思想情绪。"①的确在这一主角身上却体现了当时的作者所感受的真实，更合乎那种为都市环境所孕育的个人的特质。

三、"狞笑"的性别政治

在三部曲中"时代女性"的长廊里，静女士的烦闷、慧女士的逸乐、孙舞阳的放浪、章秋柳的颓废，犹如在折射都市心态的棱镜之前，各自流盼顾盼，熠熠生辉，而梅女士则与她们迥异。她占据了反映都市心态的镜像舞台的中心，在漫无目的日常的律动中，诉诸自语斗室的孤独，混杂着焦虑和烦躁，正反映了现代工业社会的人的疏离状态。而从中升起高昂的"革命"的自我，蕴涵着对于都市现代性机制的反抗及内在颠覆，然而一旦超越其自身"女性"与"母性"的身份，却成为一种抽象的"阶级"标志，导向另一种崇拜机械物质与历史进化的"异化"。梅女士的"思想情绪的复杂性和矛盾性"作为文学再现，也离不开小说的叙述机制，很大程度上也是作者观念的实验品。每当主人公思想成长的关键当口，他不得不一而再、再而三地扮演一个传统说书人的角色，不惜用大段的议论，表明她那种"用战士的精神往前冲"的"天赋的个性"，给小说留下斧斫的累累伤痕，而梅女士的肉身和欲望也被一再肢解，装入观念的框架。"往前冲"这一充满乐观斗志的进行曲主旋律，把主人公营渡到诗史般的革命洪流之中，不仅与她的具体而感性的描写不相协调，且事实上对于深入开掘她的现代经验起抑制作用。

不过，主宰叙事机制的意识和观念毕竟有别于后来的革命文学的教条，一方面给"形象思维"带来了桎梏，另一方面也给梅女士的形象塑造带来新的可能性，此间意识的作用并不总是负面的。问题是她的个性所体现的"高格调"，固然是作者告别了悲观而迈向革命康庄大道的明证，但对于梅女士来说，要负荷这样一个由"意识形态"、"辩证法"、"历史的必然"等硬件建构起来的高格调，实在也显得吃力，因此要她克服"女性"和"母性"，似乎是情理之中。如果这么"克服"的结果就等于使梅女士"变性"的话，其中蕴涵着茅盾在性别方面的逻辑，究其实还是以男子为中心。这也给小说造成一个不大不小的吊诡，或许作者始料未及，干脆这个当代英雄是个男的，就省却不少麻烦。从性别吊诡的角度来看梅女士的成长过程中，可发现她变得越来越坚硬、泼辣。不妨就梅女士之"笑"的方面略作讨论，由此透视出观念与想象之间的矛盾和互动。

先说三部曲里，最善笑的莫过于《追求》中的章秋柳，对她的描写十有八九是她的轻盈的舞步，还有她的笑。大多是迷人的，如"妩媚的"、"软软的"、"神秘的"、"吃吃地艳笑"等。《追求》是作者极端悲观的产物，章秋柳是颓废的象征，但她的

---

① 《茅盾回忆录》，《茅盾研究资料》上册，中国社会科学出版社1983年版，第418页。

无往不笑这一点,使这部作品产生不少透气的地方。美人也偶有愤怒、凶悍的表现,由于得知同志的不幸遭遇,即王诗陶的丈夫东方明为革命牺牲,而王已怀孕,流落上海,前景惨淡。章秋柳由此"激怒"起来,"眼光里有一些犷悍的颜色,很使人恐惧"。但她和王诗陶之间关于爱情、生活和事业的争论,是小说里的重要篇目,涉及茅盾在女性问题上的立场,也决定了女主角性格的进一步开展。章秋柳表示:"道义,社会,祖国——一切这些大帽子,都不能阻止我的刹那间的决心;我决不愿为这些而踌躇!"①使她愤怒的是女人的命运受时代的播弄,当然也针对男人的不负责任,包括在王诗陶、东方明之间的三角恋爱的龙飞,仍在他们周围惹花拈草。章秋柳是率性而行,厌弃"这些大帽子",似乎表明她厌弃那些属于观念的东西。茅盾也如此,在写作中受到魔性的疯狂驱使,但又不如此,当章秋柳异想天开,用爱情来拯救史循,在象征的层面上把她的无政府主义让位于诗的正义,被嫁接与现代性的宏伟工程,尽管以悲剧收场,在她的形象雕塑的赋形开展中,已经渗入作者的革命意识与伦理观念。

梅女士的起点立意像是歌德式高耸的尖顶,从一开始就得到革命意识的武装配备——主要是通过叙述者的诡谲口吻,使之处于不败之地。她被置于时代的风口浪尖,映照出社会和阶级矛盾的激化。因此她的心理呈现了恐惧、紧张、焦虑等特征;的确她在川中已成为"有名的暴发户",即为众目睽睽的明星人物,如她对好友徐绮君吐露心曲:"我简直不明白究竟我将如何从目前这圆锥形的顶点下来。"②其中"顶点"的形容就颇为生动地揭示了那种焦虑、紧张的心态。尤其到了上海之后,这种心态进一步突显出来,其身体指符既是情场,也是战场,冲淋在都市与革命的楚汉之争的暴风骤雨中。这种心理特征,使梅女士在"时代女性"系列中叱咤风云,独领风骚。

然而奇特的是,茅盾似乎刻意把梅女士打造成一位"东方美人",正如她在镜子里照见了"第二个自我",也可说是作者自觉刻画其"脆弱"而被"克服"的过程,也寓言式地表现了中国妇女从传统向现代的转型。在上海迎来第一个冬天,听着窗外的西北风,梅女士忽然悲从中来,感想凄凉,"几年来不曾滴过的眼泪,几年来被猜忌,被憎恨,被纠缠时所忍住的眼泪,都一齐涌出来了。"于是:

她不得不承认伤心的真实:脆弱!是自己变脆弱了,所以失神落魄,什么都弄不好!是自己变脆弱了,所以克制不住心里的那股不可名说的骚动,所以即使从前能够高傲地无视围绕在左右前后的男子,而现在却不能不萦念于梁刚夫!③

其实自踏上社会后,在川中时期,她的性格便在现实的砧石上的锤击,而变得刚强起来。尤其在那个忠山之夜,目击了她的学校同事们,一个个披着衣冠的"色情狂",视女子为泄欲之具,她的抗议招来潮水般的谣言。于是"她常有的温柔的

---

① 《追求》,《小说月报》第19卷8号,1927年8月,第32页。
② 《虹》,《茅盾全集》第13卷,人民文学出版社1983年版,第179~180页。
③ 同上,第234页。

抿着嘴笑,渐渐带些冷酷的意思了"。① 到了上海不久,她的描写里传来窃窃冷笑,"梅女士踏着自己的影子走,心里忽然冷笑起来,这也是近来常有的冷笑,而且和从前对于别人的冷笑没有什么分别。"②

但更为诡谲的是在小说的后半部发展出来的一种笑——"狞笑"。来到上海举目无亲,独自摸索革命之途,一想起险恶的环境,她不能成眠,"每次是在头涔涔然发胀以后,被一个咬嘴唇的狞笑赶走,于是第二天,生活的轮子又照常碾进。"③ 这"狞笑"是一种处理危机的方式,想来是不大好看的。最初在《幻灭》中出现,与慧女士有关。她"自从被一个姓弓的骗上了手而又丢下以后,早存了对于男性的报复的主意"。④ 后来又间接地通过静女士,觉得"慧现在是狂怒地反噬,无理由无选择地施行她的报复。最初损害她的人,早已挂着狞笑走得不知去向了,后来的许多无辜者却做了血祭的替身!"⑤这"狞笑"本来指的是那个当初伤害她的男人的,在《虹》里面却挂在梅女士脸上,表现为与都市的疏离,也伴随着"报复"的母题,并非完全针对男性。小说的最后在南京路上,梅女士奔赴"历史的盛宴",将直接遭遇帝国主义及其走狗们,在她心中"更有些狞恶的冷笑和憎恨的烈火"。⑥ 她对于"无抵抗"的示威方式"私蓄着非议",即萌发着暴力反抗的倾向。此时梅的"狞笑"更变成一种阶级反抗的表征,也成为其"战士"角色的面部特写之一。

另外有两次写她的笑,令人印象深刻,都是对付她所鄙视的男人的。一个是李无忌,另一个徐自强,都是原来在四川的旧相识,来上海后继续追求她。当李无忌追逼着梅女士说:"我盼望今天会得到满意的回答!"此时的叙事极其戏剧化:

> 接着是死一样的沉寂。但只一刹那。梅女士的丰艳的笑声立刻震动了全室的空气,并且更加剧烈地震动了李无忌的心。⑦

她的回答当然使李失望。不过这寥寥数句富于修辞,"沉寂"和"刹那"造成时间的停顿,然后让人感到突然爆发的大笑,重复的"震动"为的是夸张心理效果。但用"丰艳的"来形容笑声,来得奇绝。那是肉感的、令人浮想联翩的。虽然是拒绝,却也有窝心的成分,所以开怀大笑。另一次是在更诱惑的场景里。梅女士在游行示威中被警察的水龙头冲得湿透,徐自强把她带到他住的旅馆,拿出一件漂亮的旗袍给她换。当她在屏风后面换衣时,徐坐着猛抽烟,霍地站起,朝屏风走去:

---

① 《虹》,《茅盾全集》第 13 卷,人民文学出版社 1983 年版,第 178 页。
② 同上,第 188 页。
③ 同上,第 180 页。
④ 《幻灭》,《小说月报》18 卷 9 号,1927 年 9 月,第 37 页。
⑤ 同上,第 43 页。
⑥ 《虹》,《矛盾全集》第 13 卷,人民文学出版社 1983 年版,第 259 页。
⑦ 同上,第 230 页。

但当他将到屏风时,空中旋起一阵惊人的冷笑——是那样毛骨耸然的冷笑,使他不由自主地拉住了脚步。屏风的一折突然荡开,梅女士严肃地站在那里……①

这种令人"毛骨耸然的冷笑"仿佛让人听到王尔德笔下的莎乐美,或者陀斯妥耶夫斯基《白痴》里的娜斯塔霞的笑声。当乔卡南的头颅滴血在银盘上,在惨白的月色里扬起莎乐美的笑声,令人骤感爱美与死亡的力量无可抗拒。娜斯塔霞在狂笑中将十万卢布付之一炬,向权贵们掷之以轻蔑——出自一个被侮辱与被压迫的女子的轻蔑,令人震撼。梅女士的冷笑发生在世俗生活中的一幕,也有相似的效果,虽然不那么富于象征,也不那么典型。而且在她对徐、李的拒绝中,另有某种意识形态的因素,徐是个少年军官,李是绅士型的知识分子,都属于"小男人",不符合她的理想。

梅女士倾国倾城,令男子拜倒在石榴裙下,而她睥睨一世,将他们玩弄于股掌之上,固然如有的学者指出,乃受到欧洲文艺中"尤物"(femme fatale)形象的启迪,②但须作区别的是,西方文学中的"尤物",如希腊神话中的海伦、埃及女后克丽奥佩屈拉或梅里美的卡门,皆以绝世美貌与热情给男子带来毁灭的命运。而在茅盾的笔下,梅女士实在是很正经的,几乎谈不上"尤物"。她并没有以色相为钓饵,不有心玩弄男子,也不溺于逸乐,归根到底,她对尊严、理想和事业的追求更甚于爱情,是个只管"向前冲的战士"。在"时代女性"系列中,比起慧女士、孙舞阳或章秋柳,梅女士对爱情要严肃得多。在女性的身体问题上,茅盾似乎获得了某种解决之途,其端倪见诸章秋柳的自我反思中:"道德的第一要义是尊重自己","她常以为玩弄男性是女子的道德,而被男性玩弄——即使为了某种目的——也是不足取的"。③ 换言之,她对于当时崇尚性解放的"新女性"采取不以为然的立场,某种意义上也是对于早先那些"时代女性"中无政府主义残余的清算。但令人不无困惑的是,从梅女士赞赏《玩偶之家》中林顿太太来看,为了更高的目的,并不反对女子可以用身体作为交换的砝码。比起章秋柳似乎意味着茅盾对女"性"道德的又一重思考,当然为了革命集体利益而牺牲色相,或许是"尊重自己"更高的表现。或许梅女士的这种想法在原计划要写的续集《霞》里会付之实践,但《霞》并没有写出来,我们也不能妄加猜测。但在《虹》里这一笔留下一个悬念,与梅女士的性格并不协调。

总之,从"青年成长"和"史诗"这两种小说类型来看《虹》,或是更恰当的,某种意义上仍是革命和都市双重变奏的继续。小说的底子仍是都市的现代性机制,虽然"时代女性"作为革命乌托邦的投影,她们的思想行为已受到想象的革命机制的控制,但他对这个"时代性"的意识形态的把握尚不成熟,其实跟他所经历的"大革

---

① 《虹》,《矛盾全集》第 13 卷,人民文学出版社 1983 年版,第 267 页。
② Hilery Chung, "Questing the Goddess: Mao Dun and the New Woman," in *Autumn Floods: Essays in Honor of Marián Gálik*, pp. 165 - 183
③ 《追求》,《小说月报》19 卷 9 号,1928 年 9 月,第 49 页。

命"实际及都市生活环境还藕断丝连,所以那种乌托邦的机制并非那么理想化。从这个层面上说,茅盾到底不是胡也频,凭着他的天真,能在《光明在我们的面前》中轻而易举地达到某种纯化了的革命境界。尽管梅女士更为明确地体现了革命性,但本质上仍脱不了小资产阶级。茅盾力图超越自己及小说形式的局限,一面不惜一切代价将叙事纳入宏大历史的框架,遂圆成世界革命之梦,另一方面也推进了《蚀》三部曲以来的"心理现实主义",使主题与形式处处留下断裂与冲突,却在意识形态的层面上曲折反映了都市与革命之间的激烈交锋及其妥协。

如果将女性"自尊"这一梅女士的核心价值作深入剖析,它既符合当时社会现代化中走向独立的"新女性"那种克服性别歧见的要求,而在小说里则成为叙事的重要机制,受到"革命"意识的主宰,目的在于锻造梅女士的钢铁意志,也必然导向克服她的"女性"和"母性"的逻辑。从这意义上,梁刚夫也是被分裂的,尽管她陷入热恋,但当她这么表白:"我也准备着失恋,我准备把身体交给第三个恋人——主义!"梁也是一个观念的指符,抽象地作为一个革命的引路人,具体的他也属于现代性机制的一员,最终也是应当被"克服"的。

茅盾早期文学观、创作及其影响(1919—1929)
——兼论《读〈倪焕之〉》

周晓萍

"五四"时期,中国文学面临一个较大的文学转型。以陈独秀、胡适为代表的先进知识分子以《新青年》、《每周评论》诸刊为阵地掀起了一场空前的文化与文学革命。中国新文学初见端倪,并且继后产生如火如荼之势。许多人文主义学者在新文学的旗帜下,借鉴西方的启蒙主义思潮,对中国本土带有浓厚色彩的启蒙主义思想与理性观进行了拓展与文化反思。"五四"新文学之初,最具理论色彩的人莫过胡适与周作人,但他们的实际创作却似乎显得乏力,抑或力不从心。在"五四"新文学初始至第一次国内战争时期,茅盾却身体力行,无论在文学的理论上和创作的实绩上都做出了惊人的文学艺术的成就,产生了广泛而深远的思想影响。

从1919年"五四"运动的初始,到1929年这大约十年间,它是中国人民的革命事业的探索和形成的阶段。虽然在1927年中国革命失败了,但是它积累了相当宝贵的历史经验,为后来夺取革命的胜利奠定了坚实的基础。也正是伴随着中国革命事业的成长,茅盾的文学生涯成功地合拍了这一历史的律动。他与中国革命的事业同呼吸、共命运,完美地把人生的理想与时代的要求结合在一起,把个人的力量融入到历史的洪流中去,让人生变得熠熠生辉。具体而言,茅盾把文学创作作为实现革命事业的手段,用笔墨作为武器,批判旧的社会制度、讴歌美好人生、赞美中国共产党的宏伟事业。十年的磨练,他从一个涉世未深的小青年成长为一个职业的革命人,最后成为了一个职业的革命家。这个十年正是茅盾人生观、思想观与世界观形成的黄金时代。

一

那么,茅盾早期的文学观点体现在哪? 有何深刻蕴含呢?

"五四"时期,林林总总的社会思潮与文艺思潮在中国这块大地上风起云涌。这个时候中国新文学蓬勃发展。当初,茅盾还是一个热爱文学的小青年,其对于新文学的产生并无深层的理解,也感到无所适从。但随着社会阅历的成熟和对文学感悟的深入,茅盾看到了新文学的希望和方向,

只要认真地梳理一下,我们不难查到,在"五四"至第一次国内战争时期及其后续的一两年时间内,茅盾在文学领域创造了那些具有艺术色彩的文学理论,并撰写了一系列的研究论文:《新旧文学平议之评议》、《社会背景与创作》、《独创与因袭》、《读〈呐喊〉》、《告有志文学研究者》、《文学者的新使命》、《文学与人生》、《大转变时期何时来呢?》、《关于"文学研究会"》、《中国新文学大系—小说一集》

等。在整理国故方面写有《进一步退两步》;在革命文学酝酿的初期写有《论无产阶级的艺术》等长文。①

早期的茅盾接受过西方人文主义思想的影响,但面对"人"的问题,他关心的是群体的"人",社会的"人"。1920年,茅盾在《现在文艺家的责任是什么》一文中,郑重地、宣言般地提出了"文学社会化"的观念,此后又不断丰富、深化这一思想。茅盾所追求的是"大规模地描写中国社会现象"的目标,力图展现的是与社会相对应的"整个社会的历史",他在新文学史上最早提出:文学应当反映社会的"全般面貌"、"全般机构"的令人耳目一新的文学观点。② 茅盾认为:

> 西洋研究文学者有一句普通的标语:"文学是人生的反映(Reflection)。"人们怎样生活,社会怎样情形,文学把那种种反映出来。比如人生是个杯子,文学就是杯子在镜子里的影子。所以可说"文学的背景是社会。""背景"就是所从发生的地方。比如有一篇小说,讲一家人家先富后衰的情形,那么,我们就要问讲的是那一朝。——从这句话上,大概可以知道文学是什么。固然,文学也有超乎人生的,也有讲理想世界的,那种文学,有的的确也好;不过都不是社会的。现在我们讲文学与人生的关系,单是说明"社会的",还是不够。③

茅盾从人种、环境、时代、作家人格进行了阐释,分门别类地说明了"文学与人生"的关系。茅盾是在分析当时发表的一百二十多篇小说题材分野的统计分析之后,发现了百分之九十八的题材是写有关男女恋爱的。因此认为当时作家"对于全般社会现象"既不了解也不注意,并指出小说观念化的倾向于原因所在。④ 在20世纪20年代初,他相继"为人生"的文学观之后,在思想上进一步酝酿"新浪漫主义"。从"五四"后中国的社会文学出发,通过关照西方的文学现实依据进而倡导提出。他不满足"五四"文学停留于写实的状态,表示要效法西方的文学与西方文学时代接轨。它表现了"五四"新一代中国文人的时代与历史感。

1921年,茅盾的文学观不断地得到发展。他形象地用纵、横坐标给文学作了明确的说明:纵指时代的文学;横指国民文学。不仅如此,为了给这种定位找依据,茅盾在借助分析各国文学的进化实践的基础上,结合中国文学不断演化的史实,认为:属于个人的文学应该追溯到太古时代,现代文学不是属于个人的,应该是"大众"文学。他说"我们自然不赞成托尔斯泰所主张的极端的'人生艺术',但是我们决然反对那些反对全然脱离人生的而且滥调的中国式的唯美的文学作品。

---

① 参见《文学运动史料》(第一册),北京大学、北京师范大学中文系中国现代文学教研室主编,上海教育出版社1979年版,第2~5页。
② 参见温儒敏、赵祖谟主编:《中国现当代文学专题》,北京大学出版社2009年版,第52、52~53、44~45页。
③ 参见《文学运动史料》(第一册),北京大学、北京师范大学中文系中国现代文学教研室主编,上海教育出版社1979年版,第186~187页。
④ 参见程光炜主编《大众媒介与中国现当代文学》中《论〈中国新文学大系〉的学科史价值》,人民文学出版社2005年版,第127页。

我们相信文学不仅是供给烦闷的人们去解闷,逃避现实的人去陶醉;文学是有激励人心的积极性的。尤其在我们这时代,我们希望文学能够担当唤醒民众而给他们力量的重大责任。"他早期受泰纳的文艺社会学的影响,要求作家"担当起民众从而给他们力量的重大责任",要求文学家结合政治与社会进行理论与实践的创作。① 理论联系实际,茅盾于 1921 年接编并革新《小说月报》,12 月底与鲁迅、郑振铎、周作人、王统照等人商榷在北京成立了"文学研究会"。也是在这个时候,茅盾展开了文学倡导、评论与外国文学的译介工作,从理论上与实践上对人生进行了新的规划。他主动把深刻的理论与社会具体实践结合起来。1921 年他正式成为了中国共产党的一分子,积极参加了实际工作。1922 年茅盾曾以《小说月报》编务为掩护,履行党中央的联络员的任务,为党做了不少秘密工作,保护了党的一些成员。1926 年,北伐军攻占武昌城。茅盾赴武汉,期间任中央军事政治学校教官,后来担任《民国日报》主编,并为该报撰写社论、述评三十多篇。茅盾的早期文学理论色彩充满着自然、现实与浪漫。但这三者往往也呈现出一种"矛盾"。他的文学思想正是在这种迂回曲折的过程中升华,是随着中国革命尖锐复杂的矛盾斗争而进步发展的。

二

1927 年,大革命失败,中国革命转入低潮。同样,在人生的道路上,茅盾也遭受到很大的挫败,但是他并没有深陷入无限低迷与消沉之中,这促使他更加寻求革命的真理。他很快地振奋起来了,于 1928 年写下了《留别云妹》一文,摘自如下:

云妹,半磅的红茶已经泡完,
五百枝的香烟已经吸完,
白玉霜、司丹康、利索尔、哇度尔、考尔辨、斑度拉、硼酸粉、白棉花都已用完,
信封、信笺、稿纸也都写完。
矮克发也都拍完,
暑期亦已快完,
游兴是已消完,
路也都走完,
话也都说完,
钱快要用完,
一切都完了,完了,
可以走了!
此来别无所得,
但只饮过半盏"琼浆",

---

① 参见温儒敏、赵祖谟主编:《中国现当代文学专题》,北京大学出版社 2009 年版,第 52~53 页。

看过几道飞瀑，
走过几条乱山，
但也深深的领受了幻灭的悲哀！
后会何时？我如何敢说！
后会何处？
在春申江畔？
在西子湖边？
在天津桥畔？①

茅盾借助"云妹"的这一意象，含沙射影，对这个"疾病"中的"妹妹"在革命过程中所采取的策略进行了反思。认为革命过程中的不当策略是产生失败的原因之一，所以只能"留别"，不能"留恋"。"留恋"会产生更深的痛苦，只有吸取教训才是出路。

这里有一个问题提出来进行讨论。无论是《留别云妹》，还是茅盾写过的一些作品如《幻灭》、《动摇》、《追求》(《蚀》三部曲)等小说，后期创造社和太阳社有人站出来对茅盾进行了猛烈的批评，甚至对号入座，认为作品中的人物就是象征茅盾自己，而进行肆意歪曲。这就是后来引发的中国现代文学史上的第一次大规模的包括鲁迅先生在内的文艺论争(从1928—1929下半年才基本结束)，它长达一年多的时间。

首先是鲁迅成为后期创造社和太阳社攻击的对象。冯乃超在《艺术与社会生活》中对"中国混沌的艺术界作了全面的批判"，对鲁迅等人进行讥讽"常从幽暗的酒家的楼头，醉眼陶然地眺望窗外的人生"，以至于在时代前进的步伐中，只能以一个落伍者的姿态说几句人道主义的美丽话语。更为锋利的批判文章则是钱杏邨的所谓文章《死去了的阿Q时代》。钱以登高望远的姿态，对鲁迅的文章进行全面的清算，对"五四"以来所取得的文学成就进行全面否定。认为当下的时代，已经远离农民及阿Q的时代，"十年来的中国农民早已不像那时的农村民众的幼稚"，"现在农民的趣味已经走向政治革命的一条路了"。因此，他提醒鲁迅要废旧革新，另找发展出路。② 鲁迅则就"革命文学"的社会基础、时代意义、革命对象和"革命文学"的建设问题进行了有力的回击。

时隔不久，创造社则对茅盾进行了攻击。创造社成员傅克兴说："至于他(茅盾)的《动摇》呢，据他自己说，'《动摇》所描写的就是动摇，革命斗争剧烈时从事革命工作者的动摇。'怎么是动摇呢，据茅先生的解释是，'由左倾至于发生幼稚病，由救济幼稚病以至于右倾思想的抬头，至于大反动。'这种解释从头至尾可是茅盾先生的解释，去年十一二月的客观却完全不然。这时候(去年十一二月)的客观形势却不是因救济幼稚病以至于右倾思想的抬头，至于大反动，而是革命高潮发展到一个最高点，封建地主等串通民族资产阶级为保全自己的利益，大施其恐怖政

---

① 参见摘自《浙江档案》，1999年第3期。
② 参见刘中树，许祖华主编：《中国现代文学思潮史》，华中师范大学出版社2009年版，第230～231页。

策,小资产阶级虽然在资产阶级底压迫下,但是一则因革命的高潮同他们的冲突,二则为恐怖政策所威胁,所以不得不动摇。"①对于这种无端攻击,茅盾心理非常愤怒。然而他没有立即诉求于反驳而是伺机回击。茅盾认为傅克兴显然没有读懂《动摇》这个作品,而且傅"居然改动别人作品的内容以便回击",这是不可思议的事情。对于这样的人,茅盾当然是不恭敬的了,茅盾把他们比作是《幻灭》中"政治工作委员会"的人物。同时,茅盾也在《从牯岭到东京》一文中,提到了"应该以小资产阶级生活为描写对象那样的意见"的问题,本来无可厚非。茅盾的意思是"应该拣自己最熟悉的事来描写"。在此,应该清楚地说明,茅盾并没有说要创造小资产阶级文艺的意思。但是他之所以要把他们当做对象来进行描写,因为这跟上时代的广大群众的觉悟是有作用的。为此,创造社与太阳社认为茅盾就是搞资产阶级文学,"有发现新大陆似的说明小资产阶级文学不能成立"。这是"落伍"的表现。因为他们受到斯大林"中国革命三阶段"的影响(斯大林认为:汪精卫发动"七·一五"反革命政变后,中国革命进入第三阶段;苏维埃革命的动力只剩下工农。不但民族资产阶级,连小资产阶级也投向敌人成了革命对象)。② 傅克兴写了《小资产阶级文艺理论的谬误:评茅盾君底〈从牯岭到东京〉》的文章,认为茅盾不仅"对于革命有点欠理解",进而认为其文学主张呈现出"仍然是资产阶级的,对于无产阶级是根本反对的"。从而判定茅盾是以"资产阶级的文艺批评家"的身份来"规定某作品的价值",以"标语的口号文学"来"咒诅革命文艺"。③ 而且,傅克兴认为"至于《追求》呢,更毋庸讲是暴露他自己的缠绵幽怨激昂奋发的狂乱的混合物,其余更谈不上";钱杏邨甚至说"在全书里到处表现了病态,病态的人物、病态的思想、病态的行动,一切都是病态,一切都是不健全。作者在客观方面所表现的思想,也仍旧不外乎的悲哀与动摇。所以,这部小说的立场是错误的"。④ 对于以上的指控,茅盾则予以否定。在《读〈倪焕之〉》一文中是这样说的:

《追求》下笔之前,是很费了些功夫来考虑的,最后的决定是差不多这样:我要描写在幻灭动摇以后的一般知识分子是怎样还想追求,然而因为他们的阶级背景,他们都不曾在正当的道路上来追求,所以他们的努力是全部失望。根据这样的决定,我把书中的人物全数支配为徒有热情而不很明了革命意义的小资产阶级知识分子,他们没有正确的认识,所以他们所追求者都是歧途。像这样的人物不该给他们一个全部失望么?如果在他们中间插进一位认识正路的人,在病态中泄露一线生机,可是我不这样做;因为我相信《追求》中人物是真正的革命者,就不会在一九二八年春初还要追求什么,他们早已决定了道路了。这就说明了《追求》何

---

① 参见刘中树,许祖华主编:《中国现代文学思潮史》,华中师范大学出版社2009年版,第232页。
② 参见丁尔纲选编:《茅盾文萃》,长江文艺出版社2004年版,第5页。
③ 参见刘中树,许祖华主编:《中国现代文学思潮史》,华中师范大学出版社2009年版,第229页。
④ 茅盾《读〈倪焕之〉》,《文学运动史料》第一册,北京大学、北京师范大学中文系中国现代文学教研室主编,上海教育出版社1979年版,第180页。

以全是黑暗的理由。①

　　茅盾认为文艺的时代性不是单凭宣传和呐喊而造成的,它除了表现时代的生活之外,还要表现促进历史进入新的时代。他严正地劝告"新文艺"应具备冷静分析事物的头脑,"而不是仅仅一个被动的传声的喇叭"。②茅盾在《从牯岭到东京》、《读〈倪焕之〉》两篇论文中对这种"左"倾机会主义路线进行严厉的批驳,申明团结一切可以团结的力量的重要性,他在后来的小说《虹》中则更形象地描绘了小资产阶级的梅行素克服了小资产阶级的局限转而投身"五卅"运动革命行业中去,在小说中凸显这个人物形象入党后进入地下工作,被捕后则在狱中展开斗争。③

　　显然,也正是在这1927年大革命失败后,茅盾创作了"《蚀》三部曲":《幻灭》、《动摇》与《追求》。在作品中所赋予的先进的人物形象并没有被失败的革命形势所吓倒,他们在中国共产党的领导下,积蓄革命的能量,以期呼唤革命高潮的早日到来。在茅盾看来,革命与文学都是应历史的要求,它自觉地致力于改造中国的黑暗社会的手段和方法。以至于在1929年以后的相当长的一段时期内,茅盾的这种文学观发展到为被压迫、被剥削阶级的申诉与呼唤,并在实质性创作中升华、拓展。

　　应该看到,鲁迅、茅盾为"文学研究会"首倡成员,"为人生"的文学观是"文学研究会"的一贯宗旨。傅克兴属于"创造社"的成员,他们早期的文学主张是"为艺术而艺术";钱杏邨则是"太阳社"的骨干。后期"创造社"与太阳社共同以战斗的姿态,高举无产阶级文学的大旗。这本来无可厚非,鲁迅、茅盾对于无产阶级文学其态度也是持肯定的。关键的是创造社与太阳社的成员他们在进行"革命文学"的实践中不顾及中国的现实背景,很大程度上出现了急躁冒进的思想,创造社与太阳社等成员犯了"左"倾幼稚病。同样,客观地说,在茅盾的早期,他似乎经历过类似的毛病。比如,茅盾在入党时期,就树立了为实现共产主义而奋斗的革命理想,产生了"革命速胜论"的幻想;认为中国走的是"一步到位"的革命道路。1927年的中国革命大失败后,中国革命的长期性、复杂性,在这个时候,才恍然大悟,但是为共产主义奋斗终身的理想却并未动摇。他的挚友瞿秋白所犯的"左"的错误又给革命造成严重损失,茅盾痛心不已。也感到困惑,于是,他"停下来思考"。这也迫使他重新调整自己及其对于社会的定位。文学对于他,是担负了时代的使命与强烈的责任感了。④

　　应该说,对于革命文学的理解,鲁迅、茅盾们比创造社、太阳社诸成员要深刻得多,成熟得多。在这样的背景下,他们围绕着"文学在当下的性质、任务以及艺

---

① 茅盾《读〈倪焕之〉》,《文学运动史料》第一册,北京大学、北京师范大学中文系中国现代文学教研室主编,上海教育出版社1979年版,第181页。
② 参见刘中树,许祖华主编:《中国现代文学思潮史》,华中师范大学出版社2009年版,第232页。
③ 参见丁尔纲选编,《茅盾文萃》,长江文艺出版社2004年版,第5页。
④ 同上,第4页。

术性质等问题"展开了论争。①

三

历史有惊人的巧合,茅盾的人生经历,即青年时期就非常契合中国新文学的经历。换句话说,茅盾的成长是伴随着中国新文学的成长一起成熟的。

生活的磨练与文学实践的创作,茅盾在第一次国内战争时期的十年,在文学的理论与创作上积累了相当的理论与实践经验。也正是在这个时期,奠定了茅盾文学思想的话语空间。从"五四"到1929年大致的十年间,正是茅盾的人生观、世界观、文学观形成的阶段。它基本奠定了茅盾在第二次、第三次乃至建国后的相当长的时间内,他的后半生文学思想基础。比如,在八十年代初期,他在与广东作家杜埃先生的《杜埃文集》作序时依然体现了他文学思想的一致性或连贯性。首先,茅盾依然持有"生活是创作的源泉"的观点,赞扬杜埃到生活、到群众中去发现复杂的现实生活的问题,透过现象看本质,积累丰厚的生活素材而形成文学创作。其次,茅盾对杜埃的一些政论文、散文、小说评论、电影评论从当前的文艺观出发,进行了积极的点赞。再次,茅盾在这篇序中,结合自己的文艺观,以"文学的党性原则、列宁论党的文学原则、鲁迅与青年作家"等文艺观为归宿,比较全面地阐述了"社会主义文学的特性和青年作家的培养问题"。茅盾认为:

《文艺讨论中的几个问题》,则是配合1956年至1957年的争鸣,而就此一争鸣之偏左发展提出一些问题,加以探讨,归结于必须世界观与文艺规律同时重视。《循着我国社会主义文学艺术的道路前进》一文和谈到文化工作与艺术创作上的几个结合,和在达到"四人帮"以后论及调整党的文艺政策和其他党的文艺方针、双百方针的再次强调,带来文艺原地的满园春色。而退到阴谋文学的所谓理论,必须彻底干脆。②

换言之,在"五四"新文学初期,假如茅盾的理念"为人生"的文学观还不尽明朗,那么,在二十世纪三十年代以后,茅盾着力打造一种宏阔的、全面的深刻反映时代与社会的作品了,它是其文学反映时代要求的新体现。茅盾认为:

所谓时代性,我以为,在表现时代空气而外,还应该有两个要义:意识时代给与人们怎样的影响,而是人们的集团的活力又怎样地推进时代进入新的方向,换言之,即是怎样地催促历史进入了必然的新时代,再换一句话说,即是怎样地由于人们的集团的活动而及早实现了历史的必然。在这样的意义下,方是现代的新写实派文学所要表现的时代性。

《子夜》的出现乃至划时代的意义,它的特点有:全景式、大规模、多视角;贯穿

---

① 参见刘中树,许祖华主编:《中国现代文学思潮史》,华中师范大学出版社2009年版,第147页。
② 参见林彬,杜友林主编:《杜埃文集》第四卷,花城出版社2005年版,第2页。

整个作品的线索纵横交错;人物形象众多:金融寡头、学界名流、舆论界、政界、军界,包括《子夜》小说中的主人公亲朋好友,老相识、旧相好,可谓高朋满座。明里暗里各社会、各阶层的人物相继粉墨登场。《子夜》通过这么一些纷繁复杂的社会矛盾,立体地展现了半殖民地半封建社会的旧中国的严峻形势,宏阔地揭示了时代的风貌。

茅盾作为"五四"以来的一位杰出的文艺理论家,其理论与创作贯穿了中国共产党从建立到建国,乃至新时期半个世纪以来的文艺观,紧跟时代的步伐,合拍时代发展的律动。他突破了"五四"以来大量反映农村生活题材的作品,而把创作的目光集中到西方工业文明对中国社会所带来的对农村与都市的冲击。茅盾在《读〈倪焕之〉》写到"高高地堆在那里的这个伟大'五四'的骸骨是什么呢?基本翻译的哲学书;几卷'新'字排的杂志,其中并列着而且同样地热心鼓吹着各种冲突的'新思想';几本翻译的法国俄国文学作品。新文学差不多成为'五四的口号',然而反映这个时代的文学作品并没有出来。——没有都市,没有都市中青年们心的跳动"。[①] 茅盾以鲁迅的《呐喊》为例,认为《呐喊》虽然大多取材于传统的中国古老农村,但同样受到西方工业文明的冲击,同样是"被'五四'的怒潮所冲击的都市人生做一个辛辣的对照"。

茅盾的文学创作无论在创作题材、艺术方法、典型人物描写、艺术传承等方面均有突破,为日后的现实主义小说创作提供了一个范式,其历史影响是深远的。随之而来的左翼文学思潮的产生,在相当程度上延续了茅盾的理念与创作方向——"社会剖析派"小说。[②] 茅盾是一位坚持革命现实主义的作家与理论家,但他的观点依然留有"五四"的痕迹。茅盾认为第一个十年的新文学"好像没有开过浪漫主义的花,也没有结写实主义的果",他追求撰写宽阔而宏达的社会题材能合拍社会发展律动的小说。因而,对新文学初期创作极少描绘"社会全貌"的现象提出质疑。他强调创作自由对现实主义文学发展的作用,现实主义就是民主与科学在文艺上的表现。他的文学理论为日后共产党领导文艺路线提供了有力借鉴。[③]

四

茅盾原名沈德鸿,字雁冰。"茅盾"是他1928年发表的第一篇长篇小说所用的笔名,这个笔名蕴含着丰富的人生含义。茅盾早期的人生之路,也得益于其母亲的引领。茅盾出身于一个新式的教育家庭,他的父亲是一个维新变法人物,拥护君主立宪,赞成"西学为用,中学为体"的观念。由于1898年戊戌变法的失败,导致茅盾父亲各种美妙的人生蓝图化为乌有。后来因为病魔缠身,英年早逝。而茅盾的母亲陈爱珠则是一位从小受到良好教养,通晓文史,知书达理,性格刚强而具有远见的中国妇女。她丧夫之后,自己挑起了家庭的重担,她任劳任怨,精心培

---

① 参见《文学运动史料》(第二册),北京大学、北京师范大学中文系中国现代文学教研室主编,上海教育出版社1979年版,第194页。
② 参见程光炜,刘勇等主编:《中国现代文学史》,中国人民大学出版社2007年版,第207页。
③ 参见刘中树,许祖华主编:《中国现代文学思潮史》,华中师范大学出版社2009年版,第147页。

养两个未成年的孩子。陈氏深明大义,要求儿子投入正义的事业,树立远大的理想。正是在这样一个家庭长大的孩子,无疑对后来以文学为职业的茅盾,在思想理念上具有明显的先导作用。在 70 年代,茅盾有一首赞美母亲陈爱珠的七律:

> 乡党群称女丈夫,
> 含辛茹苦抚双雏。
> 力排众议遵遗嘱,
> 敢犯家规走险途。
> 午夜短檠忧国是,
> 秋风黄叶哭黄垆。
> 平生意气多自许,
> 不教儿曹作陋儒。[①]

自古英雄出少年。坚定的理想信念是早年的茅盾得以走上以文为生的职业革命生涯的精神源泉。同时加上从 1919 年至 1929 年的十年间血雨腥风的革命斗争中的洗礼,这恰恰奠定了茅盾毕生坚定的革命方向,并且一路走来毫不动摇。他以"尽时代赋予的使命",从而完成了从初出茅庐的文艺小青年到成长为中国革命事业而献身的文艺理论家、批评家、作家的华丽转身。他使用"矛盾"作为自身形象的定位,以此折射被抛入历史文化过渡时代的知识分子尴尬处境的复杂心境,既是极富内省精神的自况,也是对社会进行精确视察得出的结论。"矛盾"是其一生洗不尽的标识,他的政治生涯、文学生涯以及在作品中交织的多种悖论,至今是众多的研究者争论不休的话题。[②] 重视与研究茅盾早期的人生历程与思想,对于探讨茅盾整体文学革命的人生具有重要的历史意义。

[①] 参见 http://blog.sina.com.cn/s/blog_8bdaa2580102uzfw.html.
[②] 参见温儒敏,赵祖谟主编:《中国现当代文学专题》,北京大学出版社 2009 年版,第 44~45 页。

多多头是一个"新农民"?
——由茅盾"农村三部曲"看"革命农民"及其他

朱献贞

曲阜师范大学　山东　曲阜　273165

茅盾的"农村三部曲",因其独特的视角和深刻的社会洞察,早在发表之初就受到朱自清、李健吾等人的好评,1933年还被改编为同名电影,足见小说在艺术和思想等方面的创新成就,以及文坛影响力。后来,这三部曲就成为茅盾农民题材文学创作的代表,也是其运用马克思主义思想借助文学艺术形式对20世纪30年代社会重大问题进行研究和剖析成功案例,为各种文学史称道至今。而其中对"老通宝"、"多多头"等农民形象的塑造更是使其成为现代文学史上的经典人物,受到一代代研究者的重视。但这期间,有个问题一直以来没很好地引起人们的重视。很多文学史著作和文章,认为这三部曲成功地塑造了"多多头"和"老通宝"新旧两代农民形象,把"多多头"视为20世纪30年代农村自然经济转型进程中的新一代农民形象,尤其是其不安于现状的叛逆性和对社会不公的反抗性,成为旧式传统农民"老通宝"保守、固执、迷信性格的反衬。"他们属于同一个阶级,象征两种存在:前者是过去在现实中的结束,后者是未来在现实中的成长。"(李健吾《叶紫的小说》)。这些看法从某种意义上说,是有一定道理的,但是如果我们跳出对"多多头"、"老通宝"这二者的具体但简单的对比,将"多多头"放置在更宽的文学视野和更长的历史维度中,可能就会发现这个"新农民"典型,并不"新",而是似曾相识,甚至一直与老通宝式的传统农民相伴相生,他们共同反映着千百年来中国农民"一体两面"的命运。

一、顺民与刁民

自古以来,在农民群体中就存在着安于现状的顺民或良民,但也伴生着更多不满现状的"逼上梁山"的暴民或刁民。尤其是在"一治一乱"历史转折节点上,这两类农民形象对比尤其鲜明。"多多头"和"老通宝"就是在20世纪30年代中国社会尤其是农村社会转型节点上的一对"刁民"和"顺民"的写照。

二、多多头的新与旧

"多多头"的新变化实质上是破产农民必然的选择,无论在现代还是在前现代,他是目睹了血淋淋的现实之后,才认识到"即使做到背脊骨折断也是不能'翻身'的"。这种觉醒与认识的确与安于现状的旧式农民有些不同,有些"新",但这何尝不是一种历史的翻版呢?"吃大户"、"偷袭联保队"这都是典型的"官逼民反"

重演。而他对迷信的反对、对洋蚕种肥田粉的坚持,除说明他的性格开明外,更多的是传统农民实用主义思维的表现。

三、从"阿Q"到"多多头":启蒙与革命缺一不可

如果我们非要将"多多头"的暴力反抗看做是农民革命,把他的和善、带领饥民抢粮屯、认识到仅靠勤劳不能翻身等视为阶级意识的觉醒,这的确与政治上昏聩、精神上奉行"精神胜利法"以心造的幻影来"随喜"革命甚至假借革命行私利的阿Q有所不同。"老通宝"、"多多头"的存在暗示出了个体改良的单薄,和对制度革命的指涉,其侧重点在社会改造。

但是"多多头"依然没有获得一种现代(革命)意识,其造反至多成为某一政党政治革命可以依靠和借用的力量。似乎又暗示了民众启蒙的不可替代性。

论《水藻行》的自然风景与世态风情

阎奇男

济南大学　山东　济南　250022

摘要：茅盾说过："我就不相信文学的使命是在赞美自然。"[①]而《水藻行》的自然风景描写又多又好,这篇"为人生"的小说也赞美自然,其景物描写具有强烈的艺术魅力：第一,它把自然风景和世态风情与生产生活融合在一起,形成江南水乡生动鲜活的时代画卷；第二,它的景物描写主要气氛格调是质朴悲壮,雄健宏远；第三,《水藻行》结局一反其他小说的灰暗色彩而变得欢快明朗,它的景物描写起了重大烘托作用。

关键词：《水藻行》　自然风景　世态风情

优秀的文学作品,经典的艺术文本,总是能经得住历史的考验、岁月的洗涤,得到不断的阅读阐释,成为文化传承和研究的资源。茅盾的短篇小说《水藻行》就是这样的一部载入史册的文化遗产。1936年初日本改造社社长山本实彦给鲁迅改编中国作家作品,鲁迅约茅盾写了这篇小说并准备翻译成日文,但因病没能如愿,寄到日本由山上正义译成日文,于1937年5月发表在东京《改造》杂志,6月在上海《月报》发表。小说发表后并不像《春蚕》、《林家铺子》那样有影响,直到20世纪80年代改革开放后才引起越来越多的注意。

茅盾说过："我就不相信文学的使命是在赞美自然。"《水藻行》当然是"为人生"的,但也是赞美自然的。它的自然风景描写又多又好,其景物描写具有强烈的艺术魅力。

第一,它把自然风景和世态风情与生产生活等描写紧密融合在一起,对20世纪30年代的中国浙江北部农村的自然风景和世态农俗,做了生动鲜明的描绘和真实丰富的记录,形成了江南水乡生动鲜活的时代画卷。在茅盾所有的小说中,《水藻行》这一鲜明的特点和成就是最为突出的。(《水藻行》的这一特点也超过了《春蚕》、《秋收》、《残冬》农村三部曲,当然,在政治思想和社会剖析的意义和价值方面不必和农村三部曲相比。)

《水藻行》是从写西北风和狗吠开始的：

连刮了两天的西北风,这小小的农村就连狗吠也不大听得见。天空,一望无际的铅色,只在极东的地平线上有晕黄的一片,无力然而执拗地,似乎想把那铅色

[①] 茅盾：《茅盾文艺杂论集》,上海文艺出版社1981年版,第59页。

的天盖慢慢地熔开。

全篇从描绘自然风景开始,这也是第一节的开始。这个开头很重要,因为只有西北风刮过一两天,水藻(蕰草为主)才会大量聚集到河流窄狭弯曲处类似"汉港"一样的地方,因为风刮水藻行——人才能为了水藻行,才有《水藻行》这篇小说(当然"水藻行"还可有太多的解释。如:"水藻诗"、"水藻情"、"水藻爱"、"水藻歌"、"水藻吟"等等)。小说一开头先写"西北风"与"铅色天空",然而极东的地平线上有晕黄的一片,执拗地想把铅色天盖熔开。有论者认为"晕黄"有象征意蕴,那象征什么?象征"红杏出墙"冲出封建童养媳制度陋习吗?好像离得太远,不容易理解。我觉得这段风景描写,一是交代打了蕰草的原因,一是渲染了寒冷冬季的阴冷气氛。但如果和小说结束时的欢快场面比照,似乎可理解为乌云遮不住太阳,气氛由开头沉闷转为明朗,由阴冷转为温暖。

开头的第二自然段由天空转为地面,写近景:

散散落落七八座矮屋,伏在地下,甲虫似的。新稻草的垛儿像些枯萎的野菌;在他们近旁及略远的河边,脱了叶的乌桕树伸高了新受折伤的桠枝,昂藏地在和西北风挣扎。乌桕树们是农民的慈母;平时,她们不用人们费心照料,待到冬季她们那些乌黑的桕子绽出了白头时,她们又牺牲了满身的细手指,忍受了千百的刀伤,用她那些富于油性的桕子弥补农民的生活。

这里把小村庄农民的矮屋比喻做甲虫,是趴在地上的。稻草垛像野菌,说明土地气候潮湿。两种比喻用了动植物,虽然矮小但是仍是有生命力的。越发使读者体会到这是在江南水乡。而乌桕树呢,既是风景又是特殊的植物树木,又是江南特殊的物产。茅盾说乌桕树即便脱了叶、折伤了仍然昂藏地和西北风挣扎,它富有牺牲精神,不怕刀伤,它用富于油质的桕子弥补供养农民,真是"农民的慈母",是象征也是歌颂,带着深深地挚爱深厚的感情。

第三自然段接着写远景——哺育农民的河流:

河流弯弯地向西去,像一条黑蟒,爬过阡陌纵横的稻田和不规则形的桑田,愈西,河身愈宽,终于和地平线合一。在夏秋之交,这快乐而善良的小河到处点缀着铜钱似的浮萍和丝带样的水草,但此时都被西北风吹刷得精光了,赤膊的河身在寒威下皱起了鱼鳞般的碎波,颜色也愤怒似的转黑。

小说中的河流是向西流去的,像黑蟒在大地上爬行,这样的比喻调动人的视觉、触觉和幻想,千百年来这巨大的"黑蟒"滋润着纵横阡陌的稻田和桑园,直到地平线的远处。而夏秋之交的小河则是"快乐而善良"的,让我们想象着看到那点缀着铜线似的浮萍和丝带样的水草。茅盾把浮萍和水藻比作耀眼的铜线和丝带,这是多么美丽和温柔。但是现在到了冬季被西北风吹刷光了,河身赤膊了,颜色愤怒似的转黑,波光像鱼鳞般闪耀着,这也是一种风景,是冷酷的坚硬的,也是壮观的。茅盾用了拟人手法赋予自然景物人的思想情感。经过这样的描画和渲染，就像乐队演奏序曲之后，故事开始了。

小说第一节让名字叫财喜的农民亮相，他高大强壮、爱说爱笑爱动。而他的堂侄叫秀生是"户主"——病弱不堪黑魆魆，为了生计他们决定去打薀草。第二节插叙了财喜和秀生老婆不伦的性爱关系，这是一个畸形的三人家庭。第三节就开始乘船为水藻而行了。先交代世态农俗和时代变迁从而引出"水藻行"的直接原因：春季施第一次肥，七八月稻高及人腰时施第二次肥时，得用豆饼。但由于豆饼产地发生了"事变"，豆饼逐年涨价，农民买不起，豆饼行也破产了。贫穷农民就靠打河里的薀草和到市镇收垃圾做肥料，只施一次肥叫"头壅"。小说讲到豆饼产地——东北乎？上海乎？事变——"九·一八"乎？"一·二八"乎？不管是哪一次事变，也不管是东北，上海，都是因为日本帝国主义对中国的侵略，把苦难延伸到江南农民的生产和生活中来了。当财喜和秀生驾着破烂的"赤膊船"为打薀草奋力引进在河流上时，小说不断夹进精彩的自然风景描写：

约莫行了十多里，河面宽阔起来。广漠无边的新收割后的稻田，展开在眼前。发亮的带子似的港汊在棋盘似的千顷平畴中穿绕着。水车用的茅篷像一些泡头钉，这里那里钉在那些"带子"的近边。疏疏落落灰簌簌一堆的，是小小的村庄，隐隐浮起了白烟。

新割后的稻田，发亮的带子似的港汊，棋盘似的千顷平畴，像泡头钉的茅篷，疏落灰簌的小小村庄和袅袅的白烟，茅盾用动词"展开"、"穿绕"、"钉在"、"浮起"联缀出一幅巨大的水彩图画。多么辽阔壮观！虽然是质朴的冬季景色仍使人心旷神怡。这使人想起"大漠孤烟直"的诗句，但那是西北戈壁干燥原始的辽阔壮观，而这是江南水乡湿润人文的辽阔壮观。然而这时出现了特殊的画面：

而在这朴素的田野间，远远近近傲然站着的青森森的一团一团，却是富人家的坟园。

田野间是朴素的、清纯的、平静的，而富人的坟园却插进来，傲然站着——青森森的，这是不和谐的图画，不美的景致。这或许是历史上由来已久的阶级分化贫富悬殊现象。茅盾以他社会剖析小说家的深厚理论素养与敏锐眼光用一句话就涉及到了。而这时：

有些水鸟扑索索地从枯苇堆里飞将起来，忽然分散了，像许多小黑点子，落到远远的去处，不见了。

扑索索的水鸟从枯苇堆里飞起落下，有分有聚，天空中留下小黑点，也使读者感受到茫然的沉郁的诗情画意。

小说展现冬季河流上撑船打藻草的情景，风景画、人物画、生产劳动画融合在一起：

　　西北风戏弄着财喜身上那蓝布腰带的散头，常常搅住了那支竹篙。财喜随手抓那腰带头，往脸上抹一把汗，又刷的一声，篙子打在河边的冻土上，船唇泼剌剌地激起了银白的浪花来。哦——呵！从财喜的厚实的胸膛来了一声雄壮的长啸，竹篙子飞速地伶俐地使转来，在船的另一边打入水里，财喜双手按住篙梢一送，这才又一拖，将水淋淋的丈二长的竹篙子从头顶上又使转来。

　　财喜像找着了泄怒的对象，舞着竹篙，越来越有精神，全身淌着胜利的热汗。

　　这个农民汉子手里挥舞着丈二长的大竹篙，简直就像猛张飞的丈八长矛或关云长的偃月牙大刀。茅盾善用动词、象声词，调动人的通感进行欣赏。你看财喜撑船多么有章法，有步骤，有节奏。西北风的戏弄像是有意配合他的动作舞姿，他抓腰带，抹汗，刷的一声打一打冻土，每个动作都稳健有力，伴随船唇泼剌剌的激起很多白色的浪花，财喜发出的雄壮的长啸，竹篙从空中到水里，在船的两边飞舞着打入水里，然后一送一拖，水淋沥的长竹篙在头顶转来转去，对于财喜来说这种撑船奋进似乎已成为自然的乐趣。这就表现出财喜不怕严寒、不怕艰辛、顽强能干的农民本色。

　　财喜横着竹篙站在船头上，忽然觉得眼前这一切景物，虽则熟习，然而又新鲜。大自然似乎用了无声的语言对他诉说了一些什么。他感到自己胸里也有些什么要出来：

　　"哦——呵！"他对那郁沉的田野，发了一声长啸。

　　西北风把这啸声带走消散。财喜慢慢地放下了竹篙。岸旁的枯苇苏苏地呻吟。从船后来的橹声很清脆，但缓慢而无力。

　　财喜走到船艄，就帮同秀生摇起橹来。水像败北了似的嘶叫着。

　　又是长啸，财喜简直像龙狮虎豹，驰骋在田野里，飞奔在江河上。他是大自然的儿子，又是中华大地上中华民族的象征，在他身上体现着"日出而作，日落而息"的传统精神，凝聚着天人合一的神灵秘诀。财喜的长啸"哦—呵！"是大自然给的元气，是天籁之音，是《水藻行》的主旋律，再看他打藻草的情景：

　　财喜拿起了一副最大最重的打蕰草的夹子。他们都站在船头上了，一边一个，都张开夹子，向厚实实的蕰草堆里刺下去，然后闭了夹子，用力绞着，一拖，举将起来，连河泥带蕰草，都扔到船肚里去。

　　叉港里泥草像一片生成似的，抵抗着人力的撕扯。河泥与碎冰屑，又增加了重量。财喜是发狠地搅着绞着，他的突出的下巴用力扭着；每一次举起来，他发出胜利的一声叫，那蕰草夹子的粗毛竹弯得弓一般，吱吱地响。

　　"用劲呀，秀生，赶快打！"财喜吐一口唾沫在手掌里，两手搓了一下，又精神百倍地举起了蕰草夹。

带河泥兼冰屑的蕰草渐渐在船肚里高起来了,船的吃水也渐渐深了;财喜每次举起满满一夹子时,脚下一用力,那船便往外侧,冰冷的河水便漫上了船头,浸过了他的草鞋脚。他已经把破棉袄脱去,只穿件单衣,可是那蓝布腰带依然紧紧地捆着;从头部到腰,他像一只蒸笼,热气腾腾地冒着。

这里描绘和叙述不仅塑造了财喜热爱劳动、吃苦耐劳的农民老把式形象,也忠实地记录下那个时代江南农民生产的使用工具、场景,具有史料价值。

而到第四节吃中午饭——粗粉团子时:

天空彤云密布,西北风却小些了。远远送来了呜呜的汽笛叫,那是载客的班轮在外港经过。

茅盾不愧大手笔,在描绘了三十年代江南水乡的自然风景和世态风俗的动态画面中,顺手又增添了现代化的景物和声音——轮船和呜呜的汽笛声,这现代化的机器和声鸣与破烂的传统的赤膊船形成了鲜明的比照。这时为打满一船蕰草,财喜决定到断头浜去:

财喜的两条铁臂像杠杆一般有规律地运动着;脸上是油汗,眼光里是愉快。他唱起他们村里人常唱的一支歌来了:

> 姐儿年纪十八九:
> 大奶奶,抖又抖,
> 大屁股,扭又扭;
> 早晨挑菜城里去,
> 亲丈夫,挂在扁担头。
> 五十里路打转回。
> 煞忙里,碰见野老公,——
> 羊棚口:
> 一把抱住摔觔斗。[①]

这首民歌是全小说的亮点,就像《念奴娇·赤壁怀古》中的"小乔初嫁了"一句一样为作品增色,在为水藻而行的河流上,这是一花独秀的歌曲,我们反复评价小说的诗情画意,真正的诗歌就这一首。这首民歌不仅反映了批判不合理的童养媳陋俗,更重要的是它表现了这里有活跃的人生,它表达了男女相诱的社会风情,展现了"桑间濮上"的世态人情。但是这支村里人经常唱的歌,触及了秀生的神经,引起秀生的强烈不满,他说了狠话——情愿饿死也不愿做开眼乌龟。使财喜产生了秀生拿"家主"身份要他走的问题,即他这个畸形家庭里"去留"的问题。正在激

[①] 茅盾原注:这是讽刺富农们的不合理的童养媳制度的。富农们通常为自己的儿子接了年龄大得多的童养媳,利用她的劳动力,但青春期的童养媳就往往偷汉子。

烈争吵着的时候,下雪了:

> 这时风也大起来了,远远近近是风卷着雪花,旋得人的眼睛都发昏了。在这港湾交错的千顷平畴中恃为方向指标的小庙,凉亭,坟园,石桥,乃至年代久远的大树,都被满天的雪花搅旋得看不清了。

这些描绘继续凸显了小桥流水的江南风光,在飞舞的雪花中尽显朦胧美。为了把一船薀草撑回家,财喜摇橹,让秀生"拉绷"。茅盾注解说:"'拉绷'是推拉那根吊住橹的粗绳,在摇船上是比较最不费力的工作。"但秀生"拉绷"也支撑不下去蹲在一旁,财喜脱下自己的破棉袄盖在他身上。

"哦——呵!"财喜提足了胸中元气发一声长啸,橹在他手里像一条怒蛟,豁嚓嚓地船头上跳跃着浪花。

风雪中发狠摇橹的财喜心里却有一团火。经过反复思考,为了秀生和秀生老婆的生存,为了即将出生的孩子,还是决定留下来共同生活。

而第五节的开头则是具体的乡村冬季生活情景:

> 那一天的雪,到黄昏时候就停止了。这小小的村庄,却已变成了一个白银世界。雪覆盖在矮屋的瓦上,修葺得不好的地方,就挂下手指样的冰箸,人们瑟缩在这样的屋顶下,宛如冻藏在冰箱。人们在半夜里冻醒来,听得老北风在头顶上虎虎地叫。
>
> 翌日清早,太阳的黄金光芒惠临这苦寒的小村子。稻场上有一两条狗在打滚。河边有一两个女人敲开了冰在汲水;三条载薀草的小船挤得紧紧的,好像是冻结成一块了。

冰雪覆盖的质朴村庄,简陋的住宅,艰苦的生活生产方式,铸就了中国农民坚强、坚忍、坚韧的本色性格。小说留给我们时代的画卷、历史的记忆,使我们仿佛身临其境了。

在篇幅简短的第六节也就是全篇小说的结束语,作者写了中午农民们从船上往方塘里搬运薀草的生产劳动的情景。太阳给小村庄洒下温暖,穿单衣的财喜手拿大钉耙,"五丁开山"似的把半冻的薀草和泥浆装到木桶里,并帮助邻船的人一起搬运着。农民们把小船上半冻的薀草和泥浆装到木桶里,搬运到田地方塘里,再加上垃圾(从市镇收集来的稻草灰和腐烂食物)为稻田做施肥的"头壅"。作者又夹进一句景物描写:"太阳蒸发着泥土气,也蒸发着人们身上的汗气。乌桕树上有些麻雀在啾啾唧唧啼。"同时"他们笑着,嚷着,工作着,唱着",而"财喜的长啸时时破空而起"悲壮而雄健。我们不感觉悲观阴冷,相反感觉很欢快很热闹,很有生活的信心。

经过以上欣赏和论述,我们可以找到《水藻行》的景物与世态描写具有强烈艺术魅力的原因，得到如下结论：

第一，《水藻行》的自然风景、世态风情和生产生活描写是紧密融合在一起的。自然风景的描写是为人物的活动做背景的。主人公财喜是中国农民的代表，是大自然的宠儿，得了天地河流的灵气，他那"哦——呵！"的长啸，在西北风吹、雪花飞舞中更显意志坚强豪情飞扬。《水藻行》把风景画、人物画、世态风情画重重叠叠，动态地连缀在一起，形成宏阔的浙北水乡鲜活画卷。《水藻行》是诗，是画，是音乐。

第二，由于《水藻行》小说的故事发生在冬季打薀草——为水藻而行，自然风景是冬季的景色，气氛格调自然是寒冷凛冽，阴沉苍凉。但作者也渲染了夏秋季的"快乐善良"和美丽温柔的景色，也渲染了雪花飘舞下港湾交错，千顷平畴中小庙、凉亭、石桥、大树的朦胧美。因此，总体上说，读者并不感到气氛是多么的冷酷、悲凉，《水藻行》小说的主要格调还是质朴、悲壮、辽阔、宏远。

第三，《水藻行》的结局设计了一个特殊的画面，是在温暖的太阳下，残雪的稻场上。其景物描写把气氛烘托得热闹欢快，而一扫阴冷气氛。这种结尾在茅盾所有的小说中是罕见的。他的大部分小说不论长、中、短篇，其结尾往往是阴冷灰暗的，而这篇小说却是一个欢快明朗的结局。

我们仿佛看到以财喜为代表的中国农民以大无畏的精神、坚忍坚韧的性格，勇敢面对贫穷、疾病、社会压迫等现实问题，克服一切自然的社会的艰难困苦，在美丽的大地上休养生息、繁衍后代，他们坚强壮大，他们乐观自信，他们创造未来。

地域与文化生态研究

地域历史文化生态研究

茅盾与中国大西北的结缘

李继凯　李国栋

陕西师范大学文学院　陕西　西安　710061

摘要：人地关系是人文地理学的重要论域,也是文学地理研究的一个重要领域。江南文人茅盾曾在二十世纪三十年代末四十年代初有过长达两年(1939.1—1940.12)的大西北游历生活,从兰州、乌鲁木齐到西安再到延安及宝鸡,都留下了他的"探路"足迹。在此期间,作为"探路者"的茅盾社会事务繁忙,既担任行政职务并广泛参与教学和演讲等活动,还笔耕不辍,完成了数量可观的作品,且对其产生了持久影响。他与大西北的结缘尤其是他勇敢的"探路精神"当是一个颇有意味的课题,在现代作家文人与人文地理的关系方面可以给予我们以有益的启示。

关键词：茅盾　探路者　大西北　文学地理　行旅与写作

在中国西部大开发和丝路经济带(或"一带一路")唤起世人普遍关注的当代,我们想起了很多名人当年的西行或"西游",他们奔走于"陆丝"(即古老的西北陆上"丝绸之路"),千辛万苦,也多有创获。其中,就有茅盾先生及其家人的身影。来自浙江乌镇的茅盾一生走过许多地方,见闻非常丰富,在他所处的时代,真正做到了读万卷书、行万里路,由此成为真正博学多识的人,遂在文化创造包括文学书写、书法书写以及论著书写等方面多有收获,成为中国现代的且具有重要国际影响的文化名人,尤其是成为了一位现代中国"上下求索"的勇敢的"探路者"。其中值得注意的是,他有一种游历与很多现代名人颇不一样,就是在 20 世纪 30 年代末、40 年代初曾游历过偏远的大西北,勇敢"走西口",不仅经甘肃等地进入新疆,甚至还大难不死,脱身进入延安,度过了一生难忘的一些时光。

人地关系是人文地理学的重要论域,也理应成为文学地理研究的一个重要领域。而从人地关系或文化地理角度考察茅盾先生与大西北的结缘,不仅可以回归历史境域,而且可以领略其中那些颇为耐人寻味的地方。

一、西游：实地行旅

人地结缘也要靠"缘分",江南文人茅盾携家人入住新疆、延安,那份缘分的由来确实值得关注。从假的"红色根据地"新疆迪化(乌鲁木齐),到真的"红色根据地"延安,茅盾经历了惊心动魄的"探路"之险和喜出望外的"探路"之欢。根据茅盾《我走过的道路》所述,他在1938年到达香港之后,与友人萨空了主编《立报》,但是因为销量不佳,时常往里赔钱,加上香港的生活费用又高,便每月入不敷出,

"常使德沚叫苦,……显然,这样过日子是不能长久的。"①于是茅盾便产生了离港去上海求出路的念头。不久在一次朋友聚餐中,茅盾偶然见到了正在筹办新疆学院的老友杜重远。交谈中杜重远萌生了让他去新疆帮忙办教育的想法,还直言相告:"能请到你这样的名作家去新疆,号召力就大了。"②正在茅盾对此事未置可否的时候,杜重远光顾"茅庐",亲自登门来邀请他,并带来了一本油印的《三渡天山》,这本书将当时盛世才统治之下的新疆描绘得十分光明,俨然就是与苏联连成一片的"红色根据地",令人依稀看到通向革命胜利的一条宽阔道路,所以茅盾说:"那本小册子,的确使我动了去新疆做点事的念头。"③由此,茅盾长达两年的大西北游历生活(相对而言可谓"走西口")亦即"探路"之行开始了,其一行的主要行程如下:

香港(1938.12)——昆明(1938.12—1939.1)——兰州(1939.1—3)——哈密(1939.3)——乌鲁木齐(1939.3—1940.5)——兰州(1940.5)——西安(1940.5)——延安(1940.5—10)——西安、宝鸡(1940.10—12)——重庆(1940.12)

1938年12月20日,茅盾不顾交通不便、前路未卜,毅然带上一家人正式动身,先是登上法国邮轮绕道越南海防与河内,又乘坐火车经过一路颠簸直到12月28日才到达云南昆明,与楚图南、施蛰存、顾颉刚等文艺界的朋友们广泛交游,直到1939年1月5日才登上了去兰州的飞机。在令人瑟瑟发抖的西北寒风中,茅盾一行住进了兰州的一家招待所里,一直到2月20日他们才好不容易等来了一架可以搭乘的进疆飞机飞往哈密。到达哈密稍事休整后,他们便经由鄯善、吐鲁番,穿过天山,终于在3月11日到达当时的迪化(今乌鲁木齐市)。其行程花费了近三个月,可见当年国内尤其是"西部"问题中的"交通"枢纽是何等不畅通了。这既有设备很落后、陆路多险阻的原因,更有匪盗蜂起、管理不善的人为因素。

既来之则安之。茅盾从此便开始了在新疆一年又两个月的边疆生活,这期间他不仅参与了新疆学院的教学活动,完成了一些文章的写作,而且担任了新疆学院行政职务和一些比较重要的社会兼职,此外,还曾经与友人登天山游天池、组织暑期旅行团去遥远的边陲伊犁进行开展相关宣传工作。但好景不长,随着假的"红色根据地"尤其是"新疆王"盛世才反动面目的逐渐暴露,茅盾便意识到了环境恶化,开始巧妙使用韬晦之计,小病大养,同时积极寻找机会离开新疆以便继续探路。不久,茅盾忽然收到了母亲去世的加急电报,于是赶紧趁机请假,并在1940年5月5日带上一家人飞离了乌鲁木齐。飞机中途在哈密停留的那天夜里,盛世才曾先后三次给哈密守军打了电话,先是要扣留茅盾他们,第二次又来电指示先不要动手,让他再考虑一下,第三次终于在电话里说:"算了,让他们走吧。"④如此茅盾一行方才逃出险境,虎口逃生的茅盾及其家人也算是大难不死。

又一次降落在兰州的茅盾本想着休息一晚后继续飞去重庆,却正好遇到傅作

---

① 张宝裕等主编:《杜重远》,新疆大学出版社1987年版,第243页。
② 同上,第242页。
③ 同上,第243页、242页。
④ 钟桂松:《茅盾评传》,南京大学出版社2013年版,第217页。

义带领着大量随员去往重庆公干,便占用了茅盾等人的飞机座位。同行的张仲实临时想改道到声誉鹊起的延安去看看,他劝茅盾也一同前往。由此他们便搭上了西北公路局的便车奔波了 5 天,路上风雪华家岭,翻越六盘山,经过咸阳从而到达了西安,并碰巧在七贤庄八路军办事处见到了周恩来和朱德。在西安逗留期间既参观了著名的碑林等名胜古迹,还考察了民众市场及市民生活状况,之后于 1940 年 5 月 24 日,茅盾一行便乔装打扮随朱德总司令的车队向延安进发,经铜川,过黄帝陵,5 月 26 日,他们终于抵达真的"红色根据地"亦即革命圣地延安,并住进了赫赫有名的"鲁艺"。这接下来的四个半月的延安生活,对茅盾来说,绝不是一般意义的行旅羁留,而是革命的会合,更是探路的实践。后来远在重庆的周恩来考虑到加强国统区文化战线力量的需要,便邀茅盾前往重庆工作,10 月 10 日,茅盾夫妇把儿女留在了延安,毅然跟随董必武的车队踏上了新征途,经西安、宝鸡等地,在 12 月份到达了重庆。

二、担当：社会事务

积极入世的文人既是人生探路者,也是社会事务承担者。1939 年 1 月,茅盾从香港取道昆明飞抵兰州后被滞留了 45 天,因为盛世才对茅盾等文化名人入疆有所顾忌,一时拿不定主意是否派飞机接应他们入疆。临时住在兰州的茅盾却仍然忙碌,因他名头很响亮,当他到达兰州的消息在报纸刊出以后,拜访者甚众,尤其是当地的文学青年踊跃求见。在与兰州进步青年们有过交谈和交往后,他才真正了解到当时兰州文化界的真实情形:"西北的封建势力很严重,文化又落后,因此抗战文艺运动很难开展,原来在这里的几个著名的文化人都离开了,现在只有一些热心的文艺青年在坚持工作。"①但他对兰州的抗日文化还是充满了信心:"现在是隆冬,等到春回大地时,这里将是另一番景象……"②他不仅赞扬了青年学生在困难条件下开拓抗战文艺的精神,还鼓励他们尽早成立文协甘肃分会,以便有一个集中的活动中心。同时,应当地进步文艺工作者赵西、薛迪畅等人邀请,茅盾在甘肃学院作了两次题为《抗战与文艺》和《华南文化运动概况》的专题报告,这不仅给予了有志于抗战文学创作的青年以具体的指导,还对兰州的抗日救亡运动产生了一定促进作用。

茅盾到达新疆后,为了传扬新文化包括左翼文化,他不仅身兼数职,还登台讲学,同时笔耕不辍。首先,茅盾担任了新疆学院教育系的系主任,此外还承担了繁重教学任务,为教育系主讲的《国防教育》与《中国通史》等课程,给教育系各位同学留下了深刻印象。他在进疆后不久,给香港楼适夷的信中曾谈到自己的工作情况:"弟担任功课每周十七小时,而大半功课与文艺无关,盖此校教员仅弟与仲实二人,他差不多包办了政治系功课,弟则包办了教育系功课。"③其次,茅盾领导成立了新疆文化协会,他作为委员长兼艺术部长,负责指导话剧、漫画等多个业务科

---

① 张积玉,王钜春:《马克思主义理论家翻译家张仲实》,陕西人民教育出版社 1991 年版,第 221 页。
② 同上,第 218 页。
③ 陆维天编:《茅盾在新疆》,新疆人民出版社 1986 年版,第 6 页。

的具体工作,同时还主持成立了戏剧运动委员会,这些举措有力地推动了全疆文化的向前发展,加强了各民族文化工作的交流沟通。在茅盾倡议下,新疆文化协会创办了漫画刊物《时代》,他还为《时代》写下发刊词;再次,茅盾还热忱培养本地的文化与文学人才,他觉得:"健全的文化干部才是新疆文化建设的开路先锋。"[①] 1939年6月,茅盾向全疆各地发通知调查"所有之艺术天才的人士(不分族别、性别、职业、年龄)"[②],要求及时上报,集中培训与任用,同年10月他主持举办"新疆文化干部训练班",特地聘请赵丹、白大方等讲授表演与戏剧课程,这些措施的确发现与培养了众多优秀文化人才;最后,茅盾还躬身实践、广泛游历,曾积极动员汉族、维吾尔族、哈萨克族、乌兹别克族等各民族青年学生200多人组成暑期旅行团,远赴伊犁进行工作考察。所有这些都是茅盾在开拓新疆文化事业方面的独特贡献,意义深远。

茅盾离开新疆后经由兰州、西安而与延安邂逅和结缘,留下了很多耐人寻味的话题。他在延安虽不足半年,却是延安根据地建设的"在场者",在这一点他明显与鲁迅、郭沫若不同。在延安期间,他写有各类文章多篇,同时参加了多项讲学、集会等文化活动,为延安的文艺事业、文化建设直接做出了突出贡献。其一,茅盾采纳毛泽东"鲁艺需要一面旗帜,你去当这面旗帜罢"[③]的建议,住进了鲁艺,为文学系学生讲授《中国市民文学概论》,他自觉地运用马克思主义唯物史观,对中国市民文学的历史嬗变作了深刻阐述,深受师生欢迎。他的讲学活动并不限于鲁艺,而是深入到了延安文艺各界,同时他总是以一位长者姿态,耐心而又温和地解答学生的提问;其二,茅盾自从到达延安伊始,便投身到一系列的社会与文化活动中,如他参加鲁艺两周年校庆并登台讲话,参加延安哲学会第一届年会,应邀出席文抗分会的欢迎茶话会,被推选为边区回民第一次代表大会的主席团成员,被聘为边区新文字协会的发起人,还曾与吴玉章、林伯渠等人联名发表《鲁迅文化基金募捐缘起》来推动作家的创作……这些活动让茅盾感受到了边区人民的热情,也激发了他发自内心的高度政治热情,对于他革命思想的磨练有着极其重要的意义;其三,茅盾还对延安文艺运动进行了诸多宣传和探讨,促使他取得了一些文艺理论研究方面的成果:一是对民族形式的独特思考,正如他到延安不久便发表了题为《论如何学习文学的民族形式》的长篇演讲,他认识到抗战作为"时代中轴"的要求,使得文艺为抗战服务、为大众服务才是一个根本性原则,因而他坚决赞成拥护这一原则并投入到实践与宣传中去;二是关于鲁迅的正面阐发,他在《关于〈呐喊〉和〈彷徨〉》、《为了纪念鲁迅的六十生辰》、《纪念鲁迅先生》等文章中都显示出对于"鲁迅的方向"与民族解放之间关系的深刻思考,从而积极地发扬鲁迅精神,坚持战斗的现实主义创作方法,推动根据地文学的健康发展;三是对民间文化和民间形式的特别强调,他重视运用辩证思维,既反对唯"国货"是从的思想,又反对将民间文化民间形式全部抹杀的意识,他认为要尤其注意"向人民大众生活去学

---

① 陆维天编:《茅盾在新疆》,新疆人民出版社1986年版,第228页。
② 同上,第228页。
③ 朱鸿召:《延河边的文人们》,东方出版中心2010年版,第267页。

习",从而创造出为人民大众所喜闻乐见的民族形式。茅盾在延安的教学、考察、讨论及演讲等都足以显示,他的延安之行确实是不虚此行,也让我们看到了茅盾作为一位延安文艺建设者和宣传者的形象。

三、书写：文学创作

作为探路者的茅盾始终没有忘记自己还是一位书写者。他可以借助于书写尤其是文学书写来参与社会、影响人心。比如,茅盾在往返于新疆和内地的路途中曾两度路经甘肃兰州,于是他精心创作了一篇散文《兰州杂碎》,并克服欠缺资料、信息匮乏等困难,撰写了两篇文论《抗战与文艺》和《谈抗战初期华南文化运动概况》。在《兰州杂碎》中,他以"生活的味儿大不相同"开篇,一方面描述了甘肃地区生存条件的落后与民众生活的艰苦,像是"一玻璃杯的水,回头沉淀下来,倒有小半杯的泥浆……"、"吃完面条,伸出舌头来舐干那碗上的浓厚浆汁算是懂得礼节。"[1]另一方面,茅盾却又颇有深意地书写那荒凉落后和贫穷艰苦中的"繁荣":洋货铺子异常触目,货物式样上海气派,因为掌控缉私等特权的机关人员承揽了洋货的包运包销,化公为私,大发国难财。茅盾将这种形势下愈战愈旺的市场归结到"中国人自有办法"上,表现出他对国民党政府黑暗腐败统治的无奈和嘲讽。在《抗战与文艺》和《谈抗战初期华南文化运动概况》两篇文论中,茅盾精辟地论述了抗战文艺的方针、任务和文艺批评方式,提出了当前的文艺运动任务和对开展西北地区文化运动的意见,对于当时的兰州和整个西北地区的文艺运动,具有重要的指导意义。从他的"目前全国文化运动最大的缺点是各地发展的不平衡……尤其是西北的文化运动,更需要大批的文化人到这儿来推动"[2]等言语之中,我们可以感受到茅盾当时对于他即将奔赴新疆支援文化建设的坚定信念。

茅盾作为入世文人的"顺应"或"适应"能力是很强的。他在新疆生活了一年又两个月的时间,书写甚勤,创作颇丰,撰写了诗歌、评论等各类作品共计三十余篇,与新疆文化直接相关的便有《新疆文化发展的展望》、《为新新疆进行曲的公演告亲爱的观众》、《演出了新新疆万岁以后》、《谈新疆各回教民族的文化工作》等。在这些文本之中,首先,茅盾提及了他对当时新疆文艺发展现状的认识,不管是与历史的纵向比较,还是与内地的横向对比,新疆的文化发展程度都比较落后,他形容新疆为"文化上的无风地带"、"文化沙漠"等,他认为这种差距是由于"西风不渐"造成的,新疆由于地处偏远,对新文艺思潮的接受和反应是比较迟钝的;其次,茅盾注意到了因为抗战总动员而给新疆新文化思潮所带来的机遇,盛世才军阀政权虽独断专行,但却克服重重困难实行着"以民族为形式,以六大政策为内容"的文艺政策,他认为这具有合理性和正确性,并持以高度赞扬的肯定态度,"总而言之,一致的都是六大政策为内容! 这就是我们随时随地可以看见的新新疆的民族文化",[3]并真诚地用"奇迹"、"一日千里"等词来形容新疆文化发生的惊人巨变;再

---

[1] 方铭编:《茅盾散文选集》,百花文艺出版社 1984 年版,第 136 页。
[2] 陆维天编:《茅盾在新疆》,新疆人民出版社 1986 年版,第 217 页。
[3] 同上,第 128 页。

次，他还依据独到的个人观察，提出了发展新疆文艺的原则和对策，他认为普及民众的文化教育是当务之急，要做到"普及、发展、深入"这三层关系，才能出现更多的优秀创作；最后，他建议新疆文化发展要建立一种全局观念，他深知西部的文化人才缺乏，呼吁大批的文化人前往支援，以解决全国性文艺发展不平衡的问题。遗憾的是，乱花迷眼，茅盾被"新新疆"的假象蒙蔽了较长时间，和当时的诸多共产党人一样，未能及时识破盛世才欺世盗名、投机钻营的真实面目。

不过，当年茅盾侥幸离开新疆以后，依然深深眷恋着大西北的这片神奇的土地，写有《新疆风土杂忆》等篇幅较长的回忆性散文。其文在形式上，叙描结合，诗文并茂，形态多样的随笔体令人目不暇接，现代游记散文的结构在此实现了新的转变；在内容上，以风土见胜又暗含人情，正如开篇便对左宗棠进军新疆时所栽植左公柳"引得春风度玉关"的赞赏。另外，茅盾每每写到动情之处，还"诗以记之"，这便是贯穿全文的四首《新疆杂咏》，现摘一首在此："晓来试马出南关，万树银花照两间。昨夜挂枝劳玉手，貌姑仙子下天山。"①诗的出现不仅是对风土人情的精炼的审美把握，更是令文章趣味横生、情意浓郁，确为文章增加了不少活泼而又雅致的成分。

茅盾在陕西的延安、西安等地的时间一共不足半年，不及他在新疆的一半。但就写作而言，却也有各类文章15篇左右，绝大多数都是谈文艺问题的，像是《论如何学习文学的民族形式》、《旧形式、民间形式与民族形式》、《中国市民文学概论》、《关于〈呐喊〉和〈彷徨〉》、《纪念鲁迅先生》，等等。茅盾的这些创作理论研究深深影响了当时身在陕西的一些年轻作家。他在离开秦地以后更是精心写过关于陕西的多篇散文和心系北国的诗歌。他的系列散文如《风雪华家岭》、《西京插曲》、《"战时景气"的宠儿——宝鸡》、《秦岭之夜》等，发挥了他擅长纪实的笔墨功夫，为现代游记奉献了精彩篇章；而诸如《风景谈》、《白杨礼赞》等系列散文更是脍炙人口，深刻地滋养了日后的无数文学青年及陕西文坛。《风景谈》借景言情，抒发了对根据地军民和谐生活的赞美之情，令读者在领略到"风景"与"延安"关联的同时又会明白："人类的高贵精神的辐射，填补了自然界的疲乏，增添了景色，形式的和内容的。人创造了第二自然！"②大美自然在民间孕育着民众无限的生命力，是民族精神生生不息的生动外化。《白杨礼赞》则表达着茅盾对于奋斗的、进取的或上升的共产党人的高度认同，并从其与民众水乳交融所形成的同心同德、团结向上的时势看到了必胜的希望："我赞美白杨树，就因为它不但象征了北方的农民，尤其象征了今天我们民族解放斗争中所不可缺的朴质，坚强，以及力求上进的精神。"这种充盈激情与诗意的篇章，通过超越特定时代的历史性解读，更有其"影因"力量和精神内涵的深远影响值得我们关注。

拙著《秦地小说与"三秦文化"》曾用专节《秦地小说中的"白杨树派"》来探讨茅盾对于文学流派"白杨树派"的形成及发展所产生的重要作用。"所谓白杨树派，是从秦地文学的创作实际出发，参照茅盾诗文（如《白杨礼赞》、《风景谈》、《题

---

① 陆维天编：《茅盾在新疆》，新疆人民出版社1986年版，第199页。
② 茅盾：《风景谈》，中国青年出版社2012年版，第7页。

〈白杨图〉》等)所提示的精神特征和审美特征,以及评论界已有的相关成果,从而郑重命名的一个具有地域性的小说流派。"[1]茅盾直接提携或以其精神魅力激励了柳青、杜鹏程、王汶石、柯仲平等陕西作家,从而使得秦风秦韵的"白杨树派"蔚为壮观。不仅如此,茅盾还参与或影响了整个20世纪陕西文学风格与文学精神的构建,正如笔者曾经在《大师茅公与秦地文学》中分析的那样,"20世纪秦地文学有三大文学现象最为引人注目,一是延安文学,二是白杨树派,三是陕军文学。然而同样引人注目的是,茅公与这三大文学现象都有着相当密切的关系。"[2]茅盾与延安文学和白杨树派的精神结缘正如前文所述,当茅公逝世以后才进驻文坛的"陕军"新锐作家同样深受其文学风范的影响,就像曾经斩获茅盾文学奖的路遥、陈忠实等作家,在创作主张、审美倾向、构思特点等多个方面都自觉或不自觉地深得茅盾文学精神的真传。诚然如斯,茅公精神永驻秦地,其"影因"亦可不朽。

四、结缘:人文地理

人地亦即人文与地理关系的建立往往是一种宿命般的人生深缘,茅盾与大西北的结缘就是如此。生地难以选择,去向也难意料,行踪却无法抹去。大地不仅是人类的居所,也是文学的舞台,文学都是在特定地域环境中生成的,或多或少都要带有明显的地域文化烙印。北"风"南"骚",历代学者多有论及,梁启超曾在《中国地理大势论》中指出"燕赵多慷慨悲歌之士,吴越多放诞纤丽之文,自古然矣……"[3]近些年来,文学地理学更是开始形成一个文学研究新领域,梅新林曾将文学地理学定义为"融合文学与地理学研究、以文学为本位、以文学空间研究为重心的新兴交叉学科或跨学科研究方法"[4]。早在1980年代,贾平凹就从人文地理的角度来看待秦地作家,认定由此"势必产生了以路遥为代表的陕北作家特色,以陈忠实为代表的关中作家特色,以王蓬为代表的陕南作家特色。这三位作家之所以其特色显著于文坛,这种地理文赋需要深入研究"。[5] 地理环境,尤其是人文地理氛围为作家提供着作品创作素材,激发了作家的创作灵感,影响着作家的心理素质与审美情趣,所有这些都使得现代作家与人文地理的关系研究成为一个有意味的课题。

茅盾长达两年的大西北生活经历也必定对其创作手法乃至思想追求产生重要影响。就像在当时革命圣地延安的生活经历锤炼了他高度的政治热情与纯洁的革命思想,还如新疆这一地处边缘的多民族异质文化区域给予了他更宽广的文化关注视野,使他能够以边缘立场来反思新疆文艺的诸多问题,同时也给予了他一般现代作家所未有的全新审美体验,让他能够更全面深刻地分析中国现实。由茅盾而思考,现代的文化人也应有深入西部去全面了解中国文化的意识,积累经

---

[1] 李继凯:《秦地小说与"三秦文化"》,湖南教育出版社1997年版,第73页。
[2] 李继凯:《大师茅公与秦地文学》,陕西师范大学学报(哲学社会科学版)1996年第3期。
[3] 白朗:《中国人文地脉》,成都时代出版社2011年版,第17页。
[4] 梅新林:《中国文学地理学导论》,文艺报,2006年第59期。
[5] 贾平凹:《平凹文论集》,青海人民出版社1985年版,第134页。

验和题材，在更高认识层次上表达中国现实。

  浓重而多彩的两年大西北生活成为了茅盾内心的一处"重镇"所在，直到建国以后，他仍情系此处，时有互动，佳话连篇。如西北大学于1979年创办《鲁迅研究年刊》便得到了茅盾的大力支持，《年刊》创刊号便刊有茅盾的重要文章，对推动实事求是的鲁迅研究以及现代文学研究，产生了很大的影响作用。1981年，茅盾还应时任西北大学校长郭琦之请，为西大题写了校名，"西北大学"四个字当真写得是隽秀、飘逸。他为大西北多地高校或期刊专门题写了校名或刊名。每当西北大学单演义等学者有问题请教时，茅盾总是通过书信尽力答疑解惑。而西北地区更有多地多人长期坚持从事茅盾研究，笔者的《全人视境中的观照——鲁迅与茅盾比较论》即以一种多维与整合的思路对茅盾和鲁迅作了"全人"式的比较研究，在学界引起了较大反响。另外，陕西师大的张积玉、钟海波，兰州大学的权绘锦，新疆大学的陆维天、宁夏大学的张衍芸等多位学者也都在茅盾研究领域多有建树。中国茅盾研究学会和陕西师范大学两次联合主办"全国茅盾研究学术讨论会"（2000年和2014年，第二次会议名称是"茅盾研究回顾与前瞻学术讨论会暨中国茅盾研究会理事会"），在全国产生了广泛影响。大师茅公如若知晓在他辗转行旅过的大西北一再召开此等学术盛会，想必也会欣慰无比。

  而作为"探路者"的茅盾先生，其当年"走西口"或"走丝路"的勇敢行为，就像当年山东人"闯关东"的壮举一样，都具有为个人和民族探索生路的意味，尤其在革命胜利的曙光若隐若现的历史阶段，茅盾的大西北之行，更体现出了探索民族解放、国家振兴之路的"探路精神"，在寻寻觅觅的过程中，其对民族新生的向往、对革命圣地的赞美、对民粹主义的认同[①]以及身陷绝境时的镇定等，都仍有"师者"导引先路的启迪意义，[②]而茅盾"走西口"的种种经历以及经验教训，对当今青年来说也会有多方面的有益启示。

[①] 吕周聚：论《在延安文艺座谈会上的讲话》中的民粹主义思想，东岳论丛，2013年第3期。
[②] 李继凯：《"师者"茅盾先生》，花木兰文化出版社2014年版。

茅盾西北之行的偶然性和重要性
——从未收入《茅盾书信集》的一封佚信说起

张 复

北京作家协会 北京 100013

一

新中国成立初期,茅盾给张仲实写了一封信,全文如下:

仲实兄:
多日未晤为念。昨日杜重远夫人来信,殷殷询及吾兄。杜夫人自己病了,孩子经常有病,其中一个是肺病,处境甚窘,来信是要我们为她设法,原信已送沈衡老及胡愈之兄,望向他们索阅。杜夫人极想和她的大弟候捷存大夫(曾在延安,任中央医院小儿科主任,现在北京医院)一见,想请候大夫到上海去一次,此事兄能帮忙否?匆上即颂

日祈　　　　　　　　　　　　　　　　　弟沈雁冰　五月十六日
(先请兄告候大夫以杜夫人现状,她病了心境很坏)

茅盾致张仲实的这封信没有收入《茅盾书信集》。据钟桂松先生考证,茅盾这封信写于1950年5月16日(见2018年4月11日上海《文汇读书周报》钟桂松《茅盾致张仲实佚信写作时间考》)。

茅盾在新中国成立之初致张仲实的这封信,既是茅盾与张仲实和杜重远友谊的见证,也是茅盾在抗战时期由于偶然因素去了中国的大西北,并经历了巨大风险的见证。

二

茅盾1939年初去新疆有其偶然性。

这还要从邀请茅盾去新疆工作的杜重远说起。杜重远(1898—1944)是东北辽宁人,为当年东北最大的瓷业企业家,张学良挚友。1931年"九·一八"日寇占领东三省后杜重远遭到通缉,杜于年底来到上海结识邹韬奋、胡愈之。1935年杜重远因"新生事件"遭国民党逮捕入狱而闻名全国。1935年底至1936年底杜重远多次秘密会见张学良和杨虎城,为西安事变做出重要贡献。1938年杜重远被选为国民政府参议员。

1938年秋,从新疆至重庆又来到香港的杜重远准备携带家眷举家迁往新疆,

此时在香港的茅盾尚在主编由生活书店出版的杂志《文艺战线》。关于杜重远邀请茅盾去新疆工作的情景，茅盾在回忆录中写得很清楚：

> 到了九月份，在一次集会上我遇到了杜重远。我在上海见过杜重远，但没有交往，这一次见面，他主动和我交谈起来，而且出乎意料，谈的全是新疆的见闻。他说他近年内已去了两次新疆，感触很深，新疆现在的督办盛世才是一个想干一番事业的人，思想也很进步，他提出的"六大政策"中就有反帝、亲苏、民平等进步的政策，他与延安方面的关系也不错。不过新疆太偏僻，经济文化都十分落后，现在经济上是由苏联支持着。他说盛世才是东北人，是他的同乡，所以一见如故，对他很热情，盛知道他是办实业的，想请他去任建设厅长。"不过我没有同意"杜重远说，"我以为要把新疆建设起来，首先要办教育，要普遍提高文化水平，要从培养干部着手。所以我向盛世才建议让你去办新疆学院。"他哈哈笑着问我："你看我能办教育吗？"他又告诉我，他正在物色教员，张仲实已经答应了。张仲实是生活书店总经理，与杜重远很熟悉，那时在重庆。杜重远问我有没有合适的人介绍给他。我说："教书应当从大学教授里挑，不过新疆自古是流放之地，我认识的那些教授未必愿意去领略那塞外风光"。杜重远道："能请到你这样的名作家去新疆，号召力就大了，可惜你正在编《文艺阵地》，不然盛世才一定会设盛宴欢迎的。"（茅盾《我走过的道路》下册，第211页、212页，人民文学出版社1997年版）

从以上茅盾的回忆中可以看到，茅盾西北之行的偶然性，不仅在于茅盾当时已经脱党，党组织没有安排他去新疆，还在于杜重远这次谈话"出乎意料，谈的全是新疆的见闻"，他首先提出希望茅盾推荐教员帮助他去新疆办教育；但茅盾当即表示"教书应当从大学教授里挑，不过新疆自古是流放之地，我认识的那些教授未必愿意去领略那塞外风光"。至于杜重远随后以开玩笑的口吻对茅盾说"能请到你这样的名作家去新疆，号召力就大了"，可以想见，茅盾当时不会答应杜重远这次请他去新疆工作的提议，道理也简单，经过狂风暴雨般的大革命的洗礼，处事沉稳且社会经验丰富的茅盾，不会轻易答应一位只是"在上海见过但没有交往"的人的邀请，便轻易去"自古是流放之地"的边疆工作。

之后，茅盾经过一段时间的考虑逐渐转变态度，其中，和他熟悉的张仲实能够结伴同去新疆工作是他转变态度的因素之一。

张仲实（1903—1987），陕西陇县人，1925年至1930年在苏联莫斯科中山大学留学。三十年代初回国后曾在孙科任馆长的上海中山文化教育馆任特约翻译及编辑。1935年1月由胡愈之介绍进入生活书店工作，并接替胡主编《世界知识》杂志，1935年11月邹韬奋请张仲实担任生活书店总编辑。

茅盾与生活书店关系深厚。生活书店出版的《外国文学名著丛书》由茅盾进行整体设计、规划；茅盾本人的小说《多角关系》、《腐蚀》，译作《回忆、书简、什记》等交由生活书店出版，茅盾还担任了生活书店的编审委员，张仲实担任生活书店总编辑后与茅盾来往密切。生活书店还同时出版了《世界知识》（钱亦石主编）、《大众生活》（邹韬奋主编）、《国民》周刊（谢六逸主编）、《世界文库》（郑振铎主编）、

《译文》(黄源主编)、《妇女生活》(沈兹九主编)、《文学》(茅盾、郑振铎主编),在香港茅盾主编的《文艺阵地》也由生活书店出版等。这些进步刊物风行一时,影响很大。这些刊物虽然都是名家任实际主编,但由于都是生活书店出版的刊物,身为书店总编辑的张仲实除了编辑出版书店众多图书外,还要对这些刊物处处关心、照管。1936年9月生活书店出版的轰动一时的80万字的《中国的一日》,由茅盾主编,张仲实和王统照、邹韬奋、陶行知、章乃器等十一人是这本书的编委,众人还推举张仲实撰写该书的第一篇文章《全国鸟瞰》。

此外,茅盾与生活书店的创办人之一胡愈之关系十分密切。两人青年时代在1914年和1916年先后进入商务印书馆工作。1921年,茅盾和郑振铎、王统照、叶圣陶、许地山等12人发起创办文学研究会。次年1月,茅盾全面接管《小说月报》,并进行了大刀阔斧的改革。胡愈之加入文学研究会后以极大的热情支持茅盾和他的新版《小说月报》,连续在该刊发表文学评论,倡导现实主义的文学革命。1933年,茅盾和郑振铎通过胡愈之与邹韬奋联系,决定由生活书店来创办《文学》这一大型期刊。1936年1月31日,鲁迅由茅盾陪伴,应胡愈之约请,在北四川路咖啡馆会面,三人商讨由胡愈之陪同鲁迅前去苏联养病事宜。张仲实是由胡愈之介绍进入生活书店担任总编辑的,这更增加了茅盾对张仲实的信任。

茅盾说过,"我在上海见过杜重远,但没有交往","张仲实是生活书店总经理,与杜重远很熟悉",在杜重远的鼓动下"张仲实已答应去新疆",这对于茅盾能够和张仲实结伴同去新疆工作增强了信心。

实际上张仲实起初也不想去新疆工作。1932年,杜重远和邹韬奋、胡愈之是生活书店成立之初的三个核心人物之一,张仲实和杜重远杜是生活书店的同事关系。张仲实回忆,杜重远和他很熟,1938年秋,杜重远从新疆回到重庆后,便极力动员张仲实去新疆工作。张起初并不愿意去新疆工作,认为新疆是少数民族居住的偏远地区,交通不便,文化落后。邹韬奋纵观全局,认为新疆是抗战大后方,力主张仲实与杜重远同去新疆工作,邹希望张在新疆建立一个生活书店的新的出版基地,他还认为新疆离苏联近,进口纸张方便等等。张仲实在犹豫中征求了他的留苏同学中共重庆办事处负责人博古的意见,博古说"可以去,毛泽民在新疆,有事可以找他",这样,张仲实下了决心决定去新疆工作。

抗战时期,香港的物价水平非常高,茅盾一家的日常生活受到了严重影响,这也是茅盾最后同意去新疆工作的因素之一。考虑再三,行事沉稳的茅盾又征求了香港地下党组织负责人廖承志的意见,廖承志说可以去,新疆八路军办事处陈潭秋等人在那里,有事可以找他们,这样茅盾才下了决心,他和张仲实相约在成都会合后再一同去新疆。1938年12月底,茅盾携带一家人启程经昆明去成都,在成都与张仲实会合后去了新疆。

三

茅盾的这次西北之行有其偶然性,却使他经历了巨大的风险。这首先表现在1939年1月杜重远才到新疆任新疆学院院长正式开展工作,茅盾和张仲实由于等候飞机等原因,两人3月才到新疆迪化(乌鲁木齐)。1939年10月,也就是杜重远到新疆仅仅9个月后,他便被迫向盛世才提出辞呈,并被盛世才长期监控起来。盛世才这样快就对杜"翻脸",也使茅盾和张仲实处于十分危险的境地。这是刚来新疆不久的杜重远和茅盾、张仲实都万万想不到的。

为什么会出现这样危险的境遇?这就涉及到盛世才当年为什么请杜重远来新疆工作,而杜重远又为什么愿意去新疆工作。

盛世才,辽宁开原县人。早年留学日本,是杜重远的留日同学。回国后仕途坎坷,但是他为人阴险、狡诈,他到新疆后玩弄权术逐步掌握军权,并善于伪装自己。当上新疆督办以后,提出了"反帝、亲苏、清廉、和平、建设、民平"的六大政策,给外界一个"左翼"进步的形象。1938年抗战进入相持阶段,新疆地处中国西北边陲,与苏联接壤,是抗战大后方,国民党、中共和苏联都想和新疆督办盛世才搞好关系,盛世才长袖善舞,与三方都保持着微妙的关系,实际上使他管辖的新疆成为一个独立王国。

在杜重远来新疆工作的前一年,盛世才力主毛泽民在新疆工作,就是他以"左派"面目出现的心机狡诈的一个表现。1938年2月,毛泽民坐飞机去苏联治病路经新疆迪化停留。盛世才为拉近与中共的关系,突然给延安连续发电报,再三请求中共中央留下毛泽民在新疆工作。毛泽东、张闻天发电报同意毛泽民留在新疆工作。中共中央同意毛泽民留在新疆工作,使毛泽民本人也感到很意外,并将去苏联治病一事推后。终于留住毛泽民在新疆工作,盛世才大喜过望,实际上他留住毛泽民在新疆是想建立与毛泽东、与中共中央的直接联系通道,制衡国民党政府。盛世才对毛泽民夫妇的到来十分殷勤,毛泽民到迪化十天后即被任命为新疆财政厅厅长。盛世才叛变革命后却毫不留情地杀害了毛泽民,这是后话。

1937年和1938年,杜重远和国民政府铁道部部长张元夫两次同行前来新疆考察,杜重远当时已是全国知名人士。盛世才以老同学的名义邀请杜重远来新疆创办新疆学院是为给自己装饰门面;而杜重远愿意来新疆就如他对茅盾所说"新疆现在的督办盛世才是一个想干一番事业的人,思想也很进步,他提出的'六大政策'中就有反帝、亲苏、民平等进步的政策,他与延安方面的关系也不错。我以为要把新疆建设起来,首先要办教育,要普遍提高文化水平,要从培养干部着手。所以我向盛世才建议让我去办新疆学院。"

关于杜重远愿意去新疆工作,他的挚友胡愈之讲其他一些因素,这些因素在一些研究文章中提及的不多。胡愈之回忆:杜重远考察新疆回来后说,他和国民党上层人物接触较多,他不相信在蒋介石政权下抗战可以进行到底,他愿意跟共产党走,他感到在国民党地区不能发挥作用,所以想到新疆去工作。另一方面,当时在武汉的中共长江局书记是王明,当时杜重远没有正式工作,思想上很苦闷,他是可以到国民党里去做事的,国民党也拉他,他可以在那里做有利于人民抗战的事,但这要得到我们党的谅解,可是王明却迟迟不敢决定,后来杜重远只好去新疆。(胡愈之《我的回忆》第51页,江苏人民出版社1990年7月第一版)。

1939年3月11日下午,茅盾和张仲实经过飞机、汽车的长途奔波,终于到达新疆的迪化(乌鲁木齐)。当茅盾和张仲实他们到达迪化郊区时,盛世才全副武装郊迎30里。茅盾清楚地记得第一次见到盛世才的情景:

四时许,我们就到达迪化郊外二十公里处。这时,前方尘烟起处,一前一后钻出两辆卡车,卡车之间是两辆小卧车,迎着我们驰来。副官兴奋地对我说:督办来迎接了!转瞬间,卡车临近了。副官令司机停车,我们就走下车来。这时已经看得清楚,两辆卡车上整齐地站着全副武装的卫队,在驾驶室的上面各架着一挺机关枪,枪口威严地瞄准前方。我暗想:这排场是从哪里学来的?难道是怕遭到暗算?正想着,前面一辆卡车突然离开公路驶向右侧,后面一辆卡车驶向公路左侧,形成两翼,于是两辆小卧车就在两翼保护之下,驶到我们的面前。我不禁悄悄对站在我身边的仲实说:看来情况不太妙啊!这时前面一辆小卧车内钻出一个军人,将校呢的军服外面披了一件黑斗篷,中等身材,浓眉,方脸,留着口髭。后面一辆车,下来的是杜重远,穿着西装和大衣。我们迎上前去,杜重远向我们介绍道:这位就是盛督办。(茅盾《我走过的道路》第258页,人民文学出版社1997年版)

茅盾和张仲实抵达新疆迪化以后,起初感觉还不错。盛世才为他们的到来举行盛大的欢迎晚宴,气氛空前的热烈。之后,盛世才把茅盾和张仲实安排得非常周到。在迪化南梁这个地方,给茅盾一家4个人安排了一个大院子,还给茅盾配备了一个厨师、一个勤务员、一个专门挑水的"清洁兵",还有一个马车夫,负责茅盾出门用的马车驾驶。盛世才还专门指定一个副官协助茅盾工作。盛世才还任命茅盾为新疆文化协会委员长,张仲实担任副委员长。杜重远则安排茅盾和张仲实为新疆学院教育系主任和政治经济系主任。茅盾和张仲实刚到新疆时认为可以在新疆干一番事业了。

而杜重远谢绝了美国友人劝他去美兴办实业的邀请;抛弃了东北、江西、云南等地的瓷厂;放弃了大城市优越的生活条件,一心要办好新疆学院。他在新疆迪化给远在重庆的邹韬奋的信中说:"新疆学院,除一座旧营房外,别无长物,不要说物理化学,生物卫生种种设备,连教课的书籍也不完全,真是一座沙漠荒地……"但是新疆学院的学生们都是"纯朴天真的青年,他们文化虽然落后,他们的求知欲望非常强烈。"可以说,满腔热血的杜重远为建设抗战大后方去新疆办教育,但他对军阀盛世才的真实面目认识的并不清楚。

导致盛世才与杜重远发生激烈冲突并"翻脸"的,除了杜重远请来的朋友茅盾指导赵丹和新疆学院学生演出的《新新疆进行曲》、《战斗》、《塞上风云》、《故乡》等话剧轰动迪化,杜重远在迪化很活跃,使盛世才忌惮以外,一个直接的导火索就是1939年夏杜重远组织的"新疆学院暑期赴伊犁旅行团"到北疆8个县去旅行,一面进行抗日宣传,一面进行社会调查,杜重远任团长,张仲实任副团长,茅盾因接待外宾没有去。杜重远的这个创举这在新疆的历史上,在新疆学院的历史上都是第一次。

7月的新疆正是酷热之时,沙漠的热风吹得大家口干唇裂,加上道路不平,汽车颠簸,旅途十分辛苦。他们每到一地,都要召开群众大会,由杜重远和张仲实分别发表演说,学生们便到街头巷尾居民大院去做宣传。学生们除了在街头演出活报剧外,还组织联欢会,演出话剧和文艺节目。这次旅行团的北疆之行,历时一个多月,走了八个县,行程一千多里。杜重远和张仲实等人在群众大会上演说五十多次。师生们深入基层群众,受到很大的教育和锻炼,旅行团的宣传也在各族群众中产生了深远的影响,这些新疆学院的学生和杜重远、张仲实也受到北疆地方官员的热烈欢迎,杜重远在社会上的威望大大地提高了。正因为如此,盛世才对杜重远的忌恨日益加深。

杜重远这次率团到新疆八个县进行调查研究及抗日演讲,沿途不少各族百姓认为杜重远是内地中央政府派来的官员,他们向杜重远反映情况和诉说盛世才的罪行,还求他向盛世才说情,从监狱中放出她们的丈夫和儿子,盛世才是个心毒手狠、多疑善变、擅长政治投机的军阀。他对从延安邀请来的共产党人虽然委以要职,但却不放心,派密探跟踪监视共产党员的行动,也派各地的爪牙监视杜重远的这次活动。派出的密探告知盛世才上述情况后,盛世才非常恼火和害怕。

当杜重远从伊犁返回学校后,谣言四起,说杜重远在新疆的活跃行为,是想当新疆督办,要取盛世才而代之等等。杜重远听后十分震惊,他自以为是盛世才的同乡同学,是盛世才的知己,他是为抗日救亡来建设"新新疆",是被盛世才盛情邀请来的。于是,他没有和茅盾及张仲实商议,心直口快的他给盛世才写了一封"万言书",除向盛世才表白自己是一心想帮助盛世才建设新疆,却遭人嫉妒和暗算,表示莫大的委曲外,他还天真地揭露盛世才那帮手下无恶不作、为非作歹的罪行。这下闯了大祸!这封"万言书"不仅未能使盛世才安抚杜重远,反倒使盛世才认定这是杜重远在批判他,讥讽他。诡计多端、心毒手辣、搜刮民脂的盛世才,认为大实业家杜重远来新疆不愿做他安排的"有实权"的省建设厅厅长,却去做仅有一百多人的学校校长,且在新疆的抗日活动中十分活跃,与中共人士联系密切,一定是收买人心,图谋不轨。盛世才对杜重远的信不加理睬。杜重远感觉不妙,他来找张仲实和茅盾商议,他们商议后一致决定措辞婉转地再给盛世才写信,要求准许他去苏联或内地治病,他以为这样或许可以化解误会和矛盾。盛世才接信后过了几天才来电话说去哪里也不行,并拒绝和杜重远面谈。

就在盛世才已经决定对杜重远实行软禁监控之时,1939 年 9 月,周恩来去苏联疗伤,同机的有邓颖超、陈昌浩、孙维世等,路经迪化,盛世才设宴为周恩来等饯行,盛世才还不动声色地请杜重远、茅盾和张仲实前来作陪。茅盾在回忆录中记载道:

参加宴会的人不多,只坐了一桌,有盛世才夫妇、周恩来、邓颖超、孟一鸣、杜重远、张仲实,好像还有陈潭秋以及其余一二人,没有毛泽民,他五月初去苏联治病去了。我看见恩来同志的右臂用绷带吊着就问他是否还流血。他说没有流血,是骑马摔断了胳膊,在延安没有接好,要到苏联去重新接。宴会上无法深谈,大家只能寒暄一番和频频举杯。(茅盾《我走过的道路》(下册),第 149 页,人民文学出版社 1997 年版)

周恩来走后,盛世才对杜重远刻意冷淡。杜重远感到问题越发严重了,只好辞去新疆学院院长职务。1939 年 10 月 28 日,杜重远向省政府正式送交了辞职书。10 月 31 日,他的辞职书获准。与此同时,盛世才却将杜重远的内弟侯立达以莫须有的罪名逮捕,其实这是人质,是在警告杜重远不要幻想离开新疆。不久,常在一起开会的新疆文化协会几个少数民族的头面人物突然不见了,两周以后盛世才以"坦率、诚恳"的口气告诉茅盾和张仲实"我把阿布都大毛拉等人都抓起来了,他们是阴谋集团,企图发动政变,我个人得失无所谓,但新疆是抗战后方,被他们搞乱不行……"

形势日益险恶。

盛世才对杜重远请来的茅盾和张仲实两人与中共人士的关系十分警惕。茅盾和张仲实刚到新疆时盛世才举办欢迎宴会,毛泽民、孟一鸣等作陪。盛世才看到,茅盾和毛泽民在宴会上见面十分高兴,他们是1925年就相识的老朋友,那时毛泽民在中央出版发行部工作,他的组织关系被编在商务印书馆,而茅盾是商务印书馆的支部书记。大革命失败后,茅盾是《汉口民国日报》的主笔,毛泽民是报馆经理,他们有十二年没有见面了。盛世才不会忘记茅盾和毛泽民紧紧握手的这一幕。

当时,新疆官场有"天不怕,地不怕,只怕盛督办请谈话"的说法,"请谈话"是盛世才惯用的逮捕人的手法。对于张仲实,茅盾在回忆录里生动地叙述张仲实遇到的危险:

那一段时间,仲实很烦闷,又很寂寞,就常到我家中来坐坐。二月下旬的一天下午,仲实在我家闲谈,谈到杜重远最近再次要求回内地治病又遭盛世才借口没有交通工具而拒绝,感到杜的前途十分危险。正谈着,仲实突然接到通知,说盛世才要他马上去督办公署。这是很反常的,因为往常盛世才没有单独召见过仲实,都是我们两人同去的。而盛世才又常以谈话为名拘捕人犯。仲实敏感地说:恐怕要出事了!我与德沚也感到事态不寻常,德沚甚至急得要哭,但又无能为力,只能握手互嘱"保重"。仲实一去三个钟头,我和德沚就在电话旁枯坐三个小时。直等到暮色降临,仲实终于回来了,一进门,大衣未脱,我们就喜出望外地围上去问究竟。仲实摇摇头说:"唉呀呀,这几个小时就像闯过了鬼门关!"原来仲实到了督办公署,并未见到盛世才,也未被引到盛通常会客的西花厅,却被副官带到了一间厢房,说督办请您等一等。这一等就了两个多小时。"你们可以想见,这两个多小时我是怎样熬过来的!"最后,盛世才终于来了,手中拿着一份材料,说要仲实修改一下,并为仲实的久候表示歉意。说完,他又走了。仲实一看,这是一份极普通的材料,用十几分钟就看了一遍,改了几个字,请副官送交盛世才。一会儿副官回来说,请张先生回去吧。仲实说,事情很明白,他要我修改材料,完全是借口,因为没有必要为这样一份材料让我等两个小时,他可以把材料送到我家。猜想起来,他本想把我抓起来,所以把我带到了厢房,后来又犹豫了,反复权衡了两个小时,才借口让我修改材料,把我放了。仲实的分析是合乎情理的,但是盛世才为什么要抓他呢?使人难以捉摸。仲实早年在苏联留学,参加过共产党,回国后因故脱党,这些不能作为抓他的理由,除非因为仲实与杜重远的关系比较密切。(茅盾《我走过的道路》下册第322、323页,人民文学出版社1997年版)

1940年春,茅盾和张仲实分别以母亲和伯母去世为理由,在庆祝"五一"国际劳动节的宴会上,当着苏联领事的面向盛世才提出要回内地奔丧,盛世才不好拒绝敷衍了一下口头表示同意。当时盛世才表面上欢迎进步人士到新疆工作,同时又严密监控进步人士的行踪,所有进出新疆的交通工具,都是由盛世才一个人掌握。盛世才对茅盾、张仲实承诺以后却一直不安排飞机。茅盾和张仲实很担心会遭到软禁杜重远那样的状况。以后,他们抓住盛世才口头承诺的时机,在毛泽民等人的帮助下终于乘飞机离开新疆迪化。

1940年5月5日,茅盾和张仲实随苏联外交官登上了由迪化直飞兰州再去重庆的飞机,他们望着窗外起伏的天山山峦,一阵难以描述的轻松感充溢了全身。但这架飞机突然改在哈密停留过夜,两人觉得很蹊跷,紧张的一夜未能入睡。后来得知,当天晚上,盛世才打了三个电话给哈密地方长官刘西屏,第一个电话是让刘在哈密扣留茅盾和张仲实,过了半个小时,盛又打第二个电话,说先不要动手,让他再考虑考虑。到后半夜三点,盛世才又来第三个电话,说,算了,让他们走吧。刘西屏是中共人士,怕盛世才再反复,所以一早就把茅盾一家和张仲实送到哈密机场飞走。

1940年5月26日,茅盾和张仲实经兰州、西安到达延安。从1940年5月5日到1940年5月26日,短短21天,茅盾和张仲实经历了冰火两重天的生活。

茅盾和张仲实到达延安后,延安文化界的知名人士周扬、艾思奇、丁玲、吴玉章等两次组织专场欢迎会欢迎他们两人,茅盾和许多老朋友相聚一堂。毛泽东还到延安南关的招待所分别看望他们两人,并送他们两人新近出版的毛泽东撰写的《新民主主义论》一书。毛泽东和茅盾谈话说,鲁艺需要一面旗帜,你去当这面旗帜吧,这句话表明了茅盾来到延安在当时文化界的影响和地位。之后,茅盾来到鲁艺讲课,也在延安参加了多项文化活动和政治活动。半年后,中共中央从全局考虑又安排茅盾去重庆工作。张仲实则被中共中央先后安排在中央政研室、中宣部工作。

茅盾和张仲实从新疆走后,1940年5月18日,盛世才以"阴谋暴动罪"逮捕杜重远。再有想象力的人也不会想到,一两年内,杜重远的罪名又逐步升级,说杜重远与"汪精卫勾结",组织"阴谋暴动集团",其骨干除了有他请来新疆的茅盾、张仲实外,还有远在重庆的胡愈之、邹韬奋等等,捏造他们企图刺杀新疆党政要员,推翻新疆政府。一时,白色恐怖笼罩新疆大地。

1943年,盛世才彻底叛变革命,他把一千多人投入监狱,将毛泽民、陈潭秋等秘密逮捕残忍地杀害。1944年,盛世才竟诬陷杜重远是"汉奸"、"托派",并别有用心地制造出所谓"杜重远阴谋暴动案"。杜重远入狱后,受尽酷刑,遍体鳞伤,但他坚贞不屈,视死如归,他对狱卒最后遗言,"我受盛世才欺骗,只求速死……"盛世才将杜重远残忍地杀害在迪化(今乌鲁木齐),尸骨无存。还有,1939年夏接待杜重远带队的暑期学生宣讲团的伊犁行政长官,盛世才的好友姚雄,也被盛世才作为"杜重远阴谋暴动案"的要犯杀害。还有,在这场血雨腥风中,曾经帮助茅盾和张仲实脱险的中共人士孟一鸣、刘西屏也叛变了。如果当年茅盾和张仲实没有及时离开新疆,后果可想而知。

1944年杜重远遇害后，盛世才又把杜重远夫人侯御之及其三个子女关进新疆当地的结核病院，以此全家染上肺病企图借刀杀人。抗战胜利后，侯御之历尽艰难回到上海，过着贫病交加的生活。新中国成立不久，侯御之给时任文化部长的茅盾写信，诉说家庭困难；这就有了本文开头的那封茅盾致张仲实的佚信。

四

　　茅盾既是文学家也是革命家和政治活动家，在那个大动荡的大时代，他不是躲在书斋里写风花雪月故事的文学家，茅盾西北之行的"探路之旅"和"冒险之旅"以及他写出的系列文章，都是他的人生特质。正如有关学者指出的那样，茅盾青年时代从商务印书馆开始，他通过陈独秀走向政治，他通过郑振铎走向文学。茅盾1939年至1940年去兰州去新疆历经风险之后又去了延安，他是中国现代名列前茅的文化巨人鲁迅、郭沫若、茅盾三人中在抗战时期唯一去过大西北的人，在当时西北的文化界乃至全国的文化界都有很大的影响。

　　茅盾西北之行的重要意义首先是他在这个时期写出的系列文章。他在兰州停留时写了若干篇文章，在甘肃学院做了两次专题文化报告，在新疆期间写了约30篇文章，在延安期间写了约15篇文章；从延安到重庆以后，茅盾又陆续写出了一批反映西北之行的新作品，如《风景谈》、《白杨礼赞》、《风雪华家岭》、《新疆风土杂忆》、《记鲁迅艺术文学院》等。虽然他的这些作品需要通过国民党当局审查才能发表因此写得比较隐晦，但在当时就有很强的思想意义和艺术感染力，也对那个时期西北几省的风土人情留下了可贵的历史文献式的记录。

　　茅盾说过"我不是为了要做小说，然后去经验人生"，"我是真实地去生活，经验了动乱中国的最复杂的人生的一幕"之后去创作小说的。他在1936年由生活书店出版的《创作的准备》一书中又说"伟大的作家，不但是一个艺术家，而且同时是思想家——在现代，并且同时一定是不倦的战士。他的作品，不但反映了现实，而且针对着他那时代的人生问题和思想问题，他提出了解答"。从茅盾一系列作品的内容看，可以说是真实而生动地反映了新民主主义革命时期中国各个重要历史阶段的社会现实，茅盾在西北之行写出的系列文章，也从不同侧面表现了那个时期中国大西北的剧烈变革和进步。茅盾和鲁迅、郭沫若一样都是在"五四"运动以后波澜起伏的时代风云中孕育出的杰出作家。茅盾的辉煌作品是他不畏风险的革命活动和社会活动实践的反映。

　　其次，茅盾的西北之行有力地推动了西北的文化建设，培养了一大批文艺人才。茅盾初到新疆便担任了有14个民族分会的新疆文化协会会长，由于新疆文盲占全疆人口的百分之九十以上，茅盾和张仲实到新疆文化协会后的首要工作就是编写小学教科书。茅盾任新疆学院教育系主任，讲授中国历史、世界历史和文学等课程。茅盾在新疆发表了《新疆文化发展的展望》、《〈子夜〉是怎样写成的》、《二十年来的苏联文学》等多篇文章。茅盾还指导了由赵丹和新疆学院学生演出的话剧《新新疆进行曲》、《战斗》、《塞上风云》、《故乡》等，轰动迪化。茅盾在延安鲁艺，讲授《论如何学习文学的民族形式》、《中国市民文学概论》等课程。在萧三主编的《大众文艺》和艾思奇主编的《中国文化》杂志发表了多篇学术论文。

还有，茅盾的新疆之行使他了解了抗战大后方复杂的政治状况和新疆特有的风土人情。茅盾的延安之行使他在政治、思想、学术方面都有很大的收获。茅盾在延安鲁艺讲课期间认真观察鲁艺的教学内容和学员的学习、生活状况；参加延安文艺界展开的文学的民族形式的讨论；参加延安大规模纪念鲁迅的活动；参加毛泽东、艾思奇等人发起的每周一次的"延安新哲学讨论会"；参加中共中央组织的报告会——张闻天及博古讲解《联共党史》；还有，茅盾和中共中央的许多领导人张闻天、周恩来、博古、陈云等恢复了中断多年的联系，使他开阔了中国革命的视野，加深了对中国革命的认识。

　　特别是在延安，茅盾与毛泽东恢复了中断14年的联系。历史上，茅盾与毛泽东有过两次共事。一次是1923年夏天，中共上海地方兼区执委第六次会议时两人第一次见面；1926年初在广州，毛泽东任国民党中宣部代部长，茅盾任秘书。自1926年至1940年，两人已有14年没有见面中断了联系，自1926年两人分手后这14年期间两人变化都非常大。茅盾在这期间写出了《幻灭》、《动摇》、《追求》、《林家铺子》、《子夜》、《秋收》、《残冬》等作品，这是他一生中创作的最重要的几部作品，使茅盾成为当时整个中国文坛的顶尖人物，这期间毛泽东上了井冈山开创了农村包围城市、枪杆子里面出政权的新道路，又领导红军进行了万里长征，战胜了王明左倾机会主义路线，成为全党全军公认的领袖。茅盾与毛泽东在延安的窑洞里多次见面深谈，加深了相互了解，增进了相互之间的感情和信任，意义深远。

　　新中国成立以后，茅盾不想当文化部部长，一心想搞创作，毛泽东和周恩来亲自找他谈话说，文化部部长这个位置很多人都想坐，别人坐我们不放心，你坐我们放心。最终茅盾成为新中国第一任文化部部长。同时，茅盾还是新中国成立初期最重要的大型文学刊物《人民文学》的第一任主编，茅盾以他丰富多彩的人生阅历和深厚精湛的艺术造诣为新中国培养了一大批作家。

　　抗战期间茅盾的西北之行有其偶然性，也使他经历了巨大的风险，但是，在风雷激荡的大时代，偶然和惊险使人生更为丰富，茅盾1939年至1940年的西北之行是他人生浓墨重彩的一笔。

茅盾评论云南文学青年作品
——纪念茅盾到上海百年

吴从发

摘要：百年前的上海，是茅盾谋生的地方，社会生活决定了他的文学思想。为人生的文学，是方向的确立。人生百态，都是他探索的内容。《子夜》等一系列作品，表明了他的文学思想，是我们认识那个时代的重要资料。评论云南文学青年作品的信，字里行间，热情洋溢，娓娓道来，情真意切，更直观的感同身受，具有极大的现实意义。

20世纪三十年代初，云南的一些富家子弟，在昆明念完中学，便奔赴遥远的上海求学。那时来上海的路线是，从昆明坐火车到越南河内，海防，改乘船过北部湾，入琼州海峡到南海，经台湾海峡到东海，进上海。正常时间是一个月，若遇台风暴雨，则要两个月或者更多。

他们这一群青年学生，在昆明时，受五四运动新文化的影响，热血沸腾，心潮澎湃，难以自已，作起新诗，写起小说来。到上海后，出于对新社会的憧憬和向往，对鲁迅、茅盾等名家的敬佩，自然而然地加入了左翼文学阵营，有的加入了"左联"，如马子华、张天虚；有的加入了"音联"，如聂耳；有的加入了"中国诗歌会"，如雷溅波；有的加入了"社联"，如艾思奇。有的转道北平去了延安，如浦卓琳。

在光华大学中文系上学的马子华和茅盾接触联系最多。茅盾给马子华写过的信，有：三十年代13封，五十年代1封，七十年代5封。这些信及其他人的信，一共69份，马子华交给我拍照片。1983年2月23日，我在云南省图书馆拍妥照片，原件还给马子华。1985年夏天，牛汉、郑延顺到昆明为《新文学史料》组稿，经过引荐，马子华将全部信件给了牛汉。牛汉答应转给现代文学馆。我将照片和底片，全部给了郑延顺，他存放在人民文学出版社资料室。我现在有的全部是摹本——我自己摹的。

茅盾给马子华的信，写作时间有五十年代和七十年代的，说的是生活琐事，应马子华要求，写了一幅字（中东风云 一九七三年旧作 子华同志两正 茅盾七七年 北京）。只有写作时间是三十年代的13封中，谈及文学作品—马子华的作品和他自己的作品《多角关系》，这主要是1936年3月1日用钢笔写在八行纸上，共4页的信中。抄录如下：

子华先生：

对不起，直到今天方才写这封信。我早已读完了你的十个短篇小说，——其中有几篇还读了两遍；可是直到今天我方才有整段的时间，请恕我的迟延。

我从你这十篇小说里看出了三种不同的题材和不同的风格。第一类是《沉重的脚》、《线路》、《陷落》，以及《螳螂山的火焰》。这四篇，大致和你的中篇《他的子民们》意境相仿佛；然而这四篇中间，《陷落》里的被压迫者（哑巴皮匠）的反抗情绪被笼罩于全篇的感伤的气氛所淹没了，而且因为你没有从集团的利害关系上把握这题材，所以结果此篇虽有相当的暴露作用，可是沉痛的愤怒还嫌不够。我以为此篇在那十篇的第一类中，不能不说是最薄弱的一篇。《线路》呢，比《陷落》就好多了，这里展示了农民的土地如何被在建筑公路的好听名目下榨取（第 1 页完）豪夺了去，并且展示着失去了土地的农民又如何被迫作路工，因而更残酷地被奴役被榨取，结果更展示了被压迫得无路可走的奴隶们如何奋起挣断了身上的铁链；这一串的事件的发展，你处理得很好，只可惜全篇的气势还不够壮烈。你开头的 tempo 比较缓慢，这是适合于故事的情调的，但是你到结尾处应当有粗豪的笔触，悲壮的节奏，雷震电掣似的气势。然而我对于这草草的结束的原因，是了解的；大概是检查制度使你不得不轻轻一笔带过罢？

《螳螂山的火焰》在题材上比《线路》差些；你想：失去了生活资源的"螳螂山"的人们的"命运"比失去了土地又被迫出卖劳力而被榨取的人们的"命运"，何者更为深刻地暴露了现社会的不合理？前者只是一般的封建社会的"现实"，而后者更为半殖民地半封建社会的"现实"；因而后者所表现的是我们这时代更其典型（第 2 页完）底的"现实"。再就技术方面讲，这《螳螂山的火焰》也不比《路线》好些。我以为你这一篇最好改写一遍。

第一类中最成功的一篇自然是《沉重的脚步》了；这在内容和形式上都集中最好的一篇。老海虽然死了，然而他的"使命"是部分地完成了的。这是悲剧的结局，然而是胜利的，是悲壮的！

现在，且说十篇中的第二类。我要把《火烧天》、《月琴》、《街邻》、《绿玉酒杯》等四篇归为第二类。这大都是 sketch 式，被描写的人物不像是第一类的人物似的属于普遍的大众的典型，而是特殊的人物。这在社会意义上差得多了，不过这中间也有很优美的诗样的作品，如《月琴》。这一篇的异域情调，以及凄凉的色彩是很像一些巴尔干的作品的。（第 3 页完）第三类的两篇就是《酵》和《你跟了他去罢》。在十篇中，只有这二篇描写都市生活，然而我觉得这二篇写得最失败。《酵》的题材是撷取了上海发生过的实事；不过我记得当时新闻纸上登的是两件事，一是用白纸代钞票，卷逃到香港还带着一个妓女，又一是因为挪移难款接济家用，无法弥补，一逃了事。你把前者作为《酵》的主要故事，而将后者插入，作为"犯罪"的动机，原是很好的办法。但《酵》的失败却在于你对于银行的职员生活不大熟悉，所以心理描写不够深刻。至于《你跟了他去罢》，是一件"平常的悲剧"。愈是"平常"的事，愈难写得出色。你的缺点还是在没有深刻明白这一类人的生活实际，所以写来不免浮光掠影。这一篇，我也认为是失败的。

我以为你最好把这一篇改作，或直接删去。

你对于我这些意见觉得如何？我极愿意听听你自家的甘苦之谈。

祝好！

茅盾
三月一日（第 4 页完）

之后不久，马子华给茅盾写了两封信，原信散失了，从茅盾的回信中，看得出来，是"你想把我的信改'你'为'他'作为序登出，我不能同意"。1936 年 3 月 24 日茅盾的回信（共 3 页）是：

子华先生：
　　两信均已收悉。"Voice of china"我亦是忽然接到了好几份，不知何人相赠，偶亿及足下，遂以转赠，不必谢我也，见该刊上有 office，在静安寺路，想来在该处可以购得罢？你想把我的信改"你"为"他"作为序登出，我不能同意。因为我曾经好几次拒绝了为人作序，今若开了例，以后便难再峻拒；二则我是极不愿为人作序的，因为我觉得我的话如果说得对，那还不妨，然而我知道我的话不是常常对的，即在书上作序，恐引读者到错误上去。
　　我给你上个条件罢：你找绀弩和其他你所熟悉的人，要他们各人写点意见，你把来一并作为"附示"（连我那信）印在书后。这个办法可名为"集体"的"跋"，比只有一个人的"介绍式"好多了！
　　我读了你自述"甘苦之谈"的长信，又有几句话想对你说，但是今天没有时间了，下次再通讯罢。
　　匆复。
　　顺颂
健康！

惕若
廿四日

马子华的这十篇小说，没有出版，原稿也散失了。茅盾已经说得很清楚明白了，我们还用说吗？
　　此外，1936 年 1 月 8 日信中，茅盾告诉马子华对他的小说《他的子民们》的意见，投到《文学》，大概二月号上能够登出来。"我以为你这部小说写得好的；我不知道你是不是第一次写作，——我想来也许是的，从描写的技术上看得出你还有拘束，有些地方不大老练，然而你已能支配材料，并且把题材认识得很正确。我祝你继续努力！《多角关系》看过了么？我希望你把对于这篇的意见顺便告诉我。"隔了 8 天，收到马子华关于《多角关系》的信后，回信：

子华先生：
　　谢谢你那一封很亲热的信。又谢谢你把对于《多角关系》的意见告诉我。但是你不觉得《多角关系》里也写到僵住了的有产者拼命榨取"穷人"以图自救么？这也是"多角"中的一"角"，虽然我不得不从侧面写，可是，我希望尚能表现得明白的,你觉得这一点还不至于看不明白么? 请告诉我。因为倘使这一点不能给读者一个深切的印象,那便是《多角关系》的不小的失败。

我极愿意读您的短篇小说,请便中寄给我。信可由老地方转交,但请你在信里及封面上都称我为"惕若"。

惕若
十六日

据《左联回忆录》(上)第324—325页,马子华谈编《文学丛报》"内外交困,疲于奔命",信告茅盾后,茅盾1936年10月23日回信:

子华先生:

关于你所谓"刺戟",我已从天虚处略知一二。现已事过,应该从此忘却。你说"让自己努力去做一点有用的事",正是应该的,而且早就该做了,但编刊物并非即是努力做有用的事。希望你多读书,多学习,努力练习写作。有好多人编了刊物,就忙得读书都没有功夫,终日奔走拉稿。这是于人于己两无益处的。我觉得青年们除非有了一定的理论和主张想宣传而无处可以发表,这才自办个刊物稍有意义,否则,与其办刊物不如多读书多写作。所以我是劝你收起了办刊物的心,切实做点修养工作。一个月前我和天虚兄谈到你的生活状况时,他也同意我这议论。《他的子民们》,恐生活书店亦无意出版,我觉得不如把此稿加入其他短篇精选一遍,再找出版家。倘你赞成,我再给你想想法。

匆复。

顺颂

健康!

玄
廿三日

茅盾评论马子华小说时谈到的问题,15年就存在,不妨回顾一下茅盾《中国新文学大系·小说一集》导言:

"可是当时青年的创作家或有志于创作的青年却不耐烦下那样的水磨工夫,当时的一般的风气是灵感一动振笔直书,而且认为既是灵感的产物就一定不是不好。"

"在客观上,当时一则西洋文学名著被翻译介绍过来的,少到几乎等于零,因而所谓'学习技巧'云者,除了能读原文,就简直读不到;二则,普遍于全国的新文学大活动还没有起来,广大的青年群众内的文艺才能尚未觉醒。在主观上,当时的青年作家大多是生活单调的学生,生活以及由生活产生的他们的意识,一方面既限制了他们的题材,另一方面又限制了他们的觅取题材的眼光。"

当年,马子华还是光华大学中文系的学生,参加"左联"后,社会活动占了大部分时间,上课、读书的时间甚少;英文初级,还不能读原著;翻译出版的作品阅读极少,还未必就去找。加上从小衣食无忧,没有进入社会实际体验过生活,选取的小说的材料,很大部分是道听途说,或来源于报纸新闻,写作技巧拘束,不大老练;社会学文学理论贫乏。

　　这些历史经验,对于现今的文艺青年以及写作爱好者,都有实际的指导意义。

简论《文艺阵地》里的书广告

周景雷 汪 帅

渤海大学文学院 辽宁 锦州 121013

在抗日战争期间,创刊发行的期刊有 1900 多种,在这众多的期刊中,《文艺阵地》是普及较广、影响深远的文艺刊物之一。该刊是由茅盾和楼适夷在抗战时期主编的宣传抗战的文学期刊,在 1938 年 2 月的初旬创刊,1942 年终刊。《文艺阵地》在 1938 年 2 月 7 日创刊于武汉时是半月刊,每刊约 5 万字。战时环境导致的交通运输不便及国民党对文艺出版采取的书刊检查制度与控制出版等措施的实行,使得坚持了两年的半月刊到了 1940 年改成了月刊,直到 1942 年终刊都是由生活书店发行于后方和各处战地的。《文艺阵地》是个坚持现实主义传统的战斗型文学刊物,在形式上,是理论和创作并重的小型期刊,这取决于主编对创作在文学刊物中的重要地位的认识,也取决于主编对理论承担探索战时文学发展方向的责任的认识。战争的爆发促使文学理论与文学创作转向去满足战时读者的需求:探索适合战时的文学理论去指导文学创作和在文学创作中调整与形成文学理论,文学理论与文学创作的这种相辅相成承担起了《文艺阵地》的文学为抗战服务的使命。

文学为抗战服务的使命在《文艺阵地》中体现在对正文本内容的刊载和对副文本广告的推介,特别是对书广告的推介。《文艺阵地》期刊中的广告有消息和书广告两类。关于消息的广告共有 10 则,这 10 则消息都是事务性的内容,而书广告共有 887 种,几乎占了广告的全部内容。总体上来讲,这些书广告集中在两个方面:一是文学类,二是社会问题类。前者包括苏俄文学、其他世界文学和中国抗日战争文学等内容;后者包括哲学意识的宣扬、女性意识的强化、青年意识的培养等内容。文学类的书广告不仅及时推介大量的中外文学作品,并与《文艺阵地》中的正文本互为补充,而且还及时地反映出了中国文学的发展状况,发挥了在救亡图存的抗日战争时期,争取力量、唤醒民众作用。社会问题类书广告从启蒙、救亡以及社会政治发展的角度及时与时代相协调,并在非常广泛的层面上反映了那个时代的文化发展和社会变迁。

一、书广告总论

广告是相当于序、跋一类的副文本存在于文学中的,其自身凸显出与文学思潮、文学流变等等紧密相连的特征。从清末民初到现在,各个时期广告的存在方式与价值都呈现出所在时期的社会特点和文学特点等等。

清末民初文书广告的分类大体上有两种形式:一种是概括式的,一种是集中式的。到了"五四"时期以后的广告凸显出的是文学性,从而使广告成了一种艺术形式,同时又多样化。这种多样化体现在这一时期的广告有社告类的,如1915年9月15日《青年杂志》在第1卷第1号刊登的社告——陈独秀开启历史新一页:《青年杂志》创刊;有通告类的,如1916年9月1日在《新青年》第2卷第1号所刊登的通告——胡适出场:文学革命的发动;有启事类的,如1918年2月1日在《北京大学日刊》刊登的启事——征集近世歌谣启事;有通信类的,如1918年6月15日在《新青年》第4卷第6号刊载的通信——"新文学及中国旧戏"的讨论;有书籍类的,如1917年4月在《怪手印》上刊载的书广告——《石头记索隐》、1918年3月在《小说新报》刊登的书广告——《傻儿游泸记》等等。

  文学广告的这种多样化现象到了抗战时期便减弱了,渐渐趋向于简短的书广告,这一方面是由于抗战时期文学的相对沉寂,另一方面是由于这一时期的广告是为抗战服务的,广告呈现出简短性,更便于抗战救亡。在抗战时期的书广告大体上可以分为两类:一类是叙述型,如1938年在《少年读物》第四号上刊载的关于《砂丁》的广告:"《砂丁》有点像《雪》,但和《雪》不同。故事发生在辽远的地方。人物是一群在皮鞭和枪刺下面宛转呻吟的砂丁。这里没有牧歌,没有欢笑,有的只是艰苦的工作。空气是沉重的,景色是阴暗的。但是贯穿全书的求生的呼号,象雄鸣的啼声一样在寒夜里响亮地响了起来。这不是一本漏遗的书,你读它,它会打动你的心。"①这种叙述型的广告不只是介绍了所要刊载的书的外部信息,如它的出版社、作者和价钱,而且还介绍了书的内部信息;另一类则是简短型的,相对于第一类的广告而言,这一类的广告只呈现出了所刊载书目的外部信息,它的出版社、价钱和作者。

  产生于战时的《文艺阵地》中的书广告也分成叙述型和简短型两类。叙述型书广告,如在第一卷创刊号上刊登的这则广告:"《抗日游击战术问答》冯玉祥著,实价一角五分,生活书店出版。游击队的力量是伟大的,它在抗日的过程中站在非常重要的地位。不过游击队必须和强有力的正规军配合起来,才能把日本强盗打出国境。本书是冯先生对于目前抗日游击战术的见解,也是冯先生实地研究结果的公开报告。以问答体裁写成,文笔通俗而浅显,讲解明白而详尽。"②这则广告不只是介绍了所要刊载的书的外部信息,如它的出版社、作者和价钱,而且还介绍了书的内部信息;另一类则是简短型的,相对于第一类的书广告而言,这一类的广告只呈现出了所刊载书目的外部信息,它的出版社、价钱和作者。如第一卷第四号的133页刊登的书广告:青年自学业书新出三种——《逻辑术与逻辑学》潘梓年著、每册四角,《读书的方法与经验》王任叔著、每册三角,《怎样写报告文学》周刚鸣著、三角五分,各地生活书店发行。《文艺阵地》中书广告所刊载的位置一小部分是置于正文本剩余的狭小空间里的,大部分是刊载在每一期的最后两页上,而且是正反面刊载的。

---

① 姜振昌:《文学广告与广告文学——中国现代文学作品广告一瞥》,山东大学学报(社会科学版),1992年,第81页。
② 茅盾主编:《文艺阵地:第一卷》,生活书店1938年版,第11页。

《文艺阵地》期刊中的广告有消息和书广告两类。关于消息的广告共有 10 则，这 10 则消息都是事务性的内容，如第七卷第四期的关于勘误的消息、第六卷第一期关于约稿的通知。本文的广告统计的对象是书广告，《文艺阵地》中的书广告是以万计数的字符存在的，这些广告一方面数量大，另一方面交叉性大，在期刊中这一期的广告还是在这一类中，到了下一期的时候，这一类的广告又是以另一类的方式存在着。如《近六十年来的中日关系》在第一卷第一号中在史地类书广告中出现，到了第一卷第七号又在日本问题类书广告中出现了。再如《中国怎样降到半殖民地》在第一卷第一号中在史地类广告中出现，到了第一卷第四号又在青年自学业书类中出现了。这种交叉性的分布给书广告的分类增加了一定的难度。

　　副文本自身的复杂性使得它呈现出不同的价值层级，这种价值层级使副文本与正文本之间的有机构成程度和互文深度存在着差异，但副文本是正文本的最具现场感的互文本。副文本作为辅助性的文本因素，与正文本形式的差异构成互补性。在《文艺阵地》中，书广告从宽泛的范围分为商业性的和文学性的两类。商业性的书广告是在满足自身商业销售性质的基础上间接地去呈现社会对文学的接纳心理、文学理想和价值观念及文学的社会性；而文学性的书广告相比较而言更直接地去揭示文学现象、文学时间和文学活动等等。

　　《文艺阵地》的正文本与广告这种副文本之间是相辅相成的，这种相辅相成体现在两个方面：正文本中的文学现象与副文本中的文学创作的相辅相成、正文本中的文学形式与副文本中的文学创作的相辅相成。正本文中的文学现象与副文本中的文学创作的相辅相成，如关于大众化的问题，在第一卷第三期刊载了南桌的《关于〈文艺大众化〉》的理论文章，在这篇文章中作者指出了大众化不只是一个表现工具上的问题，而是更进一步的现实主义，大众化是不同于通俗化的，对大众化的运用体现在对旧形式的运用上和对方言与俗语的使用上。与文艺大众化理论相对应的创作，如第一卷第四号刊登的关于专供难民兵士农民阅读的大众读物业刊的广告，在这一广告下的作品都是以戏剧的形式来向大众展现抗战内容的。《八百好汉死守闸北》、《张老儿投军》、《八路军出马打胜仗》、《大大小小一齐干》等等作品都是在旧唱本形式的基础上来灌注新鲜进步的知识，以达到通俗化的标准去提高民族意识与普及大众文化。

二、对世界反法西斯文学的推介

　　世界文学在《文艺阵地》中占有一席之地，这一方面源于主编对世界文学的重视，另一方面则源于世界文学自身对抗战的作用，特别是在抗日战争紧锣密鼓地进行的时候，不只是中国人民自己在承受着生的艰难，处于世界反法西斯战争中的其他人民同样生活在水深火热中，并为逃离这种水深火热做出自己的努力。在对世界文学的译介上一方面体现出对日本文学译介的"缺失"，另一方面体现在对苏俄文学的译介、对反法西斯文学的译介的充分重视上。

　　日本文学类书广告在《文艺阵地》中以一种身份的残缺而存在着——在广告这种副文本中，没有宣传日本文学作品的书广告，只是在正文本中刊载了些许日本反战作家的作品,这种身份的残缺是一种爱国主义情怀的驱使。面对着残缺的山河,作为被侵略民族的文艺家的爱国情怀体现在对侵略民族文化的拒绝上,越是对自己的祖国爱得深沉,越是对侵略民族的文化排斥得浓烈。文化的侵略有时比武力的侵略来得可怕,前者会摧毁民族的精神造成文化的丧失,这种文化的丧失会抹去一个民族存在的痕迹,留下的将是一片虚无的土地;而后者虽然国土丧失但只要精神犹在便可以再次重整山河,至少失去的是土地,但留下的却是反侵略战争的精神和重建的文化。前者的被摧毁终究不如后者被摧毁之后的重建那样容易。

对日本文学的拒斥所带来的空缺,是以对世界反法西斯文学的推介来填补的。在世界反法西斯文学类书广告中,主要推介了大量的苏俄文学和其他反法西斯文学,这些被译介的文学作品和文学理论是基于文艺为抗战服务的宗旨而创作的;在正文本中,近乎每一期都安排了苏俄文学或其他反法西斯文学的文学作品与文学理论。《文艺阵地》对苏俄文学的推介是在对题材进行筛选后才加以译介,以便推介出更多进步的、影响广泛的、能起到鼓舞人心的作品。对苏俄文学类书广告的推介也分为简短型和叙述型两类:包括重复的在内,全书推荐了八百多种书广告,占全部书广告的百分之十。比如:《夏伯阳》、《燎原》、《回顾》、《小说》、《坟场》、《奸细》、《杜布罗夫斯基》、《二十六个和一个》、《安娜·卡列尼娜》、《圣安东的诱惑》、《动乱时代》、《磁力》等。对这些作品的推介,一方面是吸取这些作品所凸显出的民族气节与民族精神,另一方面是吸取这些作品所呈现出的创作手法与创作形式。以现实主义的典型代表作品《死魂灵》为例,艺术上的现实主义特点体现在对情节的精心安排、多样化的讽刺手法的运用、叙事与议论的结合上,现实主义的创作手法在抗日战争时期的影响体现在对典型环境的描写上、对英雄人物的刻画上。

总体上看,苏俄文学类的书广告推介了文学作品和文学理论两种。对文学作品的译介从形式上有小说、诗歌、报告文学和童话四种,从题材上有国内战争题材、卫国战争题材、社会主义建设题材三种。值得注意的是对苏联儿童文学的译介。"'五四'时期外国儿童文学作品开始大量进入中国,当时俄国的儿童文学并不占据主导地位"[①],到了抗日战争时期转向了对苏联儿童文学译介的重视,如对《表》、《文件》等的译介。战时对苏俄儿童文学的译介一方面满足了中国儿童读者的需要,另一方面促进了中国儿童文学的创作。对苏俄儿童文学的重视在《文艺阵地》的正文本中呈现出以儿童为视角的叙事、对儿童形象的刻画和以儿童形象为意象的特征。以儿童为视角的叙事,如第三卷第二期刊登的独幕儿童剧《小俘房》,讲的是厦门沦陷后,当地儿童的生活状态以及对生活的一种坚韧态度;对儿童形象的刻画,如第一卷第十二期刊登的《哭,拗断你的小颈子》,写的是孩子在战时状态的下的不适从;以儿童形象为意象,如第三卷第四期刊登的诗歌《孩子归来了》,是以一个玩土的孩子为意象去解读战争给人民带来的迫害进而激励人民去

[①] 陈建华:《二十世纪中俄文学关系》,高等教育出版社2002年版,第129页。

战斗。第四卷第十一期刊登的诗歌《滂沱河上的儿童团员》，将儿童的抗争与大河的抗争虚实结合，从而给人以抗争的力量。

对文学理论的推介体现在对文学创作的主张上。对苏俄文学的译介是一个吸收与借鉴的过程，在这个过程中形成我们自己的文学系统。对苏俄文学译介的特点与主编茅盾对苏俄文学的态度密不可分，茅盾的《论无产阶级艺术》强调坚持阶级立场与尊重文学创作并重，这显示出茅盾对苏俄文学的接受倾向于高尔基这样比较积极的作家。高尔基创作的积极性体现在三个方面：真实地体现了对底层人物的生活遭遇和思想情绪的描写、对俄国工人阶级的奋不顾身与开拓进取的赞扬、对资产阶级的野蛮残暴与虚伪堕落的揭露。在《文艺阵地》的广告中对高尔基的推介呈现出以作品为主、传记为辅的特点。对高尔基作品的译介有：《燎原》、《奸细》、《磁力》、《爱的奴隶》、《二十六个和一个》、《我的大学》、《在人间》、《文学散论》、《给青年作家》、《给初学写作者及其他》、《和列宁相处的日子》；对高尔基传记的译介有：《高尔基与中国》、《革命文豪高尔基》。

对高尔基的书广告推介在《文艺阵地》中形成热潮一方面在于主编茅盾的主体性选择，另一方面则在于高尔基是与中国革命紧密相连的。正如茅盾所说："五四以来，我们的新文艺工作者在实践中曾经遇到好些问题，而这些问题都可以在高尔基的作品中找到答案。"[1]在三四十年代之所以出现了高尔基热，在于高尔基的阶级立场、文艺主张与中国的社会现实相契合。在正文本中，也刊载了两篇关于高尔基的文章，一篇是第一卷第五期中戈宝权的《高尔基博物馆》，对高尔基奋斗着的一生进行了阐述；另一篇是第三卷第五期中的高尔基的《少女与死》。

对于处于战时的中国来说，以往的文艺主张与文艺创作已不能满足抗战的需求，在自我摸索之外，对世界文学的译介与推广促进了战时文学的发展，也给我们指出了一条光明的路。推介的这些文学作品在抗战意识与精神上给以鼓舞与激励，而文学理论推介则在文学创作与文学主张上给以借鉴与指导，这些译介的作品与理论共同繁荣了中国抗战文学，也丰富了期刊的内容。

中国抗日战争爆发后，中国文艺界对译介文学的重视，特别是对苏联文学的重视，在于所选择的译介文学利于唤醒人民抗争的意识并对处在水深火热中的人民起到指导与鼓励的作用，同时苏联文学又是在第一个社会主义国家里产生的，是进步的文艺。中国抗日战争文艺是适应战争而发生的，这种文艺所产生的抗战背景使得译介文学变得重要，而《文艺阵地》又是战时的期刊，作为中国抗日战争文艺中不可缺少的一部分，对译介文学的重视一方面在于译介文学本身所带有的抗战性，另一方面则在于主编的意识，茅盾认为"苏联卫国战争中产生的文艺作品不仅能鼓舞中国人民的抗战热情，而且有助于人民认识国民党政府的真实目的；可以借别人的镜子，照出国民党反民主、反人民的嘴脸，及其在抗日战争中的消极和无能"。[2]

随着战争紧锣密鼓地进行，被压迫民族终于团结到一起，共同去反侵略、反压

---

[1] 陈建华：《二十世纪中俄文学关系》，高等教育出版社 2002 年版，第 129 页。
[2] 彭龄：《而今百龄正童年——记曹靖华》，花城出版社 1984 年版，第 106 页。

迫,反法西斯同盟的建立使反抗的力量凝结到一起的时候也给反抗以成功的可能。对其他反法西斯文学的推介体现在对捷克、英国、法国、西班牙、德国和其他弱小国家的文学作品的译介上。对这些国家的文学推介的思想与刊物理论与创作并重的编辑思想相一致。从内容上看,对这些国家的推介一方面体现在文艺主张上,另一方面体现在传记、小说、戏剧、诗集、童话和报告文学上。战时的文艺是文艺创作多样化发展的时期,这种对形式多样化的过度关注是战时的一种需要。从类型上看,对这些其他国家的反法西斯文学书广告的整理概括也是分为叙述型和简短型两类。叙述型的书广告占总数的八十分之一,简短型书广告占总数的百分之三。这些作品的译介呈现出在路上的特征,所谓在路上是生活状态的泛指,这种生活状态可以呈现出忙碌特征、可以呈现出抗争特征、可以呈现出安稳特征等等。如书广告中第六卷第四期刊载的《游击队员范思加》,在塑造了一个英勇无畏的游击队员的同时,也呈现出了游击队员的抗争状态,这种抗争状态在于一种为了安稳而在不安稳地行走,从个人的行走到为民族乃至为反法西斯国家的游走。战争本身就是在路上,这意味着正在进行和将要进行,是一种不可测的预设。对于侵略者而言,游走造成了个体身份的缺失,这种身份的缺失将是对历史的补白。同时游走又造成了文化的缺失,侵略者对国土的侵占是对文化土壤的侵占,这便造成文化的被掩盖与流失,却又形不成文化的同一。

对苏俄文学作品的推介体现的是苏俄这个国家的独立抗争精神,而对其他反法西斯文学作品的推介体现的则是反法西斯国家之间的互助战斗精神。从反法西斯文学这个整体来看,呈现出反侵略的独立抗争特征与国家间的互助战斗特征。这些反法西斯文学作品在揭露恶的同时也宣扬善,并把这人性中的善恶上升到民族中的大善与大恶。在作品中塑造的恶性形象也有善的一面,这个双重性形象在对其他国家的侵略行为上是恶的,但从对自己国家尽的义务与责任而言又是善的。恶的一面不是与生俱来的杀戮而是为了国家不得已而为之。这些作品里的善恶都是以民族大义为出发点,只是民族大义的观念不同。

三、对中国抗战文学的推介

抗战文学类书广告指的是中国抗战文学类的书广告,以写出书名的形式去统计书广告就有两万六千字左右,不计算重复在内是出现了八百二十左右本书。在这一部分中,共有一百六十左右本,占总数的五分之一。这一类书广告的主题是抗战救亡和统一战线,书广告这样的外在形式直白地呈现出宣扬抗战的特点。

在书广告中,对中国抗战文学类书广告的刊载选择,形式相对灵活,有戏剧、诗歌、小说和报告文学四种形式,不拘泥于形式又没有跳出书广告的这种范式中。这部分的书广告之所以形式灵活,取决于文学这种文体的形式比较多样,同时主编又恰到好处地利用了形式的多样性去宣扬抗战。对中国抗日战争文学类作品的推介,不论是在正文本还是在书广告中,都体现出对文学理论和文学创作的推介。就文学理论上的推介而言体现在大众化民族化及相关创作姿态和批评上。

大众化问题是《文艺阵地》的理论核心,从第一卷到最后一卷,对文学理论的探讨便没有离开过大众化话题。之所以把它放在理论核心的位置上是因为它与抗日战争时态的适应性。在这之后的关于大众化的探讨集中在如何利用旧形式以及通俗化与大众化的关系上。民族化问题是《文艺阵地》的关注焦点，关于这一问题主要探讨了民族形式的表现特征以及民族形式与大众化的关系。

在这一时期，理论主张的探索与建立是以民族意识为立足点的，文学创作的发展与繁荣是在以民族意识为立足点的理论主张下指导的。面对着国破家亡，家的意识上升为民族的意识，小家庭的建立是要在民族安稳的基础之上才能实现的。如在书广告中刊载了两次——第三卷第二号、第三卷第四号的《生死场》，小说中的人物为抗战而出走，出走意味着抛离了对土地的依附、对家园的依恋与对家人的不舍，从而走向为拯救民族而抗争、为保护族人而斗争。《文艺阵地》在进行文艺大众化民族化探讨的同时也进行了有关创作姿态与批评问题的探讨。

有关创作姿态的问题，主要表现在对一些创作当中具体问题的谈论，比如在正文本中刊载有关主义各种问题的文章共有七篇：分别是第一卷第十期李南桌《再广现实主义》，第二卷第二期茅盾《公式主义的克服》，第三卷第一期巴人《展开文艺领域中反个人主义斗争》，第四卷第三期楼适夷《套头主义》，第四卷第十一期孟辛《形式问题杂记》，第四卷第十二期老迟生《论公式主义及抗战文艺运动之回顾与前瞻》、史笃《再关于现实主义》。对主义问题的理论探讨一方面坚持了符合战时实际的现实主义创作，另一方面就纠正某一主义的过度而陷入了公式主义进行了批评。

从中国抗战文学类书广告来看，以小说为例，作者在塑造人物时留下了刻意雕琢的痕迹，是为了塑造出符合情境的人物而塑造，进而造成了人物的失真。如何创作出符合战时实际的文学作品，如何塑造出符合战争场面的人物形象，这是中国抗日战争文学需要解决的问题。在对主义问题的探讨与研究中指出了创作的公式化倾向，这是作家塑造出的人物形象与人物自身存在着距离、与大众接受存在着距离。如在书广告的第二卷第十二期刊载的《赵老义全家抗日》、《李长胜重上前线》、《赵母买枪打游击》这一类的作品，塑造出了一批积极参加抗日战争的朴实的农民形象，农民的民族意识被渲染得过于浓烈而显得失真，这是一反农民的常态的。农民参加革命的行为是一种民族意识的显现，但是对于农民而言，他们并不知道什么是民族意识。对工农兵形象的塑造并不是一开始就陷入了模式化地写作，而是在写作了一段时间之后，不自觉地陷入了这种模式化的境地。面对着作品中所呈现出的这种写作困境，《文艺阵地》便开展了主义问题的讨论，以期来解决这样的问题。

有关批评问题的探讨，也刊载了关于文艺批评的理论文章，比如在正文本中刊载批评问题的文章共有四篇：分别是第三卷第二期黄绳《关于作品的批判》，第四卷第四期周钢鸣《文艺批评的新任务》，第四卷第六期杜埃《文艺的批评任务》，这是一个理论探讨的时期，对于以往的理论要在打破了的基础上去重建，重建的过程也是一个实践积累的过程，这个过程中所产生的谬误可以利用批判的手段去及时的遏止。在文学创作暴露出问题之后，批评意识便起到了提出问题与解决问题之间的桥梁。这种批评意识也是一种文学反思，是对文学方向偏离的一种斧正。如书广告中的《怎样阅读文学作品》、《怎样写报告文学》是对文学创作与文学接受的方向的一种指引。文艺理论与文学创作的指导与被指导的关系不总是同一的,甚至可能会出现滞后的现象,在滞后现象的空白期,可能文艺理论的发展会呈现出偏离的状态或者是文学创作的方向呈现出偏离的状态,这就需要一种批评精神作为桥梁,联结过去的与现在的,从而使文学更加繁荣的发展。理论自身的调节作用关系着文艺理论的方向、理论对外的引导作用关系着文学创作的发展。

四、对社会问题的关注

在《文艺阵地》的书广告里,还有一类广告是关于社会问题类书广告,所占比重大,出现频率高。这说明主编在关注文学现象的同时也没忽略社会现象。我把《文艺阵地》里社会问题研究类的书广告分为三类:女权意识类、哲学思想类和青年意识类。通过对这三类书广告的整理,可以看出主编对社会状况、社会现象也是极为关注的。这一部分的书广告有四十本,约占总数的二十分之一。

在对这三类书广告进行整理时,感受到主编茅盾将文学与抗战紧密地联系在一起的同时,也感受到主编茅盾对社会状况的一种认识、对社会现象的一种把握。面对着残酷的战争,茅盾试图做到关注每一个读者群:对儿童文学的推介与创作,是对儿童的启蒙;对大众文学的创作与推广,是对工农兵与难民的启蒙;对女性文学的推介与创作,是对女性的启蒙;对青年文学的创作与指导,是对青年的启蒙。这体现出主编茅盾的一种"求和"的思想,这与中国传统文化的"和"相一致。"求和"便是求全,抗战是为了国土的完整、为了战后的和平,而争取各个层次的人们一起抗战是求全,用"圆全"的力量去战胜残缺。可见,动员全国各阶层、各民族参加抗战已经成为一种共识。就此《文艺阵地》所反映的社会现象表现在:女权意识的强化、哲学思想的宣扬和青年意志的培养上。

《文艺阵地》之所以刊录出哲学书类的广告,一方面在于社会性质的变化所造成的不安全感,这种不安全感体现出接受了新思想的知识分子们对祖国未来发展趋向的迷茫,也是对未知的一种恐惧。未知对于个人而言就是一种符号,被符号掩盖着的人们处于恐惧与焦虑的状态,在恐惧状态下挣扎着的人们开始探求指导民族解放出路的思想。在这一类书广告中,对马克思主义的译介占有很大的比重。抗日战争期间是马克思主义中国化和大众化成果显著的时期,"抗战八年对马列著作的编译与出版总数超过了一百二十种。"[1]1938 年 5 月 5 日,马克思诞辰 120 周年,"中共中央建立了马列学院,这是中共历史上第一个专门研究编译马列著作的机构。"[2]对马克思主义研究的规范化有利于深度研究和广泛传播,并给探求民族解放出路的知识分子以理论的指导。恩格斯的《费尔巴哈论》和《反杜林论》在哲学类广告中高频率出现,共出现了 11 次,说明这两本书在战时有着不可忽视的力量和作用。除上述推介的几种马克思主义译著之外,其他一些推介的哲

---

[1] 邱少明:《民国马克思主义经典著作翻译史(1912 至 1949)》,南京航空航天大学博士论文,2011 年,第 252 页。
[2] 童小彪,陈金龙:《中国共产党的纪念活动与马克思主义中国化——以新民主主义革命时期经典作家纪念活动为中心的考察》,《思想理论教育导刊》,2007 年,第 40 页。

学著作,如《现代哲学的基本问题》、《思想方法论》、《新哲学的人生观》、《西洋哲学史》、《逻辑学与逻辑术》、《哲学》、《形式逻辑》、《社会哲学概论》等共八十余次(种),这些哲学著作都在不同的层面为中国哲学的发展以及教育和引导人们对社会现实的认识和未来发展方向的辨析产生了积极的作用。

正如前文已经说过的那样,《文艺阵地》是战争的产儿,也是民族精神的阐扬地和出发地。但它又不仅仅是为战争而存在,它同样肩负了文化传播的使命。基于这样的认识,我们看到,《文艺阵地》在编辑的过程中,特别是在广告中对各类书籍的推荐上,不仅仅考虑到了展示的状态和文化的、文学的需求,更考虑到了一个长时间段的文化和社会发展的需求。这也就使上述三类有关社会问题的书籍的推荐与一个较长历史阶段相契合,与时代的进程相一致。

首先,通过对一些社会书籍的推荐,继续倡导对社会、对民众的启蒙。这种启蒙不仅是动员民众行动起来投身到当下的抗战当中,更主要的还是要加强对妇女、对青年、对整个社会开展思想教育和文化教育,尤其是通过这种教育来努力实现在战争状态中对现代性的追求。对民众的启蒙和现代性的追求是五四以来形成的新传统,这种传统不仅表现在对社会发展形势和存在状态的改变,更在于对社会思想状态和文化心理的改变。战争可能使人们无暇顾及这些,但《文艺阵地》通过书广告一再地提醒人们要注意这个问题。比如一些妇女运动类、青年成长类的书籍的推荐就是如此。妇女运动类的有《唯物恋爱观》、《苏联妇女的地位》等等,这些书籍增加了女性的觉醒意识,同时鼓舞了女性去追求与男性平等地位的勇气。青年成长类的书籍有《怎样学写诗歌》、《怎样阅读文艺作品》等,这些作品对青年的文学创作给以指导,是对青年的文学意识的启蒙。

其次,通过对《文艺阵地》中这些社会问题书广告的梳理和研究,我们也可以发现,编者所倡导的是启蒙与救亡的有效结合和相互补充。一般说来,在正文本中,编者们着重强调了救亡意识,并通过这种救亡意识的阐扬,来努力激发人们的抗战热情,为抗战催生力量。而在副文本中,特别是在一些有关哲学类、青年类书籍的推荐中,通过推荐启蒙类作品来达成与正文本的互补,实现启蒙与救亡的双中并重。这其实不仅仅反映了在《文艺阵地》作为一个抗战刊物所要着力实现的目标,其实也在一个更加广泛的层面上实现了对全社会的认知和扫描。通过这些社会问题类广告的梳理,如《社会科学的基本问题》、《抗日游击战术问题》、《中国社会性质问题论战》、《中国社会史问题论战》、《民族问题讲话》、《中国边疆问题讲话》、《国际问题研究法》、《中日问题讲话》、《太平洋问题十讲》等等,我们不仅看到了《文艺阵地》自身所关注的焦点问题,也更看到了整个社会的文化发展状况和文化取向。于此来说,《文艺阵地》不仅融入到抗战的氛围之中,也融入到了一个较长时段的社会文化的建设进程中。

再次,通过对这些社会问题类的书广告的梳理,我们也看到了《文艺阵地》在马克思主义传播和左翼政治思想建构中所付出的努力。应该讲,抗战时期,既是民族统一战线建立和充分发展的时期,也是在中国共产党领导下的左翼政治的成熟发展时期。它们推荐了大量的马克思主义的经典著作,如书广告中第三卷第一号集中刊载的《列宁主义初步》、《从空想社会主义到科学社会主义》、《马克思及其学说》、《恩格斯及其事业》、《论列宁》、《斯大林及其事业》、《斯大林与红军》;第三卷第十一号集中刊载的《思想方法论》、《反杜林论》、《费尔巴哈论》、《辩证法唯物论》、《科学的哲学》、《哲学》、《现代哲学的基本问题》、《社会哲学概论》、《新哲学概论》等等。这些著作的推介,一方面反映了当时中国有关左翼政治在文化建构、理论引进等方面的实际状况,一方面也反映了《文艺阵地》在自身建设过程中已经自觉地融入到了这种文化和理论建构的进程当中,体现出了鲜明的时代性。

总之,《文艺阵地》的价值,从抗战力量上来讲,做到了争取全民族的抗战,给儿童以希望、给青年以指导、给妇女以激励、给大众以鼓舞。从文学发展上来讲,做到了以西为鉴、以中为用,在与反法西斯文学形成一个整体的同时,与中国的抗日战争也形成了一个整体。理论主张与文学创作并行,推动了文学发展。从各个层次上形成了一股"和"的力量,这"和"也是一种求全,这种求全的思想与中国传统文化的"和"思想一脉相承。抗战,也是为了求全,求得地域的完整、精神的继承。

沈雁冰与1920年代的文学生态
——以编辑《小说月报》期间的文学行为为中心的考察

谢晓霞

深圳大学　广东　深圳　518067

1920年,沈雁冰接手商务印书馆的大型文学刊物《小说月报》,对其进行半改革。1921年,《小说月报》全面革新,沈雁冰担任这个新文学第一大刊物的主编,《小说月报》也随之成为文学研究会的代用刊物。1923年,沈雁冰辞去《小说月报》主编职务,成为商务印书馆的普通编辑。从1921年到1923年,围绕《小说月报》的改革和编辑的一系列文学行为不仅奠定了沈雁冰在新文学界的地位,而且也对此后新文学的发展以及1920年代的文学生态产生了十分重要的影响。

具体来说,沈雁冰这一时期的文学行为主要在以下几个方面深刻地影响了1920年代的文学生态。首先是在对鸳鸯蝴蝶派的批评中明确了新文学的性质,促成了新旧文学雅俗对立格局的形成。其次是在对外国文学的介绍中大致确定了新文学的发展路向。最后,也是最为难能可贵的是在刊物的编辑过程中,通过评论引导新文学的实践。虽然从历时的角度来看,沈雁冰当年的文学观念以及新文学后来的发展都有许多不尽人意的地方,但回到1920年代的历史现场,回到当时鸳鸯蝴蝶派和黑幕小说充斥文学市场,新文学举步维艰,旧文人们娱人又自娱的现实,我们不得不承认沈雁冰当年引导文坛、引领创作的一系列举措所具有的划时代的意义。

在今天,当大量的"新黑幕"和"新言情"充斥网络上下,吸引了大量读者并参与着社会文化的世俗化甚至是恶俗化的时候,回溯沈雁冰以《小说月报》为阵地,引领文学、引导创作的一系列举措,无疑对我们当下的文学期刊如何引领公众的文学实践,建构健康的文学和文化生态,具有十分重要的现实意义。

一

在编辑和主编《小说月报》期间,沈雁冰通过理论、批评、翻译和创作确立新文学"为人生"的定位,扭转文学生态,促成了新旧文学二元对立格局的形成。沈雁冰的批评首先从对以鸳鸯蝴蝶派为代表的旧文人和旧文学的批评开始,在对旧文人和旧文学的批评中,他一步步明确了新文学的性质和定位,"为人生"的文学观念逐渐形成。接着,在对俄国文学和弱小民族文学翻译的提倡中,他进一步充实和完善了这一主张,将它推广到整个文坛,深刻地影响了此后新文学的发展态势。

从接手《小说月报》,对其进行半改革开始。沈雁冰的文学主张就不仅仅是一个文学青年的文学感受和表达,借助《小说月报》这一文学杂志和文学研究会这一文学社团的巨大影响力,他的文学主张直接影响到当时的新文学。在半改革的《小说月报》上,沈雁冰"为人生"的文学主张开始显露。在发表于1920年1月的文章中,沈雁冰表达了自己对于新文学的看法:"我以为新文学就是进化的文学,进化的文学有三件要素:一是普遍的性质;二是有表现人生、指导人生的能力;三是为平民的非为一般特殊阶级的人的。"① 将新文学定性为进化的文学,并且强调其有表现人生指导人生的能力,一方面基于他对新文学的理解和期待,另一方面则是基于他对旧文学的不满和批评。在对旧文学的游戏消遣的文学观念的批评中,他将"为人生"确定为新文学的主要目的。虽则这些文章和提法在思想的系统性和理论的原创和独立性上有其局限和不足存在。但从对新文学的影响上来看,只有沈雁冰是直接针对新文学发展的实际提出主张并进行了实践。在1920年代的文学现实中,一方面是破土而出的新文学在努力坚持,另一方面则是旧文学的市场广大。1921年,新文学最大的文学社团文学研究会成立,改革后的《小说月报》成为代用会刊。就在同年3月,1916年4月停刊的《礼拜六》复刊。同年9月,周瘦鹃编辑的《半月》杂志与读者见面。1922年2月,《星期》创刊。1922年8月,《红杂志》创刊。1922年12月,《心声》创刊。1922年夏,《紫兰花片》创刊。此外,还有《小说世界》、《快活》等杂志也在此时走俏沪上。新文学界却门庭冷落,如沈雁冰在后来的文章中所指出的:"民国十年(一九二一)一月,《小说月报》也革新了,特设'创作'一栏,'以俟佳篇';然而那时候作者不过十数人,《小说月报》(十二卷)每期所登的创作,连散文在内,多亦不过六七篇,少则仅得三四篇。'"② 郑振铎也在写于20年代初的文章中提到新文学在初创期所遭遇的冷落:"讲起来可怜,我们现在虽要求批评与攻击,还不可得呢!"③ 正是在这种情况下,沈雁冰和文学研究会的同人对以鸳鸯蝴蝶派为代表的旧文学展开了批评。在《自然主义与中国现代小说》中,沈雁冰批评这些旧派文学和上海的定期通俗刊物秉持的是"游戏的消遣的金钱主义的文学观念"。④ 他认为:"《礼拜六》的做派是(包括上海所有定期通俗刊物)对于中国国民的毒害,是趣味的恶化。"

由沈雁冰的批评开始,文学研究会的主要成员几乎都参与了对鸳鸯蝴蝶派的批评,并且将批评的范围扩展至民国时期的所有旧派文学,尤其是旧派小说。借助刊物和社团的影响力,个体行动很快就演变为集体声讨,并被迅速上升为一场新与旧的斗争。在后来的文学史叙述中,对鸳鸯蝴蝶派的批评和对其他旧派文学的批评被认为是"深挖'文以载道'的、游戏消遣的种种传统文学观念的根源,为新文学创作与理论建设扫清了道路"。⑤ 由此,新旧文坛雅俗对立格局形成,新文学合法地位确立。在《自然主义与中国现代小说》这篇文章的一开始,沈雁冰就大刀

---

① 沈雁冰:《新旧文学平议之评议》,《小说月报》第11卷第1号。
② 沈雁冰:《〈中国新文学大系·小说一集〉导言》,《中国新文学大系·小说一集》,上海良友图书印刷公司1935年初版,第1页。
③ 西谛(郑振铎):《新旧文学的调和》,《文学旬刊》第4号,1921年6月10日。
④ 沈雁冰:《自然主义与中国现代小说》,《小说月报》第13卷第7号。
⑤ 钱理群、温儒敏、吴福辉:《中国现代文学三十年》,北京大学出版社1998年版,第8页。

阔斧地进行了二元对立式的划分:"中国现代的小说,就他们的内容与形式或思想与结构看来,大约可以分作新旧两派。"除了划分"新"、"旧"之外,在文章中,他进一步明确了区别"新"和"旧"的依据:"我们要在现代小说中指出何者是新何者是旧,唯一的方法就是去看作者对于文学所抱的态度;旧派把文学看作消遣品,看作游戏之事,看作载道之器,或竟看作牟利的商品,新派以为文学是表现人生的,诉通人与人之间的情感,扩大人们的同情的。"[1]在这里,我们可以很清楚地看到,经由沈雁冰命名和划分的"旧"并不仅仅是一个时间概念,更重要的是一个揭示一种文学性质的概念。因此,这场批评实际上已超越了文学的派别之争和观念差异,它是一场新旧文学的阵地争夺战。鸳鸯蝴蝶派等通俗文学在论战之后很快便成为以"旧"命名的文学,从而成为"五四"这个新时代的淘汰品。在这个进化论占据主导地位的时代,按照"五四"先驱"一时代有一时代的文学"的标准,[2]"五四"新文学在将鸳鸯蝴蝶派归入"旧"文学的同时,无疑也确立了自己的"新"的合法地位。从沈雁冰的文学观念的形成来说,在对旧派文学的批评中,他的"为人生"的文学观念一步步明晰化,并被当时文坛所接受。

对1920年代的文坛来说,"为人生"的文学到底应该怎样来建构是一个非常迫切的问题。外国文学理论和作品的介绍和翻译成了寻找样本的一个重要途径。在翻译和介绍西方文学理论时,沈雁冰对他之前的新文学倡导者的思想进行了集大成,这里既有陈独秀的影响,也有对周作人的学习。如他对西方文学进化历程的勾勒,认为西方文学经由古典——浪漫——写实和新浪漫这样一个进化的过程,无疑就有陈独秀的影响在内。沈雁冰"为人生"的文学主张中也综合了周作人的"人的文学"和"平民的文学"的观念。在此,我们讨论的不是理论的原创性、系统性和先锋性,而是它在现实中的影响力。沈雁冰的主张虽则从学理性和知识性上来讲欠缺系统性和创新性,但他具有文学实践者的抱负和眼光。他知道"民族的文艺的新生,常常是靠了一种外来的文艺思潮的提倡"。[3] 因此,他下大力气介绍西方文艺思潮,以期有助于中国新文学的建设。在这种介绍中,沈雁冰借助西方文学理论使中国文论迅速地完成了从传统向现代的转型。他的"为人生"的文学主张也走向成熟。俄罗斯文学和被压迫民族文学的介绍更是给"为人生"的文学找到了样本和参照系。早在1920年,沈雁冰就在《俄国近代文学杂谈》中肯定俄国文学"为人生"的取向,认为它那种"表现人生"、"有用于人生"的精神,可成为建设我国新文学的借鉴。后来在主编《小说月报》期间,出版"俄国文学专号"和"被损害民族文学专号",将他们作为"人的文学"的典范引入中国,更是深刻地影响了中国新文学以及其后来的发展。

二

在这一时期的文学实践中,沈雁冰以掌舵者和领航人的魄力和胆识规划出了

---

[1] 沈雁冰:《自然主义与中国现代小说》,《小说月报》第13卷第7号。
[2] 胡适:《历史的文学观念论》,《新青年》第6卷第5号(1919年)。
[3] 沈雁冰:《自然主义与中国现代小说》,《小说月报》第13卷第7号。

新文学发展的路向,那就是融入世界文学的潮流,成为世界文学的一部分。在"五四"时期的语境中,虽则许多思想先驱和文学先驱都致力于提倡新文学,但是,对于什么是新文学,新文学到底应该怎样走,走一条什么样的道路的具体论述直到沈雁冰这里才和具体的创作和实践结合起来并运用到文坛。

什么是新文学？新文学和世界文学的关系是什么样的？何以并以何彰显新文学的"新"？这些宏大的问题在沈雁冰这里都有了自己的解释。正如前文我们所探讨的,在沈雁冰看来,可以以文学者对于文学的态度来区分文学的"新"和"旧"。与此同时,他也在多篇文章里强调新文学应该是世界现代文学的一个组成部分,世界性是这种新质的文学的一个重要特征。将世界性看作新文学的重要特征,无疑对于传统的文学观念构成了巨大的冲击,它使新文学以开放的姿态彻底地区别于传统文学。在沈雁冰这里,世界性和人类性是同一的,在"人的文学"的前提下,文学者表现全人类的生活,反映全人类的思想和情感,实现文学的全人类性,也就是世界性。在《文学和人的关系及中国古来对于文学者身份的误认》中,他明确指出:"文学者表现的人生应该是全人类的生活,……文学作品中的人也有思想,也有情感,但这些思想和情感一定确是属于民众的,属于全人类的。"基于共同的"人"的意识,文学在其表现的对象和情感上获得了跨越族群和区域的共通性。

世界观念的产生是五四特有的产物。在五四时期,许多思想先驱都以世界性的眼光思考问题,反省我们的文化。如陈独秀就在《敬告青年》中告诫青年们要有"世界的而非锁国的"[1]世界意识和开放心态。胡适的进化论文学观和白话文学观念中的世界性因素更是自不待言。沈雁冰继承了五四先驱们的思想传统,将之运用到自己的文学实践,并借助杂志和社团的力量使世界意识和现代意识具体化和普遍化,成为一个时代的共识。在他看来:"中国的新文学一定要加入世界文学的路上。"[2]所以,进化式的将世界文学曾经经历过的阶段都走一遍就显得极为必要。因此,他以极大的热情和耐心介绍世界文学思潮,务必使之能够对中国的新文学建设起到作用。从1920年到1923年,在沈雁冰的笔下,许多外国思潮都出现了,古典主义、浪漫主义、象征主义、自然主义、写实主义、新浪漫主义等等,不一而足。在《小说月报》中,沈雁冰结合欧美的报刊和各种资料,前后编译了二百多条"海外文坛消息",《小说月报》从十三卷七号起增辟了"欧美最近出版的文艺书籍"栏目,及时介绍世界文坛状况。从沈雁冰的学术积累和阅读实际来看,很显然,他不可能对这么庞杂的思潮都了如指掌,但他依然很热情地将这些思潮介绍给新文坛,期许中国的新文学能以一日千里的速度赶上世界文学的发展潮流,成为世界文学的一部分。在许多五四青年和沈雁冰这里,外国概念的运用并不具备严格的学理性,它们更多的是成为一种新道德的象征,是一代人以积极的开放的态度融入世界的标志。这是五四那个热血沸腾、思想激荡的时代的特有馈赠,一代人以"新"、以"世界的"作为自己的目标。也是借助了一代人对"新"和"世界的"的这种态度

---

[1] 陈独秀：《敬告青年》,《青年杂志》第1卷第1号,1919年9月15日。
[2] 沈雁冰：《答周赞襄》,《小说月报》第13卷第1号。

的同一性,新文学也是世界的文学成为一个时代的共识,沈雁冰的文学主张迅速获得时代的共鸣,在文坛产生重要影响。

正因为认识到新文学是世界文学的一部分,所以,五四时期的文学先驱们很自然地就找到了自己学习的对象。继晚清之后,五四成为又一个翻译的高峰时期。比之晚清,这一波的翻译更具自觉意识。翻译成为建构中国新文学的一个重要途径,通过翻译样本的学习,中国文学融入世界文学,成为世界文学的一部分,获得世界性,也是现代性。如1921年10月,《小说月报》"被损害民族的文学"专号刊出,其中的内容安排就很富沈雁冰特色。在专号的《引言》中,是沈雁冰感人至深的介绍:"他们中被损害而向下的灵魂感动我们,因为我们自己亦悲伤我们同是不合理的传统思想与制度的牺牲者;他们中被损害而仍旧向上的灵魂更感动我们,因为由此我们更确信人性的砂砾里有精金,更确信前途的黑暗背后就是光明。"[①]专号的内容安排也很能看出主编的用心良苦。鲁迅在这一期专号中发表了《近代捷克文学概况》等四篇译著,介绍了捷克、小俄罗斯、芬兰和保加利亚的文学。沈雁冰也在其中介绍了芬兰、新犹太、波兰和捷克、阿美尼亚等国的文学。在这种翻译浪潮中,专栏和专号成为一种重要的译介方式。如《小说月报》就先后开设"被损害民族的文学专号"、"俄罗斯文学专号"、"泰戈尔专号"、"罗曼·罗兰专号"、"霍普德曼"研究专栏,集中介绍西方近代和现当代文学。在这种集中的介绍中,中国新文学找到了自己的发展道路。

在后来关于什么是新文学的讨论中,学者们也将世界性作为新文学的重要特征,认为新文学是世界现代文学的一个重要构成部分。这在陈思和等先生关于新文学的论著中都能找到明证。由此可见沈雁冰当年对新文学发展路向的规划所具有的前瞻性。从1920年代文学的整体格局看,将中国文学看作世界文学的一部分,不仅彻底扭转了传统的将文学和文艺看做消遣,视为小道的观念,也为中国文学现代性的获得指明了方向。

三

在中国现代杂志人、批评家和作家中,沈雁冰是最具时代使命感、社会责任意识和大局观的人之一。在后五四的氛围中,他一直以一个实践者和执行者的自觉和执着为中国新文学的发展尽自己的力量,设计和参与了1920年代的新文学,从而影响到1920年代的文学生态。这种以个人的思想和行为影响整体和全局的情形之所以发生,就在于沈雁冰当时正执掌新文学最大的文学刊物《小说月报》,他同时还是新文学第一大社团文学研究会的中坚。这奠定了他的双重身份,一方面,他是文学青年,是作家和批评家;另一方面,他也是传媒人,并且是影响很大的杂志的掌门人。传媒人的身份和传媒本身的影响力使他的文学行为能够影响到许多作家和读者,在时代"共名"的影响下,成为一个时代的共识。沈雁冰对1920年代文学生态的巨大影响力还体现为他以一个文坛掌舵人和批评家的责任意识

---

① 沈雁冰:《被损害民族的文学·引言》,《小说月报·被损害民族的文学专号》,1921年10月。

和独到眼光对新文学的具体实践进行指导。除了在《小说月报》中有计划有系统地介绍外国文学，以评论跟进创作，及时推出新人之外。他还写了许多文章，从作家创作和读者阅读两方面指导新文学的实践。

在建设新文学的自觉意识方面，沈雁冰远超他的同时代人。早在成为《小说月报》的主编之前，作为一名文学青年的沈雁冰就以极大的责任感为新文学"正名"，思虑并设想新文学的未来走向。在《现在文学家的责任是什么？》、《小说新潮栏宣言》和《新旧文学平议之评议》等文章中都能看到他辨析新旧文学界限，设想新文学未来的努力。担任《小说月报》的主编之后，更是殚精竭虑，为新文学的发展贡献心力。就这样，主编《小说月报》一年之后，他还发出了这样的感慨："革新后的本刊已经印出十二册了，我们一年来努力于此，于中国新文学的发展不能有多大贡献，很是惭愧。"①因为有这样自觉的责任意识，所以，在主编《小说月报》时期，他一直以全局的眼光关注新文学，精心设计杂志栏目，悉心编选内容，自己撰写评论跟进创作。他在评论中对当时的作家创作进行了有针对性的分析，指出了他们的许多不足。如在《春季创作坛漫评》中，对春季创作坛的整体状况批评之后又对许多作品逐篇进行点评，虽然创作坛现状让人极不满意，"许多人喜欢做小说，却不知道小说是什么东西，……专门模仿西洋小说的皮毛，……表现的手段太低，或是思想不深入。"但他还是很认真地对这些问题进行了批评，并对创作中的可取之处——进行点评。《评四五六月的创作》对作家创作的具体方法和技巧进行批评，认为他们"所创造的人物又都是一个面目的，那些人物的思想是一个样的，举动是一个样的，……竟弄成所有人物都只有一个个性"。沈雁冰对1920年代创作坛的跟踪式评论，依据的是他所推崇的泰纳（今译丹纳）的纯客观批评法。虽然就连他自己也承认这种纯客观批评法有其缺点，但他对真实和客观的强调使初期的新文学摆脱幼稚，逐渐成熟起来却是不争的事实。

在批评旧文学创作弊端的同时，沈雁冰在《小说月报》上大力介绍自然主义，希望以自然主义来弥补中国新文学的缺陷。这对新文学作家的创作以及现实主义传统的形成产生了较大的影响。1921年7月，沈雁冰在《小说月报》发表长文《自然主义与中国现代小说》，批评以鸳鸯蝴蝶派为代表的旧派小说，认为他们在技术方面"不知道客观的观察，只知主观的向壁虚造，以至名为'此实事也'的作品，亦满纸是虚伪做作的气味，而'实事'不能再现于读者的'心眼'之前"。在思想方面是"游戏的消遣的金钱主义的文学观念"。②沈雁冰在批评旧派文学思想上和艺术上的弊病的同时，向中国文坛大力推介自然主义，以作为治疗旧文学问题的药方。沈雁冰此时之所以如此推崇自然主义，主要是看重自然主义对细节的重视，以此来纠正当时新文学在创作中所出现的观念化倾向。也就是说，他看重的主要是自然主义在技术方面的长处，而非思想方面的长处。他清楚地意识到自然主义的客观化所可能给读者带来的误解，并在那场关于自然主义的讨论中提到自然主义的局限性，因此，我们可以说，占据沈雁冰文学观念的核心其实还是表现人

---

① 沈雁冰：《一年来的感想与明年的计划》，《小说月报》第12卷第12期。
② 沈雁冰：《自然主义与中国现代小说》，《小说月报》第13卷第7号。

生,指导人生的现实主义思潮。在20世纪初中国的启蒙语境中,纯粹的自然主义很难找到自己的生长点,反倒是从文学研究会时期就已经明确化的"为人生"的定位更符合中国当时的现实。从陈独秀的《文学革命论》将"国民文学"、"写实文学"和"社会文学"作为取代旧文学的文学样式开始①,到周作人在《日本近三十年小说之发达》中提出中国文学要赶上世界的思潮,首先要"提倡写实主义"②,后来沈雁冰认为"写实主义在今日尚有切实介绍之必要"③,"五四"一代人在进化论的影响下为中国文学找到了现实主义(写实主义)。在这个过程中,无论是从创作上还是从理论上,沈雁冰和文学研究会的同人都起到了非常重要的作用。在对鸳鸯蝴蝶派的批评中,沈雁冰和文学研究会同人在否定旧文学的游戏、消遣和商品功能的同时,更加强调文学"为人生"的现实功用,这实际上就是对现实主义直面现实精神的肯定和推崇。

围绕《小说月报》的文学行为中,沈雁冰也很关注读者的反应,看重读者的培养。在主编《小说月报》时期,除了栏目设置中照顾到读者,设置"读者来函",跟读者对话之外,"评论"栏目创立的初衷也意在培养读者,引导文坛。读者之所以需要培养,是因为"我们觉得现在大多数看小说的人,缺乏欣赏艺术的能力,肤浅庸俗的作品奉为至宝,精妙深湛的作品以为平淡"。④ 就1920年代的读者情况而言,这种评论可谓一针见血。从同时期上海通俗杂志的畅销我们就可想见当时一般读者们的趣味。能看到读者们的问题且提出解决的办法,也反映出沈雁冰的眼光和用心良苦。

结语

对1920年代的中国文坛和中国文学来说,沈雁冰没有胡适和周作人等人的思想深度,对新文学的发展也没有自己独有的系统的看法。胡适的白话文和进化论文学观,周作人的"人的文学"和"平民的文学"显然都是深思熟虑的产物。沈雁冰可以说是一个行动者。新文学的许多设想,经由他的组织化实施,借由《小说月报》和文学研究会的力量落到了实处。在沈雁冰身上,兼具了新文学领航者的眼光和实践者的执着和认真。他从自己的体验出发,综合五四先驱们的观点,在自己主编的杂志上践行新文学的理想,在对旧派文学的批判和外国文学的介绍中使"为人生"成为区分新旧文学的标准,世界性成为新文学的未来追求,而他对新文学创作的持续关注对现实主义传统的形成也有着不容忽视的影响。这些,都不同程度地影响到了1920年代的文学生态。

在沈雁冰身上,更为值得我们学习的是他怎样在一个价值混乱的时代,把一代人的理想和抱负付诸实施。他让我们看到了一种飞扬的理想的文学和精神,一

---

① 陈独秀:《文学革命论》,《中国新文学大系·建设理论集》,上海良友图书印刷公司1935年初版,第44页。
② 周作人:《日本近三十年小说之发达》,《新青年》第5卷第1号。
③ 沈雁冰:《〈小说月报〉改革宣言》,《小说月报》第12卷第1期。
④ 沈雁冰:《最后一页》,《小说月报》第13卷第6号。

种飞扬的人生,这是英雄主义在文学中的投射。沈雁冰的文学观念和文学行为与张爱玲在1940年代所要追求的"参差的对照",所要追求的"素朴的安稳的"人生底子构成了极大反差。他们一个热衷于为文坛指路,为社会正风气,一个以冷淡的眼眸注视着正在溃败中、行将就木的文明和文化。一个愤激热情,一个萧瑟荒凉。

虽则从新文学的整体发展来看,沈雁冰当年的设想和行动也有其局限和不足。但作为文化的重要构成部分,文学本身是没有绝对的对错之分的,文学行为和文化行为最重要的意义就在于它们可以互相调适,共同构成适合人类精神生存的文化土壤。因此,在一个相当保守的时代,激进就有了其重要价值,在一个沉浸于日常和安稳的时代,理想的飞扬的精神就更值得我们肯定和寻找。沈雁冰的1920年代的重要价值就在于此。

论作为《新青年》同人的茅盾

火 源

陕西理工大学文学院　陕西　汉中　723001

摘要：茅盾思想从早年的进化论到马克思主义的转变是一个过程，反映了他个人的探索和时代氛围的双重影响。为了解其思想变化的细节，通过分析茅盾成为《新青年》同人，以及脱离《新青年》的原因，认识到茅盾成为同人是因为社会主义思想的潮流，淡出《新青年》是因为他当时对马克思主义的认识受其早年启蒙观念的影响。作为同人的茅盾，其思想更多的是早期《新青年》杂志的精神延续，加上他性格方面的因素，使他无法成为中国共产党和杂志的中坚力量，最终随着刊物改变，而退出了同人圈子。

关键词：茅盾　《新青年》　社会主义　马克思主义

茅盾思想从早年的进化论到马克思主义的转变是一个过程。在这个转变中，《新青年》杂志起过特殊的作用。茅盾曾经作为同人与《新青年》共同走过一段历程。同人与杂志的遇合与疏离原因各异，而茅盾与《新青年》的遇合和疏离正好与他的思想转变同步，因此通过剖析茅盾与《新青年》的始终可以借此了解茅盾当时的思想状况，也可以理解茅盾以什么样的精神参加了中国共产党（以下简称"党"），进而理解其后来脱党的潜在原因。

通过梳理茅盾与《新青年》杂志相交的短暂过程，可以认为茅盾与《新青年》结合的起点是社会主义同盟思想背景，是在杂志彻底转向的过渡阶段，他的精神基因使得他无法成为《新青年》的重要同人，并且最后很快随着杂志的转型而失去了同人身份。

一、茅盾与《新青年》遇合的原因

首先，茅盾能与《新青年》接近是因为深层的精神联系。茅盾精神成长的开端就有《新青年》的影子。他在很早就接触到《新青年》，据他自己回忆，他在商务印书馆工作时，就因为商务印书馆《学生杂志》的主持人朱元善出于同业竞争考虑订阅了《新青年》，有机会接触到这本杂志，后来又接受朱元善的邀请写了《学生与社会》[1]和《一九一八年之学生》等文字。这两篇文章睥睨一切的姿态和角度立场都与《新青年》的思想相似。茅盾后来明确承认《新青年》对他的影响，他说："那时对

---

[1] 茅盾：《我走过的道路》（上），人民文学出版社1997年版，第419页。

我思想影响最大，促使我写出这两篇文章的，还是《新青年》。"①

《新青年》还帮茅盾打开了视野。茅盾后来回忆说："也是读了《新青年》，我开始注意俄国文学，搜求这方面的书。"②1919年4月茅盾发表了《托尔斯泰与今日之俄罗斯》(学生杂志6卷4—6号)，这篇文章就是在读了《新青年》的介绍以后，开始关注俄国文学以后写的。文章强调苏俄新文学对欧洲文学的影响和苏联布尔什维主义对欧洲和世界思潮的影响，为他后来接受马克思主义埋下了种子。

也就是说，1920年以前茅盾主要是作为一个《新青年》的读者、追随者，甚至模仿者而存在，在精神上已经具有认同感。没有证据表明他曾经给《新青年》投稿，但是如果认同其观点就算是同人的话，那么茅盾在那时就可以看做同人。

后来他成为《新青年》的作者则是因为种种因缘际会。特别是那时他的精神高度以及达到《新青年》的要求。

此时他的思想在五四运动的催动下迅速成熟。"五四"后，他"开始专注于文学，翻译和介绍了大量的外国文学作品"。也是在那时开始，即1919年7月后，他的文章开始突破商务系的刊物，扩展到上海《时事新报》的副刊《学灯》③。自那以后的半年时间里，他每月都有文章在《学灯》上发表。论题包括西洋文学、社会主义、俄罗斯和妇女，主旨是改良社会。基本上是沿着新文化运动的方向展开，从文化方面讨论新的生活方式。

这种思想正好与张东荪的文化思想相一致④。茅盾与张东荪结识，是由于茅盾在《学灯》上投稿。《时事新报》主编又是同乡的张东荪很器重他，甚至在1920年七八月离沪期间，以《时事新报》相托⑤，办《解放与改造》时也不忘邀请茅盾写稿。思想的接近和关系的亲密，使茅盾受到张东荪的影响。

当时的社会主义潮流澎湃，各种社会主义学说都有人提倡。张东荪提倡的是基尔特社会主义，赞成罗素的学说。他把社会主义不看做具体的制度，而是看做一种引导和批判现社会的精神标准，或者是知识人的精神武器。其实是把社会主义变为理念后，做成文化运动的一种思想支撑。在张东荪的影响下，1919年12月以后茅盾笔下出现罗素、社会主义，并增多了俄国因素。1919年的《罗塞尔〈到自由的几条拟径〉》、《文学家的托尔斯泰》、《社会主义下的科学与艺术》、《万卡》、《一个农夫养两个官》，1920年的《广义派政府下的教育》等都属于这类主题。第一篇关于罗素的文章——《罗塞尔〈到自由的几条拟径〉》据茅盾自己说，就是张东荪给他翻译的。张东荪大概算是引导茅盾远离无政府社会主义(克鲁泡特金)的导师。

正是因为有张东荪，茅盾才被陈独秀注意到，并成了《新青年》的正式同人。当陈独秀在李大钊的帮助下逃离北京，滞留上海，接受维经斯基的提议，打算组织

---

① 茅盾：《我走过的道路》(上)，人民文学出版社1997年版，第421页。
② 同上，第424页。
③ 同上，第425页。
④ 左玉河：《张东荪传》，山东人民出版社1998年版，第85~117页。
⑤ 茅盾：《我走过的道路》(上)，人民文学出版社1997年版，第273页。

一个研究社会主义文化同盟①时,亲近新文化运动、主张社会主义的张东荪自然成了一个重要的争取对象②。跟从张东荪的茅盾自然也有机会走到陈独秀身边。张东荪在茅盾与《新青年》之间的作用甚至可以从茅盾开始在《新青年》上发表的作品看出。1920年10月11月译的《游俄感想》(罗素)③、《罗素论苏维埃俄罗斯》(哈德曼)④都是关于罗素的,可见茅盾在《新青年》上第一次亮相时思想上还有着明显的张东荪印记。

后来,在组党的问题上,他与张东荪也大体取统一步调。周佛海在《我逃出了赤都武汉》中提到一次组党会议上的情况,在维经斯基提出组党的建议时,"张东荪似不赞成,他和沈未发言"⑤。张东荪的消极到后来终于演化为对立,受罗素和梁启超影响,发表社论《由内地旅行而得之又一教训》,转变为反对社会主义了。

与张东荪相反,茅盾内心是赞成建党的⑥。当时没有表态可能是因为他还在一定程度上尊重张东荪的意见,或者是由于茅盾行为的习惯,对于表态比较谨慎,也说明当时他并没有精神准备。不过后来茅盾终于脱离了张东荪,选择了中国共产党。

茅盾之所以能脱离张东荪,而选择参加党,一方面由于他具有一定的思想基础——他是赞同马克思主义的,对俄国革命具有肯定的评价。茅盾在1919年说:"今俄之Bolshevism(布尔什维主义)已弥漫于东欧,且将及于西欧,世界潮流澎湃动荡……""二十世纪后数十年之局面决将受其影响,听其支配。"⑦这些看法说明他从世界潮流的角度认识到布尔什维主义的生命力。他是把马克思列宁主义当作新潮来看待,心中存有顺应的觉悟。另一方面,在他身边出现了影响他的新人群。1920年夏,李达来到了上海,成为《新青年》编辑,并与茅盾的表姑母王会悟恋爱结婚;浙江同乡陈望道被陈独秀引入《新青年》做编辑;茅盾在于《新青年》编辑李汉俊的交往中深深佩服其为人。1920年10月正是由李达和李汉俊介绍他加入上海共产主义小组。

他走上新的道路,结交新的人群,使他能继续保持着与《新青年》的联系。1920年开始北京大学的同人因为种种原因给《新青年》供稿不太积极,所以写稿的责任便落在李汉俊、陈望道、李达等人身上。作为联络员,茅盾此时编在中央支部。而在1921年夏中国共产党成立的时候,"中央主要的工作是宣传鼓动,编印《新青年》杂志及新青年丛书,并与各地支部或小组取得联系"⑧,因此他很容易接近《新青年》杂志编辑。《新青年》的编辑们自然想起会写稿的茅盾。同时,当时

---

① 包惠僧:《党的"一大"前后》,《百科知识》1979年第2期。
② 包惠僧:《包惠僧回忆录》,人民出版社1983年版,第18页。
③ 罗素:《游俄感想》,雁冰译,《新青年》第8卷第2号。
④ 哈德曼:《罗素论苏维埃俄罗斯》,雁冰译,《新青年》第8卷第3号。
⑤ 周佛海:《我逃出了赤都武汉》,《陈公博、周佛海回忆录合编》,香港春秋出版社1967年版,第139~140页。
⑥ 周佛海:《扶桑笈影溯当年》,《往矣集》,古今出版社1943年版,第32页。
⑦ 沈雁冰:《托尔斯泰与今日之俄罗斯》,《学生杂志》1919年第6卷第4号。
⑧ 包惠僧:《包惠僧回忆录》,人民出版社1983年版,第18页。

《新青年》还保持着文化刊物的色彩,所以需要文学哲学类的稿件,于是茅盾也被拉来写稿。

这个转换过程从茅盾在《新青年》上发稿的情况也能看出。《新青年》第8卷第4号开始攻击张东荪,茅盾和郑振铎等就消失了,留下的除了北京同人以外,上海的新人都是与马克思主义和苏联亲近,积极建党的人员。到8卷第6号(1921年4月)茅盾才再次出现,此时茅盾已经正式参加上海共产主义小组。他在《新青年》上活动直到9卷6号。

二、茅盾与《新青年》暌违的原因

虽然茅盾是《新青年》的正式同人,但他从来不是核心人员,只是敲敲边鼓,帮帮忙的。仔细看看他在《新青年》上的作品,可以发现几乎全是翻译。勃拉克女士的《一封公开的信给〈自由人〉记者》、莫泊桑的《西门底爸爸》、包以尔《一队骑马的人》、葛雷古夫人的《海青赫佛》、布哈林的《俄国新经济政策》,还有茅盾编译的《十九世纪及其后的匈牙利文学》、《哈姆生和斯劈脱尔》。要么是翻译的文学作品,要么是编译,并没有自己的论说和看法。

这正好反映了他在党内的地位。他不是最积极的分子,只是一般的成员。党的发起人包括李汉俊、陈望道、俞秀松、施存统、杨明斋、李达、沈玄庐和陈独秀等八人,没有茅盾。[①] 茅盾后来回忆说:"张东荪还与陈独秀他们共同商议发起上海的马克思主义研究小组。"[②]这样表述暗示着自己被排除在外。陈独秀见到李达,立即邀请其作为发起人[③],见到陈望道也立即邀请其协助编辑《新青年》,并成为党的发起人。但是,陈独秀与茅盾也曾打过交道,但是并没有邀请茅盾参与建党,至少说明陈独秀并不看好茅盾。可能因为茅盾没有出国经历,也可能茅盾与张东荪的关系,也可能是茅盾在建党方面没有表现出积极的态度,至少相比邵力子、沈玄庐、陈望道、李汉俊等人主张即刻组织建党,显得是消极的。

但是更重要的原因大概在于茅盾缺乏马克思主义的深厚修养。在马克思主义理论方面,茅盾与李达、李汉俊相差很远。李达在1919年6月的《觉悟》上发表《什么叫社会主义?》和《社会主义的目的》,阐明社会主义与共产主义的区别,并以九篇短文介绍欧洲各国社会主义政党的情况。此外,还翻译了《唯物史观解说》、《马克思经济学说》、《社会问题总览》等书。李汉俊师从河上肇研究马克思主义,热情欢呼马克思学说,认为它实在是最美满的天赐良品,他翻译了《马克思资本论入门》。李达和李汉俊在《新青年》上都有关于马克思主义的理论文章,或者直接发起与基尔特社会主义的论战,或者直接讨论社会主义学说。至于陈望道则因为他是《共产党宣言》的优秀译者。

茅盾自己也意识到自己的理论缺陷,他在谈到自己翻译列宁著作的困难时说:"对于马克思主义的经典著作没有读过多少的我,当时要翻译并译好《国家与

---

① 李达:《党的一大前后》,《李达文集》第4卷,人民出版社1979年版,第2页。
② 茅盾:《我走过的道路》上,人民文学出版社1997年版,第149页。
③ 李达:《李达自传》,《党史研究资料》1980年第8期。

革命》，是很困难的。"①像茅盾这样掌握马列知识不多却入党的情况在当时比较普遍，据包惠僧回忆，"当时，我们对于学习马列主义知识是太少了，我们多数同志几乎是当了共产党员才学习马列主义，我们主要的读物是《共产党宣言》、《新青年》杂志，李汉俊译的《资本论浅说》、《共产党月刊》，考茨基著的《唯物史观》，李季译的《社会主义史》、《马克思传略》及关于巴枯宁、克鲁包特金、托尔斯泰的著作。"②后来，沈玄庐曾经以党员收入太滥为退党的理由之一③。茅盾当时就感到学习马克思主义经典的重要性，可惜他后来随着革命形势的发展，"不料社会活动越来越多，竟不能如愿。"④

当《新青年》季刊发行时，茅盾突然从《新青年》中消失了。原因是《新青年》季刊变成与第三国际有关的理论刊物。有苏联背景的理论家占领了《新青年》杂志。茅盾这种带有学徒性质的人，自然被排除在外。1924年末，瞿秋白与杨之华结婚时他曾参加，与瞿秋白的关系比较接近，而且两人是隔壁邻居⑤，但是瞿秋白都没有请茅盾写稿，说明茅盾当时不适合《新青年》杂志了。原因仍然是他的理论色彩不强。茅盾在《共产党》月刊第3号上发表了一篇论说——《自治运动与社会革命》，内容并不精彩，运用的概念都是诸如"自治"这类常见的概念，不过比其他人说得俏皮些⑥，文笔不那样干练，分析也不够透辟，根本原因在于理论气度不够。相比起来，其他作者就显得大有来头。茅盾似乎只有在文艺方面有理论素养，社会理论方面则显得准备不足。

从他的性格气质方面看，也有很多特点影响他成为《新青年》的中坚。首先他是多思的，有当时知识分子的批判精神，显得比较理性，并不容易表现出激烈的态度，不够有理想性和冲动，所以他显得比较被动、比较谨慎。他喜欢批评，喜欢质疑。他对讲演空空洞洞、思想性不深刻、反复喊着几句富有煽动力的话⑦表示不满。此外他的思想具有现实性，缺少抽象观念，比较喜欢合情合理。以上种种使得茅盾在总体上显得行动力不够，在当时的历史背景下，革命性不够突出，只能边缘化。

其次，他的出发点是文化思想，其文化基因是根深蒂固的。当初维经斯基提出组党的建议，其中一个原因就是反对文化运动的"空洞"，要把理想灌注到现实生活中去，使中国思想界"由空泛的文化运动，向着组织改造运动进行"⑧。茅盾虽然跟从潮流被卷入政治活动中，但是他是潜在地把政治运动与文化运动结合在一起的。茅盾重视托尔斯泰，就是因为他把托尔斯泰看做是布尔什维主义的最初动

---

① 茅盾：《我走过的道路》(上)，人民文学出版社1997年版，第197页。
② 包惠僧：《包惠僧回忆录》，人民出版社1983年版，第18页。
③ 茅盾：《我走过的道路》(上)，人民文学出版社1997年版，第287页。
④ 同上，第197页。
⑤ 同上，第286～287页。
⑥ P.生：《自治运动与社会革命》，《共产党》第3号。
⑦ 茅盾：《我走过的道路》(上)，人民文学出版社1997年版，第169页。
⑧ 星期评论社社会经济丛书第一期出刊预告，《民国日报》1920年6月7日

力和俄国革命的原因①。这种认识与早期《新青年》的文化立场是一致的，也与张东荪一致，但是与转型后的《新青年》不太一致。

以文学观来看，也可见茅盾的文艺思想的发展也是在新文化运动初期思想的基础上逐渐发展的。他原来"赞成进化的文学、为平民的文学；主张艺术要为人生、为社会服务"②，这些早期《新青年》的文学立场，后来在文学上接受无产阶级文艺的引导，其阶级文学观是在原来观念的基础上加以"修正和补充"。1924年邓中夏、恽代英、沈泽民提出革命文学口号时，他写《论无产阶级艺术》(《文学周报》)，为的是"用'为无产阶级的艺术'来充实和修正'为人生的艺术'"。③

最后，他的行为方式有比较强的感性色彩，他是比较重感情的。在李汉俊、陈望道、李达抨击张东荪的时候，茅盾比较消极，没有做到决绝无情。茅盾后来回忆说，那段时间引他接近社会运动的，是他的内心的趣味和"别的许多朋友"。④ 这些朋友中就有茅盾很"佩服他的品德和学问"⑤的李汉俊，作为亲戚的李达和同乡的陈望道，当然还少不了弟弟沈泽民的影响。如果没有这些带有情感的人，茅盾也许不会卷入政治运动，也不会参与到《新青年》同人中去。

结论

应该说茅盾之所以与《新青年》遇合是因为他接受了它的早期的文化观念，又因为跟上了社会主义思潮的脚步，而他淡出《新青年》，则是因为他的思想受到早年的五四文化观念的限制，以及个人对于马克思主义的认识水平不高，没有跟上《新青年》的理论化方向。

第八、九两卷《新青年》属于过渡性质的刊物，还保留着北京同人的某种遗留影响。尚可以容留茅盾作为同人，但是因为以上一些思想方面的原因，加上他的性格原因，使得他无法成为中坚，最终随着刊物改变，而退出了同人圈子。茅盾当时的思想状态决定了他只能与《新青年》的过渡时期相合。

与此同时，从茅盾与《新青年》的遇合和暌违的过程可以看出茅盾是在缺乏对马克思主义理论深入把握的状态下卷进政治活动，并参与党的工作。他的精神资源主要还是十九世纪以来的启蒙思想，社会主义只是因为它是新潮才加以接受。他的精神还没有对残酷的革命做好准备，所以在革命失败后，最终不免于迷茫。

---

① 沈雁冰：《托尔斯泰与今日之俄罗斯》，《学生杂志》1919年第6卷第6号。
② 茅盾：《我走过的道路》(上)，人民文学出版社1997年版，第320页。
③ 同上，第318页。
④ 茅盾：《从牯岭到东京》，《茅盾全集》第19卷，人民文学出版社1987年版，第177页。
⑤ 茅盾：《我走过的道路》(上)，人民文学出版社1997年版，第198页。

茅盾在抗战时期的编辑活动

钟海波

陕西师范大学文学院　陕西　西安　710062

摘要：抗战时期，茅盾以一个文化战士的身份坚守在自己的文艺阵地上，以笔为枪，用文艺的形式与日本侵略者及妥协派、投降派展开斗争，在编辑领域取得了骄人的成绩。茅盾在抗战时期编辑的报刊主要有《呐喊》(《烽火》)、《文艺阵地》、《立报·言林》、《笔谈》及《新绿丛辑》，其编辑活动及其成功经验，具有重要现实意义，值得我们总结和继承。

关键词：茅盾　抗战时期　编辑　期刊

茅盾是中国现代著名的革命作家、文艺评论家、翻译家和社会活动家，同时他也是一位成就卓著的编辑大家。他的编辑活动，包括报刊编辑、图书编辑和出版评论三个方面。就报刊编辑而言，在长达 41 年的编辑生涯中，他相继编辑过十几种刊物，几十种图书，写下数十篇出版评论文章。五四新文学运动高涨期，他编辑革新《小说月报》，产生了轰动效应；左联时期，他编辑《文学》杂志引人瞩目；抗战前期，他主编的《中国的一日》开一代风气。抗战爆发后，他以一个文化战士的身份坚守在自己的文艺阵地上，以笔为枪，用文艺的形式与日本侵略者及反动派展开斗争，在编辑领域取得了骄人的成绩。

关于茅盾的编辑活动问题，从 20 世纪 90 年代开始成为学界关注的一个问题。1994 年，徐帆发表《略论茅盾的编辑思想和实践》，从理论与实践两方面，研究茅盾的编辑活动；1995 年，李频出版《编辑家茅盾评传》，从编辑角度介绍评价了茅盾的文化业绩；2000 年，吕旭龙发表《茅盾的编辑风格》用比较方法研究茅盾编辑特点。关于茅盾在抗日战争时期的编辑活动，也有单篇论文发表，比如：熊飞宇的《〈文艺阵地〉的编辑特色》，吴昌立的《抗战时期对〈文艺阵地〉人性的关注》。但整体而言，学界对茅盾在抗战时期的编辑活动研究不够系统深入。本文试图较为系统地梳理茅盾在这一时期的编辑活动，总结这位伟大作家在特殊的时代环境下对祖国文化、文学做出的特殊贡献。

一、《呐喊》(《烽火》)

1937 年 7 月，抗战的烽火在华北燃起，不久上海也发生了战事，情势十分严峻。面对危情，上海的作家们群情激奋，许多作家提出需要对上海已有的一些文学刊物，如《文学》、《文丛》、《中流》、《译文》等进行全面改版调整以适应抗战形势。但是也有一些作家则认为，日本侵略军猛烈进攻上海，上海恐怕难以久守，在上海的所有文学刊物可能都要面临停办的处境。在新闻出版界颇具影响力的邹韬奋先生听取了各方面意见之后,分析说《文学》、《文丛》、《中流》、《译文》等"大型刊物恐怕适应不了目前这非常时期,需要另外办一些能及时反映这沸腾时代的小型报刊,如日报、周刊、三日刊等"。①邹韬奋的分析引起了茅盾的共鸣,茅盾觉得应当把已经停刊的《生活星期刊》杂志另取名字恢复发行。与此同时,多数作家、出版界人士坚持认为无论《文丛》、《译文》等大型文学刊物是否停刊,文艺界应当尽快创办一份能够适应战时需要,可以迅速传达出作家们呼声的机动灵活的小型文学刊物来,创刊的目的主要一方面在于唤起和鼓动全国人民的抗战斗志和热情,另一方面也要推动和促进文艺大众化工作的进程,最终开拓出一片抗战文艺的新天地来。茅盾同意这种看法,他说:在抗战斗争中,每个作家都有拿枪上战场的勇气和决心,但是目前没有到需要作家、艺术家投笔从戎,去前线冲锋陷阵的时候。他认为,在抗战斗争中,"文艺战线也是一条重要的战线"②,作家、艺术家在文艺这条战线上作战,凭借的武器就是手中之笔,作家的笔可以用来描绘抗日战士的勃勃英姿,也可以用来呼喊出中华民族誓死保卫国土的决心与壮志,同时也可揭露汉奸、亲日派的罪行,使全国人民认清其丑恶面目和本质。他还指出,以后作家、艺术家的工作岗位也不再是窗明几净的办公室、写字间,前线、农村、工厂是作家、艺术家们发挥作用的地方。鉴于茅盾在文学界出版界的地位和声望,作家们一致认为茅盾做这个小型文学刊物的主编最为合适。这样,在《文学》、《中流》、《译文》等大型刊物停刊以后,由茅盾主编的《呐喊》杂志诞生了。茅盾在炮声隆隆中写了《呐喊》的创刊献词——《站上各自的岗位》,献词写道"中华民族开始怒吼了!中华民族的每一个儿女赶快从容不迫地站上各自的岗位罢!……这悲剧之中,就有光明和快乐产生,中华民族的自由解放!"③《呐喊》的创刊号于1937年8月25日面世,这是一份用小三十二开纸印刷的薄薄的杂志,每份仅售二分,刊物的封面上标着"文学社、文丛社、中流社、译文社合编"的字样。因为办刊经费紧张,该刊向社会声明用稿没有稿酬,但是,出乎编辑意料之外的是尽管没有稿费,作家们投稿十分踊跃。《呐喊》前面两期发表的稿件主要源于编辑约稿,由于《呐喊》创刊后产生了很大的社会反响,得到了文艺界广泛支持,所以到了第三期,即《烽火》第一期,就主要登载外来稿了。为什么要改刊名,那是因为当时对于《呐喊》这刊名存在一些不同的意见,不少人提出在抗日战争的大时代中仅有"呐喊"助威还是远远不够的,刊名应该体现出时代特色,于是改名为《烽火》。《烽火》最初在上海出版发行,上海被日军攻占后,遂迁至广州。在上海的时候,茅盾是编辑人,巴金是发行人。到了广州,巴金成了责任编辑,茅盾负责发行。④《呐喊》(《烽火》)是抗战初期影响极大的刊物,茅盾主编该刊共计4个月。它在抗战中充分发挥了鼓舞士气、凝聚力量的作用。

---

① 茅盾:《我走过的道路》(上),人民文学出版社1998年版,第3页。
② 茅盾:《烽火连天的日子》,《茅盾全集》第35卷,人民文学出版社1997年版,第136页。
③ 同上,第139页。
④ 巴金:《悼念茅盾同志》,《文艺报》1981年第8期。

二、《文艺阵地》

1937年10月,因上海发生战事,茅盾于当月20日辗转来到汉口。上海生活书店的徐伯昕来看望茅盾,希望茅盾能主编一个类似《文学》的中型刊物。茅盾初步同意。1938年2月7日,茅盾再次与生活书店徐伯昕及邹韬奋会晤商谈办刊事宜,当即决定创办的刊物叫《文艺阵地》(半月刊)。因考虑到武汉形势紧张,也决定把《文艺阵地》的编辑与出版地设在广州。前往广州路经长沙,茅盾遇见了张天翼,便向他约稿,张天翼给他一篇短篇小说《华威先生》。2月24日茅盾来广州,正式筹备出版《文艺阵地》。2月27日,茅盾由广州来到香港,大量稿件从广州的生活书店转寄到茅盾手中,这些稿件有老舍的新京剧《忠烈图》;有萧红的散文《记鹿地夫妇》;有叶圣陶的杂感《从疏忽转到谨严》;有周文的通讯《文艺活动在成都》;有刘白羽的速写《疯人》以及从苏联回国不久的戈宝权寄来的《苏联剧坛近况》等等。这些稿件足够《文艺阵地》一期刊用。1938年4月16日,《文艺阵地》创刊号如期出版。该刊的出版在文艺界引起极大的反响,尤其是张天翼的《华威先生》反响更加强烈。这一篇短篇小说,用讽刺的笔法揭露了抗日战争中国统区存在着的黑暗面,成功塑造了新的文学形象——华威先生,他整日忙忙碌碌地开会应酬,表面为抗战,实际为抢权。他想包揽抗日救亡的所有事务。他是一个务虚不务实的国民党"党棍"形象。这一作品的发表引起激烈的争议,褒贬不一。茅盾在《文艺阵地》发表《八月的感想》据理力争,从内容到艺术全面肯定了这篇讽刺小说的价值。之后,《文艺阵地》第三期又刊出姚雪垠的《差半车麦秸》,该作品引发争议和引起的轰动不亚于《华威先生》。"差半车麦秸"也成为一个重要的文学典型。1938年年底在杜重远的游说下,茅盾举家去了新疆,离开香港,刊物交由楼适夷接编。1939年楼适夷由香港去上海,编务工作也由香港转移至上海。1940年8月,《文艺阵地》的5卷2期后,因被上海租界当局查禁而被迫停刊,为了继续进行文艺活动,于是以辑刊的方式发行,并更名为《文阵丛刊》,该刊是24开本,共出了两辑,一辑是《水火之间》,另一辑是《论鲁迅》。

1940年冬天,茅盾从延安来到重庆,他筹备《文艺阵地》复刊。1941年1月10日续出第6卷第1期。但由于遭到国民党文化机关的阻挠,《文艺阵地》不得已于1942年1月(第7卷第4期)再度停刊。1943年1月至1944年3月,为了弥补《文艺阵地》停刊所造成的损失和缺憾,茅盾和同仁们又筹划出版《文阵新辑》丛刊,该刊物是24开本,共出三辑,它们分别是《去国》、《哈罗尔德的旅行及其它》、《纵横前后方》。

从1938年4月16日创刊至1944年3月停刊,《文艺阵地》共出63期,期间发表了许多文艺精品,除了张天翼的《华威先生》、姚雪垠的《差半车麦秸》外,还有沙汀的《老烟的故事》、丁玲的《在医院中》、茅盾的《霜叶红似二月花》、萧乾的《刘粹刚之死》、骆宾基的《东战场别动队》、周而复的《播种篇》、艾青的《吹号者》、陈白尘的《魔窟》、茅盾的《白杨礼赞》、李南桌的《广现实主义》等。它所发表的高质量作品明显多于同时期其他刊物。茅盾在抗战时期主编这一大型刊物,在中国抗战史上和文化史上留下光辉的足迹。这一刊物是联接国统区与解放区作家的纽带,也是联接中外作家的纽带。它为动员民众,鼓动抗战,繁荣抗战文艺做出很大贡献。这一杂志与抗战"文协"会刊《抗战文艺》有着同样的影响力,在抗战文坛享有美誉。《文艺阵地》是产生优秀抗战文学的园地,也是培植抗战文艺新人的摇篮。

三、《立报·言林》

1937年11月,上海沦陷后,有进步色彩且很有影响力的报纸《立报》被迫停刊。之后,《立报》总经理、主编萨空了和茅盾都来到香港,于是萨空了去找茅盾商量《立报》在香港复刊的事宜,他邀请茅盾去编辑《立报》的副刊《言林》。《立报》在上海出版时,《立报·言林》是由谢六逸编辑,其风格玲珑,多样,轻松,精悍,茅盾以往常在上面发表杂文,对此十分熟悉。当萨空了邀请茅盾担任副刊编辑时,茅盾说:我在香港正在编辑《文艺阵地》,恐怕没有时间和精力再来编辑《言林》了。但萨空了坚持说,这并不矛盾,他让茅盾同时编两种杂志。他给茅盾分析说:《文艺阵地》半月出一期,用稿也不多,占用不了他太多时间,而《立报·言林》每一期只有2500字需要他编辑,工作量不大,顺手的事。而且他还劝茅盾到香港安家,说那边生活条件、写作条件都要比广州优越,环境安静,不必天天躲日军空袭。萨空了还怕茅盾有顾虑,进一步劝他说,他完全可以在香港把《文艺阵地》编好,然后再寄到广州来排版印刷,他只负责编辑,让生活书店负责印刷发行。万一有事情需要到广州来处理,也不过是两个多小时的车程。抗战时期香港物价飞涨,茅盾的收入不够一家人开销。考虑到生活问题,为了能够安心搞创作和编刊,茅盾接受了萨空了的建议和请求。确如《立报》总经理、主编萨空了所讲,《言林》的编辑工作不太复杂,这个副刊主要发表杂文、短论、诗歌等,所来稿件一般篇幅短小,文体也较为单纯。《立报》在香港复刊时,茅盾编辑副刊《言林》,他在复刊号的献词中说明了办刊的主张:"凡对人生社会,百般问题,喜欢开口的人,都请到这里来谈天……今日我中华民族正在和侵略的恶魔作殊死战,《言林》虽小,不敢自处于战线之外,《言林》虽说不上是什么重兵器,然亦不甘自谓在文化战线上它的火力是无足轻重的。它将守着它的岗位,沉着射击。《言林》不拘于一种战术:阵地战、运动战、游击战,凡属拿手好戏,都请来表演……"[①]

《立报·言林》复刊初期,因稿源不足,茅盾还要动手赶稿写文章,复刊的第一周,茅盾每天要为《立报·言林》写一篇文章,之后不久许多地方的投稿就雪片一样地飞来,以至很快形成了一支经常供稿的稳定写作队伍。茅盾是一位编辑经验丰富的老编辑了,他深知要办好一个副刊最关键的问题是每天需要有一篇重点文章,它新颖精彩。起初,茅盾很担心这样的重点文章难以落实,于是不得不自己动笔,但不久这一问题解决了:他培养的固定的写作队伍投来的稿件,一般都不需要他花费多大力气就能安排在头条。这是一群青年作家队伍,大约有十来个人。他们个个思维活跃,文笔流畅,有较为深厚的理论素养。这些作家都能按照茅盾的要求写出他所需要的文章来。这一群青年有李南桌、黄绳、袁水拍、杜埃、林焕平

[①] 于连祥:《逃墨馆主——茅盾传》,浙江人民文学出版社2006年版,第187页。

等。与青年作家交流多,他和他们结下了深厚的友谊,所以茅盾在编辑《言林》期间,他是比较愉快的。1938年12月20日,茅盾要离开香港去新疆,遂辞去《言林》编辑工作,与此同时,萨空了也去新疆,《立报》停刊。

四、《笔谈》及《新绿丛辑》

1941年,抗战进入相持阶段,国民党顽固派消极抗日,积极反共,他们制造了震惊中外的"皖南事变"。为了开辟"第二战线",中共中央安排茅盾再去香港。当时在重庆执行公务的中共中央副主席周恩来约见了茅盾,并对他说:"我把你从延安请到重庆,没想到政局发生这样大的变化,现在又要请你离开重庆了。这次我们建议你到香港去。三八年你在香港编过《文艺阵地》,对那里比较熟悉。现在香港有很大变化,所处的地位十分重要,是我们向资本主义国家和海外华侨宣传中国共产党的政策,争取国际舆论的同情和爱国侨胞支持的窗口,又是内地与上海孤岛联系的桥梁。万一国内政局发生剧变,香港将成为我们重要的战斗堡垒。因此,我们要加强香港的力量,在那里开辟一个新阵线。"[1]茅盾接受了任务:他去香港办一个文艺刊物。但是究竟办什么性质的刊物,他还一时没有定下。经过反复斟酌,茅盾最终倾向于办一个小品文刊物。因为办大型的文艺刊物与香港当时的环境和气氛不适应,而中型文艺刊物已经有了周鲸文和端木蕻良主编的《时代文学》,而且茅盾考虑到在各种斗争十分复杂的时代更需要有强烈鲜明战斗性的刊物,纯文艺刊物缺乏战斗力。小品文期刊与大中型文艺期刊相比较,虽然它不便打阵地战,却便于"游击队"大显神威。而在动荡的抗战相持阶段,"更应该打游击战"。[2] 这份文艺期刊终于问世了。它是半月刊,刊名为《笔谈》,以发表小品文为主要职志。为了征集稿子,茅盾给各地朋友发去"征稿简约":"一、这是个文艺性的综合刊物,半月出版一次,每期约四万字;经常供给的,是一些短小精悍的文字,庄谐并收,辛甘兼备,也谈天说地,也画龙画狗。也有创作,也有翻译。不敢自诩多么富于营养,但敢保证没有麻醉也没有毒。二、内容如果要分类,则第一,关于游记或地方印象;第二,人物志,以及遗闻轶事;第三,杂感随笔,上下古今,政治社会,各从所好;第四,读书札记,书报春秋;第五,文艺作品,诗歌,小说,戏曲,报告;第六,时论拔萃。以上六类,不一定期期都有,但总想做到有则必不是充数滥竽。"《笔谈》创刊后得到进步作家的大力支持,优秀的稿件源源不断。叶以群投来了小说,戈宝权投来了译文,杨刚投来了散文,远在重庆的郭沫若、上海的楼适夷等等也都寄来了稿件。尤其柳亚子先生为《笔谈》写的关于革命掌故的札记《羿楼日札》,更使新生的《笔谈》增色不少。茅盾除了办刊,也亲自为刊物撰写时事评论,纵谈抗战时期国内外形势。

茅盾主编《笔谈》(半月刊),1941年9月1日创刊,1941年12月8日太平洋战争爆发,日军进攻香港,他于1942年1月9日离开香港回内地,该刊停办,3个多月共出7期。

---

[1] 茅盾:《在抗战的逆流中》,《茅盾全集》第35卷,人民文学出版社1997年版,第406页。
[2] 吕旭龙:《从〈笔谈〉看茅盾的编辑个性》,《茅盾研究》第八集,新华出版社2003年版,第415页。

抗战时期，未成名作家出版作品十分困难。书店老板出书往往先看作者的名气。名气大的他们愿意为其出书，没名气的或名气小的他们不愿意出这些作者的书。为了使未成名作家有出版作品的机会，茅盾决定与自强出版社合作出版一套丛书，专门出版未成名作家的作品。这样，为了扶植无名作者，从1943年12月至1944年9月，茅盾主编了一套丛书《新绿丛辑》，共出三辑。第一辑：穗青的小说《脱缰的马》(1943年12月)。穗青当时是一个刚刚露头的文艺青年，此前在《文艺阵地》发表过处女作《在火车站》，茅盾读了《脱缰的马》原稿，发现这是一部少见的佳作，于是在《新绿丛辑》第一辑登出。第二辑：郁茹的小说《遥远的爱》(1944年4月)。此前，女青年李玉如投来一篇小说《遥远的爱》，茅盾读后觉得很好，提出几条修改意见，让她修改。之后把这部小说登在《新绿丛辑》第二辑发表，并为作者取了一个有文采的笔名——"郁茹"。第三辑是两个中篇：小说王维镐的《没有结局的故事》和韩罕明的《小城风月》(1944年9月)。为了提高这些作家的知名度，茅盾分别为这些作家的作品写了序言，而且组织老作家写读后感附于作品之后。通过茅盾的宣传介绍确实扩大了这些作者的影响力。

五、结语

总的来说，茅盾在抗战时期的编辑活动有这样一些特点。

1. 旗帜鲜明，服务抗战。抗战时期的茅盾以文化战士自许，他所主编刊物，坚持为抗战现实服务，对所主编刊物的性质宗旨有明确定位，立场鲜明，既注重思想性，也注重文艺性，遵循市场规律但不以赢利为目的，其刊物能够鼓舞人民，教育人民，爱憎分明，战斗性强，文化品位高。同时，茅盾能敏锐感知时代脉搏，善于捕捉社会热点问题，他所编刊物时代感强，不少作品能够引起轰动效应。尽管这些刊物生存时间长短不一，但每种刊物一经他的编辑出版便很快成为名刊，发挥了时代号角的作用。

2. 依靠作家，严谨办刊。茅盾为人谦逊，善于团结优秀作家，由于他有丰富的人脉资源，稿源充足。《文艺阵地》是抗战时期影响极大的文艺刊物，它的成功，最根本的原因应当是得到了文艺界广泛的支持。《文艺阵地》有较为稳定的稿源，经常为该刊撰稿的老作家或者后来经《文艺阵地》扶植培养而成名的年轻作家，就有七十多位。可以说是进步爱国的广大作家们是《文艺阵地》生存的坚强后盾。《笔谈》的生存发展也是以广大的作家群的支持为基础的。抗战时期大批文化界人士和作家云集香港，如胡绳、乔冠华、以群、袁水拍、戈宝权、骆宾基、胡风、林焕平、丁聪等，他们都经常为茅盾的刊物写稿、译稿，有时提供插图。由于有丰富的稿源，加之茅盾审稿严格，优中选优，精中选精，校对仔细认真，一丝不苟，如此保证了刊物的质量。

3. 发现人才，培养人才。茅盾甘为他人作嫁衣，在编辑他人的文字，审阅他人的稿件的同时也注重发现和培养文艺新人，积极扶持新人新作，使刊物能够保持生机与活力。抗战时期涌现的文艺新人如姚雪垠、杜埃、林焕平、李南桌、黄绳、袁水拍、萧曼若、穗青、寒波、周正仪等都得到了茅盾的提携。茅盾十分赏识的青年评论家李南桌，在《文艺阵地》上发表了八篇论文：《论典型》、《广现实主义》、《再广现实主义》《论"差不多"和"差得多"》《评曹禺的〈原野〉》《关于文艺大众化》、《抗战与戏剧》《关于鲁迅先生》。

4. 繁荣文艺,建设文化。茅盾在香港主编《文艺阵地》、《立报·言林》及《笔谈》,为香港这一"文化沙漠"变为"文化绿洲"起了较大的促进作用。抗战前,香港是一个畸形儿,物质极度繁荣,文化十分萧条。随着茅盾等大批作家来到香港,他们编辑出版报刊,使香港的文艺在抗战中赢来第一个高潮。当然,茅盾的编辑活动对全国抗战文艺的发展和文化建设也做出重要贡献。

总之,茅盾在抗战时期的编辑活动及其成就,是一笔重要的精神财富,有许多地方我们值得总结和继承。

如何继承与怎样超越
——对"茅盾传统"的当下思考

李 明

上海视觉艺术学院基础教育学院 上海 201620

摘要: 当下文学界有漠视与丢弃"茅盾传统"的倾向,尤其在社会剖析、史诗追求、理性叙事传统方面的缺失,表现出与茅盾传统的疏离;主要是由二三十年来文学与政治、时代、经济、哲学思潮等关系的复杂微妙变化所形成;茅盾传统的文学史价值及其文学精神,需要我们重新正视和面对,对于当下文学道路的寻求也具有重要的启发意义。如何"继承与超越"这一传统,值得文学者与学术界作更深入的思考。

关键词: 茅盾传统 丢弃 价值 文学精神 继承 超越

新世纪之初,有研究者撰文指出:由冯雪峰和普实克提出的"茅盾传统",即现实主义、"史诗"创作、"理性化"叙事传统,构成中国新文学的一种重要价值体系,在文学史上产生过深刻影响。当下文学界却有漠视其存在,随意丢弃这一传统的倾向。[1] 笔者以为这并非臆想,而是事实。只要冷静审视这二三十年中国文学所走过的路,二三十年里中国长篇小说的创作情况,就应当承认,"茅盾传统"的影响力在当下文学界渐趋衰落。和20世纪80年代前后其巨大文学影响力比较,这一文学传统正在被遗弃,遭遇到空前的失落和冷遇。虽然文学研究界时而还在言说茅盾及其文学,但与其他一些文学话题或研究"热点"相比,无疑,茅盾传统在当下文学界显得黯然失色。

学者的研究表明,茅盾传统是现代中国优秀文学遗产的重要组成部分,它在20世纪中国文学中的影响非常重大和关键,对中国文学走向世界至今仍有借鉴和启示价值。但就是这样一种文学历史上客观产生过重大影响的文学传统,虽然不少人也承认它的重大意义和价值,可是一具体到当下文学的现实中,为什么一些作家、批评家或研究者,又存在漠视或随意丢弃茅盾文学传统的倾向呢?难道"文学传统"就是这样一种仅仅在某种理论意义上值得肯定,而在现实文学实践当中又无法真正体现的抽象精神吗?

如果不是凭空谈问题,承认茅盾传统在当下文学界有被漠视或随意丢弃的倾向,那么,也许有必要继续追问下去:当下文学界究竟是如何漠视或丢弃茅盾文学

---

[1] 王嘉良:《"茅盾传统":范式特征与价值蕴含》,《浙江师范大学学报》社会科学版,2001年第6期,第1页;王嘉良:《论"茅盾传统"及其对中国新文学的范式意义》,《浙江学刊》2001年第5期,第81页。

传统的？当下文学界漠视或丢弃的茅盾文学传统中最重要的东西是什么？为什么当下文学界会有随意丢弃茅盾文学传统的倾向？也就是说，既然一些研究者认为这一传统不应当被漠视或随意丢弃，而且提出了自己的理由，但实际上又无法影响实际的文学创作者，使他们去正视和思考，甚至从这一传统中汲取到更有益的文学经验。说得再明白些，无论一些研究者如何表达茅盾文学传统的重要意义和对当下文学的启示价值，但研究者的声音和文字却也在遭遇一种随说随被漠视的命运，根本无法对当下文学界产生些许能够明确感受到的影响。仿佛一箭之入大海，其命运总是无声无息。

自然，文化人、一种文化现象或文学精神有时遭冷遇并不是什么坏事。我所真正关心的是：历史上曾有过，且放着这样有价值的文学传统，可当下文学界就是无视，就是弃之不顾，却依然在左冲右突，寻找自己的文学"创新"之路。难道某些作家是比一些研究者更缺乏历史眼光和文学智慧，更"顽固"拒斥"传统"的人吗？研究者以为优秀的仍有价值的"传统"，他们为什么就不"继承和发扬"呢？这里面的许多问题，的确值得我们更深入地思考下去。

一、当代文学界漠视或随意丢弃"茅盾传统"的几种倾向

如果当下文学界有漠视或随意丢弃茅盾传统倾向的说法并非空穴来风，那么，研究者究竟是通过哪些当下文学现象，得出茅盾传统被漠视或丢弃的看法呢？要回答这一问题，还需要从1985年至今的中国当代文学发展状况谈起。

（一）社会剖析现实主义文学的衰落。如果说伤痕文学、改革文学、反思文学中还有受茅盾传统影响痕迹的话，那么从1980年代中后期出现的寻根文学、新写实文学、新历史主义文学、私人化写作等文学思潮和现象中，可以看出：当代中国文学事实上存在废弃茅盾的社会剖析现实主义文学创作方法的趋势。

20世纪80年代是引进西方文艺比较集中和全面的时代，受西方文学理论和创作影响，中国作家普遍有一种"走向世界文学"的焦虑心态。向西方文艺理论与创作的学习，拓展了当代作家的文学视野，丰富了其文学思维和创作技巧。一个时期，象征主义、魔幻现实主义、结构主义、精神分析、形式主义、后现代主义等文学技法，成为当代作家竞相追逐，展示文学生产力的重要理论和文学资源。西方文学自现实主义以来走了二三百年的文学探索道路，在中国却用很短的时间模仿和演练了一遍。这种模仿和演练，对中国当代文学的冲击力度颇大，产生了代表不同文学技巧和方法的中国文学作品。这些作品在形式探索方面，都以不同的姿态和成就展示了中国作家学习西方文学的良苦用心和艺术匠心，在丰富当代中国文学的艺术形式和创作技巧方面，也寻找和积累了一些有价值的文学经验。然而，从时间和读者接受的角度客观审视，当代文学尤其是长篇小说在量和质方面，还存在所谓"丰富的贫乏"的不协调现象。绝大多数作品都是新奇一时而昙花一现，艺术底蕴不足，文学生命值得怀疑。其中一个重要原因，经过文学界和学界这几年的反思，主要是由于盲目照搬和模仿西方，缺乏中国文学自身的艺术独创性和魅力，尤其是其创作与中国绝大多数普通民众生活和文学读者需求之间，存在着无法消除的隔膜。截止目前，能够代表当代中国文学特别是长篇小说艺术创造

水平的作品依然寥寥。这不仅仅是欧美为代表的所谓"世界文学"竞争显示的态势，而且是中国文学读者和研究者的普遍共识。"当代文学垃圾论"的说法自然不足观也不足信，但热闹的言论背后透出的某种对当代文学的更大期望，却是不言而喻的。读者阅读的一种调查表明，路遥《平凡的世界》等承继茅盾传统，大规模展示时代变化和普通人精神心理世界的长篇小说，却一直在文学市场和普通读者文学书籍收藏中，长盛不衰，甚至形成了某种文学上的"路遥现象"，这是十分值得作家、评论家和学者们关注并探讨的当代中国文学现象之一。此外，以曹征路《那儿》等为代表的揭露时弊的小说，被称之为"新左翼文学"。还有所谓"打工文学"、"底层文学"等的媒体讨论，也从一个侧面反映出至少有部分当代中国文学读者对关注现实的文学，或者说传统的现实主义文学有眷恋的心态和阅读需求，文学对现实主义的呼唤也构成复杂的当代文坛景观之一。问题可能并非"现实需要重新主义"那么充满激情和简单，但在厌倦了私人化、欲望化写作的文学读者看来，重新接续或捡拾一直在当代文学历史上占据主导地位的现实主义文学传统，是应该的也是可能的。在这种文学需求心理和文学现象中，茅盾传统的失落成为当下文学与民众生活愈益隔膜甚至远离的重要缘由。茅盾传统中注重社会剖析现实主义文学精神的一度失落，致使二三十年当代文学的形式主义泛滥，当代长篇普遍的精神虚弱与文学力量的某种缺乏，都与此丢弃或背离倾向不无关系。

（二）史诗追求在当代长篇小说创作中的稀有与淡漠态势。二三十年的长篇小说创作，显示出文学市场和小说作家对长篇的青睐。长篇繁盛的一个重要原因，是文学市场化的结果。"十年磨一剑"式的作家呕心沥血之作实属凤毛麟角。绝大多数长篇迎合文学市场风向，取悦读者"娱乐"心理，不属于可堪回味的艺术精品。优秀长篇不是很多，大量市场化长篇的一个重要特点就在于其展示生活容量的相对单薄，反映历史和人性的深度与高度不够，即使有题材新异、技巧更为娴熟等优点，但与成为我国现当代长篇经典的作品相比，作品在历史气度、表现时代精神方面，的确呈现出某种带有共同性的艺术缺憾。这与近二三十年来中国文学挣脱以往功利政治羁绊，片面强调"纯文学"和欲望写作等时尚风气相关，也与遗落茅盾长篇小说最根本的史诗性追求文学传统不无关系。

相反，陈忠实《白鹿原》、张承志《心灵史》、阿来《尘埃落定》、红柯《西去的骑手》、王安忆《长恨歌》、贾平凹《秦腔》等相对优秀的长篇小说，之所以获得文学奖项和读者欢迎，其中一个重要原因也还在于他们的创作有意或无意地在艺术上体现出的史诗品格。《白鹿原》以巴尔扎克"小说是一个民族的秘史"作为创作意图或艺术鹄的；《心灵史》是哲合忍耶教派的精神追求史、灵魂史；《尘埃落定》则以诗情与叙事的完美结合，为不为人知的藏族土司制度唱了一曲历史挽歌；《西去的骑手》以磅礴的气势和几近浪漫神奇的审美传达，唤醒了人们心中对历史和英雄的神圣情感；《长恨歌》在细腻、婉约的一唱三叹中，体现出历史和人性深处的某种悲情、隐秘，此作在这类作品中应该说史诗气息较为稀松，但仍具有一些史诗因素；《秦腔》为黄土地上无名的土地和人物立传，浓厚的悲剧与虚无气氛里，也透出城市化进程中农村和农民命运的苍凉意味。《收获》发表的张贤亮《壹亿陆》，虽然存有艺术上的某些油滑和媚俗之处，但读完全篇，也被作家试图真实展现时代和普通人物的悲欢离合及精神心理的艺术魄力打动。无论作品"审丑"方面还存在哪些令人遗憾之处，但作家客观展示改革开放以来当下中国历史，以及勇于揭破现实，描绘世态众生相的努力，依然使这部长篇带有了史诗性光辉。

尽管以上所举长篇颇能代表当下文学的某种艺术创获，但若将它们置放到稍微广远一些的文学历史长河，就会发现：它们同《子夜》《创业史》《上海的早晨》《李自成》等长篇相比，还是有明显艺术差距。这不仅体现在作家文化素养和创造能力的差别上，也体现在作家受时代文化氛围和意识形态制约与影响上。由于时代不同，文学观念发生的深刻变化一方面催生出崭新的艺术作品，另一方面也影响到作家的审美心态、审美选择和审美创造。我国当代文学发展曾深受极"左"思想桎梏，文学创作一度出现千人一面、千部一腔的模式化、单一化、高度政治化现象，以及意识形态主流"正确性"成为决定作品成败的文学从属政治的片面性。改革开放以来，对文学主体性和人性的某种重视，特别是对西方文学的借鉴，使我们的文学获得了更为广阔的发展道路。但由于市场经济的逐步确立和中国发展模式纳入"全球化"体系，"现代性追求"也无可避免地带来了其不足与局限。表现在文学上，就是由过去的为政治服务走向了文化虚无。以往革命文学传统被颠覆、解构，新的文学范式和文学精神又莫知所之。这种倒洗澡水连孩子也泼掉的极端做法，致使文学在克服先前某些"假大空"弊病的同时又产生"真小实"的新弊端。嘲弄神圣、展示欲望、强调感觉、否定意义等所谓"后现代思潮"影响到作家艺术思维，带来了新的文学创作方面的单调性和趋同性：挖掘个人人性和欲望背后的现实，展示碎片、印象式物质世界人的存在状况，尽量还原人的凡俗、世俗、庸俗乃至恶俗一面，以市场和"娱乐读者"为现实创作目的等等。一开始给人的感觉是新鲜的，但文学艺术所能提供给读者的这种模式化的作品一泛滥，势必引起人们的审美疲劳。而且，这种愈益"中产化"的写作也有悖于中国几千年来的文学基本精神和传统，那就是文学与普通百姓生活的血肉联系，文学硬性的人道主义品格和文学对时代精神的描绘。有人问，文学难道非要展示时代精神吗？我的回答是，文学是精神自由的文化创造，谁也无权干涉作家写什么和怎样写。但古今中外伟大的文学却拥有相同的品性：其中表现时代精神，追求史诗品格就是一条宝贵经验。你可以无视它的存在，但如果你想赋予你的文学劳作以某种意义，把握时代精神是摆在每个文学写作者面前的客观问题。特别是在一个急遽变化而复杂迷离的时代，更需要有眼光和魄力的作家，为时代和文学读者奉献出精神文化精品。文学从来都仅非个人的玩物，文学是一个时代精神意识的最集中、最形象的鲜活记录。茅盾《子夜》的价值将随着时代变迁日益凸显，他所开创的史诗性长篇创作范式与艺术追求，并没有过时。因为它是符合民族审美心理，取精用弘、吸纳中西而开创的，是富有创造性艺术生命与活力的文学创作方式。随意丢弃这一传统，是矫枉过正的偏激做法，并不利于中国当代长篇小说艺术质量的整体提升。

（三）理性化文学叙事传统的弱化。1980年代以前的中国文学，强调文学反映社会生活和时代变化，注重对处于复杂社会关系中的某一群体或人的社会化生活的描绘，偏重从人的个体精神心理之外的所谓"外宇宙"去寻求文学素材和展开文学叙事。而随着"朦胧诗"的崛起和"寻根文学"、"魔幻现实主义"、"象征主义"、

"意识流"、"精神分析"等受西方现代派艺术思潮影响的多种文学创作方法的不断尝试,二三十年中国文学尤其是以小说为代表的叙事文学的一个显著特点,就是作家将文学的笔触更多地伸向了作为生命个体的人的内心隐秘世界,这是一个被称为"内宇宙"的文学领地。这也是中国当代文学进入20世纪80年代以来最为重要的一个转向。这种"转向",带来了中国文学对人的隐秘意识世界前所未有的深层开掘和表现,使作为"人学"的文学对于"人"这一生命实存或精神、文化存在物的研究与揭示达到了新的水平和高度,出现了不少探究人的直觉、潜意识、无意识层面复杂形态的具有精神深度的文学作品。此消彼长,物极必反。文学在自得于所谓"人性深度"的同时,也在日渐缩小它表现丰富社会生活的"广度"。躲避崇高、消解神圣、追逐欲望、展示碎片、刻绘绝望、呈现暴力等成为一个时期文学叙事的共同嗜好,使得叙事文学特别是长篇创作中突出直觉、感觉、非理性、本能等的文本在各式文学体式中的比重明显加大,形成一种弱化理性叙事的趋同化文学创作模式。

文学创作是极其复杂的精神劳作,不可能要求按照某一设定的模式去进行创造。真正富于生命力和创造力的文学,应当警觉于"一哄而上"的趋同现象。叙事文学理性传统的弱化,使文学对社会的表现越来越显得苍白无力,使读者滋生审美疲劳。仅以几部代表性长篇为例:"《废都》式颓废"在传达世纪末知识分子精神虚空一面的同时,也忽略了对推动社会进步的知识分子精神常态的描写。庄之蝶形象具有某种深刻性,但更多体现的却是精神迷失的某一类知识者身心异化的命运,并不能以之读取到更富有文化价值的知识人与社会命运的深度艺术启迪。相反,同为知识者命运和精神路程的文学书写,宗璞《东藏记》便为读者展示了更具历史厚度与文学意味的现代知识分子的生存命运与精神世界。《活着》、《许三观卖血记》、《兄弟》等余华小说,探索了人与现实的紧张关系,以及人之存在的某种深刻的绝望与悖谬状况,但却无法更深入地引领读者理性思索人的命运与现实的种种更具历史和文化深度的原因。《丰乳肥臀》、《檀香刑》等莫言作品,在揭示历史和人性的残酷与暴力方面,展现出作家非凡的艺术创造才能,但在极度肆意奔放的文字后面,也忽略了对人类社会某些常态和理性约束层面生活的开掘。张炜《柏慧》、《智慧书》等长篇小说,表现出陷溺于自言自语进行精神迷宫探险的某种"偏执",过度的诗性与哲学命题追索的杂糅,已使得其"长篇小说"形式较深地背离基本的文学形式惯例,成为供极少数人把玩猜想的"智慧书"。其"小说"情节的随意性和意蕴的庞杂性,与绝大多数读者思想和艺术明晰性的阅读基本需求相去甚远,造成"曲高和寡"的文学接受效果。小说既然发表,就是要让读者看到的是小说,作家对文体形式的探索是可贵的,但无视读者文学接受的"精英"写作心态,不能不说也是当下文学叙事主体理性缺失的某种表现。

另外,近年文坛的一个突出现象,就是"文学事件"不断,而经得起艺术回味的长篇不多,作家与批评家各行其是,很难再见到20世纪八十年代批评促动创作,创作激发批评的良性互动文学态势。这种文坛现象的出现,自然与一个时期社会转型中经济、政治、文化特点关系密切,尤其是与大众媒体对文化的介入与操控有关。整个社会,特别是文化界弥漫的焦虑、浮躁心态,也与珍视理性的传统失落不无关系。感官主义、刹那主义、娱乐至上、身体文化、快餐文化、现世主义、虚无主义、唯经济主义等等流行文化意识,对当下文学的影响更是来势汹涌,这些流行意识的非理性因子,已渗透到当代文学的方方面面,使得当代中国文学因理性把握能力的弱化,加剧了"丰富而贫弱"的症候。

二、"茅盾传统"被漠视或随意丢弃的原因分析

茅盾传统是现代文学精神的重要组成部分,是中国现实主义文学经过现代发展浓缩形成的精华,是中国现代长篇小说的宝贵艺术经验之一,也是中国文学走向世界文学的现代文化资源。自 80 年代中期以来,这一可贵的现代文学传统血脉在中国当代文学发展中并没有得到很好地承续,相反,却呈现出被随意丢弃的式微征象。其中的原因,值得我们进行冷静、客观的分析。

在对茅盾传统是如何失落的种种倾向进行分析时,其实已经涉及到对其原因的探讨。但那些原因都是零散的、针对某一具体文化现象阐述的部分原因。需要一种更为宏观、开阔,也更为历史、综合的辩证思路,作为理解茅盾文学传统遭受遗弃的理论与实践解释。为此,我们应当从现当代中国文学的历史演进趋势和世界文化文学思潮,以及文学与政治、文学与时代、文学与经济、文学与哲学思潮等关系角度,对这一现象予以更接近实质的说明。

(一)文学与政治关系的调整,影响到文学界对茅盾传统的态度。十一届三中全会之后中国社会进入了改革开放时期。政治对文学"减压"的结果,使得作家创作较之以往显得相对自由。一个时代的文学总是受时代政治的制约。由强调阶级斗争转向以经济建设为中心的改革开放,中国社会展示出空前复杂的新变化。在向市场经济过渡的历史进程中,文学失却往昔轰动效应,作家的生存方式、思想观念的变化也导致文学写作性质的变化。此前文学看重意识形态属性,而此后文学首先要面对的只是市场,文学成为重要的文化产业和文化消费形式之一,成为了与创造社会财富的其他人类劳动形式没有更多区别的艺术领域。文学高度意识形态化的状况被打破后,许多文学者开始追求脱离政治的"纯文学"。文学对政治意识形态的有意疏离,使得文学"边缘论"、文学"终结论"等西方后现代社会的文化论题,也成为我国这个发展中国家文学面临的现实。

(二)文学与时代的关系问题,牵涉到对茅盾文学传统的再认识。叙事文学是以特定时空中的人类活动为基本内容,因此无法脱离时代而创造。文学者,随时代变迁者也。一时代有一时代之文学。清末民初,小说因其"新民"功效,登上我国文学大雅之堂。此后,小说成了文学的正宗,现代小说凭借现代技术和传播手段,成为文学中最受普通读者欢迎的叙事形式。然而由于传统文化对于小说态度的轻慢,小说在"文学革命"前后的主要职能还在于供人游戏和消遣。鲁迅开辟了现代小说参与历史进程的文学启蒙道路。现实主义文学在现当代历史上的曲折进程无不同文学与时代的关系扭结在一起。文学把握时代节奏,传达时代精神意识,刻绘时代众生相,逐步成为一些作家的自觉艺术追求。在"革命"时代,必然产生"革命文学";在战争年代,文学自然无处不带有战争文化心理的印痕;在阶级斗争岁月,文学成为阶级斗争的工具和武器;在改革开放背景下,文学也迎来了自身

的开放与改革。随着改革开放的不断推进,文学需要更全面和更深刻地记录现实。时代的巨变,要求文学也应参与现代化历史进程。如果说 30 年前的时代是"革命光荣"的时代,那现在就是"致富光荣"时代;如果说改革开放以前的时代是一个追求道德理想主义的浪漫时代,那现在就是信仰发生危机、理想与价值失落、讲求实惠的时代;如果说 30 年前中国社会处在闭关锁国、发展整体滞后的时代,那么现在则处于全面改革开放,纳入"全球化"发展轨道的高科技时代;如果说开放国门前的时代是"狠批私字一闪念",强调国家、民族、集体等意识形态的时代,那么现在则是鼓励一部分人先富起来,突出实力、个性、竞争、欲望、消费等"全球化"意识形态的时代……总之,空前急遽变化的时代,对"全球化"时代的中国文学也提出了新的要求。任何固守单一传统的文学创造,在我们这一时代很难被人们求新求变的文化心态接受。文学的"千年之变"已成现实。在这样的语境下,茅盾传统遭遇冷遇也有其深层的时代文化心理原因。那就是茅盾长篇《子夜》模式的党史立场、社会剖析、全景透视、宏大叙事、史诗品格等传统,其本身蕴涵的阶级、社会分析、现实批判等创作观念,在淡化阶级、谋求发展、构建和睦、强调个性的时代意识下,为一些作家置之不顾,也是时代变化使然。在 20 世纪 90 年代,曾有人将茅盾除名于"文学大师"行列,也有借助茅盾留日恋情贬低茅盾人格及其文学的现象,一方面传达出流行文学的理念,一方面表明在新的时代某些人对茅盾文学传统的不适感。

(三)从文学与经济角度看茅盾传统失落。茅盾也许是现代中国最注重表现人们经济生活的作家。茅盾自然不是为了经济而描写经济,经济叙事是其思想内蕴传达的重要视角。从人们经济行为背后研究人,也是茅盾的文学追求。[①] 特别是他的"资本家系列"和"农村三部曲",都是从经济角度细致展开文学叙事的。《子夜》甚至成为现代经济学家推荐的研究经济学的参考书,可以看出一个作家透过经济对社会的深刻把握程度。新中国成立前茅盾一直集中于写资本家,与 1942 年以来文学"工农兵方向"要求还是有某种潜在矛盾。因此,新中国成立后茅盾不再从事小说创作。经济在人类生活中的地位与作用从没有当下这一"全球化"时代这么突出。从某种意义上说,21 世纪也许是"经济万能"时代。按理说,茅盾对金融和商业的文学热情应引起我们时代作家的关注,从中吸取更多文学表现经济生活的有益经验;而事实上,当代作家对经济生活的文学书写和把握,与我们这个唯经济时代的现实还有差距。究其原因,就是作家缺乏茅盾般社会科学家和自然科学家写论文、搞实验的科学研究精神,很难从纷纭复杂的经济现象中分析出社会性质的某种变化,开掘出更具前瞻眼光的思想与艺术经验。受当今全球金融危机影响,失业、刺激消费、金融体系都成为全世界共同高度关注的问题。在这样的情况下,文学处境和命运同样发生了变化。在强化感性书写的当下文学中,茅盾理性经济描绘的文学方法受到排斥,是当代作家趋俗文化行为的表现。

---

① 1931 年 5 月茅盾在《致文学青年》一文中,就强调了在动手创作之前,"一定得努力探求人们每一行动之隐伏的背景,探索到他们的社会关系和经济的基础"。《茅盾全集》第 19 卷,人民文学出版社 1991 年版,第 222 页。

（四）文学与时代哲学思潮。很难描述当今世界人类真正是朝着哪一个方向在"发展"。无限发展观已经主宰了人类意识。科学技术日新月异，经济活动扑朔迷离，文化创造千姿百态……这个世界已成为技术统治和物质扩张的丛林世界，人们在迷宫般的世界中丧失了期待，只有穷于应付眼前发生的一切。历史上的哲学智慧成为各取所需的资源，而当代世界却无力产生吸引人类精神注意力的哲学思想，甚至缺失像康德、黑格尔、马克思等那样的致力探寻人类理性和精神世界、引导人们探索真理的哲学家。真理解构、意义颠覆的代价，便是现代社会的人们置身于所谓意义丧失、价值瓦解的"后现代"思潮中。所谓后现代和现代最大的区别，就在于后者对任何意义和价值的否定与怀疑，人类成为没有信仰和价值支撑而不需要理性的感性存在物，这是由20世纪两次世界大战之后流行西方的思想价值观念逐步演化形成的。人对世界和自身存在意义的嘲弄，也是人对自身命运的嘲弄。还应引起注意的是，在以"苏东波"事件为标志的社会主义遭受现实巨大挫折后，资本主义意识形态似乎成为人类理想失落以后的精神归宿。在这样的时代哲学主潮下，坚守共产主义理想和革命意识形态立场的茅盾传统，无法不感受落寞。

三、重新正视"茅盾传统"在现当代文学史上的重大价值和意义

茅盾传统，虽遭遇当下文学界漠视或丢弃的命运，但并不能说明这一传统本身无多大文学价值，就应当被弃之如敝屣。这一传统是现代文学的巨大存在，谁也无法视而不见。在对茅盾文学有一相对全面和较为深入的研究之后，茅盾在现当代中国文学上的价值和意义自然凸显。在我看来，主要有这样几方面：

（一）茅盾继承"五四"文学关注现实的启蒙精神，有意识地将"五四"追求个性解放的文学引向社会剖析的轨道，使得左翼现实主义文学成为超越"五四"文学局限，审美领域更广，审美传达手段更充分、更客观、更复杂、更宏阔，审美眼光也更具现代世界意识的中国现代文学精神及其方法。力求全面客观反映时代变化，追踪当下发生的重大历史事件的文学气魄与艺术追求，在中国文学史上，可谓真正接通古今、博采中西，具有重大的开创意义；文学与人生、社会的结合程度更加密切，客观上提升了文学和文学者的地位与作用，文学与民族命运紧紧联系到一起。由于茅盾等"为人生"和"写实"的文学思考及实践，使得文学在丰富国民精神生活，熔铸民族精神，获取现代意识，甚至建构文化人个体精神世界等方面，都产生了前所未有的影响。虽然难免受社会、政治功利观念的负面侵蚀，但在以文学精神展示生命意识、民族灵魂和文化创造力方面，茅盾开创的社会剖析现实主义文学传统，无疑是取精用弘、极富现代气势的文学追求，这在茅盾出现之前，都是无法想象的。

（二）现代长篇小说的艺术开拓者和集大成者。我们说"现代"长篇，而非白话长篇。茅盾出现的意义在于创造性地吸收、融化了欧洲正宗现实主义文学血脉，并结合中国固有的白话长篇的民族特点，使二者融会贯通，自成一体，开创了现代中国真正属于自己的长篇小说体式。这种体式的长篇，善于抓住重大的当代题目

做文章①，快速而宏阔地反映现实，既不同于突出故事情节叙述的古典白话小说，又不同于缺少艺术虚构和想象、"文学性"不足的当代"报告文学"作品。这种长篇，以现代意识统摄所欲再现的生活。所谓"现代意识"，就是变化万端、充满不确定性的、非静态的现代工业和科技文明时代人们的生活观念形态。都市、工业、金融、商业、竞争、失业、资本、金钱、欲望、身体等区别于传统文学的崭新内容，成为这一文学体式展开文学叙事的重心所在。它虽是属于现实主义的一种创作原则或方法，但却杂糅了"现代艺术"的某些创作手段，是一种开放的现实主义文学。文学的思想和生活容量也是此前作为小道的"小说"所无法比拟的。正如杨义所指出的，茅盾赋予我国新文学以气魄②。现代长篇小说以《子夜》为标志，迈出了真正属于"中国创造"的关键性一步。现代长篇小说这种文学体式到茅盾《子夜》那里，才算是真正成熟了。这一创造性贡献是巨大的，至今尚未有人超越。

（三）茅盾等为代表的左翼文学者，以文学参与民族独立和解放道路的探索，其文学世界中体现的现代政治民主诉求、民族自主独立愿景、对社会公平正义的呼唤、对底层劳苦大众生活命运的关心、对未来理想社会的憧憬等，显示出文学作为艺术形式、作为意识形态方式之一、作为精神启蒙和思想教育工具、作为形塑国民精神、培育国人现代人格的手段等，具有同黑暗与腐败战斗的力量，具有干预生活甚至创造新的生活意识的艺术能力，具有唤醒人的主体意识、现代民主和平等意识，为美好生活而奋斗的精神激励作用和情感打动力量。在动荡、复杂的现代中国历史上，左翼文学有效地传达了带有普遍性的底层社会的不满情绪和斗争愿望，在发挥文学社会作用、促进政治变革方面达到了史无前例的程度。一个需要文学的民族是有希望的民族，一个热爱文学的国民是不甘于精神沉沦的国民，也是更具有独立文化创造力的国民。因此，茅盾文学"凝视现实、揭破现实、分析现实"的精神，在现代中国内忧外患的历史上，就显得可贵而突出。它使现代文学气象格局变得博大，使得文学者的历史意识和使命感变得更加明确，使得现代中国人的精神生活在文学的烛照下，散发出激情和光芒，显示出我们民族在艺术创造上的民族性追求，文学与民族和国人命运的紧密结合，成为中国现代文学最为突出的艺术品格和文学精神之一。这种文学创造模式，便构成建国后"人民文学"与"国家文学"的基本模式，使得文学成为与绝大多数普通人民息息相关的文化和精神形式，并受到国家意识形态的高度重视；使得文学者的生命和文学合而为一，增强了作家的尊严感和神圣感，作家得到读者的极度尊重和理解，这是文学最理想的时期。这种文学引领时代风骚的独特文化与生活景观，的确与以茅盾为代表的

---

① 吴组缃认为："中国自新文学运动以来，小说方面有两位杰出的作家：鲁迅在前，茅盾在后。茅盾之所以被人重视，最大原故是在他能抓住巨大的题目来反映当时的时代与社会；他能懂得我们这个时代，能懂得我们这个社会。他的最大的特点便是在此。"吴组缃《子夜》，原载《文艺月报》第 1 卷创作号，1933 年 6 月 1 日。唐金海、孔海珠编《茅盾专集》第二卷下册，第 934 页，福建人民出版社 1983 年版。

② 杨义认为："茅盾的出现，具有巨大的文学史价值，因为他在本质上或气质上是一个长篇小说作家，一个气吞全牛的鸿篇巨著的创造者。他为我国新文学增添了气魄。"杨义《中国现代小说史》第二卷，第 127 页，人民文学出版社 1986 年 9 月第 1 版，1998 年 3 月第 1 次印刷。

左翼文学家在创作、批评、办刊、组织文学团体、文学大众化等方面的追求和努力分不开,茅盾作为其中代表性人物,其贡献是独特而巨大的。

(四)史诗追求和尊重创作与生活泉源关系的实事求是态度,是茅盾为代表的左翼文学留给后世的宝贵精神财富。茅盾为现代文学贡献出独特的两类形象:时代女性和资本家。从时代女性形象中,我们可以感受现代中国女性的生存状况和精神心理状况,感受现代中国女性生命意识和人格意识觉醒的艰难历程,感受现代革命语境中女性解放的程度和社会文明水平。茅盾是现代文学青春女性的描绘者,这一形象的择取继承了《红楼梦》为女性树碑立传的艺术传统,展现出茅盾独特的文化眼光。茅盾笔下资本家形象系列,具有很高的认识价值和审美价值。资本家是现代工业社会、都市资本社会、金融市场世界的重要角色,他们更能展示现代中国社会发生的深刻巨变和金钱物质世界人们生活的千姿百态。茅盾资本家形象系列具有形象展示现代中国社会历史变迁的"实录"价值,从中可以看到中国民族工业、民族经济发展的曲折历程,也可以看到现代中国历史的鲜活一角。史诗是一个民族的历史和精神生活的艺术表现形式。茅盾力图展示民族特定时代政治、经济等全景面貌的史诗追求,展现出一个现代文学家开阔的世界文化眼光和博大深邃的艺术胸襟,以及超强的民族文化自信。茅盾是少数引起世界重视的中国作家,其小说在生活容量、表现现代中国人生活的丰富复杂方面,体现出中国作家既放眼世界,又立足本土进行文化创造的能力。其中对民族精神的重塑,对民族命运的揭示,对民族未来的想象,都成为现代中国民族文化生命力的生动体现,深刻影响了几代中国作家的创作。周而复《上海的早晨》、姚雪垠《李自成》、丁玲《太阳照在桑干河上》、柳青《创业史》、路遥《平凡的世界》等作品,都受到茅盾传统中史诗追求的艺术启示。茅盾注重客观观察生活、如实描写生活的写实主义文学主张,强调作家对生活的观察体验,强调生活体验对创作的重要作用,突出题材选择在小说创作中的重要性,注重以社会科学的理性态度与方法创作文学作品等,对于克服作家向壁虚构、创作中过度非理性和感觉泛滥的主观浪漫倾向,具有重要的文学理论价值。中国文学不应是单纯模仿西方现代文学的文学,它应当有属于自己的道路。茅盾尊重现代中国本土生活实际,又大胆合理借鉴欧美正宗现实主义文学方法而创造的一系列文学形象,是立体、丰富而厚重的中国人自己的形象,其艺术方式也是适宜于中国人文学欣赏心理和习惯的文学方式,其文学语言更是有着深厚传统中国文化素养的现代作家创造的现代中国的文学语言。茅盾细腻雅致而准确流畅,略带欧化又朴素自然的语言风格,对中国长篇小说语言艺术的影响,也十分明显。

(五)茅盾对中国现当代文学的贡献是多方面的。在他的这些贡献,如批评、创作、翻译、编辑、培养作家、文化交流中,都处处可见茅盾传统的深刻印迹。其中一个重要传统,就是对文学的矢志不移和挚爱,这无论在过去的中国,还是现在,都是异常宝贵的。中国是一个偏重实用理性的古老国度,虽说文学在中国有悠远和深厚的历史,但文学者和文学的地位不大受社会重视却是古今一致的。茅盾那一代文学家,虽然主要是凭借对中国革命的坚定信仰,时时处在文学与政治的冲突选择中,但即便如此,我们今天感受到的茅盾,依然首先是一个文化的茅盾,文学的茅盾。即使建国后茅盾不再从事文学创作,但其一生的命运,却是牢牢与文学黏附在一起,这是需要我们注意的。在感受茅盾的整体文化形象时,我首先想到的是作家吴组缃评论茅盾的一句话:"他不是那庙堂之器,他也不要作那俨然人师和泥胎偶像。他只是个辛勤劳苦的,仁慈宽和的,中国新文学的老长年和老保姆啊。"[1]我以为,"文学的保姆"就是对茅盾一生和茅盾传统的生动而真实的写照。茅盾一生对于中国文学的贡献和意义,也许我们的认识还并不充分,因为距离太近的缘故。随着时间和我们一代代人的流逝,我想后世人对茅盾的评价会越来越客观。这样一位"保姆",把文学视为他心爱的孩子,他才会把生命的全部投入到文学之中。茅盾与姚雪垠的创作通信,就可以部分地证明两位作家对文学的真情和文学在茅盾心中、生活中的分量。不要拿我们自身的庸俗与琐屑去揣度一个伟人的精神与文化追求。茅盾捐出一生积蓄,设立文学奖项,也是朴素而令人感动的伟大之举。现在的人们已经习惯于从私心和功利动机去审视和评价一个人。其实,谁能否认这世间就是有人格伟大和思想独异的人呢? 正是由于伟大人物的存在,我们感受伟大心灵能力的存在,这世界才值得我们好好活下去并为之奋斗。我们把一切都世俗化、庸俗化、阴暗化以后,就再也无法感受真正的伟大。这样走向虚无和价值颠覆的做法,对我们当代人本身又有何益?! 我们可能会觉得自己比前人聪明了,看透了一些东西,悟出了人活着的道理,其实,我们未必就对。我们怀疑一切,消解意义的做法,使我们无形之中失去了许多促使自己精神和生命成长的宝贵资源。试想,在当下文学界,我们能找到一位如茅盾那般影响深远的文化人吗? 茅盾文学传统的一个重要内核,就是对文学的挚爱,相信文学的力量,确信文学的价值,坚韧地通过文学探究人生的真谛。这也是茅盾传统留给我们的最可宝贵的精神财富。

四、"茅盾传统"对当下文学的启示

如果以上剖析的原因能基本解释茅盾传统遭遇式微的现象,如果我们还对当下长篇小说创作抱有更大的希望,那么,正视存在的问题,思考让当下文学取得更好发展的思路与策略,就显得很有必要。

(一) 由于后现代价值观与肯定世界和人生意义的现代价值观截然不同,中国当代文学在学习模仿西方的同时,走了一条远离本土实际的东施效颦之路。中国问题需要植根现实的文学去面对。而充满了非理性和私人性的文学话语膨胀,却也使当下中国文学逐渐失却了现实批判、民族精神建构和参与现代化历史的精神能力。正如一位学者所指出的:"到处都是政治,我们无法遁入纯粹的艺术和思想的领域。"[2]在"全球化"浪潮中,新的政治对人类生存方式和世界未来的影响无处不在。即使在一国,错综的现实也不可能使作家完全无视政治因素对其文化创造

---

[1] 吴组缃:《雁冰先生印象记》,原载《文哨》第 1 卷第 3 期,1945 年 10 月 1 日出版。见唐金海、孔海珠、周春东编《茅盾专集》第一卷上册,第 80 页,福建人民出版社 1983 年。
[2] 爱德华·W·萨义德:《知识分子论》,单德兴译,陆建德校,生活·读书·新知三联书店 2002 年 4 月北京第 1 版,第 24 页。

的影响。世界文学中的伟大作品都是政治文学。我们知道,中国左翼文学实质上是一种最大程度与政治发生关系的高度政治化文学。茅盾的《子夜》就曾被人评论为是一部"政治小说"。[①] 政治从某种意义上讲,也是最大的现实。茅盾传统及时以文学形式快速反映社会生活和变化的剖析现实主义,是极度关注现实的文学,因此更是不关注政治就无法想象成就文学创造力的文学。文学自然有其独特的观照现实政治的艺术视角和方式。在"全球化"的今天,让文学对重大的人类政治问题闭上眼睛,也就等于取消了文学自身独立存在的基本依据。茅盾传统中形象记录现实风云变幻的即时性追求,对重大政治和社会问题的敏锐反应,都显示出文学的力量,尤其值得当代作家珍视和借鉴。

(二)茅盾不是为了成为20世纪90年代某些人评定的所谓"文学大师"而存在的。茅盾文学形象地记录了他眼中的时代。在我们当下的时代,茅盾传统能否在文学上继续发挥作用,主要看当代中国作家对这一文学传统的基本态度,以及自身对其传统的认识与理解。茅盾传统的核心精神如前面所分析,但文学生命的获得还主要靠当代作家对传统的"创造性转化"。没有哪个作家能完全无视传统而有新的创作。

(三)在经济发展日益成为最重要现实的今天,能否从茅盾小说擅长刻绘经济活动、细腻表现经济细节,从而全盘把握时代变化的艺术经验中,借鉴学习到更能体现我们这一时代文学对现实把握的艺术创造经验,我认为也是值得当下作家思考的文学问题之一。

(四)马克思关于未来社会的哲学预言,在当今资本主义"全球化"进程中似乎有转为现实的趋势。在这样一个资本与竞争成为世界主导意识观念,而价值和意义遭到普遍怀疑和颠覆的时代,人们,尤其是诸如中国这样在现代化、"全球化"道路上寻求发展国家的很多人,面临着空前的主流意识形态与生活现实脱节,人的身心分裂、焦虑矛盾的精神困境。茅盾文学的现实批判性和对未来社会理想的执着性,将在各种社会问题日益突显的年代,给思考社会发展方向的人以某种启示。茅盾文学传统甚至已不再仅仅作为一种文学精神或方法而引起当代一些对周围现实敏感的文学者的关注,它极有可能因其异常超前而敏锐的历史预见性,成为文学把握当下现实的一种重新闪耀诗性与智性光芒的精神坐标。

---

① 萧三:《读长篇小说〈子夜〉》,《茅盾研究》第2辑,《茅盾研究》编辑部编,文化艺术出版社1984年12月初版。见唐金海、孔海珠编《茅盾专集》第二卷下册,第980页,福建人民出版社1983年版。

性别研究

性别研究

女性书写：大革命的风流与绝响

颜同林

贵州师范大学文学院　贵州　贵阳　550001

摘要：茅盾早期小说《幻灭》、《动摇》、《追求》合称为《蚀》的三部曲，是大革命时代现实人生的一面镜子。它通过描写特定时代男女青年参加革命的动机、方式、创伤，以及整个出入于革命的历程与遭遇，呈现了这一时代革命者异样的人生画卷。小资产阶级出身的女性知识分子等新式女性在革命中的摇摆与幻灭、放纵与自戕，旧式女子或底层普通女性的受辱与无助、沉沦与挣扎，成为《蚀》的三部曲中女性书写的重要侧面，也成为大革命的风流与绝响。《蚀》的三部曲既是茅盾对自己热衷于社会政治活动的挽歌，也是对大革命时代女性群体性格与命运的绝唱。

关键词：国民革命　《蚀》的三部曲　时代女性　女性命运

　　社会阅历、时代气息、生命意识与作家写作题材的选择、主题的开掘、人物的刻画等均有密切的联系。作为一个由信奉文学自然主义转而投向现实主义怀抱的经典作家，茅盾在这一关键点上的进展与转变尤其明显。以《幻灭》、《动摇》、《追求》为内容的《蚀》的三部曲，既是民国文学时期茅盾现代长篇小说创作的开端，也是国民革命时代"大革命"文学女性书写的最初证明。

　　在对茅盾早期小说既有的研究与评判中，俯视民国时期1920年代到1930年代将近十年的文坛，可以发现茅盾从《蚀》到《子夜》的推进过程十分显豁，两者的文学史价值也旗鼓相当，奠定了茅盾的文学史地位。譬如在《子夜》出版的时评中，评论家朱自清就及时地将两者作过对比，相对于《子夜》"为了写而去经验人生"所不同的是，《蚀》则是"作者经验了人生而写的"。[1] 坊间的文学史著述宣称茅盾是"彻底改变'五四'中长篇小说的幼稚状态，使之走向完善的最突出的小说家。他的中长篇小说从《幻灭》、《动摇》、《追求》(《蚀》的三部曲)到《子夜》，标志着现代文学第二个十年长篇艺术所达到的高峰"。[2] 值得追问的是，这一小说艺术的"高峰"，是如何"经验了人生而写"的呢？在我们看来，就是一位大革命亲历者见闻与视野的有限复活，当他把一只脚从政治实践中撤退出来后，便选择了以笔为武器，自然、真实、客观地加以追忆与记录。按茅盾的原话，则是"我只注意一点，不把个人的主观混进去"，"只是时代的描写，是自己想能够如何忠实便如何忠实的时代

---

[1] 朱佩弦(朱自清)：《〈子夜〉》，《文学季刊》第2期，1934年4月1日。
[2] 钱理群等：《中国现代文学三十年》(修订版)，北京大学出版社1998年版，第223页。

描写；说它们是革命小说,那我就觉得很惭愧,因为我不能积极地指引一些什么——姑且说是出路罢!"①这种贴近与忠实于社会现实的小说创作理念,有利于从特定角度艺术地反映客观现实,为特定革命时代的典型人物提供了活动与思考的典型环境。单以《蚀》的三部曲而言,显然为后来者洞悉民国时期的大革命生活,审察妇女命运,提供了一个可以走得进去的历史情境! 在大革命文学的精神版图中,女性书写有它的生动淋漓之处,也有它的风流与绝响之处。站在这一角度回味《蚀》的三部曲,我们不难感受到她们的血与泪、爱情与青春、抗争与幻灭……茅盾走上小说创作道路的初衷与选择,大革命文学特殊的时代氛围与艺术风格,时代小人物特别是女性们不同的命运驱使与时代改造,也仍然昭示着直面历史的思考者。

一

"一个民族和国家的文学史叙述,所依赖的巨大背景肯定是种种具体的历史情态,包括国家政治的情状、社会体制的细则、生存方式的细节、精神活动的详情等。这种种细节的呈现,来自历史事实的'还原'而不是抽象的理论概括。国家是我们生存的政治构架,在中国式的生存中,政治构架往往起着至关重要的作用,影响及每个人最重要的生存环境和人生环节,也是文学存在的最坚实的背景;在国家政治的大框架中又形成了社会历史发展的种种具体情态。这是每个个体的具体生存环境,是文学关怀和观照的基本场景,也是作为精神现象的文学创作的基础和动力。"②"历史情态"、"政治构架"等因素既如此重要、不可缺少,又时时处处存在,成为民国文学研究的奠基石。具体到《蚀》的三部曲,则不可回避的是,它是茅盾作为革命实践活动的革命经验的记录,详细记载着茅盾作为一个革命实践者的心路历程,亲历者的自述与反顾,大革命历史的浓缩与凸现,便显得十分自然而重要了。

在类似创作谈的《从牯岭到东京》一文中,茅盾曾坦承:"在过去的六七年中,人家看我自然是一个研究文学的人……但我真诚地告白:我对于文学并不是那样的忠心不贰。那时候,我的职业使我接近文学,而我的内心趣味和别的许多朋友——祝福这些朋友的灵魂——则引我接近社会运动。我在两方面都没有专心;我在那时并没有想起要做小说,更其不曾想到要做文艺批评家。"③引文所述的"社会运动",显然包括茅盾所亲历的具有改朝换代性质的暴力革命,即北伐革命战争。对茅盾《蚀》的三部曲的评价与定位,实际上是奠基于中国现代历史对这场战争的评价与定位。

1924 年间,在国共合作的时代形势下,国共两党领导的革命力量发动了 1924 年到 1927 年的大革命运动。1926 年 7 月,国民革命军从广州出发进行北伐,剑指当时大大小小的北洋军阀,特别是直系、奉系军阀。在半年时间里打败了盘踞在

---

① 茅盾:《从牯岭到东京》,《小说月报》第 19 卷 10 期,1928 年 10 月 10 日。
② 李怡:《中国现代文学史的叙述范式》,《中国社会科学》2012 年第 2 期。
③ 茅盾:《从牯岭到东京》,《小说月报》第 19 卷 10 期,1928 年 10 月 10 日。

两湖的直系军阀吴佩孚。1927年春,国民革命军势力已抵达长江中下流地区。在势如破竹的不断进军中,沿途工人运动和农民运动如雨后春笋般开展起来。北伐战争一面是摧枯拉朽式的社会破坏,另一面则是星星点点式的建构。从党派立场来看,随着北伐战争的胜利,国民党右派在帝国主义的支持下背叛了革命,发动"四·一二"反革命政变,进而严酷镇压工农运动,大肆屠杀中共党员和进步青年。通过与中国共产党分道扬镳,以蒋介石为首的国民党右翼,最终在南京建立了新的国民政府。面对政治盟友的背叛与屠杀,由于处于弱势地位的中国共产党领导人的右倾投降主义和妥协主张,于中国共产党而言,这一场轰轰烈烈的国民革命显然是以失败而告终。

在国民革命整个暴动的酝酿与萌生、爆发与高涨、分裂与分化等具体过程之中,感同身受最显著的,最具有发言权的莫过于卷入其中、历经生死考验而活着的幸存者,他们随着大革命潮流的冲撞而失散,然后在离散与等待中又重新汇聚。其中,当时革命热情异常高涨的茅盾耳闻目睹,差一点把生命也搭进去了。回顾茅盾的革命经历,我们不难发现,茅盾当时是置身于党派政治斗争的夹缝中。茅盾是中国共产党最早的一批党员之一,1922年他一边编辑《小说月报》,一边从事党中央联络员工作,曾先后在中国共产党所办的平民女校、上海大学教书。因国共合作的需要,他同时又加入了国民党,曾奉命在上海组织了国民党左派的上海市党部,作为正式代表赴广州出席了国民党第二次全国代表大会。国共合作期间,茅盾去广州担任国民党中央宣传部的秘书和代理部长,亲自参加国民革命,与北伐之师同呼吸、共命运;后来又回到上海担任国民通讯社的主编。1926年底茅盾去武汉,先任中央军事政治学校教官,旋即又任左派《民国日报》的主笔。蒋介石、汪精卫等叛变革命后,茅盾离开武汉准备去江西省府参加南昌起义,因路途所阻没有实现。茅盾这一段时期所从事的实际革命活动,与他在"五四"时期的文人身份大为不同。那时他参与发起文学研究会,或是从事翻译,或是《小说月报》编务,或是从事文学批评,虽然都掺杂着一定的政治、社会活动诉求,但基本上是一个书斋中的笔耕者。在新文坛"为人生"的阵阵呐喊,并没有北伐时期隆隆的枪炮声那么响亮。相反,茅盾在国民革命的实践中,经历的是人生的生与死,强调的是生命个体的政治信仰,以及个体对集体与组织的皈依。比如在北伐革命战争中,自1927年下半年开始,茅盾既与中国共产党失去了组织联系,也被国民党当局所通缉,处于"两不搭界"的尴尬境地,由此产生对革命前途、道路,以及如何选择栖身高枝的怀疑与彷徨,自然都是情理之中的大事。

"我是真实地去生活,经历了动乱中国的最复杂的人生的一幕,终于感到了幻灭的悲哀,人生的矛盾,在消沉的心情下,孤寂的生活中,而尚受生活执着的支配,想要以我生命力的余烬从别方面在这迷乱灰色的人生内发一星微光,于是我开始创作了。"[①] 悄然潜伏于上海的茅盾,在执笔之初设想是:"决定要写现代青年在革命壮潮中所经历的三个时期:(1)革命前夕的亢昂兴奋和革命既到面前时的幻灭;

---

① 茅盾:《从牯岭到东京》,《小说月报》第19卷10期,1928年10月10日。

(2)革命斗争剧烈时的动摇;(3)幻灭动摇后不甘寂寞尚思作最后之追求。"[1]联系当时的社会历史情状以及茅盾的困难处境,这一精神自述是十分准确的,极容易引起读者的共鸣。据考查,《幻灭》写于1927年8月下旬到9月中旬,迅速发表于同年9月、10月的《小说月报》;《动摇》写于1927年11月初至12月初,最初发表于翌年1月至3月的《小说月报》;《追求》写于1928年4月至6月,最初发表于同年6月至9月的《小说月报》。在失去与国共两党的组织关系之后,茅盾蜗居于上海,贫病交加,受老友叶圣陶鼓励,唯有小说写作是自己生命的再次燃烧。三部小说写得相当顺手,发表也十分及时,茅盾北伐途次中的革命青年之故事则一齐倾泻于笔下,自然引起国民革命的身历者与向往者之亲近,一时洛阳纸贵,吻合了国民革命之后整个社会大多数进步青年的普遍心理与期待。

以上是创作背景的简要勾勒,下面再来讨论作家是如何运用三部曲这一革命题材小说的形式,进行选材与构思的具体问题。如果说国民革命是当时压倒一切的时政大事的话,那么反映国民革命的题材与主题,则无疑是博大宏阔、丰富多彩的。"在他的三部曲以前,小说哪有写那样大场面的,镜头也很少对准所涉及的那些境域。"[2]但是,当我们看完《蚀》的三部曲后,其时代的内蕴却并不明显,感觉还存在不少差距。——茅盾选择的,或是说感兴趣的只是革命时代的侧面而已,作家是用侧笔来铺陈国民革命的横截面,正面而集中的北伐战争描写并不鲜明。从小说标题与作家自述来看,指涉的是"人的精神状态",[3]暗示一种追求进步、直线向前的革命观,但从小说内容来看并不如此。在这个三部曲中,三部作品的主人物各不相同,情节也缺乏连贯性,表面来看似乎是螺旋式的上升,实质上却是一种循环,是一种从幻灭、动摇再次走向幻灭,并没有走向新的"追求"。

在《幻灭》与《追求》之间,作者插入了《动摇》。《动摇》这一作品中,投机主义者戴着革命面具的蠢动,长江边上小县城民众运动的深入,革命工作者的犹疑与软弱,差不多构成了作品思想的主体。与《幻灭》、《追求》正面写小资产阶级知识分子不同,《动摇》以国民革命背景下湖北一个小县城的时局变动,从侧面来写国民革命的进展与影响,它是具体涉及到大革命内容最多的一部作品,又处于三部曲的中间,具有十分重要的意义。《动摇》还是一种延伸,与其说是通过一个小小县城的政治风云变幻来侧写大革命的一角,还不如说是革命青年政治理想的实践与操练。其中既有《幻灭》中出现的史俊、李克等作为特派员的不同指导,孙舞阳等人从事妇运工作的亲历亲为,还有方罗兰、方太太、张小姐等新式知识分子的小城故事。与他们对立的则是以胡国光为代表的土豪劣绅的丑恶嘴脸与灵魂。《蚀》的三部曲中最后一部小说《追求》,则写得十分悲悼,没有多少亮色,章秋柳的堕落、王诗陶的卖身、史循的自杀,以及仲昭、曼青的幻灭,无一不是革命队伍中生命个体被亵渎、被抛弃的糟糕结局。在大城市读过新式学堂的小资产阶级知识分

---

[1] 茅盾:《从牯岭到东京》,《小说月报》第19卷10期,1928年10月10日。
[2] 叶圣陶:《略谈雁冰兄的文学工作》,孙中田,查国华编:《茅盾研究资料》(上),知识产权出版社2010年版,第372页。
[3] 茅盾:《补充几句》,《茅盾全集》(第1卷),人民文学出版社1984年版,第429页。

子,如果只是单纯地向往革命,并不真正知道革命的出路与前途在哪里,并不知道依靠民众的革命性力量,嘴里喊出的"革命",也许在多数情况下只是一个发音符号罢了。

国共合作的时代主题,农村包围城市等革命道路的迟到,使得《蚀》的三部曲没有左翼文学所夸大的那样主题鲜明而整齐。比如《幻灭》中,通过静女士的嘴,我们不难得知,当时"国民党有救国的理想和政策,我的同学大半是国民党"。国民革命军在两湖地区,也能得到普通老百姓的襄助。又比如,工会、店员组织、农民运动,在《蚀》的三部曲之中,也并不尽是高大光明的所指。劣绅胡国光的儿子胡炳,便混入工会或工人纠察队,暗示着在革命洪流中,无数流氓地痞也自然而然地钻进了工会、农会等革命组织之中。在"革命"的名义下,茅盾演奏的不是革命的洪钟大吕,而是一些阴性低沉的音符。尽管不十分入调,但却是那么真实与自然,这无疑是忠实于现实生活体验的客观写照。

在此逻辑上,茅盾弱化了对革命本身高大上的书写,而对革命潮流中的"知识女性"十分青睐,并加以"时代女性"的包装盒,便显得意味深长了。正如茅盾自述所说,我又打算"忙里偷闲来试写小说了。这是因为有几个女性的思想意识引起了我的注意。那时正是'大革命'的'前夜'。小资产阶级出身的女学生或女性知识分子颇以为不进革命党便枉读了几句书。并且她们对于革命又抱着异常浓烈的幻想。是这幻想使她走进了革命,虽则不过在边缘上张望。也有在生活的另一方面碰了钉子,于是愤愤然要革命了,她对于革命就在幻想之外再加上一点怀疑的心情……她们给我一个强烈的对照,我那试写小说的企图也就一天一天加强"。[①] 在武汉这个革命大漩涡里,作者也像在上海一样,"眼见许多'时代女性'发狂颓废,悲观消沉";在从武汉到牯岭的客船"襄阳丸"三等舱内,"又发现了在上海也在武汉见过的两位女性"。[②] 由此可见,国民革命的解放、启蒙、民族独立、阶级冲突等宏大主题被巧妙地回避了,作者转而将镜头集中于革命中的女性人物身上。

也许是国民革命过程与涉及面太过于复杂,不能让人全面把握,茅盾采取一种取巧而简洁的办法,即抓住国民革命所掀起的不同生活圈子的小人物,通过小人物的言行、态度与命运来暗写大革命的时代风云。革命青年也罢,时代女性也罢,底层妇女也罢,以及在革命中沉默的芸芸众生也罢,都是国民革命时代巨流中的一部分,其命运则是或者被送上船只,或者被波涛卷走,或是被泥沙无情地埋葬!

二

革命实践与体验中留下难忘印象的往往不是战争的严酷场面、战斗的曲折过程,而是无数个活跃在自己记忆深处的各色人物。当茅盾在病榻旁边一张很小的桌子上断断续续地写起这几部小说时,"凝神片刻,便觉得自身已经不在这个斗

---

① 茅盾:《几句旧话》,鲁迅等著:《创作的经验》,天马书店1933年初版,第50~51页。
② 同上,第53~54页。

室,便看见无数人物扑面而来"。① 大多数读者也充分认识了作品描绘的革命运动中知识分子阶层的人物群体之重要性。确实,在《蚀》的三部曲中有名有姓的人物有数十人,其中有典型的主角,也有不少次要的配角,还有大量的召之即来挥之即去的无名小人物。在《幻灭》中有这样的情节,在医院里李克对章静是这样劝说的:"社会运动的力量,要到三年五年以后,才显出来,然而革命也不是一年半载打几个胜仗就可以成功的。所以我相信我们的做派不是胡闹。至于个人能力问题,我们大家不是顶天立地的英雄,改造社会亦不是一二英雄所能成功,英雄的时代已经过去了,现在是常识以上的人们合力来创造历史的时代。"

"常识以上的人们"合力创造历史,从小说本身人物塑造与艺术创新的角度来看,当然是若干"时代女性"占据了小说人物画廊的中心地带。"《幻灭》、《动摇》、《追求》这三篇中的女子虽然很多,我所着力描写的,却只有二型:静女士,方太太,属于同型;慧女士、孙舞阳、章秋柳属于又一的同型。"②在作者所自谓的这两种类型的"时代女性"中,前者是比较传统的,或多情善感,或贤慧温柔,大体给人一种可爱可亲的印象。比如《幻灭》中女主人公章静虽然也在省女校一度领导过学潮,但内心一直追求幸福而稳定的生活,去上海S大学读书,也是以读书为荣。《动摇》中方罗兰的妻子陆梅丽,大学毕业之后便结婚,婚后则一直在家相夫教子,总是感到外部世界变化太快太大,对陌生的外界采取拒绝的态度;她与丈夫方罗兰的误会与矛盾,对孙舞阳的嫉恨与吃醋,也显得十分平常。其次,至于慧女士、孙舞阳、章秋柳等时代女性,则主要是反抗与叛逆类型,是中国现代化历史进程中雏形时期的另类女性。她们时而热情时而冷漠,时而狂欢时而收敛,时而放纵时而玲珑……可以说,在她们身上集中了女性美与丑、善与恶的诸多特点,具有双重人格,是当时上海这样的大都市所产生的"新女性"形象。具体到革命事业、爱情婚姻诸方面,她们对此看得并不太重,其原因或是在恋爱过程中曾受过男性的伤害,转而采取游戏或报复的态度,无形中转嫁了这种创伤体验;或是巾帼不让须眉,从事具体革命工作,在众多男性之间周旋,养成了泛爱、放荡、追求刺激等生活作风;或是经受了欧风美雨的熏陶,加上"五四"以后个性解放、性解放与自由的多重影响,成为文学史上新出现的具有争议性的新人形象。

茅盾在《蚀》的三部曲中,着力于慧女士、孙舞阳、章秋柳此类年青女性知识分子形象的刻画,显然是带着无限爱怜的态度去精雕细刻的,挖掘了她们身上"可爱可同情"的一面。这与茅盾的社会阅历与性情相关,也与他当时对革命的理解相关。国民革命到底要起到什么样的作用呢? 在20世纪二十年代并没有统一的答案。青年男女天然对国民革命充满幻想与好奇,天然对父辈(母辈们)既有的生活轨道并不完全认同。他们是新式教育最早的受教者,从各自的家乡来到都市,来到S大学,也就部分摆脱了几千年来封建社会道德与伦理的约束,否定了所谓的旧有的人伦与妇道,追求个性解放与人的自由,勇敢地跨出了新的人生步伐。茅盾敏锐地捕捉到了时代女性这种轻装上阵的脚步声,感受到她们拥抱革命时的青

---

① 茅盾:《写在〈蚀〉的新版的后面》,《茅盾全集》(第1卷),人民文学出版社1984年版,第425页。
② 茅盾:《从牯岭到东京》,《小说月报》第19卷10期,1928年10月10日。

春与活力、梦想与追求。虽然没有理想的结局可以勾勒，但毕竟努力过，真实地活过一回。小说中时代女性的命运，都是特定时代的产物，不需要拔高，也无需诋毁。

大革命时代的知识青年，不论男女，不论婚否，都从新式学校走向了广阔社会，不论是躁动还是动摇，不论是追求还是幻灭，都经历了革命的种种洗礼。下面拟从两个角度略加阐释。

第一，生存在流言与疾病之间。《蚀》的三部曲，主要写男女革命青年走向革命的各种方式与遭遇，在革命之过程中则多的是流言、谣传，也有疾病的困扰。首先，不能回避的是恋爱的流言，在《幻灭》中，在上海S大学，男女学生同班，一旦碰到异性待在一起，便有流言的传布，各种流言有好有坏，都一起推动情节叙事的进展。比如静女士与抱素，因来往较多，恋爱的流言便多起来，抱素还很会精致地利用流言，加强静女士对他的好感和依赖。一名上海本地的女学生，外号便是"包打听"，是充任着流言的集散之地。抱素与慧女士的走近，经"包打听"一番骇人听闻的流言后，两人关系破裂，慧女士不辞而别。与流言相似的则是革命动乱时代的谣传，这一点在《动摇》中最为明显，或是关于革命女性的诋毁，或是反革命势力所施放的烟雾弹。一会儿是罢市，一会儿是敌人进城，一会儿是革命共妻的谣言，给人一种短兵相接式的紧迫之感。在恐怖的谣传氛围之中，一个名不见经传的小县城，掀起了一阵又一阵暴力革命的风雷。其次，从疾病叙事来看，它或指向身体不适，或指涉心理扭曲与异化，并逐渐汇聚在"医院"这一开放性空间里。在"医院"中，往往既是一个故事的结束，也是一段新生活的开始。在患病与康复之间，在病友与护理者之间，可以缠绕进去不同的人物和故事。在《幻灭》中，静女士正儿八经进出于医院便有两次，第一次是为了逃避抱素，本来无病却躲在医院，在医院反而传染上了猩红热，住了一个多月。在住院期间，受热心时事的爱国论者黄医生影响，静女士也开始关心时局，并带着憧憬参加了北伐革命的后方工作。第二次是第六病院这一专门医治轻伤军官的小病院，静女士在换过两种革命工作后在此当上了看护妇，由此遇上了强连长，进而衍生出一段不计后果的革命恋爱。可以说，医院在《幻灭》中是人物思想转变的一个中转站，也是男女异性在战争缓冲地带的圣地。至于像静女士处于生病状态，没有去医院的描写也有不少，透露出身体的虚弱与精神的萎顿。《追求》中史循则是在医院里准备了一次自杀，没有成功，反而差一点拖累了医院的声誉。为了防止史循再次自杀，章秋柳决心用自己丰腴的肉体为药饵，医治史循这个怀疑主义者，这是疯狂的冒险之举，也是不甘平庸的最后救赎。虽然在第一次裸体面对时吓跑了史循，不过没有多久，史循便在肉欲的刺激中死去，医治者章秋柳反而担心传染上了梅毒，——革命青年以这样极端的方式告别青春与理想，留下章秋柳仍然在医院中去医治不洁的身体，及其难以言说的心灵创伤。

第二，出入在虚无与颓废之间。理想主义与爱国论者的革命图景，往往具有不可靠、不可持久等特点。幻想的绝对完美，超越了现实而不可能实现，两者之间距离的拉大将导致虚无，甚至于滑入颓废的境地。在《蚀》的三部曲中，议论与心理之描写，常借作品人物之口来含蓄表达。没有意义，活得无聊，处于灰色地带，常常填塞着了虚无的人生。《幻灭》中的静女士、慧女士,《动摇》中的方罗兰、孙舞阳,《追求》中的王仲昭、章秋柳,其情感倾向与处世哲学的内核基本如此。她们曾经富于幻想、充满朝气,但从学校到社会的历程,却撕碎了内心原有的洁白与单纯。不论是碰壁与挫折、被欺与迫害,还是目睹社会陈规与陋习,结局总是无限的感伤与悲凉,坠入自弃的牢笼。《蚀》的三部曲一个最大的贡献,便是生动、深刻、立体地塑造了革命青年的这种苦闷、烦扰与沉沦。比如《幻灭》中的静女士,漂亮、天真、单纯,有玫瑰色的理想和追求,在家乡女校风潮中也曾意气风发过,但革命之后的第二天,便和同伴一样陷入交际、恋爱的小圈子;她失望之余来到上海想埋头读书,但已经找不到一张平静的书桌了。面对留法归来的旧同学慧女士,她对受过伤害的同窗之偏见有所保留;面对男同学抱素的追求,也保持一定的距离。最后,出于对慧女士伤害过的抱素之同情,她没有拒绝抱素的求爱,一夜醒来后却无意中发现抱素是一个三心二意玩弄女性的高手,还是一个受帅座津贴的破坏革命的暗探。为了躲避现实,以及不愿与对方纠缠,也为了心灵的疗伤与自救,静女士躲进医院。她在医院中得到朋友的温暖,并受到北伐革命胜利的召唤,与朋友奔赴汉口,但革命后的武汉差强人意,静女士不断变更工作仍然处于无望之中。尽管与受伤的强连长恋爱,给她的人生留下了一抹亮色,但梦醒后仍无路可走,强连长奉召归队,又只剩下静女士独自面对未知的人生之路。在小说中,强连长是作为一位艺术上的未来主义的崇拜者来塑造的,在国民革命战争中,吸引他的是强烈的刺激,他与静女士的同居,则是一种强刺激的替代而已。相反,作为时代女性的新式代表,《动摇》中的孙舞阳、《追求》中的章秋柳,则以女性的身份,重复了这一主题:她们为了寻求短暂而炫目的刺激,或与异性玩暧昧,或有随意的肌肤之亲,在革命生活中摆脱虚无又不断制造虚无。《追求》中的史循,人生经历异常丰富,他最终因虚无走向自杀,是一个十足的虚无主义者的代表。总之,这些人物的喜怒哀乐都十分真实,有孱弱的病态心理,走不出精神的苦闷,走不出虚无的窄门,甚至于彷徨苦恼到无路可走。他们以不同的经历、性情、言行,反映了大革命前后中国小知识分子的命运与前途。其次,从虚无走向颓废,则是自然而合理的发展。《追求》中的曼青主张教育救国,但一旦在现实面前碰得粉碎,信仰也随之倒塌;其恋爱对象先是章秋柳,一旦没有得到,结婚对象朱女士外表相似,但心灵实异,得手的是一个似是而非的假产品。至于小说中的像孙舞阳、慧女士之类的女性解放主义者,当理想、恋爱像肥皂泡一样破碎后,往往更容易走向颓废。在她们的日历中,没有过去,也没有未来,毫不掩饰本能与性欲的冲动。譬如恋爱报复型的慧女士,房间藏有避孕药的单身女子孙舞阳,不时将性解放的话随口说出,足见其放荡与颓废程度。章秋柳的人生哲学是:"我是时时刻刻在追求着热烈的痛快的,到舞场、到电影院、到旅馆、到酒楼,甚至于想到地狱里,到血泊中!只有这样,我才感到一点生存的意义。"可问题是,这些场所提供的仅仅是感官的刺激,像肉欲的满足一样很容易消失。于是,不可避免的是颓废的大面积泛滥,人活着有何意义,革命后的明天到底是什么样子呢?是否像史循一样便只有死亡才是最好的归宿,才是颓废的最高形式呢?可见,茅盾在这些革命人物身上看到了青春的无力挣扎,浇注了自己的全部情感,再现了大革命时期小知识分子的情感世界。歇斯底里式的自虐，反复无常的放纵，疟疾似的消极与萎靡，均搅杂在一起，极其复杂地形成了作品中主要人物的情绪基调。这是一种不可重复的革命生活体验，虽然有扭曲、有回避，但没有伪饰，成为时代病当中的特殊景观。

三

在《蚀》的三部曲中，虽然主要以1925年到1927年之间的国民革命战争为背景，描写了一部分青年知识分子的情感历程，但因为反映生活面广阔，结构上具有开放性，因此各个类型、阶层的人物都很多，人物层次丰富，普通小人物更繁杂。除了上面论述到的"常识以上的"人物活在各自的精彩与虚无之中外，大多数底层小人物，特别是普通妇女仍处在时代的沉默中。这与茅盾不重虚构，不重艺术技巧，追求一种"信笔所之，写完就算"的写作态度相关。

革命时代的沉默的小人物，可能一辈子都待在固有的底层小圈子里打转，可能因革命暴力的碰撞而成了革命时代的陪祭品。如以女性人物为例，除茅盾自述的着力塑造的"二型"之外，还有其他类型的女性人物。虽然她们不像静女士、慧女士、孙舞阳、章秋柳们一样，一会儿讨论无政府主义，一会儿讨论文学与恋爱，一会儿与男性革命青年周旋，也不像她们或是在租界电影院公园，或是在大学校园教室租住房里，也不像她们或是经常做梦，或是处于家乡父母的催促与逼婚之中，但是毫无疑问，沉默而卑微的底层女性小人物，也真实而无助地生活在大革命的激流与号声之中。

茅盾《蚀》的三部曲对底层普通女性群体的塑造，一点儿也不亚于时代知识女性或其他男性人物形象。在《幻灭》中，就有静女士租住房的二房东家称之为新少奶奶的少妇，她在小说中亮相了几次，均是作为静女士的陪衬而出现。小说从静女士的视角来揣测少妇温柔、怯弱、幽悒的心理，给读者留下了较深的印象。到了《动摇》中，这一女性群体更为丰富起来。胡国光的小妾金凤姐，她在胡国光与胡国光的儿子胡炳之间不断寻找机会，因为革命的到来，她听到的谣传是父亲的妾要给儿子为妻，因此作为一个旧式女子，她对胡炳的胡闹半推半就，可见其命运是依仗男性，在男人面前采取的是委曲求全的生存策略。最可悲的是小县城西直街上漂亮的小寡妇钱素贞。商民协会委员陆慕游见过一面之后对她垂涎三尺，在店员风潮问题之后，陆某借核查商店歇业的权力，威逼、利诱，将钱素贞这名申请歇业的小布店业主弄到手；此外钱素贞还受到胡国光的胁迫，成为他的姘妇。后来，钱素贞被胡国光、陆慕游推荐到解放妇女保管所当干事，一路走的是不断堕落下去的不归路，最后成为一名娼妓。有几分姿色的普通女子，只要自己意志不坚定，一旦受人胁迫便只有这一步棋可走，真是可悲！在不同男性之间求得生存的钱素贞，最终在骚动的群众大会上被人抓伤踩踏而不知死活，则是对新式弃妇主题的曲折表达。陆慕游的妹妹陆慕云，待字闺中，自身素质极佳，但由于不是新式学校出身的女学生，虽有一些不平常的见识，但也被禁锢得困苦不堪。县立女中的校长张小姐是新式学堂出身，作为偏远小县城二十四岁的大龄剩女，她是比较保守的，具体表现在她对孙舞阳的负面看法之上。但因为其见识没有孙舞阳高，自以为攻入县城的叛军只对付剪发的女子，最后受辱而死、暴尸东门。近郊南乡农民协会开会处理的五个普通女性,分别是土豪的小老婆、一名寡妇、一名婢女、两个尼姑,无言地驯顺于协会抽签分妻之结果,可见,她们作为革命暴力风潮中的沉默者,独自承受着暴力革命与性压迫的凌辱。至于解放妇女保管所二十多个沦为娼妓的年轻的婢妾、孀妇、尼姑,革命动乱中遍地可见被强奸而死的底层女性,都不能发出自己的声音,是革命风暴把她们逼到了人生的死角和不归路上。茅盾在小说中面对革命暴力中无法逃离的普通女性,被污辱与迫害的年轻女子,寄予了全部同情与怜悯。在革命飘动的旗帜上,触目惊心地留下了革命暴力的丑恶面,这种无言的哀悼恐怕也是难以忘却的。

《蚀》的三部曲中不时夹杂着女性群体的情感和心理的细腻描写,凸显出普通女性身上脆弱、悲怯、无助的自身特征,显然是对革命的一种反思。在新中国成立后的时代语境下,茅盾有这样的自省:"一个作家的思想情绪对于他从生活经验中选取怎样的题材和人物常常是有决定性的","当我写这三部小说的时候,我的思想情绪是悲观失望的。这是三部小说中没有出现肯定的正面人物的主要原因之一。""表现在《幻灭》和《动摇》里面的对于当时革命形势的观察和分析是有错误的,对于革命前途的估计是悲观的;表现在《追求》里的大革命失败后的小资产阶级知识分子的思想动态,也是既不全面而且又错误地过分强调了悲观、怀疑、颓废的倾向,且不给以有力的批判。"[1]1980年代又说"一九二七年大革命的失败只是暂时的,而革命的胜利是必然的,譬如日月之蚀,过后即见光明;同时也表示我个人的悲观消极也是暂时的"。[2] 茅盾的这种"补叙"是权宜之举,无非是对作品的思想内蕴进行某种矫正而已。对于处于底层地位的普通女性,置身大革命风雨中的飘摇、凋零、凄惨,仍然是掩蔽不了的。"《幻灭》勾画出来的仅是革命经历的轮廓。……在大动乱的形势中,个人的努力实在渺不足道";"在中国现代的小说中,能真正反映出当代历史,洞察社会实况的,《蚀》可算是第一部。尤其难能可贵的是它超越了一般说教主义的陈腔滥调。在这本作品里,我们处处看到作者认识到人力无法胜天这回事。"[3]由此可见,女性生命个体的轻掷、渺小,在大革命时代不是十分普遍的吗?

创作完《蚀》的三部曲之后,茅盾东渡日本,不久又创作并出版了这一时段的短篇小说集《野蔷薇》,包括《创造》、《自杀》、《一个女性》、《诗与散文》和《昙》。这五篇里的主人公都是女性,"主人中间没一个是值得崇拜的勇者,或是大彻大悟者","如果写一些平凡者的悲剧的或暗澹的结局,使大家猛醒,也不是无意义的。"[4]可见,茅盾对特定时期女性的关注一以贯之,反映了作家一直站在性别的维度上,对普通女性的人性与命运所进行的不懈思考。这种女性书写的特别之处,当然具有其不言而喻的价值和意义。

---

[1] 茅盾:《茅盾选集》自序,开明书店1952年版。
[2] 茅盾:《补充几句》,《茅盾全集》(第1卷),人民文学出版社1984年版,第428～429页。
[3] 夏志清:《中国现代小说史》,复旦大学出版社2005年版,第100～104页。
[4] 茅盾:《写在〈野蔷薇〉的前面》,孙中田,查国华编:《茅盾研究资料》(上),知识产权出版社2010年版,第410～411页。

结语

《幻灭》、《动摇》、《追求》是茅盾早期小说的代表,它通过刻画大革命时代革命洪流中的人物经历和命运,来祭奠作家所经验和反思的革命实践。其中,不论是叛逆的革命的知识女性,还是被卷入的普通底层女性,都折射出了革命炮火与军事对抗下生命肉体的苦难与承担,前者的追求、动摇、幻灭,后者的无助、卑微、沉沦,都摇曳在革命风旗的背面,自有其风流与绝响之处。

《蚀》的三部曲,在茅盾眼里虽然"惭愧"称它们为"革命小说",它们也曾在毁誉参半之中一路走过,但它们仍然是反映大革命的文学高地。在大革命风旗的正面和背面,在它们的升起与降落之间,多少时代的炮声与喧嚣消隐了,但多少女性人物的身影却意外地清晰而生动!

生命体验的艺术书写
——《蚀》与《子夜》中的悲剧男性形象分析

张 引

河北大学文学院 河北 保定 071000

摘要：茅盾一直坚持艺术真实的创作原则，而他小说中悲剧男性也往往承载了作者真实的生命体验和情感倾向，是作者遵循生命体验和生活逻辑后的艺术再创造；《蚀》中的被动男性群像反映出茅盾彼时迷茫、彷徨的生存状态；而《子夜》中吴荪甫形象的塑造则可以看作是茅盾对于强势男性的艺术想象，以及对于稳定秩序的向往和追求。这两部小说中的男主人公几乎都是以悲剧作为结尾，这可以说反映了茅盾独特的审美感受，构成了茅盾小说特有的审美特征；体现出茅盾通过分析笔下人物来剖析自身，进行反省的性格特点，以及借小说的艺术形式，来抒发胸中块垒的创作心态。

关键词：茅盾《蚀》《子夜》 艺术真实 生命体验 悲剧男性

作为公认的小说大师，茅盾在其写作生涯中创造了许多生动传神的人物形象。而且在刻画人物方面，他的一个突出的重要贡献，是他进行了"人物形象系列"的自觉创造。这些人物在他的写于不同历史时期的小说中不断出现，形成了形象系列，各自构成了某一类型人物思想性格的发展历史。在他的作品中，创造了时代女性、民族资本家、破产农民以及小资产阶级知识分子等诸多系列。而以往对于茅盾小说的人物解读，一方面人们更多关注的是时代女性的描写，而对其他形象尤其是对男性形象研究没有过多涉及；另一方面，即使之前也有过对诸如吴荪甫、林老板、老通宝之类的男性形象分析，但也都是近乎于散点分析，没有从"悲剧"的角度统一加以观照；另外，这种"人物形象系列"的研究方式无形之中形成了一个封闭的研究系统，阻碍了不同人物形象之间"对话"的可能性。本文试图打破这个束缚，为不同"人物形象系列"之间提供对话的机会，以茅盾两个不同时期的代表作《蚀》和《子夜》为蓝本，选取小资产阶级知识分子和民族资本家这两种身份性格迥异但内在却有着千丝万缕联系的男性群体进行对话，尝试找到他们悲剧的共性和根源，并以此作为考察茅盾彼时创作心态、创作方法以及思想转变的一个重要依据。与他笔下的"时代女性"一样，"悲剧男性"同样具有研究的价值。

一、坚持艺术真实，忠于生命体验

拥抱真实，是茅盾创作过程中所一贯坚持的审美观念。不论是他早期所倡导的左拉式的自然主义,还是后来所坚持的现实主义,真实,永远是他最为珍爱的一条准则。茅盾所强调的真实,实际上是指作品要合乎生活的逻辑,作家要善于捕捉现实和传达现实的特征,要注重作品的时代表现。在这个意义上,他认为作家积累生活经验就显得特别的重要和必要。所以,以真实表现个人生命体验、客观剖析社会现实为创作宗旨,决定了其创作对象也必然是生命体验倾注的产物。茅盾所需要竭力描写的对象,必然是他所熟悉也是接触最多的小资产阶级与民族资本家;而且纵观他的创作历程,也确实是这两类人物形象最为出彩。茅盾早期的作品,尤其是在《蚀》三部曲中,茅盾并不像"后来那样以反映社会全貌为艺术宗旨,而是致力于倾诉、表达自己在时代大潮中的生命体验与人生思考、价值追寻"。[1] 通过他笔下形形色色的悲剧男性,可以明显地感受到作者的主体情绪弥漫在其中,挥之不去;他所描写的大革命失败后小资产阶级的苦闷与彷徨,很大程度上与他自身的生命体验相吻合:茅盾胞弟沈泽民在1929年所写的《关于〈幻灭〉——茅盾收到的一封信》中提及,"你彼时的心境亦有几分同于你书中的内容;而客观的描写,同时隐隐成了你心绪的告白"[2];《动摇》中的方罗兰,其知识分子与革命领导的双重身份设定,和茅盾当时的处境又极为相近;《追求》则是全景式地展现了革命失败后知识分子中所产生的颓废迷乱的情绪,围绕在章秋柳周围的男性,都在与时代与自身的博弈中纷纷陷入了悲剧的泥潭。茅盾以同情的笔触描写了现在时间循环中一群革命分子的进退两难,可以说自己也在两条路中摆荡。正如夏志清所言,"在这本作品里,处处看到作者认识到人力无法胜天这回事",[3]他们的悲剧既是性格原因也是时代原因。

事实上,纵观茅盾的作品,他所创造的男性形象多具有悲剧色彩,这种悲剧从类别上划分可分为事业和爱情两方面,从悲剧成因上来讲则可以看作是性格与时代(环境)双重作用的结果。茅盾小说具有透彻骨髓的悲剧意识,这和他谙熟西方近现代文学并有着清醒头脑和丰富社会经验是密不可分的。阎浩岗就曾指出茅盾创作思想情感的基调为"阴沉暗淡",这种基调势必会在其小说创作中流露出来。其处女作《蚀》备受左翼文坛指责,就是在于其悲观倾向的流露;即使在1930年代后创作的《子夜》《春蚕》《林家铺子》,也无不是以悲剧作为结尾。深刻的悲观远胜过廉价的乐观,茅盾自然是深知这一点。所以他笔下的悲剧男性,不论是小资产阶级方罗兰、史循、王仲昭、张曼青还是民族资本家吴荪甫,都具有震撼人心的悲剧力量。茅盾小说中的男主人公几乎都是以悲剧作为结尾,这可以说是反映了茅盾独特的审美感受,构成了茅盾小说特有的审美特征,体现出茅盾通过分析笔下人物来剖析自身,进行反省的性格特点,以及借小说之"酒杯",浇心中之块垒的创作心态。

---

[1] 阎浩岗:《中国现代小说史论》,人民文学出版社2006年版,第120页。
[2] 罗美:关于《幻灭》——茅盾收到的一封信,钱振纲:《茅盾评说八十年》,文化艺术出版社2011年版,第73页。
[3] 夏志清:《中国现代小说史》,广西师范大学出版社2014年版,第112页。

二、生命体验的共鸣：《蚀》中的被动男性群像

茅盾的"胸中块垒"在我看来，不外乎是大革命失败后，事业与情感的双重苦闷与彷徨。他需要将这种苦闷通过小说的艺术形式呈现出来，而《蚀》所要表现的，就是他生命体验中最深沉难忘的感受。仔细观之《蚀》的三部曲中的男性，不论是爱情还是事业都是尽显被动，与茅盾的生命体验产生了强烈的共鸣。

首先说在男女交往方面，这些男性往往都处于被动的位置，属于被"感化"，被"摄引"的一方。实际上，研究者在研究《蚀》的过程中下意识地忽略掉这些悲剧男性，很大程度上源于这些时代女性形象塑造得过于成功、出彩，其锋芒似乎盖过了其他形象。《蚀》的三部曲中的大部分男性形象与她们相比黯然失色：他们迷茫、动摇、举棋不定，在与时代女性的交往过程中始终处于被动地位，与孙舞阳、章秋柳等洋溢着时代活力的女性形成了鲜明对比。《幻灭》里的强惟力外表刚强勇猛，是一个热心于战场的未来主义者，但与静女士的结合过程中，"静女士方面是主动，自觉的"，而强连长则是"被摄引，被感化"①的一方，被她所"俘获"；甚至在某种程度上可以说静女士是强连长的精神女神，而这种女神形象在茅盾以后的作品和他的自传中都有所提及；《动摇》中的"孙舞阳让方罗兰神魂颠倒却又漫不经心、若即若离；《追求》中的章秋柳的丰腴健康映衬得枯脊如骨的史循自惭形秽"。②

茅盾塑造这些时代女性，代表着他对于异性的审美理想，也是内心深处对于妻子以外的异性想象。通过研究史料发现，茅盾对于自己的婚姻一直以来抱着不满意的态度，甚至茅盾之子韦韬曾说："父亲与母亲的结合，开始并无爱情。"所谓"爱美之心，人皆有之"，相貌并不出众的孔德沚自然很难让茅盾满意；而且"她的个性亦是强硬有余，柔顺不足，通常女性引人怜爱之处，在她身上难觅其踪"。③ 所以也就不难理解为何茅盾一写到女性，就仿佛下笔如有神一般，各种美好、甚至略带香艳的词汇就扑面而来。《蚀》中的女性似乎一出场乳峰就在微微颤动，腰肢就在不停地摇摆。茅盾最初的爱情苦闷在一定程度上需要通过他细腻的笔触加以缓解。《蚀》中孙舞阳、章秋柳式的人物对诸如方罗兰、史循们的灵与肉的诱惑，很难说不表述了茅盾内心的深深苦痛与纠结。茅盾在描写方罗兰时一直是本着自我剖析的态度来写，但写到她的同事也是他垂青的对象孙舞阳时，却带有一种欣赏、爱慕的感情。从方罗兰的感情经历中隐约可以看到茅盾的爱情观和他彼时的情感纠葛：方罗兰与孙舞阳接触得愈频繁，就越觉得自己的妻子跟不上时代；他尝试着改造传统的妻子却总是事与愿违；同样深陷传统与现代纠结的茅盾，一方面内心向往着代表着光明、未来的时代女性，但出于对母亲的孝顺与尊重，又不得不接受这段包办婚姻，向传统妥协。《追求》中的男性们大都有着自己的伴侣，但却无一例外地从章秋柳的身上看到了自己恋人的影子，这是否也可以看做是茅盾对于异性想象在小说人物身上的投射？

---

① 茅盾：《茅盾全集》（第1卷），人民文学出版社1984年版，第87页。
② 熊权：《"革命加恋爱"现象与左翼文学思潮研究》，人民出版社2013年版，第173页。
③ 李洁非：《典型文案》，人民文学出版社2010年版，第11页。

事业上的"被动"则体现为，小说中的男性每当面对政局的变动和动荡，他们容易慌乱、不知所措、举棋不定、优柔寡断。其中这些男性形象又以《动摇》中的方罗兰最具有代表性。不得不说，这是茅盾在经历过大革命失败后，幻灭、动摇、迷茫情感集于一身的形象代言人，是他对那段革命经历的一种阶段性总结。他在《从牯岭到东京》中对三部曲构思的表述说的是当时革命青年的心态演变，也是他本人心灵的真实写照。方罗兰在小说中的动摇很可能就是茅盾在现实中的动摇，而茅盾本人的矛盾心理也体现在了方罗兰的身上。

方罗兰这个形象简直就是茅盾为自己"量身定做"的一样，他既是一个小资产阶级知识分子，又是一个参与到政治活动中的领导人物。这种"双重身份"影响下出现的矛盾性格和处世态度无一例外地体现在了方罗兰以及创作他的作者茅盾身上。知识分子的属性总会让方罗兰在做出重大抉择前满怀人道主义困惑，不能果断地做出决定，以至于使革命形势变得被动。这种优柔寡断的性格不也正体现在茅盾身上吗？在这里笔者不想把"优柔寡断"这个词看成一个贬义词，笔者更想把它理解成茅盾不同于那些随波逐流的人而具有的一种"独立思考"的能力。1927年的国共分裂，对于中国的政治格局来说是一次重新的"重启"与"洗牌"，而对于那时还没有成为"作家茅盾"的沈雁冰来说，则更是一次关乎个人前途命运的严峻考验与艰难抉择。笔者相信，作为最早加入中共的那一批党员，他对于共产主义的政治信仰是毋庸置疑的，否则他就不会在中山舰事件后拒绝汪精卫对他的诚恳挽留，自然也不会日后被国民党当局所通缉追拿；但他偏偏又是一个理性意识极强的人，遇事好先思考而不是立即行动几乎成为他的习惯。关于此他曾有过这样一段自述："自从离开家庭进入社会以来，我逐渐养成了这样一种习惯，遇事好寻根究底，好独立思考，不愿意随声附和……但是这个习惯在我的身上也有副作用，这就是当形势突变时，我往往停下来思考，而不像有些人那样紧紧跟上。"①

他所说的"停下来"说得实在而准确，一遇乱局，茅盾总是头脑反而一下冷静下来，本能地选择置身事外、驻足观察，以辨明事态，同时反思自我。所以1927年7月在武汉目睹了国共的决裂和大革命的失败后，他势必要停下来去"思考、观察和分析"。但这一"停"却注定了他今后一生的不停"追赶"，他从武汉到了牯岭，但却没有从牯岭赶到南昌。这也导致了他失去了和党的联系以至于生前都未能恢复党员身份，这是茅盾毕生的隐痛和悲剧所在。尽管"脱党"这段历史的细枝末节仍存在着进一步考察与研究的必要，而且关于这一段历史，茅盾本人也从来没有从自身的性格上总结过原因，但作为后人，本着"理解之同情"的态度，设身处地地为身处历史现场的人多考虑一点，我们也无需指责茅盾什么，只是说这其中确实有性格因素的存在；再加上时代、环境等外界不可抗力的影响，共同造成这个悲剧的诞生。当我们对茅盾本人的那段经历抱着"理解之同情"的态度时，也会从他的作品中发现，茅盾对他笔下的人物也同样如此。所以他在塑造方罗兰时，不仅明显地表现出一种洞察感，而且还赋予了对这个人物深深的同情和理解；也不只是

---

① 茅盾：《我走过的道路》（上），人民文学出版社1997年版，第382页。

方罗兰,《蚀》中的所有男性形象都可以看作是茅盾彼时纠结心态的集中投射和反映,他把理解与同情的态度给予了每一个以悲剧收场的人物,同时也给予了他自己;他在分析方罗兰们悲剧成因的时候,想必对自己的灵魂也进行着深刻的拷问。《蚀》可以看作是茅盾试图自我救赎的"结晶",也可以看作是"政治创伤和政治遇挫的产物,也是他的生命意志和精神苦闷的转移与再生"。[1]

所以在1927年的夏天充斥在茅盾脑海中的,尽是些创伤的回忆和混乱的印象,如梦魇一般,挥之不散。而写作成为了他排遣苦闷的途径,如同王晓明所言:"他写小说的最初目的是为了舔伤口。"[2]在我看来他的苦闷源自于两个方面,一方面是对革命前途的迷茫,但更多的是对个人命运的担忧:已经失去和党联系的他,时刻担心自己落伍甚至被时代所抛弃,这种存在感的缺失与身份认同的危机时刻困扰着他的创作,以至于这些消极的情绪不可避免地弥漫到整个《蚀》的氛围中去了。从某种程度上说,他在不到一年的时间里创作的《蚀》的三部曲,"是一种情绪及无意识的暴风骤雨式的宣泄,混杂着悲观和愤慨。"[3]

三、从本我到超我:强势男性的艺术想象

但很显然,《蚀》带给茅盾的并不仅仅是苦闷情绪的缓解,反而更多的却是批评和质疑。更具讽刺意味的是,这些质疑的声音大多还是来自于左翼内部的阵营里面。20世纪二十年代的茅盾研究主要是围绕着《蚀》三部曲进行的,由于其流露出的一些悲观、彷徨的情绪,受到以钱杏邨、贺玉波、傅克兴等太阳社、创造社成员的严厉批评。茅盾也卷入关于"革命文学"的论争之中去,并与鲁迅等人被当做"旧写实主义"的代表受到批评攻击。也许是为了证明自己并不落伍,又或许是他儿时"大丈夫当以天下为己任"的理想抱负在经历了大革命失败的动荡后又重新被唤醒,茅盾在此后的创作中增强了对时代严峻的政治思考,文学倾向开始产生较大的转移,他需要通过再一次的艺术书写,寻找到一个正确的方向。"本来,在茅盾的艺术观念乃至感觉深处,很少或压根就没有'为艺术而艺术'之类空灵玄妙的成分,他对社会问题的关注是一贯的。"[4]曾经的政治身份使得他与其他纯书斋背景的人文知识分子是不同的,他不屑于去当一个远离政治远离现实社会的个人主义作家;加上所处时代和社会的要求,茅盾的创作越来越趋于理性化。但我们需要指出的是,虽然他有自己的理性追求,但这种追求是尽量与自身情感和生活实际贴合在一起的;类似于《子夜》这类社会剖析小说的成功之作也并未放弃对个体生命的关注,它们仍是以作者的个体生命体验和其他个体生命的观察研究为基础的。已有研究不止一次论述过茅盾的创作方法并非狭隘的"主题先行",而是感性的生命体验与理性的社会剖析的结合。这也是他区别于当时创造社、太阳社其

---

[1] 贾振勇:《理性与革命:中国左翼文学的文化阐释》,人民出版社2009年版,第195页。
[2] 王晓明:《潜流与漩涡——论二十世纪中国小说家的创作心理障碍》,中国社会科学出版社1991年版,第84页。
[3] 陈建华:《革命与形式——茅盾早期小说的现代性展开》,复旦大学出版社2007年版,第92页。
[4] 温儒敏、赵祖谟主编:《中国现当代文学专题研究》(第二版),北京大学出版社2015年版,第41页。

他作家的独特之处,即"理论上他是符合概念化的需要,创作上他有巨大的才华、无数的细节来支撑。以后的作家未必都能做到这两全其美"①;也有学者指出,尽管从《子夜》开始,茅盾开始重视文学的社会功能,但他始终未彻底放弃自己敏感的艺术领悟力。

也就是说,当时间来到1930年代的时候,在茅盾的作品中已经很难寻觅到单纯感性情感的宣泄与流露,而是融入了较为客观的理性分析,这种感性与理性的相互纠结与缠绕构成了茅盾小说主要的审美意蕴;但这一切又都是以艺术真实作为基本前提,正如有学者指出的那样,"茅盾的可贵在于他的文学思想前后屡次变化,而变化中又有着一以贯之的原则:对文学的本体艺术追求与社会功用双重重视,并尽可能将两者结合。"②

这种情况在《子夜》当中得到了充分的体现,贾振勇就形容这部作品是"感性生命力与理性生命力的纠结"的产物。实际上在《子夜》中,理性地反映社会时代全貌的尝试,展现典型环境中的典型人物的表现手法,占据了全书很大的章节和比例;而在对吴荪甫的部分书写中,则可以看出茅盾仍是倾注了其感性的生命体验在其中的,这个人物在某种程度上代表了茅盾对于强势男性的一种艺术想象。

《子夜》中的吴荪甫就是茅盾倾注心血创造的形象,他是小说中"能够集中体现茅盾内在心理结构、精神征兆、个性机制、情感取向等层面的外在投射的人物形象,充分体现了他的理性、知性生命创造力和感性生命创造力的复杂纠结"。③ 如果说方罗兰、张曼青、王仲昭等是茅盾内心"本我"形象的外在延伸,是他内心某种潜意识的形象化表达,那么可以说吴荪甫就是茅盾理想化的自我形象,即"超我",这是他内心超我形象在小说中的外在投射。茅盾曾经提及吴荪甫是以他表叔为原型而创造的人物形象,卢表叔可以说是茅盾生命历程中的贵人,或许从少年时代就成为茅盾心向往之而身不能至的强势男性楷模。由此笔者联想到茅盾自身性格的阴柔特点,三十年代初期 A·史沫特莱看到《蚀》扉页前茅盾的照片时,曾开玩笑说,"like a young lady。"所以尽管茅盾试图客观、理性地对待吴荪甫,但仍然无法掩盖他对于这样一个资本家的崇拜,这从小说的字里行间中分明可以很强烈地感受到:"她的魁梧刚毅的紫脸多疮的丈夫就是二十世纪机械工业时代的英雄骑士和王子"④;"然而像他那样的人,决不至于让某一件事的胜利弄得沾沾自喜,就此满足"⑤;"他站起来踱了几步,用力挥着他的臂膊"⑥;而且文中也不止一次提及吴荪甫像一个大将军似的运筹帷幄,统领大局。我们明显可以感受到,茅盾在写这个人物的时候,其笔锋已经被感性经验强有力地控制住了。"这是一个

---

① 陈思和:《中国现当代文学名篇十五讲》,北京大学出版社2003年版,第343页。
② 温儒敏、赵祖谟主编:《中国现当代文学专题研究》(第二版),北京大学出版社2015年版,第53页。
③ 贾振勇:《子夜》:感性生命力和理性生命力的纠结,王中忱、钱振纲:《茅盾研究(第11辑)》,新加坡文艺协会,2012年版,第398页。
④ 茅盾:《茅盾全集》(第三卷),人民文学出版社1984年版,第89页。
⑤ 同上,第144页。
⑥ 同上,第121页。

有力量、有着极强的破坏力和创造力的形象。"①在整体基调偏于客观写实的《子夜》当中,茅盾笔触间不经意流露出理想化、浪漫化倾向。陈思和就认为:"吴荪甫这个人物不是写实的,它包含着茅盾强烈的感情色彩,是用仰视的角度去写的。"②当然这种崇拜背后也包含茅盾对现代化的认知与向往,即使是写他的倒台崩盘,也倒得像个巨人,并因此而透出某些悲剧感。如同韩侍桁在1933年所写的那样:"这个英雄的失败,被描写的像希腊神话中的英雄的死亡一般地,使读者惋惜。"③

吴荪甫代表着一种秩序和稳定,一种坚持与不动摇,而这正是茅盾在大革命失败后所缺乏并苦苦追寻的。他在事业上刚毅果敢,在他身上早已经看不到方罗兰们面对局势变动时所流露出的不安与惶恐;他在爱情上自信强势,在他周围的女性反倒成为了他的陪衬。《蚀》中的男性大多"情场失意",或是王仲昭那样的"善始不能善终"的"命运弄人";或是张曼青那样"理想女性"梦想的破灭;亦或是方罗兰那样纠缠于两个女人之间,难以脱身;而《子夜》中的吴荪甫似乎强大到不需要感情来抚慰,先前在《蚀》中风光无限的时代女性的形象在这里完全弱化甚至隐没到了幕后,即使也有类似徐曼丽、吴少奶奶、冯眉卿、林佩珊这样描写出彩的女性形象,但相对于《蚀》,茅盾在此却很少流露出欣赏的态度:像徐曼丽这样的双面甚至多面间谍,在笔者读来是带有"蛇蝎美人"的性质在里面;而冯眉卿这样的头脑简单、自以为是的大小姐则直接导致了其父的破产;林佩珊整天周旋于两个男性之间,爱幻想却内心空虚;吴荪甫的太太林佩瑶作为曾经的时代女性,如今却甘愿嫁给比自己大很多岁的民族资本家吴荪甫,过上了衣食无忧的生活。她是时代女性落伍者的代表,而且过上贵妇人生活的她也确实失去了真正的爱情。以上种种在小说中的艺术书写,或许可以看作是茅盾的创作理念发生了转变。1930年从日本回国后,经历了和秦德君分手后回归家庭生活,并且逐渐从大革命失败的阴影中走出来,重新投入到"左联"工作中的茅盾,似乎不再纠结于感情方面的是是非非。所以在《子夜》中,宏大的政治企图取代了恋爱的苦闷与动摇,对于曾经深陷其中的小资产阶级的恋爱苦闷,茅盾似乎也能跳出来,站在一个更高的高度去全面审视。

但吴荪甫毕竟是一个悲剧的人物形象,纵使他承载了太多茅盾关于强势男性的想象和对现代化的认知与向往,他终究是以悲剧收场的。当然从这一点可以看出,茅盾对于艺术真实的一贯追求与坚持。阎浩岗曾指出茅盾"内心是更不会赞同把塑造高大完美的革命英雄形象作为创作方法的基本要求"④,笔者对此表示赞同,并且认为茅盾对于吴荪甫带有浪漫化倾向的塑造与"高大全"式的创作方法还是有根本区别的,他的赞美是一种发自内心的真情流露,而不是被动地宣传与图解;他寄希望于通过书写一个英雄式的人物,来彻底摆脱充斥于《蚀》中的苦闷情绪;他始终遵循着人物性格的发展逻辑来塑造人物,没有刻意拔高他的人格也没

---

① 陈思和:《中国现当代文学名篇十五讲》,北京大学出版社2003年版,第332页。
② 同上。
③ 韩侍桁:《子夜》的艺术思想及人物,钱振纲:《茅盾评说八十年》,文化艺术出版社2011年版,第146页。
④ 阎浩岗:《中国现代小说史论》,人民文学出版社2006年版,第132页。

有选择性遗忘他的自身缺陷。他的悲剧既是中国现代企业家生不逢时、壮志难酬的悲剧，也是他自身性格缺陷所带来的悲剧。前者就如同《蚀》当中那群小资产阶级们所面对的一样，属于"人力无法胜天"的悲剧，而就后者——性格方面来说，表面强大的吴荪甫似乎也并非无懈可击：他也会迷茫和无助，甚至相比于他的助手屠维岳来说，他还缺乏后者的冷静，在处理工人运动方面，后者似乎还更胜一筹；他过于轻信和孤注一掷，深知杜竹斋为人的他，在关键时刻竟也百密一疏，没有料到杜竹斋最后会倒戈相向；他过于孤僻的性格使得每当遇到困难之时他更喜欢闭门独处而不与他人分享；在情感方面，没有爱情做润滑剂的他最终竟然险些了结了自己的生命……这些性格方面缺陷使得吴荪甫这个人物形象更加的生动与真实，更因此具有震撼人心的力量；同时透过他对于吴荪甫这个人物悲剧结局的处理，笔者隐约可以感受到，尽管痛苦和迷茫不再成为侵扰茅盾的主要情绪，但曾经的感情纠葛以及脱党的政治阴影仍然像幽灵一般伴随着他的一生，仿佛他笔下的悲剧男性一样，自始至终都难以克服性格的缺陷和时代的束缚，而这也是他们共同的悲剧所在。

四、总结

让我们把时间再次拨回到 1927 年，当政治冷淡他的时候，文学却来照拂他了。他开始用自己饱含生命体验的笔触去排遣自己幻灭动摇的情绪，于是那些倾注了他生命体验和主体意识的男性形象相继应运而生，他们是彼时茅盾事业、爱情遭遇波折的文学映射，与茅盾苦闷彷徨的情绪产生了深刻的共鸣；最终到 1930 年从日本回国，再到 1933 年的《子夜》问世，《蚀》那样的悲观、幻灭的情绪似乎连同茅盾内心的负面情绪一起，都一去不复返了。从方罗兰到吴荪甫，从本我到超我，从单纯的感情共鸣到感性与理性兼有的主体意识投射，茅盾通过生命体验的艺术书写，逐渐从苦闷的排遣转向寻找新的方向。"一旦从最初的绝望中清醒过来，他就赶紧去追赶那面新世界的旗帜"[①]；《子夜》的创造可能还隐藏着一个更为深刻的动机，那就是要通过这些创作来确证，自己已经顺利赶上了前进的大队。《子夜》已不再是《蚀》的三部曲那样的，单纯地作为一种"苦闷的象征"而存在，它更像是一部宣言书，宣告了茅盾的重新归来。

[①] 王晓明：《潜流与漩涡——论二十世纪中国小说家的创作心理障碍》，中国社会科学出版社 1991 年版，第 105 页。

对话性与现代性
——试论茅盾《野蔷薇》中的性别意识

朱圻

北京语言大学 北京 100083

提要：在茅盾的短篇小说集《野蔷薇》中，存在一种独特的双声语现象，这种现象不仅反映了主人公之间不同性别立场的对话关系，也反映出主人公自身矛盾的两面性。另外作品中叙述者与人物、与隐含作者的关系以及社会主流话语的矛盾也构成了对话关系，本文将以巴赫金对话性理论为参照，深入分析和总结茅盾《野蔷薇》中的对话性特征，进而分析对话性中内蕴的现代性、主体意识与性别立场。

关键词：对话性 现代性 主体 性别

一、巴赫金对话性理论与现代性

对话性与现代性是中国当代文论必不可少的关键词，本文中的对话性指的是巴赫金发现并创立的叙事学理论分支——对话性理论及文学作品中蕴含的种种"对话"关系。对于现代性这一概念，"五四"以来，中国现当代文学的发展一直围绕现代性问题展开，而现代性的关键词也与启蒙、民主、自由观念密不可分，笔者认为对话性也应作为现代性的一个重要特点之一引入文学研究当中来，本文将以巴赫金对话性理论为基点，以茅盾短篇小说集《野蔷薇》中的性别意识为延伸，研究对话性理论在中国现代文学现代性进程中的地位及作用，探求对话中的现代意识。

巴赫金在研究陀思妥耶夫斯基的文学创作中创立了对话性理论，对话性是对话向独白、向非对话形式渗透的现象。无论是对话者（作者、人物、读者）、对话的内容（还包含文字以外的画外音及空白）还是对话的方式都使文本具有了更丰富的空间层次，而文本内部表层与深层的对话交流关系也构成了复调小说的基本元素。

复调最初是音乐中的一个名词，源自希腊语，指由几个独立的音调或声部组成的乐曲。巴赫金用复调一词作为一种现象的类比来说明陀思妥耶夫斯基小说的形式特点。"复调小说具有这样几个层次：一是话语中时有双声语现象出现；二是主人公主体意识中会产生许多不同思想的交锋，有时会产生精神分裂、人格分裂；三是许多价值相等的主人公意识，作为某一他人意识而非客体，以对位形式，不相混合地结合在某一统一事件中，这就是巴赫金在写作《陀斯妥耶夫斯基创作问题》(1929年)时对复调的认识,是他在对话性问题上所达到的思想水平。"①可见,巴赫金的对话性理论强调的是一种对话中的主体间性,这种主体间性不仅存在于叙述者与人物、隐含作者的关系中,更存在于作者与主角的对话交流中,主体的构建不是单一的,而是通过对话确立的,这指明了小说创作方式趋向了现代性的方向。"作者在创造主角这个艺术主体时,也在创造、发现着他的自我与主体。这个自我发现的过程,即为作者的自觉意识的实现过程,当然,这个过程完全是在创造他者——主角——的时候完成的,是在作者的自我与主角的他者的对话与交流过程中实现的。因此我们可以看到,作者的自觉意识与主角的自觉意识不可或缺,相辅相成,在主体间对话中达到自由的境界。"②对话性不仅是内蕴在文本中的主角间的对话,又或是同一人物思想内部不同意识的交锋,它还存在于作者创作人物的过程当中,不仅仅是作者把握人物,有时人物性格的发展会溢出作者的想象,构成人物自身的主体性,这体现了一种作者与主人公"主体——主体"的对话交流关系。

从1988年《陀思妥耶夫斯基诗学问题》在我国首次出版,到1998年六卷本的《巴赫金全集》由河北教育出版社一次推出,巴赫金及其思想在我国经历了一个逐渐被发现、被理解的过程。巴赫金的对话性理论传入与20世纪九十年代中期以来在中国国内形成的"现代性"热的时间大致相同③,简单来说,现代性是一种启蒙的理性主义精神,"自由"构成了现代性的根本价值,确立了人的主体性。而中国的现代小说也汲取了现代性的养分,以主体性确立为目的,在启蒙与开拓中寻求人之为人的生命意识。茅盾早期小说集《野蔷薇》创作于国民大革命失败以后,时代的动荡对茅盾的创作产生了影响,一方面是对现代性启蒙的反思与迷惘,另一方面是对男女两性关系的探求与讯问,由此构成了文本的复调色彩。其次,茅盾小说的对话性还表现为同一文本与不同文本间性别立场的对话、同一主人公思想意识内部的交锋及通过意象实现自我的他性化等。《野蔷薇》中的六个短篇分别从女性视角、男性视角切入构建叙事的对话性,并通过同一文本和不同文本中性别意识的对话彰显文本的现代性,后文将分别具体阐释,着重分析茅盾早期短篇小说对话性特点,探求隐含作者的性别立场,追问人物背后的主体性建构及通过对话性体现的文本现代性。总之,通过巴赫金对话理论对茅盾小说中的主/客、我/你、作者/主人公、自我/另一个自我进行比照分析,是本文的用意和突出特点。

二、女性独白中的双声语:自我的矛盾与艰难的抉择

《野蔷薇》中的《自杀》、《一个女性》是明显以女性视角切入的短篇小说,女性人物自我独白中的双声语现象透出人物内心的矛盾与艰难的抉择,女性悲剧命运与时代背景相连,对话性塑造了人物鲜活的主体意识,同时也蕴含着对时代的

---

① 董小英:《再登巴比伦塔——巴赫金与对话理论》,生活·读书·新知三联书店1994年版,第39页。
② 刘康:《对话的喧声—巴赫金的文化转型理论》,北京大学出版社2011年第1版,第129页。
③ 此时间估算来自刘康《对话的喧声》一书引言及陈嘉明:《现代性与后现代性十五讲》,北京大学出版社2006年版,第1页。

反思。

如果不是在对白中,而是在独白陈述中,在人与人的意识关系中,也出现这种同意和反对的关系,肯定和补充的关系,问和答的关系,就叫做对话性。……而这种对话性是叙事艺术的生命之所在。① 其中独白陈述中对话性的体现在《自杀》中表现为两个维度,一是他人话语进入结构形成与主人公的对话,二是主人公思想意识内部的交锋形成对话。

那跫跫然来的,不是死神的脚音么?你就这么死了?你,刚在青春的盛年,刚只喝着一滴快乐的酒,就在寂寞中默默地死?②

环小姐在与革命男子发生关系后,男子的离开让环小姐陷入了巨大的痛苦和自我矛盾,因无法面对现实与自我心理的压力环小姐最终选择了自杀。而在自杀之前环小姐一系列的心理活动构成了多层次的对话性。开始文本中都是叙述者以环小姐的视角切入做独白陈述,而上述引文出现的"你"塑造了一个"他者"的存在,与环小姐自杀的想法形成对话,此时作者把握人物变为人物把握作者,你/我的关系又让读者自觉进入了文本与主角形成对话。在文本中还存在大量环小姐的独白陈述反映出主人公思想意识内部的交锋:(1)男子是薄情男子还是磊落大丈夫;(2)环小姐对男子的爱与恨形成对话性;(3)贞操观念与性自由观念形成对话;(4)自杀观念与勇敢地直面世俗指责观念形成对话;(5)自由恋爱观念与包办婚姻观念形成对话;(6)解放自由光明是罪恶与跟着潮流还有希望形成对话。以上种种主人公主体意识内部的思想交锋形成了文本的复调性与对话性。透过独白话语中的对话性叙述我们可以窥视隐含作者的态度对环小姐充满了同情,但现实是无奈的,环小姐追求自由恋爱和就当时来讲超前的性观念是她无法面对的现实,只能选择用死亡来逃避。从现代性的角度来看,文本具有反思时代进步遇到的问题给予警示的借鉴意义,但是从性别立场来看,茅盾还是没能完全尊重女性主体性,且看《自杀》中对女性身体的描写:

虽然像他那样负有重任的人是不应当很草率的就和人恋爱,然而他不是说过的么?他也是血肉做的人,他也有热情,他也不能抵抗肉的诱惑。③

把女性身体处理为肉的诱惑,男女恋爱是平等的,而非一方以身体诱惑另一方,文本没有把女性除肉体以外的生命美感表现出来,乃是从男性角度割裂了女性主体性,不免陷入了灵肉分离的窘境,这个细节说明茅盾作为男性作家一方面以心理活动客观想象了女性的生命真实,但字里行间还显示了男权文化的痕迹,在性别意识层面现代性构建上还存在不完善的方面。

---

① 董小英:《再登巴比伦塔——巴赫金与对话理论》,生活·读书·新知三联书店 1994 年版,第 18 页。
② 茅盾:《茅盾全集》第八卷,人民文学出版社 1985 年版,第 49 页。
③ 同上,第 41 页。

与《自杀》相比,《一个女性》也是从女性视角审视外部世界的文本,而它对话性的主要体现在于主人公心灵选择与现实矛盾而产生的人格分裂。琼华本是小镇的"女王",青春期的她受到众多男同伴的追求,然而在背后他们却对琼华造谣相互攻讦,令琼华感到了这个世界中的"他们"都是魔鬼一般的存在。于是她决定对男性的态度采取"不憎也不爱",但是她内心对男性的憎/爱态度却形成了重重矛盾:

生活没有爱是难堪的罢?但爱的不可分离的伙伴却又是憎呢!……从前学习着不憎不爱,结果岂不止成了憎?现在便该学习着如何去爱么?
……
究竟何者是我的真我呢:是晚上的脆弱的渴求爱的安慰的我,抑或是白昼的冷酷狷傲的独来独往的我?[①]

虽然琼华内心陷入迷惘,但是她仍然用刚毅和冷酷伪装自己,文本中琼华的心灵声音与行为构成了自我矛盾与分裂,体现对话性的同时,也恰恰符合青春期女孩子的特点,茅盾通过成功的女性视角切入刻画女性内心,体现了女性的主体性与生命真实。

从《自杀》、《一个女性》我们可以理解"把作者和叙事人,连同他的所有观点和对主人公的描写、刻画、界定,都转移到主人公的视野里,这样,他便把主人公整个完善的现实,变成了主人公自我意识的材料"。[②] 这样就成功地颠覆了以往总是作者把握人物的权威,把文本的大部分转化为了人物把握作者,赋予了人物鲜活的主体生命意识,这是对话性的充分表达,也是现代文学作品现代性的彰显。

三、男性视角中的对话性:"创造"中时代的焦虑与迷惘

以男性视角切入叙述的短篇小说《创造》、《诗与散文》具有明显复调小说的特点。与《自杀》、《一个女性》不同的是,《创造》以男主人公君实的视角切入讲述君实与娴娴"创造"与"被创造"的关系,《诗与散文》以青年丙的视角切入讲述面对"灵"之表妹与"肉"之桂奶奶的选择,其中内蕴了启蒙过程中存在的问题,也表现了现代文学中对性别意识的反思,具有时代的进步意义,但同时文本并没有明确指出应从两性主体性平等的角度考虑问题,仍然用男性尺度作为人的尺度衡量女性,"创造"女性,也体现了在时代焦虑与迷惘的大背景下现代性别意识的缺席。

《创造》、《诗与散文》对话性的体现在于运用了视角叠加的叙事技巧。20世纪初以来的第三人称小说中,叙述者常常放弃自己的眼光而转用故事中主要人物的眼光来叙事。……叙述声音在一定程度上成了聚焦人物自己的声音;换句话说,它成了叙述者与聚焦人物之声音的"合成体"。[③]

[①] 茅盾:《茅盾全集》第八卷,人民文学出版社1985年版,第75页。
[②] 巴赫金:《陀思妥耶夫斯基诗学问题》,生活·读书·新知三联书店1992年版,第84页。
[③] 申丹:《叙述学与小说文体学研究》,北京大学出版社2001年版,第187页。

他睁开倦眼，身体微微一动。浓郁的发香，冲入他的鼻孔；他本能的转过头去，看见夫人还没醒，两颊绯红，像要喷出血来。身上的夹被，早已撩在一边，这位少妇现在是侧着身子；只穿了一件羊毛织的长及膝弯的贴身背心（vest），所以臂和腿都裸浴在晨气中了，珠络纱筛碎了的太阳光落在她的白腿上就像是些跳动的水珠。①

"看见夫人还没醒"此句以后都是通过君实的眼睛来看，透过人物的眼光来叙事。后面还有君实的心理活动和叙述者话语的穿插，构成了声音的"合成"。但《创造》并非最典型的第三人称外视角叙述，因为小说的开始有一段稍显冗长的环境描写，而中间又倒叙了君实的家庭教育状况以及择偶经过，采用中立型全知视角占有相当篇幅。而《诗与散文》则更为严格地使用了有限全知叙述。整篇小说，无论是桂奶奶与表妹的语言、行为，还是青年丙在美好与享乐之间的挣扎，全都通过青年丙的眼光反映出来。正是借助对读者视线的凝聚，青年丙心灵的挣扎、伦理的困惑才如此触目惊心。其他一些小说，也大致有相对固定的视点人物，如《一个女性》中的琼华、《昙》中的张女士、《色盲》中的林白霜，叙述都围绕这些人物的视点展开。值得注意的是《诗与散文》中常出现的"镜子"意象，"大衣镜"成为了叙述者、人物视角以外的"他者"，成为了对话性的营造者。一切离开了主体而存在的，不论主体还是客体都是他者：谈话的对方是他者，审美的对象是他者，作者创作的人物，即使对创作者来说也是他者，连镜子中的自我映像也成了他者。因为，这时在镜中看到的，已经不是主体，而是自我的客体化的事物。② 所以茅盾透过"镜子"将青年丙的自我他性化③，形成了多层次的对话性。镜子意象在文本中第一次出现是青年丙对镜自审，透出男子自恋的心理，第二次是桂的幻觉在镜中出现，后面几次大衣镜成为了一个视角，类似摄像机审视着人物的行动：

大衣镜映出这一对偎倚着的人儿的面容是：男子脸上有"没奈何"的神气，女子嘴角浮着胜利的微笑。④
......
黑暗渐渐从房子的四角爬出来，大衣镜却还明晃晃地蹲着，照出桂的酡红的双颊耀着胜利之光，也照出丙的力疾喘气的微现苍白的嘴角。⑤
......

---

① 茅盾：《茅盾全集——小说八集》，人民文学出版社1985年版，第3页。
② 巴赫金：《审美活动中的作者与主人公》（二十年代初叶），《话语创作美学》1979年第6期，第23页。
③ 关于他性化的解释详见《再登巴比伦塔》第20~21页。简单来说，他性化的主体是自我的客观化，自我是可以成为客体，成为他者的。巴赫金认为，自我存在于他人意识与自我意识的接壤处，"一个意识无法自给自足，无法生存，仅仅为了他人，通过他人，在他人的帮助下我才展示自我，认识自我，保持自我。最重要的构成自我意识的行为，是确定对他人意识（你）的关系。"这就是他所说"单一的声音，什么也结束不了，什么也解决不了。两个声音才是生命的最低条件，生存的最低条件"的哲学内涵。
④ 茅盾：《茅盾全集——小说八集》，人民文学出版社1985年版，第88页。
⑤ 同上，第91页。

镜子映出房门慢慢地开了一条缝，桂的恶意的但是迷人的笑脸，端端正正嵌在缝中间，对着床上瞧。……但是门已经关了。只有吃吃的艳笑声被关进在房里。这笑声像一条软皮鞭，一下一下的打在青年丙的心窝。……①

从这三个片段可以看出镜子成为了人物他性化的工具，起到了主体客体化的作用，在主/客关系的对话中，青年丙对桂的主动是恐惧的，害怕的，同时又对自我意识极度不确定，在文中丙一直在自我独白中追问自审，体现了大时代中人对自我主体欲望的迷茫与焦虑。相对而言，青年丙的男性立场中也包含了桂的女性独白，桂对感情与欲望的坦诚追求体现了新女性的特征，但在青年丙的眼中，桂始终是充满魅惑的女性肉体，与"灵"无关，在文本中，男女对话关系始终没有达到灵性合一的高度，因为无法解决此处矛盾，不得不寻求政治出口，过"史诗"般的生活。

《创造》中的对话性则体现在新与旧的矛盾之中，是自由独立女性与封建男权专制的对抗，主人公君实与娴娴的矛盾投射出现代启蒙者与被启蒙者的矛盾，启蒙的迷惘内隐于男女婚姻关系的矛盾之中，使《创造》具有了多层次的意蕴，形成了复调特色。《创造》对话性主要表现为君实对夫人过去完全听话与现在的"出走"形成对话性——即创造者的启蒙与被创造者的反抗构成对话性。小说是以君实的男性视角来叙事的，但隐含作者的立场却大于君实的立场，它在君实的男性立场外又包容进了娴娴的女性立场。君实的女性理想是"我要全新的，但是不偏不激，不带危险性"，"我打算找一块璞玉——是的，一块璞玉，由我亲手雕琢而成器"，而娴娴却说"你剥落了我的乐天达观思想，你引起了我的政治热，我成了现在的我了，但是你倒自己又看出不对来了"，最后"她先走了一步了，请少爷赶上罢。——少奶奶还说，倘使少爷赶不上去，她也不等候了"。可见最终从叙述者的态度中我们看到隐含的作者态度，女性立场胜出，茅盾对两性在启蒙与被启蒙关系中的换位设置体现了对男性立场和女性立场的换位思考，表现了一定程度上的反思。但是我们应认识到《创造》仍体现了对男女主体意识把握不完善的方面，因为创造与被创造本身就是一种不平等的错位关系，背叛了以平等的人的态度对待异性的原则。另外，女性的主体性不应由男性的"创造"来建构，而在君实与娴娴的"斗争"描写中，娴娴总是以"肉"的牺牲来实现"灵"的胜利，隐含作者一方面批判君实只为创造一个理想妻子的男权中心主义思想，但另一方面对女性肉感的描写也割裂了女性主体性。进而言之，娴娴在文本中的态度一直隐于叙述者与君实的视角之下，男性主体性始终大于女性主体，所以在性别意识现代性的建构上，还存在缺憾。但《创造》的隐含作者立场是对男权集体无意识的解构，虽然没有从两性平等角度建立现代性别意识，但从两性矛盾的展现、视角的叠加和对话的层次来看，《创造》已经具有了明显的现代小说特征。

《创造》、《诗与散文》均是从男性视角切入叙述的短篇小说，运用视角的叠加、自我的他性化等多种叙事技巧营造了文本内部表层与深层的对话交流关系，体现

---

① 茅盾：《茅盾全集——小说八集》，人民文学出版社1985年版，第98页。

了文本的现代性特点，但从叙述过程中，我们可以体会在转型期隐含作者的态度也存在不确定性，只是展现了矛盾，并未给解决矛盾指出一条新路，或许因为文本创作于国民大革命失败以后，时代动荡不安，这种历史背景也透过文本中的人物内心彰显出来，是可以理解的。

四、对话性与现代性的交响：多层次复调的艺术魅力与茅盾小说实践

上文以女性视角男性视角分别切入，重点分析了《自杀》《一个女性》《创造》《诗与散文》四个短篇，而茅盾还有两个短篇《色盲》与《昙》则体现了不同小说间男性立场文本与女性立场文本之间的互文对话关系①。《色盲》以林白霜的男性视角切入谈男性对女性的选择，"一个是活泼的，热情的，肉感的，知道如何引你去爱她，而又一个是温柔的，理性的，灵感的，知道如何来爱你。"把女性以"灵"和"肉"做两极化的区分和《诗与散文》一致，都背叛了在人的主体性建构中，灵肉合一的本质。相反的《昙》以张女士的视角切入，控诉批判了林白霜为代表的男性游戏恋爱心理。由此，《色盲》与《昙》从两性关系角度相对完整地探求了恋爱关系当中男性立场与女性立场的生命真实，在叙述者和隐含作者的对话中，在作者与主角的关系中，凸显了主体意识，是现代性文本的实践。

通过茅盾六个短篇小说的逐一分析我们可以得出结论，茅盾早期小说的实践体现了对话性与现代性的交响，是一种复调中的对话，展现了大时代变革中人物对主体的探求与迷惘，是一种成功的尝试，但从性别意识层面来看，茅盾的实践又存在一定缺陷。一方面他站在女性的立场和角度，体察女性的心理，对女性的悲剧命运寄予深切的同情。他肯定女性的自主性，对新女性身上的勇敢、独立精神充满赞誉之情。另一方面，文本中虽然呈现了种种男女主体意识不平等的现象，但没有给出解决的办法，只是提出质疑，在历史背景下体现出了一定的现代性，但还不够完善。

综上所述，透过巴赫金的对话性理论分析茅盾早期短篇小说现代性别意识，对于小说文本的现代性建构我们可以得到如下启示：一是以对话为思维方式，以对话为前进的方向，不仅仅是借鉴西方文论来分析我国的文学作品，这仅仅是交流，对话应该是文学的、文学理论的、文学批评的双向互动，应以对话为前进方向，站在多元的视角中审视自我；二是在性别意识层面要站在两性平等的角度，主张人之为人灵肉合一的本质，张扬人的主体性和生命真实，而非顾此失彼割裂人的主体性。

透过巴赫金的对话理论对茅盾的早期短篇小说进行分析，由此生发对中国现代小说对话性与现代性的思考，更从性别意识层面深入地探索和发现其内在的复杂性和独特的艺术价值，在探寻中国文学现代性之路上，对话性理论是值得借鉴和继续思考的。

---

① 李玲：《易性想象与男性立场——茅盾前期小说中的性别意识分析》，《中国文化研究》2002年第2期。

茅盾与外国文学

萧乾散文特写选

茅盾译诗的症候式分析

赵思运

浙江传媒学院文学院　浙江　杭州　310018

摘要： 茅盾在1919—1925年间翻译了32首域外诗歌，但其后的新诗创作却乏善可陈，其症结深藏于他的译诗活动之中。茅盾的译诗出于新文化运动之亟需，具有强烈的政治意图伦理色彩，导致他的译诗缺乏诗歌自身的文体意识。他的"以神韵取代韵律"的译诗原则和新诗语言欧化的主张，在某种程度上，助长了新诗初创时期的散文化倾向。爱伦·坡《乌鸦》的译介这一公案能够显示出茅盾的译诗立场与诗歌文体意识的缺失。

关键词： 诗歌翻译　症候式分析　茅盾

茅盾的诗歌翻译时间段是1919—1925年，发表于《时事新报》副刊《学灯》、《小说月报》、《民国日报》副刊《觉悟》、《民国日报》副刊《妇女评论》、《诗》、《文学》周刊等报刊的诗歌译作，达32首。

如果说，茅盾的诗歌翻译活动比较有成就，那么，他的新诗创作则差强人意。茅盾在经历了长达6年的诗歌翻译活动之后，于1927年开始新诗创作。严格意义的新诗，茅盾只有两首，分别是《我们在月光底下缓步》(1927.8.9)[①]和《留别》(1927.8.12)[②]。此后写的《筑路歌》(1939)、《新新疆进行曲》(1939)、《题〈游龙戏凤图〉》(1941)、《给加拿大的文艺弟兄们》(1951)、《迅雷十月布昭苏》(1976)、《文艺春天之歌》(1979)，由于充斥着大量口号和议论，在艺术上乏善可陈。

作为新文学运动的坚定支持者，新诗的倡导者，他的新诗创作为何如此之少？细究起来，他的新诗创作难以为继，或许可以在其新诗翻译现象中找出内在的症候。他的新诗翻译活动，是茅盾参与新文学运动的组成部分，而他参与新文学运动的意图主要在于促进社会发展与人的发展。他的译诗活动带有浓厚的意图伦理色彩，而缺乏对诗歌肌理的考究和新诗文体建设的意识。从诗歌伦理态度的倡导到新诗文本肌理的创作实践之间，尚有很大的距离和空间。

一、茅盾译诗的意图伦理

中国白话诗和新诗的诞生，离不开异域诗歌的译介。而"韵文化的'新学'，与

[①] 茅盾：《茅盾全集·补遗》(上)，人民文学出版社2006年第1版，第255页。
[②] 同上，第256～257页。

思想界的关系,远比与诗坛的关系更为密切"。① 无论是黄遵宪发起的"诗界革命",还是梁启超发起的"文界革命",其革命动力都来自于异域的思想输入。因此,诗文译介大多着眼于社会变革,因而成为社会变革和民族进步的思想工具。

客观地讲,茅盾的译诗活动的出发点是急时代之所需。正如王哲甫所言:"中国的新文学尚在幼稚时期,没有雄宏伟大的作品可资借镜,所以翻译外国的作品,成了新文学运动的一种重要工作。"②茅盾等人于1920年组织成立"文学研究会"以后,《小说月报》自从十二卷第一期(1921.1.10)即由茅盾接手编辑并彻底革新,实际上成为文学研究会的机关刊物。茅盾在《小说月报》第十二卷第一号(1921.1.10)改革宣言中说:"研究文学哲理介绍文学流派虽为刻不容缓之事,而迻译西欧名著使读者得见某派面目之一斑,不起空中楼阁之憾,尤为重要。……写实主义在今日尚有切实介绍之必要,而同时非写实的文学亦应充其量输入。"③改革一周年之际,茅盾在《一年来的感想与明年的计划》中再次强调文学翻译的重要性:"翻译文学作品和创作一般地重要,而尚在未有成熟的'人的文学'之邦像现在的我国,翻译尤为重要;否则,将以何者疗救灵魂的贫乏,修补人性的缺陷呢?"④茅盾对《小说月报》进行了锐意革新,翻译与介绍了大量外国文艺理论、文艺思潮与文艺作品,包括古典主义、现实主义、批判现实主义、自然主义、浪漫主义、象征主义、达达主义等,非常多元化。他主持的《小说月报》设置了"译丛"、"海外文坛消息"、"文艺丛谈"栏目,以及不固定的译介栏目,茅盾常常亲力亲为,从事翻译活动。以《小说月报》为例,1921年1月到1926年12月,发表的译作中俄国文学33种,法国文学27种,日本文学13种,英国文学8种,印度文学6种。⑤

茅盾的诗歌翻译活动就是在这种背景下发生的。他在《译诗的一些意见》(1922)中说:"借此(外国诗的翻译)可以感发本国诗的革新。我们翻开各国文学史,常常看见译本的传入是本国文学史上一个新运动的导线;翻译诗的传入,至少在诗坛方面,要有这等的影响发生。"⑥"据这一点看来,译诗对本国文坛含有重大的意义;对于将有新兴文艺崛起的民族,含有更重大的意义。这本不独译诗为然,一切文学作品的译本对于新的民族文学的崛起,都是有间接的助力的;俄国、捷克、波兰等国的近代文学史都或多或少的证明了这个例。"⑦

《茅盾译文全集》第8卷⑧以发表时间先后为序,收录了茅盾1919年至1925年间翻译并发表于《时事新报》副刊《学灯》、《小说月报》、《民国日报》副刊《觉悟》、

---

① 张永芳:《试论晚清诗界革命的发生于发展》,见龚书铎《近代中国与近代文化》,湖南人民出版社1988年版,第930页。
② 王哲甫:《中国新文学运动史》,《民国丛书》第五编,上海书店据北平杰成书局1933年影印,第259页。
③ 《小说月报》第12卷第1号,1921年1月10日。
④ 《小说月报》第12卷第12号,1921年12月10日。
⑤ 陈玉刚:《中国翻译文学史稿》,中国对外翻译出版公司1989年版,第119页。
⑥ 《时事新报·文学旬刊》第五十二期(1922.10.10),茅盾:《茅盾全集第十八卷·中国文论一集》,黄山书社2014年版。
⑦ 茅盾:《茅盾全集第十八卷·中国文论一集》,黄山书社2014年版,第328~329页。
⑧ 茅盾:《茅盾译文全集》(第8卷《诗·文论》),知识产权出版社2013年第2版。

《民国日报》副刊《妇女评论》、《诗》、《文学》周刊等刊物上的诗歌 32 首。列表如下：

译文题目	原作者	原作国籍	发表报刊	发表时间	备注
夜	Elizabeth J, Cootsworth	不详	《时事新报·学灯》	1919.9.30	原署译者：冰
日落	Evelyn Wells	不详	《时事新报·学灯》	1919.9.30	原署译者：冰
阿富汗的恋爱歌		阿富汗	《小说月报》第12卷第7号	1921.7.10	原署冯虚女士，从 E. Rowys Mahero 转译
海里的一口钟	戴默尔	德国	《民国日报·觉悟》	1921.9.4	原署沈雁冰重译，英语转译
我寻过……了	梅特林克	比利时	《民国日报·妇女评论》	1921.9.21	原署比国梅德林
夜夜	戴默尔	德国	《民国日报·觉悟》	1921.10.7	原署冯虚女士译
匈牙利国歌	裴多菲	匈牙利	《民国日报·觉悟》	1921.10.10	原署沈雁冰重译
杂译小民族诗（共十首）	土尔苛兰支、伊萨河庚、恰夫恰瓦泽、洛顿斯奇、谢甫琴科、斯坦芳诺维支、散尔复维支、贝兹鲁奇、科诺普尼茨卡、阿斯尼克	亚美尼亚、格鲁吉亚、乌克兰、塞尔维亚、捷克、波兰	《小说月报》第12卷第10号	1921.10.10	沈雁冰译
莫扰乱了女郎的灵魂	鲁内贝格	芬兰	《民国日报·妇女评论》第11期	1921.10.12	原署冯虚女士重译
笑	鲁内贝格	芬兰	《民国日报·妇女评论》第11期	1921.10.12	原署冯虚女士重译
泪珠	鲁内贝格	芬兰	《民国日报·妇女评论》第13期	1921.10.26	原署冯虚译

续表

译文题目	原作者	原作国籍	发表报刊	发表时间	备注
"假如我是一个诗人"	巴士	瑞典	《民国日报·妇女评论》第13期	1921.10.26	原署冯虚译
乌克兰民歌		乌克兰	《民国日报·妇女评论》第14期	1921.11.2	署冯虚译,从英文转译
无聊的人生	Jules Licmaine	法国	《民国日报·觉悟》	1921.11.4	署冯虚女士译
佛列息亚底歌唱	阿特博姆	瑞典	《民国日报·觉悟》	1921.11.11	署冯虚译
塞尔维亚底情歌		塞尔维亚	《民国日报·妇女评论》第18、20期	1921.11.30、12.14	署冯虚译
二部曲	繁特科维支	乌克兰	《诗》第1卷第1号	1922.1.1	署沈雁冰译
永久	泰格奈尔	瑞典	《小说月报》第13卷第1号	1922.1.10	署希真译
季候鸟	泰格奈尔	瑞典	《小说月报》第13卷第1号	1922.1.10	署希真译
辞别我的七弦竖琴	泰格奈尔	瑞典	《小说月报》第13卷第1号	1922.1.10	署希真译
东方的梦	肯塔尔	葡萄牙	《小说月报》第13卷第2号	1922.2.10	署希真译,转译
什么东西的眼泪	肯塔尔	葡萄牙	《小说月报》第13卷第2号	1922.2.10	署希真译,转译
在上帝的手里	肯塔尔	葡萄牙	《小说月报》第13卷第2号	1922.2.10	署希真译,转译
浴的孩子	雷德贝里	瑞典	《小说月报》第13卷第2号	1922.2.10	署希真译,转译
你的忧悒是你自己的	雷德贝里	瑞典	《小说月报》第13卷第2号	1922.2.10	署希真译,转译
英雄包尔	阿兰尼	匈牙利	《小说月报》第13卷第5号	1922.5.10	原署冬芬译
南斯拉夫民间恋歌(四首)		南斯拉夫	《诗》月刊第2卷第2号	1923.5.15	署雁冰译,转译

续表

译文题目	原作者	原作国籍	发表报刊	发表时间	备注
歧路（选译）	泰戈尔	印度	《小说月报》第14卷第9号	1923.9.10	署沈雁冰、郑振铎译
乌克兰的结婚歌		乌克兰	《文学》周刊第89期	1923.9.24	署沈雁冰译
玛鲁森珈的婚礼		乌克兰	《文学周报》第170期	1925.4.27	署玄译
花冠		乌克兰	《文学周报》第174期	1925.5.24	署雁冰译
乌克兰结婚歌		乌克兰	《文学周报》第185期	1925.8.9	署沈雁冰译

如果考察茅盾的角色自期，那么，在革命家、思想家、文学家、翻译家等诸种角色之间，茅盾或许更重视革命家和思想家身份，文学家和翻译家的角色或许退后一些，而翻译则只是表达革命思想和文学思想的载体或工具。这跟"五四"时期思想启蒙、政治救亡、文学革命等主流价值观念有关。

其实，诗歌翻译在茅盾的翻译活动中占据很小一个部分。《茅盾译文全集》共计10卷，诗歌只占第8卷不到一半篇幅。茅盾的诗歌翻译与整个文学翻译活动一样，构成了新文学运动的有机部分。他的文学活动充满了政治意图伦理。他从来不会把文学活动当做文学本身，而只是把文学当做社会活动的一部分，人生活动的一部分。他一直崇尚"文学为人生"的主张。在茅盾看来，文学只是表达思想的一种手段，而不是文学本身。他在《现在文学家的责任是什么？》中说："自来一种新思想发生，一定先靠文学家做先锋队，借文学的描写手段和批评手段去'振聋发聩'。"[①]"文学是为表现人生而作的。文学家所欲表现的人生，决不是一人一家的人生，乃是一社会一民族的人生。"[②]由于茅盾坚持文学的社会功能，反对娱乐性的文学，因而他在《自然主义与中国现代小说》中严厉反驳了鸳鸯蝴蝶派[③]。因为茅盾批评了鸳鸯蝴蝶派，商务印书馆王云五对茅盾施加压力，提出要诉讼《小说月报》破坏"礼拜六派"的声誉，并要茅盾撰文道歉，遭到茅盾断然拒绝。这也反衬出茅盾坚定的"为人生"的文学立场。

应和着"为人生"的文学口号和人道主义思潮，"五四"时期的翻译运动也具有强烈的倾向性。新青年社和文学研究会都特别注重翻译与中国国情比较相似的俄国、印度等国文学与弱小民族的文学，尤其是俄国文学的翻译与介绍置于最醒

---

① 佩韦：《现在文学家的责任是什么？》，《东方杂志》第十七卷第一号。
② 同上。
③ 《小说月报》第十三卷第七号，1922年7月。

目、最突出的位置。创作方法上,倾向于法国、俄国、波兰等国家的现实主义、批判现实主义作品。关于介绍外国文学作品的目的,茅盾区分了"个人爱好"、"个人研究"与"介绍给群众"的不同,同时特别强调文学翻译的"客观动机",即"主观的爱好心而外,再加上一个'足救时弊'的观念"。① 他一再表达他的文学为人生的主张:"我是倾向人生派的。我觉得文学作品除能给人欣赏而外,至少还需含有永久的人性,和对于理想世界的憧憬。我觉得一时代的文学是对一时代缺陷与腐败的抗议或纠正。我觉得创作者若非是全然和他的社会隔离的,若果也有社会的同情的话,他的创作自然而然不能不对社会的腐败抗议。我觉得翻译家若果深恶自身所居社会的腐败,人心的死寂,而想借外国文学作品来抗议,来刺激将死的人心,也是极应该而有益的事。"②"我极力主张译现代的写实主义的作品。"③茅盾的翻译出发点跟创造社有所不同。创造社虽然也译介了现实主义文学、自然主义文学和启蒙主义文学,但是,更注重浪漫主义、唯美主义、象征主义、颓废主义文学的译介。茅盾虽然也推崇浪漫主义诗人拜伦,但首先因为"拜伦是一个富于反抗精神的诗人","中国现在正需要按比例那样的富有反抗精神的人。"④这与茅盾文学观念的现实关怀密切相关。

茅盾策划了《俄国文学研究》、《法国文学研究》、《被损害民族文学专号》、《泰戈尔号》等专号或增刊,尤其可贵的是,特别注重译介俄国文学、苏联文学以及弱小民族文学的理论与作品。1921 年出刊的《俄国文学研究》和《被损害民族的文学号》即是最突出的代表。《小说月报》第十二卷号外《俄国文学研究》是《小说月报》革新以后第一个专号,也是中国文学史第一本集中译介俄国文学的专集。《小说月报》第 12 卷第 10 号(1921.10.10)系"被损害民族的文学号"。在这一期专号里,茅盾亲自撰写引言和导论《被损害民族的文学背景的缩图》,介绍了这些被损害民族所运用的语言文字,阐释了波兰、捷克、芬兰、乌克兰、南斯拉夫、保加利亚等国的人种、自然环境与社会环境,以及被损害民族的特性。他在《引言》里论述到为什么要研究被损害民族的文学:"凡被损害的民族的求正义求公道的呼声是真的正义真的公道,在榨床里榨过留下来的人性方是真正可宝贵的人性,不带强者色彩的人性。他们中被损害而向下的灵魂感动我们,因为我们自己亦悲伤我们同是不合理的传统思想与制度的牺牲者;他们中被损害而仍旧向上的灵魂更感动我们,因为由此我们更确信人性的砂砾里有精金,更确信前途的黑暗背后就是光明。"⑤此专号里他发表了《杂译小民族诗(共十首)》。这十首诗歌分别来自亚美尼亚、格鲁吉亚、乌克兰、塞尔维亚、捷克、波兰的诗人土尔苛兰支、伊萨河庚、恰夫恰瓦泽、洛顿斯奇、谢甫琴科、斯坦芳诺维支、散尔复维支、贝兹鲁奇、科诺普尼茨卡、

---

① 茅盾:《介绍外国文学作品的目的——兼答郭沫若君》,见《时事新报·文学旬刊》第四十五期,1922 年 8 月,又见茅盾:《茅盾全集第十八卷·中国文论一集》,黄山书社 2014 年版,第 282 页。
② 茅盾:《茅盾全集第十八卷·中国文论一集》,黄山书社 2014 年版,第 282~283 页。
③ 同上。
④ 茅盾:《拜伦百年纪念》,《小说月报》第十五卷第四号,1924。
⑤ 茅盾:《小说月报》第 12 卷第 10 号引言,1921 年 10 月 10 日。

阿斯尼克。

在翻译的这些诗歌里,大多是民谣风格。反映民间生活的民谣和歌谣,除了上述《杂译小民族诗(共十首)》,还有《乌克兰民歌》、《佛列息亚底歌唱》、《塞尔维亚底情歌》、《南斯拉夫民间恋歌(四首)》、《乌克兰的结婚歌》、《玛鲁森珈的婚礼》、《花冠》、《乌克兰结婚歌》。在这些歌谣里,有的抒发反抗家庭包办、追求爱情自由的精神;有的表达对自然和灵魂的吟唱;有爱情的深情与执着,也有情人的离别与幽会;更有丰富多彩的民间婚礼与婚俗。还有的揭示了不平等的地位,表达劝善戒恶的宗教观念;有的表达了真挚的爱情与为民族而牺牲的关系;有的表达了在狱中对于祖国新生的渴望;有的在颓废基调里表达对人类的爱心;有的表达在坑道中做工的掘墓人的革命精神;有的表达了对于受压迫的底层农民同情。这些诗歌中流露出强烈的现实关注精神和民粹主义色彩。歌颂民族解放的诗歌也占有很大比重,以《匈牙利国歌》和《英雄包尔》为代表。前者作者裴多菲是匈牙利伟大的爱国主义诗人,被称为"匈牙利政治复活时代苏生精神的记录者,并且做了那精神的指导者。"①《匈牙利国歌》唱出了反抗专制、呼唤民族独立自由的最强音!后者作者也是匈牙利诗人,同裴多菲一样命运波折的裴多菲好友阿兰尼,诗中抒发了英雄包尔远离他的情人去参加战争,最后酿成了爱情悲剧。两首诗基调高昂,催人奋进!

我们注意到,茅盾的诗歌翻译基本都是由英文转译(也称"重译")过来的,很少从外语原文直接翻译成汉语诗歌。这种转译现象或许可以作为茅盾关注诗歌的社会意义甚于诗歌文体价值的佐证。如果从茅盾的外语熟练程度讲,他翻译英美诗歌作品应该更为精准一些,为何他避熟而就生,去转译一些弱小国家民族的作品?原因在于他的"文学为人生"的观念,在于"想借外国文学作品来抗议,来刺激将死的人心"。② 转译现象是中国翻译界在20世纪上半期的现象。那个时候熟悉并运用小语种的专家不多,对于弱小民族的文学作品的翻译,主要靠从英语版本转译。王友贵认为这是"意识形态支配翻译活动的结果"③,这种现象被称为"弱国模式"。茅盾清醒地认识到"各宜根据原本,根据转译是不大靠得住的"④。但事实上,茅盾的译诗几乎都是转译的非英语国家作品。

二、茅盾译诗"文体意识"的缺失

基于上面的论述,茅盾的着眼点并不在文学本身,而在于文学之外的社会担当。这就导致其诗歌翻译中"文体意识"的缺失。这与新文学运动时期新诗文体的散文化也具有内在逻辑关系。茅盾在译诗文体意识的缺失方面,体现在两个论述上:一是他认定的诗歌翻译原则"以神韵取代韵律",二是主张新诗语言的欧化。

先说"以神韵取代韵律"原则。

---

① 茅盾:《茅盾译文全集》(第8卷《诗·文论》),知识产权出版社2013年第2版,第13页。
② 茅盾:《茅盾全集第十八卷·中国文论一集》,黄山书社2014年版,第282~283页。
③ 王友贵:《意识形态与20世纪中国翻译文学史(1899—1979)》,《中国翻译》2003年第5期。
④ 茅盾:《译书的批评》,茅盾:《茅盾全集第十八卷·中国文论一集》,黄山书社2014年版,第52页。

关于翻译大致有两种方式,用德国学者施莱尔马赫(Schleier macher)的话说,一种是译文尽量保持原文的各种要素特征,让译文读者尽量靠近原文作者;另一种是引文尽量采用译者国家语言文体从而消解原文中的陌生因素,不让读者产生阅读障碍,让原作者尽量靠近译文读者。第一种是鲁迅所言"洋气",第二种即是"归化"。"五四"时期,多数人采取"归化"的方式来从事翻译工作,如胡适主张"全用白话韵文之戏曲,也都译为白话散文。用古文译书,必失原文的好处"。① 并且批评林纾:"林琴南把莎士比亚的戏曲,译成了记叙体的古文!这真是莎士比亚的大罪人。"② 茅盾在《译文学书方法的讨论》就谈到,在"神韵"与"形貌"不能两全的时候,"与其失'神韵'而留'形貌',还不如'形貌'上有差异而保留了'神韵'。"③ 茅盾同意邓亨的翻译观点:"我以为一首诗的神韵是诗中最重要的一部,邓亨所说'奥妙的精神',亦当指此,我们如果不失原诗的神韵,其余关于'韵'、'律'种种不妨相异。而且神韵的保留是可能的,韵律的保留确实不可能的。"④

茅盾意识到有些诗歌是可以翻译的,而有些是不可以翻译的。即使可以翻译的诗歌,也只是保存部分好处而不能完全保留。因此,他赞成意译。关于诗歌的文体,在茅盾看来并非最重要,他认为"神韵"最重要,也是可能的,而诗歌文体所依赖的"韵律"他认为既不是最重要,也不一定能保留。至于原诗的格律,"在理论上,自然是照样也译为有格律的诗,来得好些。但在实际,拘泥于格律,便要妨碍了译诗的其他的必要条件。而且格律总不能尽依原诗,反正是部分的模仿,不如不管,而用散文体去翻译。翻译成散文的,不是一定没有韵,要用韵仍旧可以用的。"⑤ 茅盾主张以"神韵"取代"韵律"。

再说诗歌语言形式的欧化。

关于诗歌语言形式,茅盾是主张欧化的。他说:"我们应当先问欧化的文法是否较本国旧有的文法好些,如果确是好些,便当用尽力量去传播,不能因为一般人暂时的不懂而便弃却。所以对于采用西洋文法的语体文我是赞成的;不过也主张要不离一般人能懂的程度太远。因为这是过渡时代试验时代不得已的办法。"⑥ 他声明"我所谓'欧化的语体文法'是指直译原文句子的文法构造底中国字的西洋句调"⑦ 而不是"文学艺术的欧化"。这种诗歌语言的欧化,对于新诗散文化趋势无疑起到了推波助澜的作用。

我们比较一下茅盾与丁文林二人关于肯塔尔《在上帝手中》的译文。茅盾译

---

① 胡适:《建设的文学革命论》,《文学运动史料选》(第一册),上海教育出版社1979年版,第82页。
② 同上。
③ 茅盾:《译文学书方法的讨论》,《小说月报》第十二卷第四号,1921年4月10日,又见茅盾:《茅盾全集第十八卷·中国文论一集》,黄山书社2014年版。
④ 茅盾:《茅盾全集第十八卷·中国文论一集》,黄山书社2014年版,第329~330页。
⑤ 茅盾:《译诗的一些意见》,茅盾:《茅盾全集第十八卷·中国文论一集》,黄山书社2014年版,第332页。
⑥ 茅盾:《语体文欧化之我观》,《小说月报》第十二卷第六号,1921年6月10日,又见茅盾:《茅盾全集第十八卷·中国文论一集》,黄山书社2014年版,第123~124页。
⑦ 茅盾:《"语体文欧化"答冻花君》,《时事新报·文学旬刊》第七期,1921年7月10日,又见茅盾:《茅盾全集第十八卷·中国文论一集》,黄山书社2014年版,第139页。

文如下：

> 我的心终于找得了停留处，
> 在上帝的右手，在他的右手里。
> 我已经过在下的狭的过往的梯口路。
> 那引我们离开幻想的魔力的地方的路。
>
> 像那些被一群小孩作践了的
> 鲜生生的花朵，我而今掷去那忽来的空想
> 与那些庞大无涯的虚伪：
> 那都是欲望与理想所要求的啊。
>
> 正像一个小孩，当闷损的一天，
> 他的母亲忽来举起他，带着浅浅的微笑，
> 并且抱他，在伊胸前，走伊的路。
>
> 经过了树林，渡过了海，还有沙漠，还有草原……
> 睡你的觉罢，呵，我的而今自由的心啊，
> 你永远睡在上帝的手里！

丁文林译文如下：

> 在上帝手中，在他的右手上，
> 我的心得到彻底安歇。
> 幻想的宫殿已空空荡荡，
> 我沿狭窄的阶梯拾级而下。
>
> 如同必然开败的花朵，用来美化
> 儿童般的无知．却终将枯萎，
> 短暂而并不完美的形体
> 使理想和激情销声匿迹。
>
> 像婴儿，微笑得那么空蒙，
> 被母亲紧紧抱在怀中
> 穿行在黑暗的生命旅程。
>
> 森林、海洋、大漠黄河……
> 获得自由的心，你入睡吧，
> 在上帝的手中永远地安歇！

相对来说,丁文林的译文更加整饬精炼,韵律和谐,而茅盾译文更加散文化。茅盾译文中的两句"我已经过在下的狭的过往的梯口路。/那引我们离开幻想的魔力的地方的路",显得比较拖沓,修饰语累积,即是典型的欧化句式。

  诗歌文体意识的忽视,不仅体现在茅盾的译诗原则,也体现在他的新诗观念,二者是内在一致的。他曾经与钱鹅湖有过一个争论。茅盾在《驳反对白话诗者》中,针对那些反对白话诗者,进行了有力的反驳。在这一点上,茅盾是对的。那些反对白话诗者虽然是保守主义立场,但他们的观点并非一无是处,保守主义者指出白话诗应该"运用声调格律以泽其思想",①而茅盾认为"现在主张做白话诗者都说声调格律是拘束思想之自由发展的",②"白话诗固与自由诗词,要破弃一切格律规式"。③ 在对待声调格律方面,二者是针锋相对、水火不容的。当茅盾把"视古人所立的规式格律为诗的永久法式"的观点当做"专制的荒谬的思想"的时候,丝毫没有意识到对方辩友所批评的"诗歌的散文化"对于诗歌文体的破坏。钱鹅湖坚持"形质统一论",在《驳郎损君〈驳反对白话诗者〉》,提出"原诗之要素有二:曰形;曰质。音韵声调格律等等,诗之形也;情绪想象思想等等,诗之质也。苟有形而无质,或有质而无形,皆不得称之为诗"。④ 今天看来,钱鹅湖的观念更为公允一些。正如20世纪三十年代梁实秋指出的那样,在新诗初期,"大家注重的是'白话'诗,不是'诗',大家努力的是如何摆脱旧诗的藩篱,不是如何建设新诗的根基。"⑤茅盾一方面坚持新文化运动的白话诗立场,反对文言译诗,另一方面,又主张"择神韵而去韵律",主张欧化文法译诗。

  其实,在"五四"时期,忽视诗歌文体意识的翻译倾向,是一种共识。郑振铎、沈泽民等人均持此观点。郑振铎说:"自从 whitman 提倡散文诗(prose poetry)以来,韵律为诗的根本的观念已是没有再存在的余地了。因此,我们可以说诗的本质与音韵是分离的;人的内部的情绪是不必靠音韵以表现出来的。"⑥沈泽民也认为,诗歌翻译与散文翻译一样,关键在于情绪的表现,而音韵和格式的转译都在其次。茅盾这种以散文的方式译诗方式,忽视了诗歌的文体特质。诗歌翻译的散文化,只是诗歌翻译过程中不成熟的阶段。中国的诗歌翻译大致走过了三个阶段,首先是19世纪后半期的以诗译诗阶段,用传统的格律诗翻译西方的诗歌;然后是"五四"时期西方自由体诗像中国的移植,导致了诗歌翻译的散文化;再然后,经过自由体、半自由体向现代汉语格律诗体过渡,逐步实现诗歌文体的等量。

---

① 茅盾:《驳反对白话诗者》(署名郎损),《时事新报·文学旬刊》第三十一期,1922.3.11,又见茅盾:《茅盾全集第十八卷·中国文论一集》,黄山书社2014年版,第197~200页。

② 同上。

③ 同上。

④ 钱鹅湖:《驳郎损君〈驳反对白话诗者〉》,转引自茅盾:《茅盾全集第十八卷·中国文论一集》,黄山书社2014年版,第210页。

⑤ 梁实秋:《新诗的格调及其他》,见杨匡汉、刘福春编《中国现代诗论》(上编),花城出版社1985年版,第142页。

⑥ 郑振铎:《译文学书的三个问题》,《小说月报》1921年第3期。

三、从《乌鸦》公案看茅盾的译诗立场

我们通过一桩翻译爱伦·坡（Edgar Allanpoe）《乌鸦》（Raven）的公案来讨论茅盾译诗的立场与原则。

关于这首诗，茅盾所坚守的立场是新文学运动立场。1922年，茅盾以笔名玄珠在《文学旬刊》上发表《译诗的一些意见》。在这篇短文中，他谈到爱伦·坡的名作"乌鸦"。他充分认识到了爱伦·坡诗歌中的音韵美，但是又认为该诗难以翻译。茅盾说"是一首极好而极难译的诗——或许竟是不能译的；因为这诗虽是不拘律的'自由诗'，但是全体用郁涩的声音的 more 做韵脚，在译本里万难仿照"。① 他还抄录了其中的第一节和第十二节做例证，说"直译反而使他一无是处"。② 第一节原文是：

Once upon a midnight dreary, while I pondered weak and weary, Over many a quaint and curious volume of forgotten lore, While I nodded, nearly napping, suddenly there came a tapping, As of some one gently rapping, rapping at my chamber door.

"Tis some visitor," I muttered, "tapping at my chamber door-Only this, and nothing more."

在茅盾评价这首名作之后，1925年9月，《学衡》杂志第45期上发表了顾谦吉的骚体译文《鵩鸟吟》，体现了"学衡派"译介国外文学的宗旨："与中国固有文化之精神不相违背。"顾谦吉翻译的题目为"鵩鸟吟"，极具古典诗学意味：

第一，这是由于看到了此诗与贾谊《鵩鸟赋》之间的共通之处。《鵩鸟赋》是汉代文学家贾谊的代表作。鵩鸟，俗称猫头鹰，在中国传统文化中象征着不祥之意，听闻猫头鹰鸣叫则预示着要死人。《史记·屈原贾生列传》和《汉书·贾谊传》载：贾谊被贬任长沙王太傅三年时，有一只猫头鹰飞到贾谊的屋里。贾谊被贬本来心情就不好，加之难以适应的潮热气候，预感自己将存活不久，乃写《鵩鸟赋》，借与鵩鸟的问答抒发忧愤之情，以老庄的齐生死、等祸福之思想求得自我解脱。爱伦·坡在《Raven》诗中假设当主人公正在伤悼死去的爱人丽诺尔（Lenore）而悲伤抑郁之时，一只乌鸦飞来造访，主客相对，展开一段心灵的倾诉和对人生哀乐的探究，在忧愁、哀伤、幻灭、绝望的绝美韵律中，传达出爱伦·坡作品中独特的"忧郁美"。爱伦坡和贾谊有着异曲同工之妙。将"Raven（乌鸦）"翻译为"鵩鸟"，在构思上使西方诗歌经典嫁接到了中国古典诗学的树干上。

第二，诗题为"鵩鸟吟"，诗体为"吟"，也极其符合传统诗学的音乐性特征，因为《乌鸦》在音韵上非常讲究："其诗亦惨淡经营。完密复整。外似自然混成。纯

---

① 茅盾：《译诗的一些意见》，引自茅盾：《茅盾全集第十八卷·中国文论一集》，黄山书社2014年版，第330页。
② 同上。

由天籁。而实则具备格律韵调之美。以苦心焦思,集久而成之。波氏又尝撰文数篇。论作诗作文之法。分明吾人取经之资。"①《乌鸦》一诗共 18 节,每节六行,每节都以 more 结尾押韵,包括 ever more, nothing more, nevermore,乌鸦发声的六节,均以 nevermore 结尾押韵。此诗一韵到底,多用重章复沓手法,达到音韵谐美、余音绕梁之效。因此,此诗与我国古典诗歌的讲究用韵具有内在的一致性。"学衡派"对《乌鸦》的翻译,选择"文言文"无疑象征着保守主义文学立场。顾谦吉的骚体译文《鹏鸟吟》第一节采取富有音韵美的七言古体诗:

悲长夜兮凄切
耿不寐兮愁结
溯往事兮如焚
方思乱兮神灭
忽闻声兮轻微
似有人兮弹扉
亦过客之偶然
苟舍此兮何希②

第三,"学衡派"的文化使命是"昌明国粹、融化新知",因此,他们的翻译注重东西融合。《乌鸦》的哀婉动人情调和我国古典诗歌哀而不伤的审美价值有契合之处。所以,学衡的编者按语看到了"阿伦波其西方之李长吉乎。波氏之文与情俱有仙才。亦多鬼气"。③

在"学衡派"翻译此诗之前,茅盾既是坚定的新文化运动的立场,当然不会赞同"学衡派"的保守主义文化立场。他在《文学界的反动运动》认为:文学界的反动运动主要口号是"复古",复古的力量有二:一是反对白话主张文言,二是在主张文言之外,再退后一步。茅盾呼吁建立联合战线反抗这股恶潮。1925 年的茅盾已经从新文化立场转型到无产阶级立场,积极参加共产党的革命活动,形成了无产阶级艺术观。1925 年,他的长篇论文《论无产阶级艺术》在《文学周报》第 172、173、175、176 期连载。1925 年茅盾提出:"文学者目前的使命就是要抓住了被压迫民族与阶级的革命运动的精神,用深刻伟大的文学表现出来,使这种精神普遍到民间,深印入被压迫者的脑筋,因以保持他们的自救解放运动的高潮,并且感召起更伟大更热烈的革命运动来。"④茅盾早期的诗歌翻译仅仅是新文化运动的一部分,面对爱伦·坡那首"极好而极难译的诗——或许竟是不能译的"的杰作《乌鸦》,他自然是不会专注于诗歌文本质地。但是,对于富有真正诗歌艺术感和诗歌技艺的翻译家来说,是可以知难而进的。例如曹明伦能够尊重原诗一韵到底的特色和回

---

① 《学衡》总第 45 期(1925 年),顾谦吉译《Poe "Raven"阿伦波鹏鸟吟》的编者按语,作者当为吴宓。
② 顾谦吉译《Poe "Raven"阿伦波鹏鸟吟》,《学衡》总第 45 期,1925 年。
③ 《学衡》总第 45 期(1925 年),顾谦吉译《Poe "Raven"阿伦波鹏鸟吟》的编者按语,作者当为吴宓。
④ 茅盾:《文学者的新使命》,《文学周报》第 190 期,1925 年 9 月 13 日。

环往复的韵律,进行了翻译。曹明伦译文第一节如下:

> 从前一个阴郁的子夜,我独自沉思,慵懒疲竭,
> 沉思许多古怪而离奇、早已被人遗忘的传闻——
> 当我开始打盹,几乎入睡,突然传来一阵轻擂,
> 仿佛有人在轻轻叩击,轻轻叩击我的房门。
> "有人来了,"我轻声嘟喃,"正在叩击我的房门——
> 唯此而已,别无他般。"①

茅盾站在顾谦吉的骚体译文和曹明伦的白话韵律体之间,顾左右而言他,失去了翻译的能力。一方面,他坚决反对以中国旧体诗词的形式翻译西方诗歌,另一方面,他又缺乏对文本质地的准确把握,因而只是望洋兴叹,无力翻译。

事实上,茅盾非常欣赏乃至于喜欢爱伦·坡,喜欢爱伦·坡那种神秘风格的象征主义作家。1922 年,他在《译诗的一些意见》论及爱伦·坡《乌鸦》之后,还翻译了爱伦·坡的恐怖小说《泄密的心》。1919 年他在《解放与改造》杂志上翻译了比利时作家梅特林克的神秘剧《丁泰琪之死》,不久,他又发表了《近代戏剧家传》(1919),介绍了《神秘剧的热心的试验》。茅盾对爱伦·坡的《乌鸦》十分喜欢,但是并没有能力翻译。于是,"乌鸦情结"渐渐进入茅盾的潜意识之中。直到 1928 年末,潜意识中的这种"乌鸦情结"才再次外化到散体文字之中。

1928 年末,在日本京都处于迷茫与幻灭情绪之中的茅盾写出散文《叩门》。有学者曾对爱伦坡的诗歌《乌鸦》和茅盾的散文《叩门》进行过细致比较,得出一个结论:《叩门》是对《乌鸦》的"拟写"。② 我们摘录茅盾的《叩门》中的一个片段:

> 答,答,答!
> 我从梦中跳醒来。
> ——有谁在叩我的门?
> 我迷惘地这么想。我侧耳静听,声音没有了。头上的电灯洒一些淡黄的光在我的惺忪的脸上。纸窗和帐子依然是那么沉静。
> 我翻了个身,朦胧地又将入梦,突然那声音又将我唤醒。在答,答的小响外,这次我又听得了呼——呼——的巨声。是北风的怒吼罢?抑或是"人"的觉醒?我不能决定。但是我的血沸腾。我似乎已经飞出了房间,跨在北风的颈上,砉然驱驰于长空!
> 然而巨声却又模糊了,低微了,消失了;蜕化下来的只是一段寂寞的虚空。
> ——只因为是虚空,所以才有那样的巨声呢!我哑然失笑,明白我是受了哄。

---

① 爱伦·坡《乌鸦》,见帕蒂克·F·奎恩编,曹明伦译《爱伦·坡诗歌与故事集》(上编),北京:生活·读书·新知三联书店,1995 年版,第 107 页。
② 王涛:《爱伦·坡名诗〈乌鸦〉的早期译介与新文学建设》,《南京师范大学文学院学报》2013 年 3 月第 1 期,第 118~124 页。

我睁大了眼,紧裹在沉思中。许多面孔,错落地在我眼前跳舞;许多人声,嘈杂地在我耳边争讼。蓦地一切都寂灭了,依然是那答,答,答的小声从窗边传来,像有人在叩门。

"是谁呢? 有什么事?"

我不耐烦地呼喊了。但是没有回音。①

此种"感情的型"与茅盾十分欣赏的爱伦·坡的诗篇《乌鸦》十分谐协。在文体上,茅盾做了重大改变:其一,将爱伦·坡的诗歌文体转化为散文文体;第二,将爱伦·坡的个性化情感与人鸟对话的封闭性思考,转化为宏大的家国命题。此例也佐证了茅盾从崇尚浪漫主义到主张"为人生的文学"再到共产主义文学的观念嬗变。

结语

当茅盾将诗歌翻译作为文艺运动的一部分,且把诗歌创作暨诗歌翻译视作一种政治意图伦理工具的时候,诗歌的本体规律和诗歌技艺就悬置起来了。于是他的诗歌翻译活动在转化为诗歌创作的时候,就会由于内在艺术动力不足而搁浅。茅盾译诗现象内在蕴含的症候,也就解释了茅盾何以无法在新诗创作领域获得较高成就。

---

① 茅盾:《叩门》,《小说月报》卷 20,1929 年,第 439~440 页。

茅盾与斯特林堡
——从《茅盾全集》的两条注释谈起

杨华丽

绵阳师范学院文学与历史学院　四川　绵阳　621000

摘要：茅盾的《对于黄蔼女士讨论小组织问题一文的意见》现收入《茅盾全集》第14卷，其中涉及到了斯特林堡的"*Married*"及其中的"*A Doll's House*"。编注者在为该文的"斯特林堡"与"*A Doll's House*"所作的注，明显存在矛盾。通过分析我们发现，易卜生的"*A Doll's House*"与茅盾所言作品中的女性形象之间存在巨大反差。基于茅盾对斯特林堡所知甚多、斯特林堡的《结婚集》中确实有与茅盾所述吻合的"*A Doll's House*"等等情况，我们可以肯定，茅盾该文所言的"*A Doll's House*"，不是挪威作家易卜生的剧作，而是瑞典作家斯特林堡的小说。但事实上，斯特林堡的这部小说，是受易卜生《玩偶家庭》的刺激而作，虽然在妇女解放问题上的观点正好与之相反。在"五四"前后的"易卜生热"中，茅盾该文却对斯特林堡做出了肯定性评价。经过分析，我们认为，这不仅符合逻辑，而且标出了茅盾在"五四"时期妇女解放思潮中的独特身姿，标出了茅盾在斯特林堡的中国传播中的位置。

关键词：茅盾　斯特林堡　《玩偶家庭》　妇女解放

一

当把茅盾依次指认为小说家、散文家、翻译家、编辑家、文学批评家时，毫无疑问地，我们更看重的是茅盾在小说创作方面所取得的巨大成就。验诸茅盾研究界所取得的实绩，对小说家茅盾的探析成果显然更为丰硕，更成体系，对后四种身份的茅盾的探究则稍显薄弱。而对于茅盾的散文家、翻译家、编辑家、文学批评家这四种身份之间，以及这四种身份与小说家茅盾之间的复杂关系，尤其是对1916—1927年间作为散文作者、翻译者、编辑者的沈雁冰，与1927年成为小说作者的茅盾之间的关系，学界尽管已多有关注，但仍存在不尽如人意处。比如，茅盾此期的翻译与其散文中的妇女解放思想的关系为何？将茅盾此期的翻译及他对妇女解放问题的思考放诸他的编辑工作中，放诸五四前后的思想演进历程中，其独特性何在？茅盾此期关于妇女解放问题的散文、大量的翻译作品，与他后来创作的小说、小说人物之间的关联性何在？注意并尝试着解答这些问题，或有助于我们重视1916—1927年之于小说家茅盾的意义所在，有助于我们理解小说家茅盾的独特品格之由来。

囿于篇幅,本文重点关注茅盾与斯特林堡的关系,而其切入口,则是《茅盾全集》第 14 卷的一篇小文章——《对于黄蔼女士讨论小组织问题一文的意见》的两条注释。

《对于黄蔼女士讨论小组织问题一文的意见》,是茅盾以"冰"之名,发表于 1919 年 7 月 25 日的《时事新报·学灯》上的一篇散文,现收入《茅盾全集》第 14 卷。从目录可见,该文之前,茅盾一共发表了五篇散文性质的文章:《学生与社会》、《一九一八年之学生》、《履人传》、《缝工传》、《福熙将军》。该文之后至 1922 年间,茅盾依托《妇女杂志》、《时事新报·学灯》等阵地,发表了 40 余篇涉及到女子经济独立、家庭改制、儿童养育、社交公开、恋爱自由等妇女解放问题的文章。换句话说,该文是茅盾从泛泛地谈论青年学生,或将外国名人资料搜集、整理,转而细致、深入地谈论妇女解放问题,切入"五四"新文化运动的转折点。在该文中,他表达了他"决不反对解放女子,也未尝不想帮助女子得了解放"①的意见,但他认为当时妇女解放的情形并不乐观,因为他发现,至少有一大半女子是在"套上文明的假面孔,实行他的'懒惰'主义"②。为驳斥黄女士关于欧战后女子的成绩甚好的言论,茅盾提醒她说:"但也是大战之后新见的事情,而且恐怕尽力的还是些中等社会的妇女,是平昔不讲女权,不讲 advanced view 的女子!"③紧接着,茅盾举了 Shaw(萧伯纳)和 Strindberg(斯德林堡)的作品,来证明大战以前欧洲讲 manly woman 的女子是如何的不堪。在论述斯德林堡的文字中,他说的是:

……再看 Strindberg 的"*Married*"中间的"*A Doll's House*",他所写的新女子,为什么到底又失败呀!"*Son of a Servant*"一篇里的新女子,又是好不好呀? Strindberg 是个恨女人的人,他的话或者有些过火,但我看现在我们社会中的情形,他的话实在的确!一些儿不过火!

在"Strindberg"后,编者添加的注释内容为:

Strindberg 斯特林堡(J. A. Strindberg,1849—1912),瑞典戏剧家,小说家。下文的"Married",是他的短篇小说集《结婚集》。

然而,在"*A Doll's House*"之后,编者添加的注释却是:

A Doll's House《玩偶之家》,挪威戏剧家易卜生所作剧本名。

上述两条注释显然存在矛盾:根据茅盾的原文,"*A Doll's House*"是"*Married*"中的一篇。由于"*Married*"是斯特林堡的小说集,那么,"*A Doll's*

---

① 《茅盾全集》第 14 卷,人民文学出版社 1987 年版,第 48 页;黄山书社 2014 年版,第 57 页。
② 同上。
③ 同上。

House"就理应是瑞典作家斯特林堡的小说,而不应是挪威作家易卜生的剧作。但孤立地来看"*A Doll's House*",我们熟悉的译名确实是《玩偶之家》,而其作者,则是易卜生。那么,是茅盾所言有误,还是编注者不小心犯了张冠李戴的错误?如果是茅盾失误了,显然,茅盾对斯特林堡的认知存在不足,甚至可以说,他当时的知识积累不够充分。学者刘慧英正是这么认为的:

其实,在章周(指章锡琛、周建人,引者注)之前的茅盾在妇女问题研究方面的知识积累也并不充分,1920年他所撰写的文章中将玛丽·胡尔思东克莱孚(1759—1797)即Mary Woll — stonecraft(今译玛丽·沃斯通克拉夫特)所著的《女权的要求》(The Rights of Women,今译《女权辩护》,也译《女权拥护论》)指认为作于1889年。直到1987年此文编入《茅盾全集》时依然保留了原貌。在另一篇文章里则又将《玩偶之家》指认为斯特林堡的作品。①

此处所言的"另一篇文章",即《对于黄蔼女士讨论小组织问题一文的意见》,而《玩偶之家》,就是茅盾文中的"*A Doll's House*"。

面对《茅盾全集》的那两条明显矛盾的注释,面对学者对茅盾"知识积累也并不充分"的批评,我们在做出自己的判断前,显然有必要搞清楚以下问题:茅盾文中所言的"*A Doll's House*"是小说还是剧作?到底是不是斯特林堡的作品?如果"*A Doll's House*"是斯特林堡的小说,而非易卜生的剧作,那么,我们有必要进一步追问斯特林堡的"*A Doll's House*"在中国的翻译状况,考究该文与易卜生的同名作品之间的联系及区别何在,最后我们需要回答,茅盾对斯特林堡的关注及其关注重心,意味着他与斯特林堡的中国传播有着怎样的关联?

二

在中国,"*A doll's house*"最容易被人认为是易卜生剧作的英文名。该作品最早出现于春柳社1914年在上海的首演中,当时,其名字被译为《玩偶之家》。1915年,胡适在《非留学》中,提出自己"颇思译 Ibsen 之 *A Doll's House* 或 *An Enemy of the People*"②,但在1918年6月前,*A Doll's House* 并未译出,胡适翻译的构想终究仅仅是构想。到了1918年6月15日,《新青年》出版第四卷第六号时,在胡适的大力组织下,"易卜生号"得以问世,易卜生的生平思想、主要剧作被一一推介。在该期目录中,第二篇文章的标题为"《娜拉》(*A Doll's House*)"。即是说,该"娜拉"虽不是"*A Doll's House*"的准确汉译,但在胡适看来,二者却可等同视之。在《易卜生主义》中,胡适说了"他自己(指娜拉,引者注)不过是她丈夫的玩意儿,很像叫花子的猴子专替他变把戏引人开心的"之后,添加了一个括号,内写"所以《娜拉》又名《玩物之家》"③。可见,"*A Doll's House*"可以翻译为《玩物之家》,也可以

---

① 刘慧英:《女权、启蒙与民族国家话语》,人民文学出版社2013年版,第177页。
② 胡适:《非留学》,《甲寅》1卷10号之"通讯"栏。
③ 胡适:《易卜生主义》,《新青年》第四卷第六号,1918年6月15日,第491页。

翻译为《娜拉》,但胡适显然更倾向于使用《娜拉》而非《玩物之家》之名。在《易卜生传》中,袁振英则说:"一八七九年《娜拉》一剧出版。是剧一名《玩偶家庭》(A Doll's House),亦名《模范家庭》,为易氏生平最有名之杰作。……是剧之主人为娜拉Nora。"①可见,在袁振英眼里,用"娜拉"、"玩偶家庭"或者"模范家庭"来指认这部剧作都是可行的,但从翻译的准确性出发,A Doll's House 与"玩偶家庭"的译名更匹配,所以她特意将该英文名置于"玩偶家庭"之后。1918年10月,商务印书馆出版了陈嘏译出的《傀儡家庭》。但不管是将"A Doll's House"译为《娜拉》、《玩物之家》、《玩偶家庭》、《傀儡家庭》还是《模范家庭》,不管论者如何评价娜拉这个人物之于中国婚姻家庭革命,"A Doll's House"之于"现代社会"、"将来社会"的重要意义②,娜拉这个人物以及"A Doll's House"这个剧本的影响力,在面世之初,都并未产生人们惯常以为的巨大的反响③。是"五四"运动的爆发,加快了《娜拉》及胡适的模仿之作《终身大事》被国人尤其是女性接受的进程。《终身大事》在《新青年》刊出仅3个月后,就在第一舞台上演,观看的人中,有《新青年》派的重要代表鲁迅和周作人④。此后,北京、山东等地不断上演《终身大事》以及其母版《娜拉》,田亚梅和娜拉因此成为那一时期最有光彩的新女性形象,"出走"因此成为那一时期女性心中最具魅力的时代姿态⑤。那一时期,不再愁找不到女性来扮演田亚梅了,几乎所有以"新青年"自诩的女性,都争着扮演这个角色。那时愁的,却是找不到女性来扮演《孔雀东南飞》中的焦母⑥。时代风气的逆转,由此可见一斑。伴随着这种风气逆转的,是"A Doll's House"的译名《玩偶之家》或者《傀儡家庭》⑦

---

① 袁振英:《易卜生传》,《新青年》第四卷第六号,1918年6月15日,第612页。
② 袁振英曾说:"易氏此剧,真足为现代社会之当头棒,为将来社会之先导也。"见《易卜生传》,《新青年》第四卷第六号,1918年6月15日,第613页。
③ 聂绀弩曾回忆说:"在《新青年》上写文章的人,最使我爱好的是吴又陵先生。……大概因为他谈的都是中国的玩意儿,比较什么德先生,赛先生,易卜生等等都容易懂些。"(聂绀弩:《读〈在酒楼上〉的时候》,《聂绀弩全集》第4卷,武汉出版社,2004年,第150页。)聂绀弩感觉到易卜生不容易懂,可能是易卜生初入中国时反响不大的原因之一。而在1919年3月15日的《新青年》上,胡适在发表《终身大事》这部模仿《娜拉》的剧本时,曾有序与跋,述说了《终身大事》从撰写到演出到发表的曲折历程。由此可见《娜拉》在当时的中国的尴尬境遇。
④ 鲁迅日记1919年6月19日记载:"晚与二弟同至第一舞台观学生演剧,计《终身大事》一幕,胡适之作……"(《鲁迅全集》第15卷,人民文学出版社2005年版,第371页)。
⑤ 湖南赵五贞自杀事件之后,向《大公报》(长沙)投稿的毓莹提出解决父母代定的"未婚男"问题的方法之一,就是"走为上","如胡适之先生的终身大事剧内理想的田女士,和南门外实行的常女士,都是痛快的人物,如果没有相当的人,也可以谋独立生活。"(见毓莹:《一个问题》,《大公报》(长沙),1919年11月22日)。
⑥ "五四"运动后,北京女高师开始自己排演话剧。其中,有冯沅君、庐隐、苏雪林、程俊英、孙桂丹参与的《孔雀东南飞》是其较早排演的话剧。冯沅君、庐隐、苏雪林等等创作了一个三幕五场的悲剧,之后,李大钊担任导演,后请陈大悲先生帮助排演,而在角色的选取上,刘兰芝、焦仲卿、小姑子都轻松地找到了人,而没有人愿意扮演封建家长的代表焦母。最后实在无人担纲,冯沅君才自告奋勇,扮演焦母角色。见严蓉仙:《冯沅君传》,人民文学出版社2008年版,第24—29页。
⑦ 1925年,欧阳予倩翻译的《傀儡家庭》发表于《国闻周报》14—16期;芳信译的《傀儡家庭》于1940年在金星书店出版;翟一我译的《傀儡家庭》于1947年由南京世界出版社出版;沈子复译的《玩偶夫人》于1948年在上海永祥印书馆出版。

的广为流布。以至于时至今日,当我们提到易卜生,仍会顺理成章地想起《玩偶之家》或者《傀儡家庭》,想起其英文剧名"A Doll's House"。故而,《茅盾全集》的编注者将茅盾文中的"A Doll's House"注释为易卜生的剧作名,且将其译为《玩偶之家》,是可以理解的。

但是,茅盾在文中谈到"A Doll's House"时说的是:"……'A Doll's House'……的新女子,为什么到底又失败呀!"如果我们将此处的"A Doll's House"看成是易卜生的《玩偶之家》(或曰《傀儡家庭》),剧中的"新女子"显然就应该是娜拉,那么,娜拉"到底又失败"了吗?

首先,我们知道,该剧"……描写社会之诈伪,及名分心,攻击家庭制度;写妇人之地位,如爱鸟之在金笼。其表明家庭制罪恶,发展女子之责任;其光荣权利,不在训夫教子,乃在乎己身之独立及自由"。① 剧中的女主角娜拉,在醒悟到自己以前不过是丈夫的玩物之后,在醒悟到自己继续留下去将永无摆脱玩物地位的希望之后,在醒悟到自己的孩子也将是新造的玩物之后,下定决心,带上了大衣、帽子、小包裹,围上了围巾,勇敢地打开了封闭的门,走出了牢笼式的婚姻与家庭。剧本以"外面大门关闭的声音"结束,即是说,在娜拉"出走"这一动作发出时便戛然而止了。显然,易卜生所致力的是鼓动玩物般的女性离家出走,而并未思考,更未告知读者思考"娜拉走后怎样"的问题。在易卜生的剧作中,娜拉的出走就是胜利,她并没遭遇"到底又失败"的命运。其次,在该作品诞生后的初期,北欧各国"以其为女子争自由,……其开演也,万人空巷。赞成反对,靡所适从;家庭之中,莫不以是为话柄;无数家庭之秩序,为之纷扰不安。普通社会,前已为《社会栋梁》一剧所感动,慷慨激昂,其大梦似已半醒矣,故其对于《玩偶家庭》尤为欢迎。而顽固之辈,更骂易氏为'不道德,蜚声社会,'Immoral'之名称,传遍环球……"。② 显然,在北欧各国,对《玩偶家庭》及娜拉的评价出现了两极现象,既有"赞成"者,也有对该剧"尤为欢迎"的"普通社会"成员的评判,那么,娜拉也就并未遭遇"到底又失败"的命运。最后,在1918年的中国,一些读者将娜拉看成反叛名分、打破腐败家庭的英雄:"当娜拉之宣布独立,脱离此玩偶之家庭;开女界广大之生机:为革命之天使,为社会之警钟;本其天真烂漫之机能,以打破名分之羁绊,得纯粹之自由,正当之交际,男女之爱情,庶几维系于永久,且能真挚!"③茅盾则评述道,"《新青年》出'易卜生专号'曾把这位北欧的大文豪作为文学革命,妇女解放,反抗传统思想等新运动的象征。那时候,易卜生这个名儿,萦绕于青年的胸中,传述于青年的口头,不亚于今日之下的马克思和列宁。"④可见,无论是就易卜生本人对娜拉的态度、北欧各国的评价,还是就"五四"时期中国知识界的反应而言,娜拉都绝不应该被定性为"到底又失败"了的一个新女性。由此,易卜生的"A Doll's House"与茅盾所言的该作品中的女性形象之间就存在巨大反差。我们能给出的解释,或许只

---

① 袁振英:《易卜生传》,《新青年》第四卷第六号,1918年6月15日,第612页。
② 同上,第613页。
③ 同上。
④ 茅盾:《谭谭〈娜拉〉》,《文学周刊》1925年第176期。

有两种：一、茅盾因对斯特林堡所知甚少而犯了大错；二、茅盾所言的"*A Doll's House*"根本就不是易卜生的剧作。

那么，茅盾对斯特林堡所知甚少吗？

在茅盾原文中，他紧接着就论及了斯特林堡的另一部作品"*Son of a Servant*"，还说斯特林堡"是个恨女人的人"，并对"*A Doll's House*"及"*Son of a Servant*"中所表现的女性观进行了如是评价："他的话或者有些过火，但我看现在我们社会中的情形，他的话实在的确！一些儿不过火！"这似乎在提醒我们，茅盾对斯特林堡的了解是比较全面的。如果我们再注意到以下事实，我们就更不会认为茅盾对斯特林堡所知甚少了：

第一，与《对于黄蔼女士讨论小组织问题一文的意见》发表的时间最相接近的1919年7月，茅盾以雁冰之名发表了《近代戏剧家传》，介绍了比昂逊、契诃夫等三十四个作家。其中，第二个被介绍的戏剧家就是斯脱林褒格（August Strindberg）。在介绍时，茅盾说他是"多才多艺人"，"只就文学一面而言，他是戏曲家，也是小说家，而短篇小说尤好"。"斯脱林褒格是出名的古怪人，是一个厌恶女人的人。彼所著小说中，远流露此意。而彼所著戏曲之佳处，则在处处能解剖人生性质至极精极细。一生所做戏曲，有四五十种，最著名者，要算《父》。"①而且花了较大篇幅，对《父》进行了深入分析。

第二，1919年9月18日，茅盾翻译的斯特林堡的小说《他的仆》，刊载于《时事新报》副刊《学灯》。

第三，1920年1月，茅盾翻译的斯特林堡的小说《强迫的婚姻》，刊载于《妇女杂志》第6卷第1号。

第四，1920年1月25日，茅盾在《小说新潮栏宣言》中说："为欲人人能领会打算，为将来自己创造先做系统的研究打算，都该尽量把写实派自然派的文艺先行介绍……写实派自然派的文学却浩如烟海，我们要急就，便不得不拣几人几种的著作尽先译出来，其余的只好从缓。"随后他列出应该先行翻译的十二家的三十部著作，其中，排名第二位的作家即是 Strindberg. A，而其作品中，最应抓紧翻译的是这三部：*At the edge of the Sea*、*Miss Julia*（*A Play*）、*The Father*（*A Play*）。茅盾说："至于这十二位作家的择选，都是用严格的眼光，单注意于艺术方面，所以有许多重要的问题剧、问题小说，都没有放进去，留在下面的表里，分别为第二部。"又说："斯德林倍格之 *At the edge of the sea* 是斯德林倍格的'超人主义'，放在第一部虽然不妥，搁在第二部也不大对，他是个艺术手段极高的人，他的东西总是如此，所以还是放在第一部。"②

第五，1920年4月，茅盾翻译的斯特林堡的剧本《情敌》，刊载于《妇女杂志》第6卷第4号。

第六，1921年4月，茅盾翻译的斯特林堡的小说《人间世历史之一片》，刊载于《小说月报》第12卷第4号。

---

① 雁冰：《近代戏剧家传》，《学生杂志》第六卷第七号，1919年7月。
② 茅盾：《小说新潮栏宣言》，《小说月报》第11卷第1号，1920年1月25日。

可见,在1919—1921年的三年时间里,茅盾不仅对斯特林堡的性格、文学成就、戏曲及小说特征有准确而全面的认知,而且还亲自实践,翻译了小说《他的仆》《强迫的婚姻》《人间世历史之一片》以及剧本《情敌》。他虽未翻译剧本《父》,但能对该剧本的特质进行评析;他虽未翻译 At the edge of the Sea、Miss Julia,但他对其价值有着充分认识,因而列出来,希望有人进行翻译。在这样的背景下,我们大概会同意,"茅盾对斯特林堡所知甚少"多少有些不合实际,也肯定会推论出,茅盾文中所言的"A Doll's House"根本就不是易卜生的剧作,而只能是斯特林堡的小说。

其实,我们也可以通过查找斯特林堡的"Married"及"A Doll's House"的汉译情况,来考察茅盾该文中关于斯特林堡的言说的准确性问题。

在茅盾文章问世前后,斯特林堡的"Married"及其中的"A Doll's House"已经受到了中国思想文化界的关注。1918年8月15日出版的《新青年》第五卷第二号上,周作人就介绍说:"A. Strindberg……短篇集《结婚》(Giftas)出,世论哗然。其书言结婚生活,述理想与现实之冲突,语极真实,不流于玩世。而反对者乃假宗教问题罗织成狱,然卒无罪。"[1]不仅如此,他还将《结婚》中的两篇小说翻译出来,以《不自然淘汰》和《改革》之名一并发表[2]。1922年4月1日发行的《妇女杂志》第8卷第4号上,就刊载有署名斯德林堡著、仲持译的《玩偶家庭》。1929年,梁实秋选译的《结婚集》由中华书局出版。同年还有由蓬子、杜衡合译的《结婚集》由光华书局出版发行。梁译本一共9篇,无"A Doll's House"的译文;蓬子、杜衡合译本一共19篇,为"Married"的全译本,其中"A Doll's House"被译为《玩偶家庭》。

综合上述论证,我们可以肯定,茅盾在《对于黄蔼女士讨论小组织问题一文的意见》中所言的"A Doll's House",不是挪威作家易卜生的剧作,而是瑞典作家斯特林堡的小说;不是茅盾对斯特林堡认知不够,而是我们想当然地以为"A Doll's House"就只是易卜生的剧作,忽略了斯特林堡所创作的同名小说的存在。

三

上述结论,固然使我们消除了对茅盾准备不充分的认识,使我们明确知晓了"A Doll's House"的小说、剧本的并存性,但众所周知,易卜生与斯特林堡是北欧同时代的大作家,在戏剧方面所取得的成就又在伯仲之间,那么,两人同以"A Doll's House"命名的作品,是否存在联系,又是否存在区别?只有弄清楚了这一点,我们才能更好地理解茅盾在该文中关于斯特林堡的论述,从而更好地理解茅盾在斯特林堡的中国传播中所处的位置。

早在《新青年》的"易卜生号"中,袁振英就曾描述过易卜生的《娜拉》诞生后在北欧各国获得的多样反响:"《娜拉》其功效诚无纪极。北欧各国,以其为女子争自由,咸僳僳危惧。……赞成反对,靡所适从;家庭之中,莫不以是为话柄;无数家庭之秩序,为之纷扰不安。……顽固之辈,更骂易氏为'不道德',蜚声社会,

---

[1] 见周作人在译文《不自然淘汰》前所写的译者识。《新青年》第五卷第二号,1918年8月15日。
[2] 二者均见《新青年》第五卷第二号,1918年8月15日。

'Immoral'之名称,传遍环球。……"①此处所言北欧各国的反对意见,绝非虚言。而瑞典的大剧作家、小说家斯特林堡,就是针锋相对的反对者之一。其首要证据,正是他创作了与易卜生的剧作"*A Doll's House*"同名、观点却正相反的小说:

> 距今四十三年前,欧洲大陆的思想界,发生震天动地的一件事情,这便是易卜生的名剧《玩偶家庭》的出世了。《玩偶家庭》这一本三幕的剧本,可以当得妇女人格独立的宣言书,自由离婚的唱(原文如此,引者注)导者。这一部剧本在欧洲各大都市的戏院里到处开演,女子看了感动的也有,流泪的也有,恍然醒悟的也有,因看了这剧本,毅然决然提出离婚,脱离玩偶家庭的女子,更不知多少。这确是一件最可纪念的事呢!
>
> 但是《玩偶家庭》出世以后,也颇引起了各处的回攻和反响,如易卜生的同时代的邻国的大小说家斯德林堡(August Strindberg)便是其中的一个。斯德林堡是近代斯干狄那维亚最著名的写实小说家,但是他却是个女性憎恶者,对于妇女人格独立,反对最甚。这一篇是他的短篇集《结婚生活》中的一篇,是针对着易卜生的《玩偶家庭》而作的,对于女性的讥诮。……②

上述信息丰富的文字,全部出自仲持③为斯特林堡原著、自己所译的《玩偶家庭》而写的"译者记"。由此,我们至少可以明确以下两点:第一,斯特林堡的《玩偶家庭》是受易卜生的《玩偶家庭》的刺激而作的,在时间上可谓是易卜生之作的接续;第二,斯特林堡是个"女性憎恶者",反对妇女人格独立,而易卜生则主张妇女人格独立、号召妇女解放,两人的《玩偶家庭》虽同名,但在观点上可谓正相反。前一点关乎两个"*A Doll's House*"的联系,后一点则关乎两个"*A Doll's House*"的区别。

其实,当我们细读斯特林堡的《玩偶家庭》时就会发现,具体到这个文本内部,这两个同名作品之间、斯特林堡与易卜生之间的联系与区别更为明显。

在斯特林堡笔下,主人公他和她婚后最初六年的日子,都是很和谐的:他们两人更像恋人而非夫妻。但这一年,他照往常一样外出,为免去她的孤寂,他在信中叮嘱她找一个女性朋友。于是她找到了奥的利亚·散特格林,一个宗教家。但随后,她在奥的利亚的影响下,女性意识开始苏醒。她给他寄去了易卜生的《玩偶之家》,在信中说自己醒过来了,认为他们的婚姻是肉欲的、物质的而非柏拉图的,她只是他的管家婆而已,没有人格的独立,她和他并无平等,等等。在奥的利亚的宗教思想和易卜生的妇女解放思想影响下,她和他渐行渐远。后来,他从岳母(她的母亲)处得到帮助,于是开始假装亲近奥的利亚,随后激发起了她的嫉妒心,最终

---

① 袁振英:《易卜生传》,《新青年》第四卷第六号,1918年6月15日,第613页。
② 仲持:《玩偶家庭·译者记》,斯德林堡著、仲持译:《玩偶家庭》,《妇女杂志》第8卷第4号,1922年4月1日。
③ 仲持,即胡仲持,原名胡学志,生于1900年,浙江上虞人。笔名有仲持、宜闲等。胡愈之之弟。20年代考入《新闻报》任记者。1921年参加文学研究会。1928年进《申报》,任电讯编辑、国际版主笔。

重新唤回了她对他的爱情。于是,这个小"娜拉"的独立/出走计划失败,她和他重新做回了在他眼里的"和谐"夫妻。在该文本中,是他而非她,取得了最终的胜利;她,正是茅盾文中所言的"到底又失败"了的新女性。小说中,易卜生的《玩偶家庭》的出现,是二人情感发生裂变的重要因素,而情节的展开,就在坚信既有夫妻伦理观念的他,与听从易卜生妇女解放思想的她之间进行。显然,文本中的他与她的纠葛,就是斯特林堡的女性观与易卜生的女性观发生冲突的过程;文本中的他的胜利,就是斯特林堡的女性观的胜利。通过小说的撰写,斯特林堡讽刺了易卜生《玩偶家庭》体现的女性解放的诸多观念,宣告了他对妇女人格独立的不屑一顾,也拆解了易卜生的娜拉觉醒并出走的神话。换句话说,小说《玩偶家庭》就是斯特林堡与易卜生观念之争的战场。没有易卜生的"A Doll's House",极可能不会有斯特林堡的同名小说的出现;没有成功的娜拉的出现,也就极可能不会有"她"这个"到底又失败"了的新女性出现。"A Doll's House"或曰《玩偶家庭》,是映照易卜生与斯特林堡女性观之别的一面镜子。

在这个意义上,我们重读茅盾在《对于黄蔼女士讨论小组织问题一文的意见》中论述斯德林堡的文字,就会觉得他对"A Doll's House"的论析切中肯綮。但对于他如此肯定斯特林堡——

  Strindberg是个恨女人的人,他的话或者有些过火,但我看现在我们社会中的情形,他的话实在的确!一些儿不过火!

乍看之下,我们一定觉得不可理解。因为,众所周知,在"五四"前后尤其是"五四"后的中国思想界,"易卜生热"乃是一股不可忽视的潮流,其剧作如《娜拉》、《群鬼》、《国民公敌》等中的妇女解放、家庭解放、社会解放思想,多被中国思想界中人所倚重,而斯特林堡是反对易卜生的妇女解放观的,照理就不应被引介。可茅盾不仅关注到了他,还对他的观点作了肯定性评价。关注他的原因,有当时翻译理念的影响,而对他的观点进行肯定性评价,则与茅盾观察到的"我们社会中的情形"有关。

这所谓的"情形",就是在当时妇女解放运动风起云涌的大背景下,"社会上一般女子"却"程度很低",以及受过高等教育的一大半女子的状况也不容乐观的现实。前者自不用多言,这类人当然不应被统统纳入文本中讨论的"小组织",难的是在"小组织"中限定后者的入会资格是否合理:在包括黄蔼女士的常人的眼里,后者是新女性,是"小组织"当然应吸收的人选,故而黄女士在文中攻击主张限定新女性入会的舜生君。然而在茅盾看来,这些新女性并没有什么好。他描述说,"他们套上文明的假面孔,实行他的'懒惰'主义,——不屑管家务,在一屋子里行互助;一不屑做house-wife守在家里,却又猜忌丈夫对女子的交际!他们要读书,为的是一种资格,好吸引个好丈夫;他们研究新学问,为的是一种利器,好抵制丈夫的拘束(这不是旧日的拘束,可称是合理的拘束),到头来,都把丈夫当个play-thing,不当他是个co-partner。口里说manly-woman,却做不出manly的事情;口里说男人不肯解放女人,却不自求解放之道,便真个解放了,他还是不能挺起胸膛自立,做个堂堂的人。这种新女子,这种解放时代的女子,平心想一想,有什么好呀!"①

茅盾所述新女子实行懒惰主义的情形——不屑管家务;猜忌丈夫对女子的交际;研究新学问,意在寻找利器好抵制丈夫的拘束,等等,不正是斯特林堡的《玩偶家庭》及《他的仆》中的新女性所具有的特征吗?"到头来,都把丈夫当个 plaything,不当他是个 co-partner",不正是两部小说中的女主角的缺失吗? 所以,我们一方面可以说,正是茅盾对中国的新女性在妇女解放运动中种种行径的质疑,对这种新女子并不好的认定,促使他在"A Doll's House"和"Son of a Servant"中看到了斯特林堡批评新女性的合理性,另一方面则可以说,正是他阅读斯特林堡《结婚集》的经验,照亮了他对中国现实情形的静观默察。他的赞同斯特林堡,因此就是一种必然。

无独有偶,在发表他所译的《他的仆》(斯特林堡著)时,茅盾在"译者识"中如是说:

我把这篇译出来,似乎像故意奚落现在的新女子。我实在该死。可是我欲声明一句:我决不敢奚落现在的新女子;奚落的心理,和翻译这篇的心理,当然不能有什么关系;这是要请读者原谅的。不过我以为在现在这种人心迷乱的社会里,又加上新思想的狂潮;进取的精神果然很要紧,迟疑审慎,十二分研究的心理倒也不可不存;而在男女关系问题,尤应该不冒昧做 Strindberg 这一篇的主意,并不是专骂新女子,实在是对于夫妇关系下一个问题。丈夫供给妻子,妻子办丈夫的杂务,到底算不算主仆关系?我们不要拿西洋的社会情形讲,我们就我们的情形讲,应该怎样回答这句话呢?②

这段文字中,茅盾依然透出对斯特林堡该篇小说意旨的重视,依然透出关注中国当时的社会情形这个现实动因,依然显出其独特的"迟疑审慎"姿态。但尤其值得注意的是,茅盾忽略了斯特林堡的"女性憎恶者"特征,而将他的小说作为提出男女关系问题的文本进行阐释,希望促成作为读者、作者的"我们"去思考并回答。

茅盾在《对于黄蔼女士讨论小组织问题一文的意见》中的清醒评价,对《他的仆》的问题小说性质的指认,无疑标志了茅盾在五四时期妇女解放思潮中的独特身姿,当然,也标出了茅盾在斯特林堡的中国传播中的位置。对于后者,我们在阅读中注意下述言辞中更能体会到。

……易卜生的《玩偶家庭》,是讨论离婚问题的最大名剧,所以我把斯德林堡的反拨《玩偶家庭》的小说译了出来,一则因此可见易卜生的剧本在当时影响非常巨大,二则这小说给力争人格的新妇女以一种警告,——意志力的薄弱是新妇女

---

① 茅盾:《对于黄蔼女士讨论小组织问题一文的意见》,《茅盾全集》第14卷,人民文学出版社1987年版,第48页。
② 见斯特林堡著、茅盾译:《他的仆》,《时事新报·学灯》,1919年9月18日。

前途最危险的暗礁。要是有人拿了这一篇当作侮辱女性的话柄,助反动派张目,那便不算我译这篇的本意了。①

"娜拉"(Nora),原名《玩偶家庭》(A Doll's House=Ein Puppenheim),是挪威大文豪亨利克易卜生(H. Ibsen)社会问题剧中最大杰作之一;他的文名,也因此剧而增高。剧中包含人生问题,社会问题,家庭问题,妇女问题,婚姻问题等,而于本号所讨论的离婚问题,关系尤切。仲持先生既然将著名女星憎恶者斯德林堡反对易卜生的一篇小说《玩偶家庭》译载于前,所以我再把易卜生的剧本,节成这篇本事,以作对照。②

从《妇女杂志》第八卷第四号上同时出现的上述两段文字,我们明显可以看出两位作者对易卜生的推崇。他们之所以翻译《玩偶家庭》或者撰写《易卜生名剧〈娜拉〉本事》,目的都在进行对照,提醒中国妇女不要做斯特林堡笔下那种意志力薄弱的女性,而为易卜生式的妇女解放、娜拉式的妇女鼓与呼。相对而言,茅盾就要清醒得多,他放过了对妇女解放的必要性的讨论,而反复言说怎样的女性才可以当得起解放的重任,以及妇女解放的真正目标问题。他在这方面的独特思考,汇入了五四时期妇女解放的思想洪流,就如鲁迅以"娜拉走后怎样"的问题警醒了一大批盲目跟从时代潮流的女子一样,茅盾对斯特林堡的深入关注,和他此期一系列涉及妇女解放问题的散文一起,成为了此期妇女解放大合唱思潮中的不可忽略的声部。"'五四'时期关于妇女解放运动的议论,并非只有为走出家庭的'娜拉'呐喊助威的声音,而是一个众声喧哗的多声部合唱。茅盾的发言是这个时代大合唱里一个很重要的声音。"③

结语

考察茅盾与斯特林堡的关系的角度自然很多,上述努力不过是尝试之一种。但其中勾连出的一些现象,比如茅盾的翻译与其思想、言论之间的关系,茅盾翻译对象的选取与"五四"前后思想文化潮流之间的关系,都是值得学界关注的饶有兴味的点。如若我们将茅盾在商务印书馆编译所、国文所中经受的磨砺、他与《新青年》等新文化派的交往④,与他的思想转型、文化转型以及1927年后的文学创作联

---

① 仲持:《玩偶家庭·译者记》,斯德林堡著,仲持译:《玩偶家庭》,《妇女杂志》第八卷第四号,1922年4月1日。
② 朔一:《易卜生名剧〈娜拉〉本事》,《妇女杂志》第八卷第四号,1922年4月1日,第206页。
③ 乔以钢、刘堃:《试析〈中国新文学大系·小说一集〉的性别策略》,《南开学报》2005年第2期,第24页。
④ 茅盾最初接触到《新青年》,是因为他在国文部工作时的领导朱元善,而其介入中国的思想文化界,则与这份杂志直接相关。他在回忆录中说,"朱元善还订了一些当时上海出版的适合中学生阅读的杂志,其中就有陈独秀编的《青年杂志》(即《新青年》之前身)。《青年杂志》提倡'德、智、体'三育,用文言,但在一九一七年改名为《新青年》时已经发表了胡适的《文学改良刍议》,继之以陈独秀的《文学革命论》。朱元善既订有《新青年》,自然看到这两篇文章。朱可以说是商务几个主编杂志的人中对外界舆论最敏感的一个。他虽不学无术,但善观风色,而且用于趋时。他打算以《学生杂志》小试改革,先从社论开始。"于是茅盾写了《学生与社会》这第一篇论文(1917年12月号)。接着写了《一九一八年之学生》(1918年正月号),议论起时政来了。"进化论,当然我研究过,对我有影响,不过那时对我思想影响最大,促使我写出这两篇文章的,还是《新青年》。"见《茅盾全集》第34卷,第143页。

系起来进行考察,我们当能发现更有意思的一些结论。比如,正是在商务印书馆的翻译工作,促成他发现了涵芬楼这个宝库,并通过这个宝库建立了他与世界之间的关联;正是在商务印书馆的翻译工作所取得的杰出成绩,使得他拥有了从事编辑工作的机缘,从而一方面得以继续打通他与世界文学、文化之间的隔墙,一方面得以深度楔入中国当时的思想文化界及文学界,从而在不经意间朝文学批评家之路行进;正是他的翻译、编辑、文学批评工作,为他后来的小说创作抹上了底色,规定了基本的人物、题材、主题乃至致思方式,为他后来成为小说家、散文家、翻译家、编辑家、文学批评家奠定了最为坚实的基础。在茅盾的成长、蜕变之路上,翻译可谓是他的根。因而,研究茅盾与其翻译对象之间的表层与深层联系,就是茅盾翻译研究中的重要任务。

茅盾翻译研究的现状与展望

冯玉文

陕西理工大学文学院　陕西　汉中　723001

"作为五四新文学运动的先驱,茅盾的文学生涯是从翻译和介绍外国文学开始的。"[①]事实上,茅盾先于文学家已经成为翻译家。但是,将近一个世纪的时光隧道中,或因翻译家茅盾隐没于文学家茅盾的光彩之中,或因创作与翻译的不同局域存在技术操作的困难,或因注重创作轻视翻译的"重处子轻媒婆"思想[②]作祟,或因某些非学术、学理又确实存在的干扰因素……总之,翻译家茅盾的形象至今没有得以全面、清晰展现,这无疑是茅盾研究领域的一大缺憾。

一、茅盾翻译研究现状

虽然茅盾翻译研究目前依然处于初级阶段,但先行研究者是筚路蓝缕的功臣,已有为数不多的研究成果也将是后来者前行的基石——承上才好启下。

严格意义上的茅盾翻译研究自20世纪80年代才真正开始。1983年北京召开的全国首届茅盾研究学术讨论会上戈宝权先生指出:"作为突出的外国文学研究者和翻译介绍者的茅盾,也需要很好地研究。"叶子铭先生在此会题为《茅盾研究的历史和现状》的发言中也谈到了茅盾对外国文学的翻译及其翻译理论。两位与会专家的观点可作为茅盾翻译研究的倡导和先声。与此同时,他们开始了茅盾翻译基础材料的建设和推介。如杨郁《茅盾的翻译观——学习〈茅盾译文选集·序〉》(《中国翻译》1983年11期)介绍了茅盾为《茅盾译文选集》(上海译文出版社1980年版)选编和作序的情况,并认为该序言"是我国文学翻译工作者绝好的学习材料"。相对于韦韬主编的10卷本《茅盾译文全集》(知识产权出版社2013年版)而言,两册的《茅盾译文选集》显然已经成为阶段性的资料整理,但由于出版较早,又有茅盾亲自参与操作,其价值不言自明。另外,孔令境之女孔海珠《〈孤独〉不是茅盾译作》(《新文学史料》1993年4期)针对范泉披露的"茅盾翻译苏联长篇小说《孤独》"问题,进行了史料挖掘和多方求证,最后得出令人信服的结论。上述成果不但提供、澄清了基础资料,同时也引起了学界对茅盾翻译的注意。

首先,是对茅盾翻译理论和实践的介绍和总结。李岫先生的专著《茅盾比较研

---

① 韦韬主编《茅盾译文全集·出版说明》,知识产权出版社2013年版。
② 持这一思想的代表性人物是五四时期的郭沫若。1920年12月12日,郭沫若在给李石岑的信中说:"……我觉得国内人士只注重媒婆,而不注重处子:只注重翻译,而不注重产生……处女应当尊重,媒婆应当稍加遏抑。"原本在私人信件中谈及此事属于一己之见的抒发,可在1921年1月15日《时事新报·学灯》发表了该信之后,翻译者的地位和作用就成为学者们,尤其是译者们公开讨论的话题。

究论稿》(北岳文艺出版社1988年版)中,有"杰出的翻译家和文化交流的使者"一节,郭著章等《翻译名家研究》(湖北教育出版社1999年版)也列出了茅盾翻译活动综述、理论评介和重要译作年表,两著都提纲挈领地介绍茅盾翻译的情况。此类成果继而出现的有任晓晋《茅盾翻译理论评介》(《外语研究》1988年第4期)、樊腾腾《对茅盾翻译思想的探讨》(《云南财贸学院学报》2008年第2期)、马利捷《翻译家茅盾研究》(2014年河北大学硕士学位论文)、廉亚健《茅盾翻译思想与实践概述》(《中国出版》2015年第6期)等论文。最后出现的廉亚健的论文将茅盾的翻译思想涵盖为三个方面:提倡忠实于原文内容和风格的直译,主张译文应体现原作的神韵,重视文学翻译的艺术创造性;又将茅盾的翻译实践分为三个阶段,初期美国科幻小说的翻译,中期对俄国革命民主主义文学和现实主义文学以及弱小民族文学的译介,后期苏联卫国战争小说的翻译。廉亚健的研究比较具有概括性,是此类茅盾翻译研究论文中比较突出的成果。

其次,是引入西方文艺理论阐释茅盾翻译活动。如潘婧颖《民初至"五四"时期茅盾翻译策略与翻译体裁对比研究——从勒夫菲尔意识形态、赞助人、诗学翻译理论的角度出发》(2013年西南财经大学硕士学位论文)、童斯琴《从茅盾早期翻译作品(1917—1927)看中国五四翻译文学的政治文化特质:操纵理论视角》(2014年中南大学硕士学位论文)、陆志国《弱小民族文学的译介和圣化——以五四时期茅盾的翻译选择为例》(《外国语文》2014年第4期)、喻锋平《"启蒙"与"救世"——茅盾早期(1916—1927)译事的文化解读》(《嘉兴学院学报》2015年第2期)等文均属此例,从意识形态、诗学和赞助人等因素分析了茅盾译事。此类论文中有些因专业限制多为外文撰写,短时难以在国内产生深远影响;也有些属于"茅盾翻译研究的西方理论化",基本是从翻译发生的背景进行考察。

最后,从中外译者比较的视角研究茅盾翻译。此类目前只有韩波的《普希金与茅盾翻译思想之比较》(《牡丹江教育学院学报》2010年第2期)和《普希金与茅盾翻译人生及翻译观之比较》(《学理论》2010年第9期),虽有类似"对转译和复译,普希金进行了大量的实践,而茅盾提出了理论见解"的主观论断,但将译者进行比较的视角无疑开拓了茅盾翻译研究的新视野。

国外的茅盾研究已经取得了丰硕成果,如捷克的普实克和马立安、苏联的费德林和字罗金、日本的松井博光等都有关于茅盾文学创作或者文学评论的研究,但遗憾的是,目前尚未发现国外有关茅盾翻译的研究。

迄今为止,茅盾翻译研究成果还局限于少部分有关茅盾或翻译研究专著的章节和论文几十篇,又由于资料、视角和篇幅等限制,难以对茅盾翻译进行全景式呈现。2001年钟桂松先生《二十世纪茅盾研究史》(浙江人民出版社)没有明确的翻译研究成果,10年后钱振纲老师主编《茅盾评说八十年》(文化艺术出版社2011年版)中,也只有孔海珠《茅盾与童话》提及茅盾编译的童话作品。相对早于创作10年起步的翻译活动、260多万字、233个单篇涉猎37个国家[①]厚重的译作以及复杂

---

① 依据韦韬主编知识产权出版社2013年版《茅盾译文全集》统计。

精深的翻译理论来说，茅盾翻译的研究成果实在还过于单薄，急需进行深入和拓展。

二、茅盾翻译研究展望

如何对鸿篇巨制的茅盾翻译展开系统全面研究？以茅盾翻译思想立题是可以涵盖茅盾翻译理论和翻译实践的可操作方案。在茅盾翻译思想的统摄下，可以对茅盾的翻译目的、翻译选材、翻译策略、翻译预想读者以及翻译倡导和批评、翻译和创作关系等进行全面系统梳理、总结和研判。

首先，茅盾为什么翻译？也就是翻译目的问题。翻译目的决定着翻译选材和翻译操作的策略、方法等等，是整个翻译系统得以形成的动因，是茅盾从事翻译活动成为翻译家的原因。除去现代文人共同拥有的启蒙、救亡的"救世"目的外，还有"以为在现在我们这样的社会里，最大的急务是改造人们使他们像个人"[1]的"立人"目的，更有茅盾长期的编辑生涯不能忽略，在很长时间内茅盾翻译受控于职业——编辑思想和翻译思想、编辑目的和翻译目的都有趋同的可能。建国以后，茅盾的翻译思想集中体现在对翻译事业的指导，这又必然受其领导职务的直接影响。值得注意的是：以翻译引入外来的文学艺术，一直是茅盾翻译的目的，或隐或显地贯穿于茅盾译事活动的始终。

其次，茅盾翻译了什么？也就是翻译取材问题，需要从几个角度进行梳理。从思想性上看，茅盾翻译的取材思想与当时中国在世界上的弱国地位、茅盾自身弱国子民的处境密切相关。无论是初期对西方强国文学的探查，还是对一众弱小国家、民族文学的关注，或是对俄国、苏联"讲战斗讲建设"文学的青睐，尤其是执掌《小说月报》期间的翻译选材，均可视作茅盾富国强民企望的焦虑表征。从艺术性上看，茅盾认为"总得先有了客观的艺术手段，然后做问题文字做得好，能动人"，所以在《我对于介绍西洋文学的意见》给出的翻译取材计划包含了"侧重在艺术手段"和侧重思想的"问题著作"两个部分[2]，其中可见茅盾对艺术与功利间平衡的寻求。另外，虽然翻译选材问题最终指向的是作品，但是考察茅盾的译事活动会发现：作品的来源国家也是茅盾考虑的重点。茅盾翻译了英、美、俄、苏、法、德、瑞典、波兰、印度、匈牙利、捷克、阿根廷、克罗地亚、以色列、尼加拉瓜、挪威、亚美尼亚、保加利亚、巴西、丹麦、西班牙、希腊、荷兰、秘鲁、斯洛文尼亚、土耳其、阿尔及利亚、奥地利、爱尔兰、比利时、乌克兰、智利、黎巴嫩、古罗马、葡萄牙和芬兰共36个国家[3]的作品，几乎形成世界各国作品的"博览会"，足见茅盾对作品来源国家的广收博采。最后，茅盾翻译选材的体裁选择也值得关注，小说85部，论文61篇，诗歌32首，戏剧28部，散文21篇，科普读物6部[4]，基本涉及了各种体裁。思想性、艺术性并重，来源国和体裁广博当属茅盾翻译选材的显要特征。

---

[1] 茅盾著，钟桂松主编《茅盾全集·中国文论一集》，黄山书社2013年版，第284页。
[2] 茅盾著，钟桂松主编《茅盾全集·中国文论一集》，黄山书社2013年版，第8页。
[3] 依据韦韬主编知识产权出版社2013年版《茅盾译文全集》统计。
[4] 同上。

再次,茅盾怎样翻译?也就是翻译策略和方法等问题。翻译策略决定着翻译方法,翻译方法是翻译策略的具体实践方式。除编译阶段外,茅盾采用欧化的翻译策略一方面是受五四整体趋新求变思潮影响,另一方面是出于个体改造中国文学、文化思想的用意。茅盾也主张翻译要"信达雅",但是更重视"传神","在'神韵'与'形貌'未能两全的时候","觉得与其失'神韵'而留'形貌',还不如'形貌'上有些差异而保留了'神韵'"。① 要译作对读者产生如同阅读原作的效果,虽然艰难,但却可以向着这个目标逐步努力——利用翻译进行语言、文学乃至文化改造,毕竟都要以读者接受为前提。与同时代的很多译者相比,茅盾更重视译作的原汁原味和实际效用。

还有,茅盾为谁翻译?是译作的预想读者问题。翻译目的决定了翻译策略,也确定了译作的预想读者。茅盾译作预想读者的定位基本是普通民众,因此在翻译选材和翻译策略、操作方法上都为大众读者着想,也因此在译作的读者接受中受到欢迎,读者的反馈和译作的销量均可证实这一点。茅盾译作中还有部分欧美宣传女权和女性解放思潮的作品,茅盾也是倡导中国女性解放的先驱者之一。另有部分儿童文学译作,能够适应孩子的阅读习惯和兴味。

再有,茅盾作为现代时段屈指可数的大作家、建国后身居要职的文化领军人物,在中国翻译事业中起到了怎样的作用?茅盾中华人民共和国成立前在阐释翻译思想的同时身体力行进行翻译,中华人民共和国成立后更为中国翻译事业的发展进行规划指导、鞠躬尽瘁,这是有目共睹的事实。茅盾在中国翻译史上的地位和影响应有明确的定位。

还有,茅盾翻译与创作之间关系如何?茅盾翻译起步于1916年,早于创作10年,翻译对创作的影响、翻译与创作的互动值得探讨。

最后,翻译与创作并重是中国很多现代文学作家共有的特征,鲁迅、周作人、郭沫若、郑振铎等都是如此,将茅盾翻译与同时代的、甚至有过翻译讨论的作家兼翻译家的译事活动进行比较研究,既有助于对当事各人的深入了解,也有助于探究这一具有时代特色群体的总体样貌。

另外,茅盾究竟翻译了哪些国家哪些作家的哪些作品?虽然韦韬主编知识产权出版社2013年版《茅盾译文全集》十卷本已经进行了全景展示,但为了有一个系统而且直观的认识,可将茅盾所有翻译单篇做国别分类,按时间排列,再以表格的形式将相关信息加以规范和呈现,以方便后来者的研究。

综上所述,在前人研究的基础上,可以进行全方位、系统化、条理化的茅盾翻译研究,可将茅盾翻译目的、翻译选材、翻译策略方法、翻译预想读者等等方面进行全面整合。当然这一研究也将面临很多困难,比如茅盾译作源语文本来自36个国家,时过境迁,查找困难,源语文本一网打尽几乎不可能,只能竭力求全,但积跬步才可至千里,茅盾翻译研究的大厦也总要起于平地。

---

① 茅盾著,钟桂松主编《茅盾全集·中国文论一集》,黄山书社2013年版,第94页。

研究综述

"茅盾研究之研究"文章目录总汇
——关于茅盾研究论著的书评、书讯及序言汇编

陈芬尧

嵊州市崇仁镇中学　浙江　嵊州　312473

摘要：自1931年12月出现第一部茅盾研究专书以来,至今已出版了百好几部茅盾研究专著、论文集、图传、回忆录及资料汇编。倘将普及性著作算在内,则会更多。这些茅盾研究论著出版后大多引起了学界的热烈反响和广泛好评,出现了一篇乃至多篇书评。或缕述内容,剔抉特点;或揭橥意义,指出不足。它们是典型的"茅盾研究之研究"。具有同样价值的,还有著名学者受托为别人论著所写的序言,以及书讯、简介一类的文字。从某种意义上说,书评是论著出版后在学界引起反响和受欢迎程度的体现。倘对这类文章的观点加以梳理与整合,则是一部别具特色的小型的《茅盾研究概观》;于"厚重、系统、深刻"的《茅盾研究史》的写作,也不无借鉴和参考价值。因此,书评一类的文字有着别具重要的意义。

关键词：茅盾研究之研究　书评　目录汇编　别具意义

倘以1920年四五月间黄厚生发表《读〈小说新潮栏宣言〉的感想》一文,以及稍后广为学界熟知的李石岑的公开信《介绍〈小说月报〉并批评》和晓风的《介绍〈小说月报〉12卷1号》等文章的发表,作为茅盾研究的肇始[1],那么,茅盾研究将走过近百个年头;即或1928年2月对《幻灭》等作品的评论,即作为作家茅盾的最早评论的出现视为茅盾研究的起点,茅盾研究也几近90年历史了。自1931年12月茅盾研究史上第一部专书《茅盾评传》(伏志英编)出版以来,茅盾研究专著、论文集、图传、回忆录及资料汇编的出版已远远超过了百部;仅中国茅盾研究会和台湾花木兰文化出版社共同编辑,并于2014年7月一次性推出的单行本著作就有49种,计60册。如果将一些普及性著作算在内,则可能突破200部。另外,尚有难以统计的一千好几百篇的研究文章。总之,经过大致四代学者的努力,茅盾研究已有了较为全面、深入的开展,学术成果汗牛充栋。然而,茅盾研究之研究多有不足,与鲁迅研究之研究相比尤然。因此,尽管出现了叶子铭先生等人的总结性长文[2]和邱文治、钟桂松先生的专著[3],李继凯先生仍深憾于茅盾研究界迄今尚未出现"厚重、系统、深刻"的《茅盾研究史》,并将其视为茅盾研究总体学术水平不及鲁迅研究的一个"显例"[4],而大力呼吁学者们能写出一部"堪称佳作的《茅盾研究史》"[5]。

要写这样一部《茅盾研究史》,笔者自是无法胜任;本文也不敢对此妄说些什么。然而,我们在阅读、搜集茅盾研究资料时发现,百好几部茅盾研究论著面世

后,大多能引起学界的热烈反响与广泛好评,出现了一篇乃至多篇书评。这些书评,无论为一般读者所写,还是出诸专家、学者之手,或缕述内容,剔抉特点,揭橥意义,或指摘不足。它们是典型的"茅盾研究之研究"。具有同样性质的,还有前辈学者、著名专家受作者之邀,为部分茅盾研究论著所撰写的序言。有关著作出版的书讯、简介一类的文字,也有分量不等的评述成分。

书评的多寡,从某种程度上说是著作出版后引起学界反响和受欢迎程度的反映。这倒并非没有例外。如2巨卷4厚册《茅盾专集》(唐金海、孔海珠等编),《茅盾年谱》,《茅盾研究60年》(邱文治等编著),《茅盾与二十世纪》(中国茅盾研究会编),《茅盾与20世纪中国文化》(王嘉良主编)及丁尔纲著《茅盾的艺术世界》、《茅盾:翰墨人生80秋》,孙中田著《〈子夜〉的艺术世界》、《图本茅盾传》,庄钟庆著《茅盾的文学风格》,钟桂松著《茅盾传——坎坷与辉煌》,王嘉良著《艺术范型与审美品性——论茅盾的创作艺术与审美理论建构》,邱文治著《茅盾小说的艺术世界》,李庶长著《茅盾对外国文学的借鉴与创新》,刘焕林著《封闭与开放——茅盾小说艺术论》,陈幼石著《茅盾〈蚀〉三部曲的历史分析》,杨健民《论茅盾的早期文学思想》,金燕玉著《茅盾的童心》,李继凯著《"师者"茅盾先生》,周景雷著《茅盾与中国现代文学》,梁竞男、康新慧著《茅盾小说历史叙事研究》等等,都是茅盾研究非常重要的收获,但由于种种原因,少见甚而未见专门书评发表,或仅为一些文章综述时所论及。此外,尚有千好几百篇研究文章落在我们的视野之外,有的还堪称重要。因此,倘将这些书评、序言一类的文章集中起来,对其中的观点加以梳理与整合,也许够不上完整全面,却是一部别具特色的"茅盾研究概观"。即或没有直接将其构筑成"史",至少也能给我们写作"厚重、系统、深刻"的《茅盾研究史》起到一定的借鉴和参考作用。因此,书评、序言一类的文字其价值与意义是显见的。

基于这样的认识,笔者将曾在报刊、文集中出现过的书评篇目汇集起来(以下简称《汇编》),以茅盾研究著(编)为目,分条列出,将书评归入其下。编排时,以著(编)出版时间先后为序;一著有多篇书评者,先发表的置于前,然后依次列出。书评而外,《汇编》也选录了部分学者、著编者撰写的序言,以及书讯、简介之类的短文。《汇编》还对被编入的茅盾研究著(编)作了简要说明。

编这样一份《汇编》,资料搜集十分重要。刊载在《茅盾研究》丛刊及其他期刊里的书评比较容易找到,但发表在报纸(尤其是地方性报纸)或收在学者文集中的书评、序言就不易觅得了。囿于编者的视野,《汇编》在"完整全面与正确无误"上是要大打折扣的。

《汇编》收录了107部(套)茅盾研究著(编)的书评、序言、书讯、简介等文章篇目。此外,还对出现过评论文字的1份高校学报和5种直接或相关茅盾研究的"丛书"("书系")作了简要介绍,遴选并编入了序言等部分文章的篇目。

《汇编》原则上不收茅盾自己作品的集子。其实,有些关于茅盾作品的集子出版后在学界产生了广泛而深远的影响,甚获好评。最为典型的当推由中国茅盾研究会组织学者校注、编定的皇皇40卷《茅盾全集》(另有1卷《附集》)。它记录了全集编辑室主要成员叶子铭、丁尔纲、查国华等先生和参与校注的邵伯周、孙中田、庄钟庆等众多学者的劳绩,倾注了他们极大的心血。另外,丁尔纲、刘济献、方铭、尹琪合编的《茅盾论文学艺术》、《茅盾现代作家论》(郑州大学中文系1979年10月印),以"茅盾文艺思想研究资料"的总名称,共两册三辑,收文118篇,计56万余字。这部作为最早内部出版、在高校师生中发行的集子,在茅盾研究恢复期,当时很难找到茅盾的理论批评文章,而最早搜集并提供茅盾文学批评的原著原文。它在开拓视野,拓宽茅盾研究领域,尤其是关注茅盾文学批评建树,处于领先地位,起到应有的作用。在编选过程中,茅公亲自审阅书目,并为集子题写了书名。同样得到茅盾关心与亲自题签的,还有乐黛云编的《茅盾论中国现代作家作品》(北京大学出版社1980年1月版)。这是一本内容集中、特色鲜明的评论专集,也是一本由学者编选、公开出版的最早的茅盾理论批评的集子。稍后出版的叶子铭编的《茅盾论创作》(上海文艺出版社1980年5月版)和《茅盾文艺杂论集》(上海文艺出版社1981年6月版)两著,则自始至终是在茅盾的直接支持与指导下编选的。前者"从书名、体例、编选原则直至每篇文章的遴选",都是茅盾自己最后决定;茅盾是本书的实际编定者,叶子铭从旁协助做了一些具体工作。后者收文250篇,近90万字。其"篇目与编排方式",都是经茅盾同意,并由他审定的。它的书名是在编选工作开始时由茅盾自己提出并题写。茅盾为这两部书写了《序》。编选者为集子撰有前言或编后记,对茅盾的文学批评及相关文章作了精到的评论,体现了编者敏锐而独特的学术眼光。书出版后,长时间成为研究茅盾的重要参考书。类似的集子还有出版社版多次重印的《茅盾读本》(庄钟庆编,上海教育出版社),《茅盾序跋集》(丁尔纲编,生活·读书·新知三联书店1994年6月版),《茅盾作品精选》(丁尔纲编,长江文艺出版社2003年10月版)等;《茅盾论创作》、《茅盾文艺杂论集》及《茅盾》(庄钟庆编,人民文学出版社1983年8月版),则还有书评一类文章发表[6]。由于本《汇编》重在收录茅盾研究论著,这些选本只好付诸阙如[7],殊为遗憾。

《汇编》所收茅盾研究论著,须有专门性书评或序言、书讯一类的文字;为文章或书刊部分论及的研究著作,则不属其列。这是《汇编》收著收文的又一原则。这却为《汇编》留下又一不小的遗憾。有这样一批茅盾研究论著,出版后几乎不见专门性书评发表,而事实上产生了很大反响,评价颇高。譬如丁尔纲的《茅盾散文赏析》,书出版后即引起很大反响与关注:出版社一版再版[8],且为多篇评论文章所论及;包括该著在内的《中国现代作家作品欣赏丛书》荣获全国第一届优秀教育图书一等奖。于该著的评论,视角多放在"现代文学欣赏丛书"的整体中作为典型例证或有特点者予以肯定和分析[9];或视其为作者茅盾研究的主要成就之一加以观照和评论[10]。还有学者把此书和作者的《茅盾抒情散文的艺术特色》、《托物寄意　虚实结合——论茅盾抒情散文及其艺术构思》等文章一起,置于茅盾散文研究的整体中进行评价:这是"目前为止唯一的一本茅盾散文研究专著","把茅盾散文研究提升到了一个全新的层次"[11]。然而,对该著的专门性书评,确实还未曾见到过。与丁著类似的情况,在茅盾研究论著中应该还有不少。《汇编》是否收录这类著作,颇费踌躇。倘收,则与《汇编》其他编目的收录标准未尽一致。这倒还是其次。如能尽量完备地搜求到,分类编排,也无不可。而前文已述,要全面搜集专门的书评已属不易;尽可能完备地搜求到此类被部分内容所论及的著作及相关的评论文字,困难则更大。非读遍此前发表或出版的几乎全部关于中国现当代文学史、小说史、散文史、理论批评史、翻译史、编辑出版史的专论专著,甚至是各类"年鉴"、"辞书",似乎不办;至少不能不通读各种"茅盾研究回顾"、"茅盾研究史"的述评文章与专著。这于学养、能力均有不逮的编者,尚不能臻于此,至少现在恐怕还不行。因此,如收录几部,难免挂一漏万,遗"珠"不少。然此类著作的重要性恐怕不仅仅在茅盾研究本身,其意义将及于中国现代文学史、小说史、散文史、理论批评史等等。舍去不收,委实也是遗憾颇多。权衡再三,还是忍痛割爱,暂不收录。这是编者畏避困难的无奈选择。只好待日后勤勉读书与做笔记,有机会另编"条目",弥补此一缺憾了。

一些综合性的"茅盾研究之研究"的文章,或对前一阶段茅盾研究的回顾与总结;或就某个时期某一侧面茅盾研究的综述和评论;或是对某位学者学术研究的评述,并部分论及其茅盾研究成果与贡献。它们并不专门对一部或几部茅盾研究著作进行评析,研究论著只是作者用以回顾历史、评述成果的"材料"。它们诚然不是专门的茅盾研究书评。然而,它们对多部茅盾研究著作和编作精到评析,是实实在在的"研究之研究",具有重要的参考价值。这些文章无法一一被收到《汇编》中去。现将篇目录在这里,以备参考,同时也算对上文所说缺憾的些许弥补。这样的文章,除前述叶子铭的《茅盾研究的历史和现状》一文外,尚有林焕平的《重视对茅盾业绩的研究》[12]、叶子铭、卜合士(汤淑敏)的《1980年出版的茅盾作品和茅盾研究论著评述》[13]、李岫的《世界各国对茅盾作品的研究》[14]、庄钟庆的《茅盾作品在国外》[15]、徐允平对《黎明的文学——中国现实主义作家·茅盾》的评介[16]、孙立川的《茅盾研究的发展脉络简评》[17]、李岫的《评苏、德、日、捷等译本序跋对〈子夜〉的评价》[18]、[日本]相浦杲的《日本研究茅文学的概况》[19]、丁尔纲的《茅盾研究的突破问题刍议》[20]、日本有关刊物对庄钟庆及《茅盾的创作历程》的介绍[21]、仲呈祥在论著中对有关茅盾研究专著的评论[22]、丁尔纲的《再次呼吁:建立"茅盾学"》[23]、蔡万江的《把茅盾研究推向深入》[24]、翟耀(翟德耀)的《茅盾研究突破刍议》[25]、马风的《淡功名而重道义——记茅盾研究家、南大教授叶子铭》[26]、菲律宾一些媒体报道并介绍庄钟庆及其《茅盾的创作历程》[27]、顾忠国的《茅盾研究在日本》[28]、李标晶的《论辩意识与探索精神的结合——近年来我省茅盾研究评述》[29]、李北川的《孙中田教授及其茅盾研究》[30]、吕明灼的《丁尔纲和中国现当代文学研究》[31]、《湖州师专学报》对多位茅盾研究专家的简介[32]、龚西征、龚景兴编《茅盾研究书录》[33]、如玉(万树玉)的《长足进展 丰硕收获——近几年有关茅盾研究著作一览》[34]、刘伟的《〈子夜〉研究述评:1933—1989》[35]、周若金的《"一只眼睛看社会,一只眼睛看文学"——谈丁尔纲的学术研究》[36]、边季的《茅盾研究信息六则》[37]、《邵伯周教授与中国现代文学研究》[38]、吕荣春的《茅盾与外国文学关系的研究成果述评》[39]、丁澄的《叶子铭和他的文学研究》[40]、冯肖华的《论丁尔纲的茅盾研究及其它》[41]、中国茅盾研究会《学会成立八年来会务工作报告》[42]、孙耀华在《内蒙古社会科学通览》中对丁尔纲等学者茅盾研究的介绍[43]、王卫平的《新时期十年〈子夜〉研究述评》[44]、徐明的《咬定青山不放松》[45]、何英豹的《现代文学研究专家邵伯周教授》[46]、日月明(任天石)的《叶子铭和他的文学世界》[47]、黄彩文的《预示着成熟与辉煌——近年茅盾研究漫评》[48]、马树德的《茅盾作品在德国》[49]、叶子铭和丁帆的《茅盾研究的回顾与展望》[50]、张森生的《茅盾研究论著编目》[51]、木函和爱华的《近年来国外对茅盾研究述评》[52]、多位茅盾学者汇聚《茅盾研究与我》谈茅盾研究及研究观[53]、叶子铭的《茅盾诞辰一百周年国际学术研讨会开幕词》[54]、李广德的《茅盾短篇小说〈水藻行〉研究述评》[55]、欧家斤在专著里评述海内外茅盾研究[56]、学林的《邵伯周先生的治学之道》[57]、周晋光的《文学评论家邵伯周》[58]、王中忱的《在历史品衡与文本解读之间——孙中田先生的茅盾研究述评》[59]、[韩国]朴宰雨的《茅盾研究与茅盾作品译介在韩国》[60]、龚景兴编《茅盾研究书录续编》[61]、钟海波和李丹的《全国茅盾研究学术讨论会综述》[62]、李标晶的《新时期以来浙江省茅盾研究述评》[63]、村豆(万树玉)的《茅盾研究回顾》[64]、李岫的《茅盾研究在国外》[65]、刘勇等的《茅盾研究》[66]、黎荔的《茅盾研究》[67]、王确的《透视文学的历史之真——张立国先生其人和他的茅盾研究》[68]、田宝剑的《茅盾文艺理论批评研究综述》[69]、聂世闻的《丁尔纲先生散记》[70]、马萌和李继凯的《近三十年来茅盾散文研究述评》[71]、冯玉文的《从文学史的重写看学术界对茅盾评价的演变》[72]和《叶子铭学术成就简介》[73]、周宁的《新世纪茅盾经典作品研究述评》[74]、苏永延的《深化茅盾学刍议》[75]、钱振纲和陈芬尧的《本世纪以来茅盾研究综述》[76]、陈芬尧的《关于茅盾的几次论争》[77]、《茅盾研究》"悼念叶子铭先生"文章专辑[78]、陈志华和翟德耀的《新时期山东茅盾研究成果述评》[79]、陈芬尧的《茅盾曾和鲁迅有过论战？——质疑鲁迅和茅盾关系的几种"新论"》[80]、钱振纲的《茅盾评说史的回顾与思考》[81]、沈冬芬(陈芬尧)的《一个时间问题献疑——从"茅盾学大视野"大视野试谈茅盾研究起点的一点浅见》[82]、陈思广的《放大与悬置——〈子夜〉接受研究60年(1951—2011)述评》[83]、沈冬芬(陈芬尧)的《近六七年来茅盾研究(论著部分)述评》[84]、杨玉英的《马立安·高利克的茅盾研究》[85]、吴心海的《吴奔星与茅盾研究》[86]、吴成年的《独秀南国的林焕平先生》[87]、王嘉良的《深切缅怀史瑶先生》[88]、王建中的《玉洁冰清铸英魂——我心目中的挚友陆文采教授》[89]、丁尔纲的《陆维天和他的"茅盾在新疆"研究》[90]、吴成年的《刘焕林、李琼仙与茅盾研究》[91]、尹北直和陈涛的《松井博光——日本学界茅盾研究学者简介之一》[92]、陈杰的《孔令德先生生平》[93]、许乜的《〈子夜〉研究80年述评》[94]、曹顺庆和周娇燕的《中外茅盾研究的比较》[95]等。此外，《艰难的跋涉》与《别梦依稀》两部书中，有多篇文章论述叶子铭的学术道路与成就，详略不等地评论了其茅盾研究及主要成果，并对他的去世深表悼念[96]。《丁尔纲新时期文论选集·"附编"》与《平凡的历程·"说长道短"》中，也收入多篇评论丁尔纲和邵伯周茅盾研究的文章[97]。此处所列为综合性"茅盾研究之研究"的文章篇目。其中的文章综述茅盾研究进展与实绩，评论学者学术研究及成果，论著只是作为"例证"稍作评介。与专收茅盾研究论著的书评、序言、书讯、简介一类文章篇目的《汇编》不同。二者互为补充，原则上不重复收目。

在历次茅盾研究学术讨论会或纪念会上，罗荪、黄源、叶子铭、孙中田、庄钟庆、万树玉、钱振纲、吴福辉等学会领导都作过开(闭)幕词；首届茅盾学术讨论会与茅盾诞辰90周年纪念会期间，周扬、夏衍、叶圣陶、张光年、臧克家、姚雪垠、戈宝权、王瑶、孙席珍等文艺界领导、著名作家、学者应邀作了重要讲话或发言。而几乎每次学术会议后,总有学者对会议有过述评,如崧巍(丁尔纲)等学者发表的述评[98]。这些讲话、发言、开(闭)幕词以及会议述评,高屋建瓴,统观全局,有的更是成为日后茅盾研究的方向与目标,具有深远的指导意义。它们都是"茅盾研究之研究"极重要的组成部分,理应无可缺。但由于它们往往对茅盾的文学人生、革命道路作出论述与评价,或只对本次学术活动、学术会议情况进行评述,极少涉及茅盾研究论著,更不可能作出具体、充分的论述,因此,这方面内容也只好为《汇编》所割爱。

《汇编》对搜求到的文章,一般是多见多收,少见少录。其结果势必是所收资料不均衡。对学者的茅盾研究论著及相关书评类文章的收录是这样,论著被列入社会科学规划项目及出版后获奖等情况尤其如此。这种不均衡性还表现在本前言对综合性文章篇目的收录情况。如笔者只知道王中忱、李北川等人曾撰文论述孙中田先生的茅盾研究及其他学术研究,但无缘拜读到原文,无法在注释中对文章内容做些介绍。这样的情况还有其他一些学者。这实在是编者视野狭窄之致,留下的是无尽的遗憾,而与编者的"倾向性"无关。有些书评一文多发,也一并收录,并一一列出出处,意在"存真"。另外,还出于这样两方面考虑:其一,倘只列一个出处,也许有读者不曾拥有或不易找到所列的书报资料,而无法读到相关文章;如果多出处都列出,搜集面相对会宽些,读到文章的可能性也随之增大。其二,此类一文多发的文章,作者在发表时,无论是标题,还是文章内容,都会有或多或少的改动。倘因此而被认为存有"倾向性",这绝非编者的本意。

在编写过程中,笔者曾将《汇编》寄给几位前辈专家,请求指正。庄钟庆先生不顾年迈,审读了拙稿的部分内容,在更正与补充他自己几部著(编)的错漏外,还指出《对一部研究茅盾新作的几点意见》(邓祝仁)是评论林焕平先生的《茅盾在香港和桂林的文学成就》一书。《汇编》因此而增列了林著的条目。钟桂松先生在繁重的行政事务和学术研究工作之余,拨冗给笔者以鼓励,并提出了极宝贵的指导性意见。龚景兴先生的编书为《汇编》的编写以很大便利;他还在电话里详细解答笔者提出的疑问。尤其要补上一笔的是丁尔纲先生。丁先生年事已高,近年来身体多有不适。看医生,吃药,甚至还多次住院,动手术;但他一直寄予编者厚望,帮助不少。此次编制《汇编》,我没敢去打扰他。直到"定稿",并给钱振纲先生和学会发去电子稿后,我才给丁先生寄上了一份纸质稿。这是旧历去年年底的事。原本没有要丁先生立即回信并提意见的意思,只想请他有空且体力、精力许可时看看,并在不太需要查阅资料的情况下便中提些意见。谁知先生收到拙稿后即开始审读,并查阅资料,跨年(除夕夜)给我回信,提出修改意见,至大年初五晚才写完。密密麻麻,共8大页。从文题至"摘要"、"前言",再到正文;大到内容的补正,小至遣词用语、"手民"之误,甚而编号、字体大小等等。那么具详、细致!经先生点出后,拙稿的错误确实不少,有的还很严重,或容易让人产生误解。我在愧怍之余,尤其感动先生于茅盾研究事业的执着与无私奖掖后学的奉献精神。我立即着手对拙稿的修订、补充,有些干脆推倒重写、重编。甚至还换了一个文章的标题。不难想象,如果没有丁尔纲、庄钟庆、钟桂松等前辈的帮助和指导,拙稿会是什么样的东西？在此，谨向他们致以我崇高的敬意和深切的谢忱！当然，不能因此而说拙稿已相当完美——既全面，又无错讹，编排也是最得体的。那是因为笔者未能很好地领会前辈先生的深意，并融入到自己的文稿中去；也与本人视野狭窄，而又不便打扰更多的学者有关。

注释：

［1］通常认为，茅盾研究始自1928年；但笔者以为，当以1920年四五月间作为茅盾研究的起点。参见拙文《一个时间问题献疑——从"茅盾学大视野"试谈茅盾研究起点的一点浅见》，《茅盾研究》第11辑，新加坡文艺协会2012年3月版，第626页。

［2］叶子铭：《茅盾研究的历史和现状》，《茅盾研究论文选集（下）》，湖南人民出版社1983年11月版，第822页。又载《茅盾研究》第1辑，文化艺术出版社1984年6月版，第74页。后收入《中国文艺年鉴（1982）》，文化艺术出版社1984年9月版，第426页；唐金海、孔海珠编《茅盾专集》（第二卷·上册），福建人民出版社1985年7月版，第654页；王瑶、樊骏等著《中现代文学研究：历史与现状》，中国社会科学出版社1989年7月版，第87页；以及《叶子铭文学论文集》，南京大学出版社1994年9月版，第217页。

［3］即邱文治、韩银庭编著《茅盾研究六十年》（天津教育出版社1990年10月版）和钟桂松著《二十世纪茅盾研究史》（浙江人民出版社2001年3月版）。

［4］李继凯：《全人视境中的观照——鲁迅与茅盾比较论》，中国社会科学出版社2003年9月版，第23页。

［5］钟海波、李丹：《2000年春全国茅盾研究学术讨论会综述》，《茅盾研究》第8辑，新华出版社2003年3月版，第442页。

［6］这些书评类文章有王积贤的《茅盾论主题分析的方法与原理——学习〈茅盾论创作〉》，《茅盾研究论文选集》（上），湖南人民出版社1983年11月版，第229页；叶子铭的《〈茅盾文艺杂论集〉编后记》，《上海文学》1981年第4期；闻武的《现代作家选集〈茅盾与艾青〉》，1982年12月13日香港《晶报》；玖韵的《〈茅盾〉〈艾青〉——〈中国现代作家选集〉丛书最初两种》，1983年12月10日香港《文汇报》。

［7］这里有选择地收录了几种著述，算是"特例"。由韦韬搜集并编校的《茅盾全集·补遗》和桐乡市档案局（馆）编、浙江大学出版社出版的《茅盾珍档手迹》，已不能简单地当作茅盾自己的著述来看，同时也渗透着韦韬等人的心血。

［8］广西人民出版社1984年3月第1版，1986年8月第2版；广西教育出版社1990年4月新第1版。

［9］万木春：《一套雅俗共赏的现代文学欣赏丛书——评〈中国现代作家作品欣赏丛书〉》，《文学评论》1984年第3期。

［10］冯肖华：《论丁尔纲的茅盾研究及其它》，冯肖华著《当代批评家评介》，陕西人民出版社1992年1月版，第253页；乌力吉图、吴金主编《内蒙古社会科学通览》第七章第三节《中国文学研究》，内蒙古人民出版社1992年7月版，第409页。

［11］马萌、李继凯：《近三十年来茅盾散文研究述评》，《茅盾研究》第9辑，文化艺术出版社2005年6月版，第273页。

［12］《人民日报·大地》1981年第2期。此文曾以《重视对茅盾业绩的研究——〈黎明的文学——中国现实主义作家·茅盾〉译后记》为题，载陕西省中国现代文学学会、陕西人民出版社合编《纪念茅盾》，1981年4月版，第126页；后又收入《林焕平文集》第4卷，广西师范

大学出版社1997年2月版,第389页。

[13] 本文除具体评述1980年度出版的茅盾"新写或重新发表的单篇作品"和"重版或重新整理、编选出版的作品",还论述了本年度问世的茅盾研究专著和文章。被评述的专著有孙中田的《论茅盾的生活与创作》;而对于发表的40多篇论文和资料,则根据内容,从茅盾生平与文学活动史料的发掘与考订、茅盾作品评析和茅盾文艺批评建树的评论三个方面作了论述。包括叶子铭、林焕平、史明、罗宗义、曾广灿、刘增杰等人的文章。原载《群众论丛》1981年第6期。后收入《中国文艺年鉴(1981)》,文化艺术出版社1982年9月版,第308页;《叶子铭文学论文集》,南京大学出版社1994年9月版,第371版。

[14] 本文回顾并概述自1931年至1983年半个多世纪来国外译介、评论和研究茅盾作品的情况。论述的重点是国外对茅盾的短篇小说、长篇巨著《子夜》和文学思想的翻译与研究,并对国外的茅盾研究情况进行了分析和评论。涉及苏、德、捷、日等十几个国家的不少著名作家、汉学家,如最早将茅盾的作品(《喜剧》)翻译成英文的乔治·肯尼迪,美国作家、记者埃德加·斯诺,捷克著名汉学家雅罗斯拉夫·普实克、马立安·高利克,德国的弗朗茨·库恩、沃尔夫冈·顾彬,苏联的费德林、索罗金,日本的增田涉、松井博光等等,被评及的论著有《活的中国》(埃德加·斯诺编)、《中国现代文学批评的产生》(马立安·高利克著)、《茅盾的创作道路》(索罗金著)、《黎明的文学——中国现实主义作家·茅盾》(松井博光著)等。原载《文化交流》1982年第2期。后收入《中国出版年鉴(1982)》,商务印书馆1982年12月版,第46页;并改题为《跨越时代和民族的界限——介绍世界各国对茅盾著作的研究》,收《中国文艺年鉴(1982)》,文化艺术出版社1984年9月版,第430页。又改题为《半个世纪以来国外茅盾研究概述》,作为作者编的《茅盾研究在国外》一书的前记;载《茅盾研究》第2辑,文化艺术出版社1984年12月版,第273页。改题为《半个世纪以来各国茅盾研究概述》,收唐金海、孔海珠编《茅盾专集》(第二卷·上册),福建人民出版社1985年7月版,第700页;钱振纲编《茅盾评说八十年》,文化艺术出版社2011年4月版,第383页。

[15] 本文简要介绍了茅盾作品被译成英、俄、法、日等20多个国家的文字,以及各国作家、评论家与汉学家对茅盾创作、理论批评的评论。这些外国作家、评论家有苏联的高尔基、法捷耶夫、卡达耶夫、索罗金,美国的斯诺、伊罗生、马尔兹、乔治·伯宁豪森,捷克的普实克,德国的顾彬,法国的苏珊娜·贝尔纳、阿兰·佩罗布,日本的藏原惟人、中岛健藏、山田富夫、松井博光等。原载《新文学史料》1982年第3期。后收作者《茅盾史实发微》一书,湖南人民出版社1985年2月版,第72页。

[16] 在《日本近年中国文学研究述略》一文中,徐允平对《黎明的文学——中国现实主义作家·茅盾》一书作了较为具体的介绍。并认为,作为日本第一部研究茅盾的专著,"值得重视"。载中国社会科学院文学研究所、《中国文学研究年鉴》编辑委员会编《中国文学研究年鉴(1981)》,中国社会科学出版社1982年10月版,第149页。

[17] 本文对20世纪20年代末至80年代初茅盾研究的发展脉络作了简评。茅盾的《幻灭》等作品问世而引起许多批评家的注目,是茅盾研究的发轫。解放前的茅盾研究大致可分为三个时期。20年代末到30年代初为早期,《蚀》三部曲、《虹》等作品为评论对象。早期的茅盾研究对茅盾创作成就有所肯定,较多否定其创作思想。中期是30年代初至抗战爆发前。《子夜》的诞生,立即受到鲁迅等为代表的左翼阵营的肯定与支持。评论、研究《子夜》一时形成热潮。发表文章近30篇,涉及主题、人物、艺术特色等。《子夜》问世也遭受韩侍桁等人不正确的批评。评论界集中讨论的短篇小说是《春蚕》。阿英则充分肯定茅盾的散

文创作。高尔基对《子夜》等作品"很称道"。斯诺和法国的白礼哀对茅盾的作品也给予高度评价。后期包括抗战和解放战争时期。茅盾的《腐蚀》、《霜叶红似二月花》等作品引起了普遍的重视,评论文章不少。受到评论家赞赏的还有茅盾的散文创作。新中国成立后,茅盾研究进入一个新时期。前17年,研究专著和系统论述茅盾创作及文艺思想的文章相继出现;现代文学史著全面论述茅盾的成就。香港一些进步报刊散见有关茅盾的史料及研究文章。茅盾的作品被译成多种文字,对茅盾研究有很大促进。以日本、苏联、捷克等国最为突出。魏绍昌等为茅盾研究资料工作做了有益的开发。"文革"后,茅盾研究工作蓬勃开展,取得了令人注目的进展。茅盾研究专著重版和新著不断出版,研究论文大批出现,研究面有了扩大,研究方法逐渐多样化。香港报刊发表论述茅盾的文章;《抖擞》出版了茅盾研究专号。台湾作家苏雪林撰文评论茅盾的创作成就。国外学术界大力开展茅盾研究工作,越来越多的汉学家进入茅盾研究领域,并出现了专著和有见地的论文。茅盾研究也有不足或需要注意的方面。本文论及的论著有伏志英编《茅盾评传》、黄人影编《茅盾论》、吴奔星的《茅盾小说讲话》、西彦的《论〈子夜〉》、邵伯周的《茅盾的文学道路》、叶子铭的《论茅盾四十年的文学道路》、艾扬的《茅盾及其〈子夜〉等分析》、孙中田的《论茅盾的生活与创作》、侯成言编著《茅盾》、庄钟庆的《茅盾的创作历程》、林焕平的《茅盾在桂林和香港的文学成就》、金燕玉编《茅盾与儿童文学》、孙中田、查国华编《茅盾研究资料》、松井博光的《黎明的文学——中国现实主义作家·茅盾》及《纪念茅盾》《忆茅公》与王瑶等人的现代文学史著,还有贺玉波、罗美(沈泽民)、瞿秋白、冯雪峰、朱自清、吴宓、吴组缃、何其芳、王若飞、王积贤、丁尔纲、黄侯兴、樊骏、丝鸟(史瑶)、黎舟(吕荣春)、普实克、叶子铭、乐黛云、罗宗义、约翰·伯宁豪森等人评论茅盾及其作品的文章。载《中国现代文学研究丛刊》第1辑,北京出版社1984年3月版,第194页。

[18] 本文评述了苏、德、日、捷等译本序跋对《子夜》的评价。《子夜》出版后被译成俄、德、捷、日等文字,受到各国文化界的推崇与重视。全文评述译本评价《子夜》的六个问题。一、最早的两个外文译本。鲁德曼翻译的俄文版《子夜》1937年由列宁格勒国家文艺出版社出版。这是第一个完整的译本。译本前有鲁德曼和活虎写的《茅盾的创作道路》一文。我国诗人萧三为其写的序言《论茅盾长篇小说〈子夜〉》,忠实而深刻地向苏联读者介绍了《子夜》,极大地帮助他们全面了解中国现代文学及《子夜》并对此作出正确的评价。弗朗茨·库恩的德译本《子夜》(改名《黄昏的上海》)1938年在德累斯顿出版。译本的历史作用应当肯定;但它并未忠于原著,对某些情节作了移动和发挥。雅·普实克、沃尔夫冈·顾彬等提出过善意的批评。二、现实主义的深刻性。战后最早的日译本《子夜》由尾坂德司翻译(题名《深夜中》),千代田书房1951年出版发行。译者在后记中将《子夜》与巴布尔克的《大地》比较,肯定《子夜》是"中国社会的鸟瞰图",指出其现实主义成就。雅·普实克在捷译本《子夜》的序言中以同样的分析和研究方法,肯定巨大的组织才能和冷静的社会分析是茅盾现实主义的特点。三、在中国现代文学史上的地位。外国汉学家将《子夜》放在中国现代文学史的长河中加以考察。雅·普实克在捷文本《子夜》、朴兴炳在朝译本《子夜》的序中,指出《子夜》是社会主义现实主义的前驱作品。四、在茅盾创作中的地位。几乎所有的《子夜》译本,前面都有一篇为本国读者介绍茅盾生平创作及《子夜》在茅盾创作中地位的文章。朴兴炳在朝文版《子夜》、鲁德曼在新的俄译本《子夜》的序里,为本国读者勾勒和描绘了作家茅盾一生的业绩。五、关于吴荪甫形象的典型性。国外评论很少有对吴荪甫及其周围人物形象作出准确而深刻分析的文章。对其某一方面分析比较深入的是普实克。他在捷译本《子夜》的序中,着重分析了中国民族资产阶级与封建势力千丝万缕的联系,即

"共栖现象"。六、与中外文学的渊源关系。茅盾接受苏联文学的影响,明确了创作方向,自觉运用社会主义现实主义的创作方法。《子夜》与外国文学的关系。普实克在捷译《腐蚀》后记中说,茅盾同欧洲先进的理论"卓有成效的联系"。并说,《子夜》受自然主义的影响。《子夜》与中国古典文学的关系。普实克在捷译本《子夜》序言中说,《子夜》同《儒林外史》等伟大的中国古典小说有着紧密的联系。这结论自是不够全面。载《中国现代文学研究丛刊》第4辑,北京出版社1984年6月版,第55页。

[19] 本文重点评述竹内好、增田涉对茅盾作品的研究与评论,以及小田狱夫、武田泰淳对茅盾作品的翻译;接着介绍第二次世界大战结束后,茅盾的不少作品与文学评论被介绍到日本,并被收进引人注目的世界名著丛书和中国现代文学作品丛书;然后较具体述评松井博光的茅盾研究及其成果《黎明的文学——中国现实主义作家·茅盾》,以显示日本茅盾研究的"成绩"。载《茅盾研究》第1辑,文化艺术出版社1984年6月版,第284页。

[20] 作者认为,茅盾主要是一位小说家而其思想家、政治活动家、文艺活动家、理论批评家、文学史家和翻译家的面目至今尚未充分描绘的现状和研究格局必须打破。文章具体论述了"全线开发、大规模突破"的几方面问题,诸如茅盾的政治思想、哲学思想、美学思想、文艺思想及与之创作的关系,他的理论批评与创作实践的关系,他的翻译、评介和理论批评、创作实践的关系,他的社会实践、文学活动与创作实践的关系,等等。文章还论述了有利于突破茅盾研究格局的两个条件:资料问题与人力问题。原载《嘉兴师专学报增刊·茅盾研究》,1984年。后收入丁尔纲著《时代潮汐冲击下的文坛砥柱——茅盾》(下),台湾花木兰文化出版社2015年9月版,第527页。

[21] 日本《咿哑》杂志,在"编辑后记"中对《茅盾的创作历程》一书及其作者庄钟庆作了简介。载《咿哑》1984年第18、19期合刊。

[22] 在《文学理论批评·六年文学理论批评的实绩》中,仲呈祥较具体地评论了庄钟庆的《茅盾的创作历程》;对孙中田的《论茅盾的生活与创作》也有一定的评价。载中国社会科学院文学研究所当代文学研究室编《新时期文学六年(1976.10—1982.9)》,中国社会科学出版社1985年1月版,第59、60页。

[23] 丁尔纲继为第二届全国茅盾研究学术讨论会撰写"述评",提出建立"茅盾学"(《视野开阔 多层突破——全国茅盾研究会第二届学术讨论会述评》(署名崧巍),《中国现代文学研究丛刊》1985年第2期)之后,在本文中再次呼吁建立"茅盾学"。文章认为,茅盾85年生活经历和65年文学生涯,涉足了许多重大领域,提供了许多重大研究课题。"茅盾学"的内涵不仅具有多面性,而且还有内在有机联系性;建立"茅盾学",要把茅盾作为一个完整的人,把他各方面的建树之间的内部联系,作规律性的宏观研究、整体揭示。原载《昌潍师专学报》1986年第2期。后收入《时代潮汐冲击下的文坛砥柱——茅盾》(下),(台湾)花木兰文化出版社2015年9月版,第535页。

[24] 本文在肯定茅盾研究正处在研究的深入阶段,"从宏观上说有所开拓,从微观上说有所深入"的同时;又认为,与鲁迅研究相比,茅盾研究不管是资料搜集、还是研究队伍、研究深度都还有相当大的差距。并具体论述茅盾研究突破原有格局,使之深入的几个办法:"建立系统的茅盾研究资料中心"、"建立茅盾研究培训中心"和"普及和提高相结合的"等。原载《昌潍师专学报》1986年第2期。后收入张杰、蔡万江著《现代三作家论集》,山东大学出版社1988年5月版,第217页。

[25] 本文例说新时期茅盾研究工作正扎扎实实向前迈进与比之鲁迅等研究存有一定差距、前进步履不大的种种表现;尤其重点论述了突破茅盾研究的三个方面"努力",即努力于当代

性和历史感的统一,努力于继续加深客体研究和注重创造主体研究的统一,努力于研究方法的多样化等。原载《昌潍师专学报》1986 年第 2 期。后收入翟德耀著《走近茅盾》,中国文联出版社 2001 年 3 月版,第 246 页。

[26] 本文记述叶子铭的茅盾研究;尤其是茅盾逝世后,他毅然放弃个人的研究计划,担任《茅盾全集》编辑室主任,奔波于京宁道上,和其他学者一起投入到编纂《茅盾全集》这一艰巨浩瀚的工程之中。载 1986 年 7 月 10 日《文学报》。

[27] 菲律宾的《世界日报》《菲华时报》等报纸,于 1987 年 5、6 月间刊登多则(篇)介绍《茅盾的创作历程》及其作者庄钟庆的报道和文章。

[28] 本文先回顾日本茅盾研究的历史。日本茅盾研究始于 1930 年以竹内好、冈崎俊夫、增田涉等人为核心成立的"中国文学研究组"(后改名为"中国文学研究会")。此后,茅盾的作品陆续被翻译、介绍到日本,引起日本中国现代文学评论界的注意,出现了竹内好、尾坂德司、松井博光等研究茅盾的学者和《黎明的文学——中国现实主义作家·茅盾》这样的成果。然后评述日本茅盾研究"新的展开"时期。1984 年 3 月 27 日,太田进、是永骏、阪口直树等 7 人发起成立日本茅盾研究会,会员 30 多人。日本茅盾研究进入一个"新的展开"时期。文章侧重介绍阪口直树、白水纪子、青野繁治、小野忍、南云智等日本茅盾研究会一些主要会员的研究,尤其重点介绍了是永骏的茅盾研究及其成果,以显示这些年日本茅盾研究的特征和倾向。最后补充介绍日本茅盾研究会的一些情况,如定期出版会刊《茅盾研究会报》,定期举行学术例会等,其学术交流具有及时性和经常性的特点。载《湖州师专学报》1987 年第 3 期。

[29] 《探索》1987 年第 4 期。

[30] 《东北师大学报》1988 年第 2 期。

[31] 本文论述丁尔纲的中国现当代文学研究,尤其是茅盾研究及其成果《茅盾作品浅论》《新时期文学思潮论》。载《东岳论丛》1989 年第 3 期。

[32] 该刊"茅盾研究专号"曾约请并刊发了中国及日本 23 位茅盾研究学者所谈的"我的茅盾研究观",同时介绍了他们的简历。他们包括(以原刊发表为序):中国的林焕平、吴奔星、叶子铭、孙中田、庄钟庆、邵伯周、黎舟、丁尔纲、朱德发、翟同泰、徐越化、查国华、张颂南、李广德、万树玉、李岫、李标晶、王嘉良、金燕玉等 19 位,日本的是永骏、阪口直树、白水纪子、青野繁治 4 位。载《湖州师专学报》1989 年第 3 期。

[33] 《湖州师专学报》1989 年第 3 期。

[34] 本文论述了 1983 年 3 月中国茅盾研究会成立五年来,茅盾研究已取得了长足的进展。研究专著和研究性资料汇编不仅数量比以往 30 年几增一倍,而且大大增拓了研究领域,所涉及的范围囊括有关茅盾创作、生平、思想的中外论著汇编,茅盾生平、活动、创作的系统资料(年谱),茅盾早期文艺思想散论,茅盾创作、思想散论,茅盾生平、思想、创作、活动的系统评论(茅盾评传)等六个方面。文章论及多部茅盾研究著编,包括两部《茅盾年谱》(查国华本和万树玉本)、《茅盾论集》(庄钟庆编)、《茅盾纪实》(庄钟庆编)、《茅盾研究在国外》(李岫编)、《茅盾香港文(1938—1941)》(卢玮銮、黄继持编)和《茅盾短篇小说欣赏》(刘焕林、李琼仙著),尤其重点评论了邵伯周的《茅盾评传》一书。载《茅盾研究》第 4 辑,文化艺术出版社 1990 年 3 月版,第 376 页。

[35] 《辽宁师范大学学报》1990 年第 2 期。

[36] 本文简述丁尔纲的人生经历、治学特点,并论及其《茅盾作品浅论》中的一些篇章,如《试论茅盾的〈农村三部曲〉》等。原载《文学评论家》1990 年第 6 期。后经修改,并改副标题为

"丁尔纲教授学术研究述评",刊于《昌潍师专学报》1991年第3期;并收入《丁尔纲新时期文论选集(下卷)》,中国戏剧出版社2002年2月版,第783页。

[37] 本文载中国茅盾研究学会向会员发出"关于召开第五届学术讨论会的通知"、浙江省茅盾研究学会已组织会员撰写出一批以《中国革命与茅盾的文学道路》为总论题的学术论文、湖州师专茅盾研究室与湖州市茅盾研究会成员组成《茅盾与浙江》课题组、浙江省茅盾研究学者已出版三部个人专著(即李广德著《一代文豪:茅盾的一生》、王嘉良著《茅盾小说论》、李标晶著《茅盾传》)等茅盾研究信息六则。载《湖州师专学报》1990年第4期。

[38] 本文简论了邵伯周的中现代文学研究。论其茅盾研究,则主要评论他的《茅盾的文学道路》和《茅盾评传》等两部专著。原载《上海师范大学学报》1991年第1期。后收入邵伯周著《平凡的历程》,上海文艺出版社2009年10月版,第249页。

[39] 本文具体论述自20世纪80年代初以来,我国茅盾研究在茅盾译介外国文学、茅盾的文学观、小说创作与外国文学的关系以及茅盾作品在国外等方面的研究,都取得了较为丰硕的成果,并涌现了一些具有较高学术水平的论文;但比之鲁迅与外国文学关系的研究,茅盾与外国文学的比较研究所达到的高度,还有不小的距离。主要表现有:在研究内容上还存在不少空白点与薄弱环节;茅盾与外国文学关系的研究质量还有待于进一步提高。文章论及的著作有杨健民著《论茅盾早期的文学思想》、庄钟庆著《茅盾的创作历程》、李岫编《茅盾研究在国外》;涉及的论文更多,作者包括叶子铭、黎舟、邵伯周、丁尔纲、孙中田、孙慎之、查国华、朱德发、李岫、杨健民、王中忱、丁帆、丁亚平、翟耀、吴福辉、曾广灿、徐学、罗钢、陈幼石、许志安、吴承诚、张明亮等等。原载《茅盾研究》第5辑,文化艺术出版社1991年3月版,第157页。后改题为《茅盾与外国文学关系研究述评》,收入黎舟、阙国虬著《茅盾与外国文学》,厦门大学出版社1991年8月版,第230页。

[40] 《徐州师范学院学报》1991年第3期。

[41] 本文简述丁尔纲的身世、经历,评介他积极参与多部中国现、当代文学教材的编著,尤其潜心于茅盾、鲁迅、丁玲和少数民族文学的研究。重点评述丁尔纲的茅盾研究。于此,先述其早年的《试论茅盾的"农村三部曲"》、学年论文《试论吴荪甫》和1980年代初担任《茅盾全集》编辑室副主任,参与40卷本《茅盾全集》的编辑、校注与审定稿工作。后论述他的《茅盾散文欣赏》、《茅盾作品浅论》两部专著,以及探索茅盾小说结构艺术与典型提炼的两组系列论文(后收入作者的论文集《茅盾的艺术世界》,青岛出版社1994年7月版)。文章还评论了《新时期文学思潮论》一书的多篇文章,如《评美籍华裔学者夏志清著〈中国现代小说史〉》、《艺术探索与政治偏见之间的徘徊倾斜——评夏志清〈中国现代小说史〉茅盾专章》、《在当代小说拐弯处的思考——兼评现代派文学思潮》等。全书评介全国著名中年理论批评家56人,茅盾研究学者仅列丁尔纲一人。载冯肖华著《当代批评家评介》,陕西人民出版社1992年1月版,第251页。

[42] 本文简要回顾中国茅盾研究会成立8年来茅盾研究的进展情况。首先回顾中国茅盾研究会筹备与成立的经过。其次概述全国学会会员的人数、构成、年龄结构及分布情况。再次回顾学会8年来开展学术活动、拓展研究阵地及取得研究成果等情况。如举办各种形式的学术讨论会,出版《茅盾全集》及各种研究专著,编辑出版学术论文集和《茅盾研究》丛刊,成立了两个省级茅盾研究会(浙江、山东)和一个县级茅盾研究会(桐乡)等。再其次,从四个方面简要评述学会8年来取得的显著成绩。即关于茅盾的文学道路、创作历程和作品的研究;关于茅盾的文艺思想、美学思想及其在现代文艺理论批评和中外文化交流方面贡献的研究;茅盾传记、茅盾年谱及有关茅盾生平、创作的回忆性论著、论文的大量涌

现;茅盾著述与研究资料的搜集整理和编辑工作的显著成绩。并从 8 个方面对学会会员 8 年来取得的多方面研究成果进行归纳和评价。最后,文章在肯定学会成立 8 年来取得成绩的同时,也指出了工作中存在的问题和差距,如会员队伍有待继续扩大,茅盾研究不够深广,《茅盾全集》与《茅盾研究》丛刊的编辑出版遇到了不少困难,近年来有人以重评《子夜》之名否定茅盾及其《子夜》等。为全文论列的各种研究著作 40 余部,以及一些学者的论文。原载《湖州师专学报》1992 年第 1 期。后改题《中国茅盾研究会成立八年来会务工作报告》(署名孙中田),载《茅盾研究》第 6 辑,北京师范大学出版社 1995 年 2 月版,第 384 页。

[43] 该书的第七章《文艺研究》第三节《中国文学研究》之《现当代文学研究·茅盾研究》,主要论述丁尔纲的茅盾研究专著《茅盾作品浅论》、《茅盾散文欣赏》和《现代文学巨匠茅盾的主要文学建树及其主要特色》、《论茅盾小说的典型提炼》、《历史发展的画卷,社会风情的华章——读〈霜叶红似二月花〉》、《茅盾的鲁迅观》等论文。本文同时论及了罗宗义的《吴荪甫试论》、《为无产阶级利益而'尽其批评的职能'——茅盾文学批评观一解》及巩富、李树榕、孙桂森等人的一些茅盾研究论文。载乌力吉图、吴金主编《内蒙古社会科学通览》第七章第三节《中国文学研究》,内蒙古人民出版社 1992 年 7 月版,第 409 页。

[44] 本文对新时期前十年《子夜》研究的情况进行了评述。从五个方面展开:首先,新时期《子夜》研究开始全面恢复且趋于深入,出现了一批研究成果。主人公吴荪甫成为研究焦点。其次,关于《子夜》所显示的理性化特征的评论。再次,对于《子夜》艺术世界,包括结构艺术和美学角度等的探讨。第四,将《子夜》置于文学史的长河中,以一种宏观的历史视野进行研究和评论。最后,在 1980 年代末掀起的"重写文学史"思潮中出现的蓝棣之、徐循华等人对《子夜》作否定性评论。作者既肯定他们"提出了一些发人深省的问题",又指出因"浮躁的创新意识与单维的理论视角"而偏颇"显而易见"。本文论及的专著有孙中田的《论茅盾的生活与创作》《〈子夜〉的艺术世界》、庄钟庆的《茅盾的创作历程》、严家炎的《中国现代小说流派史》等,以及乐黛云、孙中田、叶子铭、邵伯周、张颂南、李庶长、秦志希、吴承诚、王晓明等人的论文多篇。原载《中国社会科学》1993 年第 1 期。后收入王卫平著《中国现当代文学及其名家论》,中国社会科学出版社 2004 年 5 月,第 242 页。

[45] 本文简述邵伯周主要的人生经历与学术道路,并论及其《茅盾的文学道路》、《茅盾评传》及担任《茅盾全集》编辑委员会委员、参加校注工作等茅盾研究的成就和贡献。原载 1993 年 7 月 24 日《江山报》;后收入邵伯周著《平凡的历程》一书,上海文艺出版社 2009 年 10 月版,第 251 页。

[46] 本文简述邵伯周的家世与求学、治学经历,论述他在中国现代文学尤其是鲁迅、茅盾研究及取得的成就。作为茅盾研究专家,则主要论述其《茅盾的文学道路》和《茅盾评传》两部专著以及产生的广泛影响。前者是我国第一部系统研究茅盾文学思想和创作特色的专著。日本汉学家中岛利郎撰文称赞作者是"中国有代表性的茅盾研究专家"。80 年代初修订出版,再次受到海内外的广泛重视,称其为"茅盾研究新起点的标志"。后者更被认为是"茅盾研究的新突破",是"目前我国茅盾研究中最完整、最系统的一部专著",书中"材料之翔实、见解之独到、立论之公允、论述之精辟,随处可见"。还有人认为,此书"是一部高屋建瓴而又资料翔实的书。大至布局、谋篇、立论,小到个别观念的把握考订上,都极具匠心和功力",等等。原载《衢州文史资料》第 11 辑(1993 年);后收入邵伯周著《平凡的历程》一书,上海文艺出版社 2009 年 10 月版,第 265 页。

[47] 本文叙述叶子铭的家庭身世与求学经历,论述他在中国古代文学、现代文学的研究和文学

理论教材的编写等多方面的成就与贡献。叶子铭是著名的茅盾研究专家。对于这方面的论述,则着重讲到《论茅盾四十年的文学道路》一书的写作经过和出版后所产生的广泛影响;同时论及其编选《茅盾论创作》、《茅盾文艺杂论集》和出版《梦回星移》、《茅盾漫评》等学术论著,以及担任《茅盾全集》编委兼编辑室主任,实际主持《茅盾全集》的编辑、组织和校注、审定工作。原载《叶子铭文学论文集》,南京大学出版社1994年9月版,第559页。后收入吴颖文编《艰难的跋涉》,南京大学出版社2000年6月版,第15页;南京大学中文系编《别梦依稀》(署作者本名任天石),南京大学出版社2006年11月版,第338页。

[48]《河北师范大学学报》1994年第4期。

[49] 本文论述德国汉学家弗朗茨·库恩、沃尔夫冈·顾彬、弗里茨·格鲁纳等人对茅盾作品的翻译和介绍,并述及对茅盾作品专题性研究已取得初步成果,出版了专著《茅盾早期作品中的现代女性》(多罗苔·巴尔豪斯著,波鸿布罗克麦耶尔学术出版社1989年版)。载《茅盾研究》第6辑,北京师范大学出版社1995年2月版,第312页。

[50] 本文回顾茅盾研究自发轫至20世纪90年代中期60余年的历史。这是叶子铭在首届全国茅盾研究学术讨论会上的发言《茅盾研究的历史和现状》的延续与深化。文章首先回顾王若飞与胡耀邦分别于40年代和茅盾逝世后代表党对茅盾的前半生及一生作出的高度评价。这两次评价尤其是后者对于深入、全面地开展茅盾研究具有重要的指导意义。其次论述茅盾研究经历"茅盾作品的评论(1928—1949年)"、"茅盾研究的建设与停滞(1949—1976年)"和"茅盾研究的重振与持续发展(1977—1994年)"等三个时期及每一时期的特点。然后从研究的三个时期作进一步具体述评。一是"文革"前的茅盾研究状况(1928—1976年)。分新民主主义和社会主义两个历史时期。二是"文革"后的茅盾研究状况(1977—1994年)。这一时期,茅盾研究无论从数量与质量、广度与深度、观点与方法的更新等方面均取得了长足的发展和开拓。出版各类研究著作46种,研究资料12种,论文集及纪念文集9种,各类论文及回忆性、资料性文章1400多篇,出版《茅盾研究》5辑等。具体分三个阶段:(一)恢复与重评阶段(1977—1983年2月中国茅盾研究学会成立前)。(二)发展与深化阶段(1983年3月—1988年11月)。这一时期,研究领域不断扩大,不同观点之间的学术争鸣开始形成,国际性学术交流得到加强。(三)持续发展与回落阶段(1988年12月—1994年4月)。三是分析茅盾研究现状及对未来的展望。60余年的茅盾研究论著多为本文论及,伏志英编《茅盾评传》、黄人影编《茅盾论》、吴奔星的《茅盾小说讲话》、王西彦的《论〈子夜〉》、邵伯周的《茅盾的文学道路》、《茅盾评传》、叶子铭的《论茅盾四十年的文学道路》、《茅盾漫评》、《梦回星移——茅盾晚年生活见闻》、艾扬的《茅盾及其〈子夜〉等分析》、孙中田的《论茅盾的生活与创作》、《〈子夜〉的艺术世界》、庄钟庆的《茅盾的创作历程》、《茅盾史实发微》、林焕平的《茅盾在香港和桂林的文学成就》、查国华的《茅盾年谱》、万树玉的《茅盾年谱》、李岫的《茅盾比较研究论稿》、史瑶、王嘉良、钱诚一、骆寒超的《茅盾文艺美学思想论稿》、朱德发等的《茅盾前期文学思想散论》、杨健民的《论茅盾的早期文学思想》、曹万生的《理性·社会·客体——茅盾艺术美学论稿》、王嘉良的《茅盾小说论》、丁亚平的《一个批评家的心路历程》、罗宗义的《茅盾文学批评论》、黎舟、阙国虬的《茅盾与外国文学》、丁茂远的《茅盾诗词鉴赏》、丁柏铨的《茅盾早期思想新探》、孔海珠、王尔龄的《茅盾的早年生活》、钟桂松的《茅盾与故乡》、《茅盾的青少年时代》、李标晶的《茅盾文体论初探》、《茅盾传》、李广德的《一代文豪——茅盾的一生》、《茅盾学论稿》、党秀臣的《〈子夜〉的人物和艺术世界》、金燕玉的《茅盾的童心》、金韵琴的《茅盾谈话录》、沈卫威的《艰辛的人生——茅盾传》、孙中田、查国华编《茅盾研究资料》(上中下)、庄钟庆编《茅

盾研究论集》、《茅盾纪实》，李岫编《茅盾研究在国外》，唐金海、孔海珠等编《茅盾专集》(2卷4册)，侯成言编著《茅盾》，陆维天编《茅盾在新疆》，邱文治等编著《茅盾研究六十年》，金韵琴的《茅盾谈话录》，本书编辑组《茅盾与中外文化》，李标晶、王嘉良主编《简明茅盾词典》及 H. T. 费德林的《茅盾》，B. Φ. 索罗金的《茅盾的创作道路》，马立安·高利克的《茅盾与中国现代文学批评》和王瑶等人的现代文学史著。另外，还有王若飞、胡耀邦及罗美（沈泽民）、傅克兴、瞿秋白、冯雪峰、朱自清、吴宓、吴组缃、韩侍桁、樊骏、乐黛云、丁尔纲、王积贤、丝鸟（史瑶）、黎舟、王中忱和弗里茨·格吕纳、约翰·伯宁豪森等学者、批评家的评论文章。原载《中国现代文学研究丛刊》1995年第2期；后以《茅盾研究：穿透子夜的探索之路》为题，收入徐瑞岳主编《中国现代文学研究史纲》（下），江苏教育出版社2001年6月版，第958页。

[51]《桐乡茅盾研究会刊》第5期。

[52]《社会科学战线》1996年第6期。

[53] 为纪念茅盾诞辰100周年，中国茅盾研究会组织学者编辑、出版了《茅盾和我》、《茅盾与二十世纪》及《茅盾研究与我》三部集子。后者由吴福辉、李频编，华夏出版社1997年6月出版。全书收录多位茅盾学者谈自己与茅盾研究的渊源及对于茅盾研究的思考等方面内容的文章。这些学者包括（以原书为序）林焕平、朱德发、万树玉、李标晶、孙中田、王嘉良、邵伯周、丁尔纲、罗宗义、徐越化、曹万生、丁柏铨、黎舟、是永骏、吴福辉、李岫、钟桂松、黄继持、金燕玉、李频、周明、钱诚一等22家。这是一种颇为独特的"茅盾研究之研究"。此前，《湖州师专学报》曾以"我的茅盾研究观"为总题，刊发了林焕平、吴奔星、叶子铭、孙中田、邵伯周、丁尔纲、庄钟庆等23位茅盾研究专家谈自己"茅盾研究观"的文章（见《湖州师专学报·"茅盾研究专号"》1989年第3期）。二者所收茅盾学者未尽一致，文章详略有异，但总体上相差不大。此外，也有学者谈"茅盾研究观"的文章收入自己的文集中。如林焕平将《我的茅盾研究观》和载于《茅盾研究与我》中的《会当凌绝顶 一览众山小——为纪念茅盾同志诞辰100周年而作》一文，收入《林焕平文集（第4卷）》（广西师范大学出版社1997年2月版，第393、423页）；丁尔纲将《我的茅盾研究观》作为"代序"收入《茅盾的艺术世界》（青岛出版社1993年12月版）、载于《茅盾研究与我》中的《人生体验促进研究升华——茅盾研究和我》一文作为"代自序"收入《丁尔纲新时期文论选集（上卷）》（中国戏剧出版社2002年2月版）及《时代潮汐冲击下的文坛砥柱——茅盾（下）》（台湾花木兰文化出版社2015年9月版，第541页）等集子。

[54] 本文概括论述茅盾的文学成就和茅盾研究的发展情况。它指出，自新时期至1994年，已出版各类研究专著46种，发表各类论文、文章1400余篇，出版茅盾各类著作50余种，以及40卷本《茅盾全集》的发排、出版情况。载《茅盾与二十世纪》，华夏出版社1997年6月版，第1页。

[55]《湖州师范学院学报》1997年第2期。

[56] 欧家斤在其专著中对国内外的茅盾研究作了专门的论述。其中《海内评述——国内的茅盾研究》，分4个阶段评述了我国的茅盾研究，对每一阶段出现的主要论著有所论及。如在第一阶段出版的《茅盾评传》（伏志英编）和《茅盾论》（黄人影编）两部论文集；在第三阶段问世的《茅盾小说讲话》（吴奔星著）、《论〈子夜〉》（王西彦著）、《茅盾的文学道路》（邵伯周著）、《论茅盾四十年的文学道路》（叶子铭著）、《茅盾及其〈子夜〉等分析》（艾扬著）等专著，以及《中国新文学史稿》（王瑶著）、《中国现代文学史略》（丁易著）、《中国新文学史初稿》（刘绶松著）等现代文学史著对茅盾文学活动与创作成就的介绍和评析。《海外评

述——走向世界的茅盾》,则重点介绍茅盾作品流传海外的历史与渠道及国外茅盾研究的特点。被论及的学者有普实克、高利克、费德林、金荣哲等,研究专著有《茅盾的创作道路》(索罗金著)、《黎明的文学——中国现实主义作家·茅盾》(松井博光著)。载欧家斤著《茅盾评说》,学林出版社 1997 年 10 月版,第 71、77 页。

[57] 本文从"鲁迅研究"、"茅盾研究"及"中国现代文学史的整体研究"等三个方面,论述了邵伯周的学术成就和治学之道。对于茅盾研究,则论及其专著《茅盾的文学道路》和《茅盾评传》,以及担任《茅盾全集》编委,参加部分卷帙的校注工作。载 1998 年 6 月 10 日《衢州日报》;后收入邵伯周著《平凡的历程》一书,上海文艺出版社 2009 年 10 月版,第 255 页。

[58] 1998 年 11 月 1 日《衢州日报》。

[59] 《文艺争鸣》1999 年第 1 期。

[60] 本文概括了自 1980 年以来韩国茅盾研究、茅盾作品译介的 17 年历史。在这 17 年里,韩国发表的茅盾研究论文有 36 篇以上,其中硕士学位论文 10 篇,博士学位论文 3 篇,一般论文 23 篇以上。在文章的主体部分"茅盾研究简史与最近动向",分"开拓期"、"高潮期"、"稳定发展期"三个阶段,对这些论文的作者、篇名、发表刊物及日期一一进行罗列并介绍;尤其重点介绍了"稳定发展期"出现的 3 篇博士论文,即朴云锡的《茅盾文学思想研究》、金荣哲的《茅盾长篇小说的时代意识研究》和沈惠英的《茅盾初期小说的象征性研究》。载《茅盾研究》第 7 辑,文化艺术出版社 1999 年 6 月版,第 397 页。

[61] 《湖州师范学院学报》2000 年第 1 期。

[62] 原载《陕西师范大学学报》2000 年第 2 期。后改名为《2000 年春全国茅盾研究学术讨论会综述》,载《茅盾研究》第 8 辑,新华出版社 2003 年 3 月版,第 442 页。

[63] 本文是对新时期以来浙江省茅盾研究的述评。1980 年代,以浙江省茅盾研究会成立等为标志,浙江茅盾研究的新局面形成。至 1999 年,共出版专著 12 部、词典 1 部、论文集 4 部,发表论文、资料、回忆文章 400 余篇。《浙江学刊》开辟"茅盾研究"专栏,在全国产生了广泛影响。该省茅盾研究经历 1981—1985、1986—1989、1990 年至今等三个发展阶段。文章具体从"创作研究"、"文艺思想与批评研究"、"传记、生平史料研究"、"专题研究"及"论茅盾研究"5 个方面展开评述。为本文论及的专著有史瑶的《论茅盾的小说艺术》,王嘉良的《茅盾小说论》,丁茂远的《茅盾诗词鉴赏》,浙江省茅盾研究学会编的《论茅盾的创作艺术》,史瑶、王嘉良、钱诚一、骆寒超的《茅盾文艺美学思想论稿》,李广德的《一代文豪:茅盾的一生》,李标晶的《茅盾传》、《茅盾文体论初探》,钟桂松的《茅盾传》、《茅盾少年时代作文赏析》、《茅盾与故乡》、《人间茅盾——茅盾和他同时代的人》,王嘉良主编的《茅盾与 20 世纪中国文化》,史瑶主编的《中国革命与茅盾的文学道路》,徐越化、顾忠国主编的《茅盾与浙江》等,以及史瑶、王嘉良、李标晶、徐越化、吴国群、张颂南、钱诚一、钟桂松、彭晓丰、张毓文、刘云、李广德、丁茂远等人的多篇论文。在中国茅盾研究会编辑出版的《茅盾研究与我》一书中,收入了李标晶、王嘉良、徐越化、钟桂松、钱诚一等 5 位浙江茅盾研究者的文章,反映了该省茅盾研究者对茅盾研究的思考。原载《湖州师范学院学报》2000 年第 4 期。后载《茅盾研究》第 8 辑,新华出版社 2003 年 3 月版,第 478 页。

[64] 本文是作者 2000 年 4 月在西安茅盾研究学术讨论会上的发言。中国茅盾研究会成立以来,茅盾研究数量和质量都有长足进展,出版有关专著 30 多部,单篇论文不计其数。文章从四个方面回顾了近些年茅盾研究发展的情况:其一,对茅盾在中国现代史和现代文学史上地位与作用的认识趋于深化。其二,茅盾研究有新的拓展和深入开掘。茅盾研究在各个领域全面展开;具体研究正向综合研究发展;某些研究考证工作取得了突破。茅盾研

究的方面与角度在不断深化。迄今出版的专著,论述茅盾早期思想和美学思想各2部,茅盾与外国文学3部,茅盾年谱3部,茅盾传与茅盾评传各5部和3部。对茅盾的评论分析质量在攀升。其三,国外茅盾研究有新的起色。产生了多部专著;中老年学者外涌现出了第三代学者;研究重点进一步转向日本与韩国。其四,研究队伍日趋壮大。近几年的茅盾研究仍存在一些薄弱环节:有宏观研究方面,也有创作、文论及思想研究研究等方面。为本文论及的专著有叶子铭的《茅盾漫评》、丁尔纲的《茅盾评传》、欧家斤的《茅盾评说》及松井博光的《黎明的文学——中国现实主义作家·茅盾》、高利克的《茅盾与中国现代文学批评》、陈幼石的《茅盾〈蚀〉三部曲的历史分析》等。载桐乡市茅盾纪念馆、桐乡市茅盾研究会编辑《乌镇之子茅盾——纪念茅盾逝世20周年》,2001年3月版,第18页。

[65] 本文是全书第二编第六章第二节《茅盾研究在国外》。茅盾的作品被译成近20种文字。翻译最多的是《子夜》和他的短篇小说。1931至1983年,所见有14国学者关于茅盾研究的论文及资料。大多数国家都注意到茅盾短篇小说与现实的紧密关系;认为茅盾在短篇小说里以成功的现实主义手法塑造了不同类型的人物典型,且已成为世界文学人物画廊的一部分。国外对《子夜》的研究,包括它在中国文学史上的地位及其在茅盾创作历程中的意义,《子夜》表现现实主义的深刻性及与中国古典文学、西欧文学的关系等。对茅盾文艺思想的研究集中在茅盾与自然主义的关系及茅盾现实主义的特点等问题。国外茅盾研究学者已进入第二、三代。茅盾研究遍及欧、美、亚各洲,以捷克和日本为集中。国外出现对茅盾的原著进行曲解或任意删节的情况。美籍学者夏志清由于严重的政治偏见使其小说史对茅盾的评论失去了实事求是的态度。所论外国作家、学者,除前述尚有乔治·肯尼迪、波·古尔巴扎尔、米歇尔·鲁阿、鲁德曼、沃尔夫冈·顾彬、奥·克拉尔、尾坂德司和为1937年俄文版《子夜》写序的我国著名诗人、翻译家萧三等等,论著有埃德加·斯诺编的《活的中国》、M·嘎利克的《中国现代文学批评的产生》、索罗金的《茅盾的创作道路》、松井博光的《黎明的文学——中国现实主义作家·茅盾》和普实克的《论茅盾》、高田昭二的《茅盾和自然主义》、苏珊娜·贝尔纳的《走访茅盾》、文森特 Y. C. 史的《批评家茅盾》等,以及各国茅盾作品译本的前言、序、后记和《苏联大百科全书》、《东方文学大辞典》的茅盾条目。载李岫、秦林芳主编《20世纪中外文学交流史(上)》,河北教育出版社2001年11月版,第489页。

[66] 本文是全书的第五章。全文从"小说研究"、"其他创作及文艺理论研究"和"生平及创作道路研究"三方面详细评述茅盾研究情况。茅盾小说最为学人重视,《子夜》尤其是吴荪甫形象的评价更是研究的重中之重。1933年《子夜》出版,即引起了瞿秋白、鲁迅和吴宓等作家、评论家的高度评价。《子夜》被陆续译成多种文字,不少汉学家研究并给予高度评价。20世纪八九十年代之交,王晓明、汪晖、蓝棣之、徐循华等人对《子夜》的重评虽不乏新见,但也不无偏颇。有些论文将《子夜》放在都市文学、都市文化及与外国文学的关系中考察评析。近年对《子夜》文化内涵研究大大增加。中华人民共和国成立前,评论茅盾的小说多肯定其艺术,重点是茅盾有代表性的作品。五六十年代,除几部文学史及茅盾专著对其小说有所评述外,还出现了一些优秀的论文。新时期茅盾小说研究有了新的发展,更多地将其纳入茅盾的整体研究中。评论者还纷纷将目光转到了茅盾作品的综合性研究。《清明前后》刚问世,何其芳即予以积极肯定,1980年代有人作了更深层次的讨论。还有学者探讨了茅盾的戏剧理论和对中国话剧史的贡献。阿英等人早在三四十年代就对茅盾的散文作了充分肯定。新中国成立后,茅盾散文与报告文学研究有了可喜的进展。茅盾文艺思想研究在1980年代形成了一个较繁荣局面,出现了几部茅盾文艺思想、艺术美学研究

的专著和一批评论文章。茅盾生平资料与研究中华人民共和国成立后即系统化、全面性，新时期出现了一个高潮。茅盾对外国文学的译介及其与中外文学的关系，评论界也有所关注。有些学者将茅盾的神话研究和编辑工作纳入茅盾研究视野中。茅盾于中外文学史、文化史的贡献与地位，王若飞和王瑶、戈宝权、张光年等先后从各个侧面作了评价。吴福辉的评价基本代表了文学评论界对茅盾的贡献和历史地位的认识。为本文论及的作者、论著很多，著作有吴奔星的《茅盾小说讲话》、王西彦的《论〈子夜〉》、邵伯周的《茅盾的文学道路》和《茅盾评传》、叶子铭的《论茅盾四十年的文学道路》和《茅盾漫评》、艾扬的《茅盾及其〈子夜〉等分析》、侯成言的《茅盾》、林焕平的《茅盾在桂林和香港的文学成就》、孙中田的《论茅盾的生活与创作》《〈子夜〉的艺术世界》、庄钟庆的《茅盾的创作历程》和《茅盾的文论历程》、李岫的《茅盾比较研究论稿》、朱德发等的《茅盾前期文学思想散信》、杨健民的《论茅盾的早期文学思想》、曹万生的《理性·社会·客体——茅盾艺术美学论稿》、丁亚平的《一个批评家的心路历程》、杨扬的《转折时期的文学思想——茅盾早期文学思想研究》、黄侯兴的《茅盾——"人生派"的大师》及孙中田和查国华编的《茅盾研究资料》、庄钟庆编的《茅盾研究论集》和《茅盾纪实》、李岫编的《茅盾研究在国外》；论文除前述瞿秋白等人的文章外，其作者主要的还有冯雪峰、叶子铭、孙中田、丁尔纲、邵伯周、樊骏、乐黛云、王积贤、万树玉、查国华、史瑶、吴组缃、邱文治、黎舟、王嘉良、段百玲、吴向北、王中忱、丁亚平、金燕玉、钱诚一、翟耀、万平近、秦志希、曹安娜等。载尚礼、刘勇主编《现代文学研究》，北京出版社 2001 年 12 月版，第 279 页。

[67] 本文主要对 1977 年以后我国 20 余年茅盾研究的评述。茅盾研究 1950 年代引起关注，以评析作品为主，并向综合研究发展。"文革"期间陷于停顿。"文革"后茅盾研究开始复苏和发展，并进入全面展开的重要时期。大致经历三个阶段：恢复与重评阶段 (1977—1983)。除发表大量评论茅盾创作的论文，开始注重文论的研究；综合分析与比较研究的方法被引入茅盾研究。发展与深化阶段 (1983—1991)。茅盾研究进入全盛时期。中国茅盾研究会的成立起着十分重要的作用。回落下滑阶段 (1992 年至今)。1977 年以来，公开出版的茅盾研究著作 60 多种，发表的论文 1600 多篇。1983 年后，多部传记的出版，使茅盾的形象日益丰满。茅盾思想研究全面展开。除小说研究较充分外，茅盾其他作品的研究都很薄弱。对《子夜》及吴荪甫形象的评价等问题，出现了学术争鸣的局面。茅盾与中外交流的研究蓬勃展开。茅盾的批评理论与实践的研究有较大突破。进入 90 年代，茅盾研究呈下滑趋势，但仍有茅盾传记、创作研究、文艺美学思想和文艺理论研究等方面专著出版，不少还有填补空白的性质。近 20 年的茅盾研究有了长足进展，但仍留有不少空白。本文论述的专著有吴奔星的《茅盾小说讲话》，王西彦的《论〈子夜〉》，邵伯周的《茅盾的文学道路》《茅盾评传》，叶子铭的《论茅盾四十年的文学道路》《茅盾漫评》《梦回星移——茅盾晚年生活见闻》，艾扬的《茅盾及其〈子夜〉等分析》，孙中田的《论茅盾的生活与创作》、《〈子夜〉的艺术世界》，庄钟庆的《茅盾的创作历程》《茅盾史实发微》，史瑶等的《茅盾文艺美学思想论稿》，李岫的《茅盾比较研究论稿》，李标晶的《茅盾传》《茅盾文体论初探》，李广德的《一代文豪——茅盾的一生》《茅盾学论稿》，党秀臣的《〈子夜〉的人物和艺术世界》，钟桂松的《茅盾与故乡》，朱德发等的《茅盾前期文学思想散信》，杨健民的《论茅盾早期的文学思想》，曹万生的《理性·社会·客体——茅盾艺术美学论稿》，罗宗义的《茅盾文学批评论》，丁亚平的《一个批评家的心路历程》，孔海珠、王尔龄的《茅盾的早年生活》，陆维天的《茅盾在新疆》，丁茂远的《茅盾诗词鉴赏》，邱文治等的《茅盾研究六十年》，沈卫威的《艰辛的人生——茅盾传》和严家炎的《中国现代小说流派史》，温儒敏的《中国现代文学批评

史》,艾晓明的《中国左翼文艺思潮探源》,以及叶子铭、丁尔纲、孙中田、邵伯周、乐黛云、查国华、孙昌熙、李岫、曾广灿、黎舟、吴国群、姜文、王晓明等人的论文。原载温儒敏等主编的《中国现当代文学专题研究》,北京大学出版社 2002 年 1 月版,第 45 页;后经扩充收温儒敏等著《中国现当代文学学科概要》,北京大学出版社 2005 年 1 月版,第 336 页。

[68] 本文首先论述中国文化传统强调人格主义的价值观。张立国担任系里的负责人 10 年,系里的年轻学者几乎得到过他的关心和帮助。他自己没多少时间做学问,还没来得及在学术上大展宏图就匆匆走了。接着以张立国有限的研究成果阐述其足可启迪后人的学术精神。其中最为可贵的是其论文字里行间所透露着的怀疑精神。他关于《蚀》三部曲的一批论文及《茅盾小说的时事性》等,即是这种怀疑精神结出的新果。张立国是在发现的基础上产生怀疑,在怀疑的基点上来证明、揭示和拓展此前的发现。他不仅对作品审美形式背后的事实原型特别有兴趣,而且对茅盾小说所展示的生活本真,对其艺术真实给了足够的关注。载张立国著《茅盾与中国现代文学》,台海出版社 2002 年 5 月版,第 317 页。

[69] 本文是对我国茅盾文艺理论批评研究的综述。茅盾文艺理论批评的研究大致经历中华人民共和国成立前、中华人民共和国成立至"文革"结束、"文革"后到 1980 年代后期及 1990 年代至今四个时期。第一个时期主要为茅盾同时代人对其文学主张进行评议,还不能称真正的研究。而李何林对茅盾等人"为人生"的现实主义文学主张的阐释及对《从牯岭到东京》等文的评论,比较客观准确。1940 年代中期,王若飞对茅盾的高度评价为茅盾研究奠定了基调。1950 年代,王瑶的文学史称"文研会"重视文学批评,以"沈雁冰的贡献最多"。邵伯周的《茅盾的文学道路》和叶子铭的《论茅盾四十年的文学道路》对茅盾的理论批评活动给予重视;前者是第一部全面、系统论述茅盾文艺理论批评的著作。1980 年代初,学界开始重视茅盾理论批评的独特贡献。王瑶的《茅盾对中国现代文学的历史贡献》对茅盾文艺批评的贡献作了专门论述。茅盾与自然主义等茅盾早期文艺理论中的一些问题,成为本时期研究的最大热点。朱德发等的《茅盾前期文学思想散论》和杨健民的《论茅盾的早期文学思想》是关于茅盾前期文艺思想的专著;后者是本期这方面研究的重要收获。王永生在现代文学理论批评发展史的宏观视野下对茅盾各个时期的理论批评进行分析,不乏真知灼见。1990 年代,茅盾文艺理论批评研究有了很大进展。研究者开始对茅盾文艺理论批评与五四文学、马克思主义文论等问题作多方面探索,出版了多部专著。罗宗义的《茅盾文学批评论》、丁亚平的《一个批评家的心路历程》、庄钟庆的《茅盾文论的历程》和温儒敏的《中国现代文学批评史》、艾晓明的《中国左翼文艺思潮探源》为本时期茅盾文艺理论批评研究的重要实绩。为本文论及的还有丁尔纲、黎舟、唐金海、朱德发、温儒敏、王嘉良、黄继持、王中忱、杨扬、罗钢、汪亚明、刘锋杰等学者的论文。载《茅盾研究》第 8 辑,新华出版社 2003 年 3 月版,第 464 页。

[70] 2003 年 8 月 30 日《内蒙古日报》。

[71] 本文对 1977—2004 年我国茅盾散文研究作了全面而系统的述评。新时期尤其是 1980 年代中期茅盾散文研究形成高潮。这期间,出版专著 1 部,公开发表论文 123 篇。茅盾散文研究分为两个阶段:其一,"1977—1991 年:复苏、发展、繁荣及延宕"。1978 年,孙中田《论茅盾的散文创作》的发表,揭开了新时期茅盾散文研究的序幕。此后,黎舟、方铭等人的论文及孙中田、庄钟庆的专著,对茅盾散文多有论述。本期的茅盾散文研究集中在抒情散文上。叶子铭等学者一致认为,《白杨礼赞》、《风景谈》代表着茅盾散文创作的最高水平。茅盾散文研究在 1984 年达到了高潮。乐黛云等人的论文展开对茅盾抒情散文的全景式观照。为茅盾散文研究作出突出贡献的是丁尔纲。其专著《茅盾散文欣赏》及一系列

论文的发表,"把茅盾散文研究提升到了一个全新的层次"。丁尔纲、乐黛云的有关论述,将茅盾散文艺术特质的探讨引向深入。此期间,叶子铭、丁尔纲等学者将视线集中到茅盾抒情散文的象征性问题上,后者的影响尤大。查国华、段百玲等则关注茅盾的杂文、报告文学及其他方面问题。茅盾散文研究从1986年起进入持续发展时期。郑富成、李标晶对茅盾杂文艺术特色的分析较为深入。其二,"1992—2004年:全面衰退"。由于社会的文学的思潮袭来,茅盾研究及散文研究自1990年代起进入了全面衰退的时期。这12年间,公开发表研究茅盾散文的论文仅23篇。此前已出现的多维视角的研究、比较研究等研究倾向,开始集中呈现。王建中、金燕玉等学者在其中做出了贡献。重写文学史的思潮在茅盾散文研究中也有体现,如郝宇民等人的文章。近30年是茅盾散文研究发展最快最好的时期,但也存在着较突出问题:研究格局亟需突破;缺乏一部系统、全面探讨茅盾散文的研究专著;研究视角和手法单一。载《茅盾研究》第9辑,文化艺术出版社2005年6月版,第273页。

[72] 本文从文学史的重写来考察茅盾研究的流变和学界对茅盾的评价。1950年代,王瑶主编的《中国新文学史稿》全面关注茅盾的小说并结合茅盾本人的意见提出经得起推敲的观点。刘绶松主编的《中国现代文学史》(按:应为《中国新文学史初稿》。——引者)高度肯定茅盾人物形象塑造的功力。这两部文学史对茅盾重视不够。新时期的文学史几乎都列专章介绍茅盾。林志浩主编的《中国现代文学史》对吴荪甫形象的论述最为详尽,并具体分析茅盾的其他作品。田仲济、孙昌熙主编的《中国现代文学史》比较全面、系统介绍了茅盾的文艺理论建设功绩及翻译特点、成就。唐弢、严家炎主编的《中国现代文学史》全面、系统论述茅盾散文。1987年之后的现代文学史对茅盾作品的艺术性进行全方位、多角度的挖掘。樊骏主编的《中华文学通史·现代文学(上)》对茅盾的小说进行了较全面的介绍,并全面梳理、评价茅盾文学批评的成就和贡献。钱理群、温儒敏等主编的《中国现代文学三十年》引入了比较研究,指出茅盾"人物形象系列的自觉创造"。郭志刚、孙中田的《中国现代文学史》指出《子夜》的史诗性特征,称道茅盾塑造人物形象等方面的艺术优长;并介绍茅盾译介外国文学的准则。朱栋霖等主编的《中国现代文学史》关注到《子夜》中西方文化交融的特点,赞赏屠维岳这形象。程光炜等人主编的《中国现代文学史》突出茅盾对中国现代长篇小说的影响和贡献及中国现代文学中的开山地位。此阶段文学史深入到茅盾研究的各个领域,关注茅盾作品的艺术特色,尤其是"史诗"特征等。载《茅盾研究》第9辑,文化艺术出版社2005年6月版,第287页。

[73]《江汉论坛》2005年第4期。

[74]《新乡师范高等专科学校学报》2006年第6期。

[75] 本文论述深化茅盾学的一些问题。文章简要梳理"茅盾学",肯定叶子铭、丁尔纲等人及李广德、钟桂松著作的作用和影响。作者从茅盾丰富的创作和几十年来学者们的大量成果等方面肯定茅盾学可以成为一门学科。茅盾学已形成一个多学科、多层次的整体,经过数代学人的努力,茅盾本体精神逐渐清晰地呈现出来。但茅盾研究还有待于加强与突破。创作方面,茅盾小说研究较充分,但散文、杂文等方面研究显得薄弱。诗词只有丁茂远的《茅盾诗词鉴赏》、《茅盾诗词解析》两部专著。茅盾的批评理论与实践作系统研究的著作只有丁亚平的《一个批评家的心路历程》、罗宗义的《茅盾文学批评论》、庄钟庆的《茅盾文论的历程》和艾晓明的《中国左翼文艺思潮探源》和温儒敏的《现代文学批评史》。茅盾文论在许多地方还大有可为。茅盾的思想需进一步作出研究。要继续深入研究茅盾的创作渊源学,包括中外文化渊源。后者如李岫的《茅盾比较研究论稿》和黎舟、阙国虬的《茅盾

与外国文学》、李庶长的《茅盾对外国文学的借鉴与创新》，前者有茅盾与中外文化编辑组编《茅盾与中外文化》和王嘉良主编《茅盾与20世纪中国文化》等论著，拓展了茅盾创作渊源学的研究领域。但外国人如何看待茅盾与茅盾研究等问题，有待于进一步关注并解决。载《茅盾研究》第10辑，文化艺术出版社2006年12月版，第265页。

[76] 本文是对本世纪以来至2006年7月第八届茅盾研究学术讨论会前五年多时间我国茅盾研究的综述。此一时期，出版茅盾研究著作14部；《茅盾研究》第8、9辑和《茅盾研究——第七届年会论文集》也出版于这几年。发表茅盾研究论文385篇。全文从如下几方面展开：一是茅盾生平和思想研究方面成就突出。以丁尔纲的成果最显著。韦韬、陈小曼等人也有成果问世。另外，还发表这方面论文90多篇。茅盾生平和思想的基本面貌已得到较为清晰地呈现。二是茅盾创作研究出现不少新成果。既有专著，又有论文多达160篇。或宏观论述茅盾创作的总特征，或针对具体作品进行研究，或考察《子夜》的版本。三是茅盾文艺思想、文艺批评及学术活动研究有新进展。四是运用比较文学方法研究茅盾出现数量可观的论著。比较对象既有中外作家，又有中外文学。另有对茅盾编辑活动、诗词、茅盾研究史等方面的研究。五年多茅盾研究在平稳扎实中发展，成就喜人；但仍有不足，需进一步深入发展。本世纪初还有三件与茅盾研究关系密切的大事：40卷本《茅盾全集》（另有1卷《附集》）出齐，并出版了《茅盾全集·补遗》；首届"茅盾研究奖"颁发，分三个奖项，叶子铭、孙中田、邵伯周、庄钟庆、丁尔纲等48位学者获奖；中国茅盾研究网开通。本文论及的专著主要有丁尔纲的《茅盾评传》《茅盾　翰墨人生八十秋》《茅盾人格》（与李庶长合著）、韦韬和陈小曼的《父亲茅盾的晚年》《我的父亲茅盾》、翟德耀的《走近茅盾》、刘焕林的《封闭与开放——茅盾小说艺术论》、袁振声的《茅盾与巴金艺术比较》、李继凯的《全人视镜中的观照——鲁迅与茅盾比较论》、钟桂松的《二十世纪茅盾研究史》《茅盾散论》、李频的《编辑家茅盾评传》、周景雷的《茅盾与中国现代文学》、曹万生的《茅盾艺术美学》、郑彭年的《文学巨匠茅盾》、丁茂远的《茅盾诗词解析》、余连祥的《逃墨馆主——茅盾传》、陈晓兰的《文学中的巴黎与上海——以左拉和茅盾为例》及万平近、张衍芸、陈锐锋、蔡震、陈桂良、陈天助、郑楚、刘锋杰、龚景兴、王芳等人的著、论文集，共三四十部。文章还论及孙中田、王嘉良、王中忱、李玲、黄彩文等学者的论文。载《茅盾研究》第10辑，文化艺术出版社2006年12月版，第273页。

[77] 新时期以来，随着意识形态的变迁和多元文化格局的形成，出现了随意贬低茅盾、轻率颠覆茅盾文学大师地位的言论。被平反后的胡风撰文在艺术上狠贬茅盾作品，并就《译文》停刊、《文学》纠纷、"两个口号"论争及鲁迅逝世等问题对茅盾多作失实回忆。秦德君在《我与茅盾的一段情》（香港《广角镜》第151期）等回忆录中任意歪曲、贬损与诬陷茅盾：携公款潜逃、做蒋介石秘书为茅盾平生志愿等。沈卫威等个别学者仅凭秦氏的片面材料给出没有秦德君就没有《虹》、茅盾的回忆录自我粉饰雕凿、失去人格真诚等结论。20世纪80年代末掀起"重写文学史"热潮，蓝棣之、徐循华等在"重读"、"重评"旗帜下对茅盾及其《子夜》作了前所未有的贬抑和否定。1994年，王一川等入选编文学大师文库，重排文学大师"座次"，将茅盾排除在外。曾文渊、叶子铭、丁尔纲、邵伯周、曾镇南等学者纷纷著文予以有力回应；丁尔纲以一系列论文与《茅盾　孔德沚》、《茅盾评传》等专著，作了深刻透辟的评析和批驳。这样，肯定与否定茅盾及其作品的两种观点发生了激烈冲突，形成一轮轮的论争。本文评述了这几次论争，并体现着作者自己对论争的看法。原载《茅盾研究》第10辑，文化艺术出版社2006年12月版，第285页。后收入钱振纲编《茅盾评说八十年》，文化艺术出版社2011年4月版，第383页。经充实并以《关于茅盾的几次论争述

[78] 包括孙中田的《怀念叶子铭教授》、邵伯周的《老叶,你走得太早了》、万树玉的《茅盾研究的领军人——深深悼念子铭同志》、吴福辉的《忆叶子铭:在北京茅盾故居相处的日子》、李岫的《学会的旗帜　学者的楷模》、王中忱的《谦和的力量——记叶子铭先生主持〈茅盾全集〉的工作》。载《茅盾研究》第10辑,文化艺术出版社2006年12月版,第339—372页。

[79] 本文对新时期以来山东省取得的茅盾研究成果进行了述评。其中评论了丁尔纲的茅盾研究及其《茅盾作品浅论》、《茅盾　孔德沚》、《茅盾评传》等多部专著。载《山东师范大学学报》2007年第3期。

[80] 本文对鲁迅和茅盾关系研究中出现的几种"新论"提出了质疑。在鲁迅、茅盾关系的研究中,出现了茅盾被鲁迅"骂"、茅盾是"压迫"鲁迅辈的资本家的"帮闲"及茅盾"曾和鲁迅有过论战"等几种"新论"。持这几种"新论"的分别是房向东(《鲁迅与他"骂"过的人》)、林贤治(《鲁迅的最后10年》)和陈静(《鲁迅的彷徨与呐喊》)。在他们看来,中国现代文学上的两大文学巨匠,茅盾作为鲁迅的对立面而存在。作者对几种"新论"提出了质疑,并证之于史实,尤其是鲁迅自己的有关言论予以辩驳。文章还分析了出现这些"新论"的原因:治学态度不严谨;夸大事实,以惊回视;主观随意,情绪偏激;以鲁迅为准星,绝对按鲁迅划线的文化的历史原因等等。载《茅盾研究》第11辑,新加坡文艺协会2012年3月版,第544页。

[81] 本文回顾了80余年的茅盾评说史,并对之作出思考。文章指出,作家茅盾被评论始自1928年2月,至今已有80余年历史。80余年的茅盾评说,始终伴随着不同意见的分歧和争鸣。然后从1920年代末、1930年代、1940年代、中华人民共和国成立到"文革"前、"文革"十年、1980年代等几个阶段,对国内外茅盾评说史作了回顾。对于1980年代末在"重写文学史"中表现出来的轻率贬抑茅盾及其作品与1990年代中期出现重排文学大师"座次"、轻率颠覆茅盾文学大师地位的言行,作者肯定对之批评和驳斥"不无道理",同时认为,作为一种学术现象值得重视和思考,应看到它们与时代诉求之间的特殊关系。这些学者敏锐地感受到时代的诉求,但他们试图通过指摘《子夜》的艺术缺陷而否定之未免过于简单,全盘否定茅盾文学地位的观点失之公允,未能很好回应这一诉求。回顾80余年茅盾评说史,当下的茅盾研究者更应明确自己所面临的任务以及在茅盾研究史中的位置,负有站在时代高度对茅盾思想和作品重新认识和评价的任务。载《茅盾研究》第11辑,新加坡文艺协会2012年3月版,第621页。

[82] 本文从"茅盾学"大视野的角度,对茅盾研究始于20世纪20年代末的传统说法提出了质疑。首先梳理自20世纪80年代初以降,叶子铭等学者不约而同地将茅盾研究的起点定格在20世纪20年代末。依据是此时出现了对作家茅盾的最早的评论文字。其次回顾茅盾研究界提出并论述建立"茅盾学"学科。根据这一学科的理论,茅盾是一身而几任的文学大家、文化巨人;作家、文学家的身份不能囊括或取代文化人的茅盾,更无法涵盖与阐释革命家、政治家的茅盾。观之以"茅盾学"大视野,将对作家茅盾的最早评论视为茅盾研究的起点,显示出了偏狭与不足。然后爬梳20世纪20年代初,著作界、出版界、理论批评界有人针对茅盾的编辑思想、文学主张、理论批评发表了自己的看法。这些文字均可视作早期的茅盾研究。并将茅盾研究的起始情况与鲁迅研究相比较。文章最后指出:1928年是作家茅盾研究的开始;整个茅盾研究的起点,却始于1920年四五月间对编辑家茅盾的评论。为本文论及的论著有叶子铭的《茅盾研究的历史和现状》,孙立川的《茅盾研究的发展脉络简评》,邱文治等编著《茅盾研究六十年》,钟桂松的《二十世纪茅盾研究史》,钱振纲编

《茅盾评说八十年》,丁尔纲的《视野开阔　多层突破》《茅盾研究的突破性问题刍议》《再次呼吁:建立"茅盾学"》,王嘉良的《艺术范型与审美品性》,李广德的《茅盾学论稿》,李频的《编辑家茅盾评传》及袁良骏的《鲁迅研究史》(上),王富仁的《中国鲁迅研究的历史与现状》,温儒敏等的《中国现代文学学科概要》,张梦阳的《中国鲁迅学通史》(上)。载《茅盾研究》第11辑,新加坡文艺协会2012年3月版,第626页。

[83] 本文是对《子夜》接受60年(1951—2011)的述评。分"定向与放大(1951—1963)"和"挑战与悬置(1977—2011)"两部分。《子夜》在一元化格局时代被定向为无产阶级文学的重要范本,进而放大为一个时代的文学经典。1970年代末这一视野开始遭遇挑战;80年代末一些接受者重新对"主题先行"与"《子夜》范式"进行思辨与探索,并引发了反驳与再思考。由于外力压迫,"主题先行"与"《子夜》范式"等相关视野成为《子夜》接受无奈绕行的学术"暗礁",《子夜》的接受难有实质性推进。作者认为,仍须对这两个命题进行再透视与再思辨,而不是悬置或回避。文章具体引述"重写"论者的观点与论述,而将"驳难"文章的作者及篇目安排在注释里;只笼统肯定"驳难""并非不可理喻",于"重写"论者的偏颇又未置一词。作者指责"驳难"者"上纲上线多而学理探讨不足",而又说他们"受旧思想观念束缚"。其倾向性是显而易见的。重写文学史的热潮悄然退去,《子夜》的有关问题被悬置,也许有外力压迫的一面,但恐怕还因为"重写"论者浮躁的创新意识、单一的理论视角等。《子夜》的研究诚然还会深入下去,被悬置的问题也将深研,且绝非仅仅所谓的"主题先行"和《子夜》范式"这两个"命题"。如何深入,很难说会按"重写"论者的路子走去。为本文论及的有李何林、王瑶、冯雪峰、吴奔星、叶子铭、吴组缃、王晓明、汪晖、蓝棣之、徐循华、陈思和等人的论文与专著。原载《河北师范大学学报》2013年第1期。后收张邦卫等主编《茅盾研究年鉴(2012—2013)》,现代出版社2014年12月版,第111页。

[84] 本文对第八届茅盾研究学术讨论会以后至2012年7月六七年间公开出版的茅盾研究论著进行了述评。这是继钱振纲、陈芬尧的《本世纪以来茅盾研究综述》,对本世纪最初10余年我国茅盾研究作连续性系统评述。六七年来,出版茅盾研究著作18部。另有出版于这几年的《茅盾研究》第10、11辑以及部分内容涉及茅盾的著作。全文从茅盾的生平、思想、创作、文艺理论与批评等方面展开。六七年间,我国的茅盾研究在扎扎实实地进行着,成果颇丰,尤其出现像孙中田《茅盾评传》这样厚重的著述和丁尔纲《五四新文学革命与建设和茅盾的历史定位》宏阔博大的论文,及庄钟庆、王嘉良、钟桂松填补空白或突破性的研究成果。这一时期的茅盾研究也存在着不足或有持续发展的可能。茅盾研究史的写作与资料的收集不够即为显例。除前述,为本文论及的专著有钟桂松的《茅盾和他的女儿》、《悠悠岁月》《茅盾正传》《性情与担当》《茅盾书话》《延安四年》(整理),王嘉良的《艺术范型与审美品性》,庄钟庆的《茅盾的文学风格》,是永骏的《茅盾小说论》,钱振纲编《茅盾评说八十年》,陈开鸣的《认识茅盾　走近茅盾》,陈建华的《革命与形式》,刘屏的《茅盾画传》,蔡震的《茅盾的青少年时代》,陈芬尧评点《林家铺子》,周兴华的《茅盾文学批评的"矛盾"变奏》及秋石、刘勇、王德威、郑楚、徐可部分论及茅盾的著作,以及万树玉、李岫、李庶长、钱振纲、李继凯、陈芬尧、欧家斤、范伯群、苏永延等人的论文。载《茅盾研究》第12辑,新加坡文艺协会2013年7月版,第273页。

[85] 本文梳理了斯洛伐克著名汉学家马立安·高利克的茅盾研究成果。全文包括高利克的茅盾思想与传记研究、茅盾短篇小说研究、茅盾与中国现代文学批评研究、茅盾与外国神话研究和茅盾与尼采研究等方面内容。文章介绍了高利克研究茅盾的论文18篇,专著1部,共19种。主要介绍论文的写作经过、英文发表情况及内容;被译成中文的,还介绍译

者和发表的中文书刊。高利克是海外研究茅盾撰著专著且全书被译成中文出版的少数几位汉学家之一。对于高利克这部《茅盾与中国现代文学批评》，除介绍成书经过、出版时间、作序者、章节目录，还介绍了被译成中文的情况。包括部分章节译成中文发表及本文作者将全书译成中文于 2014 年 7 月（按：本文误 7 月作 4 月，现予以更正。——引者）由台湾花木兰文化出版社出版。这是迄今梳理高利克甚至国外所有汉学家茅盾研究成果最为翔实、全面与系统的第一篇文章。载《茅盾研究》第 13 辑，新加坡文艺协会 2014 年 8 月版，第 165 页。

[86] 本文作者回忆并论述父亲吴奔星有关茅盾研究的事情。吴奔星的《茅盾小说讲话》1954 年 3 月由上海泥土社初版，这是新中国成立后第一部茅盾研究专著，在海内外产生了广泛的影响。叶子铭、邱文治、钟桂松等学者在他们的论著中有过高度的评价。日本在 1958 年推出多卷本《世界文学大系》，其中第 62 卷为《鲁迅·茅盾》卷。除收入茅盾作品外，还收录了奥野信太郎写的《吴奔星的茅盾论》一文。这是茅盾部分收录的唯一介绍中国学者茅盾研究观的文字，足见大系编者对吴奔星茅盾研究的重视。因泥土社由胡风主持而受到牵连，给吴奔星带来了诸多磨难，直到 2000 年才有机会为自己申辩。文章最后写到吴奔星与茅盾之间的通信。既有众所周知附在《茅盾小说讲话》中茅盾就吴奔星对《林家铺子》里几个人物形象的提问写的回信，还有此前关于茅盾作品评价的另一封信。茅盾在后一封信中说"多和别人交换意见""是必要的"，足见其当年对于他人评价自己作品的谨慎与谦逊。载《茅盾研究》第 13 辑，新加坡文艺协会 2014 年 8 月版，第 253 页。

[87] 本文共三大部分："生平简介"，"生命的硬度：信仰的力量"和"生命的丰富度：多重社会角色的自觉担当"。林焕平是 20 世纪中国著名的左翼作家、文艺理论家、批评家、报人、教育家和社会活动家，建树丰硕，著作等身。作为一位出色的社会活动家，林焕平与鲁迅等文化名人有着广泛的交往，跟茅盾结下了亦师亦友般深厚情谊。茅盾逝世后，他发表了一系列饱含深情的悼念文章。不久，又出版学术专著《茅盾在香港和桂林的文学成就》，从区域性角度多方面肯定茅盾的丰功伟绩。20 世纪 90 年代，有学者重排文坛座次，沈从文、金庸名列前茅，郭沫若、茅盾却排除在外。其时，林焕平已 80 多高龄，且双目失明，但他仍发表文章，有理有据地反驳这一错误倾向。文章论及了林焕平的《活的文学》、《文艺的欣赏》、《文学论教程》、《文学概论（初稿）》，马克思恩格斯《论文学与艺术》及主编《文学概论新编》等文艺理论教材与专著，促进其对相关领域系统、深入的研究。载《茅盾研究》第 13 辑，新加坡文艺协会 2014 年 8 月版，第 262 页。

[88] 本文论述史瑶推动茅盾研究事业发展的多方面贡献与成就。史瑶视茅盾研究为文学研究的第一选择。他早在 1958 年就写出了颇有影响、能代表当时学术水准的研究长文《从〈蚀〉到〈子夜〉——在创作方法上的一个跃进》（载丝鸟著《论〈林海雪原〉的创作方法》，湖北人民出版社 1959 年 6 月版。按：本文作者及叶子铭的《茅盾研究的历史和现状》、史瑶的《论茅盾的小说艺术·引言》中对于此文副标题的表述有异。现据原著作了更正。——引者）。史瑶对茅盾研究事业的推动，除笔耕不辍、常有论著问世外，在担任《浙江学刊》文学编辑期间，辟有"茅盾研究"专栏，发表多篇茅盾研究论文，使之成为该刊一大特色；组建队伍，担任中国茅盾研究会第二、三届常务理事（按：文中"他在全国第一届茅盾研究会上，就被当选为常务理事"一语与事实有出入。现据《茅盾研究》第 1、6 辑予以更正。——引者），尤其因他力促，全国最早的省级茅盾研究会浙江省茅盾研究会于 1985 年 12 月成立，并长期担任会长，促进茅盾研究事业的整体发展；持续有效地开展学会活动，调动学会的力量尤其是学术骨干，集中研讨并在短期内推出研究成果。由其主编的《论茅盾的创作

艺术》、《中国革命与茅盾的文学道路》(按：原著版权页未写明出版时间。《后记》作于1991年10月15日。据龚景兴编《二十世纪茅盾研究目录汇编·茅盾研究书录》,此书出版时间以1992年为宜。——引者)及史瑶领衔并主持完成的《茅盾文艺美学思想论稿》,都是集群体之力、集体研究的成果。文章还叙述了作者与史瑶亦师亦友的关系：曾为史瑶副手,而当自己担任会长、主编《茅盾与20世纪中国文化》时,学习史瑶集体完成学术成果的做法,收到预期的成效。载《茅盾研究》第13辑,新加坡文艺协会2014年8月版,第274页。

[89] 本文叙述陆文采的生平、治学经历与成果,及作者与之在共同从事学术研究过程中凝结的深厚友谊。文章重点论述并表现作者心目中的陆文采心地豁亮、胸无城府、抗争力强、好学奋进和重亲情、友情等意志、品行,以及学术事业上勤勉踏实、孜孜以求的精神。文中论及陆文采与作者合著、以茅盾研究为主的《时代女性论稿》一书。另外,还有《中国现代文学女性形象初探》、《中国现代女作家论》、《高兰评传》等独著或合著。载《茅盾研究》第13辑,新加坡文艺协会2014年8月版,第280页。

[90] 本文着重论述陆维天以"茅盾在新疆"为内容的学术特点与成就,以及他为我国茅盾研究做出的贡献。陆维天参加首届全国茅盾研究学术讨论会,以《茅盾在新疆的革命文化活动》一文填补了学术空白。他担任中国茅盾研究会一至六届理事会常务理事,在负责联系西北地区的会员、组织学术活动和会务工作中发挥了极大的作用。最能体现陆维天学术研究成果、填补茅盾研究空白的是其所编《茅盾在新疆》一书。作者抄录全书篇目,详细介绍编者收罗资料、编辑成书的过程。书书出版后在学术界产生了深远的影响。此书及陆维天带作者参观茅盾执教过的新疆学院旧址、介绍作者认识茅公在新疆教过的学生,使作者获得实感,有助于《茅盾评传》等著尤其是新疆部分的写作。除作者外,钟桂松等也得到过类似的帮助。文章还论及陆维天教书育人,组织学术活动,邀请学者去新疆大学讲学。载《茅盾研究》第13辑,新加坡文艺协会2014年8月版,第293页。

[91] 本文评述刘焕林、李琼仙夫妇的茅盾研究及其成果。首先简介二人生平,然后具体论述他们的茅盾研究成果主要涉足的三大领域,即茅盾创作与外来影响、茅盾创作与中国传统小说的影响和对茅盾短篇小说卓越成就、艺术构思、浓缩艺术、结构艺术等的分析研究。被论及的著作,刘焕林、李琼仙合著的有《茅盾短篇小说欣赏》、《中国新文学大师名作赏析12——茅盾》,刘焕林独著的有《中国现代各流派小说赏评》、《封闭与开放——茅盾小说艺术论》等(按：上述所列第一种著作,出版社及出版时间原文均有误,可详见本《汇编》等112条。——引者)。另外,还论述到刘焕林独立完成或二人合作撰写与发表的论文多篇。载《茅盾研究》第13辑,新加坡文艺协会2014年8月版,第301页。

[92] 本文简介松井博光的生平及任教职情况。他"一生主要从事中国近现代文学研究"。文章还介绍了他的茅盾研究专著《黎明的文学——中国现实主义作家·茅盾》。载《茅盾研究》第13辑,新加坡文艺协会2014年8月版,第307页。

[93] 本文简介孔令德生平。他在教学工作之余担任桐乡县文联、作协及茅盾研究会的领导工作。文章论及其主编的《茅盾乡土作品选析》一书。载《茅盾研究》第13辑,新加坡文艺协会2014年8月版,第309页。

[94] 《长江大学学报》2014年第6期。

[95] 《中外文化与文论》2015年第2期。

[96] 前者有叶子铭的《自传》、马利安·高利克的《有朋自远方来,不亦乐乎?》、万树玉的《往事不胜忆》,参见吴颖文编《艰难的跋涉》,南京大学出版社2000年6月版,第3、65、87页;后

者有陈祥耀的《怀念叶子铭同志》、庄钟庆的《他的名字永留茅盾研究史册》、朱德发的《不能忘却的纪念》、曹万生的《子铭先生》、张小鼎的《斯人已逝，风范长存》、丁帆的《叶子铭先生的为人和为文》等篇，参见南京大学中文系编《别梦依稀》，南京大学出版社 2006 年 11 月版，第 27、68、83、117、134、228 页。

[97]《丁尔纲新时期文论选集》，丁尔纲著，中国戏剧出版社 2002 年 2 月版；《平凡的历程》，邵伯周著，上海文艺出版社 2009 年 10 月版。有关评论文章的篇目已在本前言及《汇编》的相关条目中列出，此处不复另列。

[98] 有关的述评文章如：嵩巍（丁尔纲）的《中国作协召开首届茅盾研究学术讨论会》，《中国现代文学研究丛刊》1983 年第 4 期（后改题《空前的盛会，良好的开端——全国首届茅盾研究学术讨论会述评》，载《茅盾研究》第 1 辑，文化艺术出版社 1984 年 6 月版，第 310 页）；崧巍（丁尔纲）的《视野开阔，多层突破——全国茅盾研究会第二届学术讨论会述评》，《中国现代文学研究丛刊》1985 年第 2 期；张颂南的《有所进展，有所提高——全国第二届茅盾研究学术讨论会述评》，载《茅盾研究》第 3 辑，文化艺术出版社 1988 年 7 月版，第 400 页；钱诚一的《呼唤茅盾研究的新突破——全国茅盾研究第三届学术讨论会述评》，《中国现代文学研究丛刊》1987 年第 2 期（后改题《检阅可喜成果，呼唤新的突破——全国第三茅盾研究学术讨论会述评》，载《茅盾研究》第 3 辑，文化艺术出版社 1988 年 7 月版，第 413 页）；何本伟的《茅盾与中外文学关系的新探讨——第四届全国茅盾研究学术讨论会综述》，《文学评论》1989 年第 2 期（后载《茅盾研究》第 6 辑，北京师范大学出版社 1995 年 2 月版，第 376 页）等。类似的文章还很多。除全国茅盾研究学术讨论会外，还有浙江、山东茅盾研究会所举行的学术会议、茅盾研究讲习会、青年茅盾研究者笔会等，都有过报道或评述。《茅盾研究》等刊物多有刊载，这里就不一一罗列了。

关于茅盾研究论著的书评、书讯及序言汇编

1 茅盾评传

《茅盾评传》,伏志英编,现代书局1931年12月初版,次年9月第二版,8+404页,"现代文学讲座"之一种;开明书局1936年7月三版;香港南岛出版社1968年9月版,8+404页。台湾花木兰文化出版社2014年7月版,4+178页,收入"茅盾研究八十年书系"。

伏志英:《序》。

钟桂松:《茅盾研究史上一部不可忘却的书——关于伏志英编辑的〈茅盾评传〉》,《出版史料》2012年第2期;又见张邦卫、赵思运、蔺春华主编《茅盾研究年鉴(2012—2013)》一书,现代出版社2014年12月版,第330页。

2 茅盾小说讲话

《茅盾小说讲话》,吴奔星著,上海泥土社1954年3月初版,同年8月再版,4+198页;四川人民出版社1982年8月版,4+150页,109千字,被收为"现代作家作品研究丛书"。台湾花木兰文化出版社2014年7月版,收入"茅盾研究八十年书系"。

钟桂松:《吴奔星与他的〈茅盾小说讲话〉》,《出版史料》2011年第3期。

3 茅盾的文学道路

《茅盾的文学道路》,邵伯周著,长江文艺出版社1959年5月第1版,96页,63千字;长江文艺出版社1979年11月第2版,2+231页,150千字。台湾花木兰文化出版社2014年7月版,159页,收入"茅盾研究八十年书系"。

樊骏:《两本关于茅盾文学道路的著作》,《文学评论》1960年第2期。

闻毅军:《〈茅盾的文学道路〉一书再版》,《书讯》1980年2月7日。

陈亦妹:《〈茅盾的文学道路〉》,香港《文汇报》1982年2月21日。

吴福辉:《茅盾研究新起点的标识——评四本论述茅盾文学历程的专著》,《文学评论》1984年第2期。

4 论茅盾四十年的文学道路

《论茅盾四十年的文学道路》,叶子铭著,上海文艺出版社1959年8月第1版,8+174页,116千字;《论茅盾四十年的文学道路》(修订本),上海文艺出版社1978年10月版,8+197页,147千字。另外,又再版加印多次,如1963年1月、1983年2月等。被收为"中国现代文学研究丛书"。台湾花木兰文化出版社2014年7月版,收入"茅盾研究八十年书系"。

以群:《〈论茅盾四十年的文学道路〉序》。

以群：《〈论茅盾四十年的文学道路〉简介》，《读书》1959年18期。

樊骏：《两本关于茅盾文学道路的著作》，《文学评论》1960年第2期。

艾扬：《中国现代作家研究的可喜收获——读叶子铭的〈论茅盾四十年的文学道路〉》，《上海文学》1960年第3期。

吴福辉：《茅盾研究新起点的标识——评四本论述茅盾文学历程的专著》，《文学评论》1984年第2期。

徐文欣：《〈论茅盾四十年的文学道路〉》，载乔默编：《中国20世纪文学研究论著提要》，北京大学出版社1994年1月版，第428页。

5 中国现代小说史

《中国现代小说史》，夏志清著。其英文本由美国耶鲁大学出版社于1961年初版，1971年增删再版，1999年美国印第安纳大学出版社第3版。1979年，香港友联出版社据1971年再版本译成中文，以繁体字本出版。次年及稍后传入我国大陆，在现代文学研究界引起了较大的反响，也备受争议。中译繁体字本尚有1991年台北传记文学出版社本和2001年香港中文大学出版社本等。2005年7月，复旦大学出版社出版中译简体字增删本。编校者增删改并用，对原著中"敏感的提法"（尤其是反共的言论）作了删除和改动。夏著归入全书第二编"成长的十年（1928—1937）"第六章为《茅盾》专章、第三编"抗战期间及胜利以后（1937—1957）"第十四章以"资深作家"为题论及茅盾。

丁尔纲：《艺术探索与政治偏见之间的徘徊倾斜——评美国学者夏志清的〈中国现代小说史〉茅盾专章》，《中国现代文学研究丛刊》1982年第4期。此文后来收入著者多种集子中：《新时期文学思潮论》（改题为《评夏志清著〈中国现代小说史〉茅盾专章》），中国广播电视出版社1990年5月版，第78页；《茅盾的艺术世界》，青岛出版社1993年12月版，第477页；《丁尔纲新时期文论选集（下）》，中国戏剧出版社2002年2月版，第469页。

6 茅盾与中国现代文学批评

《茅盾与中国现代文学批评》，[斯洛伐克]马立安·高利克著。这是作者在1968年的同名博士论文基础上修改而成，其英文本于1969年由德国威斯巴登弗兰茨·斯坦纳出版社出版。该著为作者第一本英文专著，也是欧洲第一本用英文撰写的茅盾研究著述。2013年，乐山师范学院杨玉英博士将其译成中文，并于2014年7月由台湾花木兰文化出版社出版，收入《茅盾研究八十年书系》。全书8+224页，约170千字。

[斯洛伐克]雅罗斯拉夫·普实克：《序：写在"马立安·高利克的文艺批评家和理论家茅盾研究"的页边》。

杨玉英：《译后记》。

7 两种《茅盾著译年表》

此处的两种《茅盾著译年表》，一为由孙中田编制，连载于《吉林师大学报》1978年第1—4期；二是指由山东大学中文系资料室编制，先是作为内部资料印行，后被中国人民大学复印，公开发行。

查国华：《简评两种〈茅盾著译年表〉》，《山东师院学报》1980年第4期

8　论茅盾的生活与创作

《论茅盾的生活与创作》,孙中田著,百花文艺出版社 1980 年 5 月版,2＋372 页,263 千字。

吴福辉:《茅盾研究新起点的标识——评四本论述茅盾文学历程的专著》,《文学评论》1984 年第 2 期。

张娅娅:《〈论茅盾的生活与创作〉》,载乔默编:《中国 20 世纪文学研究论著提要》,北京大学出版社 1994 年 1 月版,第 429 页。

9　茅盾的创作历程

《茅盾的创作历程》,庄钟庆著,人民文学出版社 1982 年 7 月版,2＋402 页,282 千字(按:著者 2015 年 11 月 24 日在给笔者的信中指出,原著版权页中本书 202 千字的说法不确。现据此加以更正。——编者)。台湾花木兰文化出版社 2014 年 7 月版,304 页,收入"茅盾研究八十年书系"。

新华社于 1981 年 4 月 9 日报道本书相关消息,翌日,《人民日报》等全国主要报纸刊载了这一消息。

杨渡:《〈茅盾的创作历程〉问世》,1982 年 10 月 21 日《光明日报》。

李标晶:《茅盾研究的新收获——评〈茅盾的创作历程〉》,《浙江学刊》1983 年第 2 期。

白崇义:《评〈茅盾的创作历程〉》,《新文学论丛》1983 年第 3 期。

香港《三联通讯》对本书作了介绍,载香港《三联通讯》1983 年第 3 期。

吴福辉:《茅盾研究新起点的标识——评四本论述茅盾文学历程的专著》,《文学评论》1984 年第 2 期。

林筱芳:《〈茅盾的创作历程〉》,载乔默编:《中国 20 世纪文学研究论著提要》,北京大学出版社 1994 年 1 月版,第 429 页。

10　茅盾在香港和桂林的文学成就

《茅盾在香港和桂林的文学成就》,林焕平著,浙江人民出版社 1982 年 11 月版,10＋152 页,87 千字。

邓祝仁:《对一部研究茅盾新作的几点意见》,1983 年 5 月 16 日《广西日报》。

11　茅盾作品浅论

《茅盾作品浅论》,丁尔纲著,青海人民出版社 1983 年 3 月版,2＋231 页,162 千字。

田仲济:《一条光辉灿烂的道路——代序》。

王超冰:《读〈茅盾作品浅论〉》,《茅盾研究》第 2 辑,文化艺术出版社 1984 年 12 月版,第 336 页。

12　茅盾研究资料

《茅盾研究资料》(上中下册),孙中田、查国华编,中国社会科学出版社 1983 年 5 月版,20＋1344 页,1088 千字,被收为"中国现代作家作品研究资料丛书"。

白烨:《评〈茅盾研究资料〉》,《茅盾研究》第 2 辑,文化艺术出版社 1984 年 12 月版,第 325 页。

13 茅盾著译年表

《茅盾著译年表》,查国华、孙中田编著,载孙中田、查国华编《茅盾研究资料》〔下〕,中国社会科学出版社 1983 年 5 月版,第 2—269 页。

翟同泰:《〈茅盾著译年表〉补正》,《山东师范大学学报》1986 年第 3 期。

14 茅盾漫评

《茅盾漫评》,叶子铭著,百花文艺出版社 1983 年 6 月版,2+335 页,235 千字。获 1985 年江苏省哲学社会科学优秀成果二等奖,并被百花文艺出版社评为 1983 年度的好书。台湾花木兰文化出版社 2014 年 7 月版,251 页,收入"茅盾研究八十年书系"。

吴福辉:《研究家的坦诚和勇气——读〈茅盾漫评〉》,《茅盾研究》第 2 辑,文化艺术出版社 1984 年 12 月版,第 332 页。

15 黎明的文学——中国现实主义作家·茅盾

《黎明的文学——中国现实主义作家·茅盾》,[日本]松井博光著,高鹏(林焕平)译,浙江人民出版社 1982 年 1 月版,8+254 页,173 千字。

集思:《日本出版评介茅盾创作活动的专著》,《世界文学》1980 年第 1 期。

刘光宇:《日本出版〈黎明的文学——中国的现实主义作家茅盾〉》,《书林》1980 年第 5 期。

译者:《译后记》。

欧家斤:《茅盾牯岭之行是拒绝参加南昌八一起义吗》,《党史文苑》1994 年第 1 期;后改标题为《茅盾牯岭之行是拒绝参加南昌起义吗——与日本学者松井博光商榷》,收入欧家斤著《茅盾评说》一书,学林出版社 1997 年 10 月版,第 142 页。

16 茅盾专集

《茅盾专集》,唐金海、孔海珠等编。全书共两巨卷、四厚册,是迄今茅盾研究同类书中收文最多、内容最丰富的资料汇编。第一卷上、下册,福建人民出版社 1983 年 5 月版,24+1276 页,966 千字;第二卷上、下册,福建人民出版社 1985 年 7 月版,22+1801 页,1364 千字。被收为"中国当代文学研究资料"。本文作者对第一卷上册,由专集编辑组集体撰写的《茅盾传略》一文中,出现的两处"时间差",提出了自己的看法。

范泉:《〈茅盾传略〉的时间差》,载《斯缘难忘》,湖南教育出版社 2007 年 4 月版,第 61 页。

17 茅盾前期文学思想散论

《茅盾前期文学思想散论》,朱德发、阿岩(赵耀堂)、翟德耀著,山东人民出版社 1983 年 8 月版,2+312 页,211 千字,被收为"中国现代文学研究丛书"。台湾花木兰文化出版社 2014 年 7 月版,220 页,收入"茅盾研究八十年书系"。

张学军:《茅盾研究的新收获——读〈茅盾前期文学思想散论〉》,《齐鲁学刊》1986 年第 3 期。

18 茅盾研究论集

《茅盾研究论集》,庄钟庆编,天津人民出版社 1984 年 6 月版,8+597 页,395 千字。

《茅盾研究论集》,1984年12月10日《人民日报》。

《茅盾研究论集》,《图书馆工作与研究》1985年第3期。

郑楚:《既有学术价值,又有资料价值——〈茅盾研究论集〉出版》,1989年12月20日《文学报》;后收入郑楚著《茅盾丁玲与新文学主潮》一书,(泰国)留中大学出版社2009年5月版,第13页。

19 茅盾研究在国外

《茅盾研究在国外》,李岫编,湖南人民出版社1984年8月版,12+765页,478千字。

戈宝权:《谈茅盾对世界文学所作出的重大贡献(代序)》。

李岫:《半个世纪以来国外茅盾研究概述》,载李岫编《茅盾研究在国外》,湖南人民出版社1984年8月版,第26页。

张健:《〈茅盾研究在国外〉》,1985年4月25日《人民日报》。

赵铁信:《〈茅盾研究在国外〉简介》,1985年5月23日《光明日报》。

李岫:《评国外对茅盾短篇小说的研究——〈茅盾研究在国外〉一书编余札记》,《浙江学刊》1985年3期。

铁信:《〈茅盾研究在国外〉一书出版》,《中国现代文学研究丛刊》1985年第3期。

20 茅盾史实发微

《茅盾史实发微》,庄钟庆著,湖南人民出版社1985年2月版,2+126页,76千字。台湾花木兰文化出版社2014年7月版,115页,收入"茅盾研究八十年书系"。

下土(郑楚):《〈茅盾史实发微〉》(书讯),1986年5月17日《文艺报》。

《全国新书目》杂志对本书作了简介,《全国新书目》1985年第9期。

海旸:《〈茅盾史实发微〉读后》,1985年9月20日香港《文汇报》。

毕山:《〈茅盾史实发微〉》,1985年9月26日香港《明报》。

下土(郑楚):《史料与见解的融会——浅评〈茅盾史实发微〉》,《茅盾研究》第4辑,文化艺术出版社1990年3月版,第388页;后收入郑楚著《茅盾丁玲与新文学主潮》一书,(泰国)留中大学出版社2009年5月版,第14页。

21 茅盾年谱

《茅盾年谱》,查国华著,长江文艺出版社1985年3月版,6+508页,398千字。

薛闻:《对查国华〈茅盾年谱〉的几点补正》,《湖州师专学报》1988年第3期。

翟同泰:《〈茅盾年谱〉补正》,《山东师范大学学报》1989年第2期。

22 茅盾纪实

《茅盾纪实》,庄钟庆编,四川文艺出版社1986年1月版,6+305页,222千字,被收为"现代作家作品研究丛书"。

《光明日报》对本书作了简介,见1986年12月31日《光明日报》。

李频:《〈茅盾纪实〉有神韵》,《读书生活报》1995年第37期。

23 茅盾少年时代作文赏析

《茅盾少年时代作文赏析》,钟桂松著,文心出版社1986年8月版,12+232页,150千字。

刘济献：《序言》。

24　茅盾年谱

《茅盾年谱》，万树玉著，浙江文艺出版社1986年10月版，18＋483页，330千字。台湾花木兰文化出版社2014年7月版，上册22＋140页，下册2＋172页，收入"茅盾研究八十年书系"。

荒煤：《序言》。

25　茅盾评传

《茅盾评传》，邵伯周著，四川文艺出版社1987年1月版，24＋447页，330千字，被收为"现代作家作品研究丛书"。台湾花木兰文化出版社2014年7月分上、下册出版，344页，收入"茅盾研究八十年书系"。

白灵：《茅盾研究的新突破》，《中国图书评论》1988年第1期。

沈思：《"一个真实的茅盾"》，《当代文坛》1988年第1期。

白林：《全面·系统·深刻——读邵伯周的〈茅盾评传〉》，《苏州大学学报》1988年第4期。

陈芬尧：《喜读钟桂松先生新著〈茅盾评传〉——兼与邵伯周、丁尔纲先生同名著作比较》，《茅盾研究》第13辑，新加坡文艺协会2014年8月版，第339页。

26　论茅盾的创作艺术

《论茅盾的创作艺术》，浙江省茅盾研究学会编，浙江文艺出版社1987年3月版，2＋270页，211千字。

余连祥：《茅盾研究的定向掘进——评〈论茅盾的创作艺术〉》，《湖州师专学报》（哲学社会科学版）1988年第3期。

27　论茅盾的早期文学思想

《论茅盾的早期文学思想》，杨健民著，湖南文艺出版社1987年7月版，14＋242页，170千字。

许怀中：《序》。

许怀中：《〈论茅盾早期文学思想〉序》，《茅盾研究》第3辑，文化艺术出版社1988年7月版，第395页。

黎舟（吕荣春）：《茅盾文学思想研究的新成果——评〈论茅盾的早期文学思想〉》，《中国现代文学研究丛刊》1990年第2期。

28　夜逼香港

《夜逼香港》，林拔著，文化艺术出版社1988年6月版，18＋352页，185千字。

杜埃：《纪实文学的新篇（代序）》。

29　一代文豪：茅盾的一生

《一代文豪：茅盾的一生》，李广德著，上海文艺出版社1988年10月版，12＋373页，242千字，被收为"纪实文学丛书"。获1990年浙江省高等学校哲学社会科学优秀成果二等奖和浙江省茅盾研究一等奖。台湾花木兰文化出版社2014年7月版，2＋260页，收入"茅盾研究八十年书系"。

余连祥：《一本非同一般的名人传记》，1989年5月9日《钱江晚报》。

陈星：《他写活了茅盾》，1989年6月9日《杭州日报》。

查国华:《茅盾研究的新收获——推荐〈一代文豪:茅盾的一生〉》,《湖州师专学报》1989年第3期。

沈宛(沈卫威):《一座雕像的诞生——读〈一代文豪:茅盾的一生〉》,《湖州师专学报》1989年第3期。

方伯荣:《可信·可亲·可爱》,1989年9月18日《书讯报》。

李广德:《关于传记〈一代文豪:茅盾的一生〉的写作出版》,《湖州师专学报》1993年第1期。

30　茅盾比较研究论稿

《茅盾比较研究论稿》,李岫著,北岳文艺出版社1988年11月版,12+318页,238千字。获1990—1991年全国文学类评奖比较文学图书二等奖。台湾花木兰文化出版社2014年7月版,收入"茅盾研究八十年书系"。

秦林芳:《茅盾研究中的一部创新之作——读〈茅盾比较研究论稿〉》,《中国现代文学研究丛刊》1989年第4期。

万树玉:《喜读第一部茅盾比较研究专著——〈茅盾比较研究论稿〉》,《茅盾研究》第5辑,文化艺术出版社1991年3月版,第522页。

31　理性·社会·客体——茅盾艺术美学论稿

《理性·社会·客体——茅盾艺术美学论稿》,曹万生著,四川省社会科学院出版社1988年12月版,14+282页,232千字,被列为"四川省'七五'期间哲学社会科学重点科研项目";修订再版本改名《茅盾艺术美学》,中国社会科学出版社、华龄出版社2004年10月版,16+335页,260千字,被收为"四川师范大学文学院学术丛书·诗学"。

叶子铭:《序》;后以《〈理性·社会·客体——茅盾艺术美学论稿〉序》为题,收入叶子铭著《叶子铭文学论文集》一书,南京大学出版社1994年9月版,第100页。

叶子铭:《读〈茅盾艺术美学论稿〉》,1988年10月15日《文艺报》。

苴:《理性·社会·客体——茅盾艺术美学论稿》,《中国现代文学研究丛刊》1989年第4期。

子冈:《〈理性·社会·客体——茅盾艺术美学论稿〉》,载乔默编:《中国20世纪文学研究论著提要》,北京大学出版社1994年1月版,第430页。

冯宪光:《再版序》。

童宇:《曹万生〈茅盾艺术美学论稿〉修订出版》,《茅盾研究》第10辑,文化艺术出版社2006年12月版,第312页。

32　茅盾小说论

《茅盾小说论》,王嘉良著,上海文艺出版社1989年8月版,6+322页,240千字,被收为"中国现代文学研究丛书";收《王嘉良学术文集》第5卷,上海文艺出版社2011年10月版。台湾花木兰文化出版社2014年7月版,248页,收入"茅盾研究八十年书系"。

季珊:《茅盾研究新书:王嘉良著〈茅盾小说论〉问世》,《湖州师专学报》1989年第3期。

肖马:《老课题的新探索——读〈茅盾小说论〉》,1990年1月13日《文艺报》。

项明：《探索者的心音——读王嘉良〈茅盾小说论〉》，《浙江学刊》1990年第2期。

33 新时期文学思潮论

《新时期文学思潮论》，丁尔纲著，中国广播电视出版社1990年5月版，20+273页，230千字。序文中的"两篇论文"指的是《艺术探索与政治偏见之间的徘徊倾斜——评美国学者夏志清的〈中国现代小说史〉茅盾专章》（《中国现代文学研究丛刊》1982年第4期）和《评夏志清著〈中国现代小说史〉》（《鲁迅研究动态》1983年第7期）。

李何林：《对丁尔纲同志两篇论文的观感——代序》。

李庶长：《喜评〈新时期文学思潮论〉》，《新闻出版导报》1990年第3期；后收入丁尔纲著《丁尔纲新时期文论选集》（下卷），中国戏剧出版社2002年2月版，第788页。

灿石：《一腔热血正春秋——评丁尔纲的〈新时期文学思潮论〉》，1991年11月14日《作家报》（总166期）。后收入丁尔纲著《丁尔纲新时期文论选集》（下卷），中国戏剧出版社2002年2月版，第793页。

34 茅盾传

《茅盾传》，李标晶著，团结出版社1990年7月版，4+293页，226千字。

郑万青：《新思维新收获——评李标晶〈茅盾传〉》，《浙江社会科学》1991年第2期。

曹铁娟：《〈茅盾传〉简评》，《绍兴师专学报》1991年第2期。

李远：《独具特色的〈茅盾传〉》，《茅盾研究》第6辑，北京师范大学出版社1995年2月版，第341页。

35 回眸集

《回眸集》，罗宗义著，团结出版社1990年8月版，12+242页，180.7千字。

杨占升：《序》。

36 一个批评家的心路历程

《一个批评家的心路历程》，丁亚平著，上海文艺出版社1990年11月版，6+219页，160千字。台湾花木兰文化出版社2014年7月版，166页，收入"茅盾研究八十年书系"。

吴文科：《另一个茅盾——读〈一个批评家的心路历程〉》，1991年5月19日《中国青年报·星期刊》。

秦弓：《〈一个批评家的心路历程〉》，《文艺研究》1993年第2期。

萧梅：《独到而深刻的心理剖视——读丁亚平的〈一个批评家的心路历程〉》，《中国现代文学研究丛刊》1993年第2期。

林筱芳：《〈一个批评家的心路历程〉》，载乔默编：《中国20世纪文学研究论著提要》，北京大学出版社1994年1月版，第431页。

37 《子夜》的艺术世界

《〈子夜〉的艺术世界》，孙中田著，上海文艺出版社1990年12月版，4+232页，169千字，是吉林省社会科学研究的规划项目之一（《后记》），被收为"中国现代文学研究丛书"。台湾花木兰文化出版社 2014 年 7 月版,186 页,收入"茅盾研究八十年书系"。

丁亚平:《探讨:在不断超越中进行——读〈《子夜》的艺术世界〉》,《中国现代文学研究丛刊》1992 年第 3 期。

林筱芳:《〈《子夜》的艺术世界〉》,载乔默编:《中国 20 世纪文学研究论著提要》,北京大学出版社 1994 年 1 月版,第 432 页。

38 茅盾文艺美学思想论稿

《茅盾文艺美学思想论稿》,史瑶、王嘉良、钱诚一、骆寒超著,杭州大学出版社 1991 年 3 月版,2+287 页,232 千字,被列为"浙江省哲学社会科学'七五'规划重点课题"。获浙江省哲学社会科学优秀成果二等奖(按:此一消息据王嘉良《深切缅怀史瑶先生》一文,载《茅盾研究》第 13 辑,新加坡文艺协会 2014 年 8 月版,第 274 页)。台湾花木兰文化出版社 2014 年 7 月版,227 页,收入"茅盾研究八十年书系"。

艾维:《〈茅盾文艺美学思想论稿〉出版》,《浙江师大学报》1991 年第 2 期。

39 梦回星移——茅盾晚年生活见闻

《梦回星移——茅盾晚年生活见闻》,叶子铭著,南京大学出版社 1991 年 4 月版,12+300 页,221 千字。台湾花木兰文化出版社 2014 年 7 月版,223 页,收入"茅盾研究八十年书系"。

刘俊峰:《风雨年华忆茅公——读〈梦回星移——茅盾晚年生活见闻〉》,《茅盾研究》第 6 辑,北京师范大学出版社 1995 年 2 月版,第 327 页。

马佳:《一团孤寂的圣火——〈梦回星移——茅盾晚年生活见闻〉阅读随想》,《茅盾研究》第 7 辑,文化艺术出版社 1999 年 6 月版,第 449 页。

40 茅盾小说的艺术世界

《茅盾小说的艺术世界》,邱文治著,百花文艺出版社 1991 年 5 月版,4+316 页,222 千字,被列为"天津市'七五'期间哲学社会科学规划重点项目"。

范亦毫:《多向的研究视角和多种的研究方法》,《中国社会科学》1991 年第 6 期。

41 茅盾文体论初探

《茅盾文体论初探》,李标晶著,厦门大学出版社 1991 年 5 月版,4+170 页,120 千字,被收为"茅盾研究丛书"。

陈天助:《创新与求实的学术品格——读〈茅盾研究丛书〉的三部专著》,1993 年 5 月 29 日《文艺报》。

42 茅盾与外国文学

《茅盾与外国文学》,黎舟(吕荣春)、阙国虬著,厦门大学出版社 1991 年 8 月版,6+254 页,170 千字,被收为"茅盾研究丛书"。台湾花木兰文化出版社 2014 年 7 月版,165 页,收入"茅盾研究八十年书系"。

陈天助:《创新与求实的学术品格——读〈茅盾研究丛书〉的三部专著》,1993 年 5 月 29 日《文艺报》。

刘国兴:《辟出新的理性空间——评黎舟、阙国虬的〈茅盾与外国文学〉》,《茅盾研究》第 6 辑,北京师范大学出版社 1995 年 2 月版,第 347 页。

43　茅盾文学批评论

《茅盾文学批评论》,罗宗义著,厦门大学出版社 1991 年 8 月版,4＋231 页,163.8 千字,被收为"茅盾研究丛书"。台湾花木兰文化出版社 2014 年 7 月版,172 页,收入"茅盾研究八十年书系"。

陈天助:《创新与求实的学术品格——读〈茅盾研究丛书〉的三部专著》,1993 年 5 月 29 日《文艺报》。

奎曾:《茅盾研究的新成果:〈茅盾文学批评论〉略评》,《民族文艺报》1994 年第 3 期。

44　茅盾与故乡

《茅盾与故乡》,钟桂松著,四川文艺出版社 1991 年 8 月版,20＋306 页,216 千字。

吴奔星:《文章千古事,得失别人知》。

45　茅盾诗词鉴赏

《茅盾诗词鉴赏》,丁茂远著,杭州大学出版社 1991 年 11 月版,12＋318 页,242 千字;后经增删、编著,增加"注释"部分,改鉴赏为"解析"等,并以《茅盾诗词解析》为书名,由吉林文史出版社 1999 年 10 月出版,18＋348 页,278 千字,被收为"中国近现代文学名家诗词系列"。

张捷:《革命作家茅盾的一扇心扉——读丁茂远著〈茅盾诗词鉴赏〉》,《东海》1992 年第 8 期。

泛思:《茅盾诗词研究的可喜收获——评〈茅盾诗词鉴赏〉》,《茅盾研究》第 6 辑,北京师范大学出版社 1995 年 2 月版,第 344 页。

46　茅盾的青少年时代

《茅盾的青少年时代》,钟桂松著,浙江少年儿童出版社 1992 年 3 月版,10＋157 页,113 千字;2013 年 4 月,该著以图文本分上、下册,由海燕出版社出版,254 页,168 千字,被收为"大师的青少年时代丛书"。

黄源:《大家来学习茅公的革命的成功之道——〈茅盾的青少年时代〉的序》;此前,曾以《学习茅盾的革命的成功之道——〈运河之子〉序》为题,收黄源著《在鲁迅身边》一书,上海文艺出版社 1991 年 10 月版,第 358 页。

钟桂松:《黄源与〈茅盾的青少年时代〉》,《出版史料》2011 年 4 期。

沈冬芬(陈芬尧):《读钟桂松先生〈茅盾的青少年时代〉图文本之"图"》,《茅盾研究》第 13 辑,新加坡文艺协会 2014 年 8 月版,第 333 页。

47　茅盾心目中的鲁迅

《茅盾心目中的鲁迅》,单演义编,陕西人民出版社 1992 年 6 月版,14＋311 页,221 千字。

[日]竹内实:《小小的前言》。

48　茅盾的小说艺术

《茅盾的小说艺术》,桑逢康著,北岳文艺出版社 1992 年 7 月版,4＋367 页,267 千字。

马相武：《读〈茅盾的小说艺术〉》，《文学自由谈》1993年第4期。

马相武：《深入解读　开辟新境》，1993年9月6日《新闻出版报》。

49　茅盾语言词典

《茅盾语言辞典》，潘晓东主编，四川辞书出版社1992年8月版，54＋250页，205千字，被收为"中国现代作家语言词典丛书"。

黄源：《序》。

倪宝元：《序》。

50　时代女性论稿

《时代女性论稿》，陆文采、王建中著，沈阳出版社1993年1月版，4＋316页，240千字，被列为"辽宁省社会科学'七五'规划重点项目"。

彭定安：《揭示茅盾艺术世界的新视角——序〈时代女性论稿〉》。

张伯海：《驰骋于女性天国里的研究——〈时代女性论稿〉序》。

张伯海：《女性天国里的研究——〈"时代女性"论稿〉》，《辽宁师范大学学报》1992年第4期。

彭定安：《揭示茅盾艺术世界的新视角——评〈"时代女性"论稿〉》，《社会科学辑刊》1992年第5期。

张伯海：《文采其人其事——浅论〈时代女性论稿〉的写作特色》，《冀东学刊》1994年第1期。

刘鹏：《一部全新的学术专著——评〈时代女性论稿〉》，《唐山师范学院学报》1995年第3期。

胡彦：《一部独具美学个性的研究论著——评〈时代女性论稿〉》，《绥化师专学报》1995年第2期。

姜波：《在女性天国里驰骋——评〈时代女性论稿〉》，《大庆高等专科学校学报》1997年第1期。

51　《子夜》的人物和艺术世界

《〈子夜〉的人物和艺术世界》，党秀臣著，陕西人民教育出版社1993年6月版，4＋188页，150千字。

黎风：《不算"序"的序》。

52　茅盾早期思想新探

《茅盾早期思想新探》，丁柏铨著，南京大学出版社1993年7月版，14＋371页，311千字。台湾花木兰文化出版社2014年7月分上、下册出版，300页，收入"茅盾研究八十年书系"。

叶子铭：《序》；后以《〈茅盾早期思想新探〉序》为题，收入叶子铭著《叶子铭文学论文集》一书，南京大学出版社1994年9月版，第436页。

叶子铭：《深入研究茅盾的思想和创作》，1993年12月6日《文学报》。

左健：《茅盾早期思想的历史透视——评丁柏铨新著〈茅盾早期思想新探〉》，《江海学刊》1994年第5期。

林道立：《勾画一个实实在在的早期茅盾——评丁柏铨〈茅盾早期思想新探〉》，《文艺报》1995年第25期。

53　茅盾与中外文化——茅盾研究国际学术讨论会论文集

《茅盾与中外文化》，本书编辑组编，南京大学出版社1993年9月版，16+399页，330千字。

林波：《〈茅盾与中外文化〉简介》，《茅盾研究》第6辑，北京师范大学出版社1995年2月版，第349页。

54　茅盾对外国文学的借鉴与创新

《茅盾对外国文学的借鉴与创新》，李庶长著，山东大学出版社1993年12月版，10+266页，227千字。台湾花木兰文化出版社2014年7月版，216页，收入"茅盾研究八十年书系"。

丁尔纲：《开拓性的工程（代序言）》。

55　少年茅盾的故事

《少年茅盾的故事》，徐春雷著，甘肃少年儿童出版社1993年12月版，10+143页，90千字。

顾锡东：《序》。

56　茅盾的创作个性

《茅盾的创作个性》，唐纪如著，厦门大学出版社1993年12月版，6+229页，173千字，被收为"茅盾研究丛书"。台湾花木兰文化出版社2014年7月版，167页，收入"茅盾研究八十年书系"。

郑楚：《别有新意的研究课题——漫议〈茅盾的创作个性〉》，载郑楚著《茅盾丁玲与新文学主潮》，(泰国)留中大学出版社2009年5月版，第17页。

57　茅盾谈话录——在茅盾家作客的回忆

《茅盾谈话录》，金韵琴著，上海书店1993年12月版，14+219页，106千字，被收为"文史探索书系"；后改名《茅盾晚年谈话录》，上海书店出版社于2014年7月出版新编本，16+303页。台湾花木兰文化出版社2014年7月版，166页，收入"茅盾研究八十年书系"。另外，《鲁迅研究动态》为该刊1980年创刊至1984年所用的刊名，1985年起改为《鲁迅研究月刊》。

沈霜、陈小曼：《关于〈茅盾谈话录〉的声明》，《新文学史料》1984年第2期。

沈霜、陈小曼：《茅盾家属的来信》，《鲁迅研究动态》1984年第2期。

金韵琴：《〈茅盾谈话录〉前言》，《鲁迅研究动态》1984年第3期。

金韵琴：《金韵琴同志来信》，《鲁迅研究动态》1984年第3期。

李何林：《序》。

孔海珠、孔明珠：《茅盾晚年谈话录与母亲》，2014年9月4日《新民晚报》。

58　茅盾　孔德沚

《茅盾　孔德沚》，丁尔纲著，中国青年出版社1995年1月版，6+308页，190千字，被收为"名人情结丛书"。台湾花木兰文化出版社2014年7月版，4+202页，收入"茅盾研究八十年书系"。

李向辉：《生命如歌——读〈茅盾　孔德沚〉》，《甘肃社会科学》1996年第1期。

李标晶：《走进茅盾的情感世界——评丁尔纲〈茅盾　孔德沚〉》，《绍兴文理学院学报》1996年第2期。

六飞(徐越化):《一本别开生面的茅盾传记——评〈茅盾 孔德沚〉》,《茅盾研究》第7辑,文化艺术出版社1999年6月版,第466页。

59　编辑家茅盾评传

《编辑家茅盾评传》,李频著,河南大学出版社1995年2月版,10+306页,227千字,被收为"编辑学丛书"。

叶子铭:《序》。

叶子铭:《〈编辑家茅盾评传〉序》,《编辑学刊》1996年第1期。

鲁迅:《评〈编辑家茅盾评传〉》,《河南大学学报》2004年第3期。

60　论茅盾的小说艺术

《论茅盾的小说艺术》,史瑶著,厦门大学出版社1995年12月版,8+348页,250千字,被列为"浙江省哲学社会科学'八五'规划重点课题",并被收为"茅盾研究丛书"。

骆寒超:《让文学研究回归到研究文学上——读史瑶新著〈论茅盾的小说艺术〉》,《浙江学刊》1997年第1期。

王嘉良:《现实主义:值得深长思索的历史命题——读史瑶的〈论茅盾的小说艺术〉》,《浙江学刊》1997年第2期;后收入王嘉良著《王嘉良学术文集》第12卷,上海文艺出版社2011年10月版,第236页。

王嘉良:《从"作家实际"出发逼近茅盾——读史瑶的〈论茅盾的小说艺术〉》,《茅盾研究》第7辑,文化艺术出版社1999年6月版,第459页。

郑楚:《茅盾小说的主体性问题——读史瑶〈论茅盾的小说艺术〉》,《茅盾研究》第8辑,新华出版社2003年3月版,第509页;后收入郑楚著《茅盾丁玲与新文学主潮》,(泰国)留中大学出版社2009年5月版,第20页。

61　茅盾年谱(上、下卷)

《茅盾年谱》(上、下卷),唐金海,刘长鼎主编,山西高校联合出版社1996年6月版,46+1674页,1368千字。台湾花木兰文化出版社2014年7月分5册出版,1353页,收入"茅盾研究八十年书系"。

邵伯周:《茅盾研究的新成果》,1996年8月24日《文汇读书周报》;后收入邵伯周著《蔚园集》一书,中国三峡出版社1999年12月版,第344页。

陈福康:《展示茅盾一生的业绩》,《书城》1997年第2期。

62　茅盾小说篇目印谱

《茅盾小说篇目印谱》,鲍复兴篆刻,中国美术学院出版社1996年6月版,44+78页。

黄源:《题词》。

朱关田:《题词》。

钟桂松:《序》。

63　茅盾的文论历程

《茅盾的文论历程》,庄钟庆著,上海文艺出版社1996年7月版,6+241页,176千字,被收为"中国现代文学研究丛书"。台湾花木兰文化出版社2014年7月版,183页,收入"茅盾研究八十年书系"。

文秋:《茅盾研究领域的新开拓》,1996年9月23日《读者导报》。

罗宗义:《茅盾研究的新拓展——读〈茅盾文论的历程〉》,1997年6月19日《文艺报》。

64 茅盾传

《茅盾传》,钟桂松著,东方出版社1996年7月版,8+357页,261千字。台湾花木兰文化出版社2014年7月版,296页,收入"茅盾研究八十年书系"。

李咏吟:《一个人与世纪文学——评钟桂松的〈茅盾传〉》,《当代作家评论》1997年第2期。

65 茅盾名作欣赏

《茅盾名作欣赏》,林非主编,中国和平出版社1996年10月版,12+503页,400千字,被收为"名家析名著丛书"。

林非:《序言》。

66 转折时期的文学思想——茅盾早期文学思想研究

《转折时期的文学思想——茅盾早期文学思想研究》,杨扬著,华东师范大学出版社1996年10月版,2+223页,180千字,获国家社科基金资助。台湾花木兰文化出版社2014年7月版,178页,收入"茅盾研究八十年书系"。

李明:《一部颇具启发性的茅盾研究著作》,《茅盾研究》第13辑,新加坡文艺协会2014年8月版,第329页。

67 茅盾与浙江

《茅盾与浙江》,徐越化、顾忠国主编,海南出版社1996年12月版,4+225页,180千字,被列为"浙江省哲学社会科学'七五'规划重点课题"。

徐越化、顾忠国:《代序》。

68 林焕平文集(第4卷)

《林焕平文集》(第4卷),林焕平著,广西师范大学出版社1997年2月版,10+450页,360千字。

荣光启:《鲁迅研究和茅盾研究的新收获——〈林焕平文集〉第四卷出版》,《南方文坛》1997年第5期。

吴成年:《林焕平先生的茅盾研究——读〈林焕平文集〉第四卷》,《茅盾研究》第7辑,文化艺术出版社1999年6月版,第443页。

69 茅盾评说

《茅盾评说》,欧家斤著,学林出版社1997年10月版,16+251页,185千字。被上海市教委批准为上海市中学教师"九五"继续教育课程;并获"江铜杯"江西省第二届当代文学研究优秀成果一等奖及《文艺报》"1998文化创作研讨会"优秀理论专著一等奖。台湾花木兰文化出版社2014年7月版,178页,收入"茅盾研究八十年书系"。

胡立德:《领悟评说之中的是非辨析和连缀融会——读欧家斤的〈茅盾评说〉》,《茅盾研究》第7辑,文化艺术出版社1999年6月版,第474页。

欧家斤:《学术生命的基座——从研读〈忆茅公〉到创作〈茅盾评说〉》,《茅盾研究》第12辑,新加坡文艺协会2013年7月版,第291页。

70　茅盾评传

《茅盾评传》,丁尔纲著,重庆出版社 1998 年 10 月第 1 版,2001 年 10 月第 2 版,46＋815 页,665 千字,被收为"中国现代作家评传书系"。台湾花木兰文化出版社 2014 年 7 月版,上册 10＋198 页,中册 2＋222 页,下册 2＋210 页收入"茅盾研究八十年书系"。

李标晶：《茅盾传记著作的新开拓——评丁尔纲先生的〈茅盾评传〉》,《绍兴文理学院学报》2000 年第 2 期。

王素霞：《还原茅盾》,2000 年 8 月 18 日《人民政协报》。

李卫国：《触摸历史深处的真实——读丁尔纲〈茅盾评传〉》,《绥化师专学报》2001 年第 1 期。

范志强：《立体交叉空间中的动感人生——读丁尔纲著〈茅盾评传〉兼及其文学研究风格》,《茅盾研究》第 8 辑,新华出版社 2003 年 3 月版,第 496 页。

鲁兵：《写出了一个真实的茅盾——丁尔纲著〈茅盾评传〉读后》,载丁尔纲著《丁尔纲新时期文论选集》(下),中国戏剧出版社 2002 年 2 月版,第 810 页。

陈芬尧：《喜读钟桂松先生新著〈茅盾评传〉——兼与邵伯周、丁尔纲先生同名著作比较》,《茅盾研究》第 13 辑,新加坡文艺协会 2014 年 8 月版,第 339 页。

陈锐锋：《走近真实的伟人茅盾——读丁尔刚〈茅盾评传〉》,《贵州师范大学学报》总第 642 期,2015 年 6 月 15 日第 4 版(按：此中"刚"应为"纲"字。——编者)

71　茅盾

《茅盾》,长篇传记文学,章骥、盛志强著,华艺出版社 1999 年 3 月 1 版,8＋424 页,330 千字；2004 年 8 月第 2 版,分一、二册,424 页,320 千字。

陈沂：《序》。

邵伯周：《一部有特色的传记——读长篇传记文学〈茅盾〉》,1999 年 8 月 15 日《文学报》；后收入邵伯周著《蔚园集》,中国三峡出版社 1999 年 12 月版,第 348 页。

72　茅盾与巴金艺术比较

《茅盾与巴金艺术比较》,袁振声著,光明日报出版社 1999 年 10 月版,16＋212 页,180 千字。

邱文治：《序》。

邱文治：《一部十分坚实的书——评袁振声〈茅盾与巴金艺术比较〉》,《天津外国语学院学报》2000 年第 1 期。

73　二十世纪茅盾研究史

《二十世纪茅盾研究史》,钟桂松著,浙江人民出版社 2001 年 3 月版,8＋323 页,220 千字。台湾花木兰文化出版社 2014 年 7 月版,223 页,收入"茅盾研究八十年书系"。

吴福辉：《序》。

陈子善：《孜孜不倦的学术追求》,2001 年 3 月 31 日《人民日报》。

高颖：《对〈二十世纪茅盾研究史〉的三层解读》,2001 年 7 月 18 日《中华读书报》。

黄陆璐：《及时的学术史迹》,2001 年 8 月 15 日《光明日报》。

冯玉文：《茅盾研究史的开山之作——读钟桂松著〈二十世纪茅盾研究史〉》，《茅盾研究》第 8 辑，新华出版社 2003 年 3 月版，第 491 页。

74　走近茅盾

《走近茅盾》，翟德耀著，中国文联出版社 2001 年 3 月版，6＋264 页，220 千字。台湾花木兰文化出版社 2014 年 7 月版，217 页，收入"茅盾研究八十年书系"。

朱德发：《序》。

马航飞：《穿越矛盾，逼近主体——读翟德耀著〈走近茅盾〉》，《东方论坛》2001 年第 4 期。

朱德发：《〈走近茅盾〉：一本有分量的书》，《东岳论丛》2001 年第 5 期。

张光芒：《逼近茅盾主体的研究——读翟德耀著〈走近茅盾〉》，《茅盾研究》第 8 辑，新华出版社 2003 年 3 月版，第 504 页。

75　二十世纪茅盾研究目录汇编

《二十世纪茅盾研究目录汇编》，龚景兴编，中国文联出版社 2001 年 8 月版，10＋327 页，被收为"世纪之光文丛"。台湾花木兰文化出版社 2014 年 7 月版，256 页，收入"茅盾研究八十年书系"。

钟桂松：《序》。

76　茅盾与中国现代文学

《茅盾与中国现代文学》，张立国著，台海出版社 2002 年 5 月版，6＋338 页，200 千字。

孙中田：《序》。

张冠夫：《走近父亲》。

王中忱：《跋语一》。

钟桂松：《跋语二：一封写在心里的心》。

77　全人视境中的观照——鲁迅与茅盾比较论

《全人视境中的观照——鲁迅与茅盾比较论》，李继凯著，中国社会科学出版社 2003 年 9 月版，16＋384 页，312 千字。本书得到陕西师范大学出版基金资助，被收为"中国社会科学博士论文文库"。

王富仁：《序》。

魏新翼：《跳出比较文学樊篱的创新之作——评〈全人视境中的观照：鲁迅与茅盾比较论〉》，《全国新书目》2004 年第 1 期。

袁红涛、陈黎明：《〈全人视境中的观照——鲁迅与茅盾比较论〉出版》，《现代中国文化与文学》2005 年第 1 期。

袁红涛、陈黎明：《走近当代学人鲁迅与茅盾——读李继凯〈全人视镜中的观照——鲁迅与茅盾比较论〉》，《茅盾研究》第 9 辑，文化艺术出版社 2005 年 6 月版，第 312 页。

赵学勇、崔荣：《评李继凯〈全人视境中的观照——鲁迅与茅盾比较论〉》，《中国现代文学研究丛刊》2005 年第 5 期。

78　鲁迅与茅盾

《鲁迅与茅盾》，李继凯著，河北人民出版社 2003 年 12 月版，8＋347 页，271 千字。

王富仁：《内部比较与外部比较(代序)》。

79 尘封的记忆——茅盾友朋手札
《尘封的记忆——茅盾友朋手札》，上海图书馆中国文化名人手稿馆编，文汇出版社2004年1月版，14+315页，360千字，被收为"文汇纪实丛书"。

韦韬：《前言》。

胡洪亮：《〈尘封的记忆——茅盾友朋手札〉出版》，《茅盾研究》第9辑，文化艺术出版社2005年6月版，第320页。

80 我的父亲茅盾
《我的父亲茅盾》，韦韬、陈小曼著，辽宁人民出版社2004年2月第1版，8+307页，264千字；2011年5月第2版，8+305页，300千字，被收为"父辈丛书•文化名人系列"。台湾花木兰文化出版社2014年7月版，收入"茅盾研究八十年书系"。

巩玉强：《风雨八十年——读韦韬、陈小曼著〈我的父亲茅盾〉》，《茅盾研究》第9辑，文化艺术出版社2005年6月版，第301页。

81 茅盾与中国现代文学
《茅盾与中国现代文学》，周景雷著，中国社会科学出版社2004年7月版，10+359页，278千字。本书出版获渤海大学出版基金资助。台湾花木兰文化出版社2014年7月版，262页，收入"茅盾研究八十年书系"。

唐金海：《观澜索源——序〈茅盾与中国现代文学〉》。

82 茅盾人格
《茅盾人格》，丁尔纲、李庶长著，河南出版社2004年12月版，12+352页，292千字，被收为"大师人格书系"。台湾花木兰文化出版社2014年7月版，295页，收入"茅盾研究八十年书系"。

董大中：《向人性深处开掘——读〈茅盾人格〉》，2005年4月21日《文化时报》。

张勃：《丁尔纲、李庶长著〈茅盾人格〉出版》，《茅盾研究》第9辑，文化艺术出版社2005年6月版，第319页。

张红艳：《穿越历史天空的中国式人格分析——读丁尔纲、李庶长〈茅盾人格〉》，《山东图书馆季刊》2005年第4期。

穆陶：《知人论世写大师——读〈茅盾人格〉感言》，《青海湖》2006年第8期。

83 茅盾写作艺术论
《茅盾写作艺术论》，陈桂良著，南京大学出版社2004年12月版，16+464页，373千字，被收为"21世纪写作学文库•理论研究系列"。

王嘉良：《序》；后以《〈茅盾写作艺术论〉序》为题，收入王嘉良著《王嘉良学术文集》第12卷，上海文艺出版社2011年10月版，第367页。

杨云芳：《充分展示茅盾的"文章大家"形象——评陈桂良〈茅盾写作艺术论〉》，《茅盾研究》第9辑，文化艺术出版社2005年6月版，第306页。

84 茅盾画传
《茅盾画传》，钟桂松著，复旦大学出版社2005年1月版，6+184页，208千字。

钟桂松：《茅盾画传》，《中国图书评论》2005年第4期。

姜宝君：《图片的年轮——读钟桂松〈茅盾画传〉》，《茅盾研究》第9辑，文化艺术出版社2005年6月版，第303页。

85 茅盾全集·补遗

《茅盾全集·补遗》，韦韬搜集、编辑并校勘，人民文学出版社2006年3月版，6+1254页。全书分上、下册，包括"创作大纲·笔记·未完稿"、"诗词"、"文论"、"散文"、"史论"、"书信"、"古诗文注解"七部分内容，共收40卷本《茅盾全集》"遗收、漏收及新发现并经专家考证确定的茅盾作品"169篇(首)。

丁尔纲：《〈茅盾全集·补遗〉的价值》，《新文学史料》2006年第4期。

崧巍(丁尔纲)：《通向伟大心灵处之门——〈茅盾全集·补遗〉的思想艺术价值》，《茅盾研究》第10辑，文化艺术出版社2006年12月版，第301页。

86 茅盾与新文学精神

《茅盾与新文学精神》，陈天助著，新加坡文艺协会2006年4月版，12+145页，125千字，被收为"中国文学研究丛书·新文学系列"。

严锵：《新加坡出版〈茅盾与新文学精神〉、〈新文学主潮论纲〉》，《茅盾研究》第10辑，文化艺术出版社2006年12月版，第310页。

87 茅盾 姚雪垠谈艺书简

《茅盾 姚雪垠谈艺书简》，茅盾、姚雪垠著、姚海天编，人民文学出版社2006年6月版，14+173页，119千字。

江晓天：《序》

88 认识茅盾 走近茅盾

《认识茅盾 走近茅盾》，陈开鸣著，作家出版社2007年7月版，10+227页，186千字。

浬鎏洋：《序一》。

徐明德：《序二》。

89 革命与形式——茅盾早期小说的现代性展开 1927—1930

《革命与形式——茅盾早期小说的现代性展开 1927—1930》，陈建华著，复旦大学出版社2007年8月版，10+288页，321千字。

章培恒：《序一》。

李欧梵：《序二》。

吕正惠：《〈革命与形式〉序》，《茅盾研究》第11辑，新加坡文艺协会2012年3月版，第639页。

陈建华：《〈革命与形式〉修订版后记》，《茅盾研究》第11辑，新加坡文艺协会2012年3月版，第644页。

90 茅盾和他的女儿

《茅盾和他的女儿》，钟桂松著，东方出版社2007年8月版，2+266页，280千字。

钟桂松：《我写〈茅盾和他的女儿〉》，《博览群书》2008年第8期。

毛惠：《钟桂松著〈茅盾和他的女儿〉》，《茅盾研究》第12辑，新加坡文艺协会2013年7月版，第339页。

91 艺术范型与审美品性——论茅盾的创作艺术与审美理论建构

《艺术范型与审美品性——论茅盾的创作艺术与审美理论建构》,王嘉良著,上海文艺出版社 2008 年 1 月版,4+353 页,180 千字;收《王嘉良学术文集》第 6 卷,上海文艺出版社 2011 年 10 月版。台湾花木兰文化出版社 2014 年 7 月版,281 页,收入"茅盾研究八十年书系"。

毛惠:《王嘉良著〈艺术范型与审美品性——论茅盾的创作艺术与审美理论建构〉》,《茅盾研究》第 12 辑,新加坡文艺协会 2013 年 7 月版,第 341 页。

92 延安四年(1942—1945)

《延安四年(1942—1945)》,钟桂松整理,大象出版社,2009 年 3 月版,18+185 页,193 千字,被收为"大象人物日记文丛"。

毛惠:《钟桂松编〈延安四年(1942—1945)〉〈沈霞日记〉》,《茅盾研究》第 12 辑,新加坡文艺协会 2013 年 7 月版,第 340 页。

93 茅盾丁玲与新文学主潮

《茅盾丁玲与新文学主潮》,郑楚著,(泰国)留中大学出版社 2009 年 5 月版,4+133 页,108 千字,被收为"中国文学研究丛书"。

严俨:《茅盾研究的特色——简介郑楚的〈茅盾丁玲与新文学主潮〉》,《茅盾研究》第 12 辑,新加坡文艺协会 2013 年 7 月版,第 343 页。

94 茅盾文学批评的"矛盾"变奏

《茅盾文学批评的"矛盾"变奏》,周兴华著,黑龙江人民出版社 2009 年 9 月版,12+330 页,260 千字。被收为"中华博士文库"。

延永刚:《茅盾的灵魂解码——〈茅盾文学批评的"矛盾"变奏〉简评》,《大众文艺》2012 年 2 期;又见张邦卫、赵思运、蔺春华主编《茅盾研究年鉴(2012—2013)》一书,现代出版社 2014 年 12 月版,第 335 页。

95 悠悠岁月——茅盾与共和国领袖交往实录

《悠悠岁月——茅盾与共和国领袖交往实录》,钟桂松著,人民出版社 2009 年 12 月版,2+234 页,200 千字。

毛惠:《钟桂松著〈悠悠岁月——茅盾与共和国领袖交往实录〉》,《茅盾研究》第 12 辑,新加坡文艺协会 2013 年 7 月版,第 336 页。

96 图本茅盾传

《图本茅盾传》,孙中田著,长春出版社 2011 年 1 月第 1 版,2015 年 1 月第 2 版,10+389 页,350 千字,被收为"图本中国现当代作家传"。

韦韬:《序》

97 茅盾的文学风格

《茅盾的文学风格》,庄钟庆著,(泰国)留中大学出版社 2011 年 3 月版,2+132 页,105 千字,被收为"中国文学研究丛书"。

正基:《庄钟庆〈茅盾的文学风格〉获各界关注及好评》,《茅盾研究》第 12 辑,新加坡文艺协会 2013 年 7 月版,第 333 页。

98 茅盾评说八十年

《茅盾评说八十年》,钱振纲编,文化艺术出版社 2011 年 4 月版,6+417 页,

300千字,被收为"名家评说书系"。
　　金宏达:《巨匠风骨》。
　　钱振纲:《风雨八十年》。
　　钱振纲:《风雨八十年——〈茅盾评说八十年〉序》,《燕赵学术》2011年第2期。
　　钱振纲:《茅盾评说史的回顾与思考》,《茅盾研究》第11辑,新加坡文艺协会2012年3月版,第621页。
　　卫东:《钱振纲编〈茅盾评说八十年〉》,《茅盾研究》第12辑,新加坡文艺协会2013年7月版,第342页。

99　性情与担当——茅盾的矛盾人生
《性情与担当——茅盾的矛盾人生》,钟桂松著,复旦大学出版社2011年12月版,22+259页,242千字。
　　毛惠:《钟桂松著〈性情与担当——茅盾的矛盾人生〉》,《茅盾研究》第12辑,新加坡文艺协会2013年7月版,第337页。

100　评点本《林家铺子》
《评点本〈林家铺子〉》,茅盾原著、陈芬尧点评,北方妇女儿童出版社2012年1月版,16+195页,140千字,被收为"中学生读名家·语文新课标必读丛书"。
　　丁尔纲:《陈芬尧和他的评点本〈林家铺子〉》,《绍兴文理学院学报》2013年第1期。
　　丁尔纲:《高屋建瓴,深入浅出——评陈芬尧的评点本〈林家铺子〉》,《茅盾研究》第12辑,新加坡文艺协会2013年7月版,第287页。

101　茅盾小说论
《茅盾小说论》,[日本]是永骏著,日本汲古书院2012年1月版。
　　毛惠:《〈茅盾小说论〉内容简介》,《茅盾研究》第11辑,新加坡文艺协会2012年3月版,第651页。

102　茅盾书话
《茅盾书话》,钟桂松著,海燕出版社2012年7月版,8+132页,140千字。
　　庄月江:《一本了解茅盾作品背景的好书—读钟桂松近作〈茅盾书话〉》,2012年12月31日《衢州日报》。
　　毛惠:《钟桂松著〈茅盾书话〉》,《茅盾研究》第12辑,新加坡文艺协会2013年7月版,第338页。
　　夏春锦:《〈茅盾书话〉里的"三味"》,《茅盾研究》第13辑,新加坡文艺协会2014年8月版,第368页。

103　茅盾评传
《茅盾评传》,钟桂松著,南京大学出版社2013年5月版,16+405页,318千字,被收为"中国现代文化名人评传丛书"。
　　毛惠:《钟桂松著〈茅盾评传〉出版》,《茅盾研究》第13辑,新加坡文艺协会2014年8月版,第374页。
　　陈芬尧:《喜读钟桂松先生新著〈茅盾评传〉——兼与邵伯周、丁尔纲先生同名著作比较》,《茅盾研究》第 13 辑,新加坡文艺协会 2014 年 8 月版,第 339 页。
104 大家茅盾
《大家茅盾》,桑逢康著,社会科学文献出版社 2013 年 7 月版,12+361 页,505 千字,被收为"中国社会科学院老年学者文库"。

张大明:《序一》。

黄淳浩:《序二》。

桑逢康:《〈大家茅盾〉前言》,《茅盾研究》第 13 辑,新加坡文艺协会 2014 年 8 月版,第 324 页。

陈芬尧:《旧著新版,脱胎换骨——评桑逢康著〈大家茅盾〉,兼与其旧著比照》,《茅盾研究》第 13 辑,新加坡文艺协会 2014 年 8 月版,第 353 页。

105 茅盾小说历史叙事研究
《茅盾小说历史叙事研究》,梁竞男、康新慧著,中国社会科学出版社 2013 年 11 月版,6+354 页,358 千字,被列为 2010 年国家社会科学基金项目和云南省教育厅科学研究基金项目。

张中良:《序》。

106 茅盾先生晚年
《茅盾先生晚年》,商昌宝著,河北人民出版社 2014 年 1 月版,13+269 页,250 千字,被收为"文化名人晚年书系"。

徐庆全:《序一:茅盾"尴尬"的标本意义》。

谢泳:《序二》。

徐庆全:《茅盾"尴尬"的标本意义》,2014 年 3 月 5 日《中华读书报》。

卫东:《商昌宝著〈茅盾先生晚年〉出版》,《茅盾研究》第 13 辑,新加坡文艺协会 2014 年 8 月版,第 376 页。

107 茅盾珍档手迹
现在桐乡市档案馆保存的茅盾档案,主要是 2007 年 3 月由茅盾的儿子韦韬向桐乡市档案馆捐赠的,大部分是茅盾撰写的日记、回忆录、书信、小说、诗词、文艺评论、读书笔记、译文等手稿原件,还有茅盾的原始讲话录音、照片、遗物,茅盾研究参考资料、各种茅盾作品图书等。由桐乡市档案局(馆)编、浙江大学出版社出版的《茅盾珍档手迹》,是"十二五"国家重点图书、全国重点档案编研出版项目,精装设计,无比精美,实为珍藏强档。其中,《游苏日记》,2007 年 11 月版;《古诗文注释》(茅盾抄注),2010 年 2 月版;《日记》(1961 年)、《日记》(1962 年)、《日记》(1963)年、《日记》(1964 年)、《子夜》、《书信》(套装共 6 册),2011 年 6 月版;《文论》(上)、《文论》(下)、《诗词　红学札记》、《人民是不朽的》、《走上岗位》(套装共 5 册),2012 年 1 月版。

翁梅:《我省三项档案文献入选第三批〈中国档案文献遗产名录〉》,《浙江档案》2010 年第 3 期。

王佶:《〈茅盾珍档手迹——古诗文注释〉出版》,《浙江档案》2010 年第 5 期。

李继凯:《复合文本的珍稀及传播——谈谈〈茅盾珍档手迹〉》,2012 年 5 月 15 日《中国图书商报》。

王卫平:《无价的艺术珍品——评〈茅盾珍档手迹〉系列丛书》,2012年5月16日《中华读书报》。

王人恩:《新发现的茅盾〈红学札记〉述论》,《红楼梦学刊》2015年第1辑。

冯锡刚:《"万家枵腹看梅郎"——读茅盾1962年的三则日记》,《同舟共进》2016年第3期。

108 《湖州师专学报·"茅盾研究专号"》(1989年第3期)

1980年代以来,《湖州师专学报》不定期开辟多期"茅盾研究专辑",并分别于1987年、1989年推出"茅盾研究专号",又在1984年和1986年编辑出版了两辑《茅盾研究》增刊。其刊载茅盾研究文章(含论文、资料、信息等)之多,仅次于中国茅盾研究会会刊《茅盾研究》,成为发表茅盾研究文章的重要阵地,为推动我国茅盾研究的发展贡献颇大。本文作者对学报1989年第3期"茅盾研究专号"作出了评论。该专号包括"我的茅盾研究观"、"茅盾作品研究"、"茅盾评论研究"、"茅盾创作心理研究"、"茅盾生平事迹研究"、"浙江省茅盾研究学会第三届学术讨论会论文选辑"等10个栏目,发表论文及资料20余篇。

黎舟(吕荣春):《致力于茅盾研究的开拓与提高——读〈湖州师专学报〉1989年"茅盾研究专号"》,《湖州师范学院学报》1990年第2期。

109 茅盾研究丛书

《茅盾研究丛书》,庄钟庆任主编,聘请黄源、孔罗荪、田仲济、林焕平、吴奔星、叶子铭、邵伯周、孙中田为顾问,厦门大学出版社于1991年起出版。至今已出版李标晶著《茅盾文体论初探》(1991年5月版)、黎舟、阙国虬著《茅盾与外国文学》(1991年8月版)、罗宗义著《茅盾文学批评论》(1991年8月版)、唐纪如著《茅盾的创作个性》(1993年12月版)及史瑶著《论茅盾的小说艺术》(1995年12月版)等五部。

陈天助:《创新与求实的学术品格——读〈茅盾研究丛书〉的三部专著》,1993年5月29日《文艺报》。

严俨:《庄钟庆主编〈茅盾研究丛书〉》,《茅盾研究》第12辑,新加坡文艺协会2013年7月版,第335页。

110 茅盾研究八十年书系

《茅盾研究八十年书系》,是20世纪30年代以降至今80余年茅盾研究单行本著作的汇印,由中国茅盾研究会和台湾花木兰文化出版社共同编辑出版。钱振纲、钟桂松任主编,特邀邵伯周、孙中田、庄钟庆、丁尔纲、万树玉、李岫、王嘉良、李广德、翟德耀、李庶长、高利克、唐金海为顾问。《书系》所收著作以专题性论著为主,也包括少量其他类型的著作;以已版著作为主,也包括少量新著;以中文原版著作为主,也包括少量译本。《书系》共收茅盾研究单行本著作49种,凡60册,由花木兰文化出版社于2014年7月一并推出。《茅盾研究八十年书系》的出版,是学术研究甚而出版界的一桩盛事。它集我国茅盾研究四代学者的智慧,以"大陆式的巡礼"与"宝岛式的观照",实现两岸间一次成功的学术合作。它以80年的时间跨度,将众多单行本连缀成一幅学术史长卷,展示了中国文学批评80年来的演变过程。这在我国茅盾研究史上是仅见的。即便在其他学术研究中,恐怕也无法找到这样的先例。由于这套书只对国内外图书馆成套发行,不在书店售卖,无论大陆,还是台湾,一般的读者无法看到,即便研究茅盾的学者也未必都能阅读到。因此,有必要将书目列出,以供备考。具体是:伏志英编《茅盾评传》(第1册)、黄人影编《茅盾论》(第2册)、吴奔星著《茅盾小说讲话》(第3册)、邵伯周著《茅盾的文学道路》(第4册)、叶子铭著《论茅盾四十年的文学道路》(第5册)、[斯洛伐克]马立安·高利克著(杨玉英译)《茅盾与中国现代文学批评》(第6册)、庄钟庆著《茅盾的创作历程》(第7册)、叶子铭著《茅盾漫评》(第8册)、朱德发等著《茅盾前期文学思想散论》(第9册)、庄钟庆著《〈茅盾史实发微〉·〈茅盾的文论历程〉》(第10册)、孔海珠和王尔龄著《茅盾的早年生活》(第11册)、万树玉著《茅盾年谱(上)》(第12册)、万树玉著《茅盾年谱(下)》(第13册)、邵伯周著《茅盾评传(上)》(第14册)、邵伯周著《茅盾评传(下)》(第15册)、李广德著《一代文豪:茅盾的一生》(第16册)、李岫著《茅盾比较研究论稿》(第17册)、王嘉良著《茅盾小说论》(第18册)、丁亚平著《一个批评家的心路历程》(第19册)、孙中田著《〈子夜〉的艺术世界》(第20册)、史瑶等著《茅盾文艺美学思想论稿》(第21册)、叶子铭著《梦回星移——茅盾晚年生活见闻》(第22册)、罗宗义著《茅盾文学批评论》(第23册)、李广德著《茅盾学论稿》(第24册)、黎舟和阙国虬著《茅盾与外国文学》(第25册)、金韵琴著《茅盾晚年谈话录》(第26册)、丁尔纲著《茅盾的艺术世界(上)》(第27册)、丁尔纲著《茅盾的艺术世界(下)》(第28册)、李庶长著《茅盾对外国文学的借鉴与创新》(第29册)、唐纪如著(茅盾的创作个性)(第30册)、丁柏铨著《茅盾早期思想新探(上)》(第31册)、丁柏铨著《茅盾早期思想新探(下)》(第32册)、丁尔纲著《茅盾 孔德沚》(第33册)、黄侯兴著《茅盾——"人生派"的大师》(第34册)、唐金海和刘长鼎主编《茅盾年谱(第1册)》(第35册)、唐金海和刘长鼎主编《茅盾年谱(第2册)》(第36册)、唐金海和刘长鼎主编《茅盾年谱(第3册)》(第37册)、唐金海和刘长鼎主编《茅盾年谱(第4册)》(第38册)、唐金海和刘长鼎主编《茅盾年谱(第5册)》(第39册)、钟桂松著《茅盾传》(第40册)、杨扬著《转折时期的文学思想——茅盾早期文学思想研究》(第41册)、欧家斤著《茅盾评说》(第42册)、丁尔纲著《茅盾评传(上)》(第43册)、丁尔纲著《茅盾评传(中)》(第44册)、丁尔纲著《茅盾评传(下)》(第45册)、宋炳辉著《茅盾:都市子夜的呼号》(第46册)、丁尔纲著《茅盾:翰墨人生八十秋(上)》(第47册)、丁尔纲著《茅盾:翰墨人生八十秋(下)》(第48册)、钟桂松著《二十世纪茅盾研究史》(第49册)、翟德耀著《走近茅盾》(第50册)、龚景兴编《二十世纪茅盾研究目录汇编》(第51册)、韦韬、陈小曼著《我的父亲茅盾》(第52册)、周景雷著《茅盾与中国现代文学》(第53册)、丁尔纲和李庶长著《茅盾人格》(第54册)、韦韬和陈小曼著《父亲茅盾的晚年》(第55册)、王嘉良著《艺术范型与审美品性——论茅盾的创作与审美理论建构》(第56册)、李继凯著《"师者"茅盾先生》(第57册)、李广德著《茅盾及茅盾研究论(上)》(第58册)、李广德著《茅盾及茅盾研究论(下)》(第59册)、崔瑛祜著《左翼文学论争中的茅盾(1928—1937)》(第60册)。

钱振纲、钟桂松:《研究任重道远,成果应当珍视——〈茅盾研究八十年书系〉总序》(载花木兰文化出版社编辑部编《茅盾研究八十年书系·总目提要》及"书

系"首册《茅盾评传》(伏志英编)二书书前,花木兰文化出版社 2014 年 7 月版)》

杨嘉乐:《四代人,六十册专著,八十年跨越!——〈茅盾研究八十年书系〉出版缘起》,花木兰文化出版社最新书目 2014 年 7 月版。

钱振纲、钟桂松:《研究任重道远,成果应当珍视——〈茅盾研究八十年书系〉总序》,花木兰文化出版社最新书目 2014 年 7 月版。

启夏(李继凯):《恢弘壮观的〈茅盾研究八十年书系〉》,花木兰文化出版社最新书目 2014 年 7 月版。

钱振纲、钟桂松:《研究任重道远,成果应当珍视——〈茅盾研究八十年书系〉总序》,《茅盾研究》第 13 辑,新加坡文艺协会 2014 年 8 月版,第 313 页。

钱振纲、钟桂松:《研究任重道远,成果应当珍视——〈茅盾研究八十年书系〉总序》,《中国现代文学研究丛刊》2014 年第 9 期。

李继凯:《〈茅盾研究八十年书系〉:两岸一次成功的学术合作》,2015 年 2 月 18 日《文艺报》。

111　中国现代文学研究丛书

《中国现代文学研究丛书》,由上海文艺出版社于 20 世纪 50 年代末陆续出版,至今已出版专著 50 种左右。除中国新文学史专著外,对鲁迅、茅盾、郭沫若、叶圣陶、闻一多、巴金、曹禺等现当代著名作家、大师的文学道路及其创作的专论专著均有一种或数种。有关茅盾研究的专著即有 5 种之多:叶子铭著《论茅盾四十年的文学道路》(1959 年 8 月第 1 版,1978 年 10 月出版该著"修订本",另有多次版印)、王嘉良著《茅盾小说论》(1989 年 8 月版)、丁亚平著《一个批评家的心路历程》(1990 年 11 月版)、孙中田著《〈子夜〉的艺术世界》(1990 年 12 月版)和庄钟庆著《茅盾的文论历程》(1996 年 7 月版)。此外,还有部分涉及茅盾的著作数种。

曹木:《上海文艺出版社编辑出版〈中国现代文学研究丛书〉》,《文学评论》1981 年第 5 期。

周天:《〈中国现代文学研究丛书〉三十年历程》,《编辑学刊》1986 年第 3 期。

112　中国现代作家作品欣赏丛书

《中国现代作家作品欣赏丛书》,共收著作 40 余种,由广西人民出版社于 20 世纪 80 年代中期陆续推出;至 90 年代,广西教育出版社和台湾(台湾版改名为《中国新文学大师名作赏析丛书》)同时重印出版。《丛书》荣获全国第一届优秀教育图书一等奖。收于《丛书》中的茅盾研究著作有丁尔纲著《茅盾散文欣赏》(广西人民出版社 1984 年 3 月版,8+267 页,182 千字;广西教育出版社 1990 年 4 月新第 1 版,38+267 页,195 千字)和刘焕林、李琼仙著《茅盾短篇小说欣赏》(广西人民出版社 1986 年 12 月版,广西教育出版社 1990 年 8 月新第 1 版)两种。

姚雪垠:《〈中国现代作家作品欣赏丛书〉序》。

唐弢:《新版序言》。

谢国城:《五四·中国·新文学——台湾版出版说明》。

万木春:《一套雅俗共赏的现代文学欣赏丛书——评〈中国现代作家作品欣赏丛书〉》,《文学评论》1984 年第 3 期

萧舞:《评〈中国现代作家作品欣赏丛书〉》,《中国现代文学研究丛刊》1987 年

第 4 期

卢斯飞、曹斌:《十年磨一剑,霜刀今日试——评〈中国现代作家作品欣赏丛书〉》,《苏州大学学报》1991 年第 2 期。

苏文鄂:《长河流金——与老编辑谈〈中国现代作家作品欣赏丛书〉》,《出版广角》1997 年第 4 期。

113　中国文学研究丛书·新文学系列

《中国文学研究丛书》,由新加坡文艺协会主持出版,庄钟庆、骆明(新加坡)任主编,聘请刘中树、万平近、杨松年(新加坡)任顾问。《丛书》中"新文学系列"第一集收书 5 种,2006 年 4 月出版。其中有关茅盾研究的著作有三种,包括陈天助著《茅盾与新文学精神》,郑楚著《新文学主潮论纲》(部分论及茅盾)和万平近著《新文学的比较研究》(《广阔的社会图景和浓郁的地方色彩的统一》等一组 5 篇茅盾研究论文)。

庄钟庆:《中国新文学研究天地广阔》。

骆明:《新文学与海外华文文学发展的关系》。

严锵:《新加坡出版〈茅盾与新文学精神〉、〈新文学主潮论纲〉》,《茅盾研究》第 10 辑,文化艺术出版社 2006 年 12 月版,第 310 页。

新世纪以来茅盾研究资料索引(2000—2009)

肖 迪

2000 年

学术专著

[1] 丁尔纲.茅盾——翰墨人生八十秋[M].武汉:长江文艺出版社,2000.

学术论文

[1] 卜召林,王玲玲.理性的倾斜——茅盾文学批评的再评价[J].齐鲁学刊,2000(5).

[2] 张景超.《子夜》的重估[J].求是学刊,2000(4).

[3] 钟海波,李丹.全国茅盾研究学术讨论会综述[J].陕西师范大学学报(哲学社会科学版),2000(2).

[4] 阎庆生.艺术心理与政治心理的冲突——茅盾小说理性化倾斜的心理学阐释[J].陕西师范大学学报(哲学社会科学版),2000(3).

[5] 陈黎明.鲁迅、茅盾与西方现代主义文学[J].陕西师范大学学报(哲学社会科学版),2000(3).

[6] 林彬.茅盾与杜埃——写在茅盾逝世纪念日[J].文艺理论与批评,2000(2).

[7] 钦鸿.新发现的一封茅盾佚信[J].新文学史料,2000(2).

[8] 向锦江.茅盾对《子夜》一些问题的解答[J].新文学史料,2000(2).

[9] 李政文.临风怀茅公,经冬复历春——茅盾先生佚简五封的发现及其他[J].新文学史料,2000(3).

[10] 吴奔星.新中国最早畅谈人物塑造的文学大师——关于茅盾给我的一封信[J].新文学史料,2000(3).

[11] 阎愈新.再谈鲁迅茅盾致红军贺信——兼答丁尔纲教授的商榷[J].新文学史料,2000(3).

[12] 钱林森.茅盾与新浪漫主义——茅盾与法国文学研究之二[J].中国文化研究,2000(4).

[13] 林平乔.文化夹缝中的痛苦呻吟——读茅盾的《自杀》[J].中国文学研究,2000(2).

[14] 杨健民."五四"文学批评背景与中国现代作家论的诞生[J].福建论坛(文史哲版),2000(6).

[15] 黄宝维.茅盾为《泸溪报》题写报头[J].湖南党史,2000(2).

[16] 李标晶,章小英.以《子夜》和《家》为例比较分析茅盾和巴金对外来影响的接

受[J].赣南师范学院学报,2000(1).
[17] 袁荻涌.茅盾早期对西方文学的研究与介绍[J].贵州师范大学学报(社会科学版),2000(1).
[18] 龚景兴.茅盾研究书录续编[J].湖州师范学院学报,2000(1).
[19] 李标晶.新时期以来浙江省茅盾研究述评[J].湖州师范学院学报,2000(4).
[20] 王秀琳.茅盾的现实主义艺术精神[J].北京第二外国语学院学报,2000(4).
[21] 王晓春.真善美的凝结——论茅盾《蚀》《虹》中"时代女性"的独特性[J].黑龙江社会科学,2000(6).
[22] 卜召林,王玲玲.茅盾文学批评新论[J].山东社会科学,2000(2).
[23] 朱波.茅盾的新浪漫主义初探——茅盾文学观研究之一[J].上海师范大学学报(哲学社会科学版),2000(1).
[24] 李标晶.茅盾传记著作的新开拓——评丁尔纲先生的《茅盾评传》[J].绍兴文理学院学报(哲学社会科学版),2000(2).
[25] 黄立平.茅盾文艺思想述评[J].学术论坛,2000(2).
[26] 谷丹.略论丹纳对茅盾早期文艺观的影响[J].湘潭大学学报(研究生论丛),2000(2).
[27] 赖翅萍.兼及审美批评的社会历史批评——茅盾现代文学批评观之我见[J].玉林师范高等专科学校学报,2000(1).
[28] 谢逢江.茅盾与《题白杨图》[J].咬文嚼字,2000(7).
[29] 孙驰.两个倒闭的店铺——《林家铺子》与《店员》比较兼及茅盾小说主题理性化问题[J].阜阳师范学院学报(社会科学版),2000(3).
[30] 吕旭龙.茅盾的编辑风格[J].厦门广播电视大学学报,2000(2).

2001年

学术专著

[1] 钟桂松.《茅盾散论》[M].上海:复旦大学出版社,2001.
[2] 郑彭年.《文学巨匠茅盾》[M].北京:新华出版社,2001.
[3] 钟桂松.《二十世纪茅盾研究史》[M].杭州:浙江人民出版社,2001.

会议论文

[1] 庄钟庆.茅盾与表现南洋社会的文学[A].茅盾研究(第八辑)[C].2001(3).
[2] 翟耀.锐意创新,独树一帜——论茅盾早期的现代编辑意识[A].茅盾研究(第八辑)[C].2001(10).
[3] 段百玲.茅盾——卓越的报告文学编辑家[A].茅盾研究(第八辑)[C].2001(12).
[4] 吕旭龙.从《笔谈》看茅盾的编辑个性[A].茅盾研究(第八辑)[C].2001(7).
[5] 欧家斤.茅盾研究需向第四媒体发展[A].茅盾研究(第八辑)[C].2001(8).
[6] 李广德.茅盾及其研究与国际互联网及电子出版物[A].茅盾研究(第八辑)[C].2001(13).
[7] 钟海波,李丹.2000年春全国茅盾研究学术讨论会综述[A].茅盾研究(第八

辑)[C]. 2001(8).

[8] 贺立华. 走近文学家茅盾的对话[A]. 茅盾研究(第八辑)[C]. 2001(7).

[9] 梅庆生. 缅怀茅盾，放眼未来——纪念茅盾逝世 20 周年暨第七届茅盾研究(国际)学术讨论会述评[A]. 茅盾研究(第八辑)[C]. 2001(7).

[10] 田宝剑. 茅盾文艺理论批评研究综述[A]. 茅盾研究(第八辑)[C]. 2001(14).

[11] 李标晶. 新时期以来浙江省茅盾研究述评[A]. 茅盾研究(第八辑)[C]. 2001(13).

[12] 冯玉文. 茅盾研究史的开山之作——读钟桂松著《二十世纪茅盾研究史》[A]. 茅盾研究(第八辑)[C]. 2001(5).

[13] 范志强. 立体交叉空间中的动感人生——评丁尔纲著《茅盾评传》兼及其文学研究风格[A]. 茅盾研究(第八辑)[C]. 2001(8).

[14] 张光芒. 逼近茅盾主体的研究——读翟德耀著《走近茅盾》[A]. 茅盾研究(第八辑)[C]. 2001(5).

[15] 郑楚. 茅盾小说的主体性问题——读史瑶的《论茅盾的小说艺术》[A]. 茅盾研究(第八辑)[C]. 2001(6).

[16] 首届茅盾研究奖颁奖[A]. 茅盾研究(第八辑)[C]. 2001(9).

[17] 方意. 中国茅盾研究会历届年会简介[A]. 茅盾研究(第八辑)[C]. 2001(2).

[18] 汪建根. 在茅盾逝世 20 周年纪念活动暨第七届茅盾研究(国际)学术讨论会开幕式上的讲话[A]. 茅盾研究(第八辑)[C]. 2001(2).

[19] 叶子铭. 在茅盾逝世 20 周年纪念活动暨第七届茅盾研究(国际)学术讨论会开幕式上的致词[A]. 茅盾研究(第八辑)[C]. 2001(2).

[20] 陈建功. 在茅盾逝世 20 周年纪念活动暨第七届茅盾研究(国际)学术讨论会开幕式上的讲话[A]. 茅盾研究(第八辑)[C]. 2001(2).

[21] 刑海华. 在茅盾逝世 20 周年纪念活动暨第七届茅盾研究(国际)学术讨论会闭幕式上的讲话[A]. 茅盾研究(第八辑)[C]. 2001(2).

[22] 本报讯. 纪念茅盾逝世 20 周年活动在乌镇举行 100 多位海内外专家学者聚会乌镇围绕"茅盾与当代中国"的主题进行深入探讨——《文学报》2001 年 3 月 29 日[A]. 茅盾研究(第八辑)[C]. 2001(2).

[23] 李广德. 试论茅盾的科学观[A]. 茅盾研究(第八辑)[C]. 2001(11).

[24] 吴国群. 第三种话语——茅盾的作家作品论[A]. 茅盾研究(第八辑)[C]. 2001(11).

[25] 杨迎平. 论茅盾的文学观[A]. 茅盾研究(第八辑)[C]. 2001(9).

[26] 阎奇男. 茅盾与王统照的文艺观比较[A]. 茅盾研究(第八辑)[C]. 2001(17).

[27] 邓牛顿. 茅盾的趣味观[A]. 茅盾研究(第八辑)[C]. 2001(2).

[28] 金佳琪. 出路在何方——哈姆雷特和《蚀》之比较[A]. 茅盾研究——第七届年会论文集[C]. 2001(19).

[29] 王嘉良. 论"茅盾传统"及其对中国新文学的范式意义[A]. 茅盾研究——第七届年会论文集[C]. 2001(14).

[30] 孙中田. 茅盾小说与"红楼"情结[A]. 茅盾研究——第七届年会论文集[C].

2001(9).

[31] 阎庆生. 艺术心理与政治心理的冲突——茅盾小说理性化倾斜的心理学考察[A]. 茅盾研究——第七届年会论文集[C]. 2001(15).

[32] 陈惊鸿. 创作背后的漩涡与潜流[A]. 茅盾研究——第七届年会论文集[C]. 2001(11).

[33] 刘国清. 从经济视角看茅盾小说当代意义的思考[A]. 茅盾研究——第七届年会论文集[C]. 2001(11).

[34] 邓智柏, 刘光宇. 论茅盾作品中的经济意识[A]. 茅盾研究——第七届年会论文集[C]. 2001(11).

[35] 汪亚明. 论茅盾小说中的人性底蕴[A]. 茅盾研究——第七届年会论文集[C]. 2001(8).

[36] 张全之, 康长福. 茅盾与中国现代乡土文学[A]. 茅盾研究——第七届年会论文集[C]. 2001(12).

[37] 林淑端. 茅盾笔下的延安[A]. 茅盾研究——第七届年会论文集[C]. 2001(5).

[38] 李标晶. 茅盾小说创作的当代意义三题[A]. 茅盾研究——第七届年会论文集[C]. 2001(12).

[39] 万树玉. 茅盾的历史题材创作理论[A]. 茅盾研究——第七届年会论文集[C]. 2001(2).

[40] 丁国兴. 继承·创新——茅盾的历史小说创作[A]. 茅盾研究——第七届年会论文集[C]. 2001(8).

[41] 蓝棣之. 把一部描写革命斗争的文学作品与一部革命史适当区别开来——重评茅盾的处女作《蚀》三部曲[A]. 茅盾研究——第七届年会论文集[C]. 2001(10).

[42] 李玲. 易性冲动与男性立场——《蚀》与《野蔷薇》中的性别意识[A]. 茅盾研究——第七届年会论文集[C]. 2001(13).

[43] 潘磊. 对茅盾《创造》的再审视[A]. 茅盾研究——第七届年会论文集[C]. 2001(8).

[44] 杜南忠. 茅盾《野蔷薇》的自然主义倾向初探[A]. 茅盾研究——第七届年会论文集[C]. 2001(10).

[45] 王中忱. 论《子夜》的"新写实"叙事特征[A]. 茅盾研究——第七届年会论文集[C]. 2001(11).

[46] 姜子华. 重读《子夜》——一次女性视角的再阐释[A]. 茅盾研究——第七届年会论文集[C]. 2001(13).

[47] 丁筱青. 行走的风景——茅盾小说中的民族资本家形象[A]. 茅盾研究——第七届年会论文集[C]. 2001(2).

[48] 杨天舒.《子夜》中"自我分裂"的空间意象世界[A]. 茅盾研究——第七届年会论文集[C]. 2001(14).

[49] 吴晓东. 在经验与理念的张力之间——以茅盾的《霜叶红似二月花》为中心

[A].茅盾研究——第七届年会论文集[C].2001(9).

[50] 秦林芳.历史转型期的文化反思——《霜叶红似二月花》思想意蕴新探[A].茅盾研究——第七届年会论文集[C].2001(14).

[51] 朱德发.现代理性话语——茅盾"人的文学"观念建构[A].茅盾研究——第七届年会论文集[C].2001(18).

[52] 高利克.由入迷至失望——茅盾与尼采(1920~1921)[A].茅盾研究——第七届年会论文集[C].2001(9).

[53] 孙慎之.对人物与环境关系的理论探索——茅盾对现代文学发展的一大贡献[A].茅盾研究——第七届年会论文集[C].2001(6).

[54] 张光芒.论茅盾前期的启蒙文学观[A].茅盾研究——第七届年会论文集[C].2001(13).

[55] 王建中,陆文采.茅盾的新性道德观及其当代意义[A].茅盾研究——第七届年会论文集[C].2001(12).

[56] 钱振纲,王卫东.以"阶级"拆解"民族"的当代启示[A].茅盾研究——第七届年会论文集[C].2001(12).

[57] 曹毓生.茅盾论新诗的发展道路——一个不应被当代文学史家忽略的重要史实[A].茅盾研究——第七届年会论文集[C].2001(7).

[58] 杨怡.解读茅盾论丁玲的当代意义[A].茅盾研究——第七届年会论文集[C].2001(4).

[59] 马美爱.在坚守现实主义原则中负重前行——论茅盾建国后文学批评理论与实践及其对当代中国文学的贡献[A].茅盾研究——第七届年会论文集[C].2001(12).

[60] 冯望岳.自觉"拿来"的典范创造社会主义时代文学的指南——茅盾《夜读偶记》论[A].茅盾研究——第七届年会论文集[C].2001(18).

[61] 王洪岳,刘绪才.试比较茅盾与新时期新潮文学对现代主义的接受方式[A].茅盾研究——第七届年会论文集[C].2001(12).

[62] 毛代胜.试论茅盾对社会主义文艺事业的重大贡献[A].茅盾研究——第七届年会论文集[C].2001(9).

[63] 周颖南.茅盾文学创作的时代精神与茅盾文学奖的重大意义[A].茅盾研究——第七届年会论文集[C].2001(5).

[64] 毕玲蔷.意义的叩问——试论茅盾与《小说月报》[A].茅盾研究——第七届年会论文集[C].2001(13).

[65] 门瑞瑜.茅盾与黑龙江——为纪念茅盾逝世20周年而作[A].茅盾研究——第七届年会论文集[C].2001(10).

[66] 沈楚.茅盾发起组织桐乡青年社——纪念茅盾大师逝世20周年[A].茅盾研究——第七届年会论文集[C].2001(4).

[67] 徐越化.论茅盾的哲学观[A].茅盾研究(第八辑)[C].2001(12).

[68] 吴成年.论茅盾与尼采[A].茅盾研究(第八辑)[C].2001(10).

[69] 万树玉.光辉业绩,巍峨大山——茅盾在中国新文化运动中的作用地位[A].

茅盾研究(第八辑)[C].2001(9).
- [70] 刘海波.论茅盾文学批评中的辩证思维[A].茅盾研究(第八辑)[C].2001(11).
- [71] 王立鹏.鸟瞰茅盾的现实主义理论[A].茅盾研究(第八辑)[C].2001(10).
- [72] 傅华.论茅盾对公式化概念创作倾向的批评[A].茅盾研究(第八辑)[C].2001(10).
- [73] 陈福康.茅盾对"五四"文学运动的最初总结[A].茅盾研究(第八辑)[C].2001(8).
- [74] 徐改平.也谈茅盾与革命文学论争[A].茅盾研究(第八辑)[C].2001(12).
- [75] 孔海珠.茅盾与《徐志摩论》[A].茅盾研究(第八辑)[C].2001(10).
- [76] 宋嘉扬,靳明全.悲观失望情绪的尽情宣泄——论茅盾流亡日本期间的文学创作[A].茅盾研究(第八辑)[C].2001(8).
- [77] 孔令德.乡情乡味与现实主义光辉——论茅盾乡土题材作品的特色[A].茅盾研究(第八辑)[C].2001(11).
- [78] 曹安娜.茅盾创作的理性化与情绪化[A].茅盾研究(第八辑)[C].2001(11).
- [79] 阎浩岗.论茅盾小说创作方法的非主流性[A].茅盾研究(第八辑)[C].2001(14).
- [80] 孙琴安.茅盾小说中的性描写及其评价[A].茅盾研究(第八辑)[C].2001(7).
- [81] 朱德发."她是个怪人!"——茅盾小说现代女性章秋柳论[A].茅盾研究(第八辑)[C].2001(13).
- [82] 贾振勇.性与革命 从主题到象征——《蚀》三部曲的文化政治诗学阐释[A].茅盾研究(第八辑)[C].2001(9).
- [83] 陈开鸣.关于重新评价《蚀》三部曲的辨析[A].茅盾研究(第八辑)[C].2001(12).
- [84] 袁靖华,李标晶.博采众长,化为自己的血肉——《子夜》和《家》接受外来影响比较[A].茅盾研究(第八辑)[C].2001(11).
- [85] 李国正.从茅盾的《子夜》谈外国文学语言的吸收与融化[A].茅盾研究(第八辑)[C].2001(9).
- [86] 魏洪丘.试论《子夜》的理性思维模式[A].茅盾研究(第八辑)[C].2001(10).
- [87] 徐丁林.《春蚕》——理性追求与艺术表现之间的失衡[A].茅盾研究(第八辑)[C].2001(9).
- [88] 张昕.从《春蚕》的改编看左翼知识分子的"大众"想象[A].茅盾研究(第八辑)[C].2001(9).
- [89] 隋清娥.时代的丰碑——从《腐蚀》看茅盾小说的现实主义特色[A].茅盾研究(第八辑)[C].2001(9).
- [90] 司新丽.从叙事学角度解析《霜叶红似二月花》结构的有机性[A].茅盾研究(第八辑)[C].2001(6).

[91] 丁茂远. 茅盾佚诗集释[A]. 茅盾研究(第八辑)[C]. 2001(14).
[92] 刘麟. 茅盾的政论诗[A]. 茅盾研究(第八辑)[C]. 2001(5).
[93] 康锋. 茅盾赴粤参加国民党"二大"的日期及其他[A]. 茅盾研究(第八辑)[C]. 2001(9).
[94] 尹骐. 茅盾在1927年[A]. 茅盾研究(第八辑)[C]. 2001(10).
[95] 黄彩文,赵小龙. 杂谈茅盾与延安[A]. 茅盾研究(第八辑)[C]. 2001(10).
[96] 王一桃. 茅盾和香港两次文艺高潮[A]. 茅盾研究(第八辑)[C]. 2001(9).
[97] 如玉. 茅盾给韩奋的题词[A]. 茅盾研究(第八辑)[C]. 2001(2).
[98] 高莽. 茅盾与苏联作家来往散记[A]. 茅盾研究(第八辑)[C]. 2001(9).
[99] 查国华. 田仲济与茅盾——并以此沉痛悼念田仲济教授[A]. 茅盾研究(第八辑)[C]. 2001(5).
[100] 骆明. 茅盾与东南亚[A]. 茅盾研究(第八辑)[C]. 2001(3).
[101] 刘丽梅. 论30年代"大众语"论争中茅盾的语言学理论[A]. 茅盾研究——第七届年会论文集[C]. 2001(10).
[102] 如玉. 考证一则——1947年谁陪茅盾去香港？[A]. 茅盾研究(第八辑)[C]. 2001(2).
[103] 吴瑛.《小说月报》时期茅盾出版思想浅谈[A]. 茅盾研究——第七届年会论文集[C]. 2001(14).
[104] 陈天助. 茅盾二三十年代革新文学报刊的现代启示[A]. 茅盾研究——第七届年会论文集[C]. 2001(9).

学术论文

[1] 钱振纲. 论茅盾对民族主义文艺理论的批判[J]. 北京师范大学学报(人文社会科学版),2001(4).
[2] 秦林芳. 历史转型期的文化反思——《霜叶红似二月花》思想意蕴新探[J]. 北京师范大学学报(人文社会科学版),2001(4).
[3] 杨马胜. 论茅盾走上文学道路的文化背景[J]. 兰州大学学报,2001(3).
[4] 曹安娜. 矛盾的魅力——茅盾的小说世界及其审美心理特征[J]. 山东师大学报(人文社会科学版),2001(4).
[5] 朱德发. 现代理性话语——茅盾"人的文学"观念建构[J]. 文学评论,2001(5).
[6] 杨健民. 茅盾前期文学批评观的转型与作家论的视角[J]. 福建论坛(人文社会科学版),2001(6).
[7] 张光全. 茅盾、陆蠡散文创作比较[J]. 固原师专学报,2001(4).
[8] 李建东. 论茅盾早期对鲁迅的认识和评价[J]. 集美大学学报(哲学社会科学版),2001(4).
[9] 刘小清. 鲁迅、茅盾联袂办《译文》[J]. 民国春秋,2001(6).
[10] 杨泉,贺智利. 茅盾小说的绘画美及其艺术效应[J]. 陕西教育学院学报,2001(1).
[11] 赵国宏. "革命家"的"文学济世"情结——重新审视茅盾和他的创作[J]. 山

［12］丁尔纲.鲁迅、茅盾和中国左翼作家联盟［J］.绍兴文理学院学报（哲学社会科学版），2001（3）.
［13］韩素梅.霜叶红于二月花——评茅盾小说《霜叶红似二月花》［J］.广西师院学报，2001（2）.
［14］李丹.鲁迅茅盾短篇小说思维比较［J］.唐都学刊，2001（1）.
［15］李继凯.论鲁迅与茅盾的当代性［J］.唐都学刊，2001（2）.
［16］曾庆元.大道之行　殊途同归——鲁迅、郭沫若、茅盾的思想、创作与外国文化之关系的比较研究［J］.武汉大学学报（人文科学版），2001（6）.
［17］尹骐.茅盾在大革命失败后的人生轨迹［J］.炎黄春秋，2001（8）.
［18］涂光群.茅盾在作协往事［J］.炎黄春秋，2001（10）.
［19］张业松.青年茅盾——从"文学新青年"到"阶级艺术家"［J］.浙江学刊，2001（3）.
［20］王嘉良.论"茅盾传统"及其对中国新文学的范式意义［J］.浙江学刊，2001（5）.
［21］王嘉良."茅盾传统"范式特征与价值蕴含［J］.浙江师大学报，2001（6）.
［22］毕玲蔷.意义的叩问——试论茅盾与《小说月报》［J］.厦门广播电视大学学报，2001（2）.

2002年

学术专著

［1］吾人选编.《倾听茅盾》［M］.北京：中国广播电视出版社，2002.

学术论文

［1］徐仲佳.性爱的现代性与文明的再造——茅盾早期性爱思想浅探［J］.南京师范大学文学院学报，2001（2）.
［2］李玲.易性想象与男性立场——茅盾前期小说中的性别意识分析［J］.中国文化研究，2001（2）.
［3］阎奇男.茅盾与王统照文艺观比较［J］.济宁师范专科学校学报，2002（5）.
［4］杨守森.小说大师与文化部长——茅盾建国后的心态分析［J］.山东师范大学学报（人文社会科学版），2002（6）.
［5］白薇.现代女性步履的真实文本——茅盾笔下的女性形象与同时代女作家创作的比较［J］.中南民族学院学报（人文社会科学版），2001（2）.
［6］王嘉良.茅盾文本——从小说到影视文学［J］.浙江社会科学，2001（2）.
［7］高晓梅.一种艺术精神的默契——论茅盾受托尔斯泰的影响［J］.黑龙江教育学院学报，2002（3）.
［8］吴向北.姐妹神祇的瞻前顾后——茅盾《蚀》三部曲的神话模式解读之一［J］.重庆师院学报（哲学社会科学版），2002（4）.
［9］汪亚明.论茅盾小说的叙事范式及当代回响［J］.浙江师范大学学报，2002（5）.

[10] 黄开发.茅盾早期现实主义文论的结构与主流文学观念的范型[J].中国文学研究,2002(4).

[11] 王洪岳,刘绪才.试比较茅盾与新时期新潮文学对现代主义的接受方式[J].济南大学学报(社会科学版),2002(4).

[12] 黄忠来.写实社会剖析与心灵分析——茅盾与施蛰存文学观比较谈[J].江西社会科学,2002(6).

[13] 曹书文.男权意识与女性话语的艺术整合——茅盾小说创作新论[J].河北师范大学学报(哲学社会科学版),2001(2).

[14] 李继凯.著书亦为稻粱谋——物质文化视境中的鲁迅与茅盾[J].海南师范学院学报(人文社会科学版),2002(5).

[15] 梁敏儿.零度的描写与自然主义——茅盾小说中的女性描写[J].文学评论,2002(5).

[16] 何希凡.《霜叶红似二月花》与茅盾的矛盾[J].中国现代文学研究丛刊,2002(4).

[17] 陈晓兰.从左拉《金钱》到茅盾《子夜》看文学接受中的变形[J].中国比较文学,2002(4).

[18] 王嘉良.茅盾创作经济学视角及其意义[J].文艺理论与批评,2002(3).

硕士学位论文

[1] 谷丹.论丹纳对茅盾早期文艺观的影响.湘潭:湘潭大学.

[2] 武汉辉.鲁迅与茅盾现实主义小说比较.西安:西北大学.

2003 年

学术专著

[1] 李继凯.鲁迅与茅盾[M].石家庄:河北人民出版社,2003.

[2] 李继凯.全人视境中的观照——鲁迅与茅盾比较论[M].北京:中国社会科学出版社,2003.

会议论文

[1] 中国茅盾研究会.茅盾研究——第七届年会论文集[M].北京:新华出版社.2003.

学术论文

[1] 曹万生.茅盾在当下中国的意义[J].四川师范大学学报(社会科学版),2003(2).

[2] 王嘉良.现实主义 直面现世的"社会批判"——论茅盾作为一种现实主义文学形态典型代表的意义[J].浙江师范大学学报,2003(6).

[3] 张光芒.论茅盾的实践型启蒙文学观[J].烟台师范学院学报(哲学社会科学版),2003(2).

[4] 丁尔纲."有点幻灭"但"并没动摇"——重新解读 1927 年顷茅盾的思想与创作[J].绍兴文理学院学报(哲学社会科学),2003(3).

[5] 陈晨.茅盾胡风现实主义文艺思想异同论[J].西安交通大学学报(社会科学

版),2003(1).
- [6] 周宁,翟德耀.茅盾"时代女性"创作模式论[J].山东师范大学学报(人文社会科学版),2003(6).
- [7] 李标晶.茅盾小说创作的当代意义三题[J].杭州师范学院学报(社会科学版),2003(1).
- [8] 黄彩文.茅盾与萧伯纳——中英戏剧交流史上的一段情缘[J].河北学刊,2003(5).
- [9] 魏福惠.茅盾现实主义文学思想的演进[J].辽宁大学学报(哲学社会科学版),2003(6).
- [10] 周宁,翟德耀.幻灭与新生——茅盾早期"时代女性"创作心态阐释[J].东岳论丛,2003(6).
- [11] 黄彩文.茅盾和司克特及其他[J].河北师范大学学报(哲学社会科学版),2003(3).
- [12] 吴向北.女神的失落与无奈——茅盾《蚀》三部曲的神话模式解读之二[J].重庆师院学报(哲学社会科学版),2003(2).
- [13] 吴向北.神界的末日与重生——茅盾《蚀》三部曲的神话模式解读之三[J].重庆师范大学学报(哲学社会科学版),2003(4).
- [14] 汪亚明.论茅盾小说的叙事范式及当代回响[J].中国小说研究,2003(2).
- [15] 田苗.为茅盾数事提证[J].新文学史料,2003(3).
- [16] 张霞.论茅盾创作《子夜》的心理背景[J].四川师范学院学报(哲学社会科学版),2003(1).
- [17] "茅盾"的由来[J].新文学史料,2003(3).
- [18] 王宏图.茅盾与左翼都市叙事中的欲望表达[J].江苏行政学院学报,2003(4).
- [19] 张开明.瞿秋白与茅盾的交往[J].百年潮,2003(5).
- [20] 李继凯.关于胡风与茅盾的交往、冲突及比较[J].中国现代文学研究丛刊,2003(2).
- [21] 陈小曼.茅盾的最后一次访谈录[J].新文学史料,2003(3).
- [22] 李继凯.著书亦为稻粱谋——物质文化视境中的鲁迅与茅盾[J].中学语文,2003(9).

博士学位论文
- [1] 陈晓兰.文学中的巴黎与上海.以左拉、茅盾为例[M].上海:复旦大学,2003.

2004年

学术专著
- [1] 曹万生.茅盾艺术美学[M].北京:中国社会科学出版社,2004.
- [2] 陈桂良.茅盾写作艺术论[M].南京:南京大学出版社,2004.
- [3] 丁尔纲,李庶长.茅盾人格[M].郑州:河南人民出版社,2004.

［4］钟桂松.茅盾.行走在理想和现实之间[M].郑州：大象出版社,2004.
［5］茅盾.钟桂松.与茅盾养春蚕[M].杭州：浙江文艺出版社,2004.
［6］周景雷.茅盾与中国现代文学[M].北京：中国社会科学出版社,2004.
［7］韦韬,陈小曼.我的父亲茅盾[M].沈阳：辽宁人民出版社,2004.

学术论文

［1］程光炜.茅盾建国后的文艺理论和批评[J].南都学坛,2004(1).
［2］俞兆平.科学主义与茅盾早期的文学选择[J].厦门大学学报（哲学社会科学版）,2004(4).
［3］舒欣.三十年代茅盾都市小说的现代性及其影响[J].中国文学研究,2004(3).
［4］黄彩文.两种现代性的纠缠——论茅盾早期对表现主义的译介[J].河北师范大学学报（哲学社会科学版）,2004(12).
［5］刘增人.试论茅盾系列文学期刊——中国现代文学期刊考察报告之一[J].文学评论,2004(4).
［6］吴怿晨.从《蚀》到《子夜》——试论左翼文艺思潮对茅盾创作的影响[J].剑南大学（下半月）,2016(8).
［7］顾国柱.穷本溯源,取精用宏——茅盾如何看待尼采哲学[J].上海财经大学学报,2004(5).
［8］张舸.茅盾与《文艺阵地》的编辑特色[J].河南师范大学学报（哲学社会科学版）,2004(3).
［9］朱德发.鲁迅与茅盾——科学理性精神之于创作主体求真艺术思维[J].鲁迅研究月刊,2004(1).

博士论文

［1］周景雷.茅盾与中国现代文学.上海：复旦大学,2004.

硕士论文

［1］李江燕.正邪两赋,亦剑亦箫——论茅盾对塑造人物复杂性格的认识与实践.长春：吉林大学,2004.
［2］梁竞男.茅盾小说的历史叙述.武汉：华中师范大学 2004.
［3］周宁.文化阐释.茅盾"时代女性"创造新论.济南：山东师范大学,2004.
［4］高冬可.茅盾前期的期刊编辑活动研究.开封：河南大学,2004.
［5］徐小凤.论茅盾小说创作的时代女性母题.长沙：湖南师范大学,2004.
［6］汪纪明.矛盾的存在——论茅盾早期的妇女观及其小说文本中对时代女性的塑造.西北大学,2004.
［7］任祖康.《茅盾早期小说创作》.天津：天津师范大学,2004.

2005 年

学术专著

［1］钟桂松.茅盾画传[M].上海：复旦大学出版社,2005.
［2］沈卫威.茅盾(1896—1981)[M].南京：江苏文艺出版社,2005.

会议论文

[1] 丁尔纲.茅盾的自我人格和社会人格试论[A].茅盾研究(第九辑)[C].2005(18).

[2] 丁尔纲."有点幻灭"但"并没动摇"——重新解读1927年顷茅盾的思想与创作[A].茅盾研究(第九辑)[C].2005(22).

[3] 王嘉良.茅盾"社会批判"型现实主义范式特征与意义[A].茅盾研究(第九辑)[C].2005(17).

[4] 汪亚明.成熟期茅盾文化思想论析[A].茅盾研究(第九辑)[C].2005(11).

[5] 鲁兵.论茅盾的创作品格[A].茅盾研究(第九辑)[C].2005(11).

[6] 李秋谷.茅盾作品中的浙北风景画及其审美意识[A].茅盾研究(第九辑)[C].2005(16).

[7] 李庶长.茅盾小说中的"时代女性"内涵解读[A].茅盾研究(第九辑)[C].2005(9).

[8] 丁国兴.浅论茅盾小说创作中的"非时代女性"形象[A].茅盾研究(第九辑)[C].2005(9).

[9] 苏奎,姜子.启蒙语境下的形象选择——从茅盾笔下的两组形象谈起[A].茅盾研究(第九辑)[C].2005(14).

[10] 高冬可.茅盾前期的期刊编辑活动研究[A].茅盾研究(第九辑)[C].2005(37).

[11] 陈桂良.论读者意识在主体写作与编辑工作中的作用——《小说月报》的改革研究[A].茅盾研究(第九辑)[C].2005(11).

[12] 欧家斤.神交 继承 弘扬——陈沂与茅盾[A].茅盾研究(第九辑)[C].2005(16).

[13] 陈芬尧.茅盾与马寅初[A].茅盾研究(第九辑)[C].2005(5).

[14] 李广德.茅盾在文联的领导岗位上[A].茅盾研究(第九辑)[C].2005(8).

[15] 魏洪丘.茅盾与重庆[A].茅盾研究(第九辑)[C].2005(5).

[16] 马萌,李继凯.近三十年来茅盾散文研究述评[A].茅盾研究(第九辑)[C].2005(14).

[17] 冯玉文.从文学史的重写看学术界对茅盾评价的演变[A].茅盾研究(第九辑)[C].2005(12).

[18] 杨云芳.充分展示茅盾的"文章大家"形象——评陈桂良《茅盾写作艺术论》[A].茅盾研究(第九辑)[C].2005(6).

[19] 袁红涛,陈黎明.走近当代学人鲁迅与茅盾——读李继凯《全人视境中的观照——鲁迅与茅盾比较论》[A].茅盾研究(第九辑)[C].2005(7).

[20] 胡洪亮.《尘封的记忆——茅盾友朋手札》出版[A].茅盾研究(第九辑)[C].2005(3).

[21] 李亦飞.北京茅盾故居[A].茅盾研究(第九辑)[C].2005(7).

[22] 劳明权.乌镇茅盾故居[A].茅盾研究(第九辑)[C].2005(6).

[23] 周而复.茅盾撕毁电影剧本[A].茅盾研究(第九辑)[C].2005(3).

[24] 阎奇男. 茅盾与王统照的人生比较[A]. 茅盾研究(第九辑)[C]. 2005(16).

[25] 巩玉强. 风雨八十年——读韦韬、陈小曼著《我的父亲茅盾》[A]. 茅盾研究(第九辑)[C]. 2005(2).

[26] 姜宝君. 图片的年轮——读钟桂松《茅盾画传》[A]. 茅盾研究(第九辑)[C]. 2005(3).

[27] 张勃. 丁尔纲、李庶长著《茅盾人格》出版[A]. 茅盾研究(第九辑)[C]. 2005(1).

学术论文

[1] 丁尔纲. 论茅盾及五四精英文化人格的历史内涵与时代局限[J]. 阴山学刊, 2005(3).

[2] 王鸣剑. 论茅盾小说的审美追求[J]. 江西社会科学, 2005(5).

[3] 宋宁. 颓废的一代——重读茅盾《蚀》三部曲[J]. 聊城大学学报(社会科学版), 2005(3).

[4] 李玲. 母爱颂歌的悠远回响——茅盾、巴金创作与冰心小说《超人》的精神联系[J]. 太原师范学院学报(社会科学版), 2005(3).

[5] 徐小凤. 论茅盾小说的时代女性母题之成因[J]. 宜宾学院学报, 2005(9).

[6] 张莲波. 论五四时期茅盾关于妇女解放运动的思想[J]. 河南大学学报(社会科学版), 2005(4).

[7] 吕豪爽. 开放对话中的恪守与建构——茅盾文学奖获奖作品的文化选择[J]. 西南民族大学学报(人文社科版), 2005(3).

[8] 《从牯岭到东京》的发表及钱杏态度的变化——《〈幻灭〉(书评)》、《〈动摇〉(评论)》和《茅盾与现实》对勘[J]. 中国现代文学研究丛刊, 2005(6).

[9] 周兴华. "我"与"我们". 茅盾作家论的意义标志[J]. 文学评论, 2005(4).

[10] 平原. 论《霜叶红似二月花》在茅盾创作中的延续与创新[J]. 殷都学刊, 2005(2).

[11] 高冬可. 茅盾的期刊编辑思想[J]. 中国编辑, 2005(2).

[12] 白永吉. "暴露与讽刺"论争中的郭沫若和茅盾[J]. 郭沫若学刊, 2005(3).

[13] 戚学英. 革命理性话语中的女性身体——蒋光慈、丁玲、茅盾小说解读[J]. 中国文学研究, 2005(4).

[14] 高淑兰, 姚淑英. 茅盾与王统照的"真实"美学观之比较[J]. 北方论丛, 2005(2).

[15] 孟祥武. 探求茅盾对17年作家作品论的魅力[J]. 辽宁师范大学学报, 2005(3).

[16] 陈桂良. 情真意切, 力透纸背——茅盾《〈呼兰河传〉序》的情感分析[J]. 名作欣赏, 2005(20).

[17] 陈桂良. "寂寞"论果真是对萧红作品的"经典误读"?——也谈茅盾评《呼兰河传》并与王科先生商榷[J]. 文艺争鸣, 2005(3).

[18] 王科. "寂寞"论真的是对《呼兰河传》的"经典误读"——就茅盾《〈呼兰河传〉序》答陈桂良先生[J]. 文艺争鸣, 2005(6).

[19] 李辉.茅盾与《小说月报》改革[J].出版史料,2005(2).
[20] 鲁弘.同样的"人的文学"别样的"文学人生"——周作人、茅盾早期文学主张比较谈[J].南方文坛,2005(2).
[21] 白永吉."暴露与讽刺"论争中的郭沫若和茅盾[J].中国郭沫若研究会会议论文集.

硕士学位论文

[1] 刘姗姗.论茅盾的上海都市书写.青岛:青岛大学,2005.
[2] 赵欣若.论茅盾中国现代作家作品论》.保定:河北大学,2005.
[3] 周燕红.从"为人生而艺术"到"为无产阶级而艺术"——关于茅盾对俄罗斯文学接受问题的研究.北京:首都师范大学,2005.
[4] 井延凤.现代经典之路——茅盾文学创作现象阐释.郑州:郑州大学,2005.
[5] 杨光."小说家"的另一面——茅盾的现代戏剧理论及实践.长春:东北师范大学,2005.
[6] 李丹.近代经济史视野下的茅盾文学创作.济南:山东大学,2005.

2006 年

学术专著

[1] 姚海天.茅盾,姚雪垠谈艺书简[M].北京:人民文学出版社,2006.
[2] 余连祥.逃墨馆主茅盾传[M].杭州:浙江人民出版社,2006.
[3] 茅盾.茅盾全集补遗[M].北京:人民文学出版社,2006.

会议论文

[1] 六飞.论茅盾的文艺观[A].茅盾研究(第十辑)[C].2006(19).
[2] 庄钟庆.略谈茅盾文学语言论及研究[A].茅盾研究(第十辑)[C].2006(10).
[3] 黄彩文.茅盾与包以尔的创造性联接[A].茅盾研究(第十辑)[C].2006(11).
[4] 丁尔纲.茅盾早期.文学观文学思潮观的发展嬗变[A].茅盾研究(第十辑)[C].2006(23).
[5] 曹毓生.茅盾艺术鉴赏力简论[A].茅盾研究(第十辑)[C].2006(13).
[6] 唐金海,陈正敏.作为卡里斯马的茅盾——茅盾文学批评的当代价值[A].茅盾研究(第十辑)[C].2006(12).
[7] 张衍芸.茅盾30年代作家论的文学批评魅力和意义[A].茅盾研究(第十辑)[C].2006(12).
[8] 郑楚.茅盾运用文学语言解读鲁迅作品[A].茅盾研究(第十辑)[C].2006(6).
[9] 贾振勇.简论茅盾小说创作历程中政治与才情的相生相克[A].茅盾研究(第十辑)[C].2006(13).
[10] 曹万生.茅盾《子夜》的思想资源[A].茅盾研究(第十辑)[C].2006(9).
[11] 毕玲蔷."充盈句"在《蚀》中——论茅盾早期创作的语言风格[A].茅盾研究(第十辑)[C].2006(14).
[12] 徐可,徐越化.茅盾与落华生小说比较研究[A].茅盾研究(第十辑)[C].

2006(12).
[13] 谢其章.茅盾与《文艺阵地》[A].茅盾研究(第十辑)[C].2006(3).
[14] 欧家斤.茅盾民族精神简论[A].茅盾研究(第十辑)[C].2006(13).
[15] 苏永延.深化茅盾学刍议[A].茅盾研究(第十辑)[C].2006(8).
[16] 陈芬尧.关于茅盾的几次论争[A].茅盾研究(第十辑)[C].2006(13).
[17] 崧巍.通向伟大心灵深处之门——《茅盾全集·补遗》的思想艺术价值[A].茅盾研究(第十辑)[C].2006(9).
[18] 陈福康.再谈鲁迅、茅盾致红军信——兼驳倪墨炎的所谓"破解"[A].茅盾研究(第十辑)[C].2006(7).
[19] 如玉.解读茅盾的毕生追求[A].茅盾研究(第十辑)[C].2006(3).
[20] 钱振纲,陈芬尧.本世纪以来茅盾研究综述[A].茅盾研究(第十辑)[C].2006(12).
[21] 吴福辉.忆叶子铭在北京茅盾故居相处的日子[A].茅盾研究(第十辑)[C].2006(5).

学术论文

[1] 苏敏逸."个人"作为"革命历史"的象征——论茅盾的《虹》[J].华文文学,2006(6).
[2] 曹万生.茅盾的市民研究与《子夜》的思想资源[J].西南民族大学学报(人文社科版),2006(9).
[3] 钟海林.茅盾小说的经济视角和精神内核[J].陕西师范大学学报(哲学社会科学版),2006(S1).
[4] 唐金海,陈正敏.作为卡里斯马的茅盾——茅盾文学批评的当代价[J].西南民族大学学报(人文社科版),2006(9).
[5] 王嘉良.经济视角.文学对"社会"的深层透视——论茅盾创作的现实主义范型特色及其当代意义[J].西南民族大学学报(人文社科版),2006(9).
[6] 翟文铖.论茅盾流亡日本时期.短篇小说的多重主题[J].齐鲁学刊,2006(4).
[7] 陈鸿祥.茅盾主编《笔谈》的若干史实考辨[J].出版史料,2006(2).
[8] 郭艳.五十年代后茅盾文艺批评的特点[J].中州学刊,2006(6).
[9] 游路湘.在传统与现代之间——对茅盾《野蔷薇》的另一种解读[J].名作欣赏,2006(14).
[10] 周宁.冲突与选择——论茅盾早期文学创作的个体文化心理[J].兰州学刊,2006(8).
[11] 王卫平.茅盾小说中的知识分子形象及其转型[J].西南民族大学学报(人文社科版),2006(9).
[12] 郑楚.茅盾从文学语言视角解读鲁迅作品[J].鲁迅研究月刊,2006(7).
[13] 钟桂松.开明书店为茅盾作品所作广告[J].中国现代文学研究丛刊,2006(6).
[14] 魏一媚.成熟期茅盾文化思想论析[J].文艺理论与批评,2006(3).
[15] 周兴华.从自信到自虐 知识分子的灵魂缩影——茅盾性格的文献发生学

透视[J]. 文艺理论研究,2006(2).
[16] 姜淑燕. 探析茅盾创作"时代女性"母题的成因[J]. 周末文汇学术导刊,2006(1).
[17] 李建森. 骨格清奇写天趣——茅盾的书法[J]. 小说评论,2006(5).
[18] 徐小凤. 论茅盾塑造时代女性形象的规约因素[J]. 衡阳师范学院学报,2006(2).
[19] 刘运峰.《鲁迅、茅盾致红军贺信》,茅盾生前怎样说——读《尘封的记忆——茅盾友朋手札》札记[J]. 鲁迅研究月刊,2006(6).
[20] 张鸿声. 茅盾文学中的乡土想象[J]. 文艺理论与批评,2006(5).
[21] 张积玉. 茅盾与新疆抗战时期的文学发展[J]. 中国现代文学研究丛刊,2006(5).
[22] 朱德发. 试论茅盾文学思想的新旧认知结构[J]. 东岳论丛,2006(6).
[23] 钱林森. 十九世纪法国现实主义文学对茅盾创作的影响[J]. 南通大学学报(社会科学版),2006(1).

硕士学位论文

[1] 李晓明. 茅盾、李无影30年代农村小说的比较[M]. 北京:对外经济贸易大学,2006.
[2] 周薇. 茅盾与自然主义—中国社会主义现实主义源流考之一[M]. 武汉:华中师范大学,2006.
[3] 卜繁燕. 论茅盾以民族资本家为主体的英雄叙事[M]. 济南:山东师范大学,2006.
[4] 宋宁. 迷狂与突围—1928年前后茅盾创作心理研究[M]. 南京:南京师范大学,2006.
[5] 马萌. 理性言说与心魂浮沉——茅盾散文新论[M]. 西安:陕西师范大学,2006.
[6] 金泰勋. 重读茅盾前期小说[M]. 上海:华东师范大学,2006.

2007年

学术专著

[1] 桐乡市档案局(馆). 茅盾珍档手迹·游苏日记[M]. 杭州:浙江大学出版社,2007.
[2] 钟桂松. 茅盾和他的女儿[M]. 北京:东方出版社,2007.
[3] 陈建华. 革命与形式——茅盾早期小说的现代性展开[M]. 上海:复旦大学出版社,2007.

学术论文

[1] 常文芳. 由《小说月报》看茅盾的作者意识[J]. 安徽大学学报(哲学社会科学版),2007(5).
[2] 王嘉良. 回眸历史——对茅盾创作模式的理性审视[J]. 学术月刊,2007(11).
[3] 李荣启. 论茅盾的现实主义文学观[J]. 重庆社会科学,2007(7).

[4] 刘永良.茅盾眼中的曹雪芹和《红楼梦》——重读《节本红楼梦导言》和《关于曹雪芹》[J].红楼梦学刊,2007(6).

[5] 骆玉安.茅盾的期刊作者观与编辑思想——以《文艺阵地》为例[J].郑州大学学报(哲学社会科学版),2007(5).

[6] 李钧.超越五四的努力——重读茅盾1930年代的三部长篇小说[J].齐鲁学刊,2007(6).

[7] 王嘉良.两浙人文传统——中国新文学巨匠茅盾的内源性文化承传[J].浙江师范大学学报(社会科学版),2007(1).

[8] 黄彩文.身体政治学的诗性表现——论茅盾小说的变形艺术[J].河北师范大学学报(哲学社会科学版),2007(6).

[9] 李永东.左翼批评家茅盾的颓废观念[J].中国比较文学,2007(4).

[10] 孔海珠.周文与茅盾——从新发现的周文早年书信说起[J].新文学史料,2007(4).

[11] 任东华.真相、局限及意图实践的可能性——关于茅盾文学奖的"思想标准"及其它[J].延安大学学报(社会科学版),2007(2).

[12] 钟海波.论茅盾对中国古代文学的研究[J].甘肃社会科学,2007(4).

[13] 傅修海.茅盾文学批评及其当代价值论[J].重庆邮电大学学报(社会科学版),2007(4).

[14] 李兴阳.茅盾前期小说理论批评综论[J].湖北师范学院学报(哲学社会科学版),2007(2).

[15] 余荣虎.周作人、茅盾、鲁迅与早期乡土文学理论的形成[J].南京师大学报(社会科学版),2007(3).

[16] 周兴华.茅盾《夜读偶记》及其后记的语调与心态[J].名作欣赏,2007(12).

[17] 李丹.胡适、茅盾的"徐志摩论"比较[J].学术月刊,2007(10).

[18] 李蓉.在身体中寻找"真实"——重读茅盾小说《蚀》[J].浙江学刊,2007(4).

[19] 翟文铖.程式内的创新与模式外的建构——茅盾短篇小说视角模式研究[J].山东师范大学学报(人文社会科学版),2007(2).

[20] 王嘉良.文学批评作为"运动着的美学"——对茅盾文学批评理论的一种检视[J].福建论坛(人文社会科学版),2007(10).

博士学位论文

[1] 陈天助.《蚀》的文学语言研究[M].厦门:厦门大学,2007.

硕士学位论文

[1] 余铮.男权话语下的女性意识——茅盾《蚀》三部曲新论[M].长沙:湖南师范大学,2007.

[2] 刘晓敬.试论茅盾《子夜》的语言艺术[M].保定:河北大学,2007.

[3] 崔莉.文学想象历史—重读《子夜》及"农村三部曲"》[M].上海:上海师范大学,2007.

[4] 兰其寿.《意识形态视域下的左翼都市小说特质—以蒋光慈、丁玲、茅盾为例》[M].厦门大学2007年硕士学位论文.

2008 年

学术专著

[1] 韦韬,陈小曼.父亲茅盾的晚年[M].北京:文化艺术出版社,2008.

[2] 王嘉良.艺术范型与审美品性.论茅盾的创作艺术与审美理论建构[M].上海:上海文艺出版社,2008.

学术论文

[1] 李伟昉.中国初期莎士比亚评论的重要界碑——论茅盾对莎士比亚的接受与批评[J].河南大学学报(社会科学版),2008(1).

[2] 文宗理.从感性的热烈到理性的冷峻——《蚀》与《子夜》的比较并兼及茅盾评价[J].山东大学学报(哲学社会科学版),2008(6).

[3] 甘露."疗救灵魂的贫乏,修补人性的缺陷"——茅盾文学翻译思想的文化解读[J].湖北民族学院学报(哲学社会科学版),2008(6).

[4] 刘雅君."革命文学"论争中的茅盾创作——由茅盾的小说《蚀》《虹》说起[J].晋中学院学报,2008(5).

[5] 李红英.茅盾的文学翻译思想[J].社会科学论坛(学术研究卷),2008(11).

[6] 宋剑华,陈婷婷.论都市意象与二三十年代的茅盾小说创作[J].湘潭大学学报(哲学社会科学版),2008(2).

[7] 李永东.时代新青年的颓废叙事——重读茅盾的《蚀》三部曲[J].吉首大学学报(社会科学版),2008(2).

[8] 梅启波.从《子夜》看茅盾小说现代主义与现实主义的融合[J].乐山师范学院学报,2008(8).

[9] 谢丽.茅盾作家论之矛盾剖析[J].重庆师范大学学报(哲学社会科学版),2008(1).

[10] 丁尔纲.前驱者的启蒙探路——茅盾早期文学思潮观的发展及其意义[J].东岳论丛,2008(1).

[11] 张冠华.已识庐山真面目——关于茅盾早期所倡导的是否自然主义的问题[J].郑州大学学报(哲学社会科学版),2008(1).

[12] 黄健.捕捉史剧的"真实"——论茅盾的历史真实观[J].电影文学,2008(5).

[13] 杨迎平.茅盾对戏剧的关注及其戏剧观述评[J].暨南学报(哲学社会科学版),2008(4).

[14] 马立新.左翼美学论——兼论茅盾文艺美学的开创性[J].理论学刊,2008(4).

[15] 王明科.传统与现代的两难抗辩——茅盾小说在新怨恨理论视界下的重读[J].廊坊师范学院学报,2008(1).

[16] 周兴华,韩卫平.文学与政治——茅盾的选择与被选择[J].名作欣赏,2008(10).

[17] 傅修海.文学批评的当下反思——从茅盾文学批评谈开去[J].成都理工大学学报(社会科学版),2008(1).

[18] 沈文慧.趋从·质疑·修正——1950年代茅盾的文学批评[J].名作欣赏,2008(12).
[19] 于兴雷.茅盾与《小说研究 ABC》[J].三峡大学学报(人文社会科学版),2008(1).
[20] 蒋朝群.情绪与理性之争——论茅盾小说审美心理的复杂性[J].电影评介,2008(12).
[21] 赵炎秋.论茅盾的艺术真实观[J].全国毛泽东文艺思想研究会专题资料汇编
[22] 李凤玲.茅盾与"两个口号"的论争[J].大众文艺(理论)2008(10).
[23] 陈桂良.新旧道德的"对话"——读茅盾的《水藻行》[J].名作欣赏,2008(23).
[24] 凌伟荣.浙西文学中的现代性解读——以茅盾和郁达夫为个案[J].名作欣赏,2008(6).

2009 年

学术专著

[1] 刘屏.茅盾画传[M].南昌：江西人民出版社,2009.
[2] 王德威.茅盾 老舍 沈从文——写实主义与现代中国小说[M].台北：麦田出版社,2009.
[3] 周兴华.茅盾文学批评的"矛盾"变奏[M].哈尔滨：黑龙江人民出版社,2009.
[4] 秋石著.我为鲁迅茅盾辩护[M].上海：文汇出版社,2009.
[5] 李明著.茅盾与中国左翼文学论稿(1930—1936)[M].上海：华东师范大学出版社,2009.

学术论文

[1] 陈桂良.论茅盾小说对人性命题的探求[J].浙江社会科学,2009(10).
[2] 张中.茅盾和他的神话研究[J].西北民族大学学报(哲学社会科学版),2009(6).
[3] 唐丽君,舒奇志.从接受理论视角论茅盾的外国儿童文学翻译[J].长春大学学报,2009(5).
[4] 崔峰.为《译文》溯源——从茅盾的《译文·发刊词》说起[J].中国比较文学,2009(4).
[5] 商昌宝.尴尬的境遇——1950年代的茅盾[J].齐鲁学刊,2009(4).
[6] 周薇.潜滋暗长——茅盾文论中自然主义与社会主义现实主义的裂隙[J].兰州学刊,2009(10).
[7] 李明."经济"视域下茅盾小说的细节艺术[J].兰州交通大学学报,2009(2).
[8] 杨茜.广阔空间里的有限时间——茅盾神话思想中的时空观念初论[J].名作欣赏,2009(10).
[9] 李明.茅盾与庄子[J].文学评论,2009(4).
[10] 乔以钢,李振.茅盾"女作家论"的性别因素[J].东岳论丛,2009(11).
[11] 张全之.茅盾与中国无政府主义思潮[J].广东社会科学,2009(2).

［12］周薇.茅盾文论的理论资源及其引申［J］.重庆社会科学,2009(7).
［13］原梅.现实主义精神的飞扬与流动——浅谈茅盾与狄更斯的创作,以《大卫·科波菲尔》《子夜》为例［J］.甘肃社会科学,2009(2).
［14］李惠敏.商业化视境中的茅盾［J］.河北学刊,2009(1).
［15］胡月.从茅盾谈《蚀》的创作看政治对文学的影响［J］.青年作家(中外文艺版),2009(1).
［16］陈夫龙.革命者立场上的反思与批判——茅盾、郑振铎和瞿秋白的侠文化批评话语再审视［J］.山东师范大学学报(人文社会科学版),2009(5).
［17］左鹏,张博.简述茅盾的文学批评的若干问题［J］.科教文汇(上旬刊),2009(5).
［18］晏青.茅盾与中国新诗［J］.名作欣赏,2009(29).
［19］逄增玉.茅盾的矛盾——思想史视野中的茅盾小说［J］.天津大学学报(社会科学版),2009(5).
［20］张霖.革命者的隐秘心理分析——重读茅盾的短篇小说《创造》［J］.人文丛刊,2009.
［21］吴秀明,黄健.论茅盾对现代历史文学理论建设的贡献［J］.中国现代文学研究丛刊,2009(4).
［22］蔡建伟.茅盾、沈从文的"徐志摩论"比较研究［J］.安徽文学(下半月),2009(10).
［23］于淑卿.茅盾小说创作中的女性情结［J］.安徽文学(下半月),2009(4).
［24］杨明明.梅行素"双重人格"的生命图腾——重读茅盾小说《虹》［J］.语文学刊,2009(20).
［25］周兴华.茅盾文学批评中的"同化"与"顺应"——中国现代"主流"批评生成演化的微观分析［J］.求是学刊,2009(1).
［26］李锦梅.茅盾为人生文学观与自然主义［J］.时代文学(双月上半月),2009(3).
［27］王明科.慧眼中的误读——茅盾小说的经济史视角重释［J］.江西师范大学学报(哲学社会科学版),2009(1).
［28］周兴华.茅盾作家论的发生与文体模型［J］.名作欣赏,2009(5).
［29］孔海珠.近半个世纪前的访谈——关于茅盾文学研究会［J］.新文学史料,2009(2).
［30］李继凯.关于胡风与茅盾的交往、冲突及比较［J］.中国现代文学研究丛刊30年精编.
［31］陈迪强、钱振纲."茅盾与时代思潮"学术研讨会综述［J］.中国现代文学研究丛刊,2009(5).
［32］赵英秀.茅盾与瞿秋白［J］.文史月刊,2009(9).
［33］田原.茅盾小说中的心理描写试析［J］.理论与当代,2009(7).
［34］刘守华.记忆中的父亲——访茅盾之子韦韬［J］.中国档案,2009(12).
［35］陈桂良,刘宏日.论茅盾小说的"经济视角"及其当代意义［J］.文艺争鸣,

2009(1).
[36] 石进明.跌宕起伏 环环相扣——浅析茅盾《林家铺子》的艺术构思和结构[J].时代文学(双月上半月),2009(5).
[37] 徐小凤.茅盾与丁玲笔下的小资产阶级女性形象之比较[J].衡阳师范学院学报,2009(5).
[38] 刘方喜.评李继凯《全人视境中的观照——鲁迅与茅盾比较论》[J].文学评论,2009(1).
[39] 徐涛.老舍茅盾创作观念之比较[J].社会科学家,2009(7).
[40] 柯贵文.1930年代中国小说物象论——以沈从文、茅盾、穆时英为例[J].文艺争鸣,2009(3).
[41] 李玮.三十年代政治文化语境与长篇小说结构的发展——以茅盾的创作为中心[J].当代作家评论,2009(3).
[42] 孔海珠.近半个世纪前的访谈——忆"左联"谈茅盾[J].鲁迅研究月刊,2009(10).
[43] 陈桂良.价值错位——茅盾文本解读的三种误区[J].文艺理论与批评,2009(2).
[44] 朱农.茅盾、胡愈之等给范用的信(12封)[J].出版史料,2009(1).

硕士学位论文
[1] 唐丽君.《论茅盾的外国儿童文学翻译策略》[M].湘潭:湘潭大学,2009.
[2] 赵晶晶.《茅盾文学批评中的"文学之维"与"政治之维"》[M].苏州:苏州大学,2009.

新世纪以来茅盾研究综述(2010—2017)

巫 毓

新世纪以来学界关于茅盾的研究从未停止过,作为新文化运动的先驱者、中国革命文艺的奠基人、著名的作家、学者,茅盾之于文学史和革命史皆具有独特且重要的价值,如张光年之评价:"茅盾体现了文学家与革命家的完美结合,是并不多见的把两种素质集于一身的人。"21世纪以来,在茅盾研究者的共同努力下,茅盾研究持续推进,成果斐然,每年都有不少新的专著出版,不下数百篇相关学术论文发表。

从最近八年(2010—2017)的茅盾研究来看,当代化表征和多元化指向愈益明显,而契入的领域亦因研究成果的积累及茅盾身份的多重呈现出多维度、交叉式的动态变化,这不仅有利于营造一个开放、和谐的研究氛围,更让我们切实地看到一个真实的茅盾。其中包括:传统的史料搜集与再挖掘、在文学史中探讨茅盾的价值、通过文本细读探索茅盾文学作品的艺术魅力等;从社会学、左翼话语体系、文化研究、民族理论、地域书写、女性研究等延伸方向解读茅盾作品等;亦不乏研究茅盾本人,包括其思想变化、人生选择、人际交往等;值得一提的是,挖掘茅盾"作家"身份以外的角色研究愈益增多,包括编辑、译者、文化活动家等;继则为茅盾文学奖各个面相的研究;茅盾研究的学术会议、年鉴等;创新交叉领域则多从茅盾的古典文学素养、儿童文学造诣等方面入手,以及关于茅盾的影视作品改编等。

笔者选取了2010—2017八年间学术界、评论界、媒体界公开出版的书籍21本,发表的文章482篇(不完全统计)为研究材料,以横向——茅盾研究的各个维度为主要依据,纵向——茅盾研究的时间轴为辅助逻辑,对21世纪最近八年来茅盾研究的体量、状况、趋势及问题等做简要描述,如下:

其一,宏观历史中的茅盾:茅盾研究已有史料的整合、新史料的挖掘70篇、宏大历史背景下茅盾的学术地位及价值探讨29篇、文本细读及小说研究72篇;其二,微观生活中的茅盾:茅盾文艺思想探析80篇、比较视野中的茅盾38篇、地域研究中的茅盾9篇、作为编辑与译者的茅盾42篇;其三,延伸交叉领域:茅盾文学奖101篇、学术会议7篇、新闻5篇、交叉创新领域29篇。

(一)宏观历史中的茅盾

无论就实际成就还是社会影响而言,茅盾都是中国现代文学史上最重要的文学家、理论批评家之一,如何评价茅盾,为其在革命史、文学史、学术史中客观、准确地定位,凸显其独特的价值成为茅盾研究者绕不开的一个宏大命题,这也与其作品的宏大叙事题材和主题相得益彰。

茅盾的作品最突出的一个特质就是"史诗"性,他常取材于新近发生的重大事实，将彼时重要的政治社会事件作为自己的创作题材，具有鲜明的时事性、纪实性和传记性，因此呈现出具有现代性表征的现实主义品格。他擅长在波澜壮阔的历史洪流中捕捉复杂而深刻的社会画面，刻画人性细腻的一面，反映生活中的真实境况，一定程度上，弥合了文学之"轻"带来的缺失，亦拓宽了作品的阐释空间，而这些解读需要还原到历史语境中，多维度去剖析，才能摒弃一些主观谬误，做出较为客观的判断。

与茅盾一样同为桐乡人的钟桂松先生始终致力于茅盾研究，成绩斐然，在《关于茅盾和茅盾研究的几个问题》中他高瞻远瞩地提出了几个茅盾研究中亟待解决的问题，指出有待挖掘与深化的空间，如：关于茅盾早期何以脱颖而出的主客观因素研究、茅盾与中共组织的关系问题研究、茅盾创作黄金时期的总体研究、抗日战争时期的茅盾研究、共和国以后茅盾的复杂性研究、茅盾年谱的完善问题等，并不遗余力地挖掘茅盾研究新史料，《新发现的有关茅盾的几则史料》就及时补充了茅盾在上海商务印书馆工作时珍贵的档案史料。2010年至今，关于茅盾的已出版书籍就有：《名家正传丛书：茅盾正传》（2010年，江苏文艺出版社）、《性情与担当：茅盾的矛盾人生》（2011年，复旦大学出版社）、《茅盾书话》（2012年，海燕出版社）、大型研究丛书《茅盾研究八十年书系》（2014年，台湾花木兰文化出版社，与钱振纲教授共同主编，收录了1931年以来已版和新版茅盾研究单行本著作49种，分60册，这是迄今为止，规模最大的茅盾研究成果的集中展示）、《茅盾文集》（新编十卷本，2015年，中华工商联合出版社）、《起步的十年——茅盾在商务印书馆》（2017年，商务印书馆）一书详尽地描述了初出小镇的有志青年茅盾在商务印书馆接受十年的文学起步熏陶后，从"树起现代文学的丰碑"成长为"共和国的文坛保姆"的历程，让我们得以窥见茅盾那一代先驱者的初心，既是缅怀，也是勉励。

基于大历史背景的考察，杨扬教授2012年在《台湾所见"国民党特种档案"中有关茅盾的材料》中从1941年太平洋战争爆发，大批左翼文化人从香港撤退到桂林办报办刊，批评国民党政府的史实切入，指出茅盾亦名列蒋介石接密报后制定的"撤桂迁渝文化人"计划之中，这篇文章提供了宝贵的史料，亦指出一个新视域的探索可能，同样，杨扬教授致力于从历史缝隙洞见"人"与"史"关系的文章还包括从社会环境的维度研究茅盾与上海的关系，2014年在上海图书馆以专题的形式介绍了茅盾与上海的关系，以线性演进的思维剖析了茅盾与上海的互动及上海之于茅盾的意义，并从地域文学的角度对茅盾的文学创作进行解读：茅盾怎么到上海来的、他到上海后做了什么、茅盾与上海的关系，从而引发我们对文学史的思考；2017年，《上海的文学经验——小说中的宏大叙事与日常生活叙事》一文以不同作家的上海文学经验横向切入，从茅盾的"宏大叙事"到张爱玲的"日常叙事"，再现了不同面相的文学中的上海；同年，在《文汇报》上发表了《他是最早注意到都市社会中金融影响力的中国现代作家——谈茅盾笔下的〈子夜〉与上海的城市景观》一文，更加细致地通过细读《子夜》，探寻彼时的上海城市景观，凸显出茅盾通过《子夜》将上海城市生活与现代社会连接在一起的独特之处。

王嘉良教授在2015年连续发表了几篇主题系列论文：《茅盾的"矛盾"人生与现代作家的复杂样态呈现——置于中国20世纪复杂文化语境中的分析》、《茅盾

"独尊"现实主义及其所产生的正负效应——置于中国20世纪文化语境中的考量》、《理性审视：茅盾的现实主义选择与独特理论建树——置于中国20世纪文化语境中的考量》、《被误读的茅盾：批评的错位与评价的失衡——置于中国20世纪文化语境中的分析》，其共同特点都是将茅盾置于中国20世纪的文化语境中，力求还原现场和历史中真实的茅盾，以大开大合的格局纵览茅盾的一生，为我们提供史料的同时，更以鲜明的主题设置使历史、事件和人物变得具体而微。分别探究了茅盾由"矛盾"人生形成的复杂与矛盾的思想，揭示其处理文学与革命、文学与政治的复杂关系及其创作蕴含的丰富内涵，以"矛盾"书写"茅盾"，呈现了一个中国现代作家复杂样态的典型个案；其次，侧重于从茅盾毕生为推动"现实主义"来谈，茅盾因长期持守以至于"独尊"现实主义的现象，一方面辨析现实主义思潮的复杂性及合理性，一方面从现实主义视域对茅盾作出理性审视，评估其产生的正负效应；再次，厘清了茅盾现实主义选择之路的曲折——经历了审慎提倡写实主义、集中倡导自然主义、专力批判新写实主义、最终确立现实主义文学观的演进历程，表明其为完善我国的现实主义理论作出了重要建树。

同样，商昌宝教授在2011—2014年间，陆续发表了《茅盾1949年的尴尬处境》、《茅盾的"冷热"两重天》、《茅盾与电影〈武训传〉批判》、《忘却创伤：文化精英在"文革"及其后的失语——以茅盾为考察中心》、《回到〈讲话〉接受史现场——以茅盾为考察中心》、《在大历史中呈现思想反思——写在〈茅盾先生晚年〉前面的话》等诸篇文章，立足于茅盾作为左翼文学代表作家、建国后的文化部部长、作协主席等的身份解析，在大历史中聚焦茅盾的几次起承转合，让我们能够更立体和全面地看到茅盾的真实形象。

贾振勇教授的《茅盾研究刍议》一文提出将茅盾视作"有独立意志的作家"，从其独特的艺术才情中品味艺术价值，他援引顾彬的《二十世纪中国文学史》为例，呼吁我们以"世界文学"眼光来评价茅盾的小说，从而对茅盾小说现代性的含混、复杂内涵进行重新辨识，在区分虚构文本和历史事实的本质差异基础之上，建构茅盾研究更深远的意义，也打开了更广阔的国际视域。

另外一位值得一提的研究者是田丰，2012—2014三年间，陆续发表了文章《茅盾在〈文学〉上批评的历史语境及对其批评的影响》、《茅盾与太阳社、创造社间的论争缘起及观念罅隙》、《坚守与抗争——左联时期茅盾为延续五四传统所作的贡献》、《互文性视阈下的茅盾历史小说研究》、《"革命文学"之为何及其路径——茅盾与太阳社、创造社论争的核心》、《规训与重塑——革命文学论争对茅盾文学观念转变的深远影响》等，对于茅盾在不同时期的文艺思想做出了较为详实的梳理，从历史发展的动态角度解析了茅盾在不同的外部环境中进行文学创作和文艺批评的变化。

(二) 微观生活中的茅盾

这一部分截取茅盾的文艺思想及茅盾其人的生活情态和多重身份进行分析。洞见生活中的茅盾离不开史料的挖掘和历史场景的还原，以其文艺思想为切入口的研究产出量相对较多，近年来研究视域也开始转向一些具体而微的点，形成零星分散却又遥相呼应的格局。依托于兢兢业业的茅盾研究者们，茅盾研究相关史料每年都有新的发现,从不同视域和侧重点丰富了茅盾研究的维度。

在专著方面,相比21世纪前几年①,产出较少,除了专门的传记,要谈论生活中的茅盾,离不开茅盾家人、朋友提供的第一手详实资料。前期韦韬先生和陈小曼女士合著的《父亲茅盾的晚年》(1998年7月,上海书店出版社)、《我的父亲茅盾》(2004年2月,辽宁出版社)等书奠定了走近茅盾的坚定基础,2013年1月,由华文出版社整合出版的《茅盾回忆录》由茅盾自撰的《我走过的道路》以及韦韬等著的《父亲茅盾的晚年生活》合成,并根据新史料和韦韬记述进行了全面修订,呈现了茅盾1896—1981年的整个人生,是迄今为止最完整、最权威的茅盾传记,值得一提的是,除了1896—1949年这段茅盾为人熟知的生活外,这本书第一次介绍了茅盾1949年之后的生活,尤其是1966年茅盾卸职回家后的生活,加之韦韬提供的200多幅珍贵图片,将茅盾的真实生活生动再现。另外,商昌宝教授的《茅盾先生晚年》(2014年,河北人民出版社)一书从今昔对比的反差、思想改造的轨迹、置身于政治风浪中、难以为继的写作、留声机的喧嚣与嘶哑等五个方面入手,立足于广阔的大历史情境中,极具现代意识地聚焦于茅盾晚年的生活,呈现出既有历史厚重感又能客观直面茅盾个人生活的书写与评述,在大量历史事实中进行一种人物思想的体认和思想史意义上的评说;孙中田的《图本茅盾传》(2015年,长春出版社)以文学笔法串联起丰富的文字资料和珍贵图片,图文并茂地讲述了茅盾的一生。

为了更好地传承茅盾的文学遗产,浙江传媒学院茅盾研究中心和浙江省桐乡市文化广电新闻出版局联合编撰了"茅盾研究丛书"(由现代出版社出版,丛书主任吴利民、张邦卫,执行主任赵思运、陈洪,副主任蔺春华)。丛书首批两部著作《茅盾研究年鉴(2012—2013)》和《新世纪语境下茅盾的多维透视》在论坛上首发,前者全面整理了2012—2013年有关茅盾研究的大事记、关于茅盾的重要研究论文、论著等资料;后者从崭新的视角论述了茅盾的精神人格、艺术成就、学术贡献以及茅盾经典作品的影视改编等问题。

另一个维度就是从茅盾生活中点点滴滴的足迹和经历来了解其人,包括茅盾多重身份的探讨、茅盾思想的转变、茅盾的人际交往等,常以茅盾的日记、书信、发言稿等作为一手材料。2010年12月由陈毛英、张蓉主编,西泠印社出版社出版的《茅盾致陈瑜清书信》,收集了保存至今的六十八封书信,这些书信字里行间生动、真实地叙述了他们真挚的兄弟情谊以及许多旧闻往事,提供了不少研究史料;2012年1月由浙江大学出版社出版的《茅盾珍档手迹》系列丛书,辑录了茅盾的小说、诗词、回忆录、文艺评论的创作手稿以及笔记、杂抄、古诗文注释、书信、日记、译稿等原件,并提供了茅盾原始讲话的录音、照片等珍贵材料,十分具有研究价值;另外,韦韬先生写过一篇名为《父亲茅盾的书法》的短文,为纪念茅盾逝世三十

---

① 丁尔纲教授连续撰写了几本大体量人物传记:1998年重庆出版社出版的《茅盾评传》(共12章,66万余字)、2000年由长江文艺出版社出版的《茅盾翰墨人生八十秋》(共10章,33万余字),2004年由河南人民出版社出版,与李庶长合作写成的《茅盾人格》,这三本书从不同维度几乎详尽地囊括了茅盾这一生的革命历程和生活点滴,为后来研究茅盾提供了详实的材料。

周年所作,桐乡市政协文史委、桐乡市档案局编辑出版的《茅盾墨迹》一书的序言,讲述了茅盾一生勤于著述,始终保持使用毛笔书写的习惯,并直言茅盾写了一生毛笔字,但从来不认为自己是书法家,足见其谦逊与恒持。他写字是为实用,并不当作是艺术创作;李继凯教授于2015年和2017年分别发表的《论茅盾"文学生活"与书法文化的关联》、《茅盾手稿管窥》则从茅盾的书法洞见一个别样的茅盾,运用大量史料揭示茅盾的"文学生活"与书法文化的密切关系,存世的数百万字茅盾手稿则构成了一个书写风格鲜明的中国书法文化宝库;此外,李林也关注到茅盾的诗稿及书法(详见《茅盾的〈访玛佐夫舍歌舞团〉诗稿及书法》),近年茅盾手稿引发的纠纷已对簿公堂,成为话题。

论文方面,产出也较多,涉及的内容丰富,如金振林:《1980,晚年茅盾谈话录》、冯锡刚:《"万家枵腹看梅郎"——读茅盾1962年的三则日记》、阎愈新教授:《茅盾鲜为人知的几件事》、《〈鲁迅茅盾致红军贺信〉的考定——兼评倪墨炎"贺信伪造说"》、杨建民:《茅盾五十寿辰收到悼念诗》、肖太云:《〈吴宓日记续编〉中的"茅盾"》、宫立:《田汉给茅盾的信》、王双强:《满纸烟云风流事——茅盾复袁良骏书信漫谈》、陈建华:《周瘦鹃、茅盾与20年代初新旧文学论战》、孔海珠:《访谈录:茅盾抗战流离生活掇记》、《姑父茅盾和姑妈孔德沚》、《贴近大地的身躯——姑父茅盾印象》、周允中:《父亲周楞伽与茅盾先生的交往》、刘小清、刘晓滇:《茅盾在香港》、钟桂松:《关于茅盾流亡日本一事》、《"文革"中茅盾在香港出过书吗?》、《黄源与〈茅盾的青少年时代〉》、黄玉杰:《1936年鲁迅茅盾致中共中央来信考释析疑》、郑亚捷:《抗战时期茅盾对新疆文艺发展的意见》、祖远:《茅盾"文革"期间撰写回忆录》、王佶:《茅盾档案征集背后的故事》、沈虎根:《我与茅盾先生在杭州的相遇》等,更有甚者是与茅盾接触过的老一辈革命战友或文坛友人通过回忆录的形式留下的宝贵的"口述史"。

(三)当代视域下创新与交叉维度的茅盾研究

茅盾被众人熟知的身份多是以作家、革命家为第一标签,然而茅盾的研究领域涉及的范围之广,造诣之深,他既深切关注社会人生百态,又不忘潜心研究创作规律,他的文艺观在不断的尝试和实践中养成,回望和记录这一历程的跌宕起伏,不仅是为了拨开历史迷雾,还原其本真面目,更重要的是为了把脉当下和预想未来。

有一些学者专注于挖掘茅盾作家身份以外的贡献,如批评家、编辑、译者等,余连祥教授的专著《逃墨馆主——茅盾传》(2006年,浙江人民出版社)中就评价茅盾是"新派编辑家"、世纪中国"最优秀的文学评论家"、现代小说"史诗传统"的开山大师、"现代散文大家"、学贯中西的学者和外国文学翻译家。可见,从这些方面对茅盾进行全方位研究是新世纪茅盾研究的一个突破方向和可挖掘的巨大空间。

一些交叉领域兼具了创新意识和文学趣味,也拓宽了茅盾研究的场域。这些文章从文本间性的角度去探求茅盾在文艺思想、创作手法、艺术特色甚至是人际交往上的标出性,由点成线,由线而面。如从横向比较来解读茅盾,突出其特质的文章有:张勇、赵笑洁:《"笔剑无分同敌忾,胆肝相对共筹量——郭沫若与茅盾展"暨"抗战中的郭沫若与茅盾"学术研讨会综述》、张琼:《"30年代文学"时期的茅盾与普列汉诺夫》、袁洪权：《"五四"的不同想象与思想分野——1948年"五四"文艺节中的茅盾和沈从文》、许祖华、杨程：《两种现代性下的"中国传奇"——以茅盾的〈子夜〉与穆时英的〈中国行进〉为例》、蔺春华：《20世纪中国政治文化视野下的茅盾王蒙比较论纲》、张玲丽：《胡风与茅盾的人格特征——从〈七月〉与〈文艺阵地〉的办刊角度进行梳理》、彭琳珺：《茅盾和贾平凹的乡土小说对比研究》、张剑：《论岛崎藤村与茅盾的文学关系》、曾真：《茅盾与谷崎文学的女性审美意识比较》等。

以地域文化研究为切入点，也有很多文章产出——杨扬教授：《茅盾与上海——2014年7月5日在上海图书馆的讲演》、吕周聚教授：《论茅盾与美国左翼文学之关系》、李继凯教授与李国栋：《茅盾与中国大西北的结缘》、鲁雪莉与王嘉良教授：《地域文化背景与作家的文学个性差异——吴越文化视域中的鲁迅与茅盾》、马艳：《茅盾与西方文化接触的历程》等，虽然成果颇丰，但仍存在很多亟待挖掘和完善的空间。

茅盾的女性观、茅盾作品中的女性形象等的研究近年来也逐渐增多，如：李玲教授：《茅盾社会进步视野下的妇女解放理论》、史维波：《茅盾小说中的女性形象分析》、方警春：《论茅盾都市新女性形象创作的重大意义》、谢东玲与王晓平：《"新女性"的局限——从茅盾小说〈创造〉看"新女性"的三个特征》、谭梅：《一种在革命洪流中奋力搏击的女性姿态——兼论茅盾对革命知识女性》、余铮：《茅盾视阈中的女性解放问题》、杨新刚：《鲁迅、胡适与茅盾对〈玩偶之家〉解读之比较——兼及三人"五四"时期女性解放思想》、万潇潇：《男性眼光与女性眼光的碰撞——对比茅盾与丁玲小说中的都市女性形象》、吴莉斯：《充满诱惑的尤物悲歌——对茅盾〈子夜〉中女性形象的分析》、梁竞男：《从防空洞中走出来的"时代女性"——论茅盾小说〈腐蚀〉中的赵惠明》等，主要从茅盾自身的女性观、作品中的女性形象、茅盾与同时期作家的女性观等角度进行书写。

茅盾作为编辑与译者，新时期也有较多的研究，主要从其编辑的人生经历与翻译的作品入手，有杨扬教授：《〈小说月报〉对中国新文学的塑造》、余连祥教授：《商务印书馆的用人机制与茅盾的成名之路》、赵思运教授：《茅盾译诗的症候式分析》、钟海波：《茅盾在抗日战争时期的文学编辑活动》、朱军：《论茅盾翻译的政治维度》、费德林与宋绍香：《论茅盾——茅盾〈子夜〉俄译本序言》、李建梅：《翻译、民族与叙事——茅盾早期翻译文学研究》、喻锋平：《"启蒙"与"救世"——茅盾早期（1916—1927）译事的文化解读》、端传妹：《"热情的呐喊者"——担任〈小说月报〉主编时期的茅盾》、孙嘉：《文学"多面手"茅盾的文学翻译境界》、陆志国：《审查、场域与译者行为：茅盾30年代的弱小民族文学译介》等。

另外值得一提的是，近几年由中国茅盾研究会、桐乡市政府、文化局，茅盾纪念馆等单位和团体主办和承办的学术研讨会越来越丰富，以此为基础的研究综述有：李刚：《开掘茅盾文学遗产的当代意义——全国第九届茅盾研究学术研讨会述评》、钟桂松先生：《茅盾在第一届全国出版会议上的讲话》、钟海波与冯超：《茅盾研究回顾与前瞻学术讨论会暨中国茅盾研究会理事会综述》、钱振纲教授与钟桂松先生：《研究任重道远，成果应当珍视——〈茅盾研究八十年书系〉总序》、张玲：《"茅盾抵沪一百周年纪念暨第十届全国茅盾学术研讨会"综述》、高传峰：《茅盾抵沪百周年纪念暨全国第十届茅盾学术研讨会综述》等。学术会议的召开有利于研究者们及时交流学术研究心得，积极推进茅盾研究方方面面的进程。李城希教授在《一个时代的要求、误解、隔膜和偏见——20世纪八九十年代茅盾研究论析》中提出"我们今天需要以新的思维方式和心态在未完成的中国现代文学这一视域中，重新面对茅盾构建的宏大小说艺术世界以重新认识茅盾及其小说艺术的意义与价值"。可以说这也是当代茅盾研究的意义所在。

占比最大、研究范围最广的当属"茅盾文学奖"，无论是出版的书籍还是发表的论文体量都十分巨大，一是因为涵盖作品多、影响大，二是基于此，为文学创作与批评提供了更广的书写和表现平台。茅盾研究会会长杨扬教授表示，这是一个好现象，说明茅盾文学奖的影响力越来越大，但与此同时也要看到与创作相比，批评领域应该有更多的新鲜血液注入。一些年轻的研究者在已有的大量研究基础上以一些细微的突破口为基点，力图填补研究的空白或从新的视域解读，这些研究也是十分宝贵的，如南开大学青年教师罗维斯：《"绅"的嬗变——〈动摇〉的一种解读》《精英的离散与困守——〈霜叶红似二月花〉的绅缙世界》；内蒙古科技大学青年教师妥佳宁：《从汪蒋之争到"回答托派"：茅盾对〈子夜〉主题的改写》《作为〈子夜〉"左翼"创作视野的黄色工会》；中国人民大学博士雷超：《茅盾代理〈时事新报〉主笔史实及新发现的佚文考证》等，体现出了青年学者超强的学术创新意识和史料研究能力。

一些被关注较少的视点也应该被挖掘和彰显出来，如茅盾的古典文学（尤其是红学）和儿童文学的造诣、茅盾作品的影视化、茅盾鲜为人知的作品等，如：陆哨林：《茅盾创作生涯中最早的两首诗——〈我们在月光底下缓步〉和〈留别〉》、欧阳娉：《简论茅盾的旧体诗词创作》、王人恩：《新发现的茅盾〈红学札记〉述论》、李荣华：《茅盾红学思想研究的回顾与展望》、谢群：《论茅盾〈楚辞〉研究的神话学阐释》、王彬：《茅盾儿童文学编译中的主题重构探析》、权绘锦：《茅盾与〈文心雕龙〉——兼论中国现代文论与批评的"民族性"问题》、汪楠：《茅盾神话研究探析》等，研究维度发散面广，影响却不大，这一方面有待挖掘。

综观以上，21世纪以来，细分茅盾研究的视点和旨要，基于宏观历史和宏大叙述再探讨茅盾的革命及文学价值的佳作依然有较高的产出，以资深的茅盾研究者为代表，而另一方面，从微观和多元视角来研究茅盾成为一个新的趋势，很多有趣而不乏价值挖掘的学术观点和文章屡见不鲜，以年轻的学者为代表，呈现出欣欣向荣、百花齐放的景象。

会议报道

第十届全国茅盾学术研讨会会议综述

张 玲

南昌航空大学文法学院　江西　南昌　330063

在茅盾诞辰120周年暨抵沪100周年之际,由中国茅盾研究会、上海市作家协会和华东师范大学联合主办的"茅盾抵沪一百周年纪念暨第十届全国茅盾学术研讨会"于2016年8月5—6日在上海华东师范大学召开。华东师范大学学报主编杨扬教授主持会议。此次会议分为三个议程:纪念茅盾诞辰120周年暨抵沪100周年系列活动启动仪式;第八届中国茅盾研究会全国代表大会,换届选举第八届理事会,杨扬当选为第八届全国茅盾研究会会长兼秘书长;第十届全国茅盾学术研讨会。来自国内外高校和科研机构的80余位专家学者围绕茅盾研究的相关问题进行了深入的学术讨论。

地域文化与茅盾研究

茅盾自己曾说,如果不是到上海来,不是到商务印书馆来工作,可能就没有他以后的文学道路和文学事业,也不会有他在中国现代文学史上一系列的地位。茅盾与上海,是本次会议的一个重要议题。华东师范大学杨扬教授认为,茅盾的文学事业是名副其实的 Made in Shanghai。他从一个外来青年到上海谋生开始,一步一步成就了自己的文学事业。上海不仅是他文学活动的舞台,也是他汲取文学资源、获得文学灵感的地方。以茅盾与上海的关系作为文学史研究的线索,重新思考一些文学史问题。这不仅可以加深人们对茅盾的了解,也可以强化茅盾文学世界中那些被人忽略的影响因素。上海外国语大学宋炳辉教授直接以"茅盾与上海文化"为题切入,指出茅盾的文学实践是从上海这个城市开始并确立其中在中国现代文坛的地位的,是上海这个具体的历史场域,沈雁冰成了作家茅盾。上海所具有的独特的政治、经济和人文环境为茅盾提供了一个色彩斑斓的人生舞台;而茅盾也为这一时期的上海增添了浓墨重彩的一笔。湖州师范学院余连祥教授在他们探讨的基础之上,作了更进一步详细的考察,具体地阐述了商务印书馆的用人机制与茅盾的成名之路之间的重要关系。茅盾在上海的迅速成长,一方面固然是其天赋与勤奋,另一方面也得益于商务印书馆这一良好的舞台:商务印书馆全面激发了茅盾多方面的潜能;商务的"趋时"成就了新派编辑家茅盾;《小说月报》则让"专业作家"茅盾一举成名。

人地关系是人文地理学的重要论域,也是文学地理研究的一个重要领域。茅盾的西北之行也是本次会议讨论的一个焦点。陕西师范大学李继凯教授认为茅盾与大西北的结缘,尤其是他那勇敢的"探路精神",是一个颇有意味的课题。茅盾曾在 20 世纪 30 年代末 40 年代初有过长达两年的大西北游历生活,从兰州、乌鲁木齐到西安再到延安及宝鸡,都留下了他的"探路"足迹,其间他对民族新生的向往、对革命圣地的赞美、对民粹主义的认同以及身陷绝境时的镇定等,都仍有"师者"导引先路的启迪意义。北京作家协会张复研究员在"茅盾的西北之行的偶然性和重要性"的发言中强调,茅盾的西北之行虽有着一定的偶然性,但这偶然里面有必然性。此行时间不长,但在茅盾的一生中却是一段十分重要的政治活动并有重要意义,这期间他不仅写出了一批反映西北之行的新作品,政治与思想上更是有着极大的收获。

茅盾思想与经典作品的重新解读

在中国现代文学的知识谱系、价值秩序和意义系统正在酝酿深刻变化的情况下,茅盾研究也面临着深刻的挑战,探究茅盾思想及其作品的独创性成为了一个重要的取向。浙江师范大学王嘉良教授将现代作家茅盾置于中国 20 世纪文化语境中,分析茅盾的"矛盾"人生,探究其由"矛盾"人生形成的思想复杂性与矛盾性,揭示其处理文学与革命、政治的复杂关系及其创作蕴含的丰富内涵。中国人民大学高旭东教授将茅盾的创作分为三个阶段,大革命失败之后早期阶段是以写实为主导的象征与抒情的多元混杂,1930 年代的中期创作则以客观的社会写实为特色。高旭东认为这是茅盾的"矛盾":当作为文学研究会的首席批评家时,他竭力反对主观抒情与印象主义,力倡客观写实,试图将艺术科学化,推崇将人类情感纳入实验室的左拉;然而随后他创作的《蚀》三部曲到《野蔷薇》、《虹》,在写实中具有浓重的抒情性与象征性,与他的理论倡导是矛盾的。针对茅盾思想转变这一议题,陕西理工大学火源认为,茅盾思想的转变是他个人的探索和时代氛围的双重影响。茅盾是在缺乏对马克思主义理论深入把握的状态下卷进政治活动,并参与党的工作。他的精神资源主要还是 19 世纪以来的启蒙思想,社会主义只是因为它是新潮才加以接受。他的精神还没有对残酷的革命做好准备,所以在革命失败后,终于不免于迷茫。

作为茅盾的重要代表性作品《子夜》,自然是本次研讨会关注焦点之一。绵阳师范学院邬冬梅认为《子夜》尊重了丰富而详细的社会经济的调查和研究,最大限度地呈现了当时丰富的社会经济现象,反映了 1930 年夏秋之交的中国都市经济,是 20 世纪 30 年代中国最具有代表性的经济题材小说。北京师范大学钱振纲教授从经济视角对《子夜》中所描写的民族工业困境作进一步考察。他从中原大战的影响、国内苛捐杂税对产品成本的加重、关税对民族工业的难以保护、世界经济危机、工人斗争和民族暴动、买办金融资本家的金融封锁等七个方面加以概括和阐述。山东师范大学贾振勇教授将话题进一步引向纵深。他指出近年学界关于民国实际经济状况与《子夜》叙事关系的研究,虽然深化了人们对茅盾小说的理解与阐释,但需要注意区分虚构文本和历史事实的本质差异。南京晓庄学院杨迎平教授将茅盾放在文学史的立体背景下,运用比较研究的方法,从人物、主题、方法等三方面对《子夜》与穆时英《中国行进》中的都市抒写进行了比较,她认为与穆时英笔下片段的、跳跃的、感觉的、直观的描写不同,茅盾写上海是为了说明问题,阐述主题,他对上海的社会形态是科学家、哲学家的分析,《子夜》体现出的社会价值,有着里程碑的意义。浙江工业大学左怀建教授将《子夜》与其同名小说改编的电影版《子夜》进行对比,重新审视了当下都市语境中的电影版《子夜》,展示了文学作品在社会传播中的复杂变异和独特意义。

茅盾的其他主要作品在大会中也受到关注和热烈讨论。上海交通大学陈建华教授认为继《蚀》三部曲之后,《虹》在表现"时代性"方面更有突破。《虹》采用多种现代主义手法,摆脱了"革命加恋爱"及"章回小说"的叙事模式,成为一种"史诗"与"成长小说"相结合的中国版本。山西师范大学陈志华用叙事学方法对茅盾的小说《蚀》、《虹》、《腐蚀》等长篇小说的叙事模式展开分析,发现其表层情节结构和深层心理结构的内在动力,以此寻找进入茅盾文学世界的其他有效途径。贵州师范大学颜同林教授从女性主义的角度,重读《蚀》三部曲,认为《蚀》三部曲既是茅盾对自己热衷于社会政治活动的挽歌,也是对大革命时代女性群体性格与命运的绝唱。中国人民大学雷超以《蚀》、《野蔷薇》、《虹》为主要讨论对象,从"新女性"到"革命女性"的蜕变来讨论茅盾对"革命女性"的建构与想象,并从中分析出茅盾个人社会改造思想的转变轨迹。南开大学罗维斯通过对史料的挖掘,对《动摇》进行重新解读。他指出《动摇》是茅盾的小说创作中政治意味极强的一部,以一种深度参与国民革命的政权高层的姿态,为"动乱中国的最复杂的人生的一幕"梳理一个合理的解释。《厦门日报》陈天助从传播学视角出发,以《蚀》三部曲为中心,考察1927年大革命后上海的小说与新闻。他认为作为茅盾创作的一种独特手法,《蚀》最为直接地呈现了新闻元素。

茅盾对中国现代文学的重要贡献

茅盾作为新文学的巨擘,既是新文学的重要实践者,又是重要的新文学批评家和理论家,学者们纷纷从各个角度充分肯定了茅盾在中国现代文学史上的重要价值和地位。上海外国语大学陈福康教授首先以"划时代的茅盾"为题对茅盾给予了高度评价,认为"五卅运动"以后的中国文学时代,可以命名为"茅盾时代"。无论在艺术技巧、作家素养,还是文学理论方面,茅盾都是那个时代最杰出的代表。中国茅盾研究会常务理事孔海珠以《子夜》、《徐志摩论》为例,探讨了茅盾对左翼文学的重要贡献。日本一桥大学铃木将久教授在"抗日战争时期茅盾现实主义文学的发展"的发言中,指出茅盾1938年左右在香港编辑《文艺阵地》时形成抗战时期中国文学的方向,第一个重点是现实主义精神,第二个重点是大众化,并以此确立了抗战时期中国文学的方向。河北大学阎浩岗教授以"茅盾与二十世纪中国土地革命叙事"为题,讨论了茅盾的乡村叙事与"典范土地革命叙事"之间的差异,认为茅盾的乡村叙事除了独特的艺术价值,还具有一定超越政治立场的文献价值。深圳大学谢晓霞教授以茅盾编辑《小说月报》期间的文学行为为中心,考察了其与1920年代的文学生态之间的复杂关系。在她看来,面对文坛"鸳鸯蝴蝶派"和黑幕小说的盛行,茅盾和同人在《小说月报》和《文学旬刊》等刊物上发文对其进行批评,并以革新后的《小说月报》等杂志为阵地大力实践新文学,1920年代文坛生态得以扭转,新文学发展的大致路向得以确立。山西师范大学冯波教授在

"茅盾的译介与其现代乡土意念的发生"的发言中指出,茅盾对中国现代乡土文学理论有着重要的贡献,而其现代乡土意念的发生有着不容忽视的跨文化语境。

厦门大学庄钟庆教授从更高的要求和期望出发,指出茅盾研究还要多关注新的学术生长点,开拓更广的研究空间。如从文化视角探讨茅盾对于中国现当代文学的贡献,从文学语言学科的角度研究茅盾有关主张及其作品修辞、载体、风格的特色。他建议今后有计划地传播茅盾的文学成就,扩大茅盾在东南亚乃至世界的影响。

2017年中国茅盾研究会理事会在浙江传媒学院举行

李俊杰

浙江传媒学院茅盾研究中心　浙江　杭州　310018

　　2017年11月4日中国茅盾研究会理事会会议暨"茅盾与20世纪中国文学史"学术研讨会在浙江传媒学院文学院会议厅举办。会议由中国茅盾研究会主办，桐乡市文化广电新闻出版局协办，浙江传媒学院茅盾研究中心、浙江传媒学院文学院联合承办。来自全国20余所高校、科研机构、各级文化事业单位的近40位专家学者济济一堂，对过去两年中国茅盾研究会的工作进行总结；以"茅盾与20世纪中国文学史"为主题，切磋新近的研究成果；浙江传媒学院茅盾研究中心编著的《茅盾研究年鉴（2014—2015）》首发式也在大会中举办，并举行相关学术研讨活动。

　　浙江传媒学院张梁副校长，桐乡市文化广电新闻出版局副局长吴赟娇分别向与会学者和嘉宾致辞，介绍有关情况和在大会相关事宜上做出的努力，以及对中国茅盾研究会工作的持续支持。浙江传媒学院文学院张邦卫院长对浙江传媒学院文学院的社会合作工作及《茅盾研究年鉴（2014—2015）》的编撰工作作了报告。

　　中国茅盾研究会会长、上海市作家协会副主席、华东师范大学教授杨扬，对中国茅盾研究会近两年来工作的开展做出了汇报。这两年，中国茅盾研究会克服了种种困难，开展了多次精彩纷呈的学术活动。在这多次活动中，上海和桐乡作为茅盾长期工作、生活过的地方，分别举行了多次专题报告会、学术研讨会、图书首发式和历史图片展，不断彰显并提高中国茅盾研究会的学术活力与社会影响力。杨扬会长强调，中国茅盾研究会是一个有传统有影响的学会，在新形势下，唯有不断激发学术活力和提高学术水准，多元发展并传播中国茅盾研究会的文化号召力与社会影响力，才能保持传统，开拓未来。

　　出席会议开幕式的领导及嘉宾还有：中国茅盾研究会副会长李玲、副会长王卫平，秘书长、茅盾故居主任郭丽娜，中国茅盾研究会顾问钟桂松，浙江传媒学院文学院分党委书记徐洲赤，副书记王珏，桐乡市文化广电新闻出版局副局长褚万根等中国茅盾研究会理事会成员和相关专家学者。

　　会议的第二个议程，18位专家进行了大会主题发言，围绕"茅盾与20世纪中国文学史"这一具有开放性的话题，做了既有学理深度，又不乏社会关怀的报告。

　　在历史情态的细致梳理中还原茅盾的文化生活，并对此进行重新观察，是本次会议报告中的重点。这既让人体会到"持重"传统下的一贯学术追求的魅力，又为当下研究视域的打开提供了历史的镜鉴。钟桂松先生的"茅盾与生活书店关系初探"给我们以知识分子与文化生产与消费场所关系的新鲜思考，杨迎平教授的

"茅盾与施蛰存的交往与交情"、欧家斤老师的"孙犁与茅盾关系钩沉"、廖四平教授的"论茅盾的中国现代作家作品论"等学术报告,在"关系"中重新审视茅盾的精神历程和社会交往,在史实与分析之中,展示了丰富的文化视界。

从茅盾的文学创作和理论研究中重新认识茅盾的文艺追求,也是本次会议报告中令人瞩目的焦点问题。王卫平教授"《子夜》及茅盾短篇的讽刺艺术",李玲教授的"茅盾的妇女解放理论",冯玉文教授的"茅盾翻译研究",赵焕亭教授的"茅盾的童年经验对创作《春蚕》的影响",从多维角度重新认识茅盾的文艺追求,是对其文学意义的再深入。

以文学史视野,去重审茅盾文化的当代价值,是本次会议中最具有现实关怀的讨论,如何为茅盾文学作品进行文学史定位,如何拓展茅盾文学思想的现实性意义,是与会专家讨论的焦点。刘东方教授的"'茅盾范式'的当代文学史价值"、郭国昌教授的"茅盾小说的当下性价值",蔺春华教授的"关于茅盾年谱新编的设想",刘永丽教授的"有关茅盾作品与文学史叙述问题的一点想法",陈芬尧老师的"如何恰如其分地给出茅盾在 20 世纪中国文学中的地位",直视茅盾文学评价的当代困境,激起了与会专家热烈的讨论。

重回历史现场,从新的视角、新的史料和新的理解范式,对茅盾研究进行不断推进,也是本次会议的重点。赵思运教授的"重估左翼文学的意义"、罗维斯博士的"精英的离散与困守——《霜叶红似二月花》的绅缙世界"、妥佳宁博士的"茅盾革命记忆中的'铁军'与《子夜》对国民革命的'留别'",李俊杰博士的"茅盾文学创作中的非虚构因素与 20 世纪文学理性",雷超博士的"茅盾与《妇女杂志》1920 年之革新"报告,展示了茅盾研究的活力。

在会议的第三个议程,由浙江传媒学院茅盾研究中心赵思运、蔺春华、张邦卫三位教授编撰的《茅盾研究年鉴(2014—2015)》(中国社会科学出版社 2017 年 10 月版)成为会议讨论的焦点。该年鉴全面整理了 2014—2015 年间茅盾研究大事记、关于茅盾的重要研究论文、论著,以及期刊、报纸、学位论文的要目与摘要,体现了年鉴的权威性、经典性、创新性和史料价值。与会嘉宾寄予了充分肯定,并从编选体例、编选标准、版式设计、内容甄选等方面就《茅盾研究年鉴》一书的编撰提出建设性意见。

茅盾作为浙江省桐乡市最为显要的现代文化巨匠,是我们共同的精神财富和思想宝藏,这次会议以学会工作的回顾与展望为起点,以既关注历史,也着眼当下的学术讨论为主干,以学术评价的讨论为结点,既有高度也有深度,既有历史视野也有现实关怀,我们相信,这一场学术活动,将会是中国茅盾研究继续焕发生机的有效推动。

图书在版编目(CIP)数据

纪念茅盾诞辰 120 周年论文集/杨扬主编. —上海:华东师范大学出版社,2018
 ISBN 978-7-5675-8260-6

Ⅰ.①纪… Ⅱ.①杨… Ⅲ.①茅盾(1896—1981)-文学研究-文集②茅盾(1896—1981)-人物研究-文集 Ⅳ.①I206.7-53②K825.6-53

中国版本图书馆 CIP 数据核字(2018)第 204842 号

纪念茅盾诞辰 120 周年论文集
《茅盾研究》第 15 辑

主　　编	杨　扬
责任编辑	曾　睿
装帧设计	刘怡霖

出版发行	华东师范大学出版社
社　　址	上海市中山北路 3663 号　邮编 200062
网　　址	www.ecnupress.com.cn
电　　话	021-60821666　行政传真 021-62572105
客服电话	021-62865537　门市(邮购)电话 021-62869887
地　　址	上海市中山北路 3663 号华东师范大学校内先锋路口
网　　店	http://hdsdcbs.tmall.com
印 刷 者	浙江临安曙光印务有限公司
开　　本	700×1000　16 开
印　　张	27.25
字　　数	553 千字
版　　次	2018 年 10 月第 1 版
印　　次	2018 年 10 月第 1 次
书　　号	ISBN 978-7-5675-8260-6/I·1961
定　　价	98.00 元

出版人　王　焰

(如发现本版图书有印订质量问题,请寄回本社客服中心调换或电话 021-62865537 联系)